# और बाबासाहेब अम्बेडकर ने कहा...

# 2

# और बाबासाहेब अम्बेडकर ने कहा...

## डॉ. बाबासाहेब अम्बेडकर के आलेख एवं अभिभाषण

## (1929-1937)

## खण्ड : दो

डॉ. भीमराव रामजी अम्बेडकर

अनुवादक/सम्पादक

डॉ. एल. जी. मेश्राम 'विमलकीर्ति'

राधाकृष्ण प्रकाशन

ISBN : 978-81-8361-205-0 (सेट)

**और बाबासाहेब अम्बेडकर ने कहा...**



**पहला संस्करण** : 2008
**चौथा संस्करण** : 2021
This book is printed on **Print on Demand** Technology : 2024

**मूल्य** : ₹5550
(छह खंडों का सेट)

**प्रकाशक**
राधाकृष्ण प्रकाशन प्राइवेट लिमिटेड
जी-17, जगतपुरी, दिल्ली-110 051

**शाखाएँ** : अशोक राजपथ, साइंस कॉलेज के सामने, पटना-800 006
पहली मंजिल, दरबारी बिल्डिंग, महात्मा गांधी मार्ग, प्रयागराज-211 001
1, अनमोल सोराबजी संतुक लेन, धोबी तलाव, मरीन लाइंस, मुम्बई-400 002
वेबसाइट : www.radhakrishnaprakashan.com
ई-मेल : info@radhakrishnaprakashan.com

AUR BABASAHEB AMBEDKAR NE KAHA... (Vol. 2)
*Transleted and Edited* by Dr. L. G. Meshram 'Vimalkirti'

22nd Prithviraj Road

New Delhi

3.8.42

My dear Meshram,

You will forgive me for the delay in answering your letters. There has been rush of work at both places Bombay as well as Delhi which has so far left me no leisure to attend to my personal correspondence. I am writing to-day because I feel the unconscionable delay that has taken place in replying to you altho there are many files lying on my table which require immediate attention.

Let me first of all thank you, Kawade and other members of the Reception Committee

for the efforts they made for making the
Conference a success. The Conference was
not only a success but it was a tremendous
success. It could not have been such a
success had it not been for the great
efforts you people have made. The Conference
will go down in history as a great Conference.
I have no doubt on that point. The
Resolutions we have passed at the Confer-
ence are historic, in their significance.
They will serve as a beacon light
to our people. You Nagpur people ought
be proud that so historic a Con-
ference was held in Nagpur. And
by their efforts
The Conference of the Samata Sainik

# प्रकाशकीय

दलित चेतना के अग्रदूत बाबासाहेब अम्बेडकर की क्रान्तिमूलक प्रेरणाओं से सारा विश्व परिचित है। आधुनिक भारत के इतिहास में जिन महापुरुषों के शब्द हमारी अमूल्य थाती हैं, उनमें डॉ. अम्बेडकर पहली पंक्ति में आते हैं। वर्ण-व्यवस्था के दुष्चक्र में फंसे भारतीय समाज के एक बड़े हिस्से को बाबासाहेब ने जिस तरह आत्मसम्मान की राह दिखाई, उससे साबित होता है कि वे सचमुच एक युगद्रष्टा थे। अपनी गहरी विश्लेषणात्मक दृष्टि और स्वानुभूत पीड़ा के मेल से उन्होंने जो बल दलित-दमित जातियों को दिया, वह आगे चलकर युग-प्रवर्तक सिद्ध हुआ।

अपने आलेखों, भाषणों और टिप्पणियों में उन्होंने बार-बार ब्राह्मणवाद की जड़ पर प्रहार किया और समाज का ध्यान उस अन्याय की तरफ दिलाया जिसे लोग सदियों से स्वाभाविक और प्राकृतिक मानते आ रहे थे। आज भी उनके शब्दों की महत्ता और प्रासंगिकता घटी नहीं है, क्योंकि अनेक कारणों से आज भी यह अन्याय भारत में मौजूद है, और इसीलिए अम्बेडकर साहित्य को बार-बार पढ़ने की जरूरत है।

**और बाबासाहेब अम्बेडकर ने कहा...** के ये पाँच खण्ड इसी उद्देश्य को ध्यान में रखकर प्रकाशित किए जा रहे हैं। इन खण्डों में डॉ. अम्बेडकर के लेखों, अभिलेखों और भाषणों को सिलसिलेवार ढंग से संकलित किया गया है। विद्वान सम्पादक डॉ. विमलकीर्ति द्वारा संकलित/अनूदित यह प्रामाणिक और अभी तक हिन्दी में अनुपलब्ध सामग्री समकालीन पाठकों को चिंतन के लिए प्रेरित करेगी तथा वर्तमान समाज-व्यवस्था और दलित चेतना के नवीन उत्कर्ष को नई रोशनी प्रदान करेगी, ऐसा हमारा विश्वास है।

**—अशोक महेश्वरी**

# भूमिका

डॉ. बाबासाहेब अम्बेडकर के आलेख और अभिभाषणों का पहला खंड जितना महत्त्वपूर्ण है। उतना ही यह दूसरा खंड भी है। इस खंड में डॉ. अम्बेडकर के सन् 1929 से सन् 1937 तक के आलेख और अभिभाषण संकलित हैं। भारतीय राजनीति में यह समय जितना महत्त्वपूर्ण, जितना उथल-पुथलवाला है उतना ही भारतीय सामाजिक क्रान्ति की दृष्टि से भी महत्त्वपूर्ण है। भारत की दलित जातियों के राजनीतिक अधिकारों की दृष्टि से, उनमें राजनैतिक चेतना पैदा करने की दृष्टि से यह समय बहुत ही महत्त्वपूर्ण है। इस खण्ड में मोतीलाल नेहरू कमेटी, साइमन कमीशन, हिन्दू धर्म, जनप्रतिनिधित्व, कपड़ा मिलों के मजदूरों, हिन्दू महासभा, किसानों, शिक्षा, धर्मान्तरण, सामाजिक समानता, मन्दिर सत्याग्रह तथा दलितों की स्वतन्त्र राजनीति के विषय में डॉ. अम्बेडकर के महत्त्वपूर्ण विचार संग्रहित हैं।

इन आलेखों और अभिभाषणों में डॉ. अम्बेडकर ने जो विचार व्यक्त किए हैं उसमें उनकी समाज क्रान्ति के प्रति प्रतिबद्धता और दलितों के सवालों के प्रति उनकी ईमानदारी व्यक्त होती है। इसमें हमें डॉ. अम्बेडकर के विचारों में एक आक्रमकता और विचारों की स्पष्टता दिखाई देती है। वे दलितों के सामाजिक, राजनैतिक और मानवीय अधिकारों के लिए कहीं भी समझौतेवाली नीति नहीं अपनाते हैं। वे अपने व्याख्यानों में दलितों के सामाजिक, धार्मिक अधिकारों को जितना महत्त्व देते हैं उतना ही महत्त्व वे दलितों के राजनैतिक अधिकारों को भी देते हैं। उनके इस समय के आलेखों और अभिभाषणों में उनके विचारों के कई पहलू और उनकी कई संकल्पनाएँ व्यक्त हुई हैं। इसलिए डॉ. अम्बेडकर के इन आलेखों और अभिभाषणों का आज भी उतना ही महत्त्व है जितना पहले था और भविष्य में भी उतना ही महत्त्व रहेगा।

इन आलेखों और अभिभाषणों के द्वारा डॉ. अम्बेडकर ने सम्पूर्ण बहुजन समाज को जगाया है। उनके सभी आलेख और अभिभाषण सामान्य जनता के लिए थे। लोग भी उनके विचारों को सुनने के लिए घंटों इंतजार करते थे। उनके आलेखों और अभिभाषणों में कहीं भी कोई नकली या बनावटी शब्द नहीं मिलेगा। उनके अभिभाषण और आलेख बहुत ही अभ्यासपूर्ण होते थे। सवालों की जड़ तक पहुँचना ही डॉ. अम्बेडकर की विशेषता थी। उनके आलेखों में और अभिभाषणों में कहीं भी अनावश्यक बातें नहीं मिलेंगी। अपने आलोचकों को करारा जवाब देने की उनकी अपनी विशेषता इन आलेखों और अभिभाषणों में दिखाई देती है। इसीलिए डॉ. अम्बेडकर को

सुनने के लिए लाखों लोगों की भीड़ इकट्ठा होती थी और दलित ही नहीं, पिछड़े समाज के लोग ही नहीं बल्कि तथाकथित उच्चवर्गीय, उच्च-जातिय लोग भी उनके अभिभाषणों को सुनते थे, यह इतिहास है। इस तरह कई दृष्टियों से डॉ. अम्बेडकर के इन आलेखों और अभिभाषणों का अपना विशेष महत्त्व है।

इन आलेखों और अभिभाषणों को पढ़नेवालों को, इनका अध्ययन करनेवालों को निश्चित रूप से डॉ. अम्बेडकर के कई प्रकार के विचारों से परिचय होगा। और आज भी डॉ. अम्बेडकर कितने प्रासंगिक हैं इस बात का भी पता चल जाएगा। उसी प्रकार उनको डॉ. अम्बेडकर के विचारों में समायी हुई ताकत का भी पता चल जाएगा। डॉ. अम्बेडकर के विचारों का गहराई में जाकर अध्ययन हो इसीलिए इन आलेखों और अभिभाषणों का हिन्दी अनुवाद किया गया है। हिन्दी के पाठक इन आलेखों और अभिभाषणों से निश्चित रूप से लाभान्वित होंगे इस बात की पूरी उम्मीद है।

धन्यवाद।

नागपुर (महाराष्ट्र)

**–डॉ. एल. जी. मेश्राम 'विमलकीर्ति'**

# अनुक्रम

# नेहरू कमेटी की योजना और भारत का भविष्य

**शुक्रवार : 18 जनवरी, 1929/अग्रलेख, बहिष्कृत भारत**

1928 के मई माह में राजनीति में सक्रिय सभी राजनीतिक दलों की ओर से स्वराज्य का संविधान बनाने के लिए पंडित मोतीलाल नेहरू के नेतृत्व में एक कमेटी नियुक्त की गई थी। इस कमेटी की रिपोर्ट प्रसारित हुए बहुत समय बीत गया है। जब यह रिपोर्ट प्रस्तुत हुई थी तब से उसकी आलोचना हो रही थी। उन आलोचकों में कुछ आलोचक रिपोर्ट की योजना के पक्ष में और कुछ लोग उसके विरोध में लोगों को भड़का रहे थे। अन्त में काफी गहमागहमी के बाद पिछले दिसम्बर माह में कलकत्ता में हुए कांग्रेस के अधिवेशन में उपर्युक्त कमेटी की योजना में सुधार करके उसे मंजूर कर लिया गया। लेकिन तब हमने नेहरू कमेटी की रिपोर्ट के बारे में अपना दृष्टिकोण स्पष्ट रूप से जाहिर नहीं किया था। फिर भी उस रिपोर्ट की जो चर्चा हो रही थी उससे हमारे पाठक अपरिचित नहीं थे, सभी उसके बारे में सुन रहे थे, पढ़ रहे थे। उसका परिणाम यह हुआ कि हमारे पाठकों में से कुछ लोगों ने नेहरू कमेटी की रिपोर्ट के सम्बन्ध में हमारा दृष्टिकोण क्या है, यह जानने की कोशिश की है। हमारे जिज्ञासु पाठकों की शंकाओं का समाधान हमारी जिम्मेदारी है, और इसलिए हमने प्रस्तुत विषय पर अपने विचार व्यक्त करने तय किए हैं।

किसी भी देश का शासन-प्रबन्ध सुचारु रूप से चलाने के लिए उसे किसी न किसी प्रकार के संविधान की जरूरत होती है। उसके बिना राजकाज चलता नहीं और इसीलिए हर विकसित देश में किसी-न-किसी प्रकार का संविधान अस्तित्व में होना ही है। उसी तरह अपने देश में भी एक तरह का संविधान प्रचलित है। इतना ही नहीं, जिस लोकतान्त्रिक स्वराज्य के लिए सभी राजनीतिक लोग गला सुखा रहे हैं उसी स्वराज्य के संपुट में रोपा गया संविधान 1921 से अमल में लाया गया है। राजनीतिक लोगों के सामने यदि कोई सवाल शेष है तो वह यह है कि उस संविधान में जो स्वयंसत्ता का मूल है उसे कैसे व्यापक बनाया जा सकता है और इसलिए संविधान में संशोधन की आवश्यकता है। खुशकिस्मती है कि आज का प्रस्थापित संविधान इतना परिवर्तनशील है कि उसमें सुधार, संशोधन, परिवर्तन करने का सीधा सरल काम न

करके उसे सारा ही उलट-पलटकर पूरी तरह नया संविधान बनाने का जोखिम मोल लेने की नेहरू कमेटी को कोई आवश्यकता नहीं थी। इतना अच्छा संविधान अस्तित्व में होने पर भी बेमतलब का विवाद खड़ा करके नई योजना बनाने के लिए नेहरू कमेटी तैयार हुई, इसका हमें आश्चर्य है। इस फालतू के सिरदर्द के दो कारण हैं। उसमें नई रचना की चाह इसकी एक वजह हो सकती है। अकेले विश्वामित्र में ही 'प्रतिसृष्टि का निर्माता' होकर शान दिखाने की चाह थी, ऐसी बात नहीं। बल्कि विधाता होने की चाह विश्वामित्र से लेकर सामान्य आदमी तक सभी में दिखाई देती है। नए की रचना से अपना नाम अमर हो जाए, इस भावना का मूल सभी के दिलो-दिमाग में रहता है। और स्वराज्य की नई योजना तैयार करने के पीछे नेहरू कमेटी इसी जाल में फँस गई होगी, ऐसा लगता है। इसके अलावा अकृतित्व का संकोच दूसरा कारण होना चाहिए। आज जो लोग चालीस साल से राजनीति का अनुभव ले चुके हैं उन्हें संविधान तैयार करने के बारे में अंग्रेजों के मुँह की ओर देखना और उस संविधान को स्वीकार करने की बात उनके द्वारा तय करना, यह बात उनकी इज्जत को शोभा नहीं देती। इससे कांग्रेस पर इस तरह का आरोप लगने की सम्भावना है कि जो लोग कांग्रेस में शामिल हुए हैं वे लोग नासमझ हैं। लेकिन पढ़ने-लिखने से जिनका कोई वास्ता नहीं, ऐसे लोग भी उसमें हैं। इस तरह का आरोप न लगे और अंग्रेजों की तरह हम भी संविधान बनाने में होशियार हैं इस बात को साबित करने के लिए नेहरू कमेटी ने यह काम शुरू किया होगा, ऐसा लगता है। खैर, इससे हमारा कोई मतलब नहीं। नेहरू कमेटी ने स्वराज्य की जो योजना तैयार की है, उसके गुण-दोष जाँच करके देखना ही हमारा उद्‌देश्य है।

स्वराज्य की किसी भी योजना में यदि वह स्वराज्य योजना लोकतन्त्रात्मक प्रणाली की हो तो उसमें मतदाता संघ का सवाल बहुत महत्त्व का है। जहाँ मतदाता संघ का संविधान जिम्मेदारी राज्यप्रणाली की दृष्टि से अयोग्य हो वहाँ स्वराज्य केवल एक नाटक बन जाता है, इस बात को सभी को मंजूर करना पड़ेगा। इसलिए सबसे पहले नेहरू कमेटी ने मतदाता संघ के बारे में जो योजना प्रस्तुत की है वह जिम्मेदार राज्यप्रणाली की दृष्टि से कहाँ तक उपयोगी है, इस बात पर विचार करना आवश्यक है।

वर्तमान राज्यप्रणाली में तीन प्रकार के मतदाता संघ अस्तित्व में हैं, ऐसा दिखाई दे रहा है। कुछ मतदाता संघ सिर्फ क्षेत्रीय हैं। कुछ क्षेत्रीय होकर जातिसूचक हैं। कुछ केवल जातिसूचक हैं। और शेष वर्गसूचक हैं। क्षेत्रीय और जातिसूचक संघ पिछड़े समाज के हिन्दुओं के लिए बनाए गए हैं। वह सभी जाति के मतदाताओं का मिलाजुला संघ होने पर भी उसमें पिछड़े समाज के प्रतिनिधि अवश्य चुनकर आने चाहिए इसलिए कुछ स्थान आरक्षित रखे गए हैं। स्वतन्त्र जातिसूचक संघ मुस्लिमों के लिए बनाए गए हैं। और वर्गसूचक संघ व्यापारी, व्यवसायी और ईनामदार आदि वर्ग के लिए बनाए गए हैं। फिलहाल जो मतदाता संघ अस्तित्व में हैं, उनके बारे में दो विचारधाराएँ सामने आई हैं। एक विचारधारा को माननेवालों का कहना यह है कि क्षेत्रसूचक मतदाता संघों के अलावा अन्य प्रकार के जो मतदाता संघ हैं वे सभी जिम्मेदार राज्यप्रणाली के बुनियादी

सिद्धान्तों से असहमत और उसके विरोधी हैं। दूसरी विचारधारा को माननेवालों का कहना है कि जिस देश में जातिभेद, धर्मभेद का मन पर इतना गहरा प्रभाव है कि वहाँ इन्सान की इनसानियत या उसके विचारों को महत्त्व देने की बजाय केवल उसकी जाति को ही महत्त्व दिया जाता है, उस देश में मतदाता संघ जातिसूचक होने चाहिए।

इन दोनों विचारधाराओं के लोगों को दुराग्रही मानते हैं। हिन्दुस्तान में सभी ओर क्षेत्रसूचक मतदाता संघ स्थापित किए जाएँ और जातिभेद के परिणामों की ओर बिल्कुल ध्यान न दिया जाए, यह कहना जितना गलत और धूर्ततापूर्ण है, उतना ही जातिभेद और धर्मभेद को बढ़ावा देनेवाला है। इतना ही नहीं, मतदाता संघ बनाते समय अन्य किसी प्रकार के हितों को ध्यान में नहीं रखना चाहिए, यह कहना मूर्खतापूर्ण है। क्षेत्रसूचक मतदाता के बिना जिम्मेदार राज्यप्रणाली अस्तित्व में नहीं आ सकती। और जातिसूचक संघ के बिना जातिभेद के बोझ के नीचे दब गई जातियों का कोई विकल्प नहीं है। हमारी इस विचारधारा पर स्वतन्त्र रूप से सोचनेवाला कोई भी आदमी स्वीकार करेगा। इस तरह से स्वतन्त्र रूप से देखा जाए तो आज जो मतदाता संघ अस्तित्व में हैं, उनमें सबसे बुरा मतदाता संघ वह है जो मुस्लिमों के लिए बनाया गया स्वतन्त्र जातिसूचक मतदाता संघ है। इस देश की राजनीति में गैरजिम्मेदारी और अराजकता फैली है तो उसके मूल कारण मुस्लिमों के लिए स्वतन्त्र रूप से बनाए गए जातिसूचक मतदाता संघ ही हैं। वर्गसूचक संघों पर भी कम-ज्यादा अनुपात में वही आरोप लगता है। इन मतदाता संघों की वजह से किसी छोटे और ख़ास प्रकार के स्वार्थ से सम्बन्धित मतदाताओं की ओर से चुनकर आए हुए प्रतिनिधि को सार्वजनिक स्वार्थ के सवालों पर मत देने का अधिकार प्राप्त होता है, इसलिए इस तरह का यह मतदाता संघ समाप्त होना आवश्यक है। लेकिन अब्राह्मण समाज के लिए बनाए गए क्षेत्रसूचक-जातिसूचक मतदाता संघ पर उपर्युक्त प्रकार का आरोप नहीं लगता इसलिए ऐसे मतदाता संघ से चुनकर आया हुआ प्रतिनिधि गैरजिम्मेदार होता है, यह कोई नहीं कह सकता। बहुत हुआ तो यही कहा जाएगा कि दूसरी जाति में उससे भी ज्यादा लायक उम्मीदवार मिल सकता था। लेकिन यह आरोप बहुत संगीन है, ऐसा हमें नहीं लगता। राजनीति में लायकी से भी जिम्मेदारी का बड़ा महत्त्व है। और जिम्मेदारी की दृष्टि से देखा जाए तो क्षेत्रसूचक, जातिसूचक मतदाता संघों से राष्ट्र का बहुत बड़ा नुकसान होता है, ऐसा नहीं कहा जा सकता। नेहरू कमेटी ने मतदाता संघों के बारे में जो योजना बनाई है वह यह है कि पिछड़े वर्ग के हिन्दुओं के लिए और व्यापारी, ईनामदार वर्ग के लिए जो मतदाता संघ अस्तित्व में थे उन्हें समाप्त कर दिया और उनकी जगह सभी ओर क्षेत्रसूचक मतदाता संघ बनाने का फैसला किया है। लेकिन नेहरू कमेटी ने मुस्लिमों के लिए जो स्वतन्त्र जातिसूचक मतदाता संघ अस्तित्व में थे उन्हें समाप्त करके क्षेत्रसूचक-जातिसूचक मतदाता संघों की सुविधा दी है मानो बीज के लिए मुस्लिमों को बचाकर रख लिया गया हो।

मुस्लिमों के स्वतन्त्र जातिसूचक मतदाता संघ समाप्त किए गए, यही नेहरू कमेटी का सबसे बड़ा रहस्य है और इस रिपोर्ट की तारीफ़ के जो इतने बड़े पुल बाँधे गए,

वे भी इसी वजह से। लेकिन कमेटी का गुणगान करनेवाले उसके भक्तों से हमारा यह सवाल है कि क्षेत्रसूचक मतदाता संघों के बिना अन्य किसी प्रकार का मतदाता संघ राष्ट्रहित में घातक है, इस प्रकार का यदि नेहरू कमेटी का विचार है, तो मुस्लिमों के बारे में यही प्रणाली क्यों नहीं अपनाई गई? पिछड़े समाज के हिन्दुओं के लिए बनाए गए क्षेत्रसूचक-जातिसूचक मतदाता संघ मुस्लिमों के लिए बनाने में कमेटी को क्यों पसोपेश नहीं हुआ, इस बात का हमें बड़ा आश्चर्य है। जो प्रणाली एक वर्ग पर लागू करने के बाद सदोष मानकर समाप्त कर दी जाती है, वही प्रणाली दूसरे एक वर्ग को निर्दोष मानकर लागू की जाती है, यह तर्कशास्त्र का अजीब नमूना कमेटी की रिपोर्ट देखने पर मिलता है।

कोई ऐसा कह सकता है कि पिछड़े हिन्दुओं का वर्ग बहुसंख्यक है और मुस्लिमों का वर्ग अल्पसंख्यक है इसलिए जो सुविधा पिछड़े समाज के हिन्दुओं को नहीं दी गई, वही सुविधा मुस्लिमों को देनी आवश्यक थी और उसे देते समय उसका स्वरूप जितना निर्दोष किया जा सकता था, उतना निर्दोष किया गया है। इस पर हमारा सवाल है कि जो सहूलियतें मुस्लिमों को देने से राष्ट्र का नुकसान नहीं होता, फिर वही सहूलियतें पिछड़े वर्ग के हिन्दुओं को यदि कुछ दिनों तक दी गई होतीं तो क्या नुकसान हुआ होता? जो आपसी प्रतिस्पर्धा का महत्त्व है, वह संगठन की संख्या का नहीं। अनबन से फटा और मन से गुलाम बना समाज संख्या से कितना भी बड़ा हो लेकिन जो समाज अपनत्व की भावना से एकजुट है और स्वाभिमान से जाग्रत समाज संख्या की दृष्टि से कितना भी छोटा हो फिर भी इस समाज के सामने वह बड़ा समाज टिक नहीं सकता। इस व्यवहार के नियम को जो पहचानेगा उसे इस बात को स्वीकार करना पड़ेगा कि सुसंगठित अल्पसंख्यक वर्ग को जो सुविधाएँ देनी आवश्यक हैं वही सुविधाएँ बहुसंख्यक वर्ग को असंगठित व पिछड़ा हुआ होने की वजह से देनी उचित हैं। सहूलियतें देनी हैं तो केवल अल्पसंख्यक समाज को ही और अन्य किसी समाज को नहीं, इस सिद्धान्त का पालन करने की बात यदि नेहरू कमेटी ने तय की है तो जो सहूलियतें कमेटी ने मुस्लिमों को दी हैं वही सहूलियतें कमेटी ने अछूत वर्ग को क्यों नहीं दीं ?

सबसे अल्पसंख्यक लोग यदि कोई हैं तो वे अछूत ही हैं। अछूत लोगों की तरह गरीबी के सताए हुए और अन्याय से परेशान लोग दूसरे नहीं हैं। सबसे ज्यादा अज्ञान की वजह से अपना संरक्षण करने में असमर्थ लोग यदि कोई हैं तो वे हैं अछूत लोग। अछूतपन के कलंक की वजह से राजनीतिक अधिकारों से महरूम वर्ग अछूतों के अलावा दूसरा कोई नहीं है। जिनके उत्थान के लिए हाथ बँटाने की समाज ने कभी फिक्र नहीं की और जिसके पतन को धर्म का बहाना आगे करके हिन्दू समाज उनके पतन का कारण बनता है उस अछूत समाज को मुस्लिम समाज से भी ज्यादा राजनीतिक संरक्षण की आवश्यकता है। जैसे डूबनेवाले को हाथ देना, इस सिद्धान्त के अनुसार मुस्लिमों से पहले अछूतों को सुविधाएँ देने की आवश्यकता थी। लेकिन वैसा कुछ करने की बजाय 'पार करनेवाले को हाथ और डूबनेवाले को लात' इस तरह की दुष्ट नीति इस

कमेटी ने अपनाई है। अछूतों को कुछ सहूलियतें नहीं चाहिए, उनका सवाल सामाजिक है और उसका हल शिक्षा से हो जाएगा इस तरह की राय देकर नेहरू कमेटी ने अपने आपको अलग कर लिया।

अछूतों का सवाल यदि सामाजिक है तो मुस्लिमों का सवाल सामाजिक क्यों नहीं? ऊँची जाति की टेढ़ी नजरों का दोष जैसे अछूतों को भोगना पड़ता है, उसी प्रकार मुस्लिमों को भी भोगना पड़ता है। इसके अलावा मुस्लिमों की दूसरी कौन-सी समस्या है, जिससे मुस्लिमों का संरक्षण करना जरूरी है और अछूतों के संरक्षण की आवश्यकता नहीं? नजरदोष की पीड़ा दोनों को समान रूप से भोगनी पड़ती है। एक की पीड़ा शिक्षा से दूर हो सकती है ऐसा यदि नेहरू कमेटी का मानना है तो फिर उसी आधार पर मुस्लिमों के बारे में नेहरू कमेटी शान्त क्यों नहीं रही? अपने इस कारनामे के लिए नेहरू कमेटी ने सिलोन कमीशन की रिपोर्ट को आधार बनाया है लेकिन सिलोन कमीशन ने अछूतों को राजनीतिक सुविधाएँ नहीं दी हैं। इसका कारण उस तरह की सहूलियतें उन्होंने किसी को नहीं दी हैं। उन्होंने जैसे अछूतों को सहूलियतें नहीं दीं वैसे ही मुस्लिमों को भी नहीं दीं। सिलोन कमीशन की तरह नातरफदारी नेहरू कमेटी ने दिखाई होती, तो अछूतों से जैसा व्यवहार किया वैसा ही व्यवहार मुस्लिमों से किया होता तो अछूतों को आरक्षित स्थान न देने का हमने एतराज न किया होता। अछूतों को कुछ मात्रा में आरक्षित स्थान मिलने से उनके हाथ में सबकुछ आ गया, ऐसा समझनेवालों में से हम नहीं हैं। आरक्षित स्थानों की संख्या कितनी भी बढ़ गई तब भी विधि कौन्सिल में अल्पसंख्यक लोग अल्पसंख्यक ही रहेंगे। बहुसंख्यक लोगों के जुल्म से अल्पसंख्यक समाज को मुक्ति मिलने के लिए आरक्षित स्थानों की मात्रा की कमी को पूरा करना होगा। जुल्मी बहुसंख्यक समाज के विरोध में विद्रोह करके अपने आपको कुर्बान करना या उन्हें तबाह कर देना यही अल्पसंख्यक समाज के हाथ में अन्तिम उपाय है, इस बात को हम अच्छी तरह जानते हैं। इसलिए आरक्षित स्थानों की सुविधा पर हम विशेष निर्भर नहीं हैं। लेकिन हमारा कहना यह है कि नेहरू कमेटी ने मतदाता संघों की जो योजना तैयार की है वह निष्पक्ष नहीं है। इसके सम्बन्ध में हमारा साफ़ कहना है कि हिन्दू समाज की भँड़ोली को बगैर कुछ किए ऊपर के लोगों को ऊपर और नीचे के लोगों को नीचे रखकर स्वराज्य की सत्ता प्राप्त करने का यह ब्राह्मणी षड्यन्त्र है वरना जो सहूलियतें मुस्लिमों को दी गईं, वही सहूलियतें पिछड़े समाज के हिन्दुओं को या अछूतों को क्या नहीं दी गई होतीं? वह न देने का कारण नेहरू कमेटी कुछ भी दे सकती है लेकिन हमें जो कारण दिखाई दे रहा है वह एकदम अलग है।

मुस्लिम और अब्राह्मण समाज के लोग दोनों पिछड़े हुए हैं। लेकिन ब्राह्मणवाद रक्षण की दृष्टि से इन दोनों में बहुत बड़ा फर्क है। वह यह कि मुस्लिमों को राजनीतिक दृष्टि से सहूलियतें दी गईं तो देश बर्बाद होगा लेकिन ब्राह्मणवाद डूब नहीं सकता। लेकिन वही सहूलियतें अब्राह्मणों को दी गईं तो देश बर्बाद नहीं होगा लेकिन ब्राह्मणवाद का विनाश होगा, यह बात सही है। आज तक ब्राह्मणों का यह जो धार्मिक प्रभुत्व कायम

रहा इसका प्रमुख कारण अब्राह्मण समाज के हाथ की राजनीतिक सत्ता उनके हाथ में थी, जिनके हाथ में धार्मिक सत्ता भी थी, यह है। राजनीतिक सत्ता के साथ मिलने से ही धार्मिक सत्ता बरकरार रही। इसलिए राजनीतिक सत्ता का आधार टूटते ही सामाजिक और धार्मिक सत्ता की नींव ढह जाएगी। जहाँ धार्मिक राजनीतिक सत्ता नहीं मिली, वहाँ ब्राह्मण समाज पनभरा या रसोइया होकर रहा है और जहाँ धार्मिक सत्ता को राजनीतिक सत्ता मिली वहाँ ब्राह्मण सत्ता पर बैठ गए, इसके लिए पेशवाई गवाह है। जिस दिन यह साथ छूट जाएगा और ब्राह्मणों के हाथ की राजनीतिक सत्ता अब्राह्मणों के हाथ में जाएगी उस दिन इस ब्राह्मणवाद का घड़ा भर जाएगा। पिछड़े हिन्दुओं को या अछूतों को आरक्षित स्थान दिए गए तो उससे ब्राह्मणों की बपौती कम होगी। अछूतों को और पिछड़े समाज के हिन्दुओं को राजनीतिक सत्ता से जितना सम्भव हो उतना दूर रखे बगैर ब्राह्मणों का वर्चस्व बरकरार नहीं रह सकता, उसका ज्ञान ब्राह्मणों को और ऊँची जातियों को है ही। नेहरू कमेटी के हिन्दू सदस्यों में ब्राह्मण और उनके जैसी जातियों की संख्या ज्यादा है। इसलिए कमेटी में अपने सदस्यत्व का लाभ उठाकर जितना सम्भव हो उतना स्वार्थ प्राप्त किए बगैर वे रहे नहीं। पिछड़े हिन्दुओं को और अछूतों को आरक्षित स्थान देना या न देना यह उनकी स्वार्थी प्रवृत्ति का नमूना है। इसलिए हमारा यह कहना है कि नेहरू कमेटी ने मतदाता संघ की जो प्रणाली सुझाई है उसमें सीधे-सीधे राजनीति के जरिए ब्राह्मणी षड्यन्त्र ही ज्यादा है। पिछड़े हिन्दुओं की और अछूतों की तबाही करके नेहरू कमेटी ने हिन्दुओं के हितों का संरक्षण किया होता तो भी खुशी मनाई जा सकती थी, लेकिन नेहरू कमेटी वह भी नहीं कर सकी।

मुस्लिमों को राजनीतिक दृष्टि से जो हक़ आज प्राप्त हुए हैं, उनकी शुरुआत 1917 में कांग्रेस और मुस्लिम लीग के दरमियान लखनऊ में जो समझौता हुआ था, उसमें है। 1917 से पहले हिन्दुओं की कांग्रेस और मुस्लिमों की लीग इन दो संस्थाओं में इतना सौतमत्सर फैला हुआ था कि एक का मुँह पूरब की ओर था तो दूसरे का पश्चिम की ओर। एक की छाँव दूसरे को न छुए या न जाने किस कारण जहाँ एक का अधिवेशन होता था वहाँ दूसरे का अधिवेशन कभी नहीं होता था। हिन्दुस्तान में स्वराज्य स्थापना का घोषणापत्र 30 जुलाई, 1917 को जब प्रकाशित हुआ तब से दोनों ने अपना सौतमत्सर कुछ कम करके आपस में सुलह करना शुरू कर दिया। इस सुलह से लखनऊ का जो समझौता अस्तित्व में आया उस समझौते के अनुसार मुस्लिमों को कई सहूलियतों की खैरात दी गई। आरक्षित स्थानों की सहूलियतें मुस्लिमों को अपर्याप्त लगीं इसलिए उन्होंने स्वतन्त्र मतदाता संघ की माँग की और कांग्रेस पार्टी ने उसे मंजूर कर लिया। स्वतन्त्र मतदाता संघ की सहूलियतें केवल अल्पसंख्यकों के लिए हैं, इस मत को सभी मानते हैं। मतलब जिन प्रान्तों में मुस्लिम अल्पसंख्यक थे उन प्रान्तों में उन्हें ये सहूलियतें देने में मतदाता संघ मिलने के बाद भी मुस्लिमों की समस्या का समाधान नहीं हुआ। उन्हें प्रतिनिधियों की संख्या के लिए भी सहूलियतें चाहिए थीं। कांग्रेस पक्ष उनकी जनसंख्या के प्रतिशत के अनुसार उन्हें प्रतिनिधि देने के लिए तैयार था। लेकिन

प्रतिनिधियों का अनुपात जनसंख्या पर निर्भर था तो अपनी जनसंख्या कम होने की वजह से उन्हें प्रतिनिधि कम मिलेंगे और विधि कौन्सिल में उनका प्रभाव कम रहेगा, इसलिए मुस्लिम समाज ने जनसंख्या के अनुपात को अपनी मंजूरी नहीं दी। उन्होंने आग्रह किया कि उनके पूर्व वैभव के अनुसार उन्हें प्रतिनिधित्व मिलना चाहिए और कांग्रेस पक्ष ने उसे मंजूर भी कर लिया।

जब 1921 में नया संविधान बनाया गया तब उसमें लखनऊ समझौते का स्वाभाविक रूप से प्रवेश हुआ। जो शर्तें दोनों दलों ने समझौते से मंजूर कीं फिर वे कितनी भी अनुचित क्यों न हों, उन्हें खारिज़ करके उनकी जगह नई शर्तें लेने का जोखिम उठाने से अंग्रेज सरकार ने इनकार किया और समझौता जैसा था वैसा ही कबूल कर उसे कानूनी रूप दिया गया। अंग्रेज सरकार ने उपर्युक्त लखनऊ समझौते में एक परिवर्तन किया और वह यह कि मुस्लिमों के प्रतिनिधित्व के अनुपात में परिवर्तन। मुस्लिमों के प्रतिनिधित्व का अनुपात जो लखनऊ समझौते में तय किया गया है, किसी भी दृष्टि से देखा जाए तो वह बिल्कुल अनुचित है। सिर्फ मुस्लिमों की मर्जी के अनुसार उसे मंजूर किया गया था। परस्पर व्यवहार की गलती का बुरा परिणाम व्यक्ति पर पड़ता है। और उचित समय पर उसमें सुधार नहीं हुआ तब भी वह कुछ दिन चल सकता है। लेकिन राज्यव्यवस्था के सर्वव्यापी व्यवहार में यदि गलती हो गई तो उसके परिणाम सारे समाज को भोगने पड़ते हैं। इसलिए उसमें सही समय पर सुधार करना आवश्यक हो जाता है, इस बात को ध्यान में रखकर ही अंग्रेज सरकार ने मुस्लिमों के प्रतिनिधियों के अनुपात में काफी कटौती की है। मुस्लिमों की प्रदेश के अनुसार जनसंख्या, लखनऊ के समझौते के अनुसार उनके प्रतिनिधियों का तय किया हुआ अनुपात और उसमें अंग्रेज सरकार ने कटौती करके जो संख्या तय की है यह सारी जानकारी अगले पृष्ठ पर सारिणी में दी गई है। उससे यह आसानी से समझ में आएगा कि लखनऊ समझौते के अनुसार मुस्लिमों को कितनी फ़ाज़िल सहूलियतें दी गईं लखनऊ समझौते में नेहरू कमेटी ने दो महत्त्वपूर्ण परिवर्तन किए हैं। पहला परिवर्तन यह कि स्वतन्त्र मतदाता संघ की बजाय संयुक्त मतदाता संघ और आरक्षित स्थान। दूसरा परिवर्तन जनसंख्या के अनुपात में प्रतिनिधियों की संख्या। ये दोनों परिवर्तन बहुत ही महत्त्वपूर्ण हैं, इससे कोई इनकार नहीं कर सकता। यदि नेहरू कमेटी इतना भी करती तब भी उसके उपकार को स्वीकार करना उचित होता। लेकिन कमेटी ने लखनऊ समझौते के परिवर्तनों के साथ जो तीसरी योजना बनाई है उस वजह से उपर्युक्त दोनों परिवर्तनों का अच्छा परिणाम होना चाहिए था। पर लगता है वह पूरी तरह समाप्त होकर हिन्दू समाज पर उपकार की बजाय अन्याय किया गया है, यही कहना उचित होगा।

इस संयुक्त योजना का मतलब है, नई प्रान्त-रचना। इस नई प्रान्त-रचना के अनुरूप नेहरू कमेटी ने यह तय किया है कि सिन्ध प्रान्त मुम्बई प्रान्त से अलग किया जाए और बलूचिस्तान तथा सीमा प्रान्त स्वतन्त्र करके अन्य प्रान्तों का संविधान इन प्रान्तों पर भी लागू किया जाए। इस प्रान्त-रचना का रहस्य क्या है इसका खुलासा नहीं

| प्रदेश | मुस्लिमों का कुल जनसंख्या से प्रतिशत | मुस्लिम प्रतिनिधियों का कुल चुनकर आए हुए प्रतिनिधियों से ब्रिटिश सरकार द्वारा तय किया गया प्रतिशत | लखनऊ के समझौते में तय किया गया मुस्लिम प्रतिनिधियों का प्रतिशत |
|---|---|---|---|
| मद्रास | 6.7 | 13.2 | 15 |
| मुम्बई | 19.7 | 31.3 | 33 |
| बंगाल | 53.9 | 34.2 | 40 |
| संयुक्त प्रान्त | 94.3 | 29.0 | 30 |
| पंजाब | 55.3 | 45.7 | 50 |
| बिहार उड़ीसा | 10.9 | 23.6 | 25 |
| मध्य प्रान्त | 4 | 12.7 | 15 |
| असम | 28.9 | 30.7 | – |

हुआ है, यह बात साफ़ है वरना नेहरू कमेटी से हिन्दू लोग जो इतने खुश हैं वे कभी खुश न हुए होते, यह हम दावे के साथ कह सकते हैं। इस रहस्य का किसी को कुछ पता न चले इसलिए नेहरू कमेटी ने जानबूझकर उस पर परदा डालकर लोगों को गुमराह करने का प्रयास किया है। नेहरू कमेटी ने ऐसा दिखाने की कोशिश की है कि हमने जो नई प्रान्त-रचना की है वह प्रान्त-रचना सिर्फ भाषा के आधार पर होनी चाहिए, इस सिद्धान्त के अनुसार की है। भाषा के अनुसार प्रान्तों की रचना का सिद्धान्त अच्छा है लेकिन इस सिद्धान्त को अमल में लाने से देश का बड़ा नुकसान होगा, ऐसी हमारी समझ है। इस देश में यदि किसी बात का अभाव है तो वह है राष्ट्रीय भावना का अभाव। यह राष्ट्रीय भावना इस देश में पैदा नहीं हुई तो इसके कई कारण हैं, उसमें एक बुनियादी कारण है और वह है भाषा। इस बुनियादी कारण को समाप्त किए बगैर राष्ट्रीय एकता की भावना लोगों में पैदा होना असम्भव है। भाषा के अनुसार प्रान्तों की रचना का मतलब है राष्ट्रीय एकता की भावना के मूल पर ही वार करना क्योंकि, जितने अनुपात में प्रान्तीय भावना का पोषण किया जाएगा उसी अनुपात में राष्ट्रीय भावना का पौधा सूखता जाएगा। अभी जो प्रान्त हैं उनमें राष्ट्रीय भावना पैदा हुई यह बात सही है। लेकिन भाषा के आधार पर प्रान्तों की रचना होने से वह कभी पैदा नहीं होगी। भाषा के आधार पर प्रान्तों की रचना करने के बजाय सारे राष्ट्र की एक भाषा हो, इस तरह का प्रयास सही अर्थों में राष्ट्र के हित में है, ऐसा हमें लगता है।

लेकिन भाषा के आधार पर प्रान्त सही या गलत हैं, इस सवाल को फिलहाल दूर रखा जाए। मूल सवाल है कि नेहरू कमेटी ने जिस प्रकार की प्रान्त-रचना का सुझाव दिया है, उसके मूल में भाषा का सिद्धान्त नहीं है। भाषा के अनुसार प्रान्त के सिद्धान्त

को यदि कमेटी ने अपनाया होता तो इस देश की जमीन को कुल मिलाकर 179 प्रान्तों में बाँटना चाहिए, इस तरह की योजना कमेटी की होती, क्योंकि इस देश में इतनी ही भाषाएँ बोलनेवाले लोग रहते हैं। लेकिन उस तरह की योजना कमेटी ने नहीं बनाई बल्कि भाषा के आधार पर प्रान्त बनाने की कुछ लोगों की माँग को नेहरू कमेटी ने ठुकरा दिया। सिन्ध, बलूचिस्तान, और सरहद के प्रान्त आदि तीनों प्रदेशों को भी उसमें कुछ अड़चनें आती हैं। लेकिन उन सभी अड़चनों को दूर करके इन तीन प्रदेशों को अलग-अलग प्रान्तों का स्वरूप देने में, भाषा के आधार पर प्रान्त के सिद्धान्त के अलावा दूसरे कुछ अन्य प्रबल कारण होने चाहिए, इस तरह का सन्देह स्वाभाविक रूप से पैदा होता है। भाषा के आधार पर प्रान्तों की रचना हो तो सरहद के प्रान्त, पंजाब और संयुक्त प्रान्त की एक ही भाषा है। उनकी वर्तमान हदें तोड़कर अलग हदें तय कर अलग-अलग प्रान्त बनाए जा सकते थे लेकिन नेहरू कमेटी ने वैसा भी नहीं किया। इसका मतलब यह है कि यह प्रान्त-रचना भाषा के आधार पर नहीं बल्कि अन्य किसी सिद्धान्त के आधार पर की गई है, इस तरह का सन्देह बरकरार रहता है। वह सिद्धान्त कौन-सा है, इसे नेहरू कमेटी ने छिपाकर रखा है तब भी बूढ़ी ने मुर्गे को बन्द कर रखा इसलिए सूरज का उदय नहीं होगा, ऐसी बात नहीं। उसी प्रकार नेहरू कमेटी द्वारा छिपाकर रखा सिद्धान्त लोगों की समझ में न आया हो ऐसी बात नहीं।

नेहरू कमेटी ने जिस योजना को पेश किया है, वह मूल रूप में मुस्लिम लोगों की है, नेहरू कमेटी की बिल्कुल नहीं है, यह बात बहुत सारे लोगों के ध्यान में नहीं आई, ऐसा लगता है। लेकिन 20 मार्च, 1927 को दिल्ली में मुस्लिम लोगों ने जो माँगें रखी थीं, उन्हें नेहरू कमेटी द्वारा तैयार की गई योजना के सन्दर्भ में देखा जाए तो किसी की भी समझ में आएगा कि नेहरू कमेटी ने नया कुछ नहीं किया है। सिर्फ मुस्लिमों की माँगें मंजूर करके उन्हें अपनी योजना में मिला लिया है। उन माँगों में मुस्लिम लोगों ने जाहिर किया था कि सिन्ध प्रान्त अलग किया गया और सरहद के प्रान्त और बलूचिस्तान को स्वायत्तसत्ताधारी बनाया गया तो हम स्वतन्त्र मतदाता संघ छोड़ देंगे और संयुक्त मतदान संघ तथा आरक्षित स्थान लेने के लिए तैयार होंगे, इस तरह की माँग हमें अजीब लग रही थी। संयुक्त मतदाता संघ को स्वीकार करना और सिन्ध, बलूचिस्तान तथा सरहद आदि प्रान्तों का अलग प्रान्त बनाना इन दो बातों का आपस में क्या सम्बन्ध है, यह बात हमारी समझ में नहीं आ रही थी। स्वतन्त्र मतदाता संघ बनाने से मुस्लिमों का होनेवाला नुकसान अलग प्रान्त बनाने से किस तरह पूरा होगा इस बात का खुलासा नहीं हो रहा था। लेकिन पंजाब में साइमन कमीशन की जो बैठक हुई, उस बैठक में मुस्लिम नेताओं की जो गवाही हुई, उस गवाही में उन्होंने इस बात का खुलासा किया कि इन दो बातों को इकट्ठा क्यों किया गया। वह खुलासा इस प्रकार था कि वर्तमान प्रान्तों में सिर्फ पंजाब और बंगाल दो प्रान्तों में ही मुस्लिम लोग हिन्दुओं से संख्या की दृष्टि से अधिक हैं। सिन्ध, बलूचिस्तान और सरहद के प्रान्त अलग और स्वतन्त्र किए गए तो हिन्दुस्तान में जो कुल नौ-दस प्रान्त हैं उनमें से पाँच प्रान्तों में

मुस्लिमों का जोर रहेगा। इस तरह की प्रान्त-रचना से जिन प्रान्तों में मुस्लिम अल्पसंख्यक हैं, उन प्रान्तों के हिन्दुओं ने यदि मुस्लिमों को सताया तो जिन प्रान्तों में हिन्दुओं की संख्या कम है, उन प्रान्तों के मुस्लिम लोग उन्हें सताएँगे। इस तरह से एक-दूसरे पर दबाव डाला जाएगा और इस तरह के दबाव से जाति के आधार पर संघ बनाने से होनेवाले नुकसान की भरपाई होगी। उपर्युक्त विश्लेषण से एक बात समझ में आती है कि मुस्लिमों द्वारा सुझाए हुए और नेहरू कमेटी द्वारा स्वीकार की गई प्रान्त-रचना भाषा के आधार पर प्रान्त के सिद्धान्त को लेकर नहीं है। बल्कि जिस तरह कुछ जगह मुस्लिमों की दाढ़ी हिन्दुओं के हाथ में है, उसी प्रकार अन्य जगहों पर हिन्दुओं की चोटी मुस्लिमों के हाथ में आएगी, इस सिद्धान्त पर की गई है। सभी हिन्दुओं से हम यह सवाल पूछना चाहते हैं कि मुस्लिमों का स्वतन्त्र मतदाता संघ बनाना उचित है या कुछ मुस्लिम प्रान्त बनाकर वहाँ के हिन्दू लोगों को मुस्लिमों की जमानत पर रखना अच्छा है? मुस्लिमों के स्वतन्त्र मतदाता संघ रहेंगे, तो उसी अनुपात में राज्यप्रणाली गैरजिम्मेदार रहेगी, लेकिन मुस्लिमों के हाथ में राजनीतिक सत्ता आने से हिन्दुओं के बुरे हाल नहीं होंगे। स्वतन्त्र मतदाता संघ की बजाय संयुक्त मतदाता संघ और आरक्षित स्थानों की प्रणाली अमल में लाई गई तो राज्यप्रणाली जिम्मेदार प्रणाली होगी, यह बात सच है। लेकिन उस योजना को मिलाकर नई प्रान्त-रचना की गई तो हिन्दुओं में गतिरोध पैदा होगा। जिस योजना में हिन्दुओं को खतरा पैदा होता हो उस योजना का क्या उपयोग? मुस्लिमों के स्वतन्त्र मतदाता संघ रहने देना उचित है, लेकिन नेहरू कमेटी की यह योजना एकदम दो कौड़ी की है ऐसा हमें लगता है, इसलिए यह योजना हमें बिल्कुल नहीं चाहिए।

हिन्दुओं के हितों के बारे में नेहरू कमेटी ने इतनी बेपरवाही की है कि अल्पसंख्यक मुस्लिम समाज को जो हक़ दिए गए हैं वे हक़ भी अल्पसंख्यक हिन्दुओं को नहीं दिए गए। जैसे, जिन प्रान्तों में मुस्लिम अल्पसंख्यक हैं उन प्रान्तों में उनके लिए विधि कौन्सिल में अमुक-अमुक स्थान आरक्षित रखे गए हैं। बंगाल और पंजाब प्रान्तों में हिन्दू अल्पसंख्यक हैं लेकिन उनके लिए नेहरू कमेटी ने आरक्षित स्थानों की सुविधा नहीं दी है। इन दो प्रान्तों के हिन्दुओं को शायद आरक्षित स्थानों की सुविधा की जरूरत नहीं होगी लेकिन उस तरह की सहूलियत उन्हें दी गई होती तो कुछ गलत नहीं होता। खाई के ऊपर से कूदकर जाना सम्भव होने पर भी उस पर पुल बनाने में ही बुद्धिमानी है और व्यवहार में बुद्धिमानी का ज्यादा महत्त्व है। अब कुछ लोग ऐसा कहेंगे कि हमने यह जो खतरे की घंटी बजाई है उसका कोई कारण नहीं है। जिस तरह मुस्लिमों के बहुसंख्यक प्रान्त हैं, उसी प्रकार हिन्दुओं के भी बहुसंख्यक प्रान्त हैं ही और जहाँ मुस्लिम बहुसंख्यक हैं वहाँ यदि उन्होंने मुसलमानी आक्रमण की नीति को अपनाया तो जहाँ हिन्दू बहुसंख्यक हैं वहाँ हिन्दुओं को इसका आसानी से जवाब देना सम्भव होगा। इस पर हमारा जवाब यह है कि ऐसी शिक्षा हिन्दुओं की रग-रग में समाई होने की वजह से दूसरे प्रान्तों के हिन्दुओं को मुक्त करने के लिए ख़्वाब में भी मुस्लिमों को सताने के लिए

तैयार होंगे, ऐसा बिल्कुल नहीं लगता। लेकिन मुस्लिमों के कुकर्म की वजह से यह बदला लेने की भावना जाग गई और इस तरह एक-दूसरे की दहशत में दबकर रहना दोनों समाजों के लिए सम्भव हुआ तब भी यह तरीका उचित नहीं है। सत्ता के सन्तुलन का सिद्धान्त दूसरे राष्ट्रों के व्यवहार में शायद फायदेमन्द होगा, लेकिन जिन समाजों को एक ही देश में नजदीक-नजदीक रहना है और जिनके हित-सम्बन्ध एक-दूसरे पर निर्भर हैं, वे एक-दूसरे के साथ सुख से रहेंगे ऐसी व्यवस्था करने के बजाय वे हमेशा एक-दूसरे की ओर टेढ़ी नजरों से देखें और एक-दूसरे के साथ बदला लेने के लिए तैयार हों इस तरह की व्यवस्था करना, जैसी दूसरी बेवकूफी भरी योजना और क्या हो सकती है ?

मुस्लिमों का ऐसा मानना कि अपने प्रान्त के हिन्दू लोगों ने हमें जमीनें दी हैं और हिन्दुओं का ऐसा मानना कि अपने प्रान्त के मुस्लिम लोगों ने हमें जमीनें दी हैं, इस तरह यदि दोनों ओर के लोगों ने सोचा तो किसी भी प्रान्त के लोगों को सुख-शान्ति मिलेगी, ऐसा हमें बिल्कुल नहीं लगता। एक प्रान्त के बहुसंख्यक लोग अपने अल्पसंख्यक लोगों को सताने की मूर्खता करेंगे इसलिए दूसरे प्रान्तों के बहुसंख्यक लोगों को वहाँ के अल्पसंख्यक लोगों को बेमतलब सताने की छूट देना इस तरह का न्याय एकदम बर्बर है। अब नेहरू कमेटी वाले लोग कहेंगे कि हमने प्रान्त-रचना की जो योजना बनाई है वह एक भाषा एक प्रान्त की भावना से बनाई है। इसका परिणाम कुछ प्रान्तों में हिन्दुओं का जोर और कुछ प्रान्तों में मुस्लिमों का जोर, यदि ऐसा हो तो उसका कोई इलाज नहीं। इस बात पर हमारा जवाब है कि कोई भी व्यवस्था अच्छी होगी या बुरी होगी यह पूरी तरह उसके मूल उद्‌देश्य पर निर्भर करेगा। व्यवस्था दिखने में अच्छी हो लेकिन उसके मूल में जो उद्‌देश्य है वह यदि अच्छा न हो तो उसके परिणाम गलत हुए बिना नहीं रहेंगे, 'जैसी कामना वैसा फल' यह संतवचन प्रसिद्ध है। एक भाषा बोलनेवाले लोग इकट्ठा होने चाहिए, वे संगठित होने चाहिए, उनकी संस्कृति बढ़नी चाहिए, और राष्ट्र का वैभव और गौरव बढ़ना चाहिए, यही यदि भाषा के आधार पर प्रान्त बनाने का उद्‌देश्य होता तो हमने मान लिया होता। लेकिन भाषा के आधार पर प्रान्त-रचना का यह उद्‌देश्य नहीं है इस बात को मुस्लिम लोगों ने खुल्लमखुल्ला बता दिया है। उन्होंने यह साफ़ तौर पर बता दिया है कि कुछ प्रान्तों में हमारी दाढ़ी हिन्दुओं के हाथ में है उसी प्रकार कुछ प्रान्तों में हिन्दुओं की चोटी हमारे हाथ में होनी चाहिए, हमें ऐसी प्रान्त-रचना चाहिए। हिन्दू समाज में कन्याओं के आदान-प्रदान के विवाह की प्रणाली है। इसमें अ की बहन ब को और ब की बहन अ को देकर सम्बन्ध स्थापित किए जाते हैं। इसका उद्‌देश्य यही है कि अ ने यदि ब की बहिन को सताया तो ब ने अ की बहिन को सताकर एक-दूसरे को एक-दूसरे के नियन्त्रण में रखना चाहिए। नेहरू कमेटी की प्रान्त-रचना का मतलब है हिन्दू-मुस्लिमों का एक तरह से आदान-प्रदान का वैवाहिक सम्बन्ध, ऐसा कहना कोई गलत नहीं होगा। जिस उद्‌देश्य से विवाह-सम्बन्ध स्थापित किया जाता है उसी उद्‌देश्य से इस तरह की प्रान्त-रचना की गई। आदान-प्रदान की शादी आम शादी होती है, लेकिन उसका बुरा उद्‌देश्य व्यवहार में आता ही है, इस बात

का अनुभव सभी हिन्दुओं को है। उसी प्रकार इस प्रान्त-रचना का जो उद्देश्य है वह व्यवहार में निश्चित रूप से आएगा ही।

इस प्रान्त-रचना के मूल में मुस्लिम लोगों का आदान-प्रदान का ही उद्देश्य है। इसके अलावा उनका दूसरा कोई उद्देश्य नहीं है। इसकी पुष्टि इस बात से होती है कि प्रान्तीय सरकार और केन्द्रीय सरकार के आपसी सम्बन्ध कैसे होने चाहिए, यह बड़े महत्त्व का सवाल है। प्रान्तीय सरकार और केन्द्रीय सरकार में अधिकार विभाजन होता ही है। उसके बिना दोनों का राज्य-प्रशासन सही ढंग से चलना सम्भव नहीं है। लेकिन ऐसा विभाजन करते समय दो सवाल उठते हैं। उसमें पहला सवाल यह कि प्रान्तीय सरकार को जो अधिकार सौंपे जाते हैं उन पर नियन्त्रण रखने का हक़ केन्द्रीय सरकार को होना चाहिए या नहीं? दूसरा सवाल यह खड़ा होता है कि आपस में अधिकार विभाजन के बाद बाकी अधिकार किसके पास होने चाहिए, प्रान्तीय सरकार के या केन्द्रीय सरकार के? आज तक मुस्लिमों की नीति यह थी कि प्रान्तीय सरकार को जो अधिकार दिए गए उन अधिकारों पर केन्द्रीय सरकार का नियन्त्रण होना जरूरी है। लेकिन वे ही मुस्लिम लोग आज अलग माँग कर रहे हैं। वे कहने लगे हैं कि प्रान्तीय सरकार को जो अधिकार दिए जाएँगे उस पर केन्द्रीय सरकार का किसी भी प्रकार का नियंत्रण नहीं होना चाहिए। प्रान्तीय सरकार को जो अधिकार प्राप्त होंगे, उन अधिकारों का अच्छा-बुरा उपयोग करने के लिए वह स्वतन्त्र होनी चाहिए। नेहरू कमेटी ने मुस्लिमों की इस माँग को मंजूर कर लिया है। इस योजना के अच्छे-बुरेपन के लिए किसी को भी दुराग्रह रखने की आवश्यकता नहीं क्योंकि इस तरह की योजनाएँ दूसरे देशों में भी दिखाई देती हैं।

लेकिन मुस्लिमों के दृष्टिकोण में अचानक इतना परिवर्तन कैसे हुआ, यह बात सोचने लायक है। इस परिवर्तन का कारण कोई कुछ भी बताए, लेकिन हमें लगता है कि मुस्लिमों की यह माँग हिन्दू-मुस्लिमों के बीच सत्ता के सन्तुलन के लक्ष्य को प्राप्त करने के लिए जिस प्रान्त-रचना की योजना बनाई गई है, उसे अमल में लाने के लिए है। प्रान्तीय सरकार यदि केन्द्रीय सरकार से नियन्त्रित नहीं हुई तो नई प्रान्त-रचना के अनुसार हिन्दुओं की चोटी उनके हाथ में जाएगी, फिर भी उसे ऐंठने की उन्हें छूट नहीं रहेगी। क्योंकि प्रान्तीय सरकार पर केन्द्रीय सरकार का नियन्त्रण रहने से किसी प्रान्त के बहुसंख्यक मुस्लिम लोग वहाँ के अल्पसंख्यक हिन्दुओं को सताने लगे तो केन्द्रीय सरकार उसे रोक सकेगी, मतलब हिन्दुओं को सतानेवाली प्रान्त-रचना से मुस्लिमों को होनेवाला फायदा पूरी तरह से उन्हें मिले इसलिए प्रान्तीय सरकार को अनियन्त्रित रहना चाहिए और इसीलिए मुस्लिमों ने उस तरह की माँग की है। नेहरू कमेटी ने उस माँग को मंजूर करके हिन्दू समाज का नुकसान किया है, ऐसा हमारा मानना है।

नेहरू कमेटी की योजना में हिन्दुओं को बड़ा खतरा है। इतना ही नहीं, हिन्दुस्तान पर विपत्ति आएगी, यह कहा जा सकता है। प्रान्तीय सरकार के और केन्द्रीय सरकार के सम्बन्ध किस तरह के होने चाहिए यह सवाल जितना महत्त्वपूर्ण है उतना ही महत्त्व

का सवाल यह है कि इस देश की केन्द्रीय सरकार और ब्रिटिश साम्राज्य की सरकार का सम्बन्ध किस तरह का होना चाहिए? यह तय करने में राष्ट्र का लक्ष्य क्या होना चाहिए, साम्राज्य के भीतर स्वराज्य होना चाहिए या आजादी, इस तरह के दो सवाल स्वाभाविक रूप से उठते हैं। नेहरू कमेटी के अनुसार साम्राज्य में स्वराज्य यही हिन्दुस्तान का लक्ष्य होना चाहिए, इस तरह की सिफारिश की गई थी जबकि 1927 में कांग्रेस ने हिन्दुस्तान का लक्ष्य आजादी है, ऐसा प्रस्ताव मंजूर किया था। मतलब नेहरू कमेटी का लक्ष्य और कांग्रेस के लक्ष्य में महत्त्वपूर्ण विरोध पैदा हुआ और इस विरोध का टकराव कितना प्रबल था, इसका अनुभव सभी को कांग्रेस के पिछले अधिवेशन में हुआ। इस टकराव को समाप्त करने के लिए और सभी में एकता के लिए एकता का प्रस्ताव मंजूर किया गया। लेकिन वह प्रस्ताव इतना खोखला था कि इसके मनचाहे अर्थ निकाले जा सकते हैं। यह बात सच है कि नेहरू कमेटी की योजना को छुए बिना ही उसे निकाल बाहर कर दिया गया और आजादी ही हिन्दुस्तान का लक्ष्य है, इस बात पर अमल किया गया। अपने देश में आजादी न हो, अपना देश हमेशा गुलाम रहे ऐसा माननेवाला कोई भी स्वदेशप्रेमी व्यक्ति नहीं मिलेगा। आजादी के लक्ष्य के सम्बन्ध में सभी को हमदर्दी होनी स्वाभाविक है। लेकिन इस सवाल पर केवल सिद्धान्त की दृष्टि से सोचने से काम नहीं चलेगा। व्यवहार की दृष्टि से, मकसद गैर-मकसद की दृष्टि से, सम्भव-असम्भव की दृष्टि से, उचित-अनुचित की दृष्टि से विचार होना जरूरी है। कानूनी दृष्टि से ब्रिटिश साम्राज्य में समाहित राष्ट्र इतने घबराए हुए दिखाई देते हैं कि उन्हें अपनी इच्छा के अनुसार रहने का अवसर ही नहीं दिया जाता, ऐसा लगता है। उनके द्वारा बनाए गए कानून अंग्रेज बादशाह नामंजूर कर सकता है। यदि वैसा हुआ तो उन्होंने जो कानून बनाए और पार्लियामेंट ने जो कानून बनाए उसमें यदि विरोध उत्पन्न हुआ तो उसके कानून अपने आप अप्रभावी बन जाएँगे। उनके लिए गवर्नर, वायसराय जैसे प्रमुख अधिकारी नियुक्त करने के सारे अधिकार ब्रिटिश सरकार के हाथ में हैं। उनके हाईकोर्ट द्वारा दिए गए निर्णय अन्तिम नहीं माने जाते। उनमें परिवर्तन करने का अधिकार ब्रिटिश प्रिव्ही कौन्सिल का है। कानून के द्वारा ब्रिटिश साम्राज्य के अन्तर्गत राष्ट्रों पर जो निर्बन्ध लगाए गए हैं, उससे शायद साम्राज्य के अन्तर्गत स्वराज्य के लिए कुछ लोग तैयार नहीं होंगे, इस बात की समझ स्वतन्त्रतावादी कैम्प में होनी चाहिए।

जिन्हें हक़ीकत मालूम है उन्हें यह स्वीकार करना होगा कि साम्राज्य के अन्तर्गत राष्ट्र साम्राज्य के बाहर के राष्ट्रों की तरह स्वतन्त्र है। उनके लिए नियुक्त किए गए गवर्नर या वायसराय उनकी इच्छानुसार नियुक्त किए जाते हैं। उनके कानून नामंजूर करने की परम्परा पूरी तरह से समाप्त हुई है। उनके लिए कानून बनाने का अधिकार ब्रिटिश पार्लियामेंट को उनकी सलाह के बिना कभी अमल में नहीं लाना चाहिए, यह बात करीब-करीब तय है। उनके कोर्ट द्वारा दिए गए फैसले पर ब्रिटिश प्रिव्ही कौन्सिल में अपील न की जाए, इस तरह की इच्छा हो तो वह भी हो सकता है। उनके संविधान में संशोधन करने का अधिकार उन्हीं को दिया गया है। 1880 से उनकी स्वीकृति लिए

बगैर ब्रिटिश सरकार द्वारा बनाया हुआ व्यापार से सम्बन्धित करारनामा अमल में लाना ही चाहिए, इसका उन पर बन्धन नहीं है। 1918 से कोई भी राजनीतिक करार करते समय ब्रिटिश मन्त्री के साथ उनके भी मन्त्री लेने का रिवाज है और उनकी मंजूरी लिए बगैर इस तरह के राजनीतिक करार अमल में नहीं लाए जाते। महायुद्ध के बाद स्थापित राष्ट्रसंघ के वे सभी सदस्य हैं। ब्रिटिश साम्राज्य के प्रतिनिधि के अलावा उन सभी के प्रतिनिधि राष्ट्रसंघ में हैं और मनचाहे सवाल पर अपना मत देने के लिए स्वतन्त्र हैं। वे अपनी मर्जी के अनुसार लड़ाई नहीं छेड़ सकते या ब्रिटिश सरकार ने लड़ाई छेड़ दी तो उसकी ओर से लड़ने के लिए मना नहीं कर सकते। साम्राज्य के बाहर जो दोस्त राष्ट्र हैं उन्हें भी इन शर्तों का पालन करना पड़ता है। बल्कि दोस्त राष्ट्रों को जो सहूलियतें नहीं हैं वे सहूलियतें साम्राज्य के तहत जो राष्ट्र हैं, उन्हें प्राप्त हैं। यह बात सही है कि ब्रिटिश सरकार ने लड़ाई छेड़ दी तो साम्राज्य के तहत जो राष्ट्र हैं वे ऐसा नहीं कह सकते कि कानूनी दृष्टि से हम नातरफ़दार हैं। लेकिन यह भी सही है कि लड़ाई में ब्रिटिश सरकार की आर्थिक या फौजी मदद की जिम्मेदारी उन पर नहीं आती। ब्रिटिश साम्राज्य का संविधान लिखित न होने की वजह से उसमें शामिल राष्ट्रों को साम्राज्य से स्वतन्त्र होने का अधिकार है या नहीं, यह निश्चित रूप में बताना असम्भव होने पर भी मिस्टर बॉनर लॉ, सर रॉबर्ट बोर्डेन जैसे राजनीतिज्ञों की दृष्टि से ब्रिटिश साम्राज्य के अन्तर्गत राष्ट्रों को साम्राज्य से अलग होने का अधिकार है। और यदि वह अधिकार न हो तब भी वह उन्हें प्राप्त हो, इस तरह की व्यवस्था करने में कोई आपत्ति नहीं है। यदि ऐसा हुआ तो ब्रिटिश साम्राज्य के अन्तर्गत स्वराज्य और सम्पूर्ण स्वतन्त्रता में कोई फर्क नहीं ऐसा व्यावहारिक दृष्टि से सोचनेवाले किसी भी व्यक्ति को निश्चित रूप से लगेगा, इसमें कोई सन्देह नहीं।

जिस प्रकार साम्राज्य के तहत स्वराज्य कनाडा, दक्षिण अफ्रीका, आस्ट्रेलिया आदि साम्राज्य में शामिल राष्ट्रों को प्राप्त हुआ है, उस तरह से हिन्दुस्तान को प्राप्त नहीं हुआ है यह बात सही है। लेकिन वह प्राप्त नहीं होगा ऐसी भी बात नहीं। सवाल इतना ही है कि इस साम्राज्य के तहत हिन्दुस्तान को स्वराज्य मिलना चाहिए या नहीं ? लाला लाजपतराय, दासबाबू आदि लोग साम्राज्य के तहत स्वराज्य के समर्थक थे। वे दोनों कम दर्जे के राष्ट्रभक्त थे या उनका राष्ट्राभिमान कम दर्जे का था, इस तरह का आरोप उन पर कोई नहीं लगा सकता। उन्होंने जो लक्ष्य तय किया था उसे उन्होंने बिना सोचे-समझे तय नहीं किया था और व्यवहार की दृष्टि से उस लक्ष्य को सामने रखना कल्याणकारी है, ऐसा हमें लगता है। सिद्धान्तों की बात करनेवाले लोगों को यह लक्ष्य हल्के दर्जे का लगेगा लेकिन सिद्धान्त की दृष्टि से सोचनेवाले लोगों से हमारा यह सवाल है कि ऐसा कौन-सा स्वतन्त्र राष्ट्र है जिसकी स्वतन्त्रता सीमित नहीं हुई? आजाद राष्ट्र भी दूसरे राष्ट्रों से कुछ ख़ास प्रकार का लाभ हासिल कर या दूसरे राष्ट्रों की शर्तें मंजूर करके अपनी आजादी सीमित कर लेते हैं और वह करना भी पड़ता है। क्योंकि एक राष्ट्र का दूसरे राष्ट्र के साथ लेन-देन किए बगैर किसी का भी कुछ चलनेवाला नहीं। कुल

मिलाकर सभी राष्ट्र सिद्धान्त की दृष्टि से स्वतन्त्र होने पर भी व्यवहार में उन्हें गुलाम ही रहना पड़ता है, केवल शब्दाडंबर के लिए स्वतन्त्रता का समर्थन करना हो तो उसमें कोई भी आपत्ति उठाएगा, ऐसा हमें नहीं लगता। लेकिन सभी के ध्यान में रखने की बात यह है कि सिद्धान्त की दृष्टि से राष्ट्रों ने स्वतन्त्रता की शेखी मारने की कितनी भी कोशिश की, तब भी व्यवहार में उन्हें कुछ न कुछ गुलामी स्वीकार करनी ही पड़ेगी। यदि ऐसा है तो ब्रिटिश साम्राज्य के तहत स्वराज्य मिला तो इस देश को उस पर क्यों आपत्ति होनी चाहिए, इस बात पर हमें आश्चर्य होता है। लेकिन मान लीजिए, स्वतन्त्रता मिली, हम उसका संरक्षण कर सकते हैं या नहीं, इस बात पर भी सोचना पड़ेगा। यदि उसका हम संरक्षण नहीं कर पाए तो साम्राज्य के तहत हम फिर स्वराज्य को खो देंगे और गुलामी को नियन्त्रित करेंगे। यदि ऐसा हुआ तो यह हाथ का हलवा तो जाएगा ही, दामन पर भी पत्थर पड़ जाएँगे।

हमने इस सम्बन्ध में जो सोचा है, उससे कांग्रेस के लोगों ने स्वतन्त्रता को लेकर जो झमेला खड़ा किया है, उससे इस देश को पुनः गुलामी की स्थिति भोगनी पड़ेगी, इस बात का हमें डर है। जो कोई भी एशिया के नक्शे की ओर देखेगा उसे दिखाई देगा कि यह देश किस तरह से नासमझी में पड़ा हुआ है। एक ओर चीन तथा जापान जैसे भिन्न संस्कृति के राष्ट्रों से घिरा हुआ है तो दूसरी ओर टर्की, परसिया और अफगानिस्तान आदि मुस्लिम पड़ोसी राष्ट्र हैं। इन राष्ट्रों के साथ इस देश को बहुत सँभलकर चलना चाहिए, ऐसा हमें लगता है। इन राष्ट्रों का एक संघ बनेगा और हम सभी इस उपमहाद्वीप के लोग इस भावना से प्रेरित होकर भाईचारे की भावना से रहेंगे इस तरह की उम्मीद करने के आज कोई सवाल कारण नहीं दिखाई दे रहे हैं। एक संस्कृति से बाँधे गए लोग जिस यूरोप महाद्वीप में रह रहे हैं उस यूरोप महाद्वीप का गृहयुद्ध अभी समाप्त नहीं हुआ है। एशिया महाद्वीप में तो खुले तौर पर विविध विरोधी संस्कृति के लोग रहते हैं। उनका मेलमिलाप होगा, ऐसी उम्मीद करके चलने का मतलब मृगजाल में अपने आपको ही फँसानेवाली बात होगी। फाजिल आशावाद रखने की बजाय स्थिति को ध्यान में रखते हुए चलना ही अच्छा है। जो स्थिति है उसमें चीन और जापान दोनों में से किसी एक राष्ट्र की ओर से मार पड़ी तो उसमें किसकी पराजय होगी यह बताना मुश्किल होने पर भी उसकी मार का सभी मिलकर मुकाबला करेंगे, इसमें कोई शक नहीं। लेकिन आजाद हिन्दुस्तान पर टर्की, परसिया या अफगानिस्तान आदि तीन मुस्लिम राष्ट्रों में से किसी ने भी यदि वार किया तो उस समय सभी लोग एक होकर मुकाबला करेंगे इस बात का यक़ीन कौन दे सकता है? हम भी इसके बारे में निश्चित रूप से कुछ नहीं कह सकते। इस देश में हिन्दू और मुस्लिम दो समाज नहीं बल्कि दो राष्ट्र रह रहे हैं। हिन्दी मुस्लिमों का झुकाव मुस्लिम संस्कृति की ओर होना स्वाभाविक है। यह प्रवाह इतना जबर्दस्त है कि मुस्लिम संस्कृति का प्रचार करके मुस्लिम राष्ट्रों का संघ बनाना और सम्भव हो तो उन किसी काफिर देश को उसकी सत्ता देना यही उनका लक्ष्य बन गया है। इन विचारों का भूत उनके दिमाग पर सवार हो जाने

से उनके पाँव हिन्दुस्तान में होने पर भी उनकी आँखें तुर्किस्तान या अफ़गानिस्तान की ओर लगी हुई हैं। हिन्दुस्तान देश अपना है इसके बारे में उन्हें कोई अभिमान नहीं। और उनके पास-पड़ोस के हिन्दू भाइयों के प्रति उन्हें कोई हमदर्दी नहीं है, ऐसे मुस्लिम लोग मुस्लिम आक्रमण से हिन्दुस्तान का संरक्षण करेंगे ऐसा मानकर चलना खतरे से खाली नहीं है, ऐसा हमें लगता है।

आजादी के संरक्षण की बात सोचते समय सिर्फ मुस्लिमों के मानस की बात सोचने से काम नहीं चलेगा। इस देश की प्रान्त-रचना के बारे में भी सोचना जरूरी है। सभी मुस्लिम प्रान्त हिन्दुस्तान की सरहद पर हैं। विन्ध्याचल तक सारी धरती मुस्लिमों से घिरी हुई है। इसलिए मुस्लिम लोग स्वतन्त्र हिन्दुस्तान के पहरेदार हैं। उन्होंने दुश्मनों को रोककर रखा तब तो अच्छा है, लेकिन यदि उन्होंने दुश्मन की मदद की या वे नाफ़रमानदार रहे तो देश की आधी धरती पार करने में उन्हें कोई रोक नहीं सकेगा। घरवालों की ही मदद से भीतर आया हुआ दुश्मन मालिक बन बैठेगा। उसे घर से बाहर करना मुश्किल हो जाएगा, इस बात को समझ लेना सभी हिन्दुस्तानियों के लिए जरूरी हो गया है। मुस्लिम हवा किस दिशा में बह रही है, इसके बारे में अब सन्देह की कोई बात नहीं रही। अब तो राजनिष्ठ प्रजा में मुस्लिमों को ख़ास तौर पर नहीं गिना जाता। ब्रिटिश साम्राज्य के कट्टर उपासक समझे जानेवाले मुस्लिम लोगों ने कांग्रेस जैसी सत्ताहीन पार्टी के साथ जो हो सकता था उतना स्नेहसम्बन्ध भी स्थापित नहीं किया। वही मुस्लिम लोग आज स्वतन्त्रतावादी बन गए हैं। लेकिन उनका यह स्वतन्त्रता के प्रति प्यार राष्ट्रप्रेम की वजह से पैदा नहीं हुआ बल्कि ब्रिटिश साम्राज्य की चौखट में सुख से बसे इस देश को मुस्लिम साम्राज्य की चौखट में जकड़कर रखने के लिए बाहर लाने का यह मुस्लिम दाँव है, इस तरह की बात मुस्लिमों के ही नेता सर अली इमाम कह रहे हैं। लेकिन हमारे गांधी अभी भी यही मानते आए हैं कि मुस्लिमों का मतान्तर राष्ट्रप्रेम का लक्षण है और उसी के आधार पर 1931 से स्वतन्त्रता का आन्दोलन कर रहे हैं। भगवान महात्मा गांधी से देश को बचाए।

हमारे देशभाइयों से हमारी यह विनती है कि हमने नेहरू कमेटी की योजना का अध्ययन करके जो जाँच-पड़ताल की है, उस पर सही ढंग से सोचना चाहिए। हमने जो जाँच-पड़ताल की है वह किसी स्वार्थ के कारण नहीं की। हमने नेहरू कमेटी की योजना का जो विरोध किया है वह इसलिए नहीं कि नेहरू कमेटी ने अछूतों के हितों को बर्बाद कर दिया है बल्कि उससे हिन्दुओं को खतरा है, इसलिए हमने विरोध किया है। कुछ लोग यह समझकर समर्थन करते होंगे कि इस योजना से कोई खतरा नहीं है, तो कुछ लोग इस योजना में खतरा है इसलिए समर्थन देते होंगे। इन दोनों वर्गों के बारे में हमें कुछ नहीं कहना है। लेकिन इन दो वर्गों के अलावा एक तीसरा बड़ा वर्ग भी है जो इस योजना के खतरे को न जानने की वजह से इसे समर्थन दे रहा है। उस वर्ग को यह बात सही ढंग से समझ में आए इसलिए यह प्रयास है। इस प्रयास को सफल बनाने के लिए सारी बातें खुलकर कहना हमारे लिए आवश्यक हो गया था। इस अग्रलेख के

साफ़-साफ़ विचारों से कुछ लोग हमें दोष दे सकते हैं। व्यवहार में कुछ समय सत्य को छिपाकर रखना आवश्यक हो जाता है। बल्कि सच्चाई को जाहिर न करना इसके जैसा पाप और दूसरा कोई नहीं होता। आज का यह अवसर दूसरे प्रकार का होने की वजह से इतना खुलकर लिखना हमारे लिए आवश्यक था।

हिन्दू समाज का गुस्सा तो हम लोगों पर ही है। वहाँ फिर मुस्लिम समाज के गुस्से का बोझ और बढ़ जाएगा, यह बात अच्छी नहीं, इस बात को हम अच्छी तरह जानते हैं। लेकिन जहाँ हमारे देश का नुकसान है वहाँ हमारा भी अकल्याण है, इस तरह की हमारी भावना होने की वजह से इस खतरे को हमने अपने सिर लिया है। इस बात से जनमत को मार्गदर्शन मिलेगा, इस तरह की हम उम्मीद करते हैं।

# समानता के लिए असमानता

**शुक्रवार : 1 फरवरी, 1929/अग्रलेख, बहिष्कृत भारत**

डॉ. अम्बेडकर ने साइमन कमीशन के सामने जो बयान दिए थे उनके अलग-अलग मुद्दों पर अलग-अलग प्रकार की आपत्तियाँ उठाई गईं। उनमें अधिकांश आपत्तियाँ सवर्णों ने और कुछ अछूतों ने उठाई थीं। कई आपत्तियों का खंडन हमने इससे पहले किया है और अछूत समाज की स्थिति का चारों ओर से अध्ययन करने के बाद वे बयानात कैसे उचित थे, यह साबित कर दिया है। हमें खुशी है कि हमारा वह विवेचन अधिकांश लोगों को पसन्द आया। ख़ास तौर पर अछूत समाज की ओर से डॉ. अम्बेडकर की बातों को दिलोजान से समर्थन मिला है और मिल रहा है। कुछ अछूतों के दिलो-दिमाग आज भी सन्देह में नहीं फँसे होंगे, ऐसी बात नहीं। लेकिन वे तुरन्त ही होश में आएँगे इसमें हमें किसी प्रकार का सन्देह नहीं है। लेकिन सवर्ण समाज के हमारे जो विरोधी हैं उनके मुँह अभी तक बन्द नहीं हुए हैं और आगे काफी समय तक उनके बन्द होने की कोई सम्भावना नहीं है। उनके आरोपों का खंडन करने का मतलब है समय की बर्बादी, इस बात को हम जानते हैं फिर भी उससे अछूत समाज के गुमराह होने की जो सम्भावना है उसे टालने के लिए उनके आरोपों का जवाब देने के लिए हमें कलम हाथ में लेनी पड़ रही है। मतलब हमारा यह प्रयास सवर्णों के समाधान के लिए नहीं है बल्कि उनके आरोपों से अछूतों में जो सम्भ्रम पैदा होगा, उसे दूर करने के लिए है।

इन आरोपों में एक नया आरोप इस प्रकार है। ऐसा पूछा जा रहा है कि डॉ. अम्बेडकर ने समाज समता संघ के अध्यक्ष होने के बावजूद अछूत समाज के लिए जाति के अनुसार प्रतिनिधित्व की माँग क्यों की? किसी समाज के लिए जाति के आधार पर प्रतिनिधित्व की माँग करना क्या यह असमानता नहीं है? इस तरह की आपत्ति सबसे पहले पूना के 'चित्रमय जगत' के सम्पादक की ओर से उठाई गई। और बाद में उसी बात को कई ऐरे-गैरे अखबारों में उछाला गया। वे लोग आज भी उस बात को उठा रहे हैं, इस बात को अखबार पढ़नेवाले सभी लोग जानते हैं?

यह आरोप एकदम लाजवाब, बड़े तार्किक ढंग का और प्रतिवादी का मुँह बन्द कर देनेवाला है, इस तरह का आरोप लगानेवालों की कोई समझ होनी चाहिए। लेकिन कुछ सोचने के बाद यह समझ में आएगा कि यह केवल उनकी ग़लतफ़हमी है। इस तरह

का आरोप लगानेवालों को इस बात का भी पता नहीं है कि समानतावादियों का लक्ष्य क्या है। यदि उन्होंने इस बात को समझ लिया होता तो इस तरह का आरोप लगाने की मूर्खता उन्होंने कभी की ही नहीं होती। उन्हें ऐसा लगता होगा कि सभी के साथ समानता का व्यवहार करना ही समानतावादियों का लक्ष्य है। लेकिन यही उनकी गलत समझ है, इस बात को समझाने के लिए हम उनसे अनुमति चाहते हैं।

समानतावादियों का लक्ष्य सभी के साथ समानता से व्यवहार करना नहीं है बल्कि समानता की स्थापना करना है। इस लक्ष्य को पाने के लिए सभी के साथ समानता से व्यवहार करना असम्भव है। जहाँ सभी लोग समान हैं वहाँ कुछ लोगों के साथ असमानता से व्यवहार करने से असमानता पैदा होगी। लेकिन जहाँ लोग असमान हैं वहाँ उन्हें समान समझकर चलने का मतलब समाज में समानता स्थापित करने के लक्ष्य का विरोध करना होगा। इस पर बीमार आदमी का उदाहरण अच्छी तरह लागू होता है। तन्दुरुस्त आदमी को ख़राब भोजन चल सकता है। लेकिन बीमार आदमी और तन्दुरुस्त आदमी को एक जैसा समझकर यदि कोई पागल 'समानतावादी' ख़राब भोजन बीमार आदमी को देगा तो वह उस बीमार आदमी का प्राणदाता बनने की बजाय प्राण लेनेवाला बन जाएगा। उसी प्रकार जितना टैक्स अमीरों पर लगता है उतना ही ग़रीबों पर लगाया जाना चाहिए क्योंकि ऐसा न करने पर समाज में असमानता होगी, यदि ऐसा कोई कहेगा तो लोग उसे मूर्ख समझेंगे। समान टैक्स देने की औकात जिन अमीरों की है उनमें से कुछ पर ज्यादा और कुछ पर कम यदि टैक्स लगाया गया, तो यह असमानता होगी। इस उदाहरण का मतलब यही है कि समान लोगों के साथ असमानता से और असमान लोगों के साथ समानता से बर्ताव न करना यही समानतावादियों का दस्तूर है। इस दस्तूर के अनुसार देखा जाए तो डॉ. अम्बेडकर की माँगें उनके समानतावाद के सिद्धान्त पर पूरी तरह से आधारित हैं, इसमें कोई सन्देह नहीं। यदि सवर्ण और अछूत दोनों समाज समान धरातल पर होते और फिर अछूतों को जाति के आधार पर प्रतिनिधित्व की माँग डॉ. अम्बेडकर ने की होती तो उनके समानतावाद पर आपत्ति उठाना स्वाभाविक था। एक ही स्तर के लोगों में डॉ. अम्बेडकर भेदभाव पैदा करना चाहते हैं इस तरह का आरोप उन पर लगाना उचित होता। लेकिन सवर्ण और अछूत इन दो वर्गों में किसी भी प्रकार की समानता नहीं है, इस बात को सभी लोग जानते हैं। शिक्षा, धन और जनसंख्या—इन तीनों बातों में इन दोनों वर्गों में ज़मीन-आसमान का अन्तर है। शिक्षा की दृष्टि से सवर्ण प्रगत हैं और अछूत पिछड़े हुए हैं। धन की दृष्टि से सवर्ण अमीर हैं और अछूत ग़रीब हैं। जनसंख्या की दृष्टि से सवर्ण बलवान हैं और अछूत दुर्बल हैं। मतलब अछूत समाज का पल्ला सवर्ण समाज के पल्ले से सभी दृष्टि से हलका है। ऐसे असमान वर्गों को समानता के स्तर पर लाने से पहले उनके आपसी बर्ताव में किसी भी प्रकार के परिवर्तन की उम्मीद नहीं की जा सकती और न करनी चाहिए, यह बात ज़ाहिर है।

समानता का मतलब समानता का व्यवहार, इस तरह से जो लोग सोचते हैं उनकी

विचारधारा में कितना अनर्थ है यह बात उपर्युक्त विचार से समझ में आएगी। जिन लोगों ने डॉ. अम्बेडकर की कथनी और करनी में असंगतता दिखाने के उद्देश्य से इस तरह से गुमराह करनेवाला और अनर्थकारी विचार फैलाया है उन्हें हमारा इतना ही कहना है कि लज्जा के ख़ातिर गलत विचारों में सड़ते रहने के बजाय अपनी गलतियों को समझकर अपने विचारों की दिशा बदलनी ज्यादा आवश्यक है, इस बात का एहसास अम्बेडकर को है। हम गलती कर रहे हैं, ऐसा यदि उन्हें लगा होता तो या तो उन्होंने समानतावाद छोड़ दिया होता या प्रस्तुत माँग न की होती। लेकिन डॉ. अम्बेडकर इस बात को अच्छी तरह समझते हैं कि उनकी माँगों में और समानता के सिद्धान्त में कोई विरोध नहीं है। समाज की असमानता को बगैर जाने-पहचाने बीमार-तन्दुरुस्त, गरीब-अमीर, प्रगत-पिछड़ा, बहुसंख्यक-अल्पसंख्यक आदि के साथ समानता से बर्ताव करना चाहिए ऐसा माननेवाले लोग यदि पागल 'समानतावादी' न होते तो अछूतों जैसे दलित समाज और सवर्णों जैसे सत्ताधारी समाज में उन्होंने शुरू से कोई भेदभाव न किया होता। उसी तरह अछूत समाज सवर्ण समाज के स्तर तक अपने आप पहुँच जाएगा ऐसी उन्होंने बातें न की होतीं और जो लोग उचित माँग पर आपत्ति उठाते हैं उनके मन में असन्तोष पैदा होने के भी वास्तव में कई कारण हैं। डॉ. अम्बेडकर की करनी-कथनी की असंगतियाँ खोजने का कार्य ही इन आरोपों के द्वारा किया जा रहा है। वास्तव में उनके मन पर जिस बात ने गहरी चोट की है वह यह कि डॉ. अम्बेडकर की माँग से सवर्ण और अछूत लोग राजनीति में समान हक़दार होनेवाले हैं और सवर्णों को यही नहीं चाहिए। क्योंकि राजनीति में अछूत समाज के समानाधिकारी होने में सवर्णों के चातुर्वर्णात्मक सनातन धर्म की मौत है।

एक वर्ग का दूसरे वर्ग पर वर्चस्व रहना यही इस चातुर्वर्ण का रहस्य है। इस चातुर्वर्ण के विरोध में आज तक कई बार विद्रोह हुए हैं। उसमें महाराष्ट्र के भागवतधर्मीय साधु-सन्तों का विद्रोह मुख्य है। लेकिन इस विद्रोह में लड़ाई का स्वरूप एकदम अलग था। इसमें मुख्य मुद्दा यह था कि मानवी ब्राह्मण श्रेष्ठ हैं या भक्त श्रेष्ठ हैं। लेकिन साधु-सन्तों ने इस सवाल को हल करने की कोशिश नहीं की, ब्राह्मण मानव श्रेष्ठ है या शूद्र मानव श्रेष्ठ है। इस विद्रोह में साधु-सन्तों को सफलता मिली और भक्तों का श्रेष्ठत्व ब्राह्मणों को मंजूर करना पड़ा। फिर भी इस विद्रोह का चातुर्वर्ण-विनाश की दृष्टि से कोई उपयोग नहीं हुआ। ऐसा कहा जा सकता है कि तुम तुम्हारे चातुर्वर्ण को बनाए रखो, हम भक्त हैं और तुममें सबसे श्रेष्ठ समझे गए ब्राह्मणों को शर्मिन्दा करेंगे, इस प्रकार का अहंकार रखते हुए सन्तों ने चातुर्वर्ण को बिल्कुल छेड़ने की कोशिश नहीं की। भक्ति के मुलम्मे से इनसानियत को महत्त्व प्राप्त होता है ऐसी बात नहीं, बल्कि उसका मूल्य स्वयंसिद्ध है, इस मुद्दे को प्रस्थापित करने के लिए सन्तों ने कोई लड़ाई नहीं लड़ी। उसी वजह से चातुर्वर्ण का दबाव कायम रहा। सन्तों के विद्रोह का यह एक बुरा परिणाम हुआ। तुम चोखामेला जैसे भक्त बनो फिर हम तुम्हें सम्मान देंगे, ऐसा कहकर दलित वर्ग की प्रताड़ना करने का एक नया तरीका ब्राह्मणों के हाथ में आया।

दलित वर्ग के चिल्लानेवाले मुँह इससे बन्द होते हैं इस तरह का ब्राह्मणों का अनुभव है और इन्हीं उपायों की मदद से उन्होंने अछूतों को और अब्राह्मण हिन्दू लोगों को असमानता में दबाकर रखा है। अब इन पिछड़े समाज के लोगों को सोचना चाहिए कि कोई चोखामेला जैसा सन्त अपने समाज में पैदा होने से सारे समाज का उत्थान नहीं होता।

व्यक्तिगत कर्तबगारी आदरणीय होती है। लेकिन कई बार वह अनुकरण करने योग्य नहीं होती। इसलिए व्यक्तिगत कर्तबगारी और सामूहिक कर्तबगारी में तुलना करने से पता चलेगा कि सामूहिक कर्तबगारी सैकड़ों गुना लाभदायी होती है। व्यक्तिगत कर्तबगारी आसमान की तरह ऊँची होने पर भी सामान्य ऊँचाई की सामूहिक कर्तबगारी के मुकाबले में कुछ भी नहीं है। ऐसा होने की वजह से जो स्थिति समाज के सामूहिक कर्तबगारी को दबा देती है वह त्याग देने लायक है। चोखामेला जैसा शायद कोई एक सन्त आगे हो सकेगा, लेकिन सारे समाज की गति क्या होगी? क्या एक व्यक्ति के लिए सारे समाज को दलितावस्था में रहना चाहिए? अछूत और अब्राह्मण समाज के इतिहास की ओर देखने से इस बात का पता चलेगा कि उस समाज में आसमान को छूने लायक ऊँचाई के व्यक्ति पैदा होने पर भी उस समाज की सामूहिक ऊँचाई कभी नहीं बढ़ी। और इसका कारण है चातुर्वर्ण व्यवस्था द्वारा निर्मित असमानता। कुछ लोग इस असमानता की छाती पर पाँव रखकर आगे आते हैं। लेकिन उसकी वजह से 99 प्रतिशत लोगों की कर्तबगारी को कोई अवसर प्रदान नहीं होने देना, यह बात ब्राह्मणों के हित में होने की वजह से असमानता नष्ट होने देना ब्राह्मणों को पसन्द नहीं है। और असमानता के विरोध में जिन्होंने विद्रोह किया है उनके प्रयासों के अधूरेपन की वजह से इस तरह की असमानता नष्ट नहीं हो सकी। लेकिन आज तक यह जो असमानता कायम रही उसका पूरी तरह से नष्ट होने का समय अब आया है।

यदि दलित वर्ग के हाथ में सत्ता गई तो यह चातुर्वर्ण द्वारा निर्मित असमानता धूल में मिल जाएगी, इसमें कोई सन्देह नहीं। यह असमानता आज तक कायम रही इसका कारण राजसत्ता ने उस पर कभी भी प्रहार नहीं किया है। उस पर राजसत्ता की हमेशा मेहरबानी रही है। उस पर हिन्दू राजाओं की मेहरबानी तो थी ही लेकिन मुस्लिम राजाओं की भी थी। अंग्रेज तो महाधूर्त लोग थे। उन्होंने दलित जनता को ऊपर न उठने देने के लिए चातुर्वर्ण व्यवस्था में जो सबमें श्रेष्ठ वर्ण है ब्राह्मण, उसी में राजनीतिक सत्ता की खैरात बाँट दी। डॉ. अम्बेडकर की माँगें सफल हो गईं तो चातुर्वर्ण व्यवस्था की यह इमारत पूरी तरह से ढह जाएगी और इस भविष्य की स्थिति को पहचानने लायक जिनकी नजरें हैं, अछूत समाज को सत्ताधारी बनवानेवाले डॉ. अम्बेडकर की योजना के विरोध में उन्होंने भौंकना शुरू कर दिया है।

डॉ. अम्बेडकर ने यह जो माँग की है कि अछूत समाज को हिन्दू समाज से अलग समझा जाए, उसका रहस्य बहुतों को अभी तक समझ में नहीं आया। अछूत समाज यदि हिन्दू समाज में रहा तो वह ब्राह्मणों की कोख में एक काँटा बनकर रहेगा ऐसा

जिन्हें लगता है उन्होंने इस माँग को पसन्द किया है। उन्हें यह लगता है कि उसकी वजह से अपने पीछे की झंझट टल जाएगी। दूसरे कुछ लोग कहते हैं कि उन्हें जाति-आधारित प्रतिनिधित्व की माँग की तरह ही यह माँग सिद्धान्त विरोधी लगती है। वे लोग सवाल पूछते हैं कि सवर्ण समाज के साथ समानता का रिश्ता जोड़ने का प्रयत्न करते समय डॉ. अम्बेडकर इस तरह की माँग क्यों करते हैं? लेकिन पहले प्रकार के लोगों से हमारा कहना है कि हम बाहर जाना चाहते हैं, हमें अपना रास्ता स्वयं खोजना है इसके पीछे यह भाव नहीं है। बल्कि हमें ब्राह्मणवाद को तहस-नहस करना है। ब्राह्मणवाद पर प्रहार करके उसके जाल से देश को मुक्त करना है, यह हिन्दुओं का ही नहीं बल्कि मुस्लिमों का और ईसाइयों का भी काम है। हम बाहर जाना चाहते हैं, घर के अन्दर रहकर तड़प-तड़पकर मरने के बजाय कालकोठरी से बाहर निकलकर प्रहार करने के इरादे से। उसी प्रकार दूसरी तरह के लोगों को हम कहना चाहते हैं कि हमें हिन्दू समाज के साथ समानता का रिश्ता स्थापित करना है वह हिन्दू समाज में रहकर, उनके गुलाम होकर नहीं, बल्कि हिन्दू समाज के साथ हमें सभी क्षेत्रों में समानाधिकारी बनना है। और डॉ. अम्बेडकर की योजना का यही लक्ष्य है, उस योजना की ऊपरी असमानता पर यदि तुम्हारा रोष हो तो यह असमानता समानता के लिए ही है, यही इस पर हमारा जवाब है।

# मुम्बई म्यूनिसपैलिटी के जनप्रतिनिधि

**शुक्रवार : 1 मार्च, 1929/अग्रलेख, बहिष्कृत भारत**

कुछ दिन पहले मुम्बई म्यूनिसपैलिटी के अलग-अलग वार्डों के जनप्रतिनिधि चुने गए। हर माह दस रुपए या उससे ज्यादा गृह-कर देनेवाले लोगों को मताधिकार प्राप्त होने की वजह से सामान्य जनसमुदाय में म्यूनिसपैलिटी के जनप्रतिनिधियों के कर्त्तव्यों के बारे में कुछ-न-कुछ चर्चा होने लगी है। सचमुच देखा जाए तो म्यूनिसपैलिटी कामकाज के सम्बन्ध में अमीर लोगों की बजाय मध्यम और गरीब स्थिति के लोगों को ही ज्यादा आस्था होनी चाहिए। क्योंकि मध्यम और गरीब वर्ग के लोगों के जीवन का और म्यूनिसपैलिटी का बहुत करीब का सम्बन्ध है।

सफ़ाई, आरोग्यरक्षण, औषधोपचार की व्यवस्था, जलपूर्ति, प्राथमिक शिक्षा, मकानों का निर्माण, खेलने और घूमने के सार्वजनिक स्थल आदि कार्य म्यूनिसपैलिटी से सम्बन्धित हैं। अमीर लोगों को बहुत सारी बातों के लिए म्यूनिसपैलिटी पर निर्भर रहने की आवश्यकता नहीं होती। मालाबार हिल, खम्बाला हिल, पेडर रोड इस तरह की खुली हवा में बड़े-बड़े बँगलों में रहनेवाले लोगों को अपने लिए सारी सुविधाएँ उपलब्ध करा लेना आसान है। उन्हें साफ़-सफ़ाई, स्वच्छता रखने के साधन पैसे के बल पर आसानी से उपलब्ध हो जाते हैं। वे लोग औषधोपचार की व्यवस्था बड़े-बड़े डॉक्टरों को उनकी तगड़ी फीस देकर अपने लिए उपलब्ध कर सकते हैं। प्राथमिक शिक्षा के लिए उनके बच्चों पर किसी को जबर्दस्ती करने की कोई आवश्यकता नहीं होती। अपने बच्चों की पढ़ाई पर मनचाहा पैसा खर्च करना उनके लिए कठिन नहीं होता। उन्हें खेलने के लिए बँगलों के अहाते या क्लबों में पर्याप्त जगह मिल सकती है और हवाखोरी की जगह कितनी भी दूर क्यों न हो, वे मोटरों में बैठकर वहाँ आसानी से जा सकते हैं।

ठीक इसके विपरीत शहर के गन्दे इलाकों में चाल के छोटे-छोटे कमरों में रहनेवाले मध्यम और गरीब लोगों को ऐसी सुविधाएँ उपलब्ध नहीं होतीं। उनका जीवन सुखी होना चाहिए ऐसा यदि लगता हो तो म्यूनिसपैलिटी जैसी सार्वजनिक संस्थाओं को उनकी सुख-सुविधाओं की ओर ध्यान देना चाहिए। दूसरों के दुखों में दुखी होनेवाले लोग कम होते हैं। इसलिए म्यूनिसपैलिटी का कामकाज मध्यम और गरीब वर्ग के प्रतिनिधियों के माध्यम से ही चलना चाहिए। म्यूनिसपैलिटी में बहुमत मध्यम तथा गरीब वर्ग के लोगों

के प्रतिनिधियों का ही होना चाहिए, यह बात स्पष्ट है। गरीबों के दुख-दर्द गरीबों को ही अच्छी तरह से मालूम होते हैं। अगर उनकी अपनी स्थिति गरीबी की न हो, तब भी गरीबों के सुख-दुखों की सही जानकारी जनप्रतिनिधियों को होनी चाहिए। और गरीबों के प्रति उनमें हमदर्दी होनी चाहिए। म्यूनिसपैलिटी में गरीबों का पक्ष पूरी ताकत के साथ रखकर उन्हें उनके हितों का रक्षण करना चाहिए।

म्यूनिसपल कार्पोरेशन में चुनकर आने के लिए जो उम्मीदवार खड़े होते हैं वे मत प्राप्त करने के लिए बड़ी कोशिशें करते हैं। आजकल मुम्बई म्यूनिसपैलिटी में चुनकर आना सामान्य स्थिति के उम्मीदवारों के लिए कठिन है। मत प्राप्त करने के लिए बहुत सारा पैसा खर्च करना पड़ता है। अमीर उम्मीदवार मत खरीदने के लिए तैयार रहते हैं। मतों की खरीददारी न भी हो तब भी उन्हें प्राप्त करने के लिए जो प्रयास करने पड़ते हैं उनमें काफ़ी खर्च किया जाता है। कार्पोरेशन में चुनकर आने के बाद हर तरह की धाँधली करके जिनको खुद का आर्थिक फायदा करने की इच्छा होती है ऐसे लोगों का कार्पोरेशन में चुनकर आने का मतलब खुद खाकर दूसरों की हमाली करने जैसी बात है। मतलब कार्पोरेशन में जाकर जनसेवा करने की योग्यता होने पर भी सामान्य स्थिति के लोग उम्मीदवार के रूप में खड़े होने की हिम्मत नहीं करते। बल्कि किसी भी प्रकार की योग्यता न होने के बावजूद भी कई लोग पैसे के बल पर सम्मान के लिए ललचाकर उम्मीदवार के रूप में खड़े हो जाते हैं। म्यूनिसपल कार्पोरेशन में जनहित के लिए जो योग्यता आवश्यक है वह म्यूनिसपैलिटी में चुनकर आने के लिए अपेक्षित योग्यताओं से अलग प्रकार की हैं। इसलिए चुनकर आए हुए उम्मीदवार हमेशा लायक ही होते हैं ऐसी बात नहीं। बल्कि नालायक लेकिन सफल उम्मीदवारों की संख्या हमेशा ज्यादा दिखाई देती है।

मुम्बई म्यूनिसपैलिटी में अलग-अलग पार्टियाँ, उनकी अलग-अलग नीतियाँ और अलग-अलग कार्यक्रम नहीं हैं, ऐसा कहना गलत नहीं होगा। नाम के लिए कुछ दल हैं, लेकिन उनमें सिद्धान्तों की समानता या असमानता मामूली है। चुनाव के समय मतदाताओं के सामने दलों की नीतियाँ सही ढंग से नहीं रखी जातीं। केवल निजी सम्बन्धों के आधार पर मत प्राप्त किए जाते हैं। पिछले चुनाव में जनसभाओं के द्वारा मतदाताओं को अपनी नीतियाँ समझाने का प्रयास कितना कम हुआ, इस बात को मुम्बई के लोग अच्छी तरह जानते हैं। पार्टी नीति, कार्यक्रम, जनसभाएँ, उचित आश्वासन आदि के अभाव में मतदाताओं को नागरिकता के कर्त्तव्य, हक़ और जिम्मेदारी के सम्बन्ध में जो शिक्षा मिलनी चाहिए वह बिल्कुल नहीं मिलती। लेकिन मतदाताओं को गुमराह करके किसी भी प्रकार के बोगस उम्मीदवार चुनकर आ सकते हैं। कई लोग तो मुम्बई के म्यूनिसपल कार्पोरेशन में हमेशा के लिए हक़दार बने हुए हैं, चाहे वे गरीब लोगों के हितों के खिलाफ हों या प्रतिगामी नीति के समर्थक हों, या केवल गर्दन हिलानेवाले नन्दी बैल हों, कभी मुँह न खोलनेवाले बेजान पत्थर दिल हों या कार्पोरेशन के हॉल में साल छह महीने के बाद मुँह दिखानेवाले धूमकेतु हों। हर चुनाव में वे चुनकर

आते ही हैं। उनमें कुछ सदस्य कार्पोरेशन में मनोनीत किए जाते हैं। इसलिए हमें इस पर विशेष आश्चर्य नहीं हो रहा है। लेकिन वार्ड के चुनाव से भी उसी तरह के लोग बार-बार चुने जाते हैं। यह आश्चर्य की और दुख की बात है। अपने यहाँ मतदाताओं को अपनी जिम्मेदारी समझनी चाहिए, उस तरह वे अपनी जिम्मेदारी नहीं समझते, यही इस बात का प्रमाण है।

अधिकांश चुनाव जातिभेद की असलियत के आधार पर होते हैं। जिस उम्मीदवार की जाति की जनसंख्या कम होगी वह उम्मीदवार वास्तव में प्रचार के जरिए या वेतनभोगी एजेंटों के द्वारा मतों की खरीदफरोख्त किए बिना चुनाव में जीत नहीं सकता। मतदाताओं का झुकाव स्वाभाविक रूप में अपने जाति के उम्मीदवार की ओर होता है। कई लोगों को ऐसा लगता है कि अपनी जाति का प्रतिनिधि म्यूनिसपैलिटी में होना अपनी जाति के लिए गौरव की बात है। जाति-अभियान की वजह से उम्मीदवारों की योग्यता-अयोग्यता का विचार बहुत कम लोगों के मन में आता है। जातिभेद की भावना भड़कानेवाले उम्मीदवारों को उदारवादी उम्मीदवारों से ज्यादा मत मिलते हैं और उदारवादी उम्मीदवार चुनाव में असफल भी होते हैं।

म्यूनिसपैलिटी के प्राथमिक स्कूलों में अछूत समाज के छात्रों के लिए पीने के पानी के बर्तन अलग होने चाहिए या इस तरह का भेदभाव नहीं किया जाना चाहिए जब यह सवाल उठा, तब कार्पोरेशन में इस पर जबर्दस्त बहस हुई और सदस्यों में गहरा मतभेद पैदा हो गया। इस बहस का पिछले चुनाव में कई वार्डों पर असर पड़ा। उपर्युक्त सवाल से गुजराती लोगों में खलबली मच गई थी। लखमीदास तेरसी जैसे व्यक्ति समाज-सुधार दल के थे इसलिए उन्होंने पक्षपात करने के विरोध में मत दिया था। उसके लिए सनातन विचारों के सवर्ण लोगों ने उनका विरोध किया और इसलिए वे चुनाव में सफल नहीं हुए। जिन वार्डों से डॉ. जावड़े और पी.जी. सहस्रबुद्धे को सवर्णों ने और ख़ास तौर पर ब्राह्मणों ने चुना, उन दो उम्मीदवारों के बारे में दादर क्षेत्र के सवर्ण ब्राह्मणों ने हैंडबिल बाँटे और कहा कि वे सनातन विचारधारा के अभिमानी हैं इसलिए सभी लोगों को उन्हीं को मत देकर चुनना चाहिए, इस तरह की मुहिम चलाई गई थी। डॉ. जावड़े तो सरकारी विचारों के समर्थन के लिए प्रसिद्ध हैं। लेकिन उन्होंने कार्पोरेशन में छुआछूत का समर्थन किया और अछूतपन निर्मूलपन के कार्य में वे रुकावट बन गए इसीलिए राजनीतिक दृष्टि से गरम मत का समर्थन करनेवाले ब्राह्मणों ने भी उन्हें मत दिया। दादर क्षेत्र के एक पुल का नाम तिलक के नाम पर होना चाहिए, इस तरह का सुझाव वे कार्पोरेशन में देते रहे। ऐसे ही सहस्रबुद्धे जाति से ब्राह्मण हैं और सुधारों के विरोधी हैं इसलिए उनकी जाति के लोगों ने उन्हें मत दिया और उन्हें दूसरे लोगों के भी मत दिलवाए। इससे यह बात समझ में आएगी कि आज भी मुम्बई जैसे शहरों के चुनाव किस प्रकार होते हैं और पढ़े-लिखे वर्ग के लोग भी अपने मतदान के हक़ को किस तरह अमल में लाते हैं।

मुम्बई शहर की जनसंख्या में 16 प्रतिशत संख्या मुस्लिम समाज की है। इसलिए

76 स्थानों में से 14 स्थान मतलब 18 प्रतिशत स्थान उनके हिस्से में हैं। मुम्बई में पारसियों की जनसंख्या सिर्फ 7 प्रतिशत है लेकिन उन्होंने 18 स्थान मतलब 24 प्रतिशत स्थान प्राप्त किए। पारसी और मुस्लिम उम्मीदवारों में कई लोग बड़े धनवान थे, उन्होंने जो खर्च किया था और अपने प्रतिद्वन्द्वियों को जो शिकस्त देने के प्रयास किए थे उसी वजह से वे मुस्लिम और हिन्दू मतदाताओं के मत प्राप्त करने में कामयाब रहे। मतदाताओं को जातिभेद और धर्मभेद की बजाय केवल उम्मीदवारों की योग्यता और अब तक की उनकी सामाजिक सेवा को ध्यान में रखकर अपना मत देना चाहिए, यही वास्तव में उचित भी है। लेकिन सभी हिन्दू मतदाताओं ने इस उदार सिद्धान्त को अपनी आँखों के सामने रखकर अपना मत दिया होगा, ऐसा कहने के लिए हम तैयार नहीं हैं।

हिन्दू समाज ने अपने ही धर्म के एक बहुत बड़े वर्ग को अछूत समझा है। उस वर्ग का प्रतिनिधि जब तक यह व्यवस्था बरकरार है तब तक मुम्बई के म्यूनिसपल कार्पोरेशन के किसी भी वार्ड से चुनकर आना असम्भव है, ऐसा कहना गलत नहीं होगा। पहली बात तो यह है कि आज मत देने का अधिकार उन्हीं लोगों को है जो हर माह दस रुपए या उससे ज्यादा मकान टैक्स देते हैं। इसलिए मुम्बई शहर में अछूत मतदाताओं की संख्या उस वर्ग की जनसंख्या की तुलना में बहुत कम है। इस वर्ग के लोग सबसे ज्यादा दरिद्र होने की वजह से हर माह दस रुपए मकान टैक्स देने की सामर्थ्य हजारों में एक की होती है। इसके अलावा इन लोगों की बस्तियाँ शहर के अलग-अलग भागों में बिखरी हुई हैं। तीसरी बात यह कि इस वर्ग के मतदाताओं में अनपढ़ और अज्ञानी लोगों की संख्या ज्यादा होने की वजह से अपने वर्ग के हित-सम्बन्धों की दृष्टि से उम्मीदवारों की योग्यता का बगैर ध्यान रखे वे अपना मतदान करते हैं। ऐसी स्थिति में अछूत वर्ग के प्रतिनिधि मुम्बई म्यूनिसपैलिटी में चुनकर नहीं आ सकते और इस वजह से उन्हें सरकार द्वारा नियुक्त किए गए प्रतिनिधि से ही सरकार की नियुक्ति पर ही सन्तोष कर लेना पड़ता है। अब मुम्बई म्यूनिसपल एक्ट में सुधार करके मजदूर वर्ग के चार प्रतिनिधि मनोनीत किए जाने की व्यवस्था की गई है। मजदूर संघों से एक मतदाता मंडल (Electoral college) तैयार किया जाता है और उस मंडल से ये चार प्रतिनिधि चुने जाते हैं। इस प्रकार की व्यवस्था यदि अछूत वर्ग के लिए भी हो तब तो उस वर्ग के प्रतिनिधि चुनकर आ सकते हैं। फिलहाल शहर के सात वार्ड बनाए गए हैं और हर वार्ड को कम-ज्यादा कई प्रतिनिधि चुनने का हक़ दिया गया है। इसके बजाय शहर के छोटे-छोटे कई वार्ड बनाकर उन वार्डों को एक-एक प्रतिनिधि चुनने का हक़ दिया गया तो आज की मौजूदा व्यवस्था से भी ज्यादा सही ढंग से प्रतिनिधियों का चुनाव होगा। इसके अलावा जनसंख्या के अनुपात में अलग-अलग वार्ड के प्रतिनिधियों का चुनाव होगा। जनसंख्या के अनुपात में अलग-अलग वार्डों की संख्या निश्चित करना और मत विचार की सीमा को और भी ज्यादा व्यापक बनाना आदि सुधार भी आवश्यक हैं। फिलहाल मौजूदा व्यवस्था लोकतन्त्र के सिद्धान्तों के खिलाफ है। उसी प्रकार मताधिकार महज दस रुपए मकान

टैक्स देनेवाले को ही है। इस वजह से भी हजारों लोग मतदान के हक़ से वंचित रह जाते हैं। इसलिए मताधिकार व्यापक बनाकर हर उम्र के हर व्यक्ति को मतदान का हक मिलने से मतदाताओं की संख्या इतनी बढ़ेगी कि मनमाने तरीके से, गुंडागर्दी और रिश्वतखोरी से चुनाव जीतना सम्भव नहीं होगा।

# हिन्दू धर्म को चेतावनी

**शुक्रवार : 15 मार्च, 1929/अग्रलेख, बहिष्कृत भारत**

विदर्भ[1] के जलगाँव और उसके पास-पड़ोस के गाँव के पाँच हजार महार लोगों की ओर से 'हिन्दू धर्म को खुली चेतावनी'[2] शीर्षक से कुछ नेताओं के दस्तख़तों से जो मज़मून प्रसारित किया गया है उसकी ओर स्वयं को हिन्दू कहनेवाले और ख़ास तौर पर स्वयं को ऊँचे वर्ग के कहलाकर प्रतिष्ठा पानेवाले लोगों का ध्यान जाएगा, ऐसी हमें उम्मीद है। हिन्दू समाज के जातिभेद को ऊँच-नीच श्रेणी विभाजन, छुआछूत के निर्बन्धों को, ऊँचे वर्ण के कहलानेवाले लोगों की ओर से होनेवाले अन्याय को, और जुल्म-ज्यादतियों व असमानता से परेशान होकर आज तक हजारों-लाखों लोगों ने हिन्दू धर्म का त्याग कर दूसरे धर्म को स्वीकार किया है। जिस अनुपात में बहुजन समाज में शिक्षा का विकास होगा, सोच-विचार करने की आदत बढ़ेगी, स्वाभिमान जागेगा, उसी अनुपात में अन्याय और असमानता की बुनियाद पर खड़ी समाज रचना के सम्बन्ध में असंतोष बढ़ना चाहिए, अन्याय के प्रति नफरत की भावना बढ़ती रहे, असमानता से गुस्सा बढ़ता रहे, और जो धर्म तथा समाज हमारी इनसानियत के हक़ों को रौंदता है, जो हमारी इनसानियत को हड़पना चाहता है, उस धर्म से और उस समाज से नफरत एकदम स्वाभाविक है। जो अन्याय सदियों से चला आ रहा है, सत्ता के बल पर उसे बर्दाश्त करवाया जा रहा है, लोगों के अज्ञान की वजह से और नकली धार्मिक मान्यताओं के दबाव से उसका सदियों से प्रतिकार न किया गया हो तब भी वह अन्याय ही है। उस अन्याय को धर्म की पन्नी लगाई गई तब भी वह न्याय होगा, यह सम्भव नहीं। और जहाँ इनसानियत के हक़ों का सवाल है वहाँ प्रचलित व्यवहार का सवाल खड़ा करके या अरसे से कानून की ओर उँगली उठाकर अन्याय का समर्थन करने का मतलब अपने भीतर की इनसानियत को बेच देना है, इनसानियत के पवित्र हक़ों की हमें समझ नहीं, यही दिखाना है। आज तक जिस वर्ग को हिन्दू समाज ने लताड़ा है, जुल्म-ज्यादतियों के जोर से रौंदा है, इनसानियत के हक़ों को छोड़ देने के लिए मजबूर किया है, जिस

---

1. वरहाड, बेरार
2. परिशिष्ट–(बहिष्कृत भारत, 15 मार्च, 1929 वर्ष-2, अंक-8)

वर्ग का मानसिक और भौतिक पतन किया, उस अछूत वर्ग पर हिन्दू समाज का कोई हक़ नहीं है।

अछूत समाज के जो लोग आज भी हिन्दू धर्म में चिपके हुए हैं, उनमें हिन्दू धर्म के प्रति अपनापन लगता है, इसलिए नहीं। उनमें हिन्दू धर्म के प्रति अपनापन क्यों होगा? बकरियों का भेड़ियों से अपनापन क्या कभी सम्भव है? जिनमें हिन्दू समाज के बारे में नहीं, लेकिन हिन्दू धर्म के बारे में आज भी अपनापन है, उसका मतलब इतना ही है कि वह उनके पुरखों का धर्म है और उस धर्म में रहकर वे लोग छोटे से बड़े हुए हैं। लेकिन इस वजह से जो अपनापन है वह उन्हें हिन्दू समाज में बरकरार रखने के लिए पर्याप्त नहीं है। धर्म अलग है और समाज अलग है। धर्म के नियम समाज में रुकावट नहीं बनते लेकिन सामाजिक निर्बन्ध धार्मिक कार्यों में अड़ंगा नहीं बनते, ऐसी बात नहीं है।

हिन्दू धर्म और हिन्दू समाज का आपस में एकदम निकट का सम्बन्ध है। इतना ही नहीं, वे एकजान हो गए हैं। दूसरे धर्म सामाजिक जीवन में इस तरह से दखलंदाजी नहीं करते लेकिन सामाजिक जीवन में दखलंदाजी करना, सामाजिक आचार-विचारों को नियन्त्रित करना ही हिन्दू धर्म की विशेषता है। क्या खाना चाहिए, क्या पीना चाहिए, कैसे बैठना चाहिए, कैसे उठना चाहिए, कैसे सोना चाहिए, ऐसी बातों के लिए भी धर्म के नियम हैं। हिन्दू धर्म ने अपने आपको ईश्वर और मनुष्य में सम्बन्ध और सामान्य नीति-नियम यहीं तक सीमा में बाँधकर नहीं रखा। हिन्दू धर्म की तरह अन्य किसी भी धर्म में इतने सामाजिक निर्बन्ध नहीं हैं। हिन्दू धर्म में जातिभेद तो अलग ही प्रकार का है। दूसरे किसी भी धर्म में इस तरह की अजीब चीजें देखने को नहीं मिलेंगी। और जातिभेद में भी अछूतपन का तो सारी दुनिया में कहीं भी कोई मुकाबला नहीं है। सामाजिक भेद और कई हो सकते हैं, अछूतपन के विकल्प भी कई हो सकते हैं, लेकिन हिन्दू समाज में उस भेदभाव पर और अछूतपन पर धर्म की मुहर लगी हुई है। इसलिए हिन्दू समाज में धार्मिक सुधार के बगैर सामाजिक सुधार होना सम्भव नहीं।

हिन्दू समाज को चेतावनी का मतलब हिन्दू धर्म को ही चेतावनी है। फिलहाल अछूत समझे गए वर्ग के लोगों ने हिन्दू समाज में रहना चाहिए या हिन्दू समाज के बाहर जाकर अपना उत्थान करना चाहिए, इस बात का फैसला हिन्दू धर्म का सुधार सही दिशा से करनेवालों पर ही निर्भर है। वास्तव में हिन्दू धर्म में सुधार करने की बात अछूत समाज के हाथ में नहीं है। स्वयं को ऊँचे वर्ण के कहलानेवाले लोगों ने चाहा तो यह बात हो सकती है। लेकिन वे लोग जब तक स्वयं की नकली श्रेष्ठता को नहीं छोड़ते तब तक उनके हाथों सच्चा धार्मिक और सामाजिक सुधार सम्भव नहीं है। स्वयं को ऊँचे वर्ण के कहलानेवाले लोग अपनी जागीरदारी बरकरार रखने की कोशिश कर रहे हैं; इसलिए हिन्दू समाज की जाति-जातियों में टकराव हो रहा है और अछूतपन की समस्या हल नहीं हो रही है। जब अछूत समाज के लोग धर्मान्तरण का सवाल खड़ा करते हैं तब हिन्दू धर्म के दर्शन पर पश्चिमी राष्ट्रों के लोग भी सिर हिलाते हैं और

ऐसे प्राचीन तथा महान धर्म को तुम लोगों को छोड़ना नहीं चाहिए, इस तरह का उपदेश सवर्ण हिन्दू लोग करते फिरते हैं। लेकिन ऐसे दर्शन को क्या चाटना है? व्याकरण से किसी की भूख शान्त नहीं होती और काव्य से किसी की प्यास नहीं बुझती, यह आशय व्यक्त करनेवाली संस्कृत की एक कहावत है। यह कहावत धर्म के दर्शन पर भी लागू होती है।

धर्म की परिभाषा क्या है? 'यतोऽभ्युदयनिः श्रेयससिद्धि सधर्म' मतलब जिसके योग से अभ्युदय, ऐहिक उत्थान होता है और मोक्ष की प्राप्ति होती है वही धर्म है। इसमें ऐहिक उत्थान पहले और मोक्ष बाद में है। अछूत समाज पर इस तरह के सामाजिक निर्बन्ध लाद दिए गए हैं कि उस वर्ग के लोगों को अपना सिर ऊँचा उठाने का मौका ही न मिले, उन्हें अपनी बुद्धि का उपयोग करने के लिए और योग्यता दिखाने का मौका ही न मिले। अछूतपन का मतलब ही ऐसा है। उत्थान तो दूर रहा, लेकिन सामान्य सहूलियतें भी अछूतपन की वजह से नहीं मिल पातीं। उसी की वजह से अछूत समाज को हर तरह की कठिनाइयाँ और परेशानियाँ बर्दाश्त करनी पड़ती हैं। ऐसी स्थिति में पारमार्थिक मुक्ति का मोक्ष या मार्ग खुले न खुले, उससे क्या फायदा होगा। किसने देखा है मोक्ष और कैसा है मोक्ष? इस दुनिया में मोक्ष के लिए कोशिश करनेवाला और ऐहिक उत्थान को नकारनेवाला करोड़ों में शायद एक मिले। बाकी सभी लोगों की ऐहिक सुख के लिए ही कोशिश जारी रहती है। हिन्दू धर्म केवल मन के समाधान के लिए है। हिन्दू धर्म में किसी को भी सुख की आशा नहीं रखनी चाहिए ऐसा यदि तय किया जाए तो जो ऊँचे वर्ण के लोग धर्म के अभिमान की लम्बी-चौड़ी गप्पें हाँकते हैं, अछूतपन का समर्थन करके अछूत वर्ग को स्वधर्म में रहने का शेखी से उपदेश करते हैं, ऐसे में एक भी आदमी हिन्दू धर्म में नहीं रहेगा, ऐसा हम यकीन के साथ कह सकते हैं।

धर्माभिमानियों का वेदान्त पर दुख शीतल न्याय की तरह है। कथित ऊँचे वर्ण के लोगों में विदेश से गोमांस खाकर आए अपनी जाति के लोग चल जाते हैं। कोई आदमी विदेश जाए या विदेश से वापस आए तो उसने अभक्ष्य भक्षण और अपेयपान किया या नहीं इसकी जाँच-पड़ताल करने के बजाय उसने वैसा किया ही है, पूरा यकीन होने के बाद भी उसे जाति के लोगों की ओर से बिदाई दी जाती है या उसका स्वागत किया जाता है। किसी अछूत समझे गए समाज का आदमी ईसाई या मुस्लिम हो जाने के बाद उससे छुआछूत मानने की बजाय उसे समाज में रखा जाता है। लेकिन अछूतों के अछूतपन को हिन्दू धर्म में रहते ही समाप्त करो, ऐसा यदि कहा जाए तो स्मृति पुराणादि ग्रन्थों के शास्त्राधार, चालाकी की दलीलें, पाखण्डीपन की बातें सामने आती हैं। ब्राह्मण आदि ऊँची कहलानेवाली जाति के लोगों ने स्मृतिग्रन्थों को, शास्त्रों को, रिवाजों को अपनी आवश्यकता के अनुसार न जाने कब पीछे छोड़ दिया है। वे लोग जिन धर्मशास्त्रों का आधार अछूतपन के समर्थन के लिए देते हैं उन धर्मशास्त्रों के अपने लिए असुविधा के होनेवाले नियम वे कभी भी स्वीकार नहीं करते। लेकिन वे ही लोग अछूतों को शास्त्रों का और रिवाजों का बड़ा हौआ खड़ा करके दिखाते हैं।

आजकल ईसाई-मुस्लिमों के, और ख़ास तौर पर मुस्लिमों की आक्रामक नीतियों की वजह से ऊँचे वर्ण के कहलानेवाले लोगों को इस बात का ज्ञान हो रहा है कि हिन्दुओं का संख्या-बल घट रहा है और वैसा न हो इसलिए उन्होंने संगठन और शुद्धि आन्दोलन के द्वारा कोशिशें शुरू की हैं। लेकिन आज के संगठन और शुद्धि आन्दोलन एक तरह से लुच्चापन ही है। जहाँ मानवी हक़ों की पवित्रता की भावना नहीं है, जहाँ अन्याय और स्वार्थ के प्रति गुस्सा नहीं है, जहाँ समता के प्रति कोई सही हमदर्दी नहीं है, वहाँ संगठन और शुद्धि का मतलब केवल पाखंड है। इस नाटक पर अब अछूत समाज का कोई भरोसा नहीं, यह बताने की कोई आवश्यकता नहीं। इस संगठन का मतलब है कि, 'तुम हम एक और लदुवा को मेख' और आजकल की शुद्धि का मतलब है कि, 'हींग लगे ना फिटकरी रंग चोखा'। यह बात साफ़ तौर पर दिखाई देती है। खुला विरोध करनेवाले सनातनी ठीक हैं। लेकिन शुद्धि-संगठन के लोग पाखंडी हैं, इसलिए ज्यादा खतरनाक हैं। आज इन संगठनवालों में वे लोग घुस गए हैं जो लोग अछूतों के स्वाभिमान के आन्दोलन से नफरत करते हैं। सच्चे समाज-सुधार पर और उदारतावाद पर छिपे-छिपे हमले करते हैं। बेचारे ब्रह्मीभूत स्वामी श्रद्धानन्द के पवित्र आन्दोलन का इन पाखंडी लोगों ने सत्यानाश कर दिया है। इस आन्दोलन में लुच्चे, लफंगे, पेटभरू और बेमतलब की आत्मप्रतिष्ठा बढ़ानेवाले लोग मिल गए हैं। हिन्दू-मुस्लिमों में झगड़ा पैदा करना, यही इन लोगों का धन्धा है। ऐसे लोगों को लातें मारकर बाहर भगाए बगैर इस आन्दोलन को सही शक्ति कभी प्राप्त नहीं हो सकती। अछूत लोगों ने आज की इस स्थिति से परेशान होकर दूसरे धर्म में जाने की बात सोची कि ये बेशर्म लोग इस तरह से कहने में कोई शर्म महसूस नहीं करते कि यदि तुम लोगों को दूसरे धर्म में जाना हो तो खुशी से जा सकते हो, हमें तुम्हारी कोई परवाह नहीं, हम तुम्हारी धमकियों को सुननेवालों में से नहीं हैं, तुम्हें हिन्दू धर्म में रहना हो तो हम 'जैसा रखना चाहेंगे वैसा ही तुम्हें रहना पड़ेगा'। लेकिन अछूत समाज की इच्छा किसी को भी डराने-धमकाने की नहीं है। वे लोग दूसरे धर्म में जाना इसलिए अच्छा मानते हैं क्योंकि हिन्दू धर्म की परेशानियाँ उनकी बर्दाश्त से बाहर हैं। लेकिन उनके यह कहने का मतलब धमकी देना ऐसा समझकर वे स्वार्थी, पाखंडी, धूर्त लोग फिर से धमकाना चाहते हैं। वे लोग वैसा करने का साहस करते हैं इसकी वजह यह है कि अछूत वर्ग सामाजिक जुल्म-ज्यादतियों से कितना भी परेशान हों फिर भी उसका हिन्दू धर्म से प्यार है और उस प्यार के खातिर वे लोग उसी प्रकार का जुल्म आगे भी बर्दाश्त करते रहेंगे। लेकिन इन पाखंडी लोगों की धमकियों को अछूत समाज के लोग अब किसी भी रूप में बर्दाश्त नहीं करेंगे, इस बात को जलगाँव के लोग अपने कार्य से साबित कर देंगे। इन पाँच हजार लोगों ने धर्मान्तरण किया तो उसकी जिम्मेदारी पूरी तरह से हिन्दू समाज पर और ख़ास तौर पर अछूतों को डरानेवाले पाखंडी संगठनवालों पर है, इस बात को हम पहले ही बता देना चाहते हैं।

हम लोग आज तो धर्मान्तरण करने के लिए तैयार नहीं हैं। क्योंकि मग़रूर लोगों

को सबक सिखाने के लिए और हिन्दू समाज में अछूत वर्ग के इनसानियत के हक़ प्रस्थापित करने की हममें आज भी धमक है और हिन्दू समाज की मुर्दार स्थिति समाप्त करने के लिए हमें सफलता मिलेगी, इस बात की आज भी हमें उम्मीद है। फिर भी, हिन्दू समाज से परेशान होकर हिन्दू धर्म का त्याग करने के लिए जो लोग तैयार हुए होंगे उन्हें 'तुम ऐसा मत करो' कहने के लिए मेरा मन नहीं चाहेगा। फिर भी जलगाँव के पाँच हजार महार भाइयों को एक सुझाव देना हम पसन्द करेंगे और वह यह कि तुम लोगों को यदि धर्मान्तरण ही करना हो तो मुस्लिम धर्म को अपनाओ! तुम लोग मोक्ष के लिए तो धर्मान्तरण नहीं कर रहे। यहाँ यह सवाल नहीं है कि किस धर्म के सिद्धान्त कितने अच्छे हैं। बल्कि धर्मान्तरण करके अपने अछूतपन को समाप्त करना यही महत्त्व का सवाल है। यह उद्देश्य प्रार्थना समाज या आर्य समाज अथवा बौद्ध धर्म को अपनाकर हासिल नहीं होगा। क्योंकि व्यवहार की दृष्टि से तुम लोग हिन्दू ही समझे जाओगे। और तुम्हारी गर्दन पर अछूतपन का जुआ हमेशा-हमेशा के लिए बरकरार रहेगा। इतना ही नहीं, ईसाई धर्म को अपनाकर भी तुम्हारा अछूतपन पूरी तरह से समाप्त नहीं होगा। हिन्दी ईसाई भी जातिभेद के रोग से अछूते नहीं रहे।

लेकिन इस्लाम धर्म में सबको अपने में मिला लेने की क्षमता है। मुस्लिम समाज अपने धर्म के लोगों के प्रति गहरा अभिमान रखनेवाला और अपने धर्म के लोगों की मदद करनेवाला है। इसीलिए सात करोड़ मुस्लिम बाईस करोड़ हिन्दुओं के लिए सिरदर्द बन गए हैं। तुम लोगों के मुस्लिम बनने पर भी घमंडी हिन्दू लोग तुम्हें सताएँगे तो तुम्हारे पीछे सात करोड़ मुस्लिमों की जो ताकत है उससे उन्हें मुकाबला करना पड़ेगा और डरपोक हिन्दू लोग उस तरह का मुकाबला करने के लिए कभी भी तैयार नहीं होंगे। तुम लोगों की ओर टेढ़ी नजरों से देखने की उनमें हिम्मत नहीं होगी। और जब तुम लोग मुस्लिम बन जाओगे तब हिन्दू लोग तुम्हें भाई-भाई कहकर गले मिलेंगे, इतना ही नहीं, यदि तुम्हें खिलाफत चाहिए तो तुम्हारे लिए जेल में जाने के लिए भी तैयार होंगे। जैसे, कोई एक 'शंकराचार्य' खिलाफत के आन्दोलन में कराची के किसी मुक़दमे में था। उसी प्रकार तुम्हारी सभाओं में तुमसे भी ज्यादा जोर से 'अल्ला हो अकबर' का जयघोष करेंगे।

# कपड़ा मिलों के मालिक और मज़दूर

**शुक्रवार : 27 मार्च, 1929/अग्रलेख, बहिष्कृत भारत**

पिछले साल मुम्बई के मिलों के मालिक और मज़दूरों में लड़ाई शुरू हुई और सभी मिलों के मज़दूरों ने हड़ताल की। यह हड़ताल छह माह तक चली और अन्त में मुम्बई सरकार के जनरल मेम्बर नामदार सर गुलाम हुसैन हिदायतुल्ला की मध्यस्थता में अस्थायी समझौता करके उसे समाप्त कर दिया। जिस शर्त पर यह समझौता हुआ उसमें एक शर्त यह थी कि सरकार को मालिक और मजदूर के बीच की लड़ाई की जाँच-पड़ताल के लिए एक कमेटी नियुक्त करनी चाहिए। उसके अनुसार सरकार ने सर चार्ल्स फॉसेट मुम्बई हाईकोर्ट के एक जज (अध्यक्ष) और मि. एम.पी. खारेगाट, आई.सी.एस. रिटायर्ड और बालकृष्ण सीताराम कामत (सदस्य) आदि तीन लोगों की एक कमेटी नियुक्त की। इस कमेटी ने दोनों ओर की शिकायतें सुनकर विवाद से सम्बन्धित अलग-अलग बातों की गहरी जाँच-पड़ताल की। उस कमेटी ने अपनी जाँच रिपोर्ट पिछले शनिवार को जारी की। कमेटी ने कई बातों का बहुत गहराई से अध्ययन कर यथासम्भव निष्पक्ष होकर अपना अभिप्राय देने का प्रयास किया है। फिर भी फैसला देते समय दोनों वर्गों को सँभालने का और दोनों वर्गों के तर्कों को काटने का प्रयास हुआ है इसलिए कमेटी का वह फैसला कई बातों में लड़खड़ाता है। कमेटी की उस रिपोर्ट से दोनों वर्गों को पूरा सन्तोष होना सम्भव नहीं। और दोनों वर्गों का पूरी तरह से विरोध करना भी सम्भव नहीं। कमेटी ने मजदूरों की ओर की कुछ बातें स्वीकार की हैं फिर भी कमेटी ने कुछ बातों पर मजदूरों के विरोध में फैसला दिया है। यहाँ हम कमेटी की रिपोर्ट का विस्तार से विश्लेषण की कोई आवश्यकता महसूस नहीं करते।

मुम्बई के मिल मज़दूरों में अछूत समाज के हजारों स्त्री-पुरुष हैं इसलिए अछूत समाज का इसके बारे में करीबी सम्बन्ध है। इसलिए रिपोर्ट की गोटी-मोटी बातों की यहाँ चर्चा करना जरूरी है। अछूत समाज का बहुत निजी सवाल यह है कि उस वर्ग के लोगों को कपड़ा विभाग में साँचे पर काम करने की छूट होनी चाहिए। मजदूरों की हड़ताल में कमेटी ने जो सत्रह माँगें मालिकों के सामने रखी थीं उनमें यह एक माँग थी जिसका मालिकों ने कोई विरोध नहीं किया लेकिन अछूत समझे गए वर्ग के लोगों को कपड़ा विभाग में काम करने के लिए यदि किसी को आपत्ति हो तो वह मराठा

मजदूरों को ही है। हमारी ओर से इस बारे में कभी कोई आपत्ति नहीं थी ऐसा भी मालिकों ने बताया। सचमुच देखा जाए तो वहाँ मालिकों का कोई सवाल ही नहीं था। कपड़ा बुनने का काम सवर्ण मजदूर करें या अछूत मजदूर करें, मालिकों को इसमें कोई ख़ुशी या परेशानी नहीं है। उनका एक ही उद्‌देश्य है कि उनका कपड़ा तैयार हो और उनको उससे फायदा हो। लेकिन जो मजदूर यह कहते हैं कि अछूत वर्ग के मजदूरों के साथ हम कपड़ा विभाग में काम नहीं करेंगे, उन्हें मालिक क्या कह सकते हैं? त्रासन आदि अन्य विभागों में अछूत समाज के मजदूर काम कर सकते हैं लेकिन कपड़ा विभाग में जहाँ तनख़्वाह ज़्यादा मिलती है, वहाँ अछूत मजदूरों के काम करने पर रोक है। कपड़ा विभाग में महार, चमार आदि अछूत समाज के मजदूर काम करने लगे तो मराठा मजदूरों की जाति नष्ट हो जाती है। और तर्क दिया जाता है कि कपड़ा विभाग में धागा मुँह से पकड़ना पड़ता है इसलिए छुआछूत होती है। कपड़ा विभाग में काम करनेवाले मुस्लिमों से मराठा मजदूरों की जाति नष्ट नहीं होती, ऐसी उनकी समझ है। उनमें मुस्लिमों की झूठी चीजें चल जाती हैं लेकिन अछूतों का एक शब्द भी बर्दाश्त नहीं होता!

कमेटी ने इस सम्बन्ध में जो फैसला दिया वह एक जैसा है। हड़ताल कमेटी ने जो यह माँग की है उसे मालिकों ने स्वीकार किया है और मालिकों को इसमें पहले भी कोई आपत्ति नहीं थी। इस माँग को अमल में लाना स्वयं मजदूरों पर निर्भर है। 'मुम्बई गिरणी कामगार संघ' की ओर से इस सम्बन्ध में कमेटी की रिपोर्ट बाहर आने के पहले ही अछूत मजदूरों की ओर से प्रयास शुरू कर दिया गया है। कई मिल मालिकों ने अछूत मजदूरों की कपड़ा विभाग में व्यवस्था करने की बात स्वीकार की है। किसी मिल में कपड़ा विभाग में सभी के सभी अछूत मजदूर रखना यह बात जहाँ बिल्कुल स्वीकार्य नहीं वहाँ अपने आपको स्वीकार करवा लेने की दृष्टि कैसे सही है। फिर भी सभी मिलों के कपड़ा विभाग के दरवाजे अछूत वर्ग के लिए खुले होना बहुत आवश्यक है, इस बात को भूला नहीं जा सकता। अछूत समाज के लोगों को इसके लिए तीव्र आन्दोलन करना चाहिए। और मराठा आदि मिल मजदूर यदि रुकावट बनते हों तो उनका पूरी शक्ति के साथ विरोध करने के लिए और समय रहते प्रतिरोध के मार्ग से उनके होश ठिकाने लगाने के लिए तैयार रहना चाहिए।

लाल झंडेवाला के नाम से पहचाना जानेवाला 'गिरणी कामगार संघ' अब तक इस सम्बन्ध में चुप है। उनके नेताओं ने अपने अनुयायियों को उचित शिक्षा देने की इच्छा आज तक जाहिर नहीं की है। इसलिए अछूत वर्ग के मिल कामगारों ने संगठित होकर अपने हक़ों के लिए पूरी ताकत के साथ लड़ने की तैयारी दिखाई तो विरोधियों को अन्त में झुकना पड़ेगा, ऐसा हमें लगता है। उसके अलावा अछूत वर्ग के होनहार मजदूरों को आगे आकर कपड़ा विभाग में काम सीखने की हिम्मत करनी चाहिए। उसी प्रकार युवा होनहार लोगों ने अपने नाम हमारे पास अर्थात दामोदर हॉल के 'गिरणी कामगार संघ' में लिखवाया तो उन्हें कपड़ा विभाग के काम के प्रशिक्षण की व्यवस्था करने में सुविधा होगी, खैर।

बुनकरों के वेतन में कटौती करने से सम्बन्धित मिल मालिकों की योजना को फॉसेट कमेटी स्वीकृति देती है या नहीं इस बात को जानने के लिए मिल मजदूरों की नजर कमेटी की रिपोर्ट की ओर लगी थी। वेतन की दर रोक (स्टैण्डर्डाइजेशन) करने की योजना कमेटी ने स्वीकार की है और मिल उत्पादन के व्यवसाय में फिलहाल मंदी होने की वजह से बुनकरों के वेतन में साढ़े सात प्रतिशत कटौती करना अनुचित नहीं होगा, इस प्रकार की राय दी है। फिर भी मालिकों को अपने फायदे की ओर ध्यान देकर बुनकरों के वेतन काटने की योजना अमल में नहीं लानी चाहिए। क्योंकि साढ़े सात प्रतिशत वेतन कटौती करके मजदूरी में बचत होने से जो फायदा होगा उससे भी ज्यादा फायदा उसकी जगह दर रोक की योजना अमल में लाने में मजदूरों के नेताओं की सहायता से होगा, इस तरह की बात कमेटी ने जानबूझकर कही है। इसके अलावा दर रोक की योजना भी मालिक वर्ग आनेवाले अक्तूबर तक अमल में नहीं लाएँगे, इस तरह की बात भी कही गई है। कुल मिलाकर वेतन के प्रतिशत में कटौती करने का अवसर फिलहाल टल गया ऐसा कहना गलत नहीं होगा। मालिक वर्ग ने दर रोक की जो योजना बनाई है उसके अनुसार धागा विभाग के मजदूरों की आज जो संख्या है वह कम होगी। लेकिन धागा विभाग में जो फिलहाल एकदम कम वेतन हैं वे कुछ बढ़ेंगे।

यह बात बुनकरों के सन्दर्भ में थी और आज तक बुनकरों में अछूत वर्ग के बुनकर नहीं हैं। फिर भी, बुनकरों के वेतन में कटौती होने का समय फिलहाल टल गया, यह बात अछूत वर्ग के मिल मजदूरों की दृष्टि से समाधान की समझनी चाहिए। क्योंकि बुनकरों के वेतन कम किए गए होते तो उन्होंने हड़ताल की होती और तमाम मिलों के कपड़ा विभाग बन्द होने पर धागा विभाग अपने आप बन्द हुए होते। और अछूत वर्ग के मजदूरों की भी भुखमरी की बारी आई होती। पहले ही पिछले बारह महीनों में छह माह लम्बी हड़ताल और बाद में अलग-अलग मिलों में जो छोटी-मोटी हड़तालें हुईं उसकी वजह से महीनों गिनती गैरहाजिर होकर अछूत वर्ग के मिल मजदूरों की स्थिति बहुत ही बदतर हुई है और उनके सिर पर कर्ज का बोझ बढ़ा है। एक तो पहले ही वेतन कम और उसमें भी बार-बार हड़ताल से बदतर स्थिति का होना स्वाभाविक है। और इस समय मिलों के आम हड़ताल की स्थिति आ गई होती तो अछूत वर्ग के मिल मजदूरों की बेहाली की कोई सीमा न रह गई होती। इसलिए बुनकरों के वेतन में फिलहाल कटौती नहीं होगी, यह बात धागा विभाग के अछूत वर्ग के मजदूरों की दृष्टि में समाधान की बात है। फिर भी इतनी-सी बात से बेखबर रहने के बजाय अछूत वर्ग के मिल मजदूरों को 'गिरणी कामगार संघ' का सदस्य बनकर अपनी संगठन शक्ति को बढ़ाना चाहिए और आज उन्हें जो समस्याएँ और जो कठिनाइयाँ झेलनी पड़ रही हैं, उन्हें दूर करना चाहिए।

# हिन्दू महासभा और अछूतपन

**शुक्रवार : 12 अप्रैल, 1929/अग्रलेख, बहिष्कृत भारत**

कुछ दिनों पहले सूरत में हिन्दू महासभा का अधिवेशन हुआ। उस अधिवेशन के साथ ही राष्ट्रीय सभा के जलसे के बहाने सामाजिक परिषद् का आयोजन किया गया उसी तरह शुद्धिपरिषद् और अछूतपन उन्मूलन परिषद् की बैठकें भी आयोजित की गईं। पिछली बार सूरत में हिन्दू-मुस्लिमों में जो दंगा हुआ था उसके मुकदमे अभी तक चल रहे हैं इसलिए सूरत के हिन्दू समाज में हिन्दू महासभा के बारे में ख़ास उत्साह होना और चालू वर्ष में उपर्युक्त महासभा का अधिवेशन वहाँ होने से यह स्वाभाविक ही था। हिन्दू महासभा की शाखा के एक मुख्य कार्यकर्त्ता हैं–डॉ. रायजी। इनका नाम उनके ऊपर हिन्दू-मुस्लिम दंगे के मुकदमे के सम्बन्ध में आजकल ज्यादा प्रचारित हो रहा है और वही स्वागत मंडल के अध्यक्ष हैं। महासभा के अध्यक्षपद के लिए कलकत्ता के 'मॉडर्न रिव्यू' प्रख्यात अंग्रेजी पत्रिका के संस्थापक और सम्पादक श्री चटर्जी का नाम प्रस्तावित किया गया था। श्री चटर्जी प्रख्यात लेखक हैं और स्वतन्त्र विचार तथा स्पष्ट वक्तृता के लिए मशहूर हैं। वे ब्राह्मो समाज के अनुयायी हैं। और सामाजिक सन्दर्भ में उनके विचार पहले से ही सुधार के पक्ष में नहीं थे फिर भी वे जबर्दस्त सुधारवादी हैं। ऐसे आदमी को हिन्दू महासभा के अधिवेशन में अध्यक्षपद के लिए चुनना एक तरह से आश्चर्य ही मानना चाहिए। उनका भाषण जरूरत से ज्यादा मुँहतोड़ हुआ।

श्री चटर्जी ने कहा कि हिन्दू समाज को जातिभेद तथा अछूतपन का जो महारोग लगा हुआ है उसका पूरी तरह से उन्मूलन होना चाहिए। उन्होंने अपने भाषण में हिन्दू समाज की आँखों में चरपरा सुरमा डाला, यह बात सच है लेकिन उसका कितना प्रभाव पड़ा इसके बारे में हमें सन्देह है। क्योंकि हिन्दू समाज कल्पना के बाहर का रहस्य है। भाषणों को सुनकर तालियाँ बजाने में भी वह कोई कसर बाकी नहीं रखेगा, इतना ही नहीं, उस तरह के विचार प्रदर्शित करनेवाले आदमी को बड़े स्थान पर बैठाकर सम्मानित करेगा, लेकिन अपना पहले का कार्यक्रम पूर्ववत् रखेगा, इस बात की गवाही गौतम बुद्ध से लेकर महात्मा गांधी तक के काल का इतिहास देगा। गौतम बुद्ध ने जातिभेद का निषेध किया, धर्म तथा कर्मकांड के पाखंड को दुनिया के सामने खोलकर रख दिया तब

भी हिन्दू समाज ने उसे भगवान का एक अवतार बनाकर उसकी शिक्षा को पूरी तरह से नकार दिया। आज हिन्दू समाज महात्मा गांधी के साथ वही व्यवहार कर रहा है। अपने महाराष्ट्र के गांधीपंथी लोगों की ओर नजर डालने पर क्या दिखाई देता है? महात्मा गांधी के कितने महाराष्ट्रीय अनुयायियों ने अछूतपन विनाश के लिए सही मन से प्रयास किए हैं? उन्होंने इसके लिए प्रयास तो किया ही नहीं बल्कि अछूतपन उन्मूलन के प्रयासों का विरोध करने में उनमें से कई लोगों ने कोई कसर बाकी नहीं छोड़ी।

बड़े-बड़े धर्म-सुधारवादियों को और समाज-सुधारवादियों को हजम करने की जो चालाकी हिन्दू समाज को प्राचीनकाल से प्राप्त हुई है उसे ध्यान में रखें तो रामानन्द चटर्जी जैसे सच्चे ब्राह्मोसमाजिक को हिन्दू महासभा का अध्यक्षपद दिया गया इसके लिए आश्चर्य करने की कोई आवश्यकता नहीं। हिन्दू समाज के पेट की आग में बुद्ध जलकर खाक हो गया, महावीर खाक हो गया, बसव खाक हो गया, चैतन्य खाक हो गया, रामानन्द खाक हो गया, चक्रधर खाक हो गया और भागवत सम्प्रदाय भी खाक हुआ। हिन्दू समाज की इस आग में नानक और कबीर की वही हालत हुई, राममोहन राय, दयानन्द, रामकृष्ण परमहंस, विष्णु बाबा ब्रह्मचारी, ज्योतिबा फूले, रानडे, भण्डारकर, विवेकानन्द, रामतीर्थ, श्रद्धानन्द, लाजपत राय आदि को भी हिन्दू समाज ने उसी रास्ते से लगा दिया या लगाने का प्रयास किया जा रहा है। महात्मा गांधी, आचार्य रॉय, रामानन्द चटर्जी आदि जैसे लोगों को भी वे हजम कर लेंगे इस तरह की धमक हिन्दू समाज में है। हिन्दू समाज को यह एक बहुत अच्छी कला हासिल है कि आदमी की महानता को बढ़ाना और उसकी शिक्षा की आवश्यकता न हो तो वह शिक्षा कितनी भी अच्छी क्यों न हो, उसकी ओर बिल्कुल ध्यान न देना, अपने रीति-रिवाजों को पूर्ववत जारी रखना, यह कला हिन्दू समाज को अच्छी तरह हासिल है। पहले के वैष्णवपंथी रामानन्द का उदारवाद जिसने पूरी तरह समाप्त कर दिया वही समाज आज के ब्राह्मोपन्थी रामानन्द का उदारवाद समाप्त करने की कोशिश करते होंगे, इसमें आश्चर्य की कोई बात नहीं है। हिन्दू समाज फ्रांस के बर्बून राजघराने की तरह न कुछ सिखाता है और न कुछ भूलता है (Learns nothing and forgets nothing)। हिन्दू समाज बेशर्म होने पर भी उसमें अपने अस्तित्व के अस्थायी संरक्षण करने का लचीलापन है, इस बात को हमें कबूल करना चाहिए। विकल्प खोजने के लिए हिन्दू धर्म के शास्त्री-पंडितों की कोई बराबरी नहीं कर सकता। जैसा समय आया उस समय की सुलह कर लेना और आया हुआ समय जैसे-तैसे निकाल लेना यही हिन्दू समाज का जन्म स्वभाव है। इस लचीलेपन की वजह से, 'महाप्लावन में पेड़ बह जाते, वहाँ पटेर शेष रह जाते'। इस न्याय से वह आज तक कायम रहा है। बाकी इस तरह से जिन्दा रहना कहाँ तक उचित है, यह सवाल अलग है। यह लचीलापन केवल तात्कालिक आत्मसंरक्षण के लिए ही उपयोगी हो सकता है। समाज पुरुष की शरीर प्रकृत्ति तन्दुरुस्त होने के लिए और उसका साहस बढ़ाने के लिए उसके शरीर के तमाम दोष पहले ही निकल जाने चाहिए।

सूरत में हिन्दू महासभा के अधिवेशन के समय अछूत लोगों को लेकर सवर्णों के साथ एक जुलूस निकाला गया। उस जुलूस में करीबन पाँच सौ लोग थे। यहाँ सवर्ण और हिन्दुओं के इकट्ठा जुलूस से हिन्दू धर्म पर कोई बहुत बड़ा खतरा पैदा नहीं हुआ या हिन्दू धर्म की मौत कुछ समय के लिए टल गई, ऐसी भी बात नहीं है। लेकिन वह भी कुछ ब्राह्मणी मानसिकता के लोगों को अच्छा नहीं लगा। अपने आपको वैष्णव कहनेवाले सूरत के कुछ लोगों ने इस जुलूस के विरोध में पर्चे निकालकर, यह भयंकर अधर्म हो रहा है, इस तरह से चिल्लाना शुरू कर दिया। हमें इन वैष्णव लोगों पर बड़ी दया आती है। 'विष्णु रूप जग वैष्णवों का धर्म। भेदा भेद भ्रम अमंगल' इस तरह से तुकाराम जैसे महावैष्णव ने कितनी बार चिल्ला-चिल्लाकर बताया था 'विप्राद्विषड्गुणयुतादर- विन्दनाम। पादारविन्दविमुखात् श्वपचं वरिष्ठम्' इस तरह से भागवत पुराण में बताया गया, तब भी जिसका गलत अभिमान समाप्त नहीं होता वे लोग वैष्णव नहीं हो सकते। बल्कि वे वैष्णव धर्म की नदी के पत्थर हैं, ऐसा क्यों न कहा जाए!

सूरत में हिन्दू महासभा के अधिवेशन के साथ अछूतोद्धार परिषद् की बैठक भी आयोजित की गई थी। उसमें कुछ साधारण प्रस्ताव पास किए गए। उसमें अछूतों को स्कूल, कुआँ और सार्वजनिक इमारतों में प्रवेश निषेध नहीं होना चाहिए, इस तरह की विनती म्यूनिसपैलिटी, लोकल बोर्ड्स और अन्य सार्वजनिक संस्थाएँ आदि से करने का प्रस्ताव था। इस प्रस्ताव को अमल में लाने के लिए हिन्दू महासभा की स्थानीय शाखाओं ने कहाँ-कहाँ प्रयास किया है यह मालूम हो सके तो अच्छा होगा। उपर्युक्त अछूतोद्धार परिषद् का मतलब है हिन्दू महासभा की दुम। अछूतों में अपने पाँव पर खड़े होने के लिए जो प्रयास किए जा रहे हैं वे हिन्दू महासभा के नेताओं को मंजूर नहीं हैं। इतना ही नहीं, हिन्दू महासभा के लोग अछूतों में फूट डालने का प्रयास जानबूझकर कर रहे हैं। हम अपनी खुशी से जितना देंगे उतना उन्हें लेना चाहिए, उसे समाधान मानकर हमारे प्रति कृतज्ञता रखनी चाहिए, हम जहाँ बैठने के लिए कहें वहाँ उन्हें बैठना चाहिए और हमारे बुलाते ही 'जी हुजूर' कहकर उठना चाहिए, इस तरह की हिन्दू महासभा वालों की अछूतों के बारे में नीति है।

इसका और एक जीताजागता उदाहरण सूरत के हिन्दू महासभा के अधिवेशन में अछूतपन के बारे में जो प्रस्ताव पारित हुआ है उसमें मिलेगा। इस प्रस्ताव में अछूतों को मन्दिर, कुएँ, स्कूल, सभा आदि जगह पर प्रवेश निषेध करने के बजाय समानता से बर्ताव किया जाना चाहिए यह कहा गया है, लेकिन सरकार द्वारा अछूतों का स्थानीय संस्थाओं में, म्यूनिसपैलिटी, लोकल बोर्ड्स आदि में उसी प्रकार प्रान्तीय विधि कौन्सिल और लेजिस्लेटिव्ह असेम्बली आदि में प्रतिनिधि नियुक्त करना देशहित के लिए और खुद अछूत वर्ग के स्वाभिमान के लिए खतरनाक है, ऐसा भी कहा गया है। सरकार का अछूतों के प्रतिनिधि नियुक्त करना हमें भी घटिया लगता है। फिर भी हिदू महासभा ने इस प्रस्ताव में चुप्पी साधी है कि ये प्रतिनिधि अछूतों के साथ

सभी हिन्दुओं में से चुनकर आने चाहिए या सिर्फ अछूतों से ही चुने जाने चाहिए, इसके बारे में कुछ नहीं कहा। और उसी में सारा रहस्य छिपा हुआ है। सरकार अछूत जैसे वर्ग के प्रतिनिधि जिन सिद्धान्तों के आधार पर नियुक्त करती है उन सिद्धान्तों पर आपत्ति की जा सकती है। उन्हीं सिद्धान्तों पर संयुक्त मतदाता संघ की ओर से अछूतों के प्रतिनिधि चुनकर गए तो उस पर आपत्ति उठाई जा सकती है। इतना ही नहीं, इस स्थिति में संयुक्त मतदाता संघ की ओर से अछूतों के प्रतिनिधि चुनकर आने के बजाय उनकी नियुक्ति सरकार द्वारा होना ही अच्छा है, ऐसी हमारी राय है। हिन्दू महासभा को अछूतों के स्वाभिमान की यदि सही में चिन्ता होती तो उसने यह कहा होता कि अछूतों के प्रतिनिधि उसी वर्ग के ख़ास मतदाता संघ द्वारा चुनकर आने उचित हैं। जब अछूतपन का विनाश होगा तब हम लोग भी संयुक्त मतदाता संघों को स्वीकृति देंगे। लेकिन आज की स्थिति में हम लोग दूसरे समाज पर भरोसा रखने के लिए तैयार नहीं हैं। सरकार और अछूत वर्ग के हितसम्बन्ध एक-दूसरे के विरोध में नहीं हैं। लेकिन अछूत वर्ग और अन्य समाज के हितसम्बन्ध एक जैसे नहीं हैं। इतना ही नहीं, जब तक छूआछात का झगड़ा हिन्दू समाज में है तब तक इन दो वर्गों के हितसम्बन्ध एक-दूसरे के विरोध में हैं ही, ऐसा कहना गलत नहीं होगा। संयुक्त मतदाता संघ द्वारा अछूतों के प्रतिनिधि चुनने की व्यवस्था हो गई तो अल्पसंख्यक अछूतों के हितों को नजरअंदाज किया जाएगा, इसमें कोई शक नहीं। जो अछूत प्रतिनिधि के रूप में चुनकर आने के लिए उम्मीदवार के नाते खड़े रहेंगे उन्हें अन्य वर्गों के लोगों के विचारों के अनुसार चलना पड़ेगा। वास्तव में हिन्दू महासभावालों के बगलबच्चे होने के लिए अछूत वर्ग के जो उम्मीदवार तैयार होंगे वे ही चुनकर आ सकेंगे। और यदि वैसा हुआ तो अछूतों का स्वतन्त्र स्वाभिमानी आन्दोलन पूरी तरह से डूब जाएगा। अछूत वर्ग को सवर्ण वर्ग के गुलाम बनकर रहना होगा, उनके सामने भीगी बिल्ली बनकर रहना होगा। और यही हिन्दू महासभावालों का भयंकर षड्यन्त्र है। उनकी इस नीति की वजह से ही हम हमारे अछूत भाइयों को हिन्दू महासभा से दूर रहने के लिए कहते हैं, खैर।

हिन्दू महासभा का यह (प्रति) आन्दोलन नकली, प्रतिक्रियावादी, स्वार्थी, लक्ष्यहीन और सिद्धान्तों से परे है। इस आन्दोलन के नेताओं में अछूतों के बारे में वास्तव में कोई हमदर्दी नहीं है। हिन्दू महासभा के लोगों ने इसी उद्देश्य से इस आन्दोलन को शुरू किया है। अछूतपन उन्मूलन का सवाल लिया है कि अछूतों को धर्मान्तरण नहीं करना चाहिए वरना हिन्दुओं का संख्याबल घट जाएगा। मतलब उसमें सही हमदर्दी नहीं है। जब हिन्दू महासभा के लोग सिर्फ न्याय की और समानता की दृष्टि से सोचने के लिए और मानवी हक़ों के प्रति हमदर्दी रखना सीखेंगे तब कहीं उनके आन्दोलन में जिन्दापन आएगा। आज यदि हिन्दू महासभा के लोगों को यह कहा जाए कि तुम लोगों को चातुर्वर्ण की चौखट को समाप्त कर देना चाहिए तो वह बात उनके दिमाग में कभी नहीं आएगी, उन्हें यह बात कभी पसन्द नहीं आएगी। हिन्दू समाज के विकास

को रोकनेवाली, उन्हें टुकड़ों-टुकड़ों में बाँटनेवाली, उन्हें निराश करनेवाली जातिभेद की व्यवस्था बरकरार रखकर सच्चा हिन्दू संगठन होना सम्भव नहीं है। मतलब जातिभेद द्वारा पैदा किया गया ऊँच-नीच का भाव बरकरार रखकर जो संगठन चल रहा है वह केवल संगठन के नाम पर एक ढकोसला है।

# जमींदारी का मतलब किसान वर्ग की गुलामी

**शुक्रवार : 3 मई, 1929/अग्रलेख, बहिष्कृत भारत**

'भारतीय बहिष्कृत समाज सेवक संघ' के तत्त्वावधान में रत्नागिरी जिले के खेड़ और चिपलून तहसील की ओर से रत्नागिरी जिला बहिष्कृत परिषद् का दूसरा अधिवेशन पिछले 13 अप्रैल को चिपलून में हुआ था। उस अवसर का फायदा उठाकर किसान वर्ग की एक परिषद् की बैठक वहीं दूसरे दिन आयोजित की गई। इस किसान परिषद् की बैठक में कुनबी, मराठा और महार आदि जाति के लोग बड़ी संख्या में उपस्थित थे। पहले ही सारे हिन्दुस्तान में किसान वर्ग की स्थिति बहुत खराब है, उसमें भी रत्नागिरी जिले की असाधारण स्थिति खास तौर पर वहाँ की धुरीण रोक की ख़ास प्रणाली की वजह से किसानों को कई पीढ़ियों से चली आ रही परेशानियाँ ने घेरकर लाचार बना दिया है। कोंकण में रत्नागिरी और कुलाबा आदि दो जिलों में खोती प्रणाली प्रचलित है जबकि मुम्बई इलाके में और कहीं यह प्रणाली अस्तित्व में नहीं है।

रत्नागिरी और कुलाबा में प्रचलित खोती[1] प्रणाली में कुछ फर्क है। रत्नागिरी जिले में किसानों को कुलाबा से भी अधिक अत्याचार और जुल्म बर्दाश्त करना पड़ता है। वहाँ खोत[2] प्रथा का अधिक जोर है। रत्नागिरी जिले के मालवण और वेंगुर्ले तहसीलों को छोड़कर बाकी सभी तहसीलों में कम-ज्यादा अनुपात में खोती का उत्पात है। रत्नागिरी जिले के जिन इलाकों में खोतों का असाधारण बोलबाला है उस इलाके में और जिन इलाकों में खोती प्रणाली नहीं है या मामूली है, उस इलाके के किसानों की स्थिति में बहुत फर्क है। खोती प्रणाली के तहत किसानों की आर्थिक स्थिति तो बुरी होती ही है, लेकिन अन्य दृष्टि से भी उनका पतन होता है। खास तौर पर स्वाभिमान और साहस जो मनुष्य के उत्थान के लिए आवश्यक हैं। खोती प्रणाली जैसी गुलामी की प्रणाली में वे पूरी तरह नष्ट कर दिए जाते हैं।

खोती प्रथा में उत्पीड़न से वे लोग ही अधिक परिचित हैं जो इस प्रथा की वजह से उत्पीड़ित हैं। खोत गाँव का एक छोटा-सा सुल्तान होता है। जब गाँव की खोती अलग-अलग लोगों में, कई घरानों की हिस्सेदारी में बाँट दी जाती है तब कई छोटे-छोटे

1. खोती का मतलब है जमींदारी, मालगुजारी, इसमें ज्यादातर खोत, जमींदार ब्राह्मण होते हैं।

2. खोत–जमींदार, चौधरी, ब्राह्मण।

सुल्तानों का जुल्म गाँव के किसानों को बर्दाश्त करना पड़ता है। किसान को सरकार को दिए जानेवाले कर के अलावा खोती के हकदारों को अलग कर देना पड़ता है। रैयत प्रथा में सिर्फ सरकार का देन ही देना पड़ता है। खोती में इस तरह से किसानों पर कर का बोझ तो ज्यादा पड़ता ही है, उसके अलावा खोत हर तरह से किसानों से पैसे हड़पते रहते हैं। खोती-कर देने के बाद किसानों को इसकी रसीद नहीं दी जाती तब भी किसानों की चोटी हमेशा खोतों के हाथों में रहती है। किसानों से मनचाहा कर वसूल कर खोत किसानों को परेशान करते रहते हैं। यदि खोत ब्राह्मण है तो किसान के घर के आसपास की भूमि में पेड़ों पर लगे फूलों और साग-सब्जी आदि का इस्तेमाल भी खोत ही करेगा।

किसानों को कुम्हड़ों की बेलों पर कुम्हड़े तक देखने को नहीं मिलते। यदि खोत मराठा या मुस्लिम है तो किसान की मुर्गियाँ बचकर नहीं रह सकतीं। इस प्रथा के तहत किसानों का अपनी खेती और अपनी चीजों पर अपना स्वामित्व है ही नहीं। जो कुछ उसके घर में है वह सब खोत की मिलकियत है। किसान खोत के जुल्म का मुकाबला करने के लिए आगे आया तो उसे सीधे रास्ते पर लाने के कई तरीके खोत के पास होते हैं।

पहली बात यह है कि गाँव का खोत ही गाँव का मुखिया अर्थात पुलिस पटेल होता है। इससे किसान को डराने और धमकाने की पूरी छूट मिल जाती है। दूसरी बात यह कि किसानों के चरते हुए जानवरों को काँजी हाउस में बन्द कर दिया जाता है। गाँव के चरागाह की जमीन गाँव की साझी होने के बावजूद खोत उस पर अपना अधिकार जताता है। जानवरों के बगैर खेती सम्भव न होने की वजह से किसान को अपनी हैसियत और आवश्यकता के अनुसार जानवर रखने पड़ते हैं। किसानों के अपने चरागाह न होने की वजह से जानवरों को गाँव के चरागाहों में छोड़ना पड़ता है। इसका परिणाम यह होता है कि किसान स्वाभाविक रूप में खोतों की पकड़ में आ जाते हैं।

खोतों की जुल्म-ज्यादतियों का दूसरा और सबसे बुरा उदाहरण है–बंधुआ मजदूरी[1] की प्रथा। कानून के अनुसार बंधुआ मजदूरी पर रोक लगा दी गई है। लेकिन खोत गाँव का 'कर्तुम् कर्तुम्' सर्वाधिकारी होने की वजह से उस पर कानूनी रोक का कोई ख़ास असर नहीं पड़ता। खोत की अपनी कुछ निजी जमीन होती है। उस जमीन पर खेती के सभी काम खोत लोग बेगारी से करवा लेते हैं। इस काम के लिए किसान और उसके बीवी-बच्चों को पेट भरने लायक मजदूरी भी नहीं मिलती। खोत ही गाँव का साहूकार होता है और उसकी वजह से वह किसानों का मनचाहा शोषण करता है। किसानों के बच्चों को शिक्षा न मिले इसके लिए वह हरसम्भव प्रयास करता है। क्योंकि किसान यदि पढ़ना-लिखना सीख लेगा तो वह उसकी सुल्तानी को नहीं चलने देगा, इस बात का पूरा भरोसा खोतों को होता है। इसके अलावा किसानों पर खोतों का सामाजिक जुल्म तो अलग से होता ही है, कुनबी मुम्बई से दो पैसे कमाकर गाँव गया और धोती, कोट, रूमाल इस्तेमाल करने की क्षमता होने पर भी वह गाँव में धोती छोड़कर लँगोटी पहनने

1. बंधुआ मजदूर को मराठी में 'वेठ बिगारी' कहा जाता है।

के लिए मजबूर होता है। उसे परम्परागत पहनावे में ही रहना पड़ता है वरना खोत यह मानते हैं कि उसने अपनी मर्यादा छोड़ दी है। कुनबी औरतों को भी परम्परागत ख़ास तरह की साड़ी पहनने के लिए विवश किया जाता है। इस तरह अछूत समझी गई जातियाँ, गुजरात की 'काली परज' या 'राणी परज' नाम की जातियों पर जो सामाजिक जुल्म होता है वही जुल्म खोती प्रथा में कुनबी समाज के लोगों पर भी होता है। और इस दृष्टि से इस तरह की सभी जातियाँ समान रूप से शोषित हैं, ऐसा कहना गलत नहीं होगा। इस बीसवीं सदी में इनसानियत को कलंकित करनेवाली इस तरह की गुलामी प्रथा का बरकरार रहना सचमुच हिन्दी समाज के लिए शर्म की बात है।

फिलहाल 'शेतकरी कामगार पार्टी' के आन्दोलन के बारे में अखबारों और सभाओं के उनके भाषणों से पता चलता है। यह आन्दोलन आजकल एक 'फैशन' बन गया है। इस खोती प्रथा की तरफ आज तक किसी का ध्यान नहीं गया। इतना ही नहीं, किसान-मजदूर आन्दोलन की तारीफ जो अखबार करते हैं उनमें अधिकांश अखबार खोती का समर्थन करते हैं। और खोती के विरोध में किसानों की जो शिकायतें हैं उन्हें प्रकाशित नहीं करते। उन्हें सरकार को गाली-गलौच देने तक ही किसान-मजदूर आन्दोलन चाहिए। आज की स्थिति में किसानों को न्याय मिलना मुश्किल है। पहली बात तो यह है कि अधिकांश गाँवों में खोत ही गाँव का फौजदार होता है। खोतों की जाति के लोगों की तहसील और जिले के अधिकारियों में बहुतायत होती है। इतना ही नहीं, किसानों को न्याय प्राप्त करने के लिए खोत पर दीवानी फौजदारी मुकदमा चलाना हो तो उसका वकालतनामा देने के लिए कोई भी वकील आसानी से तैयार नहीं होता। संक्षेप में कहा जाए तो हमारा किसान आज चारों ओर से खोती के जाल में फँसा हुआ है। यह खोती प्रथा वास्तव में क्या है और खोतों के सही हक़ क्या हैं इस बात पर विचार और खोती प्रथा का आज तक के इतिहास का विश्लेषण करने पर हमें यह दिखाई देगा कि खोतों ने धीरे-धीरे अपना जाल फैलाकर किसानों के हक़ हड़प लिए हैं और उन्हें निकम्मा बना दिया गया है।

सह्याद्रि के पूर्व के इलाके में जैसा पाटिल (चौधरी) वैसा ही कोंकण का खोत। 'खोत' शब्द का अर्थ है जमींदार, मालगुजार। किसानों के कई गाँव बसाने में खोतों ने मदद की इसलिए उन्हें गाँव व्यवहार के कुछ असाधारण हक़ दिए गए। खोत का किसान से जमीन महसूल के रूप में कुछ निश्चित रक़म वसूल करना, उसका कुछ अंश सरकारी खजाने में जमा करना और बाकी रक़म अपने लिए रख लेना, यही उसका काम था। खोत जमीन का मालिक नहीं होता, जमीन का मालिक किसान ही है। खोत जमीन का मालिक नहीं है यह कहने के कुछ सबल प्रमाण हैं। खोतों के अधिकारपत्र में वे गाँव के मालिक हैं इसका कोई प्रमाण नहीं है। बल्कि उसे सरकारी महसूल की वसूली के लिए सह्याद्रि के पूर्व के इलाके के पाटिल की तरह मुशाहिरा मिलता था, इस तरह के कुछ स्पष्ट प्रमाण मिलते हैं। खोत यदि गाँव की जमीन के मालिक होते तो उन्हें जमीन का मुशाहिरा देने की कोई आवश्यकता ही नहीं थी। मुशाहिरा मालिकों को नहीं दिया

जाता, वह नौकरों को ही दिया जाता है। अधिकारपत्र के हक़ की दृष्टि से खोत सह्याद्रि के पूर्व के इलाके के पाटिलों की तरह ही हैं। उनमें लिखाई का काम करनेवाले ब्राह्मण धनवान बन गए और उन्होंने धीरे-धीरे अपने हाथ-पाँव फैलाकर किसानों पर चढ़ाई शुरू कर दी। पहले कानून के द्वारा जो हक़ उन्हें प्राप्त नहीं थे उन्हें उन्होंने प्रथा के द्वारा हड़प लिया। खोती हक़ वंश-परम्परागत होने पर भी उसे खरीदा-बेचा जा सकता है। इसी की वजह से मराठा आदि अब्राह्मण खोतों की संख्या कम हो गई और ब्राह्मण-कायस्थ आदि कलम चलानेवालों की संख्या खोत वर्ग में बढ़ गई। और इसी वजह से सह्याद्रि के पूर्व के इलाके के पाटिलों को जो बातें हासिल नहीं हुईं, वे बातें खोतों को हासिल हो गईं।

खोती प्रथा में रैयत के कई प्रकार हैं, और उनका स्तर भी कहीं निम्न कहीं उच्च है। लेकिन उसके सम्बन्ध में विस्तार से जानकारी देने का यह उपयुक्त अवसर नहीं है। खोती में धुरीण वर्ग के लोगों को ख़ास परेशानी नहीं होती। बल्कि धुरीण वर्ग के लोग अपने किसानों पर (पट्टेदार) कम या ज्यादा अनुपात में हुक्म चलाते हैं। खोतों की निजी जमीन होती है। यह निजी जमीन संस्थानिक या निजी सम्पत्ति संस्थान के कामकाज से ही प्राप्त की हुई होती है। यानी वह जमीन खोतों ने अपने खोतपन का फायदा उठाकर प्राप्त की होती है। इस निजी जमीन पर किसान का मतलब केवल अस्थायी पट्टेदार है। किसान जमीन बोने के लिए एक साल की स्वीकृति लेते हैं। खोतों ने छलकपट से हजारों हक़दार किसानों को बहुत बड़ी संख्या में अस्थायी पट्टेदार बनाया है और आज भी उनका यह काम ज़ारी है। किसानों की अज्ञानता, और पैसे से लाचार होने का खोतों ने फायदा उठाया और किसानों ने अपने हक़ खो दिए। फिलहाल खोतों ने हक़दार किसानों को जबर्दस्ती एक साल के लिए पट्टे की स्वीकृति लेने पर बल दिया इसलिए किसानों में भयंकर असंतोष है। अधिकांश किसानों को यह मालूम हो चुका है कि आज नहीं तो कल, इस सुल्तानी के बारह बजनेवाले हैं। इसलिए निजी जमीन बढ़ाने और हक़दार किसानों को अस्थायी पट्टेदार बनाने के लिए उनके जोरों के प्रयास शुरू हैं। इन प्रयासों का मतलब किसानों को हर तरह से परेशान करना है। इसी वजह से खोती का सवाल आज एक अहम सवाल बन गया है। खोती प्रथा जहाँ प्रचलित है वहाँ किसानों को इनसानियत के हक़ पुनः मिलने चाहिए इसलिए खोती प्रणाली को पूरी तरह से समाप्त कर देना चाहिए।

फिलहाल खोती से सम्बन्धित कानून बहुत अधूरे हैं लेकिन जो कानून हैं उनका अमल भी सही ढंग से नहीं हो पाता। और जब तक खोती प्रथा समाप्त नहीं होती, उसके जहरीले नाखून जब तक काटे नहीं जाते और उसके दाँत तोड़े नहीं जाते तब तक उस कानून का भी अमल सही ढंग से होना सम्भव नहीं है। इस कानून में अस्थायी सुधार करने से कुछ फायदा होनेवाला नहीं है। इसलिए डॉ. अम्बेडकर ने विधि कौन्सिल में खोती के सम्बन्ध में एक जोरदार बिल लाने का निश्चय किया है और यह बात उन्होंने चिपलून की किसान परिषद् की बैठक में जाहिर भी की है।

# शिक्षा के क्षेत्र में मुम्बई इलाके की तरक्की

**शुक्रवार : 31 मई, 1929/अग्रलेख, बहिष्कृत भारत**

मुम्बई सरकार के शिक्षामन्त्री ना. मौलवी रफीउद्दिन अहमद के निमन्त्रण पर महाबलेश्वर में पिछली 6 मई 1929 को प्राथमिक शिक्षा के प्रसार के बारे में दिलचस्पी रखनेवाले अलग-अलग जिलों और अलग-अलग जाति-धर्म के लोगों की एक बैठक आयोजित की गई। इस इलाके में विशेष रूप से प्राथमिक शिक्षा में तरक्की कैसे की जा सकती है और मौजूदा प्राथमिक शिक्षा से सम्बन्धित कानून में किस प्रकार के सुधार करने की आवश्यकता है, इस बात पर विचार करने के लिए यह बैठक आयोजित की गई थी। डॉ. अम्बेडकर भी इस बैठक में मौजूद थे। उन्होंने अपने विचार शिक्षामन्त्री और परिषद् के सदस्यों के सामने अपने विचार प्रस्तुत करते हुए कहा–

प्राथमिक शिक्षा के प्रसार का सवाल राष्ट्रीय दृष्टि से बहुत महत्त्वपूर्ण है। मौजूदा युग में जिस देश का बहुजन समाज अनपढ़ है, ऐसे देश में जीवन संघर्ष अधिक मुश्किल है, यह बताने की आवश्यकता नहीं है। प्राथमिक शिक्षा का आम प्रसार सम्पूर्ण राष्ट्रीय उत्थान के भवन की बुनियाद है। सिर्फ लोगों की मर्जी पर यह सवाल छोड़ दिया गया तो प्राथमिक शिक्षा का आम लोगों में प्रसार होने में सदियाँ बीत जाएँगी। इसलिए शिक्षा के लिए अनिवार्य कानून बनाना बहुत जरूरी है। दुनिया के सभी अग्रणी राष्ट्रों ने शिक्षा का अनिवार्य कानून बनाकर ही आम लोगों की अशिक्षा को समाप्त किया है, ऐसा हमें दिखाई देता है। जो वर्ग पहले से ही शिक्षा का फायदा उठाते रहे हैं, उन्हें शिक्षा के लिए विवश करने की आवश्यकता नहीं है लेकिन जिन लोगों को शिक्षा के महत्त्व का पता नहीं और जो लोग इसमें दिलचस्पी नहीं रखते, उनके लिए अनिवार्य शिक्षा की आवश्यकता है। इसलिए इस देश में शिक्षा के क्षेत्र में जो वर्ग पिछड़े हैं, उनके लिए यह सवाल बहुत महत्त्वपूर्ण है।

प्राथमिक शिक्षा कानून के द्वारा अनिवार्य की जानी चाहिए, इस बारे में ना. गोपालकृष्ण गोखले ने एक बिल पेश किया था। उसी बिल से आन्दोलन शुरू हुआ। उस बिल का देश की जनता ने और ख़ास तौर पर पिछड़े वर्ग के नेताओं ने जबर्दस्त समर्थन किया। लेकिन अलग-अलग प्रान्तों में अनिवार्य शिक्षा के कानून बनने में कई साल लग गए। मुम्बई इलाके में अनिवार्य कानून बना लेकिन उसका अमल इस इलाके

में पूरी तरह से नहीं हुआ बल्कि उसके अमल को म्यूनिसपैलिटी और लोकल बोर्ड्स पर छोड़ दिया गया है। इसके लिए सरकार ने आंशिक मदद देनी तय की है। फिर भी अनिवार्यता के सिद्धान्त को अमल में लाने से जो खर्च बढ़ेगा उसे बर्दाश्त करने के लिए म्यूनिसपैलिटी और लोकल बोर्ड्स राजी नहीं होंगे। इसी वजह से अनिवार्यता के सिद्धान्त का अमल धीमी रफ्तार से हो रहा है, ऐसा कहना गलत नहीं होगा।

1920-21 में इस इलाके के लड़के-लड़कियों के प्राथमिक स्कूलों की कुल संख्या 13,000 से कम थी और उसमें छात्र-छात्राओं की संख्या 8 लाख 1 हजार के करीब थी। 1926-27 में स्कूलों की संख्या 13835 और छात्र-छात्राओं की संख्या दस लाख से कुछ कम थी। 1920-21 से 1925-26, पाँच सालों के दरमियान स्कूलों की संख्या में 4.8 प्रतिशत और छात्र-छात्राओं की संख्या में 14 प्रतिशत की वृद्धि हुई है। 1920-21 में प्राथमिक शिक्षा पर कुल खर्च 1 करोड़ 27 लाख रुपए किया गया था। 1926-27 में यह खर्च 1 करोड़ 18 लाख रुपए हुआ है। ये तमाम आँकड़े शुरू में प्रगति के सूचक लग सकते हैं किन्तु बहुजन समाज की अशिक्षा आज भी कितनी व्यापक है इस बात को ध्यान में रखा जाए तो प्रगति की यह रफ्तार अत्यन्त धीमी है।

1921 में चन्दावरकर कमेटी की रिपोर्ट की सिफारिशें अमल में आई होतीं तो इस समय अनिवार्य प्राथमिक शिक्षा का काफी विकास दिखाई देता। इस कमेटी के दसवर्षीय कार्यक्रम को अमली रूप दिया गया तो इस पर 1 करोड़ 10 लाख रुपए तक सालाना खर्च करना पड़ेगा, ऐसा अनुमान था। इस रक़म से 77 लाख रुपए सरकार की ओर से मिलने थे। लेकिन बढ़ते खर्च को ध्यान में रखकर उस राशि में कटौती की गई। शिक्षा के अनिवार्यता के सिद्धान्त को व्यापक रूप से अमल में लाने के लिए 1 करोड़ 83 लाख रुपए अतिरिक्त सालाना खर्च बढ़ेगा और उसमें से 1 करोड़ 21 लाख रुपए सरकार को देने पड़ेंगे, ऐसा अनुमान है। अनिवार्य शिक्षा पर होनेवाले खर्च का दो-तिहाई भाग जिला बोर्ड और म्यूनिसपैलिटियों को आधा भाग वहन करने की जिम्मेदारी कानूनन सरकार पर डाल दी गई है और इच्छा के अनुरूप शिक्षा की योजनाओं पर खर्च भी उसी अनुपात में पैसे की उपलब्धता के अनुरूप देने का आश्वासन सरकार ने दिया है। 1922-23 से प्राथमिक शिक्षा से सम्बन्धित मुम्बई सरकार का सम्पूर्ण (मुम्बई म्यूनिसपैलिटी ग्रांट) खर्च 28 लाख से अधिक है। लेकिन इस बढ़ोतरी का अधिकांश भाग शिक्षकों की वेतन-वृद्धि ने हड़प कर लिया है। अनिवार्य और ऐच्छिक शिक्षा की जो योजनाएँ सरकार के सामने मदद के लिए रखी गई हैं उनमें सिर्फ 6 लाख रुपए खर्च की योजना को ही सरकार मंजूर कर सकी। कानून से जो तय किया गया है उसके अनुसार अनिवार्य शिक्षा का कार्यक्रम पूरा करने के लिए 1 करोड़ 72 लाख रुपए अतिरिक्त खर्च करने पड़ेंगे और उसमें 1 करोड़ 15 लाख रुपए सरकार को देने पड़ेंगे। इतनी रक़म जुटाने के लिए लोगों पर ज्यादा कर लगाने पड़ेंगे। और ये कर कैसे होने चाहिए, यह भी चन्दावरकर कमेटी ने सुझाया था। लेकिन उस सम्बन्ध में सरकार ने आज तक कोई प्रयास नहीं किया। इसमें पहली बात तो यह है कि प्रान्तीय सरकार

और केन्द्रीय सरकार में महसूल के विभाजन के बारे में खींचतान चल रही है। केन्द्रीय सरकार की ओर से मुम्बई सरकार को हर साल अधिक धनराशि मिलेगी तो उतनी ही प्रान्तीय सरकार की चिन्ता कम होगी। इस सम्बन्ध में साइमन कमीशन की ओर से कुछ सुझाव दिए जाएँगे, ऐसा अनुमान है। इसलिए ज़्यादा कर लगाकर शिक्षा के लिए वांछित रक़म प्राप्त करने का सवाल तत्काल हल करने की आवश्यकता है।

हमारी राय में अनिवार्य शिक्षा के सवालों के प्रमुख दो हिस्से हैं : (1) शिक्षा पर नियन्त्रण और (2) अनिवार्यता का सिद्धान्त अमल में लाने की जिम्मेदारी। इन दोनों के सम्बन्ध में आज अनिवार्य प्राथमिक शिक्षा से सम्बन्धित कानून बुनियादी तौर पर सदोष हैं, यह हमारी स्पष्ट मान्यता है। स्थानीय स्वराज्य के महत्त्व के विरोध में हम नहीं हैं। लेकिन आज की स्थिति में शिक्षा को कम-से-कम स्थानीय स्वराज्य संस्थाओं के अधिकार में देना उचित नहीं है। क्योंकि म्यूनिसपैलिटी और लोकल बोर्ड्स में जो लोग चुनकर आते हैं उनमें से अधिकांश लोग शिक्षा पर नियन्त्रण रखने के लायक नहीं हैं। कई लोगों को शिक्षा का लक्ष्य और प्रणाली के बारे में मामूली जानकारी भी नहीं होती। इसके अलावा जातिभेद और दलभेद की वजह से सदस्यों में बैर की भावना होती है। उसका परिणाम निश्चित रूप में स्कूली व्यवस्था पर पड़ता है, शिक्षक वर्ग के लोग भी अपने फायदे या बचाव के लिए सिफ़ारिशों के लिए सदस्यों के पास जाते रहते हैं और सदस्यों को भी चुनाव के समय मत प्राप्त करने के लिए शिक्षकों की आवश्यकता होती है। इन बातों की वजह से स्कूलों के कामकाज में जिस प्रकार का अनुशासन होना चाहिए, वह नहीं रहता। मुम्बई म्यूनिसपैलिटी के स्कूलों के कामकाज में भी ऐसी बातें दिखाई देती हैं। फिर अन्य छोटी म्यूनिसपैलिटियों और लोकल बोर्ड्स के नियन्त्रण के स्कूलों का कामकाज कैसे चलता होगा, इसकी कल्पना की जा सकती है। आज की शिक्षा प्रणाली की वजह से एकदम पिछड़े या अल्पसंख्यक लोगों के हितों का जैसा संरक्षण होना चाहिए वैसा नहीं हो पा रहा है। कई जगहों पर अछूत वर्गों और मुस्लिमों का एक ही प्रतिनिधि है। उसे म्यूनिसपैलिटी और लोकल बोर्ड्स के कामकाज में हक़दार बने जाति के सदस्यों के सामने लाचार होना पड़ता है। ऐसी तमाम बातों पर विचार करने के बाद ऐसा जरूरी लगता है कि शिक्षा प्रान्तीय सरकार के आधीन होनी चाहिए।

शिक्षा का काम रास्ते बनाना, गटर साफ़ रखना आदि बातों से एकदम अलग है। यहाँ अव्यवस्था किसी काम की नहीं है। प्रान्तीय स्वाधीनता की माँग की जानी चाहिए और शिक्षा की राष्ट्रीय नीति तय करनी चाहिए, इसमें हमें कोई आपत्ति नहीं है। लेकिन शिक्षा में एक समानता होनी चाहिए, स्कूलों का कामकाज अनुशासन से चलना चाहिए और शिक्षा का स्वरूप तय होना चाहिए। गलत आदमियों को शिक्षा में दखल देने का मौका नहीं मिलना चाहिए।

पिछले कुछ सालों में कई स्थानीय स्वराज्य संस्थाओं के अनुशासनहीन कामकाज का भंडाफोड़ हुआ है। उन संस्थाओं के अधिकार अस्थायी तौर पर खत्म करने के लिए सरकार को मजबूर होना पड़ा। अन्य क्षेत्रों में गड़बड़ी से सार्वजनिक पैसे का ही नुकसान

होगा लेकिन शिक्षा के क्षेत्र में गड़बड़ी होने से आनेवाली पीढ़ियों का नुकसान होगा, इस बात को कभी भूलना नहीं चाहिए। इसके अलावा शिक्षा पर प्रान्तीय सरकार का ही अधिकार क्यों होना चाहिए? इस सवाल के जवाब में सबसे महत्त्वपूर्ण बात यह है कि शिक्षा पर 80 प्रतिशत से भी अधिक खर्च प्रान्तीय सरकार की ओर से होता है। स्थानीय संस्था नाममात्र का ही खर्च करती है। इसका मतलब यह है कि शिक्षा पर नियन्त्रण का हक़ भी प्रान्तीय सरकार का होना चाहिए। इसी तरह प्राथमिक शिक्षा आम करने की जिम्मेदारी भी सरकार पर होनी चाहिए। आज के अनिवार्य शिक्षा के कानून में अधिकांश जिम्मेदारी लोकल बोड्र्स और म्यूनिसपैलिटियों के जिम्मे छोड़कर सरकार अपनी जिम्मेदारी से हट गई है। लोकल बोर्ड पर दो-तिहाई और म्यूनिसपैलिटी पर आधे खर्च की जिम्मेदारी अधूरी है। लोकल बोड्र्स और म्यूनिसपैलिटी की आर्थिक स्थिति समाधानकारक नहीं है। मौजूदा खर्च से ज्यादा बोझ उठाने की सामर्थ्य उसके अधिकांश लोगों में नहीं है। नए खर्च के जो साधन उनके पास हैं वे भी एकदम सीमित हैं। उसकी वजह से इच्छा होने पर भी कई लोकल बोड्र्स और म्यूनिसपैलिटी अनिवार्य शिक्षा की योजना हाथ में लेने की हिम्मत नहीं करते। इसके अलावा जिन लोकल बोड्र्स में और म्यूनिसपैलिटी शिक्षा के क्षेत्र में उन्नत लोगों की संख्या ज्यादा होती है उन्हें अनिवार्य शिक्षा के बारे में दिलचस्पी नहीं होती क्योंकि बिना अनिवार्यता के ही उनकी जाति में शिक्षा का प्रसार हो जाता है। जो जातियाँ शिक्षा के क्षेत्र में पिछड़ी हुई हैं उन्हें सायास शिक्षा देकर वे अपने सामाजिक वर्चस्व पर जानबूझकर कुल्हाड़ी क्यों मारेंगे? इन दो रुकावटों की वजह से अनिवार्य शिक्षा का कानून पास हुए इतने साल हो गए लेकिन इस दिशा में कोई खास प्रगति नहीं हुई है।

लोगों को शिक्षित बनाना, अशिक्षा को समाप्त करना यही प्रान्तीय सरकार की जिम्मेदारी है। इस जिम्मेदारी से सरकार कभी बच नहीं सकती। कुछ भी क्यों न हो लेकिन सरकार ने अपने इस पवित्र कार्य में लापरवाही बरती, इसमें कोई सन्देह नहीं। जिस सरकार को अपनी जिम्मेदारी की, अपने इस पवित्र कार्य की समझ है वह सरकार इस तरह से बहानेबाजी नहीं करेगी। सार्वजनिक शिक्षा का सवाल इस तरह टुकड़ों-टुकड़ों में हल किया जानेवाला सवाल नहीं है। वह तो एकसूत्री नीति से ही हल किया जाना चाहिए। सभी प्रान्तों की समान रूप से शिक्षा के क्षेत्र में उन्नति होनी चाहिए इसलिए प्रान्तीय सरकार को पूरी जिम्मेदारी अपने ऊपर लेनी चाहिए। सभी लोकल बोड्र्स और म्यूनिसपैलिटियों की आर्थिक स्थिति एक जैसी नहीं है। स्थिति के अनुसार आमदनी के साधन कम-ज्यादा होते हैं। कइयों के पास उपजाऊ जमीन, व्यापार, कारखाने, मिल आदि आमदनी के साधन हैं, तो कइयों की आमदनी उनके रोजमर्रा के साधारण खर्चों के लिए भी पर्याप्त नहीं होती और आमदनी बढ़ाना भी उनके लिए सम्भव नहीं होता। हर जिले को अपनी-अपनी आमदनी के बल पर अनिवार्य शिक्षा की योजना को हाथ में लेना चाहिए, ऐसा यदि कहा जाए तो रत्नागिरी, पंचमहल आदि गरीब जिलों को शिक्षा की अनन्तकाल तक प्रतीक्षा करनी पड़ेगी। फिर ऐसे इलाके को उनकी

दरिद्रता की वजह से अनिवार्य शिक्षा से हाथ धो बैठने की सजा देना क्या उचित है? वास्तव में यह तो प्रान्तीय सरकार की जिम्मेदारी है, इस जिम्मेदारी के अन्तर्गत सभी इलाकों में अनिवार्य शिक्षा की योजना अमल में लाने के लिए जो खर्च करना पड़ेगा उसके लिए पैसा कहाँ से आएगा, यह सवाल शेष रहता है। प्रान्तीय सरकार और केन्द्रीय सरकार में जमाबन्दी का बँटवारा सही ढंग से हुआ तो मुम्बई सरकार को शिक्षा पर खर्च करने के लिए आज से कुछ ज्यादा रक़म मिल सकेगी।

उसके अलावा, प्राथमिक शिक्षा अनिवार्य करने पर भी सबके लिए शिक्षा मुक्त करने की आवश्यकता है, ऐसा हमें नहीं लगता। प्राथमिक स्कूलों की फीस नहीं के बराबर होती है। और जिनमें फीस देने की सामर्थ्य है उन्हें फीस देने में कोई आपत्ति नहीं है। इंग्लैंड में जब प्राथमिक शिक्षा अनिवार्य रूप से लागू करने का काम शुरू हुआ तब वह सभी के लिए मुफ्त नहीं थी। मुफ्त शिक्षा बाद की बात है लेकिन अनिवार्य शिक्षा पहले है। जिन लोगों को प्राथमिक स्कूलों की मामूली फीस देनी भी मुश्किल होती है उन्हीं लोगों को मुफ्त शिक्षा देनी चाहिए। फीस माफ़ करने से ही मुफ्त शिक्षा का उद्‌देश्य पूरा नहीं होता। जो फीस देने में समर्थ हैं उनसे फीस वसूल की जानी चाहिए, उसमें कोई बुराई नहीं है और न कोई अन्याय है। फीस की वसूली से अनिवार्य शिक्षा का खर्च चलाने में सहायता मिलेगी।

आज की द्विदलीय राज्यप्रणाली में जहाँ एक ओर शिक्षा का खर्च बढ़ता जा रहा है वहीं दूसरी ओर आबकारी से आमदनी कम करके शराबबन्दी की नीति अमल में लानी चाहिए। इस तरह की माँग से अध्यर्पित विभागों का खर्च चलाने में कठिनाई हो रही है। शराबबन्दी की नीति और आम शिक्षा को अमल में लाना करीब-करीब असम्भव हो गया है। अनिवार्य शिक्षा के अधिक खर्च को पूरा करने के लिए लोगों पर नए कर लगाने चाहिए। उसी तरह शराबबन्दी की नीति अमल में लाने के लिए भी कर लगाना चाहिए। करों का यह दोहरा बोझ बर्दाश्त करने के लिए जनता कितनी समर्थ है, इस बात पर सन्देह हो सकता है। दोनों सुधार बहुत आवश्यक हैं। इसके अच्छे परिणाम एक पीढ़ी के बाद सभी को मिलने की सम्भावना है। सरकार को अन्य मदों में जितना सम्भव हो उतना कम खर्च करके सुधारों के लिए करों का ज्यादा बोझ अपने ऊपर लेने के लिए तैयार होना निश्चित रूप से दूरदृष्टि का ही लक्षण होगा। फिर भी, पहले शराबबन्दी या पहले आम शिक्षा, यह सवाल यदि हमसे किसी ने पूछा तो पहले आम शिक्षा ही हमारा जवाब होगा। शिक्षा का प्रसार आम लोगों में हुआ तो शराब पर रोक लगानी आसान होगी। इतना ही नहीं, शराबबन्दी के सम्बन्ध में लोगों की माँग पूरे जोर के साथ उठेगी, इसमें हमें कोई सन्देह नहीं है। इसके अलावा शराबबन्दी की नीति अमल में लाने के बारे में सरकार ने टालमटोल शुरू कर दी है। आज की स्थिति में सम्पूर्ण शराबबन्दी कब अमल में आएगी, यह बताना मुश्किल है। फिर शराबबन्दी भी नहीं और आम शिक्षा भी नहीं, यह नीति अपनाने का मतलब क्या है? इसकी बजाय फिलहाल शराबबन्दी की नीति अमल में लाने की दृष्टि से आबकारी से आमदनी बढ़ाने के लिए

लोगों को जो नए कर का बोझ बर्दाश्त करना पड़ेगा उसे उन्हें बर्दाश्त करना चाहिए। और आम शिक्षा में सुधार के हक़ को प्राप्त कर लेना चाहिए। साठे कमेटी ने शराबबन्दी के बारे में जो करों में वृद्धि की बात सुझाई थी उसके अनुसार प्राथमिक शिक्षा यदि आम लोगों के लिए होगी तो एक सवाल हल हो जाएगा। कमेटी की सिफारिशों में सुधार के लिए कोई गुंजाइश नहीं, ऐसी बात नहीं है। वह नीति अनिवार्य शिक्षा का खर्च चलाने के लिए कुछ तो उपयोगी हो सकेगी। कुछ भी क्यों न हो, शिक्षा के सवाल की उपेक्षा नहीं की जानी चाहिए।

# नाक दबाए बगैर मुँह नहीं खुलता

**शुक्रवार : 21 जून, 1929/अग्रलेख, बहिष्कृत भारत**

विदर्भ का एक प्रमुख इलाका जलगाँव के करीबन पाँच हजार महार लोगों ने कुछ दिन पहले एक खुला पत्र प्रकाशित करवाकर इस बात की घोषणा की थी कि हिन्दू समाज को अपनी अछूतपन की मानसिकता को निश्चित अवधि के पहले समाप्त कर देना चाहिए। और यदि उन्होंने वैसा नहीं किया तो हम दूसरा धर्म स्वीकार कर लेंगे। मतलब मुस्लिम या ईसाई धर्म को अपनाएँगे। इस पत्र को हमने अपने अखबार में प्रकाशित किया था और इस विषय पर एक अग्रलेख भी लिखा था।

जलगाँव के महार लोगों का यह घोषणापत्र केवल एक खोखली धमकी है, इस तरह की बात ब्राह्मणवादी अखबारों ने नहीं तो अब्राह्मण आन्दोलन में शरीक जयराम नाना वैद्य जैसे लोगों ने कही थी। इस पर अपनी राय देकर उन्होंने इसे मज़ाक बनाने की कोशिश भी की थी। लेकिन जलगाँव के महार समाज के नेता मज़ाक नहीं थे। यह उनका अटल निर्णय था। आज सैकड़ों-हजारों साल से चली आ रही गुलामी को उन्हें समाप्त करना था और उसके लिए पहले ही पूरी तरह सोचकर और अपने पुरखों के धर्म को सुधारने की सामाजिक असमानता दूर करने और जुल्म-ज्यादतियों को रोकने की सामर्थ्य उनमें नहीं है, यह बात सिद्ध होने पर बड़े दुख के साथ हमेशा-हमेशा के लिए हिन्दू धर्म को त्याग देने की पूरी तैयारी करके ही उन्होंने यह चुनौती दी। उनकी यह चुनौती खोखली धमकी नहीं थी, मज़ाक नहीं थी या बच्चों का खेल नहीं थी। लेकिन सवर्ण समाज के लोगों ने उनका मज़ाक उड़ाकर, उनसे चकल्लस करके उनकी न्यायिक माँगों को रद्दी की टोकरी में डालने का प्रयास किया था। यह चुनौती भरा पत्र जब प्रकाशित हुआ तब स्थानीय सवर्णों के नेताओं ने महार लोगों को कठिनाई में डालने के उद्देश्य से यह जवाब दिया कि तुम्हारे अछूतों में ही अलग-अलग जातियाँ हैं और वे आपस में एक-दूसरे के साथ छुआछूत मानती हैं, एक-दूसरे को ऊँच-नीच समझती हैं। इसलिए पहली बात यह है कि तुम लोगों को आपस में पहले छुआछूत का भेदभाव समाप्त करना चाहिए, अपने भीतर की असमानता को समाप्त करना चाहिए फिर हम लोग तुम्हारे अछूतपन को समाप्त करेंगे। तुम लोग जिस बात की माँग कर रहे हो उसे हम लोग कबूल करेंगे। लेकिन अपने आपको सवर्ण कहलानेवाले अछूते हिन्दुओं का

दाँवपेंच जलगाँव के महार नेताओं ने तुरन्त पहचान लिया। जलगाँव के अछूत वर्ग के नेताओं को यह बात अच्छी तरह मालूम थी कि नालायक लोग हमेशा बहानेबाजी करते हैं। सवर्ण कहलानेवाले हिन्दुओं ने जो बहाना खोज निकाला है उसका मतलब यही है कि उनकी मन से अछूतपन समाप्त करने की इच्छा नहीं है। अछूतों को अपने समाज में फैली हुई असमानता नहीं चाहिए। उन्हें अपने आपस की असमानता भी नहीं चाहिए। इतना ही नहीं, आपस में छुआछूत या जातिभेद मानना उन्हें मंजूर नहीं था। इसलिए उन्होंने सवर्ण समाज की चुनौती को आसानी से स्वीकार कर लिया। उन्होंने अछूत समाज के महार, मातंग, चमार, मेंगी आदि सभी जाति के लोगों के सहभोज करवाए और यह साबित कर दिया कि अछूत वर्ग के लोग आपस में छुआछूत नहीं मानते या सामाजिक असमानता को कोई महत्त्व नहीं देते। सवर्ण हिन्दुओं को यह लगा था कि अछूत वर्ग के लोगों को आपसी भेदभाव समाप्त करने में सफलता नहीं मिलेगी और यदि वैसा हुआ तो धर्मान्तरण की धमकी देनेवालों के मुँह अपने आप बन्द हो जाएँगे। लेकिन सवर्ण हिन्दुओं ने जो दाँव चलाया वह पूरी तरह से असफल हुआ। सवाल को जवाब मिल गया और सवर्ण हिन्दुओं पर उन्हीं का दाँव पलट गया। तब उन्होंने पुनः इस बारे में टालमटोल करनी शुरू कर दी।

इस दरमियान डॉ. अम्बेडकर जलगाँव गए और जलगाँव के महार लोगों ने उनसे सलाह ली। उस समय डॉ. अम्बेडकर ने उन्हें साफ़ तौर पर कह दिया था कि धर्मान्तरण के बिना अछूतपन को समाप्त करने का रास्ता बहुत मुश्किल है लेकिन उस रास्ते से जाने के लिए जो सहनशीलता चाहिए वह यदि उनमें नहीं है तो उनके धर्मान्तरण के समर्थन में हम नहीं हैं। अछूतपन के उन्मूलन का सवाल जो लोग जिस ढंग से टालना चाहते हैं उन्हें उनके हाल पर छोड़ देना चाहिए। 'बहिष्कृत भारत' में जलगाँव के महार लोगों के घोषणापत्र पर जो अग्रलेख लिखा गया था उसमें भी उन्होंने उसी तरह की सलाह दी थी।

सवर्ण हिन्दू लोग अछूतपन को समाप्त करने के लिए तैयार नहीं हैं ऐसा दिखाई देते ही, घोषणापत्र की मियाद समाप्त होते ही शुरू में जलगाँव के बारह महारों ने मुस्लिम धर्म अपनाया। उनके पीछे-पीछे सैकड़ों-हजारों लोग यही मार्ग अपनानेवाले थे। बारह महारों के धर्मान्तरण करते ही सवर्ण हिन्दुओं की आँखें अचानक खुल गईं। उन्हें इस बात का पूरा यक़ीन था कि घोषणापत्र की धमकी खोखली नहीं थी। अब हजारों अछूत मुस्लिम या ईसाई धर्म को अपनाएँगे, ख़ास तौर पर वे मुस्लिम बन जाएँगे उससे हिन्दुओं का संख्याबल कम होगा और मुस्लिमों का संख्याबल बढ़ेगा, जो अछूत मुस्लिम होंगे वे हमारी छाती पर बैठकर अपने मानवी हक़ हासिल कर लेंगे इस डर से सवर्ण हिन्दुओं के पाँव लड़खड़ाने लगे। जो महार आदि अछूत समझे गए लोग उनके मन्दिर जाने पर रोक होने पर भी वे धर्म को मन्दिर समझकर उसका संरक्षण करने के लिए आज तक अपनी जान पर कुर्बान होकर लड़ते रहे, वे ही लोग अब अपने धर्म के दुश्मन होंगे। शायद धार्मिक झगड़ों में अन्य मुस्लिमों को मन्दिर तोड़ने के लिए या भ्रष्ट करने के लिए

मदद करेंगे, इस डर की वजह से सनातनी हिन्दुओं के आँखों के तारे छूटने लगे। जो सवर्ण और पाखंडी हिन्दू संगठनवादी लोग जलगाँव के अछूतों को बड़े दिमाग से कह रहे थे कि, "जाइए, बड़े शौक से दूसरे धर्म में जाइए, ईसाई बनो या मुस्लिम बनो। हमारा तुम्हारे बगैर कुछ रुकनेवाला नहीं है। 'महार मर गया और अछूतपन चला गया' इस कहावत को हम अच्छी तरह से जानते हैं।" लेकिन जब जलगाँव के अछूतों ने वास्तव में धर्मान्तरण की शुरुआत कर दिखाई तब वे ही लोग एकदम धागे की तरह सीधे हो गए। बारह महारों के धर्मान्तरण से हिन्दू समाज में भयंकर खलबली मच गई। और अब कुछ भी करके धर्मान्तरण की इस धारा को रोकना चाहिए, यह सवर्ण हिन्दुओं को लगने लगा है। सुलह के लिए बात शुरू हो गई और सवर्ण हिन्दुओं ने अछूतों के लिए दो सार्वजनिक कुएँ खुले कर दिए। इतना ही नहीं, तीन लोगों के घरों में अछूतों के नेताओं को जानबूझकर पान-सुपारी के लिए बुलाया गया। उस समय छुआछूत के बन्धनों को नहीं अपनाया गया। इस तरह से जलगाँव के अछूत समाज के नेताओं ने अपनी दृढ़ता से सफलता हासिल की। उनकी इस सफलता के लिए हम उनका मन से स्वागत करते हैं।

सफलता हमेशा वीरों को ही मिलती है, यह बात अन्य स्थानों पर रहनेवाले अछूत भाइयों को पूरी तरह ध्यान में रखनी चाहिए। धमकी देनी हो तो कभी भी खोखली धमकी नहीं देनी चाहिए, पहले पूरी तरह सोच-विचार कर मन की पूरी तैयारी करके ही धमकी देनी चाहिए। जलगाँव के अछूत समाज के नेताओं ने धमकी को अमल में लाकर तमाम अछूतों की शान बढ़ाई वरना सवर्ण हिन्दुओं में धर्मान्तरण की धमकी एक मज़ाक का विषय बन गई होती। और अछूतपन विनाश का काम और कुछ साल के लिए स्थगित हो गया होता। इसलिए अछूत समाज के लोगों को हम सूचित करना चाहते हैं कि जलगाँव का आदर्श सामने रखना हो तो खोखली धमकी से कुछ हासिल नहीं होनेवाला, इस तरह का विचार करके धमकी देने की बात नहीं करनी चाहिए। बल्कि सवर्ण हिन्दू समाज को इस बात का यक़ीन आ गया है कि अछूत वर्ग के लोग जैसा बोलेंगे, वैसा ही करेंगे। अपनी धमकी का सही परिणाम होना चाहिए। जलगाँव के लोगों की तरह अपने मन की पूरी तैयारी करके ही धमकी देनी चाहिए।

जलगाँव के लोगों ने जो सफलता हासिल की उससे सवर्ण हिन्दू लोगों ने हठ छोड़ सुलह की बातचीत शुरू की है। अछूत समाज के लोगों पर आज तक चलते आए अन्याय और अत्याचारों के विरोध का अभियान तेज होना स्वाभाविक बात है। बारह महारों के मुस्लिम होते ही दो सार्वजनिक कुएँ अछूतों के उपयोग के लिए खुले कर दिए गए। सवर्ण हिन्दुओं के घरों में छुआछूत का पालन किए बगैर अछूतों के नेताओं को पान-सुपारी के लिए बुलाकर उनका सम्मान किया गया। यदि यही बातें पहले खुशी से धमकी देने और उसे अमल में लाने का मौका न देते हुए अमल में लाई गई होतीं तो तथाकथित ऊँची जाति के हिन्दुओं के मन में बड़प्पन और अक्ल की ईमानदारी दिखाई दी होती। शायद जलगाँव के ऊँची जाति के लोगों में कुछ वास्तव में मन के विशाल,

समतावादी, न्यायप्रिय लोग होंगे। लेकिन उनके विचारों को अन्य सवर्ण हिन्दू लोगों ने सम्मान देने की तैयारी तब तक नहीं दिखाई होगी जब तक अछूतों की धमकी अमल में नहीं आई होगी, यह बात पूरी तरह सही है। और इसलिए इस बात को हम हिन्दू समाज के सबसे बड़े पतन के रूप में देखते हैं। यही हिन्दू समाज का लचीलापन है और इसीलिए हिन्दू समाज आज तक टिक सका और आगे भी टिक सकेगा ऐसा जो लोग कहना चाहें कह सकते हैं, लेकिन हम इस बात में उसका पतन ही देखते हैं। जलगाँव के सवर्ण हिन्दुओं ने जो सुलह की है वह एक तरह से दबाव का सलाम है।

मुस्लिम और ईसाई धर्म हिन्दुस्तान में नहीं होते, हिन्दू समाज के सामने हमारे संख्याबल का सवाल नहीं होता तो अछूतों के क्या हाल होते, उन्हें अपना अछूतपन समाप्त करने में कितनी मुश्किल उठानी पड़ती, अपने उत्थान के प्रयासों के लिए उन्हें कितनी परेशानी भोगनी पड़ती, ऐसा विचार ऐसे मौके पर मन में पैदा होना स्वाभाविक है। हिन्दू समाज की छुआछूत के प्रति वास्तव में इतनी श्रद्धा होती तो बारह के बजाय बारह सौ, बारह हजार या बारह लाख अछूत मुस्लिम हुए होते तब भी वे झुकने के लिए तैयार न हुए होते। यदि उन्हें वास्तव में न्याय की, समानता की और इनसानियत की चाहत होती तो उन्होंने अछूतों के सामाजिक अन्याय समाप्त करने के लिए धर्मान्तरण की धमकी मिलने तक और उस पर अमल होने तक की स्थिति का इन्तजार नहीं किया होता। जब तक अछूतों को रौंदा जा सकता है तब तक रौंदना चाहिए, जब तक उन पर किया जा रहा अन्याय बर्दाश्त किया जा रहा हो तब तक अन्याय होने देना चाहिए। जब तक जबर्दस्त मुकाबला न हो तब तक बेझिझक जुल्म-ज्यादतियाँ होनी चाहिए। जब तक न्याय देने के मामले में अच्छी टालमटोल करनी सम्भव हो तब तक आँखें मूँदकर टालमटोल करनी चाहिए। जब तक मज़ाक उड़ाकर अछूतों के आन्दोलन को नजरअंदाज किया जा सके तब तक करना चाहिए। जब तक अछूतों के अज्ञान और उनमें संगठन के अभाव का फायदा उठाया जा सकता है तब तक वह उठाना चाहिए। अगर अछूतों ने नाक दबाई तो मुँह खोल देना चाहिए। अपना धर्म, अपना समाज लचीला है, कहकर डींग मारना, यह नीति एक तरह से हिन्दू समाज के मृतप्राय होने का लक्षण है। इस तरह मरियल ढंग से जीना किसी भी समाज के लिए कोई गौरव की बात नहीं है। 'काकोऽपि जीवति चिरायु बलिच भुक्ते' इस कहावत के अनुसार कौवे का हजार साल जीना और हिन्दू समाज का हजारों साल का जीवित रहना, एक जैसा है।

# सामाजिक समानता के विरोधी

**शुक्रवार : 12 जुलाई, 1929/अग्रलेख, बहिष्कृत भारत**

'समाज समता संघ' का आन्दोलन शुरू हुआ। वह आन्दोलन अछूतपन उन्मूलन के लिए काफी उपयोगी रहा है। अछूत समाज के लोगों के उपनयन हुए और अब वे लोग जनेऊ पहन रहे हैं, गायत्री मन्त्र का पाठ कर रहे हैं, सहभोजन कर रहे हैं और मामूली ही सही लेकिन भिन्न जातीय लड़के-लड़कियों के विवाह हो रहे हैं इसलिए चातुर्वर्ण्य के नाम पर समाज में असमानता का जहर फैलानेवाले और अपनी जातिश्रेष्ठता को बरकरार रखनेवालों के दिल में डर पैदा हो गया है। समता के आन्दोलन से अपनी जातिभेद प्रणाली का कुछ बाल टेढ़ा नहीं होगा, यह कहकर उस आन्दोलन की खिल्ली उड़ानेवाले और उसे नजरअंदाज करनेवाले लोग मन से डर गए हैं इसमें कोई सन्देह नहीं। वरना उन्हें इतना बौखलाने की कोई आवश्यकता नहीं थी। वास्तव में हिन्दू संगठन के आन्दोलन की अगुआई करनेवाले कई लोगों की आँखों में समता संघ का आन्दोलन चुभता रहता है।

अछूत वर्ग का स्वतन्त्र आन्दोलन और समाज समता संघ का आन्दोलन न होता तो अछूतपन उन्मूलन का सवाल अपने एजेंडे से हमने निकाल बाहर किया होता। अछूत वर्ग की स्थिति में विशेष सुधार किए बगैर और उनमें स्वाभिमान की चेतना पैदा होने के अवसर दिए बगैर मुस्लिम और ईसाई समाज के साथ झगड़ने में सवर्णों ने अछूतों का उपयोग किया है, ऐसा धूर्त विचार हिन्दू संगठनवादियों और पाखंडी शुद्धि प्रचारकों का है। लेकिन अछूत समाज का स्वतन्त्र आन्दोलन और समाज समता प्रस्थापित करने का आन्दोलन अब अपनी गहरी पैठ जमा चुका है। वे आन्दोलन गहरे सिद्धान्तों पर आधारित हैं। उनके सिद्धान्त बहुजन समाज में फैल रहे हैं। इसलिए आलोचना और नफरत से उनके दब जाने की कोई सम्भावना नहीं है। इन आन्दोलनों की आलोचना और इनसे नफरत करनेवाले लोग यदि वास्तव में हिन्दू संगठन के समर्थक होंगे तो उन्हें संगठन में सच्ची आस्था होगी। अपने संगठन और आन्दोलन में टुच्चापन है इस तरह की आम राय न बने ऐसा यदि उन्हें लगता हो तो उन्हें शान्त रहना चाहिए, इसी में उनकी बुद्धिमानी है।

डॉ. अम्बेडकर, श्री देवराव नाईक, बायुसाहेब सहस्रबुद्धे, श्री प्रधान बन्धु,

श्री शिवतरकर आदि लोगों पर व्यक्तिगत नुक्ताचीनी करके, उनके बारे में जनमत प्रतिकूल करने का प्रयास करके अछूतपन उन्मूलन की और समतावादी आन्दोलन तहस-नहस होगा इस तरह की यदि इन नादान लोगों की समझ हो तो उन पर रहम करना चाहिए। मिसेज़ पार्टिंगटन नाम की एक महिला झाड़ू हाथ में लेकर अटलांटिक महासागर को पीछे हटाना चाहती थी, इस तरह की जो किंवदंती प्रसिद्ध है इस किंवदंती के प्रयास की तरह ही इस तरह के प्रयास बेहूदा हैं। झूठी बातें, झूठे आरोप, वाहियात दलीलों से अछूत वर्ग का स्वतन्त्र आन्दोलन और समाज समतावाद को तहस-नहस करने की कोशिश करनेवाले लोग अपने गिरेबान में झाँककर देखने के लिए तैयार नहीं हैं। ऐसे लोगों का भंडाफोड़ करके और उनके चेहरे पर पर्दा डालकर ऐसे नपुंसक लोगों को सारी दुनिया के सामने बेइज्जत करना मुश्किल काम नहीं है। लेकिन हमें अपने आन्दोलन के सिद्धान्तों पर इतना भरोसा है कि इन विरोधियों को उन्हीं के साधनों से परेशान करने की आवश्यकता हमें महसूस नहीं होती। इनमें से अधिकांश विरोधी लोग अपनी बेहूदा बातों से सरेआम बेइज्जत हो रहे हैं। उन्हें और बेइज्जत करके दुनिया में उनके जीवन को और मुश्किल करने की हमारी इच्छा नहीं है। छिप-छिपकर वार करनेवाले नपुंसकों को आगे घसीटकर उनके काले मुँह दुनिया को दिखाने का मतलब इन जानवरों को बेमतलब अहमियत देने की बात अब हम नहीं सोचते।

अमुक आदमी समतावादी है, लेकिन वह फलाँ भोज में मौजूद नहीं था या उसने अपने घर में भोजन के लिए अलग-अलग जाति के लोगों को बुलाकर बाहर से भोजन मँगवाया, ऐसी बातें प्रचारित करने से समता आन्दोलन निरर्थक साबित होगा, ऐसी यदि इन सिरफिरे लोगों की सोच हो तो यह उनकी सरासर भूल होगी। सहभोजन के लिए पिछले पच्चीस बार हाजिर हुआ आदमी किसी कारणवश किसी सहभोज में शामिल नहीं हो सकता तो इसका मतलब वह डर गया, ऐसा नहीं है। उसी प्रकार घरेलू कारणों से किसी को अपने घर में खाना पकाना सम्भव नहीं हुआ तो इसके लिए उसे पाखंडी नहीं कहा जा सकता। अछूत समझे गए लोगों से पक्षपात किए बिना वह व्यक्ति अगर भोजन करने बैठता है और अछूत समझे गए जाति के लोगों द्वारा परोसा गया भोजन खाता है, तो यह बात महत्त्व की है। ये बातें महत्त्वहीन हैं ऐसा जो लोग कहते हैं उन्हें ऐसा करके दिखाना चाहिए। यह तफ़सील का सवाल हो सकता है। लेकिन सबसे महत्त्व का सवाल यह है कि कोई भी सामाजिक सुधार उचित या अनुचित है, यह किसी व्यक्ति के व्यवहार से तय नहीं किया जा सकता। बोलने की बजाय करके दिखानेवाले लोग महत्त्व के होते हैं। लेकिन किसी आदमी को अपनी मान्यता के अनुसार काम करने का साहस नहीं हुआ तो वह उसकी दुर्बलता है। उससे उसकी मान्यता गलत सिद्ध नहीं होती। विधवा विवाह आदि सामाजिक सुधारों के बारे में दुर्बल मन के सुधारवादियों की आलोचना करके उन सुधारकों को ही गलत मानने का रिवाज कुछ समय तक रहा। लेकिन उस तरह की व्यक्तिगत आलोचना से समाज-सुधार का कार्य पिछड़ता नहीं गया।

अमुक एक सुधार तुम्हें मंजूर है या नहीं, ऐसा पूछने पर हाँ या ना में साफ़ जवाब

देने के बजाय फलाँ आदमी ने उस सुधार को उचित माना था लेकिन उसे अमल में लाने के काम में ऐन समय पर वह पीछे हट गया यह कहना कोई सही जवाब नहीं है। समझ लीजिए अ पीछे हट गया तो ब को उसे अमल में लाकर दिखाना चाहिए। लेकिन अ में पर्याप्त साहस नहीं दिखाई दिया इसलिए वह सुधार ही बेकार है, ऐसा कहना क्या उचित होगा? लेकिन व्यक्ति की आलोचना करके सिद्धान्तों को खत्म करने के मोह में डरपोक आलोचक इरा तरह की बेतुकी बातें करते हैं। जैसा बोलते हैं वैसा करके दिखानेवाले लोग दुनिया में कम ही होंगे। लेकिन जो जैसा बोलते हैं वैसा कर दिखाने का साहस न हो तो उन्हें खुले दिल से यह बात स्वीकार करनी चाहिए कि हमारा साहस खत्म हो चुका है।

कुछ लोगों की कुछ कठिनाइयों हो सकती हैं। सभी लोगों को समान दूरी तक समान रफ्तार से दौड़ना सम्भव नहीं होता। लेकिन फलाँ सुधार उचित है या नहीं, यह बात तर्क से सिद्ध करने के काम में टालमटोल करके व्यक्ति के आचरण से वह सुधार निरर्थक साबित करने का प्रयास करना यह बचकानापन ही नहीं, कायरता भी है। जैसा बोलते हैं वैसा आचरण करनेवाले लोग समाज सुधारवादियों में न हों तो कोई बात नहीं, लेकिन सनातनियों में ऐसे कितने लोग हैं? आज ऐसा कोई सनातनी है जो अपने शास्त्रों के अनुसार व्यवहार करता है। संन्यास जीवन की महत्ता गानेवाले और साधु-सन्तों के चरित्र की और वचनों के बाल की खाल निकालनेवाले ऐसे कितने लोग हैं जो स्वयं विरक्त हैं? मतलब व्यक्ति की आलोचना से कोई भी समाज-सुधार निरर्थक साबित नहीं होता।

बड़ी शिष्टता के साथ समतावाद पर इस तरह की आपत्ति उठाई जाती है कि जब निसर्ग में ही समानता नहीं है, तो फिर उसे कौन कैसे स्थापित कर सकता है? लेकिन हम लोगों को यह बात समझ लेनी चाहिए कि जातिभेद नैसर्गिक भेद नहीं है। फलाँ एक जाति के सभी लोग बुद्धिमान, तेज, सत्शील होते हैं और दूसरे जाति के लोग सभी के सभी बेअक्ल, मूर्ख, नासमझ होते हैं, ऐसा जब तक साबित नहीं किया जाता तब तक जातिभेद नैसर्गिक भेद है, ऐसा कहना ही गलत होगा। मनुष्य द्वारा निर्मित भेद समाप्त करना मनुष्य के लिए असम्भव नहीं है। और वर्तमान सामाजिक असमानता मनुष्य द्वारा निर्मित होने की वजह से उसे समाप्त करना एकदम सम्भव है। उस पर वे ऐसा कहते हैं कि दुनिया में किसी न किसी रूप में कुछ न कुछ असमानता तो कभी भी रहेगी ही मंजूर है, लेकिन उसका मतलब क्या यह है कि निर्मित असमानता को वैसे ही रहने दिया जाए, उसे बिल्कुल हाथ न लगाया जाए? यदि ऐसा कहना हो तो हम प्रतिसवाल पूछते हैं कि निसर्ग में नीति कहाँ है? दुनिया की सारी अनीति समाप्त करना क्या कभी भी सम्भव है? किसी अनुपात में दुनिया के अन्त तक क्या अनीति नहीं रहेगी? फिर नीति का उपदेश क्यों देते हो? नीति सिद्धान्तों को मान्यता क्यों देते हो? चोरी आदि के लिए सजा देने के कानून क्यों पास करते हो? क्या इन सवालों के जवाब समता के आलोचक दे पाएँगे? यदि नीति चाहिए तो समता भी चाहिए। समता

सार्वजनिक नीति का एक मुख्य सिद्धान्त है। राज़नीतिक, धार्मिक, सामाजिक और आर्थिक पक्ष के बारे में समता का सिद्धान्त लागू करने का मतलब समाज-रचना को नीति की बुनियाद पर खड़ा करना है। लेकिन उल्लू को सूरज की रोशनी बर्दाश्त नहीं होती उसी तरह सामाजिक असमानता से जिन्हें अपनी जाति-श्रेष्ठता भोगने का मौका मिलता है उन्हें जातिभेद पर कुल्हाड़ी का वार देखकर परेशानी होनी स्वाभाविक है।

हिन्दू समाज का मतलब है अनगिनत असमानताओं की और विषमताओं की एक भँड़ोली। यहाँ हर जाति इसलिए खुश है क्योंकि अपने नीचे कोई तो हैं और हम उनसे ऊपर हैं। जातिभेद का समर्थन करनेवाले लोग जाति के प्रति गलत ढंग का अभिमान रखते हैं, इसलिए वे समानता की भावना के शत्रु बन गए हैं। जातिभेद समाप्त हुआ तो हम समाज में श्रेष्ठता की ऐंठ में नहीं रह सकते। इस तरह का डर उनके मन में है इसीलिए वे लोग समानता के आन्दोलन के प्रति अपना गुस्सा व्यक्त करते हैं और उन्हें हिन्दू संगठन इसी बात के लिए चाहिए। हिन्दू समाज में मौजूदा भेद रहने चाहिए, असमानता वैसी ही रहनी चाहिए और समाज में ऊँचे वर्ग के रूप में हम प्रतिष्ठित रहें। यदि वैसा न हो और समानता स्थापित कर हिन्दू समाज को जिन्दा रखना हो तो वह जिन्दा नहीं रहेगा। जिन्हें समानता चाहिए उन्हें बड़ी खुशी के साथ दूसरे धर्म में जाना चाहिए। हम समझेंगे कि एक बला चली गई, इस तरह की बातें कहने के लिए समानता विरोधी लोग आगे-पीछे नहीं देखते। हिन्दू समाज जब नष्ट होगा तब होगा लेकिन जब तक वह अस्तित्व में है तब तक अपनी जातीय श्रेष्ठता की डींग हाँकने का मौका हिन्दुओं को मिलना चाहिए इससे अधिक इन पाखंडी संगठनवादियों का कोई उद्‌देश्य ही नहीं है। उन लोगों को हिन्दू धर्म के बारे में और पुराने स्मृतिग्रन्थों और पुराणादि के प्रति इतनी हमदर्दी है उसकी एक ही वजह है कि उनसे उन्हें अपनी जाति को आवश्यकता से अधिक महत्त्व देने का मौका मिलता है। और यदि उस तरह का फायदा उन्हें नहीं मिला तो हिन्दू धर्म के प्रति उनके प्रेम का पतन हुआ समझ लीजिए।

कुछ जातियाँ अपने आपको ब्राह्मण कहती हैं इसलिए अपनी जाति का सम्मान रखने की उनकी कोशिश रहती है। इन ब्राह्मणों में कई उपजातियाँ हैं और वे एक-दूसरे को ऊँच-नीच मानते हैं। एक-दूसरे की आलोचना भी करते हैं। लेकिन जातिभेद कायम रखने के लिए सभी एक हो जाते हैं। लोगों को हमें ब्राह्मण कहना चाहिए, फिर किसी भी प्रकार के ब्राह्मण क्यों न कहे जाएँ। फिर आप उन्हें जहरीले ब्राह्मण, मनहूस ब्राह्मण, आर्य ब्राह्मण, अनार्य ब्राह्मण, षट्कर्मी ब्राह्मण या त्रिकर्मी ब्राह्मण कहो। रसोइया ब्राह्मण, आचारी ब्राह्मण, धूर्त ब्राह्मण, मूर्ख ब्राह्मण, शाकाहारी ब्राह्मण, मांसाहारी ब्राह्मण या मुर्गी खानेवाले ब्राह्मण कहो, किसी भी प्रकार से ब्राह्मण कहो। लेकिन ब्राह्मण कहो, इस तरह का इन ब्राह्मण कहलानेवाले लोगों का आग्रह रहता है।

उसके बाद बचे क्षत्रिय, वैश्य कहलानेवाले लोग। ब्राह्मणों ने इन्हें अपने काम के लिए क्षत्रिय, वैश्य आदि नामों से सम्बोधित करके प्रत्यक्ष व्यवहार में शूद्र समझकर इस्तेमाल किया। इतना ही नहीं, ब्राह्मणों के अलावा सारे हिन्दुओं को शूद्र और अतिशूद्र

कहा गया है। और वे लोग ब्राह्मणों के गन्दे पाँवों का पानी पीने के लिए तैयार रहते हैं। वे लोग सिर्फ इसी बात से खुश हो जाते हैं कि हमें अपने से नीची जाति के लोगों पर अपना अधिकार स्थापित करने के लिए मिल जाता है। इसलिए सही गुलाम यदि कोई हैं तो वे हैं ब्राह्मणों की खुशामद करनेवाले लोग।

इसके बाद वारकरी-भागवत, रामदासी आदि पन्थों के धर्माभिमानी कहलानेवाले लोग स्वयं को साधु-सन्तों के अनुयायी मानते हैं। लेकिन साधु-सन्तों का यह जो मूल उद्देश्य है कि सभी के साथ समानता से व्यवहार किया जाए, उसकी सबसे अधिक अवज्ञा करनेवाले लोग यदि कोई हैं तो वे हैं सम्प्रदायवादी लोग। ये लोग एकनाथ, तुकाराम जैसे सन्तों का नाम बड़े आदर से लेंगे और उनके अभंगों को बड़ी श्रद्धा के साथ गाएँगे, उन साधु-सन्तों की दन्तकथाओं को जितना सम्भव हो उतना बढ़ा-चढ़ाकर वर्णन कर बताएँगे। लेकिन उन सन्तों के बताए हुए न्याय, भूतदया, समतावाद और उदारतावादी विचारों को जानबूझकर नजरअंदाज करेंगे क्योंकि वे लोग भी जाति अहंकार से ग्रस्त होते हैं। रामदासी पन्थ के लोग तो पहले से ही जाति-अहंकार के जबर्दस्त समर्थक माने जाते हैं। इस पन्थ का संस्थापक ही जाति-अहंकार के रोग से पीड़ित था और इसलिए वारकरी सम्प्रदाय के मुकाबले में इस सम्प्रदाय की स्थापना की गई। इस तरह के कई समता विरोधियों से अछूतपन उन्मूलन और समाज समतावादी आन्दोलनों को मुकाबला करना है। लेकिन इन आन्दोलनों को न्याय, सत्य और विवेक की बुनियाद पर खड़ा किया गया है, इसलिए वे आन्दोलन अपने विरोधियों का सही मुकाबला करेंगे और अन्त में उन्हीं की विजय होगी, इसमें हमें कोई सन्देह नहीं है।

# हक़दारी बिल की अस्थायी समाप्ति

**शुक्रवार : 16 अगस्त, 1929/अग्रलेख, बहिष्कृत भारत**

डॉ. अम्बेडकर ने महार हक़दारी[1] बिल मुम्बई की विधि कौन्सिल में रखा था और उसे अलग-अलग जगह के महार हक़दारों ने अपने-अपने इलाकों में सभाएँ आयोजित कर समर्थन भी दिया था। लेकिन महार समाज के कुछ काठ के बैरी लोगों ने उस बिल का विरोध कर काठ होने का प्रयास किया था। उन्होंने महार समाज को गुमराह करने का भी प्रयास किया था। लेकिन इस विरोध की बिना परवाह किए डॉ. अम्बेडकर ने बिल का पहला पाठ कौन्सिल में रखा और परसों पूना के चालू सत्र में बहस के लिए स्वीकृत करवा लिया। इस तरह हक़दारी एक्ट में सुधार कर महारों की हक़दारी के नाम पर जो गुलामी चल रही है उसे समाप्त करने का प्रयास उस दिन सफल नहीं हो सका। डॉ. अम्बेडकर इसमें पीछे हट गए। इसलिए उनके नाम पर भला-बुरा कहनेवाले लोगों ने और अछूत समाज के स्वतन्त्र आन्दोलन का हर तरह से विरोध करने और उसे दोष देनेवाले लोगों को खुशी के साथ तालियाँ बजाने का मौका मिल गया है। लेकिन हम उनकी शैतानी खुशियों के रास्ते में पत्थर नहीं बनना चाहते। हक़दारी बिल से सम्बन्धित आन्दोलन में जिन लोगों ने उन्हें सहयोग दिया, जिन लोगों ने इस बिल को समर्थन दिया उनके लिए यहाँ आभार के रूप में कुछ बातें कहनी जरूरी हैं।

सबसे पहली बात यह कि बिल का मूल स्वरूप अधिकतर जस का तस कायम रखकर यदि उसे कौन्सिल में पास करवाने की स्थिति होती तो उस अवसर को डॉ. अम्बेडकर ने कभी गँवाया नहीं होता। लेकिन सलेक्शन कमेटी में जाने के बाद बिल में इतने गलत-सलत संशोधन किए गए कि बिल का स्वरूप ही पूरी तरह बदल गया। सलेक्शन कमेटी ने मूल बिल में दो महत्त्वपूर्ण संशोधन किए। पहला संशोधन यह कि लेहना की बजाय महारों को नकद वेतन मिलना चाहिए इस तरह की धारा मूल बिल में थी, उसे हटा दिया गया। दूसरा संशोधन यह कि किस शर्त पर ईनामी जमीन रैयत के नाम पर कर देनी चाहिए, ऐसी धारा मूल बिल में थी। मूल बिल में महसूल लेकर रैयत के नाम कर देने का संशोधन किया गया है। मूल बिल में ये दो संशोधन किए

1. महार हक़दारी को मराठी में महार वतन मतलब महारों के पैतृक अधिकार कहा जाता है। इसमें महारों को 52 हक़ दिए गए थे।

गए इसलिए जो बिल महार लोगों को फायदेमन्द हो सकता था वही उन्हें नुकसान पहुँचानेवाला बन गया। उसमें भी पहले संशोधन के विरोध में ख़ास आपत्ति उठाने की आवश्यकता नहीं थी क्योंकि ख़ासकर लेहना कितना मिलता है, किस काम के लिए मिलता है, इसके बारे में रैयत, महार और सरकार में मतभेद होने की बात सलेक्शन कमेटी की समझ में आई। इसलिए इन मतभेदों का फैसला किए बगैर बिल में लेहना से सम्बन्धित धारा को इस समय कानून के रूप में जोड़ना उचित नहीं, इस तरह की राय सलेक्शन कमेटी ने दी। इस सवाल का हल निकालने के लिए लेहना जाँच कमेटी नियुक्त करने का अभिवचन सरकार ने दिया। इसलिए डॉ. अम्बेडकर ने सम्बन्धित धाराएँ बिल से निकाल देने के बारे में कोई आपत्ति नहीं की क्योंकि ऐसा करने में महार समाज को कोई नुकसान नहीं था। इसमें एक दिन की बहस के बजाय कुछ अधिक समय लग गया होता तो इससे अधिक फर्क कुछ नहीं पड़ता। लेकिन दूसरा संशोधन बहुत खतरनाक है। उसकी वजह से डॉ. अम्बेडकर द्वारा निर्मित बिलरूपी गणपति की मूर्ति को बन्दर का रूप दे दिया गया। वही बन्दर अब कौन्सिल के सामने आनेवाला था और महारों की गर्दन पर बैठनेवाला था। सलेक्शन कमेटी द्वारा संशोधित बिल पुनः कौन्सिल में आने पर उसमें सलेक्शन कमेटी के अनावश्यक सुधारों को निकालकर मूल रूप में उसे पास करने की इच्छा होती तो डॉ. अम्बेडकर ने बिल पर बहस बाद में नहीं रखवाई होती। लेकिन कौन्सिल की आज की बैठक से यह आशा करना व्यर्थ है। अलग-अलग उद्देश्यों से प्रेरित होकर डॉ. अम्बेडकर ने हक़दारी एक्ट में जो सुधार सुझाए थे उन्हें रद्दी की टोकरी में डालने के लिए सरकार, अब्राह्मण लोग, ब्राह्मण और मुस्लिमों की मिलीभगत उन्हें साफ तौर पर दिखाई दी। तब उन पर उपकार के बजाय नुकसान करने का आरोप न लगे, यह सोचकर डॉ. अम्बेडकर को पीछे हटना पड़ा।

ब्राह्मण, अब्राह्मण और मुस्लिम सदस्यों में से शायद ही कोई सदस्य डॉ. अम्बेडकर के मूल बिल के पक्ष में रहा हो। इसमें सरकार की तो पहले ही कोई हमदर्दी नहीं थी। दूसरों को भी यही लगता है कि महारों को यथास्थिति में ही रखा जाए तो तभी उन पर उनकी सुलतानशाही कायम रह सकती है। इसीलिए उन्हें हक़दारी एक्ट में महारों की गुलामी समाप्त करने की दृष्टि से सुधार होना आवश्यक नहीं लगता। ब्राह्मण और अब्राह्मण समाज के लोग आपस में कितने भी झगड़ते रहे लेकिन अछूत समाज का उत्थान नहीं होना चाहिए, उन्हें साथ नहीं बैठना चाहिए, वे यही चाहते हैं। हक़दार महारों से उनकी हक़दारी का फायदा उठाने और मनचाहे तरीके से उनका इस्तेमाल करने की कुलकर्णी (पटवारी) और पाटिलों (चौधरी) को आदत है। इसलिए वे दोनों महारों को स्वतन्त्रता देने के लिए तैयार नहीं हैं। कौन्सिल के ब्राह्मण सदस्यों को कुलकर्णी और अब्राह्मण सदस्यों को पाटिल (चौधरी) मत दिलानेवाले हैं। इसलिए ब्राह्मण और अब्राह्मण सदस्यों का पाटिलों और कुलकर्णियों की इच्छा के अनुरूप चलना स्वाभाविक है।

तीसरा पक्ष सरकार का है। उसका भी इससे करीब का सम्बन्ध है। जिस समय तहसीलदार, पुलिस, फौजदार आदि सरकारी अधिकारी दौरे पर होते हैं उस समय उन्हें

महार लोगों की आवश्यकता होती है। हक़दारी की गुलामी में यदि महार फँसे नहीं होते तो उन्हें कई काम करने के बाद कुछ न कुछ चैन अवश्य मिलता। मजदूरी के पैसे हाथोंहाथ नकद मिलते। उसी प्रकार छोटे-मोटे सरकारी काम भी नाममात्र के वेतन पर महारों से करवाना आसान होता है। इस तरह सरकार और सरकारी अधिकारी वर्ग को हक़दारी की वर्तमान स्थिति को ही कायम रखना उचित लग रहा है, ऐसा कहना स्वाभाविक है।

कौन्सिल के मुस्लिम सदस्यों को अछूत हिन्दुओं के बारे में विशेष हमदर्दी नहीं है तो इसमें कोई आश्चर्य की बात नहीं। बहिष्कृत समाज की माँगें तेजी के साथ आगे आ रही हैं। इसलिए मुस्लिमों की ख़ास सहूलियतों से सम्बन्धित माँगों का अपने आप दबाव बढ़ता जा रहा है। जब तक अछूत वर्ग अपना पक्ष पूरी शक्ति के साथ नहीं रख रहा था तब तक पिछड़ेपन के और अल्पसंख्यक होने के नाम पर मुस्लिम लोगों की बेहिसाब माँगें थीं। लेकिन अब अछूत वर्ग के प्रतिनिधि अपने वर्ग की माँगें बड़े जोर-शोर से रखने लगे हैं। उसकी वजह से अपने हिस्से में आनेवाली सहूलियतों में नए हक़दार पैदा किए हैं इसके लिए मुस्लिम सदस्यों को ईर्ष्या होना एक दृष्टि से स्वाभाविक है। साइमन कमीशन से सहयोग करने के लिए मुम्बई की रिपोर्ट में डॉ. अम्बेडकर ने जो मतभेद पत्र प्रस्तुत किया है उसमें मुस्लिमों की अनुचित माँगों का भंडाभोड़ किया। इसकी वजह से और अछूत वर्ग की माँगों का जोरदार समर्थन करने की वजह से कौन्सिल के मुस्लिम सदस्य डॉ. अम्बेडकर और अछूत वर्ग पर नाराज हैं। इसलिए हक़दारी बिल इस समय कौन्सिल में आया होता तो बदला चुकाने का अवसर उन्होंने गँवाया नहीं होता। इन तमाम बातों पर विचार करके और सलेक्शन कमेटी ने महारों को आफत में फँसाने के लिए जो षड्यन्त्र किया उसे टालने के लिए डॉ. अम्बेडकर को अपना बिल वापस लेना पड़ा। इसलिए उस बिल को सभाओं के द्वारा जिन लोगों ने तहेदिल से समर्थन दिया था उन्हें निराशा हुई, इसमें कोई सन्देह नहीं। लेकिन स्थिति ही कुछ इस तरह से बनी कि इस समय यदि बिल वापस न लिया गया होता तो गलत कानून महार समाज की छाती पर सवार हो गया होता। इस बात को ध्यान में रखते हुए प्रस्तुत बिल के सम्बन्ध में आस्था रखनेवाले लोगों के दुख का कुछ समाधान नजर आने की उम्मीद है।

यह बिल जब कौन्सिल में आया तब समय आने पर सत्याग्रह का आधार लेकर उसे मंजूर कर लेने का डॉ. अम्बेडकर का संकल्प था। और इस बारे में उन्होंने एक बार कौन्सिल में अपनी बात कही थी। बिल का उद्देश्य किसी भी हक़दार को जबरन हक़दारी छोड़ देने का प्रावधान नहीं था। बल्कि जिन्हें हक़दारी की वजह से प्राप्त होनेवाली गुलामी नहीं चाहिए उन्हें सरकार महसूल का मुआवजा देकर अपनी हक़दारी की जमीन अपने पास रखने का मार्ग खुला होना चाहिए, यही उस बिल की नीति थी। फिर भी अनजाने में या व्यक्तिविरोध से प्रेरित लोगों ने बिल के बारे में महार समाज में गैर समझ पैदा की जिससे सत्याग्रह को अमल में लाना असम्भव हो गया। महार

समाज का बहुत बड़ा वर्ग अज्ञानी और अनपढ़ है। इससे बिल के बारे में नासमझी फैलानेवालों को अच्छा मौका मिल गया।

फिर भी, हमें यह उम्मीद है कि स्वाभिमान के प्रति जागरूकता समाज में दिनोंदिन बढ़ती जा रही है, इस वजह से नई पीढ़ी हक़दारी का हाडूक[1] बनकर या हक़दारी की हड्डी गले में फँसाकर शेखी बघारने में अपने आपको गौरवान्वित नहीं करेगी। हकदारी की रुकावट जब तक बरकरार है तब तक महार समाज की जैसी तरक्की होनी चाहिए वैसी नहीं हो पाएगी। हक़दारी का जूठा टुकड़ा चबाने की और उसके लिए गुलामी का पट्टा गले में बाँध लेने की जिन लोगों को आदत हो गई है, और उसी में जिन्हें गर्व महसूस होता है, जिनमें स्वतन्त्रता की धमक नहीं है, उनके लिए डॉ. अम्बेडकर का यह बिल नहीं था। उसी प्रकार उनकी गुलामी की चाह के विरोध में भी वह नहीं था। बल्कि जिन्हें इनसानियत का हक़ पाना है, जिन्हें स्वयं के लिए और अपने बाल-बच्चों के लिए उत्थान का रास्ता प्रशस्त करने की जबर्दस्त इच्छा है उन्हीं लोगों के लिए डॉ. अम्बेडकर ने यह बिल पेश किया था।

इस बार वे सफल नहीं हुए, फिर भी स्वयं डॉ अम्बेडकर पूरी तरह निराश नहीं हैं। पुनः जब उचित मौका आएगा तब इस तरह का सुधार करने की डॉ. अम्बेडकर की जिद कामयाब होगी। तब तक महार समाज के स्वाभिमानी लोगों को प्रबल जनमत तैयार कर समय आने पर एक राय से सत्याग्रह करना है, इसके लिए भरसक प्रयास किया जाना चाहिए। इस तरह के सुधार एक पल में नहीं होते। सरकार हो या अन्य लोग जिनके अन्यायी परम्परागत हितसम्बन्धों को इस तरह के सुधारों से चोट पहुँचाने की सम्भावना है, उन्हें तो विरोध करना है ही। इंग्लैंड में और अन्य पश्चिमी देशों में बहुजन समाज के अधिकारों से सम्बन्धित कानून कई असफल प्रयासों के बाद ही अमल में लाए गए। खुद हिन्दुस्तान में अनिवार्य प्राथमिक शिक्षा का कानून बनने में कई साल लगे। इन उदाहरणों को हम भूल नहीं सकते। आज ही हमें हक़दारी एक्ट में जो सुधार चाहिए वे नहीं हुए, इसलिए निराश होकर बैठने की आवश्यकता नहीं है। यदि हमारा इरादा मजबूत रहा तो किसी भी विरोध से घबराने के बजाय आज नहीं तो कल, हमें जो सुधार चाहिए उन्हें हम करके रहेंगे। इसके लिए लगातार आन्दोलन शुरू रखना यही महार हक़दारी परिषद् की जिम्मेदारी है। इस परिषद् की कल्पना को ठोस स्वरूप देने का काम इस परिषद् के अगुवाओं ने अभी भी पूरा नहीं किया। परिषद् की बैठक इससे पहले हुई होती तो बहुत अच्छा होता। लेकिन बिल फिलहाल वापस ले लिया गया तब परिषद् की आवश्यकता नहीं, ऐसी बात नहीं है। जब तक महार हक़दारी के सम्बन्ध में प्रस्तुत बिल में दर्शाया गया हक़दारी से सम्बन्धित कानून में सुधार नहीं हुआ, तब तक आन्दोलन की आवश्यकता है, यह बात स्पष्ट है। महार हक़दारी परिषद् को तब तक बरकरार रखकर उसके द्वारा परिषद् की वार्षिक बैठक का आयोजन करना,

1. हाडूक का मतलब है छोटी हड्डी। पेशवाई में महारों को 'हाडकी हाडवका' नाम से कुछ पैतृक अधिकार थे।

अलग-अलग स्थानों पर सभाएँ आयोजित करना, सरकार के पास प्रतिनिधिमंडल भेजना, इस कानून की वजह से महार समाज का किस तरह से नुकसान हो रहा है यह बताने के लिए अंग्रेजी और देशी भाषाओं के अखबारों में समय-समय पर लेख प्रकाशित करना, अन्य लोगों के मत जितने सम्भव हों उतने अनुकूल कर लेने के लिए अलग-अलग प्रकार के प्रयास करते रहना चाहिए। ख़ास उसी काम के लिए एक स्वतन्त्र संस्था होनी चाहिए और वह काम बाक़ायदा लगातार करते रहना आवश्यक है।

इस बिल की वजह से जो उत्साह पैदा हुआ उससे परिषद् के लिए कुछ फंड इकट्ठा हुआ है। इस पैसे का इस्तेमाल उसी काम के लिए होना चाहिए, जिस काम के लिए लोगों से धन माँगा गया था। उस पैसे का इस्तेमाल दूसरे काम के लिए करने की कोशिश हक़दारी परिषद् के संचालक मंडल के कई लोगों की है इस तरह की बातें सुनने में आई हैं। इसलिए इस बारे में स्पष्ट कहने की आवश्यकता है। पहली बात तो यह है कि जिस काम के लिए जो पैसा प्राप्त हुआ है उस पैसे का उपयोग पैसा देनेवालों की इजाजत के बगैर दूसरे काम में खर्च करने का अधिकार किसी को नहीं है, इस बात को भूलना नहीं चाहिए। जिस दूसरे काम के लिए उस पैसे का इस्तेमाल करना है, वह काम अनुकूल और उपयोगी ही क्यों न हो, लेकिन जिन्होंने पैसा दिया उनकी इजाजत के बगैर दूसरे किसी काम में उस पैसे का इस्तेमाल करना एक तरह से दग़ाबाजी है। दूसरी बात यह है कि जिस काम के लिए पैसे इकट्ठा किए गए होंगे वह काम जब तक पूरा नहीं होता तब तक दूसरे काम पर इस पैसे का इस्तेमाल करने का सवाल ही पैदा नहीं होता। फिर भी महार हक़दारी परिषद् के काम में जिन लोगों ने अगुवाई की और उन लोगों को जिन्होंने सहायता की है उन्हें हमारा यह सुझाव है कि परिषद् को बरकरार रखकर उसके द्वारा हक़दारी एक्ट में सुधार का आन्दोलन जारी रहना चाहिए और जब अनुकूल सुधार होगा, उस समय परिषद् को भी भंग कर देना उचित होगा।

इसके अलावा ध्यान में रखने की बात यह है कि विधि कौन्सिल का मौजूदा संविधान बहुत कमजोर है। और इस वजह से न्याय सुधारों को उसका समर्थन नहीं मिल सकता। अछूत वर्ग के प्रतिनिधि बहुत बड़ी संख्या में कौन्सिल में होने आवश्यक हैं और उस बात को डॉ. अम्बेडकर ने रिफॉर्म्स कमेटी की रिपोर्ट पर एक स्वतन्त्र निवेदन पत्र लिखवाकर जता दिया है। अछूत वर्ग के राजनीतिक हक़ों के बारे में अपनी सजगता प्रदर्शित की है। और उसके लिए कुबत से लड़ना चाहिए तभी हक़दारी बिल जैसा सुधार सम्भव हो सकता है। विधि कौन्सिल के हक़दारी को समाप्त किया गया तो अछूतों का और अन्य दलित वर्गों का तेजी से उत्थान हो सकेगा।

# हमारी कैफ़ियत

**शुक्रवार : 6 सितम्बर, 1929/अग्रलेख, बहिष्कृत भारत**

इस दुनिया में सभी समस्याओं का समाधान करना किसी के लिए भी सम्भव नहीं है। सभी समस्याओं का समाधान करने का जो भी प्रयास करेगा उससे कुछ भी होनेवाला नहीं है। इसी प्रकार इस दुनिया में अजातशत्रु कोई नहीं है। धर्मराज युधिष्ठिर को 'अजातशत्रु' की संज्ञा दी गई। स्वयं धर्मराज किसी से दुश्मनी नहीं करता था इस दृष्टि से वह अजातशत्रु था। लेकिन उससे दुश्मनी करनेवाले दुर्योधन जैसे उसी के भाई थे।

सार्वजनिक कार्य करनेवाले आदमी को सभी लोगों की समस्याओं का समाधान करना एकदम असम्भव है और कोई सार्वजनिक कार्यकर्ता यह करने की कोशिश करेगा तो वह कुछ भी महत्त्वपूर्ण काम नहीं कर पाएगा। बल्कि ऐसे दुष्कर प्रयासों में उसे अपने प्रति वफ़ादारी भी छोड़ देनी पड़ेगी। हम लोग जब सार्वजनिक कामों में आए तब हमारी कोई आलोचना नहीं करेगा, ऐसा हमें बिल्कुल नहीं लगता था। शायद उस समय सार्वजनिक जीवन के महासागर के प्रवाह और विपरीत प्रवाह (Under Currents and Cross-currents) के बारे में हमें शायद पर्याप्त जानकारी नहीं रही होगी। शायद उस समय हम जरूरत से अधिक आशावादी रहे होंगे, सार्वजनिक जीवन का मतलब एक तरह की युद्धभूमि है। इसमें अपने दुश्मन के साथ दो-दो हाथ करने ही पड़ते हैं और एक नजर में दोस्त लोग दूसरी नज़र में दुश्मन हो जाते हैं। इस बात को हम अच्छी तरह से जानते थे। मतलब हमारी अलग-अलग पार्टियों के लोगों की ओर से जो आलोचना हो रही है उसके लिए हमें कोई आश्चर्य नहीं होता। हमने जिन सिद्धान्तों को स्वीकार किया है उन पर हमारी पूरी आस्था है। हमारे उद्‌देश्यों की पवित्रता के बारे में हमें पूरा यक़ीन है। इसलिए हमें हमारी आलोचना में कुछ भी बुरा नहीं लगता। प्रतिकूल स्थितियों की वजह से कभी-कभी मन पर निराशा छा जाने का डर रहता है, लेकिन आज तक तो उसने हमारे मन पर क़ब्ज़ा नहीं जमाया और न हमने उसे ऐसा करने दिया। हमसे गलतियाँ नहीं होतीं ऐसी बात नहीं है। हमारी गलतियाँ ईमानदारी के साथ यदि कोई हमें दिखाने का प्रयास करेगा तो हमें प्रसन्नता होगी। इतना ही नहीं, हम ऐसे आदमी को धन्यवाद देंगे और उसकी आलोचना पर सोचने के लिए हम हमेशा तैयार रहेंगे। मनुष्य समाज में सर्वज्ञ और अनासक्त कौन है?

हमारे आलोचकों के कई वर्ग हैं। कुछ आलोचक सार्वजनिक मतभिन्नता की वजह से हमारी आलोचना करते हैं। तो कुछ लोग व्यक्तिगत नफरत की वजह से छिपकर वार करते हैं। जो लोग हमारे अछूतपन विनाश के उद्‌देश्य से परिचित हैं उनमें से कुछ लोगों को हम बहुत जाहिल लगते हैं इसलिए वे हमारी सख़्त आलोचना करते हैं। कुछ लोगों को हम नरम लगते हैं इसलिए वे हमारी आलोचना करते हैं। सामान्य तौर पर हमारे विरोधियों में भीतर और बाहर के दुश्मनों के दो वर्ग हैं। मतलब हमारे उद्‌देश्यों के प्रति हमदर्दी है लेकिन कुछ बातों में उनकी हमसे मतभिन्नता है। हमारे आन्दोलन को तोड़ने की इच्छा न होने के बावजूद कुछ लोग व्यक्तिगत घृणा या गुस्सा करने की बजाय अपनेपन की भावना से मतभिन्नता प्रदर्शित करते हैं। ऐसे आलोचकों को हम अपने दुश्मनों में नहीं मानते।

बाहरी दुश्मनों में अछूत वर्ग से बाहर के सभी दुश्मन आ जाते हैं। इन लोगों की यह मान्यता है कि अछूतपन हिन्दू धर्म पर लगा हुआ कलंक नहीं, बल्कि वह हिन्दू धर्म की शोभा है। जातिभेद हिन्दू धर्म की विशेषता है। जातिभेद समाप्त हुआ तो हिन्दू धर्म शायद जिन्दा तो रहेगा लेकिन वह मरे हुए आदमी के समान रहेगा। रोटी-बेटी-लोटी-भेंट बन्दवाला हिन्दू धर्म का अभिमानी वर्ग कभी भी हम लोगों के साथ दुश्मनी कर सकता है। उसे सिर्फ भेंट व्यवहार होने में कोई आपत्ति नहीं है। लेकिन बेटी, रोटी और लोटी के बारे में पाबन्दी लगी रहनी ही चाहिए। ऐसा कहनेवाला, लेकिन भेंट व्यवहार के बारे में 'आहिस्ते कदम' चिल्लाने रहनेवाले लोगों का भी एक वर्ग है। इस वर्ग में भी कुछ लोग ऐसे हैं जो मानते हैं, अछूतपन कुछ समय के बाद अपने आप समाप्त हो जाएगा ऐसा कहकर वे सारी बातें समय पर छोड़ देते हैं। और इसके लिए अछूतों को कुछ नहीं करना चाहिए, उन्हें अपने हाथ-पाँव नहीं हिलाने चाहिए, वे ऐसी सलाह देते हैं। अछूतपन अन्याय है इस बात को तो नाकबूल करने की हिम्मत उनमें नहीं है, लेकिन अछूतपन के किले पर कहीं दरार पड़ गई तो उसे देखकर उनकी आँतों पर तनाव निश्चित रूप से पड़ता है। मतलब ऐसे लोग अछूतपन उन्मूलन के बारे में निष्क्रिय हैं, उनसे किसी बात का समाधान होनेवाला नहीं है। ऐसे लोगों के बारे में अधिक बताने की आवश्यकता नहीं है। लेकिन 'आहस्ते कदम' कहनेवाले और वास्तव में वैसी समझ रखनेवाले लोगों की राय में 'आहस्ते कदम' का मतलब गति का अनुपात धीमा होना चाहिए, यह बात हमारी समझ में नहीं आ रही है। हमें पूरा यक़ीन है कि यह बात उनकी भी समझ में नहीं आ रही होगी।

दूसरा वर्ग है हिन्दू महासभावालों का। इस वर्ग के लोगों में अछूतों के बारे में बड़ी शाब्दिक सहानुभूति है। और वह भी केवल इस बात के लिए कि अछूत समाज के लोग मुस्लिम या ईसाई धर्म में न जाएँ। हिन्दुओं का संख्याबल कम न हो, बल्कि बढ़ाया जा सके तो बढ़ाना चाहिए। इस उद्‌देश्य से वे हमेशा प्रेरित रहते हैं। सामाजिक न्याय, समानता तथा भाईचारे से उन्हें कुछ लेना-देना नहीं है। अछूतों को केवल पुचकारकर रखना, उनके आँसुओं को दिखावे के लिए पोंछना और बाहरी अपनत्व का भाव जताना

है। जब अछूतों के हक़ों का सवाल सामने आता है तब धोखा देना यही हिन्दू महासभा के अधिकांश लोगों की नीति है। अछूत वर्ग के लोगों को हमेशा हमारे अधिकार में रहना चाहिए, यही उनका भीतरी उद्‌देश्य रहता है। इसलिए अछूत वर्ग का स्वतन्त्र आन्दोलन उन्हें मंजूर नहीं है। उस आन्दोलन से वे लोग नफरत करते हैं। उस आन्दोलन में अगुवाई करनेवाले लोगों को वे लोग अपना दुश्मन मानते हैं। अछूतों को स्वतःप्रेरणा से कोई आन्दोलन नहीं करना चाहिए, हमारी झूठी बातों को भी उन्हें आँख मूँदकर सच मानना चाहिए, इनसानियत के हक़ों की माँग नहीं करनी चाहिए, और यदि माँग की भी तो हक़ समझकर नहीं बल्कि हक़ भीख के रूप में माँगने चाहिए, जातिभेद की फौलादी चौखट पर दरार डालकर उसे गिराने का प्रयास नहीं करना चाहिए और जो कुछ सहूलियतें मेहरबानी के तौर पर ऊँची जाति के लोग उनके मुँह पर फेंकेंगे उन्हीं को समाधान मान लेना चाहिए, उन्हें उनके प्रति वफ़ादार रहना चाहिए, यही पाखंडी हिन्दू संगठनों की इच्छा रहती है।

दूसरे कुछ सुधारवादी विचारों के लेकिन ख़ास धर्मपन्थ के और मूर्तिपूजा का निषेध करनेवाले लोग हैं। उन्हें मन्दिर में जाने के अपने हक़ के लिए अछूतों का आन्दोलन करना पसन्द नहीं है। उन्हें लगता है कि अछूतों की प्रार्थना सामाजिक या आर्य सामाजिक होना चाहिए। चालाक अब्राह्मणों को भी यही लगता है कि अछूतों के आन्दोलनों को अब्राह्मण आन्दोलन की राह पर चलना चाहिए। अब्राह्मण आन्दोलन के नेता जैसा कहेंगे वैसा अछूतों के नेताओं को करना चाहिए, अछूतों के आन्दोलन पर ब्राह्मणों की चाहे वे उदारवादी क्यों न हों, उनकी छाया दूर से भी नहीं पड़नी चाहिए और अब्राह्मण नेता ही हमें अच्छी स्थिति प्राप्त करवा सकते हैं, इस तरह का पक्का भरोसा रखकर स्वतन्त्र आन्दोलन की झंझट में नहीं पड़ना चाहिए। यह अछूत वर्ग के बाहर के लोगों की स्थिति है।

अब हमारे ही वर्ग के हमारे जो आलोचक हैं उनकी बात की जाए। ऐसा लगेगा कि कुछ लोग जातिभेद की वजह से इन बातों के लिए प्रेरित हुए हैं और कुछ व्यक्तिगत कारणों से असन्तुष्ट हैं। अछूत समाज में कई जाति और कई उपजातियाँ हैं। अपनी जात और उसमें भी अपनी उपजात अन्य अछूतों से श्रेष्ठ है ऐसा समझनेवाले और अपने जातिभाईयों को वैसा बताकर उन्हें अपनी अलग खिचड़ी पकाने का उपदेश देने वाले कई लोग हैं। अछूतों के तमाम वर्गों का संगठित आन्दोलन चलाने का मतलब छूतछात के किसी बन्धन को न मानना है। अछूतपन समाप्त करने में देरी हो, तब भी उन्हें कोई एतराज नहीं, लेकिन अपनी उपजातियों का अलग अस्तित्व बरकरार रहना चाहिए, ऐसी उनकी कोशिशें हैं। सभी लोगों का एक आन्दोलन हुआ तो छूतछात का कोई बन्धन नहीं रहेगा और अपनी उपजाति को यह बताने का उन्हें अवसर नहीं मिलेगा कि हम अन्य अछूतों से ऊँचे हैं, यह डर उनके मन में है। इसके अलावा अछूतों की तमाम जातियों का संगठित आन्दोलन खड़ा हुआ तो फिलहाल अपने को नेता माननेवाले जातिभाई दूसरी जाति के नेताओं के अनुयायी बनकर बेसहारा बन जाएँगे। व्यक्तिगत

स्वार्थ का यही विचार अलग अस्तित्व बनाए रखने के पीछे है। अन्य कई लोग अछूतों का नेतृत्व करना अपनी हक़दारी समझते हैं। इसे वे अपना निजी हक मानते हैं। इतना ही नहीं, इस नेतृत्व का लाभ उठाकर वे समाज में मनचाही लूट-खसोट कर सकते हैं। लोग अज्ञान में रहें और उनका नेतृत्व पनपता रहे, उनकी यही कोशिश रहती है, इसलिए समाज को जाग्रत करनेवाला कोई भी जबर्दस्त आन्दोलन वे बर्दाश्त न करें, तो इसमें आश्चर्य की कोई बात नहीं है। अपने नेतृत्व की हक़दारी छिनते देखकर उन्होंने हमारे आन्दोलन पर आग उगलने का काम शुरू कर दिया है।

दूसरे कुछ लोगों में डॉ. अम्बेडकर नामक व्यक्ति के बारे में भारी रोष है। वे उनके साथ खुले तौर पर या प्रच्छन्न रूप से शत्रुता रखने लगे हैं। इसकी वजह यह है कि उनकी व्यक्तिगत महत्त्वाकांक्षाओं का समाधान करना डॉ. अम्बेडकर के लिए सम्भव नहीं है। डॉ. अम्बेडकर अपनी क्षमता के अनुसार सभी को मदद करने के लिए तैयार रहते हैं, लेकिन सभी की व्यक्तिगत महत्त्वाकांक्षा को पूरा करना उनके लिए सम्भव नहीं है। डॉ. अम्बेडकर का केवल रास्ता बताने से कोई फायदा नहीं, उन्होंने हाथ पकड़कर चलाया तब भी कोई फायदा नहीं, तो उन्हें ऐसे लोगों को अपने कन्धे पर बिठाकर चलना चाहिए? लेकिन सवाल यह है कि डॉ. अम्बेडकर किस-किसको अपने कन्धे पर बिठाकर चल सकते हैं? घर में मेहमान आए तो यजमान उनको भोजन परोसेगा लेकिन मेहमान के मुँह में निवाला भी यजमान ही डाले, ऐसा यदि हर मेहमान चाहे तो यजमान यह कब तक कर सकता है? यह बात विचारणीय है। डॉ. अम्बेडकर को इस तरह के असन्तुष्ट कई लोग मिलते हैं और मिल रहे हैं। व्यक्तिगत कारणों से डॉ. अम्बेडकर से नाराज होना, डॉ. अम्बेडकर के आन्दोलनों को बदनाम करना, उन पर निरर्थक आरोप लगाना, अछूतों के स्वतन्त्र आन्दोलनों से नफरत करनेवाले लोगों को प्रोत्साहित करना ही हमारे शत्रुओं का मुख्य कार्य है।

एक और आलोचकों का वर्ग है जो शत्रुत्व की भावना से आलोचना नहीं करता। उनकी आलोचना के मूल में प्रामाणिक मतभिन्नता होती है, इस बात को हम अच्छी तरह जानते हैं। इन कई आलोचकों की दृष्टि में हमारा आन्दोलन ज्यादा विद्रोही है जबकि अन्य कुछ लोगों की दृष्टि में हम कुछ अधिक नरम हैं। हमारे ये दोनों तरह के आलोचक हमारे आन्दोलन के समर्थक हैं। लेकिन स्वभावभेद के अनुसार वे हमें विद्रोही या नरम समझते हैं। बेमतलब विद्रोही ढंग अख्तियार करने या दूसरों को ठेस पहुँचाने की हमारी इच्छा नहीं है। इस तरह की हमारी नीति भी नहीं है। लेकिन अछूतपन उन्मूलन आन्दोलन में गरम रुख अपनाए बगैर काम नहीं चलेगा। जो लोग हमें नरम समझते हैं उनके उत्साह का हम तहेदिल से स्वागत करते हैं। लेकिन वे लोग हमारी कठिनाइयों को समझते नहीं, इतना हम कह सकते हैं। अपने आन्दोलन की नीति यही है कि अपने सवालों का हल जितना सम्भव हो उतना बातचीत से, मेलमिलाप से, कानून के आधार पर और समझौता करके, अपने लोगों का कम-से-कम नुकसान हो, इस नीति को स्वीकार करते हुए हम चल रहे हैं।

लेकिन हमारे इन गरम हमदर्दों की ओर से हम पर दग़ाबाज़ी का आरोप लगाया जाता है। हक़दारी बिल को डॉ. अम्बेडकर ने क्यों बाद में लिया? इस बात का स्पष्टीकरण हमने इससे पहले ही 'बहिष्कृत भारत' में प्रकाशित किया है। फिर भी आलोचक कह रहे हैं कि डॉ. अम्बेडकर ने बिल वापस लेकर दग़ाबाज़ी की है। विधि कौन्सिल में कोई बिल मंजूर कर लेने का काम दूसरों पर निर्भर है। सरकार, मुस्लिम, ब्राह्मण, अब्राह्मण आदि सभी पार्टियों के अधिकांश सदस्य प्रस्तुत बिल को नामंजूर करने पर तुले हुए थे। और उसके पीछे उनका क्या इरादा था, यह हमने पहले ही बता दिया है। यहाँ हितसम्बन्धों का सीधा विरोध है और अन्य सम्बन्धों की मतभिन्नताएँ ध्यान में रखकर अमुक आदमी ने बिल पेश किया इसलिए उसे नामंजूर करने के लिए अलग-अलग पार्टियों के लोग आगे आते हैं, तब उस तरह का बिल मंजूर होने की उम्मीद कैसे की जा सकती है? विरोधियों का उद्देश्य भी हमें क्यों सफल होने देना चाहिए? डॉ. अम्बेडकर बिल को वापस लेने की बजाय मतदान के लिए कौन्सिल के सामने रख सकते थे। लेकिन मूल बिल केवल नामंजूर ही नहीं हुआ बल्कि सलेक्शन कमेटी ने गणपति मूर्ति को बन्दर की मूर्ति में रूपान्तरित कर दिया। हक़दारी प्रथा महारों की छाती पर बैठ गई। तब इस बात का क्या हल था?

महाड का सत्याग्रह और अमरावती के अम्बा देवी मन्दिर के सत्याग्रह के बारे में भी डॉ. अम्बेडकर पर दग़ाबाज़ी का आरोप लगानेवाले कुछ लोग हैं। जितना सम्भव हो किसी बात को बहुत नहीं खींचना चाहिए, जहाँ नाखून से काम चले वहाँ कुल्हाड़ी का इस्तेमाल नहीं करना चाहिए और अछूत वर्ग की सारी शक्ति किसी एक काम में खर्च करके अपने आन्दोलन को आँच नहीं पहुँचने देनी चाहिए, इस तरह हमारी नीति फ़ाज़िल गरमाई की है, ऐसा यदि किसी को लगता हो तो उसके लिए हम कुछ नहीं कर सकते। लेकिन इस नीति के अनुसार चलने में हमसे गलती हुई या हम अपने सिद्धान्तों के खिलाफ गए हैं इस बात की गवाही हमारा मन नहीं देता। आन्दोलन में साहस चाहिए यह बात जितनी सही है, उतनी ही परिणामों पर बिना सोचे-समझे धमाके करते रहने की बात गलत है। यह आन्दोलन का नाश करना है, यह बात भूलनी नहीं चाहिए।

हमने मध्यम मार्ग स्वीकार किया है। यह नरमाई और गरमाई के बीच का रास्ता है। साहस, शौर्य और स्वतन्त्रता यही रास्ता है। लेकिन दुःसाहस और किसी को परेशान करने की प्रवृत्ति के लिए इसमें कोई स्थान नहीं है। फ़ाज़िल नरम स्वभाव के लोग हमारे पाँव पीछे खींचना चाहते हैं और फ़ाज़िल गरम स्वभाव के लोग हमसे यह अपेक्षा करते हैं कि हमें बिना उतार-चढ़ाव, देखे-पहचाने चिल्लाते रहना चाहिए, इसलिए वे हमें दोष देते रहते हैं। यदि इसमें हमारा व्यक्तिगत नुकसान होता, तो हमने उस पर अधिक गौर न किया होता। हम लोगों को अपने आन्दोलन की सुरक्षा और उसे मजबूत बनाने की बात पर सोचना चाहिए। जिन सिद्धान्तों के आधार पर हम आन्दोलन की इमारत को खड़ी करना चाहते हैं, उन सिद्धान्तों से किसी भी प्रकार की सौदेबाज़ी किए बगैर देश में विद्यमान किसी भी पार्टी के साथ, समाज के साथ या व्यक्ति के साथ सहकार्य करने

के लिए हम तैयार हैं। हमने जिन सिद्धान्तों को स्वीकार किया है उन सिद्धान्तों को बेचकर किसी हमदर्दी को खरीदने के लिए हम बिल्कुल तैयार नहीं हैं। और इस प्रकार की सैद्धान्तिक फरोख्त नैतिकता की दृष्टि से गलत तो है ही, परिणामों की दृष्टि से भी उचित नहीं है।

हमने अपने आलोचकों के किसी एक वर्ग को सन्तुष्ट किया, तब भी दूसरे वर्ग असन्तुष्ट रहेंगे ही और उनकी ओर से आरोप लगेंगे ही। इस तरह एक को सन्तुष्ट रखकर बाकी सभी से दुश्मनी मोल लेने के बजाय जिन सिद्धान्तों को अपनाया गया उन्हीं के अनुसार चलना चाहिए, फिर कोई विरोध करे या सहमत हो। यह नीति व्यवहार की दृष्टि से भी विशेष उपयोगी है। सभी को खुश रखने के लिए घपलेबाजी करना और सबसे अलग-अलग बातें करना हमारे लिए सम्भव नहीं है। और यह कार्य बहुत घटिया है। कोई किसी को कब तक मूर्ख बना सकता है? लोगों को हमेशा के लिए गुमराह करना, यह किसी के लिए भी सम्भव नहीं है।

# बुनियादी बातों को प्रोत्साहन न मिलना

**शुक्रवार : 4 अक्तूबर, 1929/अग्रलेख, बहिष्कृत भारत**

इस देश में कम्युनिस्टों का प्रयास मजदूर आन्दोलन पर कब्जा करने के लिए चल रहा है। मुम्बई के मिल-मजदूरों की पिछली बड़ी हड़ताल का जो परिणाम हुआ है उससे मजदूर वर्ग के सामने यह सवाल खड़ा हुआ कि अपने आन्दोलन की बागडोर कम्युनिस्ट नेताओं के हाथ में देनी चाहिए या नहीं? सरकार ने न्यायमूर्ति पियर्सन की अध्यक्षता में जो जाँच कोर्ट नियुक्त किया था उस कोर्ट ने मिल मजदूरों की यूनियन के विरोध में अपना फैसला दिया है। कोर्ट का यह कहना है कि संदर्भित यूनियन अपना पक्ष प्रमाणों के आधार पर मजबूत नहीं कर पाई। और यूनियन के नेताओं ने वाडिया और ससून के साथ मजदूर और जॉबर्स की ओर से जो समझौता किया था उस समझौते की शर्तों के अनुसार यूनियन के नेताओं का व्यवहार नहीं रहा, यह राय कोर्ट ने व्यक्त की है।

यूनियन ने पिछली बार सभी मिलों में हड़ताल करके काम बन्द करने का फैसला किया था। उस समय प्रारम्भ में नेताओं के आह्वान पर और यूनियन कमेटी के सदस्यों और स्वयंसेवकों के प्रभाव से लोग मिलों से बाहर निकले। लेकिन इस बार हड़ताल का उत्साह लोगों में नहीं था। बल्कि परिवार पोषण की अकेले जिम्मेदारी जिन मजदूरों पर है उन्हें इस समय हड़ताल नहीं चाहिए थी। पिछले साल छह माह की हड़ताल से लोग काफ़ी परेशान हो गए थे। मजदूरों में मतभेद न होता तब भी इस बार बहुत दिन तक हड़ताल चलाना उनके लिए सम्भव नहीं था। इसीलिए हम लोग इस संघ के विरोध में थे। मजदूरों का आन्दोलन होना चाहिए। मजदूरों के हित-सम्बन्धों का रक्षण करने के लिए मजदूर संघ अवश्य बनने चाहिए, ऐसा हम मानते हैं। लेकिन मजदूर आन्दोलन की परिणति भुखमरी और कर्जदारी की स्थिति में नहीं होनी चाहिए।

मिल-मजदूरों में अछूत समाज के हजारों लोग हैं और उनकी स्थिति अन्य मिल-मजदूरों की अपेक्षा बहुत खराब है। सबसे पहली बात यह है कि मिलों में उन्हें सबसे कम वेतन मिलता है और गाँव में अधिकांश लोगों का खेती का कोई आधार नहीं है। यहाँ अधिकांश मजदूरों का पेट मजदूरी से पलता है। पिछले साल छह माह की लम्बी हड़ताल और उसके बाद अलग-अलग मिलों में जो अस्सी-नब्बे छोटी-बड़ी हड़तालें हुईं

उनकी वजह से मजदूर कर्ज के बोझ से दब गए। इस वजह से इस बार हड़ताल पर जाने और हड़ताल में टिक पाने की शक्ति अब उनमें नहीं है। इस बात पर सोचे बिना मिल-मजदूर यूनियन नेताओं ने तैश में आकर बड़ी हड़ताल आयोजित की। और उसका जो परिमाण होना था वही हुआ।

हड़ताल मजदूरों का एक बहुत बड़ा हथियार है। लेकिन उसका उपयोग सँभलकर करना पड़ता है। मजदूर आन्दोलन में हड़ताल आवश्यक है। लेकिन उस हड़ताल का उद्देश्य मजदूरों की समस्याओं का निवारण और उनके दुख दूर करने का उद्देश्य ही मूल उद्देश्य होना चाहिए। किन्तु मजदूर हड़ताल का उद्देश्य जब मजदूरों को क्रान्ति की तालीम देना होता है तब मजदूरों की आर्थिक स्थिति को सुधारने और उनकी समस्याओं के निवारण की ओर ध्यान नहीं दिया जाता। क्रान्तिकारी आन्दोलन में मजदूरों की आर्थिक स्थिति में सुधार करना तो मात्र दिखावा होता है। उसका अन्दरूनी उद्देश्य मजदूरों में असन्तोष बढ़ाना और क्रान्तिवाद के लिए उन्हें तैयार करना है। मतलब मजदूर जितने बेहाल होंगे, वे जितनी भुखमरी की स्थितियों में रहेंगे, उन पर जुल्म-ज्यादतियाँ जितनी बढ़ेंगी उतना ही क्रान्तिवाद की जमीन तैयार होगी क्योंकि परेशानियों के बिना क्रान्ति के लिए कोई तैयार नहीं होगा। अल्पकाल में क्रान्ति से आज की समाजव्यवस्था पूरी तरह से बदल जाएगी और मजदूरों का राज अस्तित्व में आएगा, ऐसा क्रान्तिवादियों को विश्वास है। इसलिए मजदूरों की अस्थाई परेशानियों के बारे में कुछ नहीं सोचते। इस तरह से तुरन्त क्रान्ति यदि सम्भव है तो क्रान्तिवादी नेताओं की नीति को उचित कहना पड़ेगा। लेकिन तुरत क्रान्ति सम्भव नहीं और उचित भी नहीं, यह हमारी ईमानदार राय है।

आज की समाजव्यवस्था बहुत खतरनाक है। समाज में धन का वितरण बहुत ही असमान ढंग से हुआ है क्योंकि मुट्ठीभर लोगों के हाथ में करोड़ों लोगों की जिन्दगी है, इसमें कोई सन्देह नहीं। यहाँ मतभेद का मुद्दा यह है कि समाजव्यवस्था में जो परिवर्तन आएगा वह किस तरह से आएगा। रोग के अनुसार रोग का इलाज तो होना ही चाहिए, लेकिन इसका अर्थ इलाज के नाम पर रोगी को नुकसान पहुँचाना नहीं होना चाहिए। हिन्दुस्तान की आज की स्थिति में कम्युनिज्म कितना उचित है, उपद्रवों से राज्यक्रान्ति कहाँ तक सम्भव है? इन बातों को हम कुछ देर के लिए अलग रख भी दें लेकिन देश के मजदूरों की मानसिकता क्रान्ति के लिए कहाँ तक तैयार है, इस बात पर हमें विचार करना चाहिए।

सबसे पहले एक बात हमारे ध्यान में आती है वह यह कि नेता कम्युनिस्ट हैं लेकिन उनके अनुयायी कम्युनिस्ट नहीं हैं। कम्युनिस्टों को जो मजदूर अपना नेता मानते हैं वे इसलिए मानते हैं कि उन्हें कम्युनिस्टों के सही सिद्धान्त मालूम नहीं हैं। यह बात हमें ध्यान में रखनी चाहिए।

कम्युनिस्टों का सिद्धान्त है कि देव, धर्म और राष्ट्र आदि से सम्बन्धित संकल्पनाएँ स्वार्थी लोगों ने अपना श्रेष्ठत्व बरकरार रखने के लिए बहुजन समाज में प्रचलित की

हैं। इन संकल्पनाओं का फायदा पूँजीवाद, जमींदारी और साम्राज्यशाही को मिल रहा है। कम्युनिस्टों के मतानुसार इन संकल्पनाओं को समाप्त किए बगैर दुनिया में हमेशा के लिए सही शान्ति स्थापित नहीं होगी और बहुजन समाज सुखी नहीं होगा। लेकिन सवाल यह है कि यह जानकारी कितने कम्युनिस्टों को है? कम्युनिस्टों की देव और धर्म के बारे में जो मान्यताएँ हैं उन्हें खुले तौर पर लोगों के सामने रखा गया तो आज की स्थिति में कम्युनिस्टों का एक भी अनुयायी मजदूर वर्ग से नहीं मिलेगा। लेनिन की प्रतिमा को या तस्वीर को सम्मान देनेवाले कम्युनिस्ट नेताओं ने शिवाजी महाराज की तस्वीर यूनियन के दफ्तर में लगाने पर आपत्ति की तब उनके कई मराठा अनुयायी उन पर खफ़ा हो गए, ऐसा हमने सुना है।

जातिभेद और छुआछूत की भावना मजदूरों में कम नहीं है। मिलों के पानी के नलों पर अछूतों को न आने देने की लाल झंडेवाले मजदूरों की पूरी कोशिश रहती है। और उसी वजह से उनमें बार-बार झगड़े होते हैं। जातिभेद और अछूतपन की भावना कम्युनिज़्म के सिद्धान्तों के एकदम विरोध में है। लेनिन यदि हिन्दुस्तान में पैदा हुए होते तो सबसे पहले उन्होंने जातिभेद और अछूतपन को पूरी तरह से जमींदोज कर दिया होता। ऐसा किए बगैर उन्होंने क्रान्ति की कल्पना तक न की होती।

कुछ देर के लिए हम मान भी लें कि इस देश के कम्युनिस्टों को यहाँ क्रान्ति करने में सफलता मिलती है, तो उस क्रान्ति का बहुजन समाज को क्या फायदा मिलेगा? कम्युनिस्टों के उद्देश्य के अनुसार वैसी समाजव्यवस्था अमल में आ सकेगी? शायद समाज में ज्यादा होहल्ला मचेगा। भीतर के झगड़े बढ़ेंगे और जो वर्ग फिलहाल दुर्बल हैं वे जाति-अहंकार की वजह से प्रबल वर्ग की जुल्म-ज्यादतियों के शिकार बनेंगे। रूस की तरह हिन्दुस्तान में सोवियत राज्यव्यवस्था कायम हुई तो अपने आप जातिभेद समाप्त हो जाएगा। जादू की लकड़ी घुमाने भर से सामाजिक विषमता अपने आप खत्म हो जाएगी ऐसा हिन्दी कम्युनिस्टों का मानना उचित नहीं होगा।

देश की सारी पूँजी और सारी जमीन समाज की है, यह कम्युनिस्टों का सिद्धान्त है। जमीन समाज की सम्पत्ति है इसलिए उस पर व्यक्ति का अधिकार नहीं होना चाहिए इस सिद्धान्त को इस देश के किसान मानेंगे, ऐसा कम्युनिस्टों का समझना कहाँ तक सही है? रूसी किसानों ने भी आज तक इस सिद्धान्त को पूरी तरह स्वीकार नहीं किया है। इसलिए इस सम्बन्ध में सोवियत सरकार को उस सिद्धान्त को छोड़कर समझौतावादी नीति अपनानी पड़ी है, इस बात को सभी जानते हैं।

संक्षेप में कहा जाए तो इस देश के मजदूरों और किसानों को कम्युनिस्टों के सिद्धान्त समझ में आना और उन्हें स्वीकारना सम्भव नहीं है। कम्युनिस्टों का आदर्श समाज के लिए बहुजन समाज की जो मानसिकता बननी चाहिए थी वह अभी नहीं बनी है। इसीलिए कम्युनिस्टों का इस देश का आन्दोलन मूल बातों को प्रोत्साहन न मिलने की वजह से ही सफल नहीं हो रहा है, ऐसा हमें लगता है।

# पूना का पार्वती सत्याग्रह

**शुक्रवार : 15 नवम्बर, 1929/अग्रलेख, बहिष्कृत भारत**

पिछले माह 27 अगस्त को ल.ब. भोपटकर ने पार्वती देवस्थान के पंचों से एक प्रकाशित पत्र के द्वारा विनती की कि, 'देवस्थान के अहाते में छुआछूत का भेदभाव इस साल से समाप्त कर देना चाहिए और सारे देवस्थान को सभी हिन्दुओं के लिए खोल देना चाहिए।' यह पत्र भोपटकर ने पूना के ब्राह्मण वर्ग द्वारा संचालित अस्पृश्यता निवारक मंडल की ओर से लिखा था। अचानक पाखंडी सवर्ण लोगों के दिल में गहरी चोट पहुँचानेवाली यह माँग अस्पृश्यता निवारक मण्डल ने की है, इसे पढ़कर हमें बड़ा आश्चर्य हुआ और पूछताछ के बाद पता चला कि पत्र लिखने से पहले पूना में राजनीति के क्षेत्र में रहनेवाले कुछ ब्राह्मण लोगों ने महाराष्ट्र के अपने जातिभाईयों को अछूतपन उन्मूलन के सम्बन्ध में उन्हें क्या करना चाहिए, इस बात पर विचार करने के लिए एक जाति बैठक आयोजित की थी। उस बैठक में यह तय किया गया था कि हर किसी को अपने-अपने स्थान के मन्दिर अछूतों के लिए खुले रखने का प्रयास करना चाहिए। इसलिए भोपटकर द्वारा लिखा गया पत्र उपर्युक्त बैठक के प्रस्ताव का ही परिणाम होना चाहिए, ऐसा हमारा अनुमान है।

कुछ भी क्यों न हो, लेकिन अस्पृश्यता निवारक मंडल ने एक बहुत बड़ा कार्य अपनी खुशी से और जानबूझकर अपने सिर पर लिया है, यह बात निर्विवाद है। और उसके परिणामों की ओर सभी लोगों की नजरें स्वाभाविक रूप से लगी हुई थीं। काफ़ी समय गुजर गया लेकिन पार्वती के पंचों ने उपर्युक्त माँग पर किसी प्रकार का जवाब नहीं दिया और इस बारे में उन्होंने ख़ामोशी अपनाई है। पार्वती के पंचों की ओर से कोई जवाब नहीं आया, यह देखकर पूना के अछूत वर्ग ने भी इस तरह की सीधी माँग की कि पार्वती का मन्दिर हमारे लिए खुलना चाहिए। इस माँग को समर्थन मिलना चाहिए इसलिए पूना के युवा संघ ने भी विनती पत्र लिखा था। तब भी पार्वती के पंचों की जबान पर लगा हुआ ताला नहीं खुला। इस ख़ामोशी का मतलब यह है कि पंच अपनी माँग को कबूल नहीं करना चाहते ऐसा पूना के अछूत वर्ग के नेताओं ने अपनी माँग को सफल बनाने के लिए घोषणा कर दी कि आवश्यक हुआ तो हम सत्याग्रह करेंगे। फिर भी पार्वती के पंचों के मुँह पर लगा हुआ ताला नहीं खुला। अन्त में

2 अक्तूबर, 1929 को अछूत वर्ग की ओर से पार्वती के पंचों को यह नोटिस दिया गया कि उन्हें तीन दिन के अन्दर अपना जवाब देना चाहिए। जब बात यहाँ तक पहुँची तब पार्वती के पंचों का ख़ामोश रहना मुश्किल हो गया। इसलिए उन्होंने 8 अक्तूबर के 'केसरी' में अपने जवाब के बारे में सभी को सूचित किया। उसमें उन्होंने कारण दिए कि क्यों उल्लिखित देवस्थान पर पंचकमेटी का जाति स्वामित्व है। श्रीमंत बालाजी बाजीराव उर्फ़ नानासाहेब पेशवा को उसका अध्यक्ष बनाया गया था। उसमें अछूत वर्ग हिन्दूधर्मीय होने पर भी तथा अन्य ऊँचे वर्ण के हिन्दुओं को मन्दिर में जहाँ तक जाने की अनुमति है वे वहीं तक जा सकते हैं। उल्लिखित देवस्थान की व्यवस्था पंचकमेटी करती है। उसके मूल उद्देश्यों से बाहर किसी भी प्रकार के व्यवहार का किसी पंच को अधिकार नहीं है। और कहा गया है कि हम आपकी इस माँग को स्वीकार नहीं कर सकते। यह जवाब प्राप्त होने के बाद पूना के अछूत वर्ग के पास सत्याग्रह का एकमात्र उपाय शेष रह गया था और उसके अनुसार उन्होंने पिछले माह 13 तारीख को पार्वती के सामने सत्याग्रह किया।

इस सत्याग्रह में विरोधी लोगों की ओर से कैसे अमानवीय जुल्म हुए, इसका निरीक्षण करने से पता चला कि पूना शहर का मतलब बदमाशों का एक अड्डा और धूर्त लोगों की मंडी है। पूना के सत्याग्रह में सिर्फ़ 100/150 से ज्यादा लोग नहीं थे। इतने कम लोगों के द्वारा इतने बड़े कार्य का श्रीगणेश करने का साहस करनेवाले पूना के अछूतों पर वार करने की बजाय उनकी तारीफ की जानी चाहिए थी। इसके अलावा यह भी घोषित कर दिया गया था कि यह सत्याग्रह एकदम शान्ति के साथ होगा। सत्याग्रह के लिए आनेवाले लोग हाथ में लाठियाँ और छाते न लाएँ। इस तरह की एक शर्त रखी गई थी और उसका पूरी तरह से पालन भी किया गया था। यह होने पर भी सौ-डेढ़ सौ सत्याग्रही लोगों को परेशान करने के लिए पाँच-छह हजार सवर्ण लोगों को इकट्ठा करके सत्याग्रही लोगों को हमले के लिए भड़काया गया। उन पर पत्थर, ईंट और जूते-चप्पल बरसाने के लिए कहा गया। जिन्होंने पहले ही मुकाबला न करने का ऐलान किया था ऐसे सत्याग्रही लोगों पर हमला करवाने की शैतानी और कहीं देखने को नहीं मिलेगी।

इन शैतानी लोगों से हमारा यह कहना है कि यदि वे अछूतों के सत्याग्रह के बारे में सशस्त्र मुकाबले का सहारा लेंगे तो अछूतों के सत्याग्रह के आज के स्वरूप में परिवर्तन करने के लिए वे ही जिम्मेदार होंगे। अछूतों का आज का सत्याग्रह हथियाररहित है। लेकिन उनके विरोधी यदि मुकाबले की नीति अख़्तियार करेंगे तो अछूत लोग भी अपना हक़ प्रस्थापित करने के लिए पत्थरों और ईंटों की मार खाते हुए नहीं रहेंगे। बल्कि इनसानियत को भूलकर हथियाररहित और बेकसूर सज्जनों को मारनेवाले शैतानी मानसिकता के लोगों की अक्ल ठिकाने लगाने के लिए ईंट का जवाब पत्थर से देने की नीति अपनाएँगे। मुकाबलारहित सत्याग्रह का सिद्धान्त महाराष्ट्र के अछूतों की रग-रग में समाया हुआ नहीं है। इतना ही नहीं, मुकाबलारहित सिद्धान्त पर निर्भर रहे तो अपने

उदार व्यवहार को मृत समझकर अपने विरोधी अपने को और ज्यादा परेशान करने में कोई कसर बाकी नहीं छोड़ेंगे, इस बात को भी वे भूले नहीं हैं। फिर भी यह सारा मूल स्वभाव दूर रखकर सज्जनता का दिखावा करके इस सत्याग्रह के कार्यक्रम को सफल बनाने की उनकी इच्छा है। लेकिन यह दिखावा कितने दिन टिक पाएगा यह अपने विरोधियों के व्यवहार पर निर्भर करता है। उनके सनातनी नेताओं ने सीधे-सरल लोगों में इस तरह की समझ पैदा की है कि अपने हमले से परेशान हुए अछूत समाज के लोग मन्दिर-प्रवेश की माँग को छोड़ देंगे। इसलिए किसी भी तरीके को अपनाकर अछूतों का प्रवेश बन्द करने के पर्चे पूना में बाँटे गए। इस प्रकार के हमले करके अछूतों का सत्याग्रह नहीं चलने देना चाहिए यह शिक्षा देनेवाले लोगों से हम कहना चाहते हैं कि जो अछूत लोग आज श्रद्धा से और हिन्दू धर्म के प्रति हमदर्दी की वजह से देवदर्शन के लिए आ रहे हैं वे गजनी के महमूद की तरह मूर्ति तोड़ने के लिए मुहिम शुरू नहीं कर रहे हैं, इस बात का शुक्र मानिए! पानी के प्रवाह को बदला जा सकता है लेकिन उसे रोका नहीं जा सकता। जो लोग उसे दीवार बनाकर रोकने का प्रयास करेंगे उनका बाँध तो फूट ही जाएगा लेकिन रोका गया पानी भी खतरा पैदा किए बगैर नहीं रहेगा। इस तरह समाज को गुंडों के भरोसे पर कुंद करके अछूतों को नीच समझनेवाले, उन्हें निराश करनेवाले इन महामूर्खों को यह बात ध्यान में रखनी चाहिए कि किसी भी शक्ति का शैतानी ढंग से इस्तेमाल करने में दूसरों से ज्यादा स्वयं की हानि होती है।

सनातनियों ने यह जो दहशत फैलाई है और हिन्दू धर्म को बदनाम करने की जो वारदात की है वह समझ में आने लायक है। लेकिन इस सत्याग्रह विवाद में न समझ में आनेवाली और चमत्कार की यदि कोई बात है तो वह है पूना के अधकचरे नवमतवादियों का व्यवहार। इन पुनेरी नवमतवादियों के दो वर्ग हैं। इसमें एक वर्ग समाज परिवर्तन के लिए अस्पृश्यता निवारक मंडल जैसे अछूतों के समर्थक कहलानेवाले और दूसरे वे हैं जो राजनीति में अछूतों के प्रति हमदर्दी दिखानेवाले न.चि. केलकर जैसे नेता। इन लोगों ने पहले ही यह घोषित कर दिया है कि हमारी इसके लिए स्वयं सत्याग्रह करने की कोई तैयारी नहीं है। फिर भी ये लोग बड़े गर्व से हमदर्दी का भाव दिखाते हुए कह रहे हैं कि सत्याग्रही लोगों के साथ जो मारपीट हुई वह हमें बिल्कुल पसन्द नहीं है। लेकिन इन लोगों से हम पूछना चाहते हैं कि यदि तुम्हारी यह हमदर्दी और पछतावा सिर्फ दिखावा नहीं तो इस अनर्थ को टालने के लिए तुमने क्या किया है? अछूत सत्याग्रही को विरोध करना हो तो उसमें मारपीट न हो इस प्रकार की शिक्षा देने के लिए तुम लोगों ने पूना में एक भी सभा का आयोजन करके शान्ति का उपदेश दिया है? उन्हें सत्याग्रह नहीं करना चाहिए था, वह उन्होंने नहीं किया इसके लिए हम उन्हें दोष नहीं दे रहे हैं लेकिन उन्होंने कम-से-कम सत्याग्रही लोगों का विरोध करते समय उन पर अत्याचार नहीं करना चाहिए, इसके लिए तो आन्दोलन किया जा सकता है या नहीं? उन्होंने यदि इतना भी किया होता तो अछूतों का सत्याग्रह सफल हुआ होता, ऐसा हमें लगता है। क्योंकि मारपीट के बाद मुकाबला हुआ होता और मुकाबले में अछूत

सत्याग्रही कसौटी पर खरे नहीं उतरते, ऐसा भी नहीं कह जा सकता। अपने आपको हिन्दू समाज के नेता कहलानेवाले इन अक्लमन्द लोगों ने यह तो किया नहीं, पर अछूतों का सत्याग्रह होना ही नहीं चाहिए इसलिए उनके रास्ते में कई रुकावटें पैदा कीं; खैर।

उपर्युक्त दो वर्गों में से पहले वर्ग यानी पार्वती मन्दिर-प्रवेश प्रारम्भ करनेवाले वर्ग पर विशेष जिम्मेदारी थी, यह कोई भी कह सकता है। लेकिन आश्चर्य की बात यह कि जिस दिन पार्वती पंचों ने अपनी जवाबतलबी जाहिर की उसी दिन अस्पृश्यता निवारक मंडल ने भी घोषित रूप से पूनावासियों को यह बताया कि सत्याग्रह के आन्दोलन से हमारा या हमारे लोगों का कोई सम्बन्ध नहीं है। हम लोगों ने उस सत्याग्रह को समर्थन भी नहीं दिया है। इस तरह स्वयं की गई माँग सफल करने की जिम्मेदारी से अपना सहयोग वापस लेने के बाद उसकी सारी जिम्मेदारी स्थानीय अछूत वर्ग पर स्वाभाविक रूप में आ जाती है।

पार्वती पंचों का जवाब और अस्पृश्यता निवाकर मंडल का जवाब दोनों एक ही तारीख में प्रकाशित हुए, यह बात वास्तव में बड़ी अजीब है। पार्वती के पंचों में और अस्पृश्यता निवारक मंडल के लोगों में एक दिन पहले विचार-विमर्श हुआ और अस्पृश्यता निवारक मंडल का रुख जान लेने के बाद ही पंचों ने नकार का जवाब दिया यह कहना तर्क की दृष्टि से गलत होगा, ऐसा हमें नहीं लगता। यदि वैसा नहीं था तो उस दिन पूना के अछूतों ने जो घोषित किया था कि हम सत्याग्रह करेंगे उसी दिन अस्पृश्यता निवारक मंडल के लोगों ने यह क्यों नहीं घोषित किया कि इस सत्याग्रह को हमारा समर्थन नहीं है और आगे भी उसे हम किसी प्रकार का समर्थन नहीं देंगे? यदि वैसा था तो वे पार्वती के ट्रस्टियों के साथ समझौता करके अछूतों पर गद्दारी का आरोप न लगाते। इसके अलावा अछूतों को इस बात का पता चल गया होता कि अस्पृश्यता निवारक मंडल उन्हें कहाँ तक मदद करने के लिए तैयार है और मौका आने पर किन लोगों पर निर्भर रहना पड़ेगा, इस बात का अंदाजा भी लगा लिया होता। लेकिन वैसा न करने में अस्पृश्यता निवारक मंडल की बहुत बड़ी गलती है, यह एक तरह से धोखेबाजी है, ऐसा बड़े दुख के साथ कहना पड़ रहा है।

यह बात अछूत वर्ग को धोखा देने तक ही होती तो कोई बात नहीं। अस्पृश्यता निवारक मंडल का समर्थन तो मिला नहीं लेकिन पूना के अछूत वर्ग में दरार डालने का प्रयास जरूर किया गया। अपने आपको मातंग समाज के नेता कहलानेवाले पूना के सकट नामक व्यक्ति ने ऐन मौके पर यह घोषित कर दिया कि सत्याग्रह के साथ मेरा किसी भी तरह का सम्बन्ध नहीं है। उसने ऐन समय पर सत्याग्रही लोगों को धोखा दिया। उसी प्रकार पूना के हरड़े चमार समाज के कुछ नेताओं ने भी यह घोषित कर दिया कि हम इस सत्याग्रह में शामिल होने के लिए तैयार नहीं हैं। और सबसे दुख की बात यह है कि जो अस्पृश्य वर्ग महार जाति में बहुसंख्य है, उसी पर स्वाभाविक रूप में हर तरह की जिम्मेदारी आ पड़ती है। उस महार जाति के 60-65 लोगों के दस्तख़तों सहित एक पत्र 'केसरी' में प्रकाशित करके यह घोषित किया गया कि महार जाति

सत्याग्रह के पक्ष में नहीं है। ये तमाम बातें अपने आप हुई हैं या किसी व्यक्ति की घिनौनी हरकत से हुई हैं, यह बात वास्तव में सोचनीय है। हमारा यकीन है कि अछूतों में यह बिखराव किसी नीच व्यक्ति की करतूत होनी चाहिए। पूना के अछूत वर्ग का वास्तव में इस सत्याग्रह से विरोध होता तो वे अपना विरोध कब का घोषित कर देते। आखिरी दिन तक वे चुप न रहे होते। इसके अलावा जिन महारों ने सत्याग्रह के विरोध में अपनी राय जाहिर की उन्होंने स्वयं यह बात कबूल की कि हमसे दस्तख़त हमें गुमराह करके करवाए गए हैं। उन लोगों को किसने फँसाया यह बात सबके सामने आई होती तो अच्छा होता। फिर भी यह करतूत अछूतों से हमदर्दी दिखानेवाले किसी बदमाश व्यक्ति की ही होनी चाहिए। लेकिन हमें इस बात की खुशी है कि जिन महार लोगों ने सत्याग्रह के विरोध में अपनी राय घोषित की थी वे लोग सत्याग्रह के दिन समय का महत्त्व समझकर निस्सन्देह सत्याग्रह में सम्मिलित हुए। अपने अछूत भाइयों से हमारा नम्र निवेदन है कि स्वयं के उत्थान के बारे में उन्हें किसी सवर्ण आदमी की सलाह पर भरोसा नहीं रखना चाहिए। वरना जिस प्रकार पूना में ऐन आन्दोलन के समय एकता में जो बिखराव शुरू हुआ उस तरह का बिखराव सभी जगह होगा, इसमें कोई सन्देह नहीं।

जिन लोगों ने अछूतपन उन्मूलन का प्रचार करके मन्दिर खोलने का आह्वान किया और उससे अछूतों की मानसिकता सत्याग्रह करने की बनी, उन्हीं लोगों ने ऐन मौके पर घोषणा की कि सत्याग्रह से हमारा कोई सम्बन्ध नहीं है। इतना ही नहीं, उन्होंने अछूतों में फूट डालकर उनके कार्य की दिक्कतों को और बढ़ावा दिया। इस तरह के नकली अछूतपन निवारक लोग हमारी दृष्टि में सरेआम धोखाधड़ी करनेवाले सनातनियों से भी नीच हैं और इसलिए पूना के सनातनियों की सभा में उनका जो निषेध किया गया वह उचित था, ऐसा हमें लगता है।

इन लोगों ने सत्याग्रह को समर्थन नहीं दिया, इसके कई कारण हैं। कहा गया कि यह सत्याग्रह सिर्फ बड़प्पन दिखाने के लिए किया गया है। इसमें पा.ना. राजभोज आदि लोगों पर आरोप लगाया गया कि राजभोज के विचारों को माननेवाले लोगों के अनुसार मन्दिर अपनी मर्जी से खुलवाने का कोई महत्त्व नहीं है क्योंकि उससे इस विचारधारा को माननेवाले लोगों को जो बहादुरी दिखानी है और स्वावलंबन का श्रेय लेना है वह सम्भव नहीं होगी। बल्कि अपनी मर्जी से मन्दिर खोलनेवाले मन्दिरवाले को इसके आगे शायद यह कहना पड़े कि अछूत लोगों को ख़ास तौर पर संघर्षशील राजभोज आदि नेता सत्याग्रह करें। उनसे धक्कामुक्की और शारीरिक कष्ट पहुँचाने का श्रेय अखबार के माध्यम से स्वयं को मिले और अन्त में अपनी मर्जी से नहीं बल्कि इन बहादुर लोगों के बहादुरी के सामने घबराकर कर उन्हें मन्दिर खोलने पड़े। ऐसा प्रचारित करने का मतलब अछूतपन उन्मूलन भी होगा और राजभोज के अनुयायियों को बहादुरी का श्रेय भी मिलेगा!

जिन सवर्ण हिन्दुओं की स्वेच्छा से मन्दिर खोलने की नीयत होगी उन्हें इस तरह

की भाषा शायद शोभा दे सकती है। लेकिन जिनकी ऐसी नीयत नहीं उनके इस तरह की शेखी बघारने का मतलब गधे का अपने आपको घोड़ा समझने जैसी बात है। लेकिन उपर्युक्त कथन में कुछ तथ्यांश होने पर भी अछूतों ने अपने स्वयं के हक़ प्राप्त करने के लिए भिखारी आदतों का प्रदर्शन क्यों करना चाहिए? सुबह-शाम मुफ्त में अच्छा भोजन मिल रहा है उसे छोड़कर मेहनत से प्राप्त आधी रोटी खाने का जो कोई प्रयास करेगा उसे परान्नपुष्ट ब्राह्मण के अलावा दूसरा कोई दोष देगा, ऐसा हमें नहीं लगता। फिर भिखारी आदतों से छुटकारा पाकर क्षात्रतेज दिखाकर यदि अछूतों ने अपने हक़ प्राप्त करने का प्रयास किया तो उन्हें दोष क्यों देना चाहिए, यह बात हमारी समझ में नहीं आती। इसके अलावा सत्याग्रह करनेवालों का उद्देश्य कितना भी गलत हो तब भी उनका लक्ष्य उसके द्वारा दूषित कैसे हो सकता है, यही हमारी समझ में नहीं आ रहा है। साधनों का भला-बुरा इस्तेमाल पूरी तरह से उसके परिणाम की ओर देखकर ही करना चाहिए। सत्याग्रह के विरोध में यह तर्क दिया जाता है कि वह पूरी तरह से खोखला और पाखंड से भरा है। सत्याग्रह के विरोध में दूसरा तर्क यह है कि अछूतपन उन्मूलन का सवाल मतपरिवर्तन से ही हल करना चाहिए। उसे सत्याग्रह के द्वारा हल नहीं किया जाना चाहिए और यदि उस सवाल को सत्याग्रह से हल किया गया तो वह और भी मुश्किल होगा। हम भी इस बात को जानते हैं कि अछूतपन उन्मूलन का मतलब सवर्ण हिन्दुओं का मतपरिवर्तन होना चाहिए। लेकिन सत्याग्रह और मतपरिवर्तन दो मार्ग एकदम भिन्न और एक-दूसरे के विरोधी हैं, इस बात को कबूल करने के लिए हम तैयार नहीं हैं। जिन लोगों ने आज मतपरिवर्तन की इतनी बड़ी महिमा गानी शुरू कर दी है उन लोगों को कम-से-कम यह तो बता देना चाहिए कि मतपरिवर्तन के सही मार्ग कौन-से हैं? व्याख्यान आदि उपायों का हिन्दू समाज पर कोई असर पड़नेवाला नहीं, इस बात का अनुभव सभी को हो चुका है। क्योंकि हिन्दू जनता भी संत रामदास के मुताबिक सिद्ध, साधक या मुक्त इन तीनों वर्गों में से किसी भी वर्ग में नहीं आ सकती। वह केवल बद्ध वर्ग में आ सकती है। ऐसे बद्ध वर्ग का मतपरिवर्तन करने के लिए व्याख्यानों के अलावा दूसरा कोई मतपरिवर्तन का मार्ग हो तो उसे आजमाकर देखने में हमें कोई आपत्ति नहीं है। परन्तु इस प्रकार का कोई रास्ता है इस बात की हमें कोई जानकारी नहीं है। हमारा विश्वास है कि सत्याग्रह और मतपरिवर्तन ये दो अलग रास्ते नहीं हैं बल्कि मतपरिवर्तन की सफलता के लिए सत्याग्रह सबसे बड़ा साधन है। बद्ध लोगों में किसी भी सवाल की ज्ञानमुक्त धारणा का पिष्टपेषण करना हो तो उनके आचारों और विचारों में बड़ी क्रान्ति करनी होगी। उसके बिना वे लोग आत्मनिरीक्षण करने के लिए तैयार नहीं होंगे। और वे लोग जब तक उस तरह से तैयार नहीं होंगे तब तक उनमें मतपरिवर्तन नहीं होगा, इस दलील को उचित मान लिया जाए और आँखों के सामने के अँधियारे को नष्ट किए बगैर ज्ञान की प्राप्ति सम्भव नहीं, इस बात को कबूल किया गया तो यह भी कबूल करना पड़ेगा कि सत्य की तरह समाज के दुराग्रह पर लागू होनेवाली और दूसरी कोई बात नहीं है। क्योंकि उसका परिणाम प्रत्यक्ष आचार

पर होने की वजह से वह हर आदमी को सोचने के लिए मजबूर करती है। इस बात का परिणाम पूना की घटना से देखने को मिलता है।

पूना में आज जो खलबली मची है और जो लोग पहले अछूतपन उन्मूलन के बारे में चुप रहते थे वे ही आज सरेआम अछूतों का पक्ष ले रहे हैं। यह किस बात का परिणाम है? इस सवाल का एक ही जवाब है ऐसा हमारा कहना है और वह जवाब यह है कि यह सत्याग्रह का परिणाम है, और दूसरे किसी बात का नहीं। सत्याग्रह के नाम से नाक-भौं सिकोड़नेवाले 'केसरी' के खेमे ने इस बात से इनकार किया है कि सत्याग्रह की वजह से समझौता करवाने के लिए हम तैयार हुए। लेकिन इस 'केसरी' खेमे से हमारा यह सवाल है कि सत्याग्रह से पहले तुम्हारा मतपरिवर्तन हुआ था यह बात यदि सच है तो उस मतपरिवर्तन के अनुसार कुछ-न-कुछ प्रत्यक्ष कार्य किया जाना चाहिए। मन्दिर-प्रवेश के बारे में पार्वती के पंचों के साथ मध्यस्थता करने के लिए कौन-सी बातें कारण बनीं, क्या वे बता सकेंगे? हमारी राय में 'केसरी' खेमे को अपने विचारों के अनुसार कार्य करने के लिए यदि किसी ने मजबूर किया है तो वह है सत्याग्रह। यदि सत्याग्रह नहीं हुआ होता तो 'केसरी' के विचार बाँझ स्त्री की पुत्रेच्छा की तरह कल्पना में ही रहे होते। सत्याग्रह ने ही 'केसरी' खेमे को क्रिया करने के लिए मजबूर किया। यह सत्याग्रह के सामर्थ्य का कोई छोटा प्रमाण नहीं है। जो लोग इस तरह के परिणामकारी उपायों से घबराते हैं और उसका इस्तेमाल करना उचित नहीं मानते उन लोगों की लक्ष्य को पाने में आस्था नहीं है बल्कि लक्ष्य के बारे में वे केवल शब्दजाल फैलाते हैं, ऐसा ही कहना पड़ेगा।

अब यह समझौता गलत सिद्ध हुआ, यह सही है फिर भी उसके लिए दोषी सत्याग्रह नहीं है बल्कि मध्यस्थता की दुर्बलता है। इस समझौते का काम न.चिं. केलकर, भोपटकर, श्री. म. माटे को सौंपा गया था, इस बात का हमें आश्चर्य है। समझौता करनेवालों में कोई गुण तो होना ही चाहिए। उनमें इतनी महानता होनी चाहिए कि उनके शब्दों को लोग महत्त्व दें या वे समझौता करने के लिए गहरी दृढ़ता का परिचय दें। समय पर सही उपाय की बात नहीं सुनी गई और समझौता नहीं हुआ तो इससे नुकसान होगा और अछूत लोग खुल्लमखुल्ला सत्य का पक्ष लेकर मुकाबला करने के लिए तैयार होंगे इस तरह का डर दूसरे वर्ग में होना चाहिए। इस दृष्टि से देखा जाए तो मध्यस्थता करनेवाले लोग एकदम अयोग्य थे, ऐसा कहना गलत नहीं होगा। उनका बहुजन समाज पर कोई प्रभाव नहीं है। अस्थिर बुद्धि और अनिश्चित कार्य के लिए महाराष्ट्र में न. चिं. केलकर के समान कोई दूसरा नहीं है, ऐसा यदि कहा जाए तो इसमें कुछ गलत है, ऐसा हमें नहीं लगता। इस मध्यस्थता की बजाय यदि यह काम किसी शंकराचार्य ने किया होता जिसे हिन्दू धर्म की सही पहचान है तो उसे उसमें ज्यादा सफलता मिलने की सम्भावना थी। दृढ़ता की दृष्टि से देखा जाए तो वह एकदम व्यर्थ है। जो आदमी पहले ही कहता है कि अन्यायपूर्ण फैसला होने पर भी हम कुछ नहीं करेंगे। अछूतों के हक़ों के संरक्षण के लिए उसने न्याय और नैतिकता की कितनी भी बकवास की तब

भी उसकी बात कोई नहीं सुनेगा। उनके ऐसे व्यवहार से सभी परिचित हैं। माटे, केलकर और भोपटकर ने पहले ही घोषित कर दिया था कि मध्यस्थता का प्रयास असफल रहा तब भी वे सत्याग्रह नहीं करेंगे। इतना ही नहीं, जिन्होंने यह घोषित किया था कि हम सत्याग्रह करेंगे उनके वक्तव्य की 'केसरी' ने निन्दा की। शायद उन्हें सत्याग्रह करना शराब पीने और वेश्यागमन के पाप से भी ज्यादा खतरनाक लगता है। यह उनकी दरिद्रता थी। उनके हाथों यदि उचित सुलह न हुई तो यह मध्यस्थों की दुर्बलता का परिणाम होगा, सत्याग्रह का नहीं।

इन मतपरिवर्तनवादी लोगों से हम यह पूछना चाहते हैं कि तुम लोग अछूतों के मन्दिर-प्रवेश से पहले कितने समय और कितने लोगों का मतपरिवर्तन करोगे? सारी हिन्दू जनता की यदि यही राय हो कि जब तक सभी का मतपरिवर्तन नहीं होता तब तक अछूतों को मन्दिर-प्रवेश की इजाजत नहीं मिलनी चाहिए तो इसका मतलब अछूतों को इसके लिए अनन्तकाल तक रुकना पड़ेगा। और इसी वजह से मतपरिवर्तन का विचार अव्यवहार्य मानकर छोड़ देना चाहिए। सवर्ण हिन्दू समाज के बहुजन समाज का मतपरिवर्तन हुआ तो अछूतों को मन्दिर-प्रवेश का प्रयास करना चाहिए इस तरह से यदि मतपरिवर्तनवादियों का लक्ष्य हो तो उससे सत्याग्रह की आवश्यकता कम होने के बजाय और बढ़ती है। क्योंकि जिनका मतपरिवर्तन नहीं हुआ ऐसे सवर्ण हिन्दुओं ने यदि अछूतों को मन्दिर-प्रवेश में रुकावट पैदा करने की बात की तो उनके विरोध में अछूतों को सत्याग्रह करना ही पड़ेगा। इस दृष्टि से देखा जाए तो अछूतपन उन्मूलन के लिए सत्याग्रह के अलावा दूसरा कोई रास्ता नहीं है। और जो लोग आज सत्याग्रह के विरोध में मतपरिवर्तन की बात कर रहे हैं वे यदि बगैर किसी स्वार्थ के ईमानदारी के साथ इस सवाल पर सोचें तो उनकी समझ में आएगा कि मतपरिवर्तन के लिए भी सत्याग्रह ही होना चाहिए।

हमारी यह दलील मंजूर होने पर भी जिन्हें सत्याग्रह अस्वीकार्य है ऐसे सेठ जमनालाल बजाज जैसे अछूतपन उन्मूलक हैं, इस बात को हम अच्छी तरह जानते हैं। लेकिन उनकी विचारधारा हमें नामंजूर है। उनका कहना है कि अछूतों का सत्याग्रह करना उचित है लेकिन आज की स्थिति में वह उचित नहीं है। वे कहते हैं कि देश की गुलामी समाप्त करने के लिए सारे देश के लोगों ने इकट्ठा होकर आज अंग्रेज सरकार से स्वराज्य हासिल करने के लिए लड़ाई तेज की है, ऐसी स्थिति में अछूतों को अपने हक़ों के लिए संघर्ष से देश में तनाव पैदा करना अच्छा नहीं है। इस दलील पर हमारा जवाब है कि अछूतों की गुलामी बरकरार रखने के लिए ही यदि स्वराज्य हासिल करने की कोशिश है तो ऐसी कोशिश में जितने अड़ंगे पैदा किए जा सकते हैं उतने अड़ंगे पैदा करना अछूतवर्ग के हर आदमी की नैतिक जिम्मेदारी है, ऐसा मानना चाहिए। आज सवर्ण लोग यदि अछूतों को उनके हक़ देने के लिए तैयार हो गए होते तो हमारे मन में भी यह भावना पैदा हो गई होती कि उन्हें हमारे कल्याण के प्रति हमदर्दी है। यह भरोसा रखते हुए कि स्वराज्य की बागडोर हासिल करने के मार्ग में रुकावट पैदा करो

ऐसा उपदेश उन्हें किसी ने नहीं दिया होता। लेकिन जो लोग आज हमें इनसानियत के मामूली हक़ देने के लिए तैयार नहीं हैं वे लोग कल आजादी मिलने के बाद हमारी इनसानियत को पहचानेंगे और हमारी इनसानियत की कद्र करेंगे, ऐसा माननेवाला एक भी अछूत नहीं है। इसलिए जिस स्वराज्य को सवर्ण लोग तक़दीर कहते हैं उस पर अछूतों को कड़ी आपत्ति है। सेठ जमनालाल बजाज की दलील हमें खोखली लगती है।

स्वराज्य प्राप्त करने के लिए जिनका सहयोग चाहिए उन लोगों को उनके ऊपर लादा गया अन्याय समाप्त करके आपस में विश्वास की भावना पैदा करना यही राजनीति में एकता पैदा करने का सर्वसम्मत तरीका है, ऐसा हमें लगता है। सताए हुए लोगों को यह कहना कि 'तुम लोग अब चिल्लाओ मत, स्वराज्य प्राप्त होने के बाद हम तुम्हारी फ़रियाद सुनेंगे' यह एकता करने का सबसे घटिया तरीका है। कोई कुछ भी कहे लेकिन अछूत लोगों को यह ध्यान में रखना चाहिए कि किसी भी कीमत पर उन्हें अपनी आजादी की घड़ी टालने के जाल में नहीं फँसना चाहिए। युद्ध का एक आम सिद्धान्त यह है कि दुश्मन को मुसीबत में देखकर उस पर हमला करना चाहिए और इस सिद्धान्त का उपयोग हमेशा पराजितों ने विजयी लोगों के विरोध में किया है। आयरिश लोगों ने अंग्रेज लोगों से अपने हक़ हासिल करने के लिए इस सिद्धान्त का उपयोग बार-बार किया है। स्वयं तिलक ने 'साम्राज्य की जरूरतें ही अपने मुक्ति के काम आती हैं,' आयरिश लोगों के इस अनुभव को अनूदित करके हिन्दुस्तानी लोगों को समझाया है। रुकावट का मार्ग अपनाकर जब-जब अंग्रेजी साम्राज्य पर आफत आएगी तब-तब 'हमारे हक़ हमें दो तब हम तुम्हें सहयोग देंगे' इस तरह की हठी राजनीति करने की शिक्षा दी है। स्वराज्य के लिए बेसब्र हुए हिन्दू नेताओं से अपने हक़ प्राप्त करने का यही मौका है यह देखकर मुस्लिम लोग कहते थे कि हमारे हक़ हमें दो फिर हम स्वराज्य की माँग को समर्थन देंगे, और इस तरह से वे लोग हिन्दुओं के साथ निर्णायक ढंग से बात करते रहे हैं। बेचारे अछूतों को ही यह नीति नहीं अपनानी चाहिए, ऐसा कहने का क्या मतलब है? जो लोग ऐसा कहते हैं कि स्वराज्य की प्राप्ति होने तक रुक जाइए, वे लोग हमारी राय में भोले होने चाहिए या धूर्त होने चाहिए और इस बात को सुनने-माननेवाला भी पूरी तरह बेवकूफ होना चाहिए। अपने अछूत भाईयों से हमारा कहना है कि उन्हें अब ज्यादा समय व्यर्थ नहीं गँवाना चाहिए बल्कि अपने हक़ प्राप्त करने के लिए जुट जाना चाहिए। उसके लिए गहरी और जोरदार तैयारी करनी चाहिए और विरोधी वर्ग के लोगों से उन्हीं के साधनों का इस्तेमाल करते हुए मुकाबला करने के लिए तैयार रहना चाहिए।

# मुम्बई के गवर्नर को एक निवेदन

भीमराव रा. अम्बेडकर
एम.ए., पी-एच.डी., डी-एस.सी.
वार.एट-लॉ., एम.एल.सी,
सदस्य, विधिमंडल, मुम्बई

दामोदर हॉल,
परेल, मुम्बई-12

24-3-1930

## निवेदन

सेवा में,

मान्यवर गवर्नर, मुम्बई प्रदेश

महोदय,

नासिक के कालाराम मन्दिर-प्रवेश सत्याग्रह की वजह से सवर्णों और अछूतों में जो विवाद पैदा हुआ है, उसमें सरकार निष्पक्षता की नीति अपनाएगी, इस तरह का आश्वासन 13 मार्च, 1930 को मेरे तार के जवाब के रूप में मिला है इसलिए मैं आपका आभारी हूँ।

इसके अलावा, नए सिरे से पैदा किए गए एक खतरे की ओर मैं आपका ध्यान आकर्षित करना चाहता हूँ। हम लोगों ने जिस दिन सत्याग्रह शुरू किया उस दिन पुलिस ने जानबूझकर मन्दिर के पुजारी के घर का रास्ता बन्द नहीं किया। सवर्ण लोग इस रास्ते से मन्दिर में दर्शन के लिए नहीं जाएँगे, ऐसा उन्हें लगा। लेकिन नासिक के सवर्ण लोगों ने पुजारी के घर के रास्ते को ही मन्दिर में दर्शन के लिए आम रास्ते के रूप में इस्तेमाल किया। यदि ऐसा ही होता रहा तो हमारे आन्दोलन का मूल लक्ष्य की समाप्त हो जाएगा। इस सम्बन्ध में सत्याग्रह कमेटी सदस्यों ने डी.एस.पी. और डिस्ट्रिक्ट मजिस्ट्रेट से मुलाकात करके सत्याग्रहियों का दरवाजे बन्द करने का मूल उद्देश्य क्या था, इस बात को उनके सामने रखा। लेकिन पुजारी के निजी मकान का रास्ता पुजारी के परिवारजनों ने खुला छोड़ दिया, वह रास्ता आम लोगों के लिए बन्द कर दिया गया है, यह बात बताने के लिए जब गए तब डिस्ट्रिक्ट मजिस्ट्रेट ने उनसे मिलने से इनकार कर दिया। बल्कि उसने एक पत्र पर ऐसा लिखकर दिया कि, "पुजारी के घर के रास्ते पर जो सत्याग्रही होंगे उन्हें हम भगा देंगे।" जिलाधिकारी का इस तरह का बर्ताव

बुद्धिमानी का लक्षण है या नहीं, इसके बारे में मैं कुछ नहीं कहना चाहता। लेकिन मैं आपका ध्यान एक ही बात की ओर आकर्षित करना चाहता हूँ कि यदि कलेक्टर का बर्ताव इसी तरह से आगे भी रहा तो उससे अछूत वर्ग और सरकार में ही संघर्ष होगा। हमारा असली झगड़ा सवर्ण हिन्दुओं के साथ है। लेकिन इस विवाद से सवर्ण हिन्दू सही-सलामत दूर हटकर सरकार और अछूतवर्ग में इस सत्याग्रह से विवाद नहीं होना चाहिए, इसके लिए मैं हर तरह की सावधानी बरत रहा हूँ। वास्तव में पहले ही दिन हमने पुलिस कम्पाउंड के बाहर रुकने के आदेश की बगैर परवाह किए पुलिस कम्पाउंड को जबर्दस्ती तोड़कर मन्दिर के दरवाजे से प्रवेश किया होता। लेकिन हमारे लोगों में और सरकार में झगड़ा शुरू न हो, इसी उद्देश्य से हमने कोई गलत काम नहीं किया। सरकार को अपनी मूल निष्पक्षता की नीति से हटना नहीं चाहिए। और पुजारी के घर का निजी रास्ता मन्दिर में दर्शन के लिए जाने के वास्ते उपयोग में लाने की इजाजत देकर हमारे सत्याग्रह के उद्देश्य को ही नष्ट करने में सवर्ण हिन्दुओं को सहयोग नहीं देना चाहिए। इस स्थिति में अपने मकान के निजी रास्ते से ही मन्दिर में जाने का रास्ता है। पुजारी का यह जो नया जालसाजी का खेल है इसे हम चलने नहीं देंगे और अपने सत्याग्रह का लक्ष्य असफल नहीं होने देंगे। फिर इसके लिए हम लोगों में और सरकार में संघर्ष हुआ तब भी कोई बात नहीं। जिला मजिस्ट्रेट के बर्ताव से स्थिति और खराब न हो इसलिए आपको इस बदलती गम्भीर स्थिति पर सोचने का मौका मिले इसलिए मैंने इस बारे में आपको लिखा है।

इसके साथ मेरे पास सत्याग्रह कमेटी का जो निवेदन और डिस्ट्रिक्ट मजिस्ट्रेट की जो मूल चिट्ठी आई है उसे भी भेज रहा हूँ।

पिछले शनिवार को मैंने स्वयं इस जगह को देखा है। इससे मुझे पूरा यकीन हो गया है कि उससे जो डर पैदा हुआ वह सही है और उसकी वजह से हमारे न्याय पर आधारित सत्याग्रह को खतरा पैदा होने का डर है, यह बात सही है।

मैं आपके पत्रोत्तर का इन्तजार कर रहा हूँ।

आपका नम्र
भीमराव अम्बेडकर

# दलित वर्ग अपनी स्वतन्त्र राजनीतिक पहचान बनाए

*दि.* ***8 और 9 अगस्त 1930*** *को नागपुर (महा.) में अखिल भारतीय दलित वर्ग परिषद् आयोजित की गई थी। इस परिषद् का आयोजन व्यंकटेश थिएटर में किया गया था। डॉ. बाबासाहेब अम्बेडकर इस परिषद् के अध्यक्ष थे।* **दि. 8 अगस्त 1930** *को डॉ. अम्बेडकर ने अपने अध्यक्षीय भाषण में कहा–*

माननीय अध्यक्ष महोदय और सज्जनो,

आप लोगों ने आज की कार्यवाही की अध्यक्षता स्वीकार करने का मुझे जो निमन्त्रण दिया है, इस बात की मुझे बड़ी खुशी हो रही है। और आप लोगों ने मुझे यह जो इज्जत बख्शी है उसके लिए मैं आपका एहसानमन्द हूँ। आपने मुझ पर यह जो भरोसा किया है उसका महत्त्व मैं जानता हूँ। फिर भी उसके द्वारा आपने मुझ पर जो जिम्मेदारी सौंपी है, वह बहुत कठिन और असामान्य ढंग की है। मैंने यदि उसे टालने का प्रयास किया होता तो यह बड़ी समझदारी की बात होती, ऐसा मुझे लगता है। यह सब होते हुए भी मैंने उसके लिए अपनी स्वीकृति दी है, इसकी वजह यह है कि फिलहाल की आपात स्थिति में अपने समाज-भाईयों के हितों के लिए हर किसी को अपनी शक्ति के मुताबिक अपनी सेवाएँ देने के लिए तैयार रहना चाहिए, ऐसा मुझे हमेशा लगता है। फिर भी इस जिम्मेदारी को निभाने के लिए आप अपने सहयोग में और मदद में किसी भी प्रकार की कसर बाकी नहीं रखेंगे। यहाँ इकट्ठा हुए अपने समाज के नेता अपने गहरे अनुभव का और विचारशील निर्णयों का लाभ मुझे देंगे, इस बात की मुझे जानकारी थी, इसीलिए मैंने इस सभा का निमन्त्रण स्वीकार किया है।

## *भारत के स्वराज्य का सवाल*

1. भारत के लोगों का स्वयंशासित एकसंघ समाज क्या बन पाएगा? यह सवाल भारत की आज की दृष्टि में बहुत महत्त्वपूर्ण दिखाई दे रहा है। इस सवाल के सन्दर्भ में दलित वर्ग की राय क्या है, इस बात का निर्णय करने के लिए हम लोग यहाँ इकट्ठा हुए हैं।

इस सवाल से सिर्फ भारतीय लोगों में ही नहीं, सम्पूर्ण ब्रिटिश सत्ता में और सारी दुनिया में तहलका मच गया है। इस सवाल के अपने जवाब पर ही इस देश का भविष्य बहुत हद तक निर्भर करता है। हम लोग जिसे समर्थन देकर प्रेरणा दे सकते हैं या उसका विरोध करके उसमें रुकावट भी पैदा कर सकते हैं। कुल मिलाकर वह अपने ही समर्थन पर निर्भर करता है। इसलिए इस सवाल पर आप लोगों को बिना सोचे-समझे अपनी राय नहीं देनी चाहिए, यही मेरी सलाह है। आप लोगों को उस पर गम्भीर रूप से सोचने के बाद ही निर्णय लेना चाहिए। अपना निर्णय दूसरों से अलग हुआ तो क्या होगा, इस तरह का डर अपने मन में बिल्कुल नहीं रखना चाहिए। लेकिन अपना निर्णय स्वतन्त्र विचारों से और शुद्ध भावना से लिया जाना चाहिए, इस बात का हम लोगों को प्रयास करना चाहिए।

2. इस सवाल के दो पहलू हैं, इस बात की आपको जानकारी है ही। भारत की जनता अलग-अलग मानव वंशों से मिलकर बनी है, ऐसा कहा जाता है। क्योंकि यहाँ के लोग एक-दूसरे की विरोधी रूढ़ियों, प्रथाओं और सिद्धान्तों की स्थापना करनेवाले धर्मों के उपासक हैं। वे लोग अलग-अलग भाषाएँ बोलते हैं और एक-दूसरे की विरोधी सामाजिक रूढ़ियों और अलग-अलग हितसम्बन्धों की वजह से यहाँ की जनता में एक-दूसरे के बारे में बेहिसाब नफरत भरी हुई है, ऐसा उनका कहना है। यह सवाल पूछा जाता है कि इस प्रकार के भिन्न वंशीय लोगों का समूह स्वयंशासित समाज के रूप में कैसे खड़ा हो सकता है? इस भयंकर सच्चाई की वजह से उसके भारत के स्वराज्य पर क्या परिणाम हो सकते हैं, इस बात को कोई भी समझदार आदमी नजरअंदाज नहीं कर सकता। लेकिन इन नग्न सत्यों को स्वीकार किया गया तो भी उससे पैदा होनेवाले निष्कर्ष क्या होंगे? सज्जनो, इस सवाल पर आपको अपने विचार व्यक्त करने के पहले अन्य कुछ ऐसे नग्न सत्यों की ओर मैं आपका ध्यान आकर्षित करना चाहता हूँ। लातीविया, रूमानिया, लिथुआनिया, यूगोस्लाविया, इस्टोनिया और चेकोस्लोवाकिया जैसे देशों में जो स्थिति है उसके बारे में भी सोचिए। ये नए राज्य हैं और 'स्वयंशासन' तत्त्वों की स्थापना के लिए कसम खाकर लड़े गए 1914 के महायुद्ध की समाप्ति के बाद अस्तित्व में आए हैं। ये अस्तित्व में आए हुए नए राष्ट्र स्वयंशासित, सार्वभौम स्वतन्त्र और भीतरी तथा बाहरी निर्णयों के बारे में स्वयं निर्णायक हैं। इस राष्ट्रों के भीतर की स्थिति किस प्रकार की है? सुनकर आप लोगों को आश्चर्य होगा कि भारत से ज्यादा नहीं लेकिन भारत की तरह ही बुरी स्थिति उनकी भी है। लातीविया में लैट, रूसी, ज्यू और जर्मन लोगों के अलावा अन्य लोग भी हैं। लिथुआनिया में लिथोनियन, ज्यू, पोल और रूसी आदि लोग हैं। यूगोस्लाविया में सर्वाक्रोट, रूमानियन, हंगेरियन, अल्बेनियन, जर्मन तथा स्लाव लोग रहते हैं। इस्टोनिया में इस्टोनियन, रूसी, जर्मन और अन्य छोटे समूहों के लोग रहते हैं। चेकोस्लोवाकिया में चेक, जर्मन, मेग्यर, रुथिनियन और अन्य लोग हैं। हंगरी में मेग्यर, जर्मन और स्लोवाक लोग रहते हैं। वे वंश और भाषा से भिन्न हैं। उन्होंने अपने राष्ट्रों को जबर्दस्त लड़ाकू बनाया है। एक संघ राष्ट्र के निर्माण के लिए

इन अलग-अलग वंशों के लोगों को जोड़ने के लिए धार्मिक एकता का भी कोई सूत्र नहीं। उनमें आपको चार या पाँच प्रकार के कैथोलिक पन्थ के लोग दिखाई देंगे। यहाँ आपको रोमन कैथोलिक पन्थ के लोग दिखाई देंगे। वहाँ रोमन कैथोलिक, ग्रीक कैथोलिक, चेकोस्लोवाक कैथोलिक पन्थ के लोग भी हैं। इन कैथोलिकों के अलावा एवजलीकन, ज्यू, प्रोटेस्टेन्ट और अन्य छोटे-छोटे पन्थों के लोग हैं। इस बात पर आप गम्भीरता से सोचिए। इन देशों की मानवीय दुनिया से भारत की मानवीय दुनिया क्या ज्यादा भिन्नवंशीय और ज्यादा बिखरी हुई है? मुझे विश्वास है कि वह निश्चित तौर पर उस प्रकार की नहीं है। यदि भारत के सम्बन्ध में आपका दृष्टिकोण स्वतन्त्र है, यदि आप इच्छुक हों तो इस सच्चाई पर आप लोगों को गम्भीरता से सोचना चाहिए। सज्जनो, इस तुलना के परिणामस्वरूप ऐसा सवाल खड़ा होता है कि यदि लातीविया, लिथुआनिया, युगोस्लाविया, इस्टोनिया, चेकोस्लोवाकिया, हँगरी और रूमानिया आदि देश वंश, भाषा, धर्म और संस्कृति आदि में भिन्न होने के बाद भी एक संघ और स्वयंशासित राष्ट्र के रूप में रह सकते हैं तो भारत भी उस तरह क्यों नहीं रह सकता? क्या इसका कोई जवाब है? मेरे पास तो कोई जवाब नहीं है। और अपने मित्रों में से यदि किन्हीं के पास जवाब है तो मैं उनका जवाब सुनने के लिए लालायित हूँ।

3. स्वराज्य की सुविधा प्राप्त होने के पहले ही किसी राष्ट्र के सभी आपसी विरोधी गुट नष्ट होकर पूरी तरह से एक राष्ट्र होने चाहिए, इस तरह का दुराग्रह रखना मेरी राय में सच्चाई को उलटकर देखनेवाली बात है। स्वयंशासन की प्रक्रिया में एक राष्ट्रीयता के निर्माण करने की जो शक्ति है उसे नजरअंदाज करनेवाली बात है। एक भाषा, एक धर्म और एक संस्कृति के सूत्रबंध से बाँधे गए राष्ट्र इस दुनिया में बहुत कम हैं। लेकिन धर्म, भाषा और संस्कृति से भिन्न जनसमुदायों के राजनीतिक, भौगोलिक और ऐतिहासिक समानता की वजह से इकट्ठा होकर अन्त में एक राष्ट्र होने के कई उदाहरण हैं। ऐसे राष्ट्रों ने एक राष्ट्रीयता की सख्त कसौटी अपनाई होती तो उन्हें कभी स्वयंशासन का अधिकार प्राप्त नहीं हुआ होता। इस सम्बन्ध में जो कुछ बताया गया, उसे ध्यान में रखते हुए कई राष्ट्रों को संगठित होने के लिए स्वयंशासन ही एक महत्त्वपूर्ण कारण बचा है या नहीं? अगर इनमें एक राष्ट्रीयता कायम न होती तो स्वयंशासन से पहले विभिन्न जनसमूहों के रूप में इनकी स्थिति जैसी थी वैसी ही होती या नहीं। जर्मन साम्राज्य द्वारा स्वयंशासन के नियम को स्वीकार करना, यही उसके एक राष्ट्रीय होने का कारण बना या नहीं? बव्हेरियन, परशियन, सैक्सन और अन्य कई जनसमूह एक राष्ट्र में मिलकर एक सामान्य शासन में न आए होते, 1870 से पहले जैसे थे वैसे रहते या नहीं? विभिन्न वंश के जनसमूहों को एक राष्ट्र में इकट्ठा करने के लिए 'एक शासन' कई बार एक बढ़िया समाधान बन सकता है। भारत के अपने उदाहरण से भी क्या यह बात सिद्ध नहीं होती? आज भारत में जो मामूली ही सही एक राष्ट्रीयता, एकत्व की जो भावना दिखाई देती है वह ब्रिटिश राज्य में एक सामान्य शासन की वजह से ही पैदा हुई है, क्या यह जगजाहिर बात नहीं

है? ऐतिहासिक तर्क की दृष्टि से देखा जाए तब भी भारतीय जनता की विभिन्नता भारत के स्वयंशासन के मार्ग में रोड़ा नहीं बन सकती, ऐसी मेरी मान्यता है। और भारत एक राष्ट्र हो इस प्रकार का लक्ष्य हो तो इस लक्ष्य की प्राप्ति के लिए स्वराज्य सबसे महत्त्वपूर्ण साधन होगा, ऐसा मैं कह सकता हूँ।

## *इस समस्या की शर्तें*

1. भारत में विद्यमान जनसमूह की इस विभिन्नता का कुछ परिणाम होगा या नहीं? स्वराज्य के संविधान का निर्माण करते समय हमें उस पर सोचना जरूरी है या नहीं? इस तरह के सवाल आप मुझसे पूछेंगे, इसमें मुझे बिल्कुल सन्देह नहीं है। किन्तु बिना किसी संकोच के मैं उनका जवाब देता हूँ कि इस पर निश्चित रूप से सोचना चाहिए। जनसमूहों की भिन्नता की स्थिति पर गौर किए बिना किसी प्रकार की शर्त और मर्यादा के बगैर भारत की स्वतन्त्रता का आग्रह करने की कांग्रेसवालों की आदत है। सज्जनो, यदि भारत की भिन्नता को बिना ध्यान में रखे संविधान बनाने की बात तय की गई तो शासन की शक्ति किसके हाथ में होगी? वह शक्ति अल्पसंख्यक समाज के हाथ में होगी, क्या ऐसा आपको लगता है? उसे निचले वर्ण के लोगों के हाथों में देना उचित होगा, ऐसा आपको लगता है? मुझे यदि किसी बात का पूरा भरोसा है तो वह यह है कि भारतीय समाज की सच्चाई को ध्यान में नहीं रखा गया तो भारत के भावी स्वराज्य के शासन शक्ति के सूत्र भारतीय समाज के उच्च्व शिक्षित और महत्त्वाकांक्षी उच्चवर्णीय लोगों के हाथ में होंगे मतलब सम्पत्ति, शिक्षा और सामाजिक महत्त्व प्राप्त सरमायेदारों के हाथों में सत्ता के सूत्र होंगे। जीवन के अन्य क्षेत्रों की तरह राजनीति में भी शक्तिशाली लोग ही विजयी होते हैं। इसमें सरमायेदार वर्ग के लिए उसकी शिक्षा और सम्पत्ति की शक्ति सहायक होगी। किन्तु अपनी राजनीतिक हिस्सेदारी के लिए कमजोर समाजों का सरमाएदार समूह की इस शक्ति के खिलाफ लड़ने से ही काम नहीं चलेगा। बाहरी तौर पर मामूली दिखाई देनेवाली किन्तु बहुत ही प्रभावी एक और शक्ति है। और वह शक्ति उसके सामाजिक महत्त्व में समाई हुई है। इस समाज रचना के निश्चित ढाँचे में योग्यता या गुणों का कोई महत्त्व नहीं है। भारत में सिर्फ जाति भावना का विशेष महत्त्व है और यह भावना दूसरी जाति के लोगों के साथ लड़ने के लिए प्रेरित करती है। इस भावना का वर्चस्व बहुसंख्यक जाति में होने की वजह से वे अल्पसंख्यक जमातियों के लिए खतरे पैदा करेंगे। वे राज्य शासन के दरवाजे शायद उनके लिए हमेशा के लिए बन्द कर देंगे। इस सामाजिक परिस्थिति की इस कार्यवाही का भयानक प्रभाव दलित वर्ग पर पड़ेगा, इसमें कोई सन्देह नहीं है।

हिन्दू धर्म के मुताबिक भारत की जाति रचना चढ़ते क्रम में आदर की और उतरते क्रम में घृणा की है, इस बात को आप अच्छी तरह से जानते हैं। इसमें निम्न जाति के लोगों में ऊँची जाति के उम्मीदवारों के सम्बन्ध में पसन्दगी की भावना पैदा होती है और निचले स्तर के उम्मीदवारों के प्रति घृणा की भावना पैदा होती है। इस मानसिक

स्थिति का दलित वर्ग द्वारा शासन सत्ता के लिए चल रही जद्दोजहद पर निश्चित रूप से बुरा असर पड़ेगा। अछूत उम्मीदवार को बगैर एक मत दिए सवर्ण लोग अछूतों के कई मत ले लेंगे। और उसका परिणाम यह होगा कि अछूत लोग सिर्फ चुनाव नहीं हारेंगे, अज्ञानवश वे अपने विरोधी के लिए मददगार साबित होंगे। सामाजिक स्थिति को नजरअंदाज करने से धनवान, उच्च शिक्षित और उच्च वर्ण के लोगों की शासनसत्ता में स्थापित होनेवाली सरमाएदारी पर अपने ध्येय के मुताबिक सभी उपायों से उस पर रोक लगाना हमारी जिम्मेदारी है, ऐसा मुझे लगता है। क्योंकि, सिर्फ मालिक बदलने पर हमें सन्तुष्ट नहीं हो जाना चाहिए। कांग्रेसवालों का यह कहना कि किसी देश का किसी दूसरे देश पर राज करना उचित नहीं है। लेकिन मुझे भी उनसे साफ़ शब्दों में यह कहने की स्वतन्त्रता है कि उक्त नियम यहीं समाप्त नहीं होता बल्कि यह भी सच है कि किसी एक वर्ग का दूसरे वर्ग पर राज करना अच्छी बात नहीं है। यूरोपियन नौकरशाही और स्वदेशियों की सरमाएदारी (यह शब्द सम्पत्ति, शिक्षा और सामाजिक महत्त्व इसके लिए सम्पूर्ण रूप से इस्तेमाल किया जा रहा है।) इन दोनों में से कौन-सी व्यवस्था ऐसी है जो लोगों की अच्छी तरह देखभाल कर सकती है? सरमाएदारों का यह कहना है कि जनता की स्थिति, उसकी आदतें, उसके विचार और जीवन जीने की प्रणाली, शिकायत और समझौता करने के उनके तौर-तरीकों की जानकारी का ज्ञान उन्हें अंग्रेज नौकरशाही से कई गुना अधिक है। शायद यह हो भी सकता है, किन्तु सरमाएदार वर्ग के मन में अन्य वर्गों के प्रति पराएपन की भावना है; खुल्लमखुल्ला दिखाई देनेवाला वंशाभिमान है, अपनी जाति का पक्ष लेने की मजबूरी है और इसलिए सामान्य जनता का भविष्य तय करनेवाली शासनसत्ता उनके हाथ में न दी जाए, इस तरह के उन पर जो आरोप हैं, उससे वे बरी नहीं हो सकते, ऐसा मुझे लगता है। सचमुच देखा जाए तो कोई इससे भी आगे जाकर कह सकता है कि उनको और सामान्य जनता को विभाजित करनेवाली बहुत बड़ी सामाजिक खाई की वजह से उनको सामान्य जनता की आवश्यकताओं और उम्मीदों की जानकारी हो ही नहीं सकती। यही नहीं, यह वर्ग सामान्य जनता की उम्मीदों का बहुत बड़ा दुश्मन है। मैं इतना जोर देकर इस बात को कह रहा हूँ इसकी वजह यह है कि इन सरमाएदार वर्गों के हाथ में शासनसत्ता की बागडोर नहीं सौंपी जा सकती। क्योंकि हजारों साल से चले आ रहे और आज के लोकतन्त्र की सामान्य जनता की संकल्पना और यह कोरे स्वराज्य की कल्पना परस्पर विरोधी हैं। आधुनिक लोकतान्त्रिक राज्य के बुनियादी तत्त्व हैं कि हर व्यक्ति का महत्त्व स्वीकार किया जाए और हर व्यक्ति को एक बार जीवन जीने का मौका मिलता है इसलिए उसे उसके सुप्त गुणों को विकसित करने का पर्याप्त मौका मिलना चाहिए। लेकिन भारत के सरमाएदारों को इन बातों में से कोई बात मंजूर नहीं है, ऐसा नहीं कहा जा सकता। उनकी राय है कि मानव जीवन जीवन की कई कड़ियों में से एक है और इस जीवन में मनुष्य की स्थिति पिछले जन्म के पाप और पुण्य से तय होती है; और इसीलिए कोई कितना भी अच्छा हो या उसने कितनी भी योग्यता

हासिल क्यों न की हो फिर भी जन्म की वजह से उसे जो सामाजिक महत्त्व प्राप्त हुआ है, उसमें कोई परिवर्तन नहीं हो सकता। इस सरमाएदारी का सार तत्त्व यही है कि यदि कोई एक बार ब्राह्मण जाति में पैदा हुआ तो वह ब्राह्मण के अलावा और कुछ हो ही नहीं सकता। और परिया (अछूत) कितना ही गुणवान हो तब भी परिया ही रहेगा। यहाँ मैं कोई फिजूल की बात नहीं कर रहा हूँ। बल्कि आज जो धर्ममान्यता अस्तित्व में है उसकी बात कर रहा हूँ। ऐसे लोगों के हाथों में बेहिसाब सत्ता देने का मतलब फाँसी देनेवाले के हाथों में छुरी देने जैसी बात है।

2. इस तरह की विचारधारा की वजह से हम जातिवादी और देश के शत्रु हैं, इस तरह का लांछन बड़ी बेरहमी से हम पर लगाया जाता है। हर देश में राज्यशासन के सूत्र पढ़े-लिखे वर्ग के हाथ में होते हैं और प्रभावी शासन की दृष्टि से यही होना भी चाहिए, ऐसा बार-बार कहते हुए कांग्रेसवाले थकते नहीं हैं। भविष्य में हमारे कोई भी मालिक हों, किन्तु वे इन सरमाएदारों के हाथ में शासनसत्ता देते समय कुछ बातों का ध्यान अवश्य रखें। सामाजिक और राजनीतिक सवाल ये दोनों अलग-अलग हैं और उनका एक-दूसरे के साथ कोई सम्बन्ध नहीं है। कुछ लोगों की इस तरह की विचारधारा है। सज्जनो, मानवीय जीवन के बारे में इस तरह की बातों से लोगों को पथभ्रष्ट करने का प्रयास करनेवालों के बारे में आपको सजग रहना चाहिए। इस प्रकार के खोटे प्रयासों से आप सचेत हो गए तो आप लोगों को दिखाई देगा कि व्यक्ति को उसके स्वभावजन्य गुणों से राजनीति को अलग नहीं किया जा सकता। जब कोई राजनीतिक आदमी वोट माँगने के लिए आता है तब वह अपने विचार, अपनी सोच-समझ को कोट की तरह उतारकर नहीं आता। अपनी आदतों और अपने विचारों को वह खूँटी पर टाँककर नहीं आता। अपने व्यक्तित्व, विचार और आदतें आदि सभी बातों के आधार पर वह वोट माँगने आता है। सरमाएदार वर्ग की अक्ल देश की बहुत बड़ी सम्पत्ति है। परन्तु इस अक्ल के कारण उन्हें शासन का स्वयंसिद्ध अधिकार मिलना ही चाहिए, ऐसा नहीं है। इस अधिकार और इस अक्ल का इस्तेमाल वे किस प्रकार करेंगे यह इस बात पर निर्भर करता है। हमें सिर्फ कार्यक्षमता की ओर ध्यान देना चाहिए। क्योंकि एडीसन कहता है, "किसी की अक्ल से समाज का किस प्रकार से भला या बुरा हो रहा है इस बात पर अधिक सोचने की बजाय यदि लोग उनकी हैसियत का आदर करते हों तो इससे ज्यादा खतरनाक बात समाज के लिए और कुछ नहीं हो सकती। अक्ल की इस नैसर्गिक देन का और कलात्मक सिद्धि का इस्तेमाल अच्छे गुणों के विकास के लिए होता हो और सभ्यता में रुकावटें पैदा न होती हों तो वह सिद्धि मौलिक है।" हम लोग जिनसे संवाद स्थापित करते हैं उनके मन की बात और दृष्टि को हम जब तक अच्छी तरह नहीं समझ लेते तब तक उनके बारे में कोई निश्चित राय बनाने की बात हमें टालनी चाहिए अन्यथा उनके व्यक्तित्व के आकर्षण की वजह से घृणा करने योग्य आदमी के जाल में हम फँस सकते हैं। शासनसत्ता के लिए होड़ में खड़े अमीर लोगों के चरित्र के बारे में मैंने इससे पहले भी विचार व्यक्त किए हैं। इसलिए अब इस बारे में अधिक कहने की जरूरत नहीं

है। किन्तु इन अमीर-उमरावों की वजह से इस देश में जो शर्मनाक बातें हो रही हैं उन्हें कोई नजरअंदाज नहीं कर सकता।

इस देश में पाँच से छह करोड़ लोग अछूतपन के पाप को भोग रहे हैं। यह पाप और उनका दुख इतना भयानक है कि वैसा दुख दुनिया में और कहीं देखने को नहीं मिलेगा। हर इनसान के लिए जो हक़ जरूरी हैं ऐसे सभी बुनियादी हक़ उन्हें नहीं दिए गए हैं, और संस्कृति तथा सुधार के लाभ से उन्हें वंचित रखा गया है। समान अवसर का अभाव होने की वजह से उनकी हालत सोचनीय हो चुकी है। इन अछूतों के अलावा इस देश में उतनी ही बड़ी संख्या आदिवासी और जनजातियों की है। सांस्कृतिक सुधारों को रोशनी में लाने का प्रयास करने की बजाय उन्हें जंगली और पुरातन अवस्था में छोड़ दिया गया है। सरमाएदारों के भूतकाल के गैरजिम्मेदाराना रवैये के और सेवाभाव का अभाव प्रदर्शित करनेवाले ये पर्याप्त मुखर प्रमाण हैं। इन अमीर-उमरावों का व्यवहार भविष्य में पूरी तरह से बदल जाएगा इस बात पर यकीन करने के लिए हमें कहा जाता है। किन्तु मैं इस बात पर भरोसा करनेवाला नासमझ आदमी नहीं हूँ क्योंकि, आज के शैतान का रातोंरात बदलकर देवदूत बन जाना विश्वसनीय नहीं है।

3. हमें यह बताया जाता है कि देश की राजनीतिक स्वतन्त्रता प्राप्त होने तक सामाजिक सवाल हल करने की बात को आगे बढ़ाना चाहिए। कोई भी समझदार आदमी ऐसे विचारों के जाल में नहीं फँसेगा। किसी दीवानखाने में घुसने से पहले यह जानना जरूरी है कि वह कहीं पिंजरा तो नहीं है। यह विचार किसी को भी करना चाहिए। हममें से हर आदमी जानता है या उसे जान लेना चाहिए कि साधनों से सम्पन्न आदमी साधनहीन आदमी से अधिक शक्तिमान होता है। हममें से हर किसी को यह भी मालूम है या मालूम होना चाहिए कि जिसके हाथ में सत्ता है, वह सत्ता के बाहर के लोगों का शायद ही कभी पक्ष लेकर उन्हें सत्ता में हिस्सेदार बनाए। इसलिए अब सामाजिक सवाल हल करने से जिनकी हानि होने की सम्भावना है, उनके हाथों में आप लोगों ने यदि शासनसत्ता आसानी से जाने दी तो सामाजिक सवालों के फिर हल होने की उम्मीद नहीं की जा सकती। और अब आप लोग सत्तारूढ़ होने में जिन्हें मदद करेंगे उन्हीं को सत्ताहीन करने के लिए भविष्य में आप लोगों को क्रान्ति करनी पड़ेगी। सज्जनो, यह सलाह एक बड़े राजनीतिक चिन्तक एडमंड बर्क की दी हुई सलाह है, वह कहता है, "किसी बात पर अपनी स्वीकृति देते समय दूसरे यदि अपने से घृणा करें तो अपना सम्पूर्ण विनाश करवाने की बजाय उस बात पर सावधानी से यकीन कर लेना अच्छा है।" इस सलाह को ध्यान में रखते हुए मुझे ऐसा लगता है कि, सामाजिक सवाल हल करने की सुविधा पर विशेष बल देकर राज्य संविधान में सामाजिक सवालों के बारे में समझौता दर्ज किया जाए, इस प्रकार का आग्रह हम लोगों को करना चाहिए। और जो लोग सारी सत्ता पर अपना कब्जा जमाने के लिए दौड़-धूप कर रहे हैं उनकी इच्छा पर इस सवाल को कतई नहीं छोड़ना चाहिए।

## *दलित वर्ग के लिए संरक्षण सुविधाएँ*

1. इसलिए मुझे साफ शब्दों में कहना चाहिए कि भारत के सामाजिक सवाल भारतीय स्वराज्य के रास्ते में रोड़ा बनते हैं, ऐसा हमें नहीं लगता। फिर भी भारत का राजनीतिक पुनर्गठन करते समय यहाँ का दुर्बल समाज दुख की चट्टानों से दब न जाए, इसलिए भारत के संविधान में 'राजनीतिक समानता के तत्त्वों को स्वीकार करने की जरूरत नहीं' इस विचार से हमारा विरोध है। दलित वर्गों के बारे में यह सवाल जितना सम्भव हो उतनी अच्छी तरह से कैसे हल किया जाए, इस बात पर मैं आगे विचार करूँगा। इस सवाल को हल करने के लिए कुछ उपाय खोजने चाहिए, इस तरह का विचार कुछ राजनीतिज्ञों का है। और इस उपाय योजना को स्वयंशासित भारत के संविधान में सम्मिलित करना चाहिए, यह बात भी उन्हें मंजूर है। इन राजनीतिज्ञों ने महायुद्ध के बाद अस्तित्व में आए और मेरे इस भाषण के प्रारम्भ में उल्लिखित राष्ट्रों के संविधान का अध्ययन करके इस सवाल पर कुछ उपाय सुझाए हैं। उनका इन राष्ट्रों के संविधानों का अध्ययन करके राह खोजने का प्रयास करना स्वाभाविक है क्योंकि इन राष्ट्रों की स्थिति भारत की स्थिति से मिलती-जुलती है। इन राष्ट्रों में अल्पसंख्यक वर्ग के संरक्षण की व्यवस्था संविधान के कानून द्वारा की गई है और उसे अल्पसंख्यक वर्गों का बुनियादी हक़ माना गया है। नेहरू समिति ने भी दलित वर्ग के संरक्षण की व्यवस्था के रूप में इस योजना को अपने प्रस्ताव में मंजूरी दी है। किन्तु इस तरह की योजना से आप लोग उत्पीड़ित किए जाएँगे, यह खतरे का संकेत है। भारतीय राजनीतिज्ञों का 'बुनियादी हक़' के नाम से जानी जानेवाली संविधान की धारा पर बहुत भरोसा है, और अंग्रेज लोगों के आक्रमण के विरोध में वे स्वयं के लिए जैसे 'बुनियादी हक़' माँग रहे हैं, उसी तरह अपने वर्ग के अन्याय के विरोध में अल्पसंख्यक लोगों को भी उसी तरह 'बुनियादी हक़' देने के लिए ये लोग अधिक उत्सुक दिखाई दे रहे हैं। किन्तु अपने संरक्षण की इस सुविधा योजना का हमें निषेध करना चाहिए। इस प्रकार की योजनाएँ स्वागत योग्य होने के बावजूद भी मैं इस बारे में स्पष्ट करना चाहता हूँ कि बुनियादी हक़ों से सम्बन्धित कोई भी सिफारिश फिर वह कैसी भी हो, और अर्थ तथा अनुसंधान की दृष्टि से कितनी भी स्पष्ट हो, उन हक़ों के उपभोग का भरोसा नहीं दिला सकती। 'बुनियादी हक़ छीन लिए गए तो उसके विरोध में किए गए उपायों पर बुनियादी हक़ों की अनिवार्यता निर्भर करती है, सिर्फ हक़ों की घोषणा मात्र पर नहीं। 1914 के महायुद्ध के बाद बने और मैंने इसके पहले जिन राष्ट्रों की चर्चा की उन राष्ट्रों के संविधानों में इस प्रकार की व्यवस्था की गई है कि यदि अल्पसंख्यक लोगों को ऐसा लगता हो कि उनके बुनियादी हक़ों का अतिक्रमण हो रहा है और वे हक़ सत्ताधारी बहुसंख्यक वर्ग की ओर से हड़पे जा रहे हों, तो वे राष्ट्रसंघ में अपील कर सकते हैं। राष्ट्रसंघ ने इस काम के लिए एक समिति बनाई है और ऐसी अपील का अध्ययन करके उस पर समिति को अपना फैसला देना पड़ता है। बुनियादी हक़ों का अतिक्रमण हुआ तो उसके विरोध

में कोई उपाय नेहरू कमेटी की रिपोर्ट में है? मुझे तो ऐसा कुछ दिखाई नहीं दिया। यही नहीं, उसमें अपील करने की भी व्यवस्था नहीं है। इसलिए नेहरू कमेटी में संरक्षण व्यवस्था की अनिवार्यता भी पूरी तरह झूठी है।

2. यदि नेहरू योजना में इस प्रकार की अपील की व्यवस्था होती तब भी उस योजना को आप लोग स्वीकार मत कीजिए, इस तरह की सलाह मैंने आप लोगों को दी होती। गवर्नर, वायसराय या राष्ट्रसंघ में अपील करने के हक़ का मतलब दलित वर्ग को एक हथियार और मिलना है। यह उम्मीद करने योग्य स्थिति है। किन्तु यह हथियार भी प्रभावी नहीं हो सकता। तुम्हारे हितसम्बन्धों के संरक्षण की सबसे अच्छी अनिवार्यता का मतलब है तुम्हारे ही हाथों में शासनसत्ता आनी चाहिए, क्योंकि उससे तुम्हारे हितों का विरोध करनेवालों को तुम सजा दे सकते हो। यही नहीं, ऐसी सम्भावित खतरनाक गतिविधियों को रोकने के लिए, तुम्हारे हितों की सुरक्षा के लिए कड़ी नजर रखी जा सकती है। दूसरों के हाथ में इस तरह के अधिकार देकर इस बात को कभी हासिल नहीं किया जा सकता, फिर वह राज्यपाल हो, वायसराय हो, या राष्ट्रसंघ हो। हम लोग जिनके हाथों में इस अधिकार को सौंपेंगे, उनको हमने मध्यस्थता करने की माँग की तब उन्होंने वैसा करने से इनकार किया तो इस अधिकार का हमें क्या फायदा होगा? इसलिए अपने हितों की सुरक्षा का आधिकारिक उपाय है भविष्य के स्वयंशासित भारत के कार्यकारी मंडल पर अधिकार प्राप्त करना, ऐसा मैं समझ रहा हूँ। देश के विधिमंडल में पर्याप्त प्रतिनिधित्व करने से ही तुम्हें यह हासिल हो सकता है। सिर्फ इसी एकमात्र साधन से हम सत्ताधारियों के रोज के व्यवहार पर नजर रख सकते हैं। इसके अलावा आप लोगों को कुछ अधिक संरक्षण-सुविधाएँ और आश्वासन मिलते हों तो उन्हें भी जरूर लीजिए, क्योंकि उससे तुम्हारे संरक्षण-साधनों की संख्या बढ़ेगी। किन्तु पर्याप्त प्रतिनिधित्व के बदले में तुम लोगों को अन्य किन्हीं बातों को स्वीकारना नहीं चाहिए। पर्याप्त प्रतिनिधित्व की गारंटी मिले बगैर यदि इस संविधान में कुछ परिवर्तन करने का प्रयास किया गया तो उसे नकारना पूरी तरह से आपके अधिकार की बात है।

3. आज पर्याप्त प्रतिनिधित्व जैसे शब्द हर अल्पसंख्यक जमातों के मुँह से सुनाई देते हैं। किन्तु प्रत्यक्ष संख्या के रूप में उसका अर्थ बताना मुश्किल होने की वजह से इस संदिग्ध और अनिश्चित अर्थ के रूप में वह एक मजाक का विषय बनकर रह गया है। इसलिए यदि हमें अपनी माँगें पेश करनी हों तो उस शब्द का निश्चित अर्थ संख्या के स्वरूप में हमें तैयार करना पड़ेगा। कांग्रेस के भीतर जो मतप्रणाली प्रचलित है, उसके अनुसार पर्याप्त प्रतिनिधित्व का अर्थ वे लोग 'जनसंख्या के प्रमाण में प्रतिनिधित्व' समझते हैं। मेरी राय में अल्पसंख्यकों के प्रतिनिधित्व की यह गणितीय विचारप्रणाली अधकचरी और मूर्खतापूर्ण है और भारत के बहुसंख्यक लोगों के मन में अल्पसंख्यक लोगों के बारे में जो अनुदारता की भावना है उसी की वह प्रतिक्रिया मात्र है। अपने जातभाईयों से और उनके सामाजिक महत्त्व से जितनी शक्ति मिल सकती है वह तो अभी भी इन अल्पसंख्यक जमातों के पास है किन्तु वह बहुत अल्प है, इस वजह से

वे अपने संरक्षण के लिए उसमें बढ़ोतरी का हक़ माँग रहे हैं। यह इस तरह के प्रतिनिधित्व की बढ़ोतरी के अलावा शासकीय सत्ता से सुसज्ज बहुसंख्यकों से मुकाबला करने के लिए वे पर्याप्त समर्थ है, ऐसा उन्हें नहीं लगता। इस दृष्टि से देखा जाए तो अल्पसंख्यकों को उनकी जनसंख्या के अनुपात में जो सीटें मिलनेवाली हैं उनमें बढ़ोतरी करने से ही उन्हें संरक्षण मिलना जैसा होगा। अब यदि यह बात सच है तो कोई भी यह पूछ सकता है कि अल्पसंख्यक जमात के लिए उसकी जनसंख्या के अनुपात में प्रतिनिधित्व की सीटें तय की गईं तो उसके संरक्षण की व्यवस्था हो गई, ऐसा कैसे हो सकता है? अल्पसंख्यकों के संरक्षण की भाषा का प्रयोग करना और उनका प्रतिनिधित्व सिर्फ उनकी जनसंख्या तक सीमित रखना, ये परस्पर विरोधी बातें हैं। अल्पसंख्यकों को उस मात्रा में विधिमंडल में प्रतिनिधित्व देने की बात तय करने का मतलब आज समाज में जो स्थिति है, उसी की विधिमंडल के रूप में छोटी प्रतिकृति खड़ी करना है। और इस तरह बाहर के समाज में बहुसंख्यक और अल्पसंख्यक समाज का बलाबल समान है, वह उसी तरह संसद में भी बरकरार रखना है। इस प्रकार की योजना समाज का बलाबल सही ढंग से प्रस्तुत करती है। वह उस तरह से सामाजिक स्थिति को जस की तस बरकरार रखती है। इसीलिए अल्पसंख्यकों के संरक्षण की दृष्टि से यदि सही अर्थों में सुधार करना हो तो अल्पसंख्यक लोगों को सुविधाजनक परिवर्तन सामाजिक शक्ति के सन्तुलन में करना चाहिए और जनसंख्या के अनुपात से ज्यादा वेटेज की सीटें अल्पसंख्यकों को देकर ही यह हासिल हो सकता है।

4. सभी अल्पसंख्यकों को वेटेज की ज्यादा सीटें प्रतिनिधित्व में देनी जरूरी हैं, यह बात स्वीकार की गई तब भी इस बारे में प्रत्यक्ष कार्यवाही करने के सम्बन्ध में एकमत की स्थिति नहीं दिखाई दे रही है। इस वेटेज से क्या हासिल हो सकता है इस बात की सही जानकारी न होने की वजह से ऐसा हो रहा है, ऐसा मुझे लगता है। मैंने पहले जो कुछ कहा है उससे यह वेटेज से ज्यादा सीटों की योजना अल्पसंख्यकों के हाथ मजबूत करने के लिए बनाई गई है, यह आपको साफ तौर पर दिखाई देगा अन्यथा इन ज्यादा सीटों के अलावा अल्पसंख्यकों की शक्ति उनके संरक्षण के लिए बहुत कम होगी। इसलिए शक्ति की बढ़ोतरी करनी है तो वह आज की स्थिति में कितनी कम है, इसकी नाप-जोख करके वह बढ़ानी चाहिए। जिनके हाथ में शक्ति कम होगी उसे उसी मात्रा में वह बढ़ानी चाहिए। जिसके हाथ में जरूरत से ज्यादा शक्ति है उसे वह कम करनी चाहिए। इसी बात को दूसरे शब्दों में कहें तो सभी अल्पसंख्यक जमातों को समान रूप में ज्यादा वेटेज की सीटें नहीं मिलेंगी तो उनके सामाजिक निर्धारित स्थान के अनुसार उनका प्रमाण बदलता रहेगा। किसी अल्पसंख्यक जमात का सामाजिक निर्धारित स्थान नीच हो तो, उसे ज्यादा स्थान मिलेंगे और उसका दर्जा ऊँचा हो तो उसे कम सीटें मिलेंगी। दुर्भाग्य से कुछ अल्पसंख्यकों की समझ सिर्फ स्वयं को दूसरों से उच्च स्थान पर स्थापित करने की ही नहीं अधिक मात्रा में प्रतिनिधित्व की सीटें हड़पने जैसी है, और वह भी इसलिए कि उनका सामाजिक दर्जा ऊँचा है। मैंने पहले

ही बताया है कि वेटेज की ज्यादा सीटें देने के पीछे उद्देश्य सिर्फ इतना है कि तूफान में थरथरानेवाले पंछी को सुरक्षा मिले और इसीलिए हमें उपर्युक्त उल्लिखित गलत आदतों का विरोध करना चाहिए क्योंकि उससे देशहित और अल्पसंख्यकों के हितों को खतरा पैदा होगा, इसमें कोई शक नहीं है।

5. अल्पसंख्यकों को वेटेज से ज्यादा सीटें किस तत्त्व के आधार पर दी जाएँ इसके बारे में मैंने अब तक उचित तरीका सुझाया है। इसलिए इस तरह की ज्यादा निश्चित सीटें कितनी दी जाएँ, यह सवाल फिर भी बचता है। प्रतिनिधियों की संख्या परिस्थिति के अनुसार बदलनी चाहिए और उसकी वजह से उनकी संख्या निश्चित करने के लिए सिर्फ सामान्य तत्त्व सुझाने के अलावा फिलहाल ज्यादा कुछ करना सम्भव नहीं है। वह तत्त्व इस प्रकार, सबसे पहले बहुसंख्यक और अल्पसंख्यक जमातों को आपसी विचार-विमर्श से जनसंख्या के अनुपात में प्रतिनिधित्व से अधिक कितनी सीटें अधिक वेटेज की दी जा सकती हैं, यह निश्चित संख्या तय करनी चाहिए। बाद में किसी खास अल्पसंख्यक जमात के लिए अधिक प्रतिनिधित्व का हिस्सा तय करते समय यह अधिक प्रतिनिधित्व उस जमात की सामाजिक परिस्थिति के विरोधी प्रमाण में तय करनी चाहिए। यह सामाजिक परिस्थिति तय करते समय उस जमात का (1) सामाजिक दर्जा, (2) आर्थिक बल और (3) उसकी शैक्षणिक स्थिति को ध्यान में रखना पड़ेगा। यदि ऐसा हुआ तो एक ओर से अन्य अल्पसंख्यक जमातों से भी न्याय और उचित समझौता हो जाएगा और किसी भी सम्बन्धित समूह को शिकायत करने का कोई मौका नहीं मिलेगा।

6. आप लोगों के सोचने के लिए आगे का सवाल मतदाता संघ और मतदान के हक़ के सम्बन्ध में है। सज्जनो, इस सम्बन्ध में अपनी माँगें कौन-सी होनी चाहिए? मतदाता संघ की रचना के बारे में हमारे सामने दो विकल्प हैं। एक है स्वतन्त्र मतदाता संघ की योजना और दूसरी आरक्षित सीटों के साथ संयुक्त मतदाता संघ की योजना। इस बात पर दलित समाज में मतभेद है, इस बात को मैं जानता हूँ। बहुत बड़े जनसमूह का गुट स्वतन्त्र मतदाता संघ के पक्ष में है। उनको डर है कि संयुक्त मतदाता संघ की प्रणाली में बहुसंख्यक जमात भी हमारी जमात के उम्मीदवार के पक्ष में मतदान करेगी। वे ऐसे उम्मीदवारों को मत देंगे जो उनके लिए फायदेमन्द हो सकेंगे। मैं यह नहीं कहता कि इस प्रकार का डर पूरी तरह से बेमतलब है। यह बात सही है, तब भी स्वतन्त्र मतदाता संघ में स्वयं को कैद कर लेना यही उसका एकमात्र उपाय नहीं है। बल्कि प्रौढ़ मतदान प्रणाली की माँग करके अपनी जमात की मतदान की शक्ति को ज्यादा से ज्यादा बढ़ा लेना, यह भी एक उपाय है जिससे बहुसंख्यक जमात अपने उम्मीदवार के पक्ष में मतदान करेगी उससे जो दुष्परिणाम पैदा हो सकते हैं उन्हें कम करने की सम्भावना पैदा होगी। यदि हमें प्रौढ़ मतदान का अधिकार प्राप्त हुआ तो दलित वर्ग के लिए आरक्षित सीटें रखकर हमें संयुक्त मतदाता संघ भी स्वीकार करने में कोई कठिनाई नहीं हो सकती, ऐसा मुझे लगता है। मुझे यहाँ यह बता देना चाहिए कि हमें उसके बारे में अपनी एक जरूरी माँग के रूप में आग्रह करना चाहिए।

7. इस सम्बन्ध में मुझे और एक बात का उल्लेख करना चाहिए। यह देश जाति-जमात और पन्थों में बँटा हुआ है। इसलिए जाति-जमातों के संरक्षण की व्यवस्था संविधान में ही किए बगैर यह देश एकसंघ और स्वयंशासित नहीं हो सकता। यह सच्चाई है और उस पर कोई आपत्ति नहीं उठाई जा सकती। किन्तु अल्पसंख्यकों को इस बात को भी ध्यान में रखना चाहिए कि आज हम पर जो पन्थ सवार हैं और हम जो जाति-पाँति की वजह से टुकड़ों में बँट गए हैं तब भी एकसंघ भारत ही हमारा लक्ष्य है। जिन अल्पसंख्यकों को ऐसा लगता है कि अपनी प्रतिष्ठा बनी रहनी चाहिए उन्हें इस लक्ष्य को अपने सीने से लगाना चाहिए। इससे साफ तौर पर दिखाई देगा कि जो अल्पसंख्यक जमात संरक्षण की व्यवस्था की माँग करेगी उसे अपने संरक्षण के हक़ हासिल करते समय वे भारतीय एकता के खिलाफ न जाएँ, इसकी पूरी सावधानी बरतनी चाहिए। आप पर लगाए गए बन्धन और आपकी कठिनाइयाँ सही हैं। इसलिए उनके विरोध में संरक्षण प्राप्त करने की पूरी कोशिश कीजिए। किन्तु आपके संरक्षण सुविधाओं की वजह से इस देश के बिखराव की दरारें हमेशा के लिए स्थायी न बनें, यह कोशिश होनी चाहिए। हमारी यही उम्मीद होनी चाहिए कि भिन्नता की यह दरार पुलिया के द्वारा पट जाए। अल्पसंख्यक जमातों की संरक्षण सुविधा को मान्यता देना यह बहुसंख्यक जमात की जिम्मेदारी ही है। लेकिन अल्पसंख्यकों की उतनी ही पवित्र जिम्मेदारी है कि सभी का एकत्व निर्माण करने के मार्ग में रुकावटें पैदा न करें। इस दृष्टि से संयुक्त मतदाता संघ की योजना और आरक्षित सीटें, स्वतन्त्र मतदाता संघ से भी अधिक अच्छा उपाय है, ऐसा कहा जाना चाहिए।

8. दलित वर्ग के संरक्षण के लिए दूसरी एक बात खास महत्त्वपूर्ण है। उसका सम्बन्ध सरकारी नौकरियों में घुसने के सम्बन्ध में है। कानून बनाने के अधिकार से भी कानून को अमल में लाने का अधिकार कम महत्त्वपूर्ण नहीं है। और अमल में लाने की व्यवस्था द्वारा कानून बनानेवालों के अधिकार पूरी तरह से समाप्त नहीं कर सके तब भी उन्हें आसानी से रोका जा सकता है। शासन की कार्यकारी व्यवस्था पर दलित वर्ग को अपना कब्जा करने की तैयारी करना, इसका सिर्फ यही कारण नहीं है। काम की जल्दबाजी की वजह से या परिस्थिति की कठिनाइयों की वजह से कई बार अमल करनेवाले अफसरों के हाथ में परिस्थिति को देखते हुए निर्णय लेने के अधिकार होते हैं। इस समयोचित निर्णय देने के अधिकार का अमल सही ढंग से होता है या नहीं, इसी बात पर जनता का कल्याण निर्भर करता है। जहाँ अमल करने के अधिकार एक ही जाति के हाथों में होते हैं, भारत जैसे देश में इस प्रासंगिक न्याय देने के अधिकार का दुरुपयोग एक वर्ग की बेमतलब भलाई करने का बहुत बड़ा खतरा होता है। इसके लिए सही उपाय एक ही है कि देश की सरकारी नौकरियों में दलितों के साथ सभी को पूरी तरह सम्मिलित किया जाए, यह आग्रह किया जाना चाहिए। हमें दलित वर्ग के लिए सरकारी नौकरियों में एक सीमा तक स्थान आरक्षित करने की माँग करनी चाहिए। और यह संरक्षण व्यवस्था संविधान की एक धारा द्वारा करने में कोई कठिनाई नहीं होगी।

इसी प्रकार संरक्षण योजना द्वारा आप भविष्य में देश के मन्त्रिमंडल में कुछ स्थान माँग सकते हैं। लेकिन दलित वर्ग हमेशा अल्पसंख्यक रहनेवाला है, इसलिए इसकी सम्भावना कम-से-कम आज तो एकदम कम दिखाई देती है। इस बात से यह स्पष्ट होता है कि इस प्रकार का भरोसा माँगना क्यों जरूरी है?

## *दलित वर्ग और साइमन कमीशन*

1. मैंने उन बातों की ओर आपका ध्यान आकर्षित करने का प्रयास किया है कि भारतीय स्वराज्य के संविधान में किस प्रकार की संरक्षण सुविधाओं को सम्मिलित किया जाना चाहिए। अब साइमन कमीशन ने अपने पक्ष में जो सूचनाएँ दीं उनकी चर्चा मैं करना चाहता हूँ। साइमन कमीशन ने दलित वर्ग की संवैधानिक संरक्षण व्यवस्था पर बड़ी हमदर्दी के साथ सोचा है, इसमें कोई सन्देह नहीं। वह किसी भी अर्थ में पर्याप्त न हो तब भी साइमन कमीशन ने दलितों की स्थिति का सही चित्र प्रस्तुत करने का प्रयास किया है। उन्होंने सिर्फ स्कूल और जलस्थलों की दिक्कतों का ही अध्ययन किया है, इस बदनसीब वर्ग को जो पीड़ाएँ बर्दाश्त करनी पड़ रही हैं उस सूची का वह एक छोटा-सा हिस्सा है। फिर भी दलितों की संवैधानिक संरक्षण व्यवस्था का महत्त्व मांटफोर्ड रिपोर्ट से भी साइमन कमीशन ने अच्छी तरह समझा है, इस बात को कबूल करना ही होगा। लेकिन बड़े दुख के साथ कहना पड़ता है कि हमारे प्रतिनिधियों की संख्या और पद्धति इन दोनों के बारे में साइमन कमीशन की सिफारिशें बहुत निराश करनेवाली हैं।

2. फिलहाल दलित वर्ग के प्रतिनिधि नियुक्त किए जाते हैं, इस बात को आप जानते हैं। जिन पर संसद में तुम्हारा प्रतिनिधित्व करने की जिम्मेदारी है वे तुम लोगों को इस नियुक्ति की प्रणाली के दुष्परिणामों के बारे में बता पाएँगे। और साइमन कमीशन के सामने गवाही देनेवाले अपने सभी लोगों ने इस प्रणाली की एक आवाज में आलोचना की है, यह बताते हुए मुझे बड़ी खुशी हो रही है। हमारा प्रतिनिधित्व करनेवाले अच्छे लोगों को चुनने का हमारा हक़ इस प्रणाली से छिन गया है और उससे नियुक्त किए गए प्रतिनिधियों को आचारस्वतन्त्रता नहीं रहती। इस दुष्ट प्रणाली का त्याग साइमन कमीशन ने नहीं किया है, यह बड़ी शर्म की बात है। वे आज भी उसी प्रणाली से चिपके हुए हैं और चुनाव के लिए लायक उम्मीदवार प्राप्त नहीं हुआ तो गवर्नर को दलित वर्ग के प्रतिनिधि की नियुक्ति करनी चाहिए, इस तरह की उनकी सिफारिश है। सिर्फ इतना ही नहीं, जो दलित वर्ग से नहीं हैं ऐसे व्यक्तियों को भी दलित वर्ग के प्रतिनिधि के रूप में नियुक्त करने का अधिकार देने की बहुत ही अनपेक्षित सिफारिश साइमन कमीशन ने की है। फिर भी ये आरक्षित उपाय होने की वजह से उन पर सोचने के लिए अपना समय खर्च करने के लिए हमारे पास समय नहीं है। लेकिन मेरी राय में साइमन कमीशन की मुख्य योजना भी स्वीकार करने योग्य नहीं है। उसके मुताबिक दलित वर्ग के लिए सीटें सुरक्षित रखकर संयुक्त मतदाता संघ द्वारा

उनके प्रतिनिधियों की नियुक्ति होनेवाली है। इससे ज्यादा यदि उसमें कुछ न भी होता तो फिलहाल की अपनी स्थिति में इससे ज्यादा परिवर्तन हुआ होता। किन्तु उस प्रदेश के गवर्नर से उस तरह के प्रमाणपत्र प्राप्त किए बगैर दलित वर्ग के किसी भी उम्मीदवार को चुनाव के लिए खड़ा रहना मुश्किल है, इस तरह की इस योजना के लिए शर्त रखी गई है। यह प्रणाली अस्वीकार करने योग्य है, इसकी वजह यह है कि फिलहाल जो नियुक्ति प्रणाली अस्तित्व में है उससे यह प्रणाली इतनी मेल खाती है कि उन दोनों में से किसको चुना जाए यह सवाल है। और जिस मतदाता संघ से सिर्फ एक ही उम्मीदवार लेना है वहाँ गवर्नर सिर्फ एक को ही प्रमाण पत्र देगा। इसलिए ऐसे मतदाता संघ के बारे में चुनाव की इस प्रणाली का मतलब सिर्फ सीधी और सरल चुनाव की प्रणाली है। यह प्रमाणपत्र वाली प्रणाली प्रत्यक्षतः किस प्रकार कार्य करेगी, इसके बारे में कुछ नहीं कहा जा सकता। और यह प्रमाणपत्र देने के लिए किन बातों पर सोचा जाएगा, यह भी अस्पष्ट है। कमीशन की सूचना इस प्रकार है कि, 'गवर्नर को दलित वर्ग के संगठनों की सलाह लेकर यह तय करना चाहिए या उन्हें उचित लगा तो बगैर इस तरह की सलाह के प्रमाणपत्र देना चाहिए।' इन दोनों में से किसी भी सूचना को हमें अपनी स्वीकृति नहीं देनी चाहिए। यदि संगठनों की सलाह लेने की प्रणाली अपनाई गई तो जनता को किसी भी कीमत पर नापसन्द होने पर भी अपना उम्मीदवार स्वीकृत हो इस उद्देश्य से उसे सिर्फ समर्थन देने के लिए कोई बनावटी संगठन पैदा होंगे। दूसरी प्रणाली अमल में लाई गई तो उसका परिणाम घटिया अधिकारशाही में होगा और प्रमाणपत्र देने की शक्ति तहसीलदार और फौजदार के हाथों में चली जाएगी। क्योंकि, गवर्नर को इसमें कुछ सलाह-मशविरे की नीति अपनानी हो तो सम्बन्धित अधिकारी की सलाह के अनुसार ही उसे प्रमाणपत्र देना होगा। ये तहसीलदार और फौजदार लोग किस वर्ग के हैं, इस बात को तो आप अच्छी तरह जानते ही हैं। और दलित वर्ग के सम्बन्ध में और उनके पढ़े-लिखे लोगों के सम्बन्ध में उनकी सोच क्या है, इस बात को भी आप अच्छी तरह से जानते ही हैं इसलिए ये लोग प्रमाणपत्र के लिए किस प्रकार के लोगों की सिफारिश करेंगे, इस बात का अंदाजा आप लगा सकते हैं।

3. दलित वर्ग के प्रतिनिधि को प्रमाणपत्र की कुछ खास जरूरत है, इस प्रकार की कमीशन की विचारधारा से मैं सहमत नहीं हो सकता। उसका उद्देश्य यदि संसद की अकार्यक्षमता दूर करने की हो तो ऐसी कई जमातें हैं कि इस दृष्टि से उन पर भी इस प्रकार के प्रमाणपत्र की प्रणाली लागू करनी चाहिए, ऐसा मेरा कहना है। यदि अकार्यक्षमता का गर्भित अर्थ अंग्रेजी ज्ञान का अभाव और उस भाषा में अपने विचार व्यक्त करने की असमर्थता हो तो मुम्बई लेजिस्लेटिव कौन्सिल में बहुसंख्यक अब्राह्मणों को और सिन्धी मुसलमानों को तो अंग्रेजी की गन्ध भी नहीं आती थी, इस प्रकार के कई तथ्य मुझे मालूम हैं। उन्होंने शायद ही कभी सवाल पूछे हों और शायद ही कभी भाषण दिया हो। मेरा यकीन है कि कई विधानसभाओं से आए हुए दलित वर्ग का प्रतिनिधित्व करनेवाले हमारे मित्र भी अपनी विधानसभाओं का इसी प्रकार का अनुभव

बता सकेंगे। उनके लिए यदि प्रमाणपत्र की जरूरत न हो तो दलित वर्ग के बारे में उसकी जरूरत क्या है, यह मेरी समझ में नहीं आ रहा है। इसलिए साइमन कमीशन द्वारा तैयार की गई इस योजना को पूरी तरह से नकार देना चाहिए और किसी भी शर्त का प्रतिबन्ध लगाए बगैर हमारे प्रतिनिधि हम लोगों द्वारा ही चुनने की स्वतन्त्रता की माँग करनी चाहिए। हमारे हितों के लिए निर्णय लेने के हम ही एकमात्र अधिकारी हैं। और हमारी भलाई किसमें है यह तय करने का अधिकार हम लोगों को गवर्नर को भी नहीं देना चाहिए।

4. केन्द्रीय संसद के गठन के सम्बन्ध में साइमन कमीशन की जो योजना है, उसके बारे में आपकी क्या राय है, कुछ मालूम नहीं। राज्यसभा की फिलहाल की चुनाव प्रणाली और लेजिस्लेटिव एसेम्बली के चुनाव की प्रणाली 'प्रत्यक्ष' है। इस बारे में साइमन कमीशन की सिफारिश यह है कि प्रदेशों की सभाओं की चुनाव प्रणाली फिलहाल जिस प्रकार है उसी प्रकार की रहनी चाहिए किन्तु विधानसभा का चुनाव प्रदेश विधान परिषद् के सदस्यों द्वारा परोक्ष प्रणाली से होना चाहिए। मुम्बई प्रदेश से साइमन कमीशन का एक सदस्य होने के नाते मैंने इसके विरोध में एक नोट पेश किया है और उसमें उसे दोषी ठहराया है। किन्तु साइमन कमीशन ने जिस रूप में इस योजना को रखा उससे कुछ सुविधाओं के साथ कुछ असुविधाएँ भी पैदा होंगी। सबसे पहले उसने अल्पसंख्यकों के बारे में स्वतन्त्र मतदाता संघ या संयुक्त मतदाता संघ के सवाल को किनारे किया है। दूसरी बात यह है कि उसने दोहरे मतदान के अधिकार को टाला है। (एक प्रदेश कौन्सिल के लिए और दूसरा संसद के लिए) तीसरी बात यह है कि उसने संसद को सुचारु गुट का रूप दिया है। असुविधा की दृष्टि से देखा जाए तो इससे सरकार और जनता के बीच की दरार बढ़ने की सम्भावना है और इससे राष्ट्रीय एकसंघीयता का विश्वास निश्चित रूप में घटेगा। क्योंकि इसमें सम्पूर्ण देश से सम्बन्धित लोगों की जिम्मेदारी खत्म हो जाने से उनकी दृष्टि से सम्पूर्ण देश के सम्बन्ध में उनकी कोई जिम्मेदारी शेष नहीं बचती। इस बारे में सुविधा के पक्ष का पलड़ा भारी हो या असुविधा के पक्ष का पलड़ा भारी हो किन्तु केन्द्रीय संसद के बारे में साइमन कमीशन की योजना को स्थान मिलना ही चाहिए। अब उसके उचित स्थान का सवाल बच जाता है। वह केन्द्रीय विधानसभा के लिए उचित साबित होगी या राज्यसभा के लिए सही साबित होगी? वह योजना दोनों पर लागू की जा सकती है यह बात सही है। परोक्ष चुनाव प्रणाली का सबसे बड़ा दोष यह है कि वह पहली बार ही खत्म हो जाती है। एक मतदाता के एक बार मत देने के बाद उसे विशेष महत्त्व प्राप्त होता है, इस विचार से इस योजना को तैयार किया गया होगा। दो बार मतदान करने की कोई गरज ही नहीं रहती। इसका मतलब यह कि यदि दो सभागृहों की प्रणाली रखनी हो और चुनाव की यह प्रणाली विधानसभा पर लागू की गई तो राज्यसभा का सदस्य चुनने का दूसरा मार्ग नहीं बचता। फिलहाल सरकार बनाने में राज्यसत्ता के बनने की प्रणाली बहुत घटिया है। और पुनर्परीक्षण करनेवाली सभा के रूप में उसका अस्तित्व बरकरार रखना हो तो

जो आज है उस स्थिति में उसे रखा नहीं जा सकता। यदि मेरा कहना सही हो तो निष्कर्ष यह निकलता है कि विधान परिषद् के लिए प्रत्यक्ष चुनाव प्रणाली को स्वीकार किया जाए और परोक्ष चुनाव प्रणाली से राज्यसभा बनाई जाए। प्रदेश विधानसभा के सदस्यों द्वारा यह चुनाव प्रमाणबद्ध प्रतिनिधित्व की प्रणाली से करना ही सही उपाय है। अन्त में केन्द्रीय संसद बनाने का कोई भी आधार तय हो किन्तु दलित वर्ग के प्रतिनिधित्व के लिए परोक्ष प्रणाली निश्चित रूप से आसान होगी, यह कोई बहुत बड़े खोज का विषय नहीं है। इसके विपरीत चुनाव प्रणालियों की तुलना की गई तो हमारी दृष्टि से वह ज्यादा हितकारी है।

5. फिलहाल जो विधानसभाएँ अस्तित्व में हैं, उनमें दलित वर्ग का प्रतिनिधित्व बहुत अल्प है। इस बारे में 1919 के साऊथबरो कमीशन ने बहुत अन्याय किया है और उस कमीशन द्वारा तय किए गए हिस्से में भारत सरकार ने भी बढ़ोतरी सुझाई है। लेकिन उस तरह की गलतियाँ आज भी बरकरार हैं। 1923 में नियुक्त किए गए मुद्दीमन कमीशन ने संसद में दलित वर्ग का प्रतिनिधित्व कितना अल्प है, इस बात पर ध्यान आकर्षित किया था और उसमें बड़ी मात्रा में बढ़ोतरी सुझाई थी। किन्तु कुछ जगहों में एक या दो सदस्यों की संख्या बढ़ाने के अलावा उस शिकायत को दूर करने का कोई खास प्रयास नहीं किया गया। दलित वर्ग को उनकी ऐसी दुर्बल अवस्था में अधिकारी वर्ग की दया पर निर्भर रहने के लिए कहा गया। अनुभव से हमने समझ लिया है कि अधिकारी वर्ग स्वयं अपने अलावा किसी का मित्र नहीं होता है। और उसकी मित्रता तथा मदद उसके स्वयं के हितसम्बन्धों पर निर्भर होती है। इन दस सालों में अधिकारी वर्ग ने दलितों से जितना लिया है उससे बहुत कम काम किया है, यह बताने में मुझे दुख हो रहा है। कुछ भी हो, किन्तु दलित वर्ग को अधिकारी वर्ग से मदद की जो अपेक्षाएँ हैं उन पर मुझे सन्देह है। वह भी वे भविष्य के हिन्दुस्तान में पूरी नहीं कर पाएँगे इसलिए दूसरी हर अल्पसंख्यक जमात को यदि पर्याप्त प्रतिनिधित्व दिया जा रहा है तो फिर वह दलित वर्ग को क्यों नहीं मिलना चाहिए? साइमन कमीशन ने प्रदेश विधानसभाओं में दलित वर्ग के लिए सुझाए गए प्रतिनिधित्व के प्रमाण क्या हैं? उनका कहना यह है कि इस प्रकार की आरक्षित सीटों की संख्या उस मतदाता संघ में दलित वर्ग की जनसंख्या की कुल जनसंख्या का जो प्रमाण होगा, उसकी तीन चौथाई होनी चाहिए। अब भारत की अन्य अल्पसंख्यक जमातों को साइमन कमीशन द्वारा दिए गए प्रतिनिधित्व को देखिए। मुस्लिमों ने लखनऊ समझौते में कांग्रेस पर दबाव डालकर जबर्दस्ती हासिल किया हुआ ज्यादा से ज्यादा प्रतिनिधित्व जस का तस बरकरार रहे, इसके लिए स्वीकृति दी है। भारतीय ईसाइयों, एंग्लो इंडियनों और यूरोपियनों को सिर्फ उनकी जनसंख्या के अनुपात में प्रतिनिधित्व दिया गया है, ऐसी बात नहीं। उससे भी कुछ ज्यादा सीटें उन्हें दी गई हैं। क्या यह धोखेबाजी नहीं है? जो जाति कई कठिनाइयों से जकड़ी हुई है, उसके साथ उदार बर्ताव न करना हो तो कम-से-कम न्याय का बर्ताव हासिल करने का उसका हक़ है या नहीं? भारत की केन्द्रीय कमेटी ने भी

दलित वर्ग पर अन्याय करके उन्हें सिर्फ उनकी जनसंख्या के अनुपात में प्रतिनिधित्व दिया है।

6. प्रारम्भ से ही केन्द्रीय कमेटी के दरवाजे दलित वर्ग के लिए कभी खुले नहीं रखे गए। बल्कि 1921 में जब जनसंख्या के आधार पर उसका पुनर्गठन किया गया तब भी उसमें दलित वर्ग को मौका नहीं दिया गया। 1926 तक 150 सदस्यों वाली विधानसभा में दलित वर्ग को सिर्फ एक सीट देने की मेहरबानी की गई। राज्यसभा तो आज भी उनके लिए बन्द है। केन्द्रीय विधानसभा में दलित वर्ग को प्रतिनिधित्व मिले इसलिए साइमन कमीशन ने कुछ प्रयास किया था फिर भी उनकी योजनाएँ सिर्फ विधानसभा तक ही सीमित हैं, वह राज्यसभा तक नहीं पहुँचीं। इस मामूली हमदर्दी के लिए मैं उनका आभारी होने के बावजूद भी उनके इस क्रूर बर्ताव के लिए उनसे मेरी शिकायत है। साइमन कमीशन की नियुक्ति होने के दरमियान दलित वर्गों में से कई लोगों को विधानसभा में लिया गया है। और सरकार तथा देश के सभी इलाकों से सभी ने इस तरह का ढोल बजाया है कि दलित वर्ग की जनसंख्या प्रत्यक्ष जनगणना में दिखाई देनेवाली जनसंख्या से ज्यादा है। जनगणना की कम-से-कम संख्या को लिया जाए तब भी साइमन कमीशन के अनुसार दलित वर्ग की जनसंख्या बीस प्रतिशत है। किन्तु साइमन कमीशन ने विधानसभा में सीटें देते समय सिर्फ आठ प्रतिशत से ज्यादा सीटें देने से इनकार किया, और राज्यसभा में तो एक भी सीट नहीं दी गई।

7. साइमन कमीशन ने अपने हक़ों के और आवश्यकताओं के महत्त्व को इतने व्यवस्थित ढंग से क्यों नकारा, यही बात मेरी समझ में नहीं आ रही है। हममें से हर किसी की यह अपेक्षा है कि साइमन कमीशन को दलित वर्ग के बारे में सिर्फ न्याय की भूमिका ही नहीं बल्कि उदार भूमिका निभानी चाहिए। इस तरह का उदार दृष्टिकोण न अपनाने का कोई कारण नहीं है। किसी अल्पसंख्यक जमात की राजनिष्ठा के बारे में संविधान बनाते समय उनको कौन-से हक़ मिलेंगे इसके बारे में मुझे फिलहाल कोई अंदाजा नहीं है। किन्तु भारत में जब यह हक़ प्रदान करते समय राजनिष्ठा को आधार बनाया जा रहा है तब दलित वर्ग की राजनिष्ठा असीम है, ऐसा कहने में कुछ गलत नहीं है। उन्होंने अंग्रेजी सत्ता को एकमात्र सत्ता समझकर उससे प्रेम नहीं किया बल्कि इस देश से उन्होंने स्वाभाविक प्रेम किया है। फिर भी दलितों के साथ ज्यादा उदार व्यवहार किया जाए, इस माँग के पीछे उनकी असहाय स्थिति ही सही तर्क है। भारत की कोई भी दूसरी अल्पसंख्य जमात जो इतनी बुरी हालत में है, जो दबाई गई है, और दुर्बल है और कोई दूसरी नहीं है। उनकी आवश्यकताएँ इतनी ज्यादा और इतनी मामूली किस्म की हैं कि भारत स्वयंशासित राष्ट्र बने, इस तरह की माँग करना उनके लिए जरूरी है। जिस जमात पर इतना अन्याय किया गया उसके साथ वास्तव में बहुत ही उदार व्यवहार किया जाना चाहिए। किन्तु साइमन कमीशन द्वारा दलित वर्ग के साथ उदारता का व्यवहार नहीं किया गया, बल्कि उसे मामूली न्याय भी नहीं मिला। कोई ऐसा भी पूछ सकता है कि लार्ड बर्कनहेड ने साइमन कमीशन की नियुक्ति का प्रस्ताव पार्लियामेंट में पेश करते समय जो

भावनाएँ व्यक्त की थीं उनका क्या हुआ? तब यह बताया गया कि 'हम दलित वर्ग के विश्वस्त (ट्रस्टी) हैं और उनके संरक्षण की पर्याप्त व्यवस्था किए बगैर हम उन्हें दूसरों के हाथों में नहीं सौंप सकते।' इन गम्भीर भावनाओं की पूर्ति क्या साइमन कमीशन की सिफारिशों में होती है? सज्जनो, हम लोगों के साथ दूसरे लोग किस प्रकार का बर्ताव कर रहे हैं, उससे हमें होशियार रहना चाहिए। मुझे अब ऐसा डर है कि अंग्रेज अपने बदतर हालात का जो प्रचार कर रहे हैं वह हमारी बदनसीबी की हालत को दूर करने के लिए नहीं बल्कि यह प्रचार भारत के स्वराज की राह रोकने के लिए उपयोगी दिखाई देने की वजह से वे करते होंगे। ऐसी हालत में हमारे लिए अंग्रेजों ने कुछ किया इस बारे में हड़बड़ाने की बजाय और भविष्य में अपना क्या होगा इसकी बेफिजूल चिन्ता करने के बजाय, अपने नेताओं को निर्भय होकर यह आग्रह करना चाहिए कि हम लोगों के साथ उदारता का न सही किन्तु उचित बर्ताव किया जाना चाहिए। और यह उनकी जिम्मेदारी है। क्योंकि हमारी हालत इस प्रकार की है इसलिए हमें ऐसा हक़ है।

## *दलित वर्ग और स्वराज्य*

1. भविष्य के स्वयंशासित भारत में हमें किस प्रकार के संरक्षण सुविधाओं की और गारंटी की आवश्यकता है इस बारे में मैंने पर्याप्त जानकारी दी है, ऐसा मुझे लगता है। फिर भी इस परिषद् के सामने जो विषय हैं वे यहीं समाप्त नहीं होते। फिलहाल देश में जो राजनीतिक आन्दोलन चल रहा है, उसके बारे में इस परिषद् ने सोचा नहीं और उस पर अपनी राय व्यक्त नहीं की तो उसका उद्‌देश्य सफल हुआ, ऐसा नहीं कहा जा सकता। इंडियन नेशनल कांग्रेस की कलकत्ता में दिसम्बर, 1928 में आयोजित परिषद् में ब्रिटिश पार्लियामेंट में पेश करने के लिए अन्तिम नोटिस के रूप में एक प्रस्ताव मंजूर किए जाने की बात से आप लोग वाक़िफ होंगे ही। इस प्रस्ताव में यह माँग की गई है कि दिसम्बर, 1929 के भीतर भारत को ब्रिटिश साम्राज्य के तहत सार्वभौम राष्ट्र का दर्जा दिया जाना चाहिए। और इस काम में ब्रिटिश पार्लियामेंट असफल रही तो भारतीय कांग्रेस के उद्‌देश्यों में परिवर्तन करके पूर्ण स्वराज्य की माँग की जाएगी, इस प्रकार की धमकी भी दी गई है। कांग्रेस के इस निर्णायक पत्र के जवाब में वायसराय को यह घोषणा करनी पड़ी कि भारतीय राज्य का दर्जा साम्राज्य के तहत सार्वभौम होना चाहिए, यही अंग्रेजों का भी उद्‌देश्य है। इससे कांग्रेस को सन्तोष नहीं हुआ। उनको इतना पर्याप्त नहीं लग रहा था कि, 'वह एक उद्‌देश्य होना चाहिए', बल्कि सार्वभौम राज्य का दर्जा तुरन्त दिया जाना चाहिए। और इसीलिए अब कांग्रेस का अधिवेशन दिसम्बर, 1929 में हुआ तब उसने अपना उद्‌देश्य भारत का स्वराज्य हासिल करना है, ऐसा प्रस्ताव मंजूर करके एक कदम आगे बढ़ाया। इस इंडियन नेशनल कांग्रेस के उद्‌देश्य के बारे में आपकी क्या राय है, इस बारे में आपको घोषित करना पड़ेगा। अपने दृष्टिकोण से हम स्वराज्य की माँग को खारिज भी कर सकते हैं। मुझे ऐसा लगता है

कि वह अव्यावहारिक है और देश की फिलहाल की स्थिति में उसके खतरनाक साबित होने की सम्भावना है। जिस देश के लोग एक राष्ट्रीयता की भावना से, एक संविधान और समान भविष्य से बँधे हुए होंगे वे ही स्वराज्य का खतरा मोल ले सकते हैं। ऐसी स्थिति से यह देश सैकड़ों मील दूर है, इस बात को कोई भी नकार नहीं सकता। साम्राज्य के तहत स्वयंशासन का उद्देश्य अच्छा है, ऐसा मुझे लगता है। क्योंकि उससे पूर्ण स्वराज्य के खतरों को टालकर हमें स्वयंशासित राष्ट्र के फायदे मिलते हैं, इसलिए हमें पूर्ण स्वतन्त्रता के उद्देश्यों को समर्थन नहीं देना चाहिए क्योंकि आज भी उसके बारे में कांग्रेसी लोगों के मन में भी गम्भीर सन्देह है।

2. किन्तु साम्राज्य के तहत स्वयं शासन के बारे में आपकी क्या राय है? क्योंकि वह भी एक तरह से (स्वराज्य के अर्थ में) जनता की, जनता के लिए स्थापित की गई सरकार होती है। इस सवाल पर निर्णय करते समय तुम लोगों को गम्भीरता से सोचना चाहिए। अंग्रेजों का इस देश में आना इस देश के लिए वरदान साबित हुआ है, इसमें कोई सन्देह हो नहीं सकता। इस खुशकिस्मती की सहायता के बगैर भारत की बौद्धिक जाग्रति और विकास इतनी तेजी से और इतना अधिक होता या नहीं इस बारे में मुझे सन्देह है। समानता, स्वतन्त्रता और भाईचारा आदि बुनियादी तत्त्वों से युक्त यूरोपियन संस्कृति के सम्पर्क के बगैर हिन्दू धर्म के कई सामाजिक गन्दे रीति-रिवाजों के बारे में उन्हें कभी शर्म नहीं आई होती क्योंकि वह उनके धर्म का तथा नीतिशास्त्र का एक अंग था। इन दो संस्कृतियों के इकट्ठा होने से भारतीयों को अंग्रेजों के विरोध की वजह से सामाजिक रूढ़ियाँ और सामाजिक कुप्रथाएँ नष्ट करने की गरज महसूस होने लगी। भारत में अन्य किसी ढंग से जो पुनर्संगठन सम्भव नहीं हो सकता था वह इस वजह से हो पा रहा है। अंग्रेजों के आगमन के बगैर एक शासन प्रणाली और सबके लिए समान कानून लागू होने की बड़ी सुविधा भारत को कभी हासिल न हुई होती। किसी भी देश के कल्याण के लिए कई छोटे-बड़े साधनों का होना जरूरी है बल्कि भारत के लिए उनका महत्त्व बहुत अधिक है। राष्ट्रीयता की भावना लगातार गहरी हुई है और उन्होंने राज्य की स्थिर बुनियाद तैयार की है। उन्होंने वाहनों, सड़कों, नहरों, रेलवे लाइनों आदि के क्षेत्र में ही परिवर्तन नहीं किए हैं, बल्कि उन्होंने देश को आधुनिक संस्कृति के संसाधनों से दूर रखा, ऐसा नहीं कहा जा सकता।

3. यह सच है किन्तु सवाल यह है कि यह किस परिवर्तन की वजह से सम्भव हो सका है? ब्रिटिश शासन के तहत भारतीय जनता एक तरह से पंगु बनती जा रही है और उसके विकास को रोका जा रहा है, इसमें कोई सन्देह नहीं। गोपालकृष्ण गोखले के शब्दों में कहें तो, 'हमें हर दिन नम्रता की भावना से जीना चाहिए। और अपने में जो ऊँचे हैं उन्हें झुकना चाहिए? स्वयंशासित राष्ट्रों के देशों में दिखाई देनेवाली आत्मसम्मान की भावना किसी भी भारतीय में नहीं दिखाई देती। जिस नैतिक बुनियाद पर स्वराज्य की माँग की गई वह शायद आपको पसंद नहीं आएगी, यही नहीं किसी शैतान का धर्मग्रन्थों का उल्लेख करके अपना स्वार्थ साध लेने की तरह इन सरमाएदार

लोगों द्वारा स्वतन्त्रता की माँग पर आपको आश्चर्य भी होगा और यह बात मजाक भी लगेगी। लोगों के नैतिक बल की ओर देखा जाए तो भारत को ब्रिटिशों का साम्राज्य बड़ा महँगा पड़ा, इसमें कोई सन्देह नहीं। यह बात भी शायद आपको पसन्द नहीं आएगी और आप कहेंगे कि इस देश में शान्ति और सुरक्षा बरकरार रखने के बदले में चाहे किसी भी प्रकार की कीमत चुकानी पड़े तब भी वह कम होगी। लेकिन मुझे लगता है जो बात आपको पसन्द आएगी वह बात है, इस देश के लोगों की दरिद्रता। दुनिया के किसी भी भाग में इतनी दरिद्रता नहीं है जितनी कि भारत में है। उन्नीसवीं सदी के पहले 25 सालों में अंग्रेजों के राज में यह सच्चाई साबित हुई। उस समय करीबन दस लाख लोगों की जान लेनेवाले पाँच अकाल पड़े। दूसरे 25 सालों में दो अकाल पड़े और उसमें करीब चार लाख लोग मरे। तीसरे 25 सालों में छह अकाल पड़े और उसमें मरे हुए लोगों की संख्या पचास लाख थी। इस सदी के आखिरी 25 सालों में हमें क्या दिखाई दे रहा है? अट्ठारह अकाल और उसमें मरनेवालों की संख्या एक करोड़ पचास लाख से दो करोड़ साठ लाख तक है। एक साल में सरकार के भिक्षागृहों में रखे गए साठ लाख लोग इनमें शामिल नहीं हैं। सज्जनो, इसका कारण क्या हो सकता है? इसका कारण साफ शब्दों में कहें तो इस देश में अंग्रेजों ने जो सरकारी नीति अपनाई है, वही है। इस देश के व्यापार और कारखानों का विकास रोकने की नीति हमेशा अपनाई गई है। यह सिर्फ तर्क पर आधारित दोष नहीं है। बल्कि भारत की सत्ता इस प्रकार से चलती रहे कि भारत हमेशा के लिए ब्रिटिशों का ग्राहक बना रहे। यह ब्रिटिशों की सत्ता का बुनियादी सूत्र था। इस नीति की वजह से ही भारत युगों-युगों तक गरीब देश बना रहा। दरिद्र बनाने की इस प्रक्रिया में मुख्य रूप से कौन लोग थे? दलित वर्ग के जिन किसानों को साल में छह महीने भी भरपेट खाना नहीं मिलता वे लोग इसमें ज्यादा संख्या में बलि चढ़े होंगे। उनकी दरिद्र स्थिति अकाल में बलि चढ़ने के अनुकूल तो थी ही, वही अकाल के सबसे अधिक ग्रास बने होंगे। यदि वे तुम्हारे लोग होंगे, तो उनके बारे में यदि आप लोगों की वास्तविक हमदर्दी होगी तो आप लोग आँख मूँदकर नहीं रह सकते। मन को पीड़ा पहुँचानेवाली सच्चाई के प्रति आप उदास नहीं रह सकते। सज्जनो, अंग्रेजों ने सड़कें बनवाईं, नहरें बनवाईं, रेलमार्ग बनवाए, डाकघरों से मनीआर्डर भिजवाने की स्थिर व्यवस्था की, भूगोल और खगोलशास्त्र की नई संकल्पनाएँ प्रसूत कीं या आपसी कलह रुकवाए, इसीलिए आप लोग अंग्रेजों की सिर्फ प्रशंसा नहीं कर सकते। उन्होंने सुरक्षा और सुव्यवस्था स्थापित की इसलिए वे प्रशंसा के पात्र हैं। किन्तु सज्जनो, दलित वर्ग के लोग तथा सभी वर्ग के लोग सिर्फ सुरक्षा और सुव्यवस्था से नहीं जीते, वे रोटी से भी जीते हैं; इस बात को हम भूल नहीं सकते। जीवन की इस सच्चाई को देखते हुए जो सरकार देश का आर्थिक विकास कर सके और भौतिक जीवन में परिवर्तन ला सके ऐसी सरकार की माँग करना दलित वर्ग के लिए जरूरी है। लोगों की दरिद्रता का कारण उत्पादन की न्यूनता है। और जो उत्पादन होता है उसका भी समान वितरण नहीं होता है, इस तरह का सवाल आपमें से कोई पूछ सकता है। मैं यह पहले ही स्वीकार करता

हूँ कि इस देश की गरीब मजदूर जनता से यहाँ के बड़े पूँजीपति और जमींदार लोग जो पैसा जबर्दस्ती वसूल करते हैं, इस ओर ध्यान दिया गया तो लोग साल भर अंग्रेजों की जो प्रशंसा करते हैं, वह एकदम फीकी पड़ जाएगी। फिर भी इन शोषण करनेवाले पूँजीपतियों के और जमींदारों के अमानवीय उत्पीड़न से ब्रिटिश सरकार से लोगों को मुक्त करना चाहिए। इस तरह की अपेक्षाएँ आप कैसे कर सकते हैं, यह मेरी समझ में नहीं आ रहा है। हम लोगों को एक बात ध्यान में रखनी चाहिए कि प्रो. डायंसी के मुताबिक कोई भी सरकार फिर वह कितनी भी शक्तिशाली क्यों न हो, उसकी दो बातों की सीमाएँ होती हैं। पहली सीमा आन्तरिक होती है और वह राज्यकर्त्ताओं के स्वभाव पर, उद्देश्यों पर और हितसम्बन्धों पर निर्भर होती है। जब ब्रिटिश सरकार भारतीय समाज में जो शक्तियाँ प्रचलित हैं उनको उत्साहित नहीं कर रही है तो इसका मतलब ऐसा करना उनके उद्देश्यों के विरोध में है। वे शिक्षा के बारे में उदासीन हैं और उनका स्वदेशी के विरोध में होने का कारण यही है कि वे उसे समर्थन नहीं दे सकते, ऐसी बात नहीं है। उस तरह से करना उनके स्वभाव के उद्देश्यों के और हितसम्बन्धों के विरोध में है। राज्यकर्त्ताओं पर जिन दूसरी बातों का बन्धन होता है वह यह कि उन्हें इसका बाहर से प्रतिकार होने का डर रहता है। भारतीय समाज के जीवनमूल्य नष्ट करनेवाले सामाजिक दोषों की गम्भीरता क्या अंग्रेज राज्यकर्त्ताओं को मालूम नहीं है? क्या सरकार को यह मालूम नहीं कि भारत का जमींदार यहाँ की जनता का शोषण करके उसे तबाह कर रहा है? क्या सरकार को यह मालूम नहीं कि भारत के पूँजीपति मजदूरों को जीवन निर्वाह के लिए जितनी मजदूरी आवश्यक है और जितनी सुविधाएँ आवश्यक हैं, उतनी मजदूरी और सुविधाएँ नहीं देते? यह सारी बातें सरकार को अच्छी तरह मालूम हैं। लेकिन उन्हें छूने की हिम्मत अंग्रेज सरकार ने अभी भी नहीं की है। आखिर क्यों? क्या उनको वे नष्ट करने के कानूनी अधिकार नहीं थे इसलिए? ऐसा बिल्कुल नहीं है। उन्होंने इस सम्बन्ध में कोई हस्तक्षेप नहीं किया इसकी वजह यही है कि उन्होंने यदि मौजूदा सामाजिक और आर्थिक स्थिति को सुधारने का प्रयास किया तो उसका प्रतिकार होगा, इस प्रकार का डर उनके मन में था। फिर क्या ऐसी सरकार का किसी के लिए कोई उपयोग हो सकता है? इस तरह से इन दो बातों से पंगु सरकार से क्या किसी का कोई भला हो सकता है? इस तरह की पंगु सरकार की सत्ता में जीवन पूरी तरह से जैसा था वैसा ही रहेगा, इसमें कोई सन्देह नहीं। लेकिन जो देश की भलाई के लिए अपनी अविभाजित निष्ठाएँ जता सकें ऐसे लोग अधिकार में हों, ऐसी सरकार चाहिए। हमें ऐसी सरकार चाहिए जिसमें व्यक्ति को आज्ञापालन की भावना कहाँ समाप्त होती है और प्रतिकार कब शुरू होता है, इसकी जानकारी हो। जो सरकार जरूरी न्याय, आर्थिक और सामाजिक सुधार करने में डरे नहीं। इस भूमिका को निभाने के लिए अंग्रेज सरकार कभी समर्थ नहीं हो सकती। इसलिए लोगों की लोगों के लिए और लोगों द्वारा चलाई जानेवाली सरकार का मतलब दूसरे शब्दों में स्वजनों की सरकार से ही यह सम्भव हो सकता है।

4. आप अपने सीमित उद्देश्यों तक ही इस सवाल पर सोचिए। अंग्रेजों के यहाँ

आने से पहले अछूतपन की वजह से तुम्हारी स्थिति बहुत खराब थी, फिर अंग्रेज सरकार ने आपका अछूतपन समाप्त करने के लिए कुछ किया है? यहाँ अंग्रेजों के आने से पहले आप कुएँ से पानी नहीं निकाल सकते थे। फिर अंग्रेज सरकार ने आपका यह हक़ स्थापित करने के लिए क्या कुछ किया है? यहाँ अंग्रेजों के आने से पहले आप लोग किसी मन्दिर में नहीं जा सकते थे। क्या अब आप वैसा कर सकते हैं? यहाँ अंग्रेजों के आने से पहले आप मामूली पुलिस की नौकरी नहीं पा सकते थे। क्या आज अंग्रेज सरकार आपको पुलिस की नौकरी में भर्ती करवा रही है? यहाँ अंग्रेजों के आने से पहले आपको फौज में नौकरी पाने की इजाजत नहीं थी। क्या वह सुविधा आज आपको प्राप्त है? सज्जनो, इनमें से किसी भी सवाल का आप स्वीकारात्मक जवाब नहीं दे सकते। जिन्होंने इस देश पर इतने लम्बे समय तक राज किया उन्हें कुछ न कुछ अच्छी बातें करनी चाहिए थीं। लेकिन आपकी स्थिति में निश्चित तौर पर कोई बदलाव नहीं दिखाई दे रहा है। जिन बातों से आपका सम्बन्ध है उसके बारे में अंग्रेजों के यहाँ आने से पहले जो स्थिति थी उसी स्थिति को उन्होंने जस का तस बड़ी ईमानदारी के साथ कायम रखा है। किसी ने एक बार एक चीनी टेलर के पास नया कोट सिलवाने के लिए दिया और नमूने के लिए उसे पुराना कोट दिखाया। टेलर ने गर्व से उस नमूने के आधार पर पट्टी, चीरे आदि सब लगाकर नया कोट सिल दिया। उसी तरह अंग्रेजों के काल में अंग्रेजों ने तुम्हारी समाज रचना के सभी दोषों के छेद और वर्णव्यवस्था की चद्दरों को ठीक करने की बजाय जैसी थी वैसी ही रहने दिया है। और इससे आगे जाकर मैं यह कहूँगा कि अंग्रेजों की सारी शक्ति के बारे में सोचा जाए तो तुम्हारी शिकायतें दूर करने और यहाँ की समाज संरचना में परिवर्तन करने की हैसियत अंग्रेजों की नहीं है। जब तक शासनसत्ता आप लोगों के हाथों में नहीं आती तब तक आप लोग अपने दुख को समाप्त नहीं कर सकते। जब तक यहाँ ब्रिटिशों की सत्ता है और जब तक वह बरकरार रहेगी तब तक आप लोगों के हाथों में शासनसत्ता का हिस्सा नहीं आ सकता। इसीलिए स्वराज्य के संविधान में तुम लोगों को शासनसत्ता का कुछ हिस्सा मिलने की सम्भावना है और उसके बगैर तुम अपने लोगों को मुक्ति नहीं दिला सकते। अपने देश के बहुसंख्यक लोगों के हाथ में स्वराज्य का मतलब शैतानों का बाजार है, इस बात को भी मैं जानता हूँ। हमारे देश के लोगों ने दलित वर्ग पर पेशवाई के जमाने में जो अन्याय, जुल्म और ज्यादतियाँ कीं वे मुझे याद हैं। और भावी स्वराज्य में उसी प्रकार के जुल्म इन लोगों पर होंगे, इस बात का भी मुझे डर है। लेकिन सज्जनो, कुछ पल के लिए यदि आपने अपना भूतकाल भूल जाने का प्रयास किया, और भावी स्वराज्य के कुछ वर्गों से आम जनता का संरक्षण करनेवाले संविधानात्मक संरक्षण सुविधाओं के बारे में आपने सोचा तो भावी स्वराज्य शैतानों का बाजार होने की बजाय तुम्हारी हाथों में सत्ता आने की सम्भावना तुम्हें दिखाई देगी। और दूसरों की तरह तुम भी इस देश के सार्वभौम राज्यकर्त्ता होगे। आप भूतकाल के भूत को अपने ऊपर सवार मत होने दीजिए। अपने निर्णय को किसी भी डर या उपकार से प्रभावित मत होने दीजिए। अपने कल्याण की

बात सोचिए। मेरा पूरा यकीन है कि स्वराज्य ही तुम्हारा सही लक्ष्य है, और उसे आप प्राप्त करेंगे।

5. इस तरह की विचारधारा आपको मंजूर हो तो भारत की भावी सरकार के बारे में तुम लोग साइमन कमीशन की योजना को स्वीकार नहीं कर सकते। मैं कमीशन की रिपोर्ट का विस्तार से परिचय नहीं देना चाहता और उसमें समय भी ज्यादा लगेगा। कमीशन द्वारा सुझाई गई योजना में देश की सरकार का दायित्व कितना है, इतनी-सी बातों की ओर आपका ध्यान आकर्षित करना मैं पर्याप्त मानता हूँ। केन्द्रीय सरकार के कार्यकारी मंडल की (मन्त्रिमंडल की) स्थिति में कमीशन ने किसी भी प्रकार का कोई बुनियादी परिवर्तन नहीं सुझाया है। यह कार्यकारी मंडल फिलहाल जैसा है वैसा ही आगे भी गैरजिम्मेदार रहेगा। प्रदेशों का कार्यकारी मंडल विधानसभा के प्रति उत्तरदायी बनाने का प्रयास किया गया है। किन्तु उस पर गवर्नर की सत्ता की बंदिशें लगाई गई हैं और आपातकाल की स्थिति में जो कार्यकारी मंडल विधानसभा के प्रति जिम्मेदार नहीं होगा तो उसे नियुक्त करने का अधिकार गवर्नर को दिया गया है। और इस तरह से किसी भी विभाग को गवर्नर अपने हाथ में ले सकता है। सज्जनो, साइमन कमीशन की इस योजना पर मैं सिर्फ एक ही प्रतिक्रिया व्यक्त करना चाहता हूँ। इस समस्या को देखने के दो पहलू हैं। पहला यह कि भारत की केन्द्रीय विधानसभा को और प्रदेश की विधानसभाओं को कार्यकारी मंडल के कितने अधिकार किस मात्रा में दिए जाने चाहिए। दूसरा यह कि कार्यकारी मंडल को केन्द्रीय या प्रदेश की विधानसभाओं के कितने अधिकार होने चाहिए। इन दो बातों में साइमन कमीशन ने पहली बात को पहले ही स्वीकार किया है। यदि ऐसा है तो हर बात का दायित्व निश्चित किया जाना चाहिए था। प्रदेश कार्यकारी मंडल को पूरी तरह से उत्तरदायी क्यों नहीं बनाया गया, इसका कोई कारण मुझे दिखाई नहीं दे रहा है। और फौजी विदेशी व्यवहार को अलग रखें तो केन्द्रीय मन्त्रिमंडल को भी उत्तरदायी बनाना अधिक मुश्किल नहीं है, ऐसा मुझे लगता है।

6. आपमें से कुछ लोग कह सकते हैं कि दिल्ली अभी बहुत दूर है। दलित वर्ग को फिलहाल अपने आपको प्रदेश तक ही सीमित रखना चाहिए। मैं ऐसे लोगों से यह कहना चाहता हूँ कि उन्हें अपने प्रदेश या केन्द्रीय मन्त्रिमंडल के उत्तरदायित्व के बारे में अपनी राय बनाते समय दो बातों को ध्यान में रखना चाहिए। पहली बात यह है कि दलित वर्ग के साथ-साथ सभी लोगों का कल्याण अधिक व्यापकता से और सघनता से प्रदेश सरकार की बजाय देश की केन्द्रीय सरकार पर निर्भर है। और इसीलिए इस केन्द्रीय सरकार का काम कैसे चलेगा, ठीक से चलेगा या नहीं, इसी बात पर इस देश के लोगों का विकास निर्भर है। विधानसभा के प्रति उसकी कितनी हमदर्दी है, इसी बात पर उसकी कार्यक्षमता तय होगी। इस दृष्टि से आपको यदि देशों के लोगों का नैतिक और भौतिक विकास देखना है तो आप लोग केन्द्रीय सरकार के उत्तरदायित्व के बारे में बेफिक्र नहीं रह सकते। किन्तु यही निर्णय करनेवाला एक और भी दृष्टिकोण है।

सुरक्षा और सुव्यवस्था के बारे में प्रदेश सरकार हमेशा ही केन्द्रीय सरकार की जिम्मेदार प्रतिनिधि के रूप में रहेगी। इन दोनों को एक-दूसरे की मदद से कार्य करना हो तो इन दोनों को एक ही अधिकारी की ओर से आज्ञाएँ मिलनी चाहिए। प्रदेश कार्यकारी मंडल प्रदेश विधानसभा के प्रति उत्तरदायी होने की वजह से केन्द्रीय मन्त्रिमंडल के आदेशों का पालन करने के लिए बाध्य नहीं होगा। क्योंकि, केन्द्रीय मन्त्रिमंडल को इस योजना में केन्द्रीय विधानसभा के प्रति उत्तरदायी नहीं बनाया गया बल्कि उसे देश के सेक्रेटरी के प्रति उत्तरदायी बनाया गया है। और ऐसी स्थिति में आपातकाल में देश का शासन पूरी तरह दुर्बल साबित होने की सम्भावना है। इसलिए आपको पसन्द हो, या न हो आप प्रदेश मन्त्रिमंडल का उत्तरदायित्व ऐसी स्थिति में केन्द्रीय मन्त्रिमंडल को नहीं सौंप सकते।

## *दलित वर्ग और असहयोग*

1. सज्जनो, जब हम लोग आरक्षित स्थानों के साथ साम्राज्य के तहत स्वराज्य के उद्देश्यों का समर्थन कर रहे हैं तब महात्मा गांधी के द्वारा मार्च महीने से इस देश में जो असहयोग आन्दोलन चलाया जा रहा है उसमें सम्मिलित होना हमारी जिम्मेदारी है? इस सवाल पर आप लोगों को अपनी भूमिका स्पष्ट करनी चाहिए। सभी उदारवादी लोगों ने इस आन्दोलन को इसलिए दोष दिया है कि यह आन्दोलन प्रामाणिक नहीं है। यह तर्क मुझे पसन्द नहीं है, इस बात को मुझे कबूल कर लेना चाहिए। तुम्हारा मन्दिर-प्रवेश का आन्दोलन अप्रामाणिक है, इस तरह से यदि पुराणमतवादी लोग कहने लगे तो आप इसका क्या जवाब देंगे? इस तरह से सीधी कार्यवाही करने के बजाय पुराणमतवादी लोगों से अर्जी-विनती करना ज्यादा कानूनी है या सीधे-सीधे कानून बदलने का प्रयास करना; क्या कानूनी दृष्टि से एक जैसा है? आपकी स्वतन्त्रता की लड़ाई में पुराणमतवादी लोगों के साथ शुरू किए गए आन्दोलन में यदि तुम्हारे साधनों पर इस तरह से कोई पाबन्दी लगाई गई तो क्या आपको अच्छा लगेगा? मुझे लगता है कि यदि कोई स्वीकृत संवैधानिक मार्ग पहले से ही तैयार हो तो आप संवैधानिक मार्ग का उपदेश दे सकते हैं। किन्तु जहाँ इस प्रकार का संविधान ही न हो वहाँ संवैधानिक मार्ग के उपदेश देने के लिए बहुत कम लोग तैयार होंगे? यह विचार अंग्रेजों के लिए भी नया नहीं है। क्योंकि अल्स्टर आन्दोलन क्या असहयोग का आन्दोलन नहीं था? और अंग्रेजों में से कई बड़े-बड़े राजनीतिज्ञों ने उसे क्या समर्थन नहीं दिया था? अपने हितसम्बन्धों की दृष्टि से वह सही और समुचित है या नहीं, यह सवाल ही यहाँ महत्त्वपूर्ण है। इस असहकार के आन्दोलन का मैं विरोध करता हूँ क्योंकि इसके कारक समुचित नहीं हैं, ऐसी मेरी मान्यता है। साम्राज्यशाही में दोष है फिर भी ब्रिटिश साम्राज्य ने भारत के लोगों के विकास के दरवाजे खुले रखे हैं, ऐसा माननेवाला मैं अकेला ही हूँ, ऐसी बात नहीं है। भारत में प्रस्थापित सरकार से विश्वासघात न करना मेरी अनिवार्य

जिम्मेदारी है, ऐसा माननेवाले गाँधी का यही दृष्टिकोण है। यह केवल ब्रिटिश साम्राज्य की नीति थी ऐसी बात नहीं है। भारत के स्वयंशासन के विकास के लिए प्रदेश सत्ता की जिम्मेदारी को 1920 में ही लोगों के हाथ में देकर उसने अपना उद्देश्य वास्तव में अमल में लाने का प्रामाणिक प्रयास भी किया है। शायद आदर्श की तुलना में हक़ीकत बिल्कुल मामूली होगी, शायद लक्ष्य को हासिल करने के लिए दौड़-धूप करने की गति एकदम कम होगी, किन्तु अंग्रेज सरकार की तय की गई नीति के विरोध में वह काम करती रही क्या ऐसा कहा जा सकता है? यदि उचित उद्देश्यों के विरोध में उनका बर्ताव हो तो असहयोग आन्दोलन समुचित है, ऐसा कोई भी समझ सकता है। किन्तु उस तरह होने की बजाय वायसराय की घोषणा द्वारा ब्रिटिशों ने अपना उद्देश्य साम्राज्य के तहत स्वराज्य देने की बात पुनः साफ शब्दों में व्यक्त की है और उस लक्ष्य को जल्दी से जल्दी अमल में लाया जाए इसलिए भारतीयों को गोलमेज परिषद् का मौका देकर स्वराज्य के बारे में विचार-विमर्श करके निर्णय लेने का रास्ता खुला कर दिया। साम्राज्य के तहत स्वराज्य की माँग करनेवालों की दृष्टि से उसमें कई दोष हैं, यह बात सही है। किन्तु कांग्रेस ने गोलमेज परिषद् को नकार दिया उसका यह कारण नहीं है। वायसराय या ब्रिटिश मन्त्रिमंडल से किसी आश्वासन या समझौते के लिए या अन्य किसी उद्देश्य के लिए झगड़ा बेकार नहीं है, लेकिन अनावश्यक है, ऐसा दिखाई देता है। क्योंकि इस प्रकार का समझौता होना या न होना यह भारतीयों की संगठित आवाज पर निर्भर है और यदि उपनिवेशों के स्वराज्य के लिए हम सभी भारतीयों की आवाज एक हो सके तो उसका परिणाम निश्चित तौर पर ब्रिटिश पार्लियामेंट पर पड़ेगा। वह कुछ भी हो, किन्तु कांग्रेस ने यदि गोलमेज परिषद् का निमन्त्रण स्वीकार किया होता तो हमारा कुछ भी नुकसान नहीं हुआ होता। उसमें शायद असफलता भी मिली होती फिर भी कांग्रेस को अपना असहयोग का कार्यक्रम सिर्फ एक साल के लिए आगे बढ़ाना पड़ता और उसमें उसका कोई नुकसान नहीं होनेवाला था बल्कि होता तो लाभ ही होता। क्योंकि गलत कारणों के लिए हो या सही कारणों के लिए हो, आज जिनकी अंग्रेज सरकार पर श्रद्धा है उसका भ्रम सभी के मन से नष्ट हो जाएगा। इन सभी बातों पर गहराई से सोचने के बाद यह कोई भी कह सकता है कि ऐसे समय में कांग्रेस ने सविनय अवज्ञा आन्दोलन शुरू करके और गोलमेज परिषद् द्वारा दी गई शान्ति के साथ बातचीत करने का मौका नकारकर बहुत बड़ी गलती की है, ऐसा कोई भी कह सकता है।

2. मैं इस सविनय अवज्ञा आन्दोलन का समर्थन नहीं कर सकता। इसका दूसरा कारण यह है कि हमारे हितसम्बन्धों के संरक्षण और सुरक्षा के दृष्टिकोण से उसका कोई मेल नहीं है, ऐसी मेरी राय है। सविनय अवज्ञा आन्दोलन जनता का आन्दोलन है और यह ऐसा आन्दोलन है जो जबर्दस्ती चलाया जा रहा है। यह असन्तोष पैदा करनेवाला आन्दोलन है और यदि उसे बड़े पैमाने पर शुरू किया गया तो उससे क्रान्ति की स्थितियाँ पैदा होने की सम्भावना है। कोई भी क्रान्ति सफलता की दृष्टि से बहुत ही अनियत होती है फिर वह खूनी क्रान्ति हो या बगैर खून बहाए की गई क्रान्ति हो, उससे कोई

फर्क नहीं पड़ता। इस प्रणाली में हंगामा खड़ा होने की और भयंकर मुसीबतें पैदा होने की बड़ी सम्भावना होती है। हमारे सामने फ्रेंच राज्यक्रान्ति का उदाहरण है। उसका बनावटी उद्देश्य लोकतन्त्र की स्थापना करना था किन्तु अन्त में उसका परिणाम अनिर्बन्ध हुक्मशाही में हुआ। कई बार क्रान्ति अनिवार्य भी हो जाती है। जिस प्रकार विजय की वजह से सत्ता एक वंश के हाथ से दूसरे वंश के हाथ में, या दूसरे राष्ट्र के हाथ में जाती है, उसी प्रकार ही क्रान्ति की वजह से सत्ता एक वर्ग के हाथ से दूसरे वर्ग के हाथ में जाती है। इस प्रकार के बनावटी परिवर्तन से हमारी समस्या का समाधान नहीं होगा, इस बात का मुझे यकीन है। भारतीय समाज में फिलहाल जो शक्तियाँ सक्रिय हैं, उसमें राजकीय सत्ता के बँटवारे से सही सापेक्ष परिवर्तन हो, इस प्रकार का सत्तान्तरण हमें चाहिए। इसके लिए समझौते की आवश्यकता है। इस प्रकार का समझौता होने पर और उसकी प्रत्यक्ष कार्यवाही पर दलित वर्ग का भविष्य पूरी तरह निर्भर है। भारत की असली समस्या सिर्फ सरकार स्थापित करने की या स्वतन्त्रता प्राप्त करने की नहीं है बल्कि सही अर्थ में स्वतन्त्र शासनसत्ता स्थापित करने की है। और बर्क के शब्दों में कहें तो, "सही सरकार बनाने के लिए बहुत बड़ी समझ की आवश्यकता है। शासनसत्ता में स्थान निश्चित कीजिए, लोगों को अनुशासन की शिक्षा दो, तो मान लीजिए कि आपका काम सफल हो गया। सिर्फ स्वतन्त्रता देना तो बहुत आसान काम है। उसका मार्गदर्शन करने की कोई जरूरत नहीं है। उसमें सिर्फ शासनसत्ता छोड़ देने की आवश्यकता होती है। किन्तु वास्तव में स्वतन्त्र सरकार का निर्माण करना, मतलब स्वतन्त्रता के लिए तैयार सभी विरोधी शक्तियों की भावनाओं को समझते हुए सभी को इकट्ठा करना और एकराष्ट्रीयता के सूत्र में उन्हें पिरोना, यह कठिन काम है। उसके लिए गहन सोच और गम्भीर चिन्तन की आवश्यकता होती है।" और यह सवाल उचित समझौते का है। इसलिए सविनय अवज्ञा की जल्दबाजी से उसे हासिल करना सम्भव नहीं है, इस बात का मुझे पूरा यकीन है।

3. सज्जनो, इस सविनय अवज्ञा आन्दोलन को दलित वर्ग को अपना समर्थन नहीं देना चाहिए, ऐसा मुझे क्यों लगता है, इसके कुछ कारण हैं। बल्कि उनका कार्य गोलमेज परिषद् द्वारा प्रदान हुए शान्तिपूर्ण ढंग से ही ज्यादा आसान होगा। इसलिए इस गोलमेज परिषद् के लिए आपके विश्वसनीय और आपमें से उच्च योग्यतावाले ज्यादा से ज्यादा लोगों को निमन्त्रित किया जाना चाहिए, यह आप लोगों का आग्रह होना चाहिए।

## *दलित वर्ग का संगठन*

1. मेरे कई मित्रों ने मुझसे यह कहा है कि आपकी इस स्वतन्त्र नीति की वजह से दलित वर्ग का बहुत नुकसान हुआ है। उनका कहना है कि दलित वर्ग को ब्रिटिश सरकार और इंडियन नेशनल कांग्रेस इन दोनों में से किसी एक से दोस्ती करनी चाहिए। मैंने इस सवाल पर पुनः सोचा है, अब मेरा यकीन है कि इन दोनों से अलग रहने में ही दलित

वर्ग की सुरक्षा है। मैंने पहले ही कहा है कि साम्राज्य के तहत स्वराज्य का मैं विरोध नहीं कर सकता। क्योंकि अंग्रेज सरकार हमारी समस्या हल करने के लिए कभी भी सबल नहीं हो सकती, इस बात का मुझे पूरा यकीन है। किन्तु कांग्रेस में मिल जाने से अपना सवाल हल होने की दृष्टि से अपना विकास हुआ, यह कैसे कहा जा सकता है, यही मेरी समझ में नहीं आ रहा है। अब कांग्रेस अछूतपन का समर्थन नहीं करती और सम्पूर्ण जनता का प्रातिनिधिक संगठन करनेवाली वही एकमात्र संस्था है, ऐसा कहा जाता है। महात्मा गांधी वाली कांग्रेस ने अछूतपन की प्रथा का निषेध करनेवाला प्रस्ताव मंजूर किया है, इसमें कोई सन्देह नहीं। किन्तु उसे अमल में लाने के लिए कांग्रेस ने क्या कुछ किया है? अपनी विचारधारा का प्रचार करने के लिए कांग्रेस ने अपने सदस्यों के लिए खादी पहनने की शर्त रखी है। लेकिन अछूतपन न मानने के लिए कांग्रेस ने अपने सदस्यों के लिए शर्त क्यों नहीं लगाई? इस प्रकार की बातें आसानी से व्यवहार में लाई जा सकती थीं। सवर्ण सदस्य को अपने घर में किसी अछूत को नौकर रखकर या किसी अछूत लड़के को अपने घर में छात्र रखकर इस शर्त का आसानी से पालन किया जा सकता था। महात्मा गांधी ने अछूतपन उन्मूलन के लिए जो कुछ प्रयास किए उनका कुछ परिणाम दिखाई दे रहा है? उनका नैतिक समर्थन कितना भी बड़ा हो फिर भी उनका निजी प्रभाव और उनके खास साधनों को ध्यान में रखा जाए तो उन्होंने अपना उद्‌देश्य अमल में लाने के लिए बहुत अल्प प्रयास किए हैं। वे हर साल धागा बुनने के लिए निधि इकट्‌ठा करने के लिए फेरी निकालते हैं। फिर उन्होंने अछूतपन के विरोध में इस तरह से कोई मुहिम चलाई है? उन्होंने चरखे पर अपना जितना समय खर्च किया उसका दसवाँ हिस्सा भी इस कार्य पर खर्च नहीं किया है। वे हिन्दू और मुस्लिमों में एकता स्थापित हो इसलिए किस तरह से तीन सप्ताह के उपवास पर बैठे थे, इस बात को आप सभी जानते हैं। सवर्णों के मन में अछूतों के प्रति ज्यादा दयाभाव पैदा हो इसके लिए महात्मा गांधी ने क्या एक दिन का भी उपवास किया है? यदि ये बातें हुई होतीं तो किसी ने भी कांग्रेस के मंच को स्वीकार किया होता। लेकिन अछूतपन का कलंक दूर करने के लिए कांग्रेस ने कुछ ईमानदारी के प्रयास तो किए ही नहीं, बल्कि स्वामी श्रद्धानन्द ने कांग्रेस का त्याग सिर्फ इसीलिए किया कि कांग्रेस इस सम्बन्ध में दिखावा करने के अलावा कुछ भी करने के लिए तैयार नहीं है, इस बात को भी आप अच्छी तरह से जानते हैं। कांग्रेस ने जो प्रस्ताव मंजूर किया उसके आधार पर यदि किसी को कांग्रेस का असली स्वरूप देखना हो तो उसे कांग्रेस जनसामान्य के लिए है या नहीं, इसका निर्णय करने में जल्दबाजी नहीं करनी चाहिए। उसके आर्थिक प्रस्तावों में उच्च वर्ग और मध्यम वर्ग के हितसम्बन्धों की बात ही स्पष्ट होती है। उसके व्यापार सम्बन्धी प्रस्ताव का सम्बन्ध सिर्फ व्यापारी और कारखानेदारों (पूँजीपति) से ही सम्बन्धित है। इसमें कामगार वर्ग को नजरअंदाज किया गया है। जो संगठन सिर्फ एक-चौथाई या एक छटांश लोगों का काम करता है उसे यह दावा करना छोड़ देना चाहिए कि वह संगठन जनता का प्रातिनिधिक संगठन है। नमक के सत्याग्रह को कांग्रेस के कार्यक्रम में

सम्मिलित किया गया है इससे उसका असली चेहरा बदलता नहीं। नमक पर लगाए गए कर के विरोध में जोर-जोर से चिल्लाना यह राजनीतिक आन्दोलन का एक हिस्सा है। लेकिन जिस प्रकार हलवे का स्वाद बगैर खाए पता नहीं चलता उसी प्रकार नमक के सत्याग्रह के आन्दोलन में जनसामान्य दबाए न जाएँ इसलिए उच्च वर्ग के कन्धों पर कांग्रेस कब तक चलेगी, इस पर इस आन्दोलन का स्वाद निर्भर है। उसके पीछे की ईमानदारी सिर्फ समय ही बताएगा।

किन्तु जब निर्णय का समय आता है तब कई कांग्रेसवाले जनसामान्य का पक्ष लेने की बजाय, उच्चवर्णीय लोगों का ही पक्ष लेते हैं, इसके बारे में मुझे बिल्कुल सन्देह नहीं है। कांग्रेस का जनसामान्य के प्रति उदास और लापरवाह होना अनिवार्य है। क्योंकि कांग्रेस राष्ट्रवादी लोगों का प्रतिनिधित्व करती है, वह कोई राजनीतिक पार्टी नहीं है। इसलिए उसके कार्यक्रम और उसकी नीति फैली हुई होनी चाहिए। हर किसी को यह मालूम है कि किसी संगठन पर सभी के हितसम्बन्धों की कई प्रकार की जिम्मेदारी लाद दी गई तो सबके नाम पर वह सिर्फ कुछ ही लोगों की भलाई कर सकती है। और हित-सम्बन्धों में यदि कुछ विरोध पैदा हुआ तो दुर्बल लोगों को हवा में छोड़ दिया जाता है। इसलिए कांग्रेस को अपने कार्य की जिम्मेदारी सँभालनी चाहिए और जब इस तरह का विरोध हमारे प्रतिपक्ष से होनेवाला है तब उस स्थिति में हमारा पक्ष लेकर उसे हमारे लिए लड़ना चाहिए, इस तरह की उम्मीद हम कैसे कर सकते हैं, यही मेरी समझ में नहीं आ रहा है।

2. आपमें से जो लोग कांग्रेस की सेवा करने के लिए लालायित हैं उनकी ऐसी समझ है कि स्वराज्य प्राप्ति के बाद हमारी सेवा के मुआवजे के रूप में कांग्रेस हमारे अछूतपन को समाप्त करेगी। और यदि हमने उसकी सेवा नहीं की तो इस गुनाह के लिए वह हमें बाद में गुलामी में दबोच देगी। मुफ्त की मदद के लिए कोई मुआवजा नहीं देता और इसलिए उपर्युक्त विचारों पर मुझे अपनी राय देने की कोई आवश्यकता महसूस नहीं हो रही है। लेकिन एक बात स्पष्ट कर देनी जरूरी है, ऐसा मुझे लगता है। और वह बात यह है कि आप आज कांग्रेस की कितनी भी सेवा करो, लेकिन स्वराज्य प्राप्ति के बाद आपको इस कांग्रेस का खोजने से भी पता नहीं मिलेगा। उस समय हमें अपनी ही शक्ति पर निर्भर रहना पड़ेगा। क्योंकि कांग्रेस का लक्ष्य हासिल होने के बाद स्वराज्य के आगमन के साथ ही वह हवा में उड़ जाएगी। हैमिल्टन के शब्दों में कहें तो, "हमें यहाँ के जनतारूपी भयंकर पशु की नफरत से और बौखलाई हुई वासनाओं से दो-दो हाथ करने पड़ेंगे।" मुझे तो ऐसा भी डर है कि उनके नाम पर हमें अपने सारे प्रयास छोड़ देने चाहिए, यह कहा जाता है। महात्मा गांधी को यदि सामान्य आदमी को जितनी उम्र प्राप्त होती है, उससे ज्यादा उम्र प्राप्त हुई, और वे स्वराज के काल तक जिन्दा रहे तो वे भी इस 'भयंकर पशु' से अपनी सुरक्षा करने में असमर्थ होंगे।

3. यदि मेरे विचार सही हैं तो हम लोगों को अपने लिए अपना रास्ता तय करना

चाहिए, यही इसका सार है। इस प्रकार का रास्ता अपनाने में जो लोग डरते हैं उनके डरने की वजह मैं जानता हूँ। उन्हें कांग्रेस और सरकार इन दोनों से अलग भूमिका अख्तियार करने में खतरा पैदा होने का सन्देह है। और यह अपनी कमजोरी को ही कबूल करना है। दलित वर्ग को शासन शक्ति के आधार के बगैर स्वतन्त्र भूमिका देना, यह स्थिति कोई बहुत अच्छी नहीं है, इस बात को मैं स्वयं स्वीकार करता हूँ। लेकिन मैं आप लोगों से यह पूछना चाहता हूँ कि क्या सरकार या कांग्रेस इन दोनों में से किसी पर भी निर्भर रहने में हमारी भलाई होगी? कोई दल शक्तिशाली है इसलिए फिर उसमें हमारी कद्र हो या न हो, उनसे समझौता करना तो भिखारियों का रास्ता है और वह घिनौना आत्मसमर्पण है, कोई भी सभ्य आदमी इस बात को बर्दाश्त नहीं कर सकता। आज हमारे सामने सबसे बड़ा महत्त्वपूर्ण सवाल यह है कि दलित वर्ग का दूसरों पर प्रभाव हो इस तरह की शक्ति कैसे प्राप्त करनी चाहिए, और इस तरह से ऐसे मौके पर अपना कल्याण कैसे करना चाहिए। दलित वर्ग के आन्दोलन में दो महत्त्वपूर्ण बातों की कमी है, ऐसा मुझे लगता है। पहली बात यह है कि दलित वर्ग का जनमत साफ तौर पर नहीं दिखाई देता है। और दूसरी बात यह है कि दलित वर्ग द्वारा मिलकर आपस में विचार-विमर्श करके तय किए गए कोई साधन उसके पास नहीं हैं। अपने दुख जस के तस रहें इसका कारण है कि हमारी जबान सदियों तक बन्द रही। और हमारी जबान पर लगे ताले को खोलने का कोई प्रयास नहीं हुआ है, ऐसा मुझे लगता है। न्याय की दृष्टि से देखा जाए तो हम अपनी स्थिति के लिए सरकार या सुधारकों को भी दोष नहीं दे सकते। हमने जानबूझकर स्वयं को इस स्थिति में रखा है और उन्हें अपने दुख के बारे में किसी भी प्रकार की जानकारी दिए बगैर या उनके प्रयासों को समर्थन दिए बगैर हम लोग उन्हें बेमतलब दोष दे रहे हैं, इस बात को हमें कबूल कर लेना चाहिए। अपनी सभाओं में हमारे द्वारा पारित किए गए प्रस्ताव, हम लोगों द्वारा सरकार को भेजी गई माँगें, और अन्य जमातों द्वारा भेजी गई हमारी माँगों पर सरकार में गम्भीरतापूर्वक क्यों नहीं सोचा जाता, इस बात पर मैं गम्भीरतापूर्वक सोचता आ रहा हूँ। इससे मुझे पूरा यकीन हो गया है कि हम लोग आज भी सिर्फ किसी प्रदेश तक ही अपना आन्दोलन खड़ा कर सकते हैं। एक प्रदेश में चलाए गए आन्दोलन को दूसरे प्रदेश में समर्थन नहीं मिलता। लेकिन इस तरह का आन्दोलन सम्पूर्ण देश के केन्द्रीय संगठन ने चलाया होता तो उसे सचमुच सभी प्रदेशों में समर्थन मिला होता। मुझे लगता है दलित वर्ग को इस सम्बन्ध में सचेत होना चाहिए। और अखिल भारतीय स्तर पर एक संगठन खड़ा करके उसके द्वारा अपना सुनिश्चित आन्दोलन चलाना चाहिए। इसके लिए आज सबसे अच्छा मौका हमें मिला है। पिछले दो-तीन सालों से 'ऑल इंडिया डिप्रेस्ड क्लासेस एसोसिएशन' नाम की एक संस्था अस्तित्व में आई है। किन्तु इस संस्था के सिर्फ पदाधिकारी हैं, उसके पास अन्य सदस्य बिल्कुल नहीं हैं। यह एक सच्चाई है। मेरे प्रदेश में तो उसकी हालत निश्चित तौर पर इसी तरह की है। इस प्रकार की झूठी संकल्पना पर आधारित संस्था दलित वर्ग का किसी भी रूप में भला नहीं कर सकती। आप लोगों को जीती-जागती

वास्तविक संस्था खड़ी करनी चाहिए, और उसके कार्यकर्त्ताओं का जाल पूरे देश में फैलाकर और कई कार्यकर्त्ता इकट्ठा कर उसके द्वारा अपने दलित वर्ग की भावनाएँ व्यक्त करनी चाहिए। जैसाकि मैंने कहा है वैसा संगठन बनाने की दृष्टि से इसी सभा में एक संविधान तैयार करने के लिए आप लोगों ने एक छोटी-सी कमेटी बनाई तो बहुत अच्छा होगा। आप लोगों में यह एक सबसे बड़ी कमी है और उसे पूरा करने का काम तुरन्त करना चाहिए।

## *दलित वर्ग का उत्थान*

1. सज्जनो, मैंने जरूरत से ज्यादा समय तक बोलते हुए आप लोगों को यह बात बड़े आग्रह के साथ समझाने की कोशिश की है कि हम लोगों को राजनीतिक सत्ता पाने का पूरा प्रयास करना चाहिए। लेकिन दलित वर्ग के सभी रोगों की राजनीतिक सत्ता ही एकमात्र दवा नहीं हो सकती, इस बात को भी आपको ध्यान में रखना होगा। उनकी मुक्ति सामाजिक क्रान्ति में है, सामाजिक विकास में है। दलित वर्ग को अपने पुराने रीति-रिवाजों का त्याग कर देना चाहिए। उनके जीवन निर्वाह के जो गलत रास्ते होंगे उनको उन्हें छोड़ देना चाहिए। जीवन जीने की प्रणाली में परिवर्तन से तुम्हारा रहन-सहन इतना अच्छा होना चाहिए कि दूसरों में तुम्हारे प्रति सम्मान की भावना पैदा होनी चाहिए और तुम्हारे साथ दोस्ती करने की इच्छा पैदा होनी चाहिए। तुम लोगों को पढ़ा-लिखा होना चाहिए। केवल लिखने-पढ़ने को ज्ञान पर्याप्त नहीं है, हममें से कुछ लोगों को शिक्षा की ऊँचाइयों तक पहुँचना चाहिए। मतलब उनके साथ कदम मिलाते हुए सम्पूर्ण समाज का दर्जा ऊँचा उठेगा। हमें लोगों को 'जैसे रखा गया सदियों से वैसे ही रहिए' जैसी निराश करनेवाली आदतों को त्यागने के लिए प्रेरित करना चाहिए। क्योंकि जिस स्थिति में हम हैं उस स्थिति में सन्तोष न करने के स्वभाव से ही समाज का उत्थान होगा। और अन्तिम महत्त्वपूर्ण बात यह है कि अब दलित वर्ग में चेतना और उत्साह पैदा करना चाहिए जिससे उनके मन का डर समाप्त होगा और दूसरों की बराबरी में वे अपने मानवीय हक़ों का इस्तेमाल करने में कोई डर महसूस नहीं करेंगे। अपने लोगों के हाथों में सिर्फ राजनीतिक सत्ता आने से यह परिवर्तन नहीं आएगा। वह उद्देश्य हासिल करने का सिर्फ एक साधन है, इस बात को हमें जान लेना चाहिए। मैंने आपको इस खतरे से अवगत कराया उसकी वजह यह है कि दलित वर्ग के कुछ लोगों को विधानसभा में प्रतिनिधित्व मिल जाने से दलित वर्ग की पीड़ाएँ समाप्त हो जाएँगी, इस तरह की गलत धारणाएँ फैलाई हैं, यह सारा काम सामाजिक उत्थान का है। गोपाल कृष्ण गोखले के 'सर्वेण्ट्स ऑफ इंडिया' या लाला लाजपत राय के 'सर्वेण्ट्स ऑफ पीपुल्स' आदि संस्थाओं की तरह दलित वर्ग की एक संस्था स्थापित करके उस पर इस तरह की जिम्मेदारी सौंप देनी चाहिए।

*समापन*

2. सज्जनो, मैंने आवश्यकता से भी अधिक विस्तार में बात करके आप लोगों को परेशान किया है, इसके लिए मुझे खेद है। संक्षिप्तता हमेशा ही अपेक्षित होती है फिर भी जहाँ राजनीति से अपरिचित ऐसे कुछ लोग पहली बार यहाँ इकट्ठा हुए हैं, इसलिए मुझे ऐसा लगा कि आज की इस सभा में अपने सवालों पर चारों ओर से विचार किया जाना चाहिए। आप लोगों का जितना सम्भव हो उतना मार्गदर्शन किया जाए, यही मेरा उद्‌देश्य था इसलिए लम्बे भाषण के लिए मैं माफी चाहता हूँ। अपनी यह सभा अन्तिम नहीं होगी। बल्कि अपने विशाल आन्दोलन की वह शुरुआत समझी जाए और उसके द्वारा अपने लोगों को मुक्ति मिले, इस देश में हर व्यक्ति का राजनीतिक, सामाजिक और आर्थिक मूल्य स्वीकार किया जाए, इस तरह की सामाजिक रचना के लिए वह नींव का पत्थर बने, यही मैं उम्मीद करता हूँ।

आप लोगों ने मुझे यह जो सम्मान दिया है, और मेरे भाषण को सुना है, इसके लिए मैं आप सभी का आभारी हूँ।

# दलितों के दुखों की चर्चा विश्व मंच पर हो

*दि. 4 अक्तूबर 1930 को डॉ. बाबासाहेब अम्बेडकर राउंड टेबल कॉन्फ्रेंस में सम्मिलित होने के लिए इंग्लैंड जानेवाले थे, इसलिए* **दि. 2 अक्तूबर 1930** *को मुम्बई इलाके के अछूतों की ओर से उनको सम्मानपत्र और कुछ अर्थ सहयोग अर्पण करने का सभारम्भ दामोदर सभागार के विशाल मैदान पर आयोजित किया गया था। डॉ. सोलंकी इस सभारम्भ के अध्यक्ष थे। इस सभारम्भ में डॉ. अम्बेडकर ने अपने भाषण में कहा–*

माननीय अध्यक्ष महोदय, भाइयो तथा बहनो,

आज के इस अवसर पर मैं आप लोगों से क्या कहूँ, मेरी कुछ समझ में नहीं आ रहा है। क्योंकि अब आप सभी लोगों से मेरी करीब पाँच-छह माह तक मुलाकात नहीं होगी, इसलिए मेरी आँखों में आँसू आ रहे हैं।

पिछले दो सालों में मैंने थोड़ा बहुत जो कुछ काम किया है उसमें हजारों लोगों ने मदद न की होती तो मुझसे अकेले कुछ भी काम न हुआ होता। मैंने जो काम किया है उसमें विधिमंडल के काम में मेरे मित्र डॉ. सोलंकी ने मुझे अधिक सहयोग दिया है। 1930 में गवर्नर ने मुझे बुलाकर पूछा था कि यदि अछूत समाज की ओर से डॉ. सोलंकी को मुम्बई विधिमंडल में चुना गया तो विधिमंडल में आपमें और उनमें टकराव तो नहीं होगा? इस पर मैंने जवाब दिया था कि डॉ. सोलंकी अच्छे पढ़े-लिखे आदमी हैं। इसलिए कौन्सिल में उनमें और मुझमें कोई टकराव नहीं होगा। बल्कि हम मिलकर काम करेंगे। मैं कुछ अक्खड़ और गुस्सेबाज आदमी हूँ। कौन्सिल में रहते समय डॉ. सोलंकी के साथ काम करते समय उस तरह का प्रमाद मुझसे हुआ होगा। लेकिन डॉ. सोलंकी ने अपने मन में किसी भी प्रकार का किन्तु-परन्तु न रखते हुए मुझे पूरा सहयोग दिया है। इसलिए कौन्सिल के सभी कार्यों की सफलता का श्रेय डॉ. सोलंकी को ही है।

कौन्सिल के बाहर के कामों में समता संघ ने मुझे बड़ा सहयोग दिया है। मान्यवर देवराव नाईक ने मुझे आज तक जो सहयोग दिया है उससे मैं उन्हें अपना दाहिना हाथ मानता हूँ। मैं पाँच-छह माह के लिए विदेश जा रहा हूँ, मुझे यकीन है तब भी एक-दूसरे के सहयोग से इसमें इतनी नजदीकी आ गई है कि मेरी अनुपस्थिति में

मान्यवर नाईक ही काम कर पाएँगे। दूसरे समता संघ के मेरे साथी माननीय प्रधान, कद्रेकर, गवली आदि लोगों ने काफी सहयोग दिया है। उसी प्रकार मान्यवर शंकरराव पारशा ने काफी आर्थिक सहयोग हमें दिया है। हम लोगों को शंकरराव से अधिक अन्य किसी पर कोई भरोसा नहीं था। सार्वजनिक कार्यों के लिए पैसे की जरूरत होती है। किन्तु प्रारम्भ में जब मैंने सोलापुर में छात्रावास शुरू किया उस समय मेरे पास 500 रुपए थे। बाद में मैंने अपने एक ज्यू दोस्त को 1000 रु. का प्रौमिसरी नोट दिया और छात्रावास शुरू किया। उसमें शंकरराव ने बड़ा सहयोग दिया है। प्रेस खरीदने के लिए उन्होंने 1800 रुपए की आर्थिक मदद दी है। आज तक अछूत वर्ग के लिए मैं जो कुछ कर सका हूँ, उसमें मुझे कई लोगों का सहयोग मिला है, इस कामयाबी के लिए कई लोग अलग-अलग तरह से सहयोगी और हिस्सेदार रहे हैं।

आप लोगों की दी हुई राशि और सम्मानपत्र को मैं स्वीकार करता हूँ। किन्तु इस पैसे का अपने निजी काम के लिए मैं बिल्कुल उपयोग नहीं करूँगा। बल्कि जिस गरीब समाज की ओर से यह राशि इकट्ठा की गई है उसी गरीब जनता के लिए इस पैसे का उपयोग होना चाहिए। अखिल भारतीय दलित कांग्रेस के केन्द्रीय संगठन के खर्चे के लिए मुम्बई इलाके की ओर से चन्दा इकट्ठा करने का मैंने अभिवचन दिया है। इसलिए मैं इस रक़म का कुछ हिस्सा डॉ. सोलंकी को देकर जाऊँगा। उन्हें दलित कांग्रेस के लिए इस पैसे का उपयोग करना चाहिए। बाकी रक़म का उपयोग दूसरे काम में होगा। हमारे 'बहिष्कृत भारत' का जो काम बन्द पड़ा है उसे पुनः शुरू किया जाए, ऐसा मैं सोच रहा हूँ। मौजूदा स्थिति का अध्ययन करके इस अखबार में लेख लिखे जाएँगे। मैंने अखबार का नाम बदलने का निश्चय किया है। क्योंकि नाम के कारण कई लोग हमारा अखबार नहीं खरीदते थे। हमारा यह जो उद्‌देश्य था कि हमारा कहना क्या है, यह सभी को पता चले, वह सफल नहीं हो रहा था। इसलिए मैंने नाम बदलने के बारे में सोचा है। इस अखबार का नाम 'जनता' (पहला अंक 30 नवम्बर, 1930 को प्रकाशित हुआ।) रखा गया है और उसके सम्पादन की जिम्मेदारी मान्यवर देवराव नाईक की होगी। आप लोगों को इस अखबार के ग्राहक बनवाने में सहयोग करना चाहिए। इस निधि का कुछ हिस्सा हमारे द्वारा चलाए जा रहे छात्रावासों को दिया जाएगा। इस तरह से आपके द्वारा समर्पित की गई इस निधि का उपयोग किया जाएगा।

राउण्ड टेबल कॉन्फ्रेन्स में जाने के लिए इंग्लैंड जाने-आने का डॉ. अम्बेडकर का खर्च अंग्रेज सरकार देगी तो फिर यह निधि किसलिए? इस तरह का सन्देह आपमें से कुछ लोगों के मन में पैदा होना स्वाभाविक है। लेकिन जिस समय मुझे आपकी मदद की जरूरत थी उस समय भी मैंने आपसे किसी भी प्रकार के सहयोग की उम्मीद नहीं की, आज तो मुझे मेरे निजी काम के लिए आपके सहयोग की कोई जरूरत नहीं है। जिस समय गरज होगी उस समय मैं आपसे जरूर मदद माँगूँगा। लेकिन आज नहीं।

मैं राउन्ड टेबल कॉन्फ्रेंस में हिस्सा लेने जा रहा हूँ। उस कॉन्फ्रेंस से कम-से-कम अछूत वर्ग की भलाई तो निश्चित तौर पर होगी। किन्तु जिन लोगों ने इस कॉन्फ्रेंस का

बहिष्कार किया है, मैं उन लोगों को पूछना चाहता हूँ कि यदि दो गुटों में लड़ाई शुरू हो तो समझौते की भाषा बोलने में हर्ज क्या है? आज सरकार और कांग्रेस में जबर्दस्त लड़ाई चल रही है। कांग्रेस के आन्दोलन से सरकार का नुकसान हो रहा है। जब दोनों हमारी-तुम्हारी पर उतर आए हों उस समय किसी-न-किसी को मध्यस्थता करके समझौते का रास्ता खोजकर लड़ाई समाप्त करना जरूरी है। इस समझौते का मार्ग राउण्ड टेबल कॉन्फ्रेंस में निकल सकता है। कुछ लोग यह कहते हुए घूम रहे हैं कि इस परिषद् से कोई हल निकलनेवाला नहीं है। लेकिन मुझे ऐसा नहीं लग रहा है। जिन लोगों को ऐसा लगता हो कि यह परिषद् असफल होगी, वे वैसा सोच सकते हैं कि यह परिषद् कैसे असफल हो? आज हिन्दू-मुस्लिम और अछूत वर्ग को यदि स्वराज्य मिलता है तो मिलना ही चाहिए। कुछ दिन पहले नागपुर में जो अखिल भारतीय दलित कांग्रेस हुई थी उसमें उस तरह का प्रस्ताव भी मंजूर किया गया है। इसमें सभी एकमत हैं। मतभेद एक ही बात पर है कि स्वराज्य किस ढंग से हासिल किया जाए। यहाँ अल्पसंख्यक लोगों का संरक्षण हो और उन्हें किस तरह से सामाजिक, धार्मिक और राजनीतिक समानता मिले, सभी हिन्दू समान मानव समझे जाएँ, ऐसा स्वराज्य हमें चाहिए। किन्तु यहाँ विवाद की बात यह है कि स्वराज्य से प्राप्त होनेवाली सत्ता सभी समाजों में उचित ढंग से विभाजित की जाए या किसी विशेष वर्ग के हाथ में ही रहे। इस विवाद को समाप्त करने के लिए दलित समाज, पिछड़े वर्ग और अल्पसंख्यक वर्ग की समस्याओं के समाधान के लिए प्रगत समाजों और बहुसंख्यक समाजों को अपनी उदारता दिखानी चाहिए।

मैं वहाँ हमारे लिए जो आवश्यक है उसकी तो माँग करूँगा ही, साथ ही अगर ऐसा प्रस्ताव आया कि इस देश को स्वराज्य दिया जाए तो मैं उसका समर्थन करूँगा। कांग्रेस की तरह हमें भी यही लगता है कि देश का हर तरह से उत्थान हो और देश विकास की ऊँचाई तक पहुँचे।

राउण्ड टेबल कॉन्फ्रेंस समाप्त होने के बाद मैं दूसरे काम करना चाहता हूँ, जनमत जगाने का काम करना चाहता हूँ। यह बहुत महत्त्वपूर्ण काम है। कांग्रेस का आन्दोलन अमेरिका, जर्मनी आदि सभी देशों में हो रहा है। उसी तरह अपने अछूतों के दुख की चर्चा दुनिया के मंच पर होनी चाहिए। मैं वहाँ प्रमुख नेताओं से मिलकर अपना दुख, अपने सवाल उनके सामने रखूँगा। यही नहीं, यदि सम्भव हुआ तो 'लीग ऑफ नेशन्स' के सामने भी मैं अछूतों के सवालों को रखूँगा। अछूतों के लिए पुलिस तथा फौज की नौकरी में जो प्रतिबन्ध है उसे समाप्त करने के विशेष प्रयास करूँगा।

मैं आप सभी से अन्त में एक ही विनती करना चाहता हूँ कि आप सभी को एकता और एक मत होने का पूरा प्रयास करना चाहिए। हम लोगों में आपस में कई गुट हैं। पिछले दो-चार सालों में मैंने एक घटिया बात यह देखी है कि हर आदमी स्वयं को नेता सिद्ध करना चाहता है। और यह कोई अच्छी बात नहीं है। मैं आप सभी से यह विनती करना चाहता हूँ कि इस तरह की घटिया हरकतों को अब छोड़ दीजिए। अपने सामने इतनी कठिनाइयाँ और इतने काम पड़े हुए हैं कि उन्हें हल करने के लिए एक जिला

या एक इलाके के लोग कुछ नहीं कर सकते। इसलिए सभी दलित भाईयों को आपसी मतभेदों को भूलकर कन्धे से कन्धा मिलाकर काम में जुट जाना चाहिए, इसी में हमारी भलाई है। मेरी अनुपस्थिति में डॉ. सोलंकी की सलाह को मानकर समाज में जो चेतना आई है उसे बढ़ाने की जिम्मेदारी आप सभी के कन्धों पर है, इतना कहकर मैं आपसे इजाजत ले रहा हूँ।

# दलितों का स्वतन्त्र अस्तित्व स्वीकार किया जाए

*डॉ. बाबासाहेब अम्बेडकर को* **सन् 1930** *में लंदन में आयोजित पहली गोलमेज परिषद् के लिए भारत के दलितों के प्रतिनिधि के रूप में निमंत्रित किया गया था। इस परिषद् में उनका* **दि. 20 नवम्बर 1930** *को पहला भाषण हुआ। उन्होंने अपने भाषण में भारत के दलितों के प्रतिनिधि के रूप में कहा–*

माननीय अध्यक्ष महोदय,

मैं और मेरे सहयोगी रावबहादुर, श्रीनिवासन दलित वर्ग के प्रतिनिधि के रूप में यहाँ उपस्थित हुए हैं। इसलिए भारतीय संविधान के नवीकरण के सम्बन्ध में जो विचार-विमर्श हो रहा है ऐसे समय में सैद्धान्तिक दृष्टि से दलित वर्ग के प्रति अपने दृष्टिकोण को सामने रखने के लिए मैं अपनी बात कहने के लिए खड़ा हुआ हूँ। यह दृष्टिकोण चार करोड़ तीस लाख लोगों का या अंग्रेजी राज में रहनेवाले भारतीय लोगों में से 1/5 लोगों का है। दलित लोगों का यह वर्ग एक स्वतन्त्र वर्ग है और यह वर्ग मुस्लिम लोगों से अलग है। इस वर्ग की गिनती हिन्दू समाज में होने के बावजूद भी वह किसी भी दृष्टि से उस समाज का एक हिस्सा नहीं है। दलित समाज का स्वतन्त्र अस्तित्व है, इतना ही नहीं, हिन्दुओं ने उसके लिए नफरत की भावना से अलग सामाजिक दर्जा तय कर दिया है। यह दर्जा हिन्दू समाज की किसी भी जाति से एकदम अलग है। जिन्हें हिन्दू समाज में नीच और घटिया दर्जा प्राप्त है ऐसी कुछ जातियाँ हैं। किन्तु इसमें दलित वर्ग (अछूत जातियों) को जो दर्जा दिया गया है, वह पूरी तरह अलग है। उन्हें दास और गुलामों के बीच की स्थिति प्राप्त हुई है। दास और गुलामों पर छूत की पाबन्दी नहीं लगाई गई थी। लेकिन दलित वर्ग पर छूने की पाबन्दी लगाई गई है। इसलिए दलितों की स्थिति गुलाम और दासों से भी बदतर है। इस वजह से सबसे बुरी बात यदि कोई है तो यह कि उस वर्ग को गुलामी की बेड़ियाँ पहनाई गईं और उसके मानवीय व्यवहार की सीमाएँ तय की गईं। इस अछूतपन का सिर्फ उस वर्ग के सार्वजनिक जीवन पर ही प्रभाव नहीं पड़ता, उसकी वजह से उन्हें वास्तव में अवसर-समानता की दृष्टि से भी रोका जाता है। जिन बातों पर मानव का अस्तित्व निर्भर है ऐसे प्राथमिक नागरिक के हक़ों से भी उन्हें दूर रखा जाता है। मैं

पूरे विश्वास के साथ कह सकता हूँ कि जो लोग इंग्लैंड या फ्रांस की सम्पूर्ण जनसंख्या के बराबर हैं, यह उनकी समस्या है। जीवन-संघर्ष में उनकी इतनी बुरी हालत हुई है कि राजनीतिक समस्या के उचित समाधान पर उनका प्रभाव अवश्य पड़ेगा, इसमें कोई शक नहीं। इसलिए मैं इस परिषद् से विनम्रता के साथ निवेदन करना चाहता हूँ कि इस सवाल को यथाशीघ्र हल करने की जिम्मेदारी स्वीकार की जाए।

मैं इस सवाल को संक्षेप में रखने का प्रयास करूँगा। मुझे जो कहना है वह यह कि भारत में प्रचलित नौकरशाही को यथाशीघ्र समाप्त करके लोगों की लोगों से और लोगों के लिए लोकप्रिय सरकार की स्थापना की जाए। मुझे उम्मीद है कि कुछ लोग दलित वर्ग की दृष्टि से मेरे इस कथन का आश्चर्यजनक ढंग से स्वागत करेंगे। क्योंकि दलित वर्ग का अंग्रेजों के साथ जो सम्बन्ध है वह बहुत ही अजीब तरह का है। धर्मान्ध हिन्दुओं की हजारों साल की गुलामी में सताए गए दलित वर्ग ने ब्रिटिशों को अपना मुक्तिदाता कहकर स्वागत किया है। उन्होंने अंग्रेजों के पक्ष में हिन्दू, मुस्लिम, सिख विरोधी युद्ध में हिस्सा लेकर भारत का साम्राज्य उन्हें जीतकर दिया है। इसके बदले में दलितों के विश्वस्त के रूप में अपनी भूमिका निभाने का आश्वासन भी अंग्रेजों ने उन्हें दिया था। इस तरह इन दोनों के गहरे सम्बन्धों को ध्यान में रखा जाए तो अंग्रेज सरकार के बारे में दलित वर्ग की सोच में जो परिवर्तन हुआ है, वह निस्सन्देह महत्त्वपूर्ण है। लेकिन इस मत परिवर्तन के कारणों को खोजना कोई मुश्किल बात नहीं है। सिर्फ बहुमत के हाथों में अपना भविष्य समर्पित किया जाए इसी इच्छा से हमने इस तरह का निर्णय नहीं लिया है। वास्तव में, आपको मालूम ही है कि भारत का बहुमत और मैं जिस अल्पमत का प्रतिनिधि हूँ, उसमें बड़ा अपनापन है, ऐसी बात नहीं, बल्कि हमने स्वतन्त्र रूप से यह निर्णय किया है। केवल हम लोगों पर जो मुसीबत आई उसकी रोशनी में मौजूदा सरकार का मूल्यांकन किया है और अच्छी सरकार के लिए जो बुनियादी तत्त्व जरूरी हैं वे इस सरकार में नहीं हैं, यह हमने अनुभव किया है। हमारी आज की स्थिति, और ब्रिटिश सरकार से पहले के भारतीय समाज की तुलना की जाए तो यह बात दिखाई देगी कि पहले के समाज में हमारे हिस्से में जो अभागी स्थिति आई थी उसमें से हमने अपना आगे का रास्ता तय करने के बजाय सिर्फ अपना समय गुजारा था। अंग्रेजों के आने के पहले हम लोग अछूतपन की वजह से खतरनाक स्थिति में अपना जीवन गुजार रहे थे। लेकिन क्या इस स्थिति को बदलने के लिए अंग्रेज सरकार ने कुछ किया है? अंग्रेजों के आने से पहले हम मन्दिरों में नहीं जा सकते थे, क्या अब हम मन्दिरों में जा सकते हैं? अंग्रेजों से पहले हम लोगों को पुलिस में भर्ती होने का अधिकार नहीं था। क्या अब हम पुलिस में जा सकते हैं? अंग्रेज शासन से पहले हमें फौज में नौकरी नहीं मिलती थी। क्या अब सरकार हमें फौज में नौकरी का मौका देती है? क्या यह क्षेत्र आज हमारे लिए खुला है? इन सवालों में से किसी भी सवाल का हम हाँ में जवाब नहीं दे सकते। फिर भी वे इतने समय से सत्ता में हैं, उन्होंने हम लोगों के लिए कुछ अच्छी बातें की हैं, इस बात को मैं खुशी से स्वीकार करता हूँ। लेकिन उन्होंने हमारी

स्थिति में कोई बुनियादी परिवर्तन नहीं किया है। सचमुच जिन बातों से हमारा सम्बन्ध है और जिस समाजव्यवस्था में हम रह रहे हैं उस समाजव्यवस्था का अंग्रेजों ने बड़े विश्वस्त ढंग से रक्षण किया है।

एक चीनी टेलर (दर्जी) को नया कोट सिलाने के लिए कहा गया था, नमूने के तौर पर उसे एक पुराना कोट दिया गया, तो उसने नए कोट को सिलते समय पुराने कोट पर जहाँ-जहाँ पैबन्द लगे थे ठीक उसी तरह नए कोट पर पैबंद लगाकर नया कोट सिल दिया। अंग्रेज सरकार का व्यवहार भी इसी तरह का है। अंग्रेजों ने इस देश पर डेढ़ सौ साल तक राज किया फिर भी हरे जख्मों की तरह हमारे दुख उसी तरह बरकरार रहे, उन्हें दूर नहीं किया गया।

अंग्रेजों ने हमसे कोई हमदर्दी नहीं दिखाई। वे हमारी स्थिति के प्रति लापरवाह रहे इसलिए हम उन्हें दोष दे रहे हैं, ऐसी बात नहीं है। बल्कि हमें यह अनुभव हुआ है कि हमारे सवालों को हल करने में वे पूरी तरह असमर्थ हैं। सिर्फ उदासीनता का ही सवाल होता तो उसे तात्कालिक सवाल कहा जा सकता था और उससे हमारे विचारों में यह गम्भीर परिवर्तन न हुआ होता। लेकिन परिस्थिति की गहराई में जाकर जब सोचा गया तब हमारे ध्यान में आया कि यह बात केवल उदासीनता की नहीं है, बल्कि ठीक से अपनी जिम्मेदारी को न समझने और जिम्मेदारी निभाने के अयोग्य होने की वजह से यह सब हो रहा है। दलित वर्ग को ऐसा लग रहा है कि भारत की अंग्रेज सरकार पर दो तरह की बंदिशें हैं। पहली बंदिश अन्दरूनी तरह की है। आज राजसत्ता जिनके हाथों में है, उनकी इच्छा या पसन्द-नापसन्द की वजह से अन्दरूनी बंदिश पैदा हुई है। इसी वजह से भारतीय समाज में जो एक-दूसरे की विरोधी शक्तियाँ हैं वे दिखाई नहीं देतीं। इतना ही नहीं, एक वर्ग के बारे में उदास, उसके उत्थान के बारे में लापरवाह और उसकी शिक्षा के बारे में वह गैरजिम्मेदार है। वे इस सवाल में हमें मदद नहीं कर सकते ऐसी बात नहीं, लेकिन उस काम को करने में सत्ताधारी वर्ग का स्वभाव, उसका शील, उसकी प्रेरणा, उसकी पसन्द-नापसन्द रुकावट बन जाती है, इसलिए वे सत्तासीन लोग हम लोगों को मदद नहीं कर सकते।

फिर उनके अधिकारों पर दूसरी बंदिश यह है कि अन्य हिन्दू समाज की ओर से उनका जबर्दस्त विरोध होगा, इस तरह का उन्हें डर है। अंग्रेज सरकार ने इस बात को पहचाना है कि भारतीय समाज की नैतिकता को नष्ट करनेवाले सामाजिक दोष नष्ट कर देने जरूरी हैं। उन्हें यह भी मालूम है कि इन दोषों की वजह से दलित वर्ग की जिन्दगी हजारों सालों से सड़ रही है। भारत का जमींदार जनसामान्य का शोषण करके उन्हें दिन-ब-दिन सूखा डंठल बना रहा है और पूँजीपति उन्हें जिन्दा रहने के लिए उन्हें जितनी मजदूरी की जरूरत है और काम के लिए जितनी सुविधाओं की जरूरत है उतनी सुविधाएँ भी नहीं देता, इस बात की जानकारी भी भारत सरकार को है। फिर भी भारत सरकार ने इनमें से किसी भी गलत परम्परा को समाप्त करने की हिम्मत नहीं दिखाई, यह बड़े अफसोस की बात है। आखिर क्यों? क्या उनके पास ऐसा करने के लिए

कानूनी अधिकार नहीं थे, इसलिए उन्होंने ऐसा नहीं किया? लेकिन ऐसी बात नहीं है। उन्होंने इस तरह का कोई प्रयास नहीं किया। क्योंकि इस प्रकार की सामाजिक और आर्थिक व्यवस्था में यदि हम लोगों ने दखल देना शुरू किया और उसे सुधारने का प्रयास किया तो कुछ लोगों की ओर से जबर्दस्त विरोध होगा, इस तरह का डर उनके मन में था। फिर इस सरकार से किसकी भलाई होगी? इन दो बन्धनों से जकड़ी हुई सरकार से लोगों के ज्यादा से ज्यादा कल्याण की इतनी ही उम्मीद की जा सकती है कि भारत की सामाजिक स्थिति जैसी थी वैसी ही बनी रहे। लेकिन हमें ऐसी सरकार सत्ता में चाहिए जो भारतीय लोगों के कल्याण के लिए एकनिष्ठ होकर काम करे। जो सरकार प्रचलित सामाजिक और आर्थिक व्यवस्था में सुधार लाने का प्रयास करे। लोगों की आज्ञापालन की वृत्ति नष्ट हो सकती है और लोगों में विद्रोह की भावना जाग सकती है, यह जानकारी होने के बावजूद भी जो सरकार व्यवस्था परिवर्तन के सुधार करने से घबराए नहीं, हमें ऐसी सरकार चाहिए। क्योंकि ऐसी कसौटी के वक्त ही न्यायप्रियता और उपयुक्तता सिद्ध होती है। इस तरह की जिम्मेदारी को निभाने के लिए अंग्रेज सरकार कभी लायक सिद्ध नहीं हो सकती। इसलिए यहाँ लोगों की लोगों के द्वारा और लोगों के लिए चलाई गई सरकार ही लायक सिद्ध हो सकती है।

दलित वर्ग ने अपनी दृष्टि से जो सवाल खड़े किए हैं उनके मुमकिन जवाब ऐसी ही सरकार दे सकती है। इसलिए हम इस अन्तिम निर्णय पर पहुँचे हैं कि हमारी आज की इस बदनसीब स्थिति में परिवर्तन लाने की दृष्टि से आज की नौकरशाही सरकार पूरी तरह से दुर्बल है, यह बात उनके प्रति सद्भावना रखते हुए भी हम कहने के लिए मजबूर हैं। हमें इस बात का पूरा यकीन हो गया है कि हमारी पीड़ा को दूर करने के लिए कोई भी सबल नहीं है। हमारे दुखों को हम ही नष्ट कर सकते हैं। यह हम तब तक नहीं कर सकते जब तक हमारे हाथों में राजनीतिक सत्ता नहीं आ जाती। इस देश में जब तक ब्रिटिशों का राज है तब तक हमारे हाथों में राजनीतिक सत्ता आना असम्भव है। सिर्फ स्वराज्य के संविधान में ही राजनीतिक सत्ता प्राप्त करने का अवसर सम्भव है। इसके बगैर हमारे लोगों की मुक्ति अन्य किसी रास्ते से होना सम्भव नहीं है। मान्यवर अध्यक्ष महोदय, मैं और एक खास बात की ओर आपका ध्यान खींचना चाहता हूँ। मैंने आपके सामने दलित (अछूत, अंत्यज) वर्ग का दृष्टिकोण रखते समय अभी तक 'सार्वभौम सत्ता' शब्द का प्रयोग नहीं किया है। मैंने जानबूझकर उस शब्द का इस्तेमाल नहीं किया है। इसका कारण मैं उसके अभिप्राय को नहीं जानता, ऐसी बात नहीं है। या भारत का दर्जा सार्वभौम राज्य का हो इस बात से दलितों का विरोध है इस तरह का भी उसका मतलब नहीं है। इस शब्द का इस्तेमाल न करने का मेरा उद्देश्य यह है कि उससे दलित वर्ग को क्या चाहिए यह बात पूर्ण रूप से स्पष्ट नहीं होती। दलित वर्ग सार्वभौम राज्य को समर्थन देकर उसके पक्ष में खड़ा है, वह सिर्फ एक ही बात पर बल देकर कि भारत की सार्वभौम सत्ता किन सिद्धान्तों पर चलेगी? सरकार का केन्द्रबिन्दु क्या रहेगा? यह सरकार किसके हाथों में रहेगी? सरकार का दायित्व दलित

वर्ग के प्रति भी कुछ होगा या नहीं? ये सारे सवाल, उसी से सम्बन्धित हैं। दलितों को ऐसा लगता है कि इस उद्देश्य की प्राप्ति के लिए आवश्यक संविधान की व्यवस्था तय होनी जरूरी है, उसके बगैर दलितों को सत्ता में कोई हिस्सेदारी नहीं मिलेगी। इस तरह की व्यवस्था बनाते समय भारतीय समाज रचना में दिखाई देनेवाले नग्न सत्य की ओर आँख मूँदने से काम नहीं चलेगा। यहाँ इस बात को स्वीकार करना ही पड़ेगा कि भारतीय समाज अनगिनत जातियों से बना हुआ है। इसमें ऊपर के लोगों को यथाक्रम आदर्श का और सम्मान का दर्जा प्राप्त है और निम्न जाति के लोगों को यथाक्रम अत्यधिक घृणा का दर्जा प्राप्त है। इस तरह की समाजव्यवस्था लोकतान्त्रिक सरकार के लिए बहुत ही जरूरी समझे गए समानता और भाईचारे की भावना को मजबूत बनाने के लिए एकदम व्यर्थ है। और यह भी स्वीकार कर लेना चाहिए कि भारतीय समाज में बुद्धिमान वर्ग को महत्त्वपूर्ण स्थान प्राप्त है। लेकिन यह वर्ग सिर्फ ऊपर की जाति से ही आया है। वे लोग भले ही देश का नाम लेकर बोलते हों, भले ही राजनीतिक आन्दोलन के नेता हों तब भी वे जिस जाति में पैदा हुए हैं, निम्न वर्ग के प्रति घिनौने जातिवाद को उन्होंने छोड़ा नहीं है। दूसरे शब्दों में यह कहना उचित है कि दलित वर्ग यह निवेदन करना चाहता है कि राज्यव्यवस्था को समाज के बारे में मानवीय दृष्टि से सोचना चाहिए। अन्यथा आप लोग इस प्रकार का संविधान बनाएँगे कि जो सम्भवतः प्रमाणभूत हो लेकिन छल-छन्द से पूर्ण होगा। और जिस समाज के लिए उसे बनाया जाएगा उस पर उसकी कोई जूतियाँ नहीं पड़ेंगी, इस बात से भी इनकार नहीं किया जा सकता।

अपना भाषण समाप्त करने से पहले मैं एक और मुद्दे पर अपनी बात कहना चाहूँगा। हम लोगों को यह बार-बार बताया जाता है कि दलित वर्ग का सवाल एक सामाजिक सवाल है और उसे हल करने का रास्ता राजनीति से अलग है। इस विचारधारा से हमारा जबर्दस्त विरोध है। हमारी यह मान्यता है कि दलित वर्ग के हाथों में राजनीति के सूत्र जब तक नहीं आते तब तक उसका यह सवाल हल नहीं होगा। यदि यह बात सही हो और इसके अलावा दूसरे रास्ते से इस सवाल का हल निकलेगा, ऐसा मुझे नहीं लगता इसलिए इस सवाल को मैं मुख्य रूप से राजनीतिक सवाल के रूप में ही रखना चाहता हूँ। इस पर राजनीतिक समस्या के रूप में ही विचार होना चाहिए। हम लोग इस बात से अच्छी तरह परिचित हैं कि हम लोगों पर जिनकी सामाजिक, धार्मिक और आर्थिक हकूमत है ऐसे लोगों के हाथों में ब्रिटिशों के हाथों की राजसत्ता आ रही है। हममें से कई लोगों को स्वराज्य की कल्पना के साथ ही भूतकाल में हमारे लोगों पर हुए जुल्म-ज्यादतियों की और अन्याय की यादें सताती हैं और भावी स्वराज्य में भी उन्हें दोहराया जाएगा इस तरह का हमें बराबर डर रहता है। फिर भी हमारा यह स्पष्ट कहना है कि स्वराज्य मिलना चाहिए। हमारे देश के भाइयों के साथ हमें राज्यव्यवस्था में (सरकार में) उचित हिस्सेदारी मिलेगी, इसी एक उम्मीद से हम लोग सम्भावित खतरा मोल लेने की हिम्मत कर रहे हैं। लेकिन इसे हम एक शर्त पर अपना

समर्थन दे सकते हैं कि हमारी समस्या समय के बहाव में सरसरी तौर पर हल न की जाए। अब समय को अपना चमत्कार दिखाना चाहिए, इसलिए हम लम्बे समय से इन्तजार कर रहे हैं। आज मुझे इसी बात का अफसोस है। अंग्रेज सरकार ने प्रातिनिधिक सरकार बनाने के हर पग पर दलितों को सुनियोजित ढंग से दूर रखा है। सरकार में उनका भी हिस्सा है, इस तरह का विचार किसी के भी दिलो-दिमाग में नहीं आया। अब मैं अपनी सारी शक्तियाँ इकट्ठा करते हुए आज पुरजोर ताकत से कहना चाहता हूँ कि अब इससे आगे मैं इन बातों को बिल्कुल बर्दाश्त नहीं करूँगा। हमारी समस्याओं का हल आम राजनीतिक सवालों के साथ ही होना चाहिए। समस्या को किसी भी हालत में भावी अस्थिर राज्यकर्त्ताओं के हाथ में सिर्फ हमदर्दी या दया के लिए नहीं छोड़ देना चाहिए। इन बातों पर दलित वर्ग इतना बल क्यों दे रहा है इसके कारण स्पष्ट हैं। हममें से सभी को यह मालूम है कि जिन्हें राजसत्ता प्राप्त होगी, वे सत्ताहीन लोगों के हाथ में शायद ही सत्ता दें। इसलिए हमारी यह सामाजिक समस्या आगे अच्छी तरह हल होगी ऐसी हम कोई उम्मीद नहीं कर सकते। हमने आज इस सवाल को समझदारी से हल नहीं किया और आसानी से सत्ता उनके हाथ में जाने दी तो जिन लोगों को आज सरकार में और प्रतिष्ठा के पदों पर भेजने में हम मदद कर रहे हैं, उन्हीं को सत्ता से हटाने के लिए हमें और एक नई क्रान्ति करनी पड़ेगी। यदि कोई पूरी तरह सुरक्षा का भरोसा दिलाकर हमें पूरी तरह तबाह करना चाहता हो तो उससे अच्छा यही है कि सभी की घृणा का पात्र बनकर हम चिन्ता और डर का जीवन अपनाने की परवाह नहीं करेंगे। इसलिए मुझे ऐसा लगता है कि हमारा सवाल हल करने की दृष्टि से राजसत्ता पर हमारा भी हक़ होना चाहिए, यही न्यायोचित और सही मार्ग है। इस बात पर यही एक सही विकल्प है कि राजसत्ता में इस प्रकार की व्यवस्था की जाए। जो लोग इस प्रकार का प्रयास कर रहे हैं कि अनियन्त्रित राजसत्ता सिर्फ हमारे ही अकेले के हाथ में आनी चाहिए, उनकी मर्जी पर इस सवाल को छोड़ दिया गया तो वह कभी भी हल नहीं होगा।

राज्यव्यवस्था में दलित वर्ग के संरक्षण और सुरक्षा की दृष्टि से उन्हें किन बातों की जरूरत है इस बारे में मैं इस परिषद् के सामने उचित समय आने पर अपने विचार रखूँगा। हमें जिम्मेदार सरकार चाहिए, किन्तु जिसमें सिर्फ हमारे मालिक बदलते रहें ऐसी सरकार हमें नहीं चाहिए। आपको यदि ऐसा लगता हो कि सत्ताधारी वर्ग जिम्मेदार होना चाहिए तो विधिमंडल सही अर्थों में और पूरी तौर पर प्रातिनिधिक होना चाहिए, यही आज मुझे इस अवसर पर कहना है।

माननीय अध्यक्ष महोदय, इस तरह के साफ शब्दों में मुझे कहना पड़ा इस बात का मुझे दुख है। लेकिन इसके अलावा मुझे कोई विकल्प नहीं दिखाई दे रहा है। दलित वर्ग का कोई मित्र नहीं बचा है। मौजूदा सरकार ने अपना अस्तित्व बरकरार रखने के लिए आज तक हमारा गलत इस्तेमाल किया है। दलितों के भी कुछ अधिकार हैं इस बात को स्वीकार करने के लिए हिन्दू लोग बिल्कुल तैयार नहीं हैं। या साफ शब्दों में कहा जाए तो हिन्दू लोग उन्हें अधिकारों से पूरी तरह दूर रखना चाहते हैं। मुस्लिम लोग

तो उनका स्वतन्त्र अस्तित्व नामंजूर करते ही हैं। क्योंकि उन्हें यह लगता है कि दलितों का स्वतन्त्र अस्तित्व स्वीकार करने पर प्रतिस्पर्धा पैदा होगी और अपने हक़ों पर चोट पड़ेगी। इस तरह सरकार की ओर से उनका हौसला पस्त किया जा रहा है। हिन्दुओं की ओर से उन्हें दबाया जा रहा है और मुस्लिम लोग उनसे घृणा कर रहे हैं। कुल मिलाकर हम ऐसी असहाय और बर्दाश्त के बाहर की स्थिति में आ पहुँचे हैं जिसकी दुनिया में कोई मिसाल नहीं है। इस बात पर मुझे पूरा यकीन है, इसलिए मेरी यह जिम्मेदारी है कि इस सवाल की ओर मैं आपका पूरा ध्यान आकर्षित करूँ।

बहस के लिए प्रस्तुत दूसरे सवाल के बारे में मैं बड़े खेद के साथ कह सकता हूँ कि यह सवाल बेमतलब ही इस बैठक में रखा गया। उस पर परिषद् के एक स्वतन्त्र सत्र में चर्चा होनी चाहिए। उसका इतना महत्त्व है। सिर्फ ऊपरी-ऊपरी बातें करने से उस सवाल के साथ अन्याय होगा। यह सवाल दलितों की दृष्टि से बहुत महत्त्वपूर्ण है। इसलिए दलितों के उस सवाल का उनसे बहुत करीब का सम्बन्ध है। हम लोग अल्पमत के प्रतिनिधि होने की वजह से प्रदेश सरकार के बहुमत के अनियन्त्रित कुशासन पर लगाम लगाने का काम केन्द्रीय सरकार को करना चाहिए, इस उम्मीद से हम केन्द्रीय सरकार की ओर देख रहे हैं। मैं इस विचार को माननेवाला हूँ कि भारत में राष्ट्रीय भावना बढ़नी चाहिए, इसलिए मैं इस बात को स्पष्ट करना चाहता हूँ कि मैं एक केन्द्रीय शासन प्रणाली पर विश्वास रखनेवाला आदमी हूँ। इसलिए मुझे यह बात कबूल करनी चाहिए कि इसमें दखलंदाजी पैदा करनेवाले विचार मुझे बिलकुल पसन्द नहीं हैं। एक केन्द्रीय शासन प्रणाली में भारतीय राष्ट्र का निर्माण करने की बहुत बड़ी शक्ति छिपी हुई है। एक केन्द्रीय शासन पद्धति की वजह से ही भारत में राष्ट्रीय भावना बढ़ रही है। किन्तु वह आज तक अपनी पूर्णावस्था में नहीं पहुँची है। इसीलिए आज की राष्ट्र निर्माण की प्राथमिक अवस्था में इस तरह की एक केन्द्रीय शासन प्रणाली को हटा लेना मुझे मंजूर नहीं है। क्योंकि भारत आज तक पूरी तौर पर एक राष्ट्र नहीं बना है।

फिर भी इस सवाल को जिस रूप में रखा गया है उसकी ओर देखने से पता चलता है कि वह केवल विद्यालयी सवाल है। इसलिए यदि प्रदेश की सरकारें केन्द्रीय सरकार के प्रतिकूल न रहें तो संघीय शासन प्रणाली पर भी विचार-विमर्श करने के लिए मैं तैयार रहूँगा।

माननीय अध्यक्ष महोदय, दलितों के प्रतिनिधि के रूप में उनकी ओर से मुझे जो कुछ कहना था वह मैंने आपके सामने रख दिया है। अब एक भारतीय की हैसियत से हम लोगों को किन परिस्थितियों से मुकाबला करना पड़ता है, इस दृष्टि से दो-चार बातें बोलने की आपसे इजाजत चाहूँगा। मैं राष्ट्रीय आन्दोलन का केवल तटस्थ दर्शक नहीं हूँ। फिर भी आज तक इस सवाल पर जो गम्भीर विचार प्रदर्शित किए गए उनसे मैं अपने आपको अधिक नहीं जोड़ना चाहता। हमारी समस्या हल करने की दृष्टि से हम उचित राह पर चल रहे हैं या नहीं, इसके बारे में मैं ज्यादा चिन्तित हूँ। ब्रिटिश संसद

कौन-सा दृष्टिकोण अपनानेवाली है यह बात इस पर निर्भर है कि इस समस्या को कैसे हल किया जाए। अपने विचारों के अनुसार मैं उनसे कहूँगा कि क्या आपने इस सवाल को समझदारी से हल किया है या जूतों की फौलादी ठोकर से ठुकरा दिया है? आप लोग जो भी फैसला करें किन्तु उसकी पूरी जिम्मेदारी आपकी ही है। आपमें से जिनका बलप्रयोग पर विश्वास हो उन्हें मैं राजनीतिक दर्शन के एक महान शिक्षक एडमंड बर्क के एक हमेशा याद किए जानेवाले कथन की याद दिलाना चाहता हूँ। उन्होंने अमेरिका की औपनिवेशिक समस्या पर गम्भीर रूप से सोचते हुए कहा था, "शक्ति का इस्तेमाल सिर्फ तात्कालिक इलाज है। वह बहुत दिन तक टिक भी सकता है। लेकिन उससे जनता को अपने नियन्त्रण में रखने की आवश्यकता खत्म हो जाती है ऐसी बात नहीं है। जिस राष्ट्र को बार-बार बलप्रयोग से नियन्त्रित किया जाता है उस राष्ट्र पर हमारी सत्ता स्थापित हो गई, ऐसा समझना गलत है। बलप्रयोग के खिलाफ दूसरी आपत्ति है उसकी अनिश्चितता। बलप्रयोग का परिणाम हमेशा ही दहशत पैदा करने में नहीं होता है। और फौज का मतलब कोई विजय नहीं है। यदि आप युद्ध में असफल रहे तो आगे कोई समाधान नहीं बचता। आपसी तालमेल में असफल रहे तो बल का प्रयोग शेष रहता है। लेकिन बलप्रयोग का रास्ता असफल होने पर शान्ति का रास्ता शेष नहीं रहता। शक्ति और अधिकार कभी-कभी दयाभावना के मुआवजे में मिल सकते हैं लेकिन वे दरिद्र और पराजित लोगों को भीख माँगने पर कभी नहीं मिलते। बलप्रयोग पर दूसरी आपत्ति यह है कि रक्षण करने की दौड़धूप में आप उस चीज को ही कमजोर बनाते हैं, जिस चीज के लिए आप युद्ध करना चाहते हैं (जैसे—लोगों की राजनिष्ठा) वह चीज आपको जस की तस मिलती है ऐसी बात नहीं। बल्कि वह हलके कीमत की, टूटी-फूटी हालत में, बेजान अवस्था में और युद्ध के घमासान में बर्बाद अवस्था में मिलती है।"

इस कथन और कथन के महत्त्व को आप सभी जानते हैं। आपने उसकी ओर कोई ध्यान नहीं दिया और अमेरिका जैसे बड़े भू-भाग को खो बैठे। आपने अपनी भलाई के लिए और साम्राज्य के तहत बचे हुए बाकी देशों के लिए उस राह को अपनाया और वे सभी देश आज आपके पीछे खड़े हैं। आपमें से जिन लोगों को शान्ति के रास्ते पर चलने की इच्छा है उनसे मैं एक बात कहना चाहता हूँ। यहाँ उपस्थित कई लोगों की यह समझ बन गई है कि भारत को सार्वभौम सत्ता देने के सवाल का समर्थन और विरोध के लिए प्रतिनिधियों को बुलाया गया है और इस बुद्धिवाद में जिनकी विजय होगी उन पर भारत का सार्वभौमत्व निर्भर है। जो प्रतिनिधि अपने-अपने विचारों को पैना करने का प्रयास कर रहे हैं उनके साथ अपनी उचित मतभिन्नता प्रदर्शित करते हुए मैं अपना यह मत रखना चाहता हूँ कि इस सुलगती समस्या पर शुद्ध तर्क के नियमों के द्वारा हम निर्णय देने की भयंकर गलती कर रहे हैं। तर्कपंडितों से या तर्कशास्त्र से मेरा छत्तीस का नाता है, ऐसी बात नहीं। बल्कि तर्कपंडित जिसे नकारते हुए अपने क्षेत्र तय करने का प्रयास कर रहे हैं उसके बारे में उन्हें सोच-समझकर तय करना चाहिए। अन्यथा खतरे बढ़ जाएँगे, इसमें कोई सन्देह नहीं है, इस ओर मैं आपका ध्यान आकर्षित करना

चाहता हूँ। डॉ. जॉनसन ने जिस तरह से बर्कले के सभी 'रहस्यमय सवाल' रद्‌दी की टोकरी में डाल दिए थे उसी तरह तर्क की दृष्टि से पराजित होने पर भी आप पराजय स्वीकार करते हैं या मगरूरी और मुँहजोरी का इस्तेमाल करते हैं, यह बात पूरी तरह से आपके स्वभाव पर निर्भर है। जो संविधान बहुसंख्य लोगों को नामंजूर हो ऐसा कोई भी संविधान देश की वर्तमान स्थिति पूरी तरह से समझ लेने पर भी सही ढंग से काम नहीं कर सकता। लेकिन मुझे यह डर है कि हमने आज इस बात को पहचाना नहीं है। अब वह समय लद गया कि आप लोग संविधान को बनाएँ और देश उसे स्वीकार कर ले। अब वह समय नहीं रहा। आप लोगों की यह इच्छा हो कि संविधान अधिक कारगर हो तो नया संविधान बनाते समय तर्क नहीं बल्कि लोगों का समर्थन ही इस संविधान की सही कसौटी होना चाहिए।

# भारतीय फौज में दलित तथा अन्य वर्ग को दाखिल होने का मौका मिलना चाहिए

*दि. 16 जनवरी 1931 को लंदन में गोलमेज परिषद् के सामने डॉ. बाबासाहेब अम्बेडकर का भाषण हुआ। उन्होंने अपने भाषण में कहा–*

महोदय,

मैं इस प्रस्ताव के दूसरे उपभाग के चौथे परिच्छेद में सुझाए गए संविधान संशोधन के मुद्दे की ओर आपका ध्यान आकर्षित करना चाहता हूँ। उसमें जो कहा गया है उसके मुताबिक भारतीय फौज में दलित वर्ग और सभी प्रजाजनों को दाखिल होने की इजाजत होनी चाहिए। फौज में भर्ती के समय सिर्फ आवश्यक योग्यता और कार्यक्षमता आदि बातों को ही ध्यान में रखना चाहिए। मेरे इस भाषण को सिर्फ सुना जाए यही मेरी इच्छा नहीं है बल्कि एक गम्भीर तरह का संविधान संशोधन इस दृष्टि से सोच-विचार करके उसे प्रत्यक्ष अमल में लाने का इस सभा को प्रयास करना चाहिए, यही मेरी इच्छा है। मैंने जो संशोधन सुझाया है वह बहुत मामूली किस्म का है। फौज में प्रवेश के लिए फिलहाल भारतीय प्रजाजनों में जो भेदभाव दिखाई देता है उसे समाप्त करने का यह प्रयास है। वास्तव में दलित वर्ग के विशेष हक़ों का रक्षण हो, इस दृष्टि से मैं इस संशोधन पर जोर दे रहा हूँ, इसमें कोई सन्देह नहीं। किन्तु इसका मतलब यह नहीं है कि मैं यह करते समय परिषद् से कुछ खास तरह की सिफारिश करने का आग्रह कर रहा हूँ। बल्कि भारत सरकार के कानून को जो तत्त्व स्वीकार्य हैं उन्हें वास्तव में अमल में लाया जाए, इतना ही मेरा कहना है। भारतीय कानून में इस बात की व्यवस्था है, जाति, पन्थ, धर्म या वर्ण के कारण किसी भी प्रजाजन को सार्वजनिक नौकरी से अलग नहीं रखा जा सकता। इसलिए जब मैं इस संशोधन का सुझाव पेश कर रहा हूँ, तब मैं किसी विशेष सहूलियत की माँग कर रहा हूँ, ऐसा बिल्कुल नहीं है।

अध्यक्ष महोदय, मैं आपका ध्यान इस बात की ओर आकर्षित करना चाहता हूँ कि संशोधन सर्विस कमेटी ने जो नीति अपनाई है उसी के मुताबिक है। यदि आपने इस परिषद् द्वारा नियुक्त सर्विस कमेटी के प्रस्ताव का सन्दर्भ ध्यान में रखा तो आपको यह दिखाई देगा कि सम्पूर्ण भारतीय प्रजा को सार्वजनिक क्षेत्र में नौकरी करने के उचित

और पर्याप्त अवसर प्राप्त होने चाहिए जिसके लिए समिति ने पर्याप्त प्रयास किए हैं। इस समिति ने सरकारी नौकरी से अलग रखने के बन्धनों को ध्यान में रखते हुए कुछ बुनियादी हक़ों का ही समर्थन किया है। इतना ही नहीं, इस समिति ने इससे भी आगे जाकर दलित वर्ग और एंग्लो इंडियन जैसी विशेष जातियों का उल्लेख करके उनके लिए विशेष प्रकार की सिफारिशें की हैं।

किन्तु अध्यक्ष महोदय, यह संशोधन केवल दलित वर्ग के हित में ही है, ऐसी बात नहीं है। बल्कि मेरी मान्यता के अनुसार यह संशोधन सभी जातियों और भारतीय प्रजा के कल्याण के लिए है। मुझे ऐसा लगता है कि देश में कोई भी नौकरी किसी भी एक जाति की जागीरदारी बन गई तो इससे देश के सार्वजनिक जीवन के लिए एक बड़ा खतरा पैदा हो जाएगा। जिन विशेष जातियों को लाभकारी स्थिति हासिल हो जाती है उनमें अहंकार पैदा होता है। केवल इसी कारण से मुझे इस पर गम्भीर आपत्ति है ऐसा भी नहीं है, बल्कि इसलिए भी कि सम्पूर्ण जनता को अपने रक्षण के लिए किसी एक खास वर्ग पर निर्भर रहना पड़ा और इसलिए प्रजाजनों का विकास नहीं हो पाया। मैं यह स्पष्ट कर रहा हूँ कि जब आप भारत के लिए नया संविधान बना रहे हैं तब भारतीय प्रजाजनों में से हरेक को योग्यता के अनुसार देश में सरकारी नौकरी की इजाजत मिलेगी, इस तरह की व्यवस्था का निर्माण करना आपका काम है। और मैं यह जो संशोधन आपके सामने रख रहा हूँ वह केवल समिति के प्रस्ताव में लिखे गए तत्त्वों का तर्कशुद्ध परिणाम मात्र है। क्योंकि चौथे भाग के पहले उपभाग का निरीक्षण करने से आपको यह बात दिखाई देगी कि, ''नई राज्यव्यवस्था में, भारत का भावी संविधान भारत का संरक्षण खास तौर पर बढ़ते अनुपात में भारतीय लोगों से ही सम्बन्धित होना चाहिए, ब्रिटिश सरकार से नहीं, यही इस उपसमिति का मत है।''

अध्यक्ष महोदय, यदि इस विधान का कोई मतलब हो तो भारत का संरक्षण ज्यादा से ज्यादा भारत की सारी जनता से सम्बन्धित होना चाहिए, केवल एक खास जाति तक उसका सम्बन्ध होने से काम नहीं चलेगा।

इसलिए मैं समझता हूँ कि मैंने जो संविधान संशोधन का सुझाव पेश किया है उसे इस परिषद् को स्वीकार कर लेना चाहिए।

# भावी संविधान में दलितों के हकों का सवाल

*दि. **19 जनवरी 1931** को लंदन में गोलमेज परिषद् के सामने डॉ. बाबासाहेब अम्बेडकर का व्याख्यान हुआ। उन्होंने अपने व्याख्यान में कहा–*

माननीय प्रधानमन्त्री जी,

जब किसी देश के राजनीतिक जीवन के संगठन की प्रक्रिया शुरू होती है तो हमेशा दो महत्त्वपूर्ण प्रश्न पैदा होते हैं। इसलिए गोलमेज परिषद् को इन दो महत्त्वपूर्ण सवालों पर अपना ध्यान केन्द्रित करना चाहिए। इसमें पहला सवाल है जिम्मेदार (Responsible) सरकार का और दूसरा सवाल है प्रातिनिधिक (Representative) सरकार का।

प्रदेशों की जिम्मेदार सरकारों के बारे में मैं चन्द बातें ही कहना चाहूँगा। मंडल ने जो प्रस्ताव पेश किया है वह मुझे मंजूर है और मैं अपने मतभेदों को भूलकर इस प्रस्ताव के पक्ष में हूँ। किन्तु केन्द्रीय सरकार के बारे में मुझे सन्देह है। उसके बारे में मेरी सोच पूरी तरह अलग है। संघ राज्य की उपसमिति आज की नौकरशाही सरकार में परिवर्तन के लिए कुछ नहीं कर रही है ऐसा मेरा कहना अप्रामाणिक नहीं है। मुझे इस बारे में अपने सही विचारों को छिपाना नहीं चाहिए। समिति ने जो परिवर्तन का सुझाव दिया है वह ठोस नहीं है बल्कि छायात्मक है और उसमें जिम्मेदारी तय नहीं है बल्कि दिखावा मात्र है।

चान्सलर साहब ने हमें बताया है कि उन्होंने हमारे लिए बीज बोए हैं लेकिन अब पौधों की देखभाल हम लोगों को ही करनी है। अध्यक्ष महोदय, इस परिषद् में चान्सलर साहब ने बहुत बड़ा काम किया है, इसलिए हम सचमुच उनके शुक्रगुजार हैं। मैं उनका शुक्रगुजार हूँ। उन्होंने जो पौधा लगाया है वह बढ़ेगा इस बात की मुझे बिल्कुल उम्मीद नहीं है। मुझे इस बात का डर है कि उन्होंने बीज रूप में जो अनाज चुना है वह बेजान है और जिस भूमि में उसे बोया गया है वह भूमि उसके विकास के लिए लाभकारी नहीं है।

भावी भारतीय संघराज्य के संविधान के बारे में मैंने अपने लिखित विचार चान्सलर साहब को दे दिए हैं। वे जिस समिति के अध्यक्ष हैं उस समिति ने उस पर विचार किया है या नहीं, इस बारे में मुझे कोई जानकारी नहीं। क्योंकि वे जिस समिति के अध्यक्ष हैं उसके प्रस्ताव में मेरे विचारों की किसी भी प्रकार की चर्चा नहीं दिखाई दी। मैंने जो

विचार रखे हैं मेरा वही दृष्टिकोण आज भी है। अपने विचारों से पूरी तरह विरोधी संविधान को मैं स्वीकार नहीं कर सकता। असल में, यदि मुझे किसी ने पूछा कि आज की नौकरशाही और समिति द्वारा मिलकर बनाई गई शाही इन दोनों में से किसी एक का चुनाव कीजिए, तो मैं नौकरशाही को ही पसन्द करूँगा। किन्तु समिति के प्रस्ताव में प्रस्तुत केन्द्रीय सरकार का संविधान सर टी.बी. सप्रू को मंजूर हो तो मेरे विरोध की कोई वजह नहीं है। क्योंकि वे परिषद् के मित्र, तत्त्वज्ञ और मार्गदर्शक हैं। इसी प्रकार भारत के युवाओं के प्रतिनिधि कहलानेवाले श्री जयकर और भारत के अब्राह्मणों का नाम लेकर बात करनेवाले श्री ए.पी. पात्री जैसे लोग यदि इस संविधान से सन्तुष्ट होंगे तो मैं भी उसका विरोध नहीं करूँगा। आज मेरी स्थिति यह है कि मैं आज संविधान का विरोध भी नहीं कर रहा हूँ तो उसे स्वीकार भी नहीं कर रहा हूँ। मैं इस सवाल को उन लोगों पर छोड़ रहा हूँ जो इसे वास्तव में अमल में लाना चाहते हैं।

मैं जिनका प्रतिनिधि हूँ उनकी शासन प्रणाली के बारे में मुझे कोई भी आज्ञा नहीं है इसलिए इस तरह का निर्णय लेना ही मेरे लिए उचित है। मुझे जो आज्ञा है वह यह कि जिम्मेदार शासनप्रणाली का मुझे विरोध नहीं करना चाहिए लेकिन उसी के साथ यह जिम्मेदार सरकार जब तक सही अर्थों में प्रातिनिधिक सरकार नहीं होती तब तक उसे मंजूरी न दी जाए। परिषद् ने अब तक प्रातिनिधिक सरकार का सवाल किस तरह से सुलझाया है और उसे इसमें कितनी सफलता-असफलता मिली है इस बात को मैं जब देखता हूँ तब मुझे बड़ी निराशा होती है। मतदान का हक़ और अलग-अलग वर्गों को विधिमंडल में दिया गया प्रतिनिधित्व इन दो खम्भों पर ही सही प्रातिनिधिक शासन का बोझ होता है। यह बात हर किसी को मालूम है कि नेहरू कमेटी ने वयस्क मतदान को स्वीकार किया है। और इस समिति ने संविधान का जो यह हिस्सा तैयार किया है उसे भारत के सभी राजनीतिक दलों का समर्थन है। मैं जब इस परिषद् में उपस्थित हुआ तब मुझे यह दिखाई दिया कि जहाँ तक मतदान के हक़ का सवाल था, उस लड़ाई को हमने पहले ही जीत लिया है। लेकिन मताधिकार समिति से मुझे पूरी तरह निराशा हुई। यहाँ मैंने जो अनुभव किया वह आश्चर्य की बात यह कि जिन-जिन लोगों ने नेहरू के प्रस्ताव पर हस्ताक्षर किए हैं उन सभी लोगों ने एकतरफा विचार किया है। उनका यह विचार इतना एकतरफा है कि भारत के उदारवादी लोग भी इस प्रस्ताव को शायद ही मंजूर कर पाएँगे। क्योंकि उससे प्रादेशिक विधिमंडल के लिए सिर्फ 25 प्रतिशत लोगों को ही मताधिकार प्राप्त होगा। और केन्द्रीय विधिमंडल के लिए कितने लोगों को मताधिकार प्राप्त होगा यह बात अब भी तय नहीं है। लेकिन प्रादेशिक सरकार जिस अनुपात में प्रातिनिधिक हो रही है उसकी ओर देखा जाए तो केन्द्रीय विधिमंडल उससे ज्यादा प्रातिनिधिक होगा, इसके बारे में मुझे बिल्कुल सन्देह नहीं है। इस तरह के सीमित मताधिकार से भारत का भावी शासन कुछ विशेष वर्गों की जागीरदारी बनेगा इसमें कोई सन्देह नहीं।

आप सभी को इस बात का पता है कि ज्यादा जनसंख्यावाली जातियाँ और

अल्पसंख्यक कई प्रकार की जातियों में विधिमंडल के स्थानों के विभाजन के बारे में बड़ा रहस्यमय सवाल खड़ा हो गया है। मेरी मान्यता के मुताबिक भूतकाल में विधिमंडल में जगह देते समय जो चालबाजी की गई उसी का परिणाम है कि आज यह रहस्यमय सवाल फिर खड़ा हो गया है। यदि भारत के पूर्वाधिकारी सभी के साथ न्याय का बर्ताव करते और उन्होंने किसी का भी बेमतलब पक्ष न लिया होता तो इस समस्या को हल करने में कठिनाई नहीं होती, इस बात का मुझे पूरा यकीन है। ब्रिटिश सरकार ने जिनका जैसा उपयोग हो उस तरह की राजनीतिक कीमत अलग-अलग जातियों को अलग अलग दी हुई है। इतना ही नहीं, कुछ जातियों को बेहिसाब शासनाधिकार दिया गया और दलित वर्ग को उनके हक़ के मुताबिक हासिल होनेवाले हक़ को भी नकारा गया। इस प्रकरण में सबसे बड़ा हमला दलित वर्ग पर हुआ है। एक बार गलती से प्रस्थावित हुई प्रणाली हमेशा के लिए प्रस्थावित हुई है, ऐसा कभी नहीं हुआ। इस तथ्य के मुताबिक परिषद् को पुराने मूल्यों के बारे में पुनर्विचार करके दलित वर्ग को उनकी संख्या के अनुपात में विधिमंडल में उचित उतने ही स्थान दिए जाएँ इस बात की मैं उम्मीद कर रहा था। लेकिन ऐसा नहीं हुआ। अन्य अल्पसंख्यक लोगों की माँगें पहले ही स्वीकार कर ली गईं और उनका निश्चित रूप तय हुआ है। अब उनकी इतनी ही जरूरत बची है कि नए शासन के बढ़ते क्षेत्र से और बजट से सुसंवाद स्थापित करने के लिए कुछ मामूली परिवर्तन करवा लेना और पुरानी कुछ बातें निकाल लेने की जरूरत है। जो कुछ सुधार या परिवर्तन करवाना हो उस सम्बन्ध में जो बुनियाद पहले ही रख दी गई है उसे उसकी नींव के साथ नष्ट करने का प्रयास कोई नहीं करेगा। दलित वर्ग की स्थिति इससे एकदम अलग है। उनकी माँगें अब कहीं सुनाई दे रही हैं। उन माँगों को आज तक जोड़ा नहीं गया है। और उनमें से कितनी माँगों को स्वीकार किया जाएगा उसके बारे में कुछ नहीं कहा जा सकता। मुझे ऐसा लगता है कि स्वसंरक्षण के लिए नहीं, शासनसत्ता अपने हाथों में आनी चाहिए इसके लिए जो लोग दाँवपेंच लड़ा रहे हैं और ऊपर चढ़ने की लगातार कोशिश कर रहे हैं उन्हें खुश करने के लिए दलित वर्ग की मजबूरी का लाभ उठाकर उनके प्रतिनिधित्व को हमेशा के लिए शायद बलि चढ़ा दिया जाएगा और यह असम्भव नहीं है।

इस दृष्टि से मेरी यह जिम्मेदारी है कि मैं अपने विचारों को पूरी तरह से और साफ-साफ शब्दों में रखूँ। भावी संविधान में दलितों को दिए जानेवाले हक़ों के सम्बन्ध में जब अब तक निश्चित नहीं हुआ है तब प्रदेश सरकार में और केन्द्रीय सरकार में जिम्मेदार शासन का संविधान निश्चित करते समय ब्रिटिश सरकार को उसकी घोषणा करने के पहले जिन लोगों के हाथों में सत्ता जा रही है उन लोगों के साथ इस तरह का समझौता स्पष्ट करना जरूरी है, जिससे दलित वर्ग के हितों का और हक़ों का सही मायने में संरक्षण हो सके। विषय की गम्भीरता पर ज्यादा बल देकर इस बारे में आपका ध्यान आकर्षित करना जरूरी है कि इस बारे में निश्चित तौर पर कुछ फैसला दिए बगैर हम किसी भी प्रकार के अन्य निवेदन को स्वीकार नहीं करेंगे। यदि यह नामंजूर हुआ

तो मैं और मेरे सहयोगी इस परिषद् की आगे की कार्यवाही में शामिल होने की जिम्मेदारी स्वीकार करने में असमर्थ होंगे और परिषद् के साथ असहयोग करने के लिए हम मजबूर होंगे। अध्यक्ष महोदय, इस तरह का सुझाव रखते समय आपने पहले जो वादा किया था, मैं उससे कुछ ज्यादा माँग रहा हूँ, ऐसी बात बिल्कुल नहीं है। जो लोग ब्रिटिश लोकसभा और उसके पक्ष में बात करते हैं वे यही कहते आ रहे हैं कि वे दलित वर्ग के हमदर्द और संरक्षक हैं। मनुष्य और मनुष्य के बीच के सम्बन्ध अधिक से अधिक सौहार्दपूर्ण रहें इस बात की हम हमेशा कोशिश करते रहते हैं, इस प्रकार की संस्कृति-स्वीकृत सांकेतिक बकवास की तरह यह बकवास नहीं है। इस बात का मुझे पूरा यकीन है। इसलिए मेरी राय में अंग्रेज शासन की किसी भी सरकार की यह निश्चित जिम्मेदारी है। इस विश्वास पर विश्वासघात न हो इस बात का ध्यान रखना तो मजदूर सरकार की खास जिम्मेदारी है। माननीय प्रधानमन्त्री जी, मैं आपको यह बताना चाहता हूँ कि जिनका उत्थान केवल हमारे पतन पर, विनाश पर ही खड़ा है, जिन्होंने हमारे कल्याण की बात कभी सपने में भी नहीं सोची, ऐसे लोगों की दया पर ही ब्रिटिश सरकार हमें सौंप देना चाहती हो तो हम लोग सरेआम कहेंगे कि ब्रिटिश सरकार ने हम लोगों के साथ भयंकर विश्वासघात किया है।

ऐसा कहने पर भारत के राष्ट्रवादी और देशभक्त लोग मुझे जातिवादी कहेंगे। लेकिन मैं उसकी परवाह नहीं करता। भारत एक बड़ा विचित्र राष्ट्र है और यहाँ के राष्ट्रभक्त और देशभक्त लोग भी बड़े विचित्र हैं। भारतीय राष्ट्रभक्त और देशभक्त किन्हें कहा जाए, जो अपने देश के ही भाइयों को पशुओं की तरह रख रहे हैं? या जो यह सब होते हुए इसे अपनी खुली आँखों से देख रहे हैं? उस वर्ग में इनसानियत कभी जुल्म के खिलाफ विद्रोह नहीं करती। इस देशभक्त को यह मालूम है कि नारी और कुछ मनुष्यों के मानवी हक़ यूँ ही नकारे गए हैं। लेकिन इन लोगों को कुछ मदद करनी चाहिए इस तरह की भावना भी इनके सफेदपोश मन को नहीं छूती। लोगों को एक बहुत बड़े वर्ग को सार्वजनिक उद्योग-व्यवसायों से अलग किया गया है, इस बात को यह राष्ट्रभक्त अच्छी तरह जानता है। लेकिन उसकी न्यायबुद्धि और कल्याणबुद्धि की बिल्कुल निन्दा नहीं हो रही है। मनुष्य और समाज को नुकसान पहुँचानेवाली सैकड़ों विनाशकारी रूढ़ियों का वह निरीक्षण करता रहता है, लेकिन इस तरह के घृणित व्यवहार को देखकर इस देशभक्त के दिलो-दिमाग पर भी बुरा असर पड़ता है। इस देशभक्त की एक ही पुकार है कि उसे और उसके वर्ग को ज्यादा से ज्यादा शासनसत्ता प्राप्त होनी चाहिए। लेकिन मैं कुछ विशेष प्रकार के देशभक्तों के वर्ग में से नहीं हूँ, इसलिए मुझे खुशी हो रही है कि मैं उस वर्ग का प्रतिनिधि हूँ जो वर्ग लोकतन्त्र का समर्थक है और सभी प्रकार की जागीरदारियों को समाप्त करने के लिए लड़ रहा है। हमारा लक्ष्य है कि जीवन के सभी क्षेत्रों में मतलब राजनीतिक, सामाजिक और आर्थिक क्षेत्रों में सबको समान दर्जा मिलना चाहिए, इस आदर्श को व्यवहार में लाया जाए। प्रातिनिधिक सरकार उस लक्ष्य के साधनों में से एक साधन होने की वजह से ही दलित वर्ग उसे

इतना महत्त्व दे रहा है। और उसके इस महत्त्व की वजह से ही उसे हासिल करने की जरूरत को जानते हुए आपसे मैं निवेदन कर रहा हूँ। मैं आपसे पुनः आग्रह के साथ विनती कर रहा हूँ। शायद आप यह आश्वासन दे सकते हैं कि दलित वर्ग के बारे में आपकी पूरी हमदर्दी है, लेकिन हमारे जैसे मजबूर लोगों को आज सिर्फ आश्वासनों की नहीं बल्कि ठोस सहयोग की जरूरत है। मैं बेवजह का डर व्यक्त कर रहा हूँ ऐसा आपको लग सकता है और शायद आप मुझसे घृणा भी कर सकते हैं। लेकिन भरोसा करके विनाश को नियन्त्रित करने की बजाय आज की भयावह मानसिक अवस्था के बारे में यदि किसी ने मुझसे नफरत की तो मैं उसे भी पसन्द करूँगा।

# भाग्यवादी मत बनिए!

*दि. **18 फरवरी 1932** को ठाणे जिला बहिष्कृत परिषद् का आयोजन किया गया था। इस परिषद् का आयोजन डॉ. बाबासाहेब अम्बेडकर की अध्यक्षता में हुआ था। इस परिषद् में दिया गया यह अध्यक्षीय भाषण बाद में सर जनसर के अग्रलेख के रूप में छापा गया था।*

**ठाणे : 18 फरवरी, 1932**

इससे पहले मुझे ठाणे जिले में आने का मौका नहीं मिला। इसलिए मेरा आप लोगों के साथ कोई विशेष परिचय नहीं है। किन्तु आप लोगों से मिलने का मौका महन्त शंकरदास बाबा के कारण प्राप्त हुआ है, इसलिए मैं उनका और ठाणे जिले के सभी प्रतिनिधियों का एहसानमन्द हूँ। इस मौके पर मैं बहुत कम समय में किन्तु महत्त्वपूर्ण सवाल पर कुछ सूचनात्मक बातें रखना चाहता हूँ। और उम्मीद करता हूँ कि आप उन बातों को बड़े ध्यान से सुनेंगे। आज आप लोगों ने जो कुछ हासिल किया है, उसके बारे में सोचेंगे तो आपको बहुत सारी नई बातें पता लगेंगी। मैं पिछले आठ-दस दिनों से अछूतपन नष्ट करने के सम्बन्ध में गांधी और सनातनी लोगों के साथ बातचीत कर रहा हूँ। गांधी ने अछूतपन को समाप्त करने के लिए मन्दिर खोलने और अछूतपन समाप्त करने का आन्दोलन चलाया है। मैंने मन्दिर-प्रवेश के सम्बन्ध में एक निवेदन प्रकाशित करवाया है। उसमें मैंने साफ़ तौर पर कहा है कि हमारा अछूतपन समाप्त करने के लिए मन्दिर-प्रवेश ही जरूरी है, ऐसी कोई बात नहीं है। हम लोगों को हिन्दू धर्म में समानता चाहिए और चातुर्वर्ण नष्ट होना चाहिए, तब हम यह कह सकते हैं कि हिन्दू धर्म हमें अपना समझता है और तभी हिन्दू धर्म हमें मंजूर होगा। इस बात पर गांधी और मेरे बीच मतभेद है। सनातनी हिन्दू लोग चातुर्वर्ण नष्ट करने और मन्दिर खोलने के लिए तैयार नहीं हैं। इसके अलावा दूसरी बात यह है कि जिन लोगों की छाया भी बर्दाश्त करने के लिए जो लोग आज भी तैयार नहीं हैं उनके साथ समानता का बर्ताव करना और उनकी सत्ता को बर्दाश्त करने के लिए उन्हें मजबूर होना पड़ेगा। अपनी जाग्रत अवस्था की शुरुआत अभी-अभी हुई है। पहले जमाने में हमारे लोग पुलिस में नहीं थे। किन्तु आज ये लोग पुलिस में नौकरी करने लगे हैं। अछूतों के जो

बच्चे मैट्रिक पास हुए हैं वे पुलिस प्रशिक्षण ले रहे हैं। उनके अधिकार में अन्य सवर्ण हिन्दू लोग नौकरियाँ करेंगे। इसके लिए अपने समाज में अधिकारी वर्ग अधिक से अधिक तैयार होना चाहिए और सारे समाज का स्तर बढ़ना चाहिए तब अपने समाज पर जुल्म-ज्यादतियाँ नहीं होंगी। आज डिप्युटी-कलेक्टर, कोई तहसीलदार, पुलिस इन्स्पेक्टर बननेवाले इक्के-दुक्के लोग मिलते हैं। आगे यह संख्या अधिक बढ़ेगी। इस तरह से हमारे लोगों के अधिकारी बनने के बाद सवर्ण हिन्दुओं की हम लोगों पर जुल्म ज्यादतियाँ कम होंगी। किन्तु इन सारी बातों को हासिल करने के लिए आप लोगों को बहुत सचेत रहना चाहिए। एक कहावत है, 'हीरा पड़ा है राह में, शायद किसी अन्धे को मिल जाए।' पर अन्धे आदमी को हीरे की पहचान नहीं होती है। इसलिए आप लोगों को यह जो मौका मिला है उसे बेकार मत जाने दीजिए। इस देश की राजनीति में जो बातें कभी नहीं घटीं उस तरह की बातें घट रही हैं। इस देश में इस प्रकार की स्थिति है कि निचला आदमी पिस रहा है और ऊपर का आदमी मजे से रोटियाँ खा रहा है, ऊपरवाला चैन कर रहा है और नीचेवाला कंगाल हो रहा है। यहाँ अंग्रेजों की सत्ता आई फिर भी उन्होंने कोई बदलाव नहीं किया। अपनी स्थिति में कोई परिवर्तन नहीं हुआ। वे विदेशी लोग थे। उन लोगों को अपनी सत्ता चलाने के लिए इन उच्चवर्णीय लोगों की मदद लेनी पड़ती थी इसलिए वे लोग उनकी मर्जी से अपनी सत्ता चलाते थे। और इसी वजह से हमारी स्थिति में कोई परिवर्तन नहीं हुआ है। किन्तु इसके बाद नए संविधान के अनुसार हम भी सत्ता के भागीदार होंगे। ऊपर-नीचे का भेद नहीं रहेगा।

हम कानून बनवाएँगे। हम लोगों को विधिमंडल में स्वतन्त्र प्रतिनिधित्व मिला है। विधिमंडल में उनका महत्त्व बढ़ेगा, उन्हें अधिष्ठान प्राप्त होगा और उनकी सलाह से देश की सत्ता का संचालन होगा। गाँव की पंचायत में महारों (अछूत) का कोई महत्त्व नहीं है। किन्तु वही महार (अछूत) विधानसभा में जाएगा। गाँव के लोगों को अछूतों के साथ बराबरी का बर्ताव करने के लिए मजबूर होना पड़ेगा। किन्तु मेरे मन में इस बात का सन्देह है कि हम लोगों को जो शक्ति प्राप्त हुई है उसका आप लोग सही इस्तेमाल करेंगे या नहीं। आप लोगों को यह बात अच्छी तरह से समझ लेनी चाहिए। आप लोगों के हाथों में जो शक्ति आई है उस पर गौर कीजिए। आपस में दूरियाँ बढ़ें, ऐसा कोई काम मत कीजिए। अपनी एकता को बढ़ाइए। बिखराव को खत्म कीजिए। किन्तु बड़े अफसोस की बात है कि हम लोगों में बिखराव का नशा बढ़ रहा है। चारों ओर आपस में झगड़े चल रहे हैं जिसकी वजह से अच्छे कामों में रुकावटें पैदा हो रही हैं। इसका जीता-जागता उदाहरण नासिक जिला और कोंकण हैं। ये दोनों क्षेत्र एक-दूसरे से सटे हुए हैं। कोंकण और नासिक में बड़े-बड़े सत्याग्रह हुए हैं। यदि ऐसे सत्याग्रह न हुए होते तो हम लोगों को जो राजनीतिक सत्ता प्राप्त हुई है वह प्राप्त न हुई होती। नासिक के सत्याग्रह ने तो इतनी खलबली मचा दी थी कि जब मैं इंग्लैंड में था तब 'लन्दन टाइम्स' में उसकी खबरें रोज छपती थीं। उन्हें पढ़कर अंग्रेज लोग भी आश्चर्य

व्यक्त करते थे। इतना बड़ा कार्य नासिक जिले के लोगों ने एकता के बल पर किया था। किन्तु आज मुझे अफसोस हो रहा है कि वही नासिक जिला आज पीछे हट रहा है। लगता है अब वहाँ के लोगों ने सार्वजनिक काम से संन्यास ले लिया है। और यदि आप लोग मुझसे पूछते हैं कि ऐसा किस वजह से हो रहा है तो वह केवल एक-दूसरे के प्रति नफ़रत के कारण। इसके लिए इगतपुरी में घटी घटना का उदाहरण दिया जा सकता है। वहाँ एक बार अछूतों की सभा हुई थी। उसमें इस बात पर झगड़ा हो गया कि सभा का अध्यक्ष किसे बनना चाहिए। अन्त में एक खम्बे को अध्यक्ष मानकर सभा का कार्य पूरा किया गया। किसे अध्यक्ष होना चाहिए, किसे सेक्रेटरी, किसे कोषाध्यक्ष होना चाहिए इसी बात पर वे एक-दूसरे से नफरत करने लगे। यदि इस प्रकार की स्थिति बरकरार रही तो हम लोगों को इतना प्रयास करके जो अधिकार हासिल हुए हैं वे सभी बेकार जाएँगे। मान लीजिए, कल नासिक से एक प्रतिनिधि का चुनाव होना है तो जो आदमी निस्वार्थ भाव से काम करता है उसी को आप लोगों को चुनना चाहिए। आप लोगों को अच्छे और बुरे के बारे में निश्चित तौर पर सोचना चाहिए। किन्तु सम्मान के भूखे आदमी के जाल में मत फँसिए। किसी के भी हाथों रोशनी जले किन्तु आपस का बिखराव खत्म होना चाहिए और अपनी कठिनाइयों को समाप्त करने का ज्ञान हासिल कीजिए।

सभाओं में जो प्रस्ताव मंजूर किए जाते हैं उन्हें नजरअंदाज मत कीजिए। मुसीबतों को खत्म करने के रास्ते खोजिए। पीड़ा है इसलिए चीखने-चिल्लाने की बजाय उसे समाप्त करने का प्रयास कीजिए। परिस्थिति को अच्छी तरह से समझ लीजिए। उसके बारे में आपके घर आकर आपको कोई समझानेवाला नहीं है। इसके लिए आप साप्ताहिक 'जनता' अखबार खरीदिए। मैं आप लोगों को एक अन्य दूसरी बात बताना चाहता हूँ, वह यह कि जो पूना-समझौता हुआ है वह सवर्ण हिन्दुओं को नापसन्द है। सच देखा जाए तो हम लोग हिन्दू धर्म की रक्षा कर सकते हैं। किन्तु हिन्दू लोग ऐसे हैं कि पूना-समझौते का लाभ हमें नहीं मिलने देंगे। कल हिन्दू और मुस्लिम दोनों विधानसभा में एक होकर हम लोगों को कंकड़-पत्थर की तरह बाहर फेंक देंगे। अपना झगड़ा सत्ता की हिस्सेदारी के लिए होगा। उस झगड़े में हमारा हिस्सा हमें मिलना चाहिए। महाभारत में कौरवों और पांडवों के युद्ध की कथा है। युद्ध में भीष्माचार्य को पांडवों की सही स्थिति मालूम थी। वह कौरवों का अन्न खा रहा था इसलिए उसे उनका पक्ष लेने के लिए मजबूर होना पड़ा। मतलब, आप लोग अपनी स्थिति 'मनुष्य' अर्थ का गुलाम है (अर्थस्य पुरुषो दासः) ऐसा मत होने दीजिए। अपने दुश्मनों के दाँवपेंच पहचानिए और उस तरह से अपना बर्ताव रखिए।

आप लोग अपने मन से, दिलो-दिमाग से इस बात को निकाल दीजिए कि जो बात गलत होती है उसे ईश्वर करता है, ईश्वर ने हम लोगों को अछूत के रूप में पैदा किया है, यह भगवान की मर्जी है। आप लोगों को फिलहाल ईश्वर के बारे में सोचना ही नहीं चाहिए। हम लोगों का जो इतना बड़ा नुकसान हुआ है उसका कारण यह है कि अन्य

लोगों ने अपना उल्लू सीधा कर लिया है। इससे हमारा नुकसान हुआ है। लेकिन यह पिछले जन्म के पाप के कारण से नहीं हुआ है।

महारों के पास जमीन नहीं है क्योंकि अन्य लोगों ने उनसे जमीनें छीन ली हैं। यह जो बुरा हो रहा है उसे सुधारना अपनी शक्ति के बाहर की बात नहीं है। इस बात को समझने के लिए आप रेलवे का उदाहरण लें। रेलवे का कामकाज वायसराय की विधि कौन्सिल के द्वारा चलता है। रेलवे के कर्मचारी कम करने हों तो पहले अछूत वर्ग के मजदूरों की बारी आती है। अन्य वर्ग के मजदूरों पर ऐसी विपत्ति नहीं आती। इसका कारण अन्य वर्ग के मजदूरों की जाति के और धर्म के प्रतिनिधि उनकी कौन्सिल में होते हैं। वे उनकी ओर से झगड़ते हैं। किन्तु अपने वर्ग के प्रतिनिधि वहाँ नहीं हैं। वहाँ अपने वर्ग का एक प्रतिनिधि है। किन्तु वह बेचारा अपने वर्ग के बारे में वहाँ कुछ नहीं बोलता। अब इसके बाद 18 प्रतिशत प्रतिनिधि वायसराय की कौन्सिल में अपने वर्ग के द्वारा चुने जाएँगे। उस समय आप लोगों को सचेत होकर विधि कौन्सिल के लिए सही काम करनेवाले लोग ही चुनने हैं।

अन्त में मैं आप लोगों से एक ही बात कहना चाहता हूँ कि भाग्य और भगवान पर भरोसा मत कीजिए। आप लोगों को जो कुछ भी करना है, उसे अपने बल पर कीजिए। आप लोगों ने शान्ति के साथ इतनी देर तक मेरा भाषण सुना और इस सभा का आयोजन किया, इसके लिए मैं आप सभी का एहसानमन्द हूँ, आभारी हूँ और अब मैं आपसे इजाजत चाहता हूँ।

साप्ताहिक 'जनता' के 25 फरवरी, 1932 के अंक में प्रकाशित।

# अब हम किसी के भी गुलाम नहीं रहेंगे

*दीवान बहादुर लट्ठे साहब, भाइयों और बहनों, आप लोगों ने मुझे यहाँ आने के लिए निमंत्रित किया इसके लिए मैं आपका आभारी हूँ। कर्नाटक के बहिष्कृत वर्ग की अलग-अलग संस्थाओं की ओर से* **दि. 23 मई 1932** *को जिला बेलगाँव के निपाणी गाँव में डॉ. बाबासाहेब अम्बेडकर को सम्मानपत्र प्रदान करने के लिए एक जनसभा का आयोजन किया गया था। मान. दिवान बहादुर लट्ठे इस सभा के अध यक्ष थे। इस सभा को सम्बोधित करते हुए डॉ. अम्बेडकर ने कहा–*

आज हिन्दुस्तान में देशद्रोही, देशविघातक, हिन्दू धर्म विघातक और हिन्दू हिन्दू में दरार पैदा करनेवाला, अगर किसी को कहा जाता है तो वह मुझे कहा जाता है। किन्तु यह तूफानी वातावरण शान्त होने के बाद मेरे आलोचक गोलमेज परिषद् के कार्य की यदि गहराई में जाकर समीक्षा करेंगे तो उन्हें एक बात स्वीकार करनी पड़ेगी कि डॉ. अम्बेडकर ने राष्ट्र के लिए कुछ न कुछ जरूर किया है। उन्होंने यदि आज के इस दूषित वातावरण में बदलाव की बात कबूल नहीं की तो मैं उन्हें फूटी कौड़ी का भी महत्त्व नहीं दूँगा। मेरे कार्य पर मेरे दलित समाज का भरोसा है, इस बात को मैं बहुत बड़ी बात मानता हूँ। जिस समाज में मेरा जन्म हुआ है और मैं जिन लोगों में घूमता हूँ और जिन लोगों के बीच मुझे मरना है उन्हीं के लिए मैं कार्य करता रहूँगा। मुझे अपने आलोचकों की परवाह नहीं है।

मुझ पर यह आरोप लगाया जाता है कि मैं देश का कार्य नहीं कर रहा हूँ। आज सौ साल से सुधारक, दुर्धारक, नरम-गरम लोगों का राष्ट्र के नाम पर अपने जाति के लोगों के पेट पालने का कार्य चल रहा है। उन लोगों ने हमारे समाज के लिए कुछ नहीं किया है। फिर उन्हें मुझसे राष्ट्र कार्य की उम्मीदें क्यों करनी चाहिए? मुझे अपने समाज की सेवा करनी चाहिए। महाड, नासिक और अन्य स्थानों के सत्याग्रह से मेरा यह यकीन हो गया है कि सवर्ण हिन्दू लोगों के दिलो-दिमाग पत्थर-ईंटों की दीवारों की तरह बेजार हैं। उनमें दूसरों को इनसान समझने की, दूसरों को बराबरी के हक़ देने की इच्छा नहीं है। हमने पत्थरों की दीवार पर सिर पटककर माथा फोड़ दिया तो अन्त में खून हमारा ही बहेगा। किन्तु उन दीवारों से पथरीलापन नष्ट होनेवाला नहीं है, हिन्दू समाज के दिलो-दिमाग की सड़ाँध दूर होनेवाली नहीं है।

इसलिए इस सम्बन्ध में मेरा पूरी तरह से मत परिवर्तन हुआ है। हम लोगों को आज तक हिन्दुओं के देवताओं का दर्शन नहीं हुआ इसलिए हम मरे नहीं हैं या आज तक हिन्दुओं के मन्दिर में जानेवाले गधे, कुत्ते, बिल्लियाँ आदि जानवर इनसान नहीं हुए हैं। वे हमें छूना पसन्द नहीं करते तो हम भी उन्हें छूना पसन्द नहीं करेंगे।

अब इससे आगे हम सरकारी तहसीलदारों के तम्बू ताननेवाले और साफ-सफाई करनेवाले नहीं बने रहेंगे। अन्य लोगों की तरह हम भी राजनीतिक सत्ता लेंगे और अपनी सामाजिक स्वतन्त्रता स्थापित करेंगे। अब इसके बाद हम किसी के गुलाम नहीं रहेंगे, यही हमारा अन्तिम संकल्प है।

जनता, दि. 25 जून 1932

# बेईमान नेताओं से बचकर रहिए

*दि. **8 सितम्बर 1932** को मुम्बई में एक जनसभा का आयोजन किया गया था। दलितों की इस सभा में डॉ. बाबासाहेब अम्बेडकर और दलित समाज के अन्य मान्यवर नेता उपस्थित थे। इस जनसभा को सम्बोधित करते हुए डॉ. अम्बेडकर ने कहा–*

हमने गोलमेज परिषद् के पहले अधिवेशन के समय अछूतों की कुछ विशेष माँगें रखी थीं। इस बारे में आप लोग अच्छी तरह जानते हैं। जब गोलमेज परिषद् के दूसरे अधिवेशन में अछूतों की माँगों का सवाल बहस के लिए आया उस समय सभी (सवर्ण) हिन्दू प्रतिनिधियों ने और स्वयं महात्मा गांधी ने भी उन माँगों का जबर्दस्त विरोध किया। उस समय अछूतों के संरक्षण के लिए कुछ सहूलियतें मिलें ऐसा कोई माहौल नहीं दिखाई दे रहा था। जब पददलितों जैसे चारों ओर से सताए गए, आर्थिक दृष्टि से दरिद्र, सामाजिक दृष्टि से कूड़ा-करकट समझे गए और राजनीतिक दृष्टि से पूरी तरह पंगु बने समाज को कुछ सहूलियतें देने के लिए हिन्दू समाज तैयार नहीं हो रहा है तो भावी स्वराज्य में मतलब जिस राज्य में राजकीय सत्ता अधिकांश हिन्दुओं के हाथों में रहेगी, उस राज्य में उस बेसहारा अछूत समाज की क्या स्थिति होगी इस बारे में मेरे मन में सन्देह पैदा हुआ है। मैंने वहाँ सभी लोगों से साफ तौर पर कहा कि यदि भावी स्वराज्य में अछूत वर्ग को जरूरी और सभी सहूलियतें नहीं मिलेंगी तो उस स्वराज्य को अछूत समाज कभी अपना समर्थन नहीं दे सकता।

दूसरे अधिवेशन में मैंने अछूतों के लिए माँगपत्र पेश किया और उसे प्रधानमन्त्री के पास भेज दिया। फिर भी प्रधानमन्त्री ने जो कम्युनल अवार्ड घोषित किया उसमें मैंने जो स्वतन्त्र मतदाता संघ की माँग की थी, उसमें कुछ स्थान हमें दिए गए। हमारे माँग पत्र के मुताबिक सभी स्थान हमें नहीं दिए गए थे तब उसमें संतोष करने की गुंजाइश थी। अब मैं यह सोच रहा हूँ कि अब हमें अपने भविष्य के कामों में लग जाना चाहिए। खतरों का मुकाबला करते हुए अपने हाथों अछूत समाज का कुछ काम हो सके, इस बात की मुझे उम्मीद थी और मन को थोड़ी शान्ति मिल गई थी। दूर की बात क्यों, जैसे किसी क्रूर पशु के चंगुल से मुक्त होकर कोई हिरन किसी सुरक्षित स्थान पर पहुँचकर शान्त हो जाता है, वैसी ही मेरी मानसिक स्थिति है। इसी दरमियान गांधीजी

की घोर प्रतिज्ञा मेरे कानों में पड़ी। इस समय अछूतों के सौभाग्य से उनकी माँगों का महात्माजी ने विरोध नहीं किया बल्कि उनका मुझे कई बार सहयोग ही मिला है। इस समय महात्माजी का रुख बहुत कुछ समझौते का रहा। और हिन्दू नेताओं से हमारा जो लिखित समझौता हुआ उसमें अछूतों का फायदा ही हुआ है।

पंजाब प्रदेश में अछूतों को एक भी स्थान नहीं मिला था। अब वहाँ उन्हें 8 स्थान मिले हैं। इसके अलावा अन्य प्रदेशों में उन्हें अधिक स्थान मिले हैं। दूसरा फायदा केन्द्रीय विधिमंडल में अछूतों के स्थानों का अनुपात 18 प्रतिशत तय किया गया है। इस सवाल के सम्बन्ध में प्रधानमन्त्री के अवार्ड में कुछ नहीं कहा गया था। प्रधानमन्त्री के अवार्ड में अछूतों के लिए बहुत खतरनाक और नुकसानदेह बातें थीं और वे सभी सहूलियतें 20 साल के बाद अपने आप खत्म होनेवाली थीं। 20 साल में इधर की दुनिया उधर नहीं होनेवाली। इस अल्प समय में हजारों सालों से चला आ रहा अन्याय एकदम समाप्त होनेवाला नहीं है। इसलिए आम हिन्दू आदमी के सोच में जब तक परिवर्तन नहीं आता तब तक अछूतों को मिली हुई खास सहूलियतें वापस ले लेने का मतलब है बढ़ते हुए पौधे को बेमौसम छाँट लेना। नए समझौता पत्र के मुताबिक यह स्थिति बदल गई है। अब ऐसा तय हुआ है कि सवर्ण हिन्दू समाज और अछूत समाज की आपसी स्वीकृति से ही इस तरह की सहूलियतें समाप्त की जाएँगी। यदि हिन्दू समाज ने अपने प्रत्यक्ष व्यवहार से अछूतों का विश्वास हासिल किया तो अछूत समाज इन सहूलियतों को अपने आप छोड़ देगा अन्यथा यह व्यवस्था बनी रहेगी। यह सब सही हुआ है। लेकिन मिले हुए फायदे का तुम लोगों ने यदि सही ढंग से उपयोग नहीं किया तो अन्धे के सामने हीरा रखनेवाली बात हो जाएगी। जो मिला है उसका आप लोगों को सही उपयोग करना चाहिए। तुम लोगों को कितनी सत्ता मिली है इस बात को समझने के लिए स्वराज्य की मुम्बई विधि सभा का खाका आप सामने रखकर देखिए। किसी भी दल को जब तक 200 स्थानों में से कम-से-कम 115 स्थान नहीं मिलते तब तक वह दल शासन नहीं चला सकता। इस प्रदेश में हिन्दुओं को सबसे ज्यादा स्थान मिले हैं। उनके करीब 100 स्थान हैं। इन सौ में तुम्हारे 15 स्थानों के बिना सत्ता कैसे चलाई जा सकती है? मुस्लिम आदि छोटे गुटों के सम्बन्ध में तो कुछ कहना ही व्यर्थ है। इसलिए आपके हाथों में बहुत बड़ी ताकत आई है। आप लोगों को अपना आर्थिक उत्थान करने के लिए उसका उपयोग करना चाहिए। मैं एक अन्य महत्त्वपूर्ण और विचार करने योग्य सूचना आप लोगों को देना चाहता हूँ। आज जगह-जगह आप लोगों के लिए मन्दिर के दरवाजे खोलने के प्रयास हो रहे हैं। इस प्रयास के पवित्र उद्‌देश्य के बारे में मुझे कोई सन्देह नहीं है। लेकिन मन्दिर जाने का हक मिलने से ही आपका कल्याण नहीं होगा, इस बात को आप भूलिए मत। मन्दिर की मूर्ति के इर्द-गिर्द फैली हुई आध्यात्मिक भावना के बजाय पेट की आग कैसे बुझाई जाए इस बात की फिक्र आपको पहले करनी चाहिए। हमारे समाज को खाने के लिए अच्छा और पर्याप्त भोजन नहीं, तन पर कपड़ा नहीं, पढ़ने-लिखने की सुविधा नहीं, पैसे के अभाव में दवा-दारू नहीं,

ऐसी समस्याओं से हमारा समाज घिरा हुआ है। यह स्थिति बदले और हमारे लोगों को जरूरी सभी सुविधाएँ प्राप्त हों इस उद्देश्य से आप लोगों को अपना अगला कार्यक्रम तय करना चाहिए। मन्दिर में जाने का रास्ता खुल गया, सिर्फ अछूतपन दूर हो गया है, इसलिए जो हक़ मिल गए हैं उन्हें खो देना उचित नहीं है। अपनी आज की यह दरिद्र अवस्था अपने भाग्य का फल है, ऐसी मूर्खतापूर्ण और आत्मविनाशक धारणाओं को आप पूरी तरह से समाप्त कर दीजिए। मुझे पूरा यकीन है कि ऐसी मूर्खतापूर्ण बातों को समाप्त कर यदि हर आदमी राजनीति की ओर नजर रखकर राजकीय सत्ता का उचित उपयोग करेगा तो अपने समाज का दुख समाप्त होगा, इसमें कोई सन्देह नहीं है। एक सबसे महत्त्वपूर्ण बात यह है कि आप जिन्हें अपना नेता चुनेंगे और जिन पर आप भरोसा करेंगे वे तुम्हारे सही मार्गदर्शक होंगे। आप ऐसे नेता चुनिए कि आपका हित और उनका हित एक हो, जो स्वार्थी न हों, आप ऐसे नेता चुनिए। दूसरी पार्टियों की सलाह पर चलनेवालों को या पैसे से काम करनेवाले लोगों को यदि आपने चुना तो वे सिर्फ बिखराव पैदा करेंगे और लोगों को गुमराह करेंगे। वे आपसे बेईमानी करेंगे इसमें कोई सन्देह नहीं है। इसलिए आप ऐसे नामधारी नेताओं से बचकर रहिए। हमें आगे बहुत काम करना है। आज हमारे पास कोई मजबूत संस्था नहीं है। जहाँ सभी आन्दोलन एकीकृत हों इस तरह की कोई जगह नहीं है। हर काम के लिए पैसे की जरूरत होती है। मैंने इस काम के लिए दो लाख रुपए की निधि इकट्ठा करने का संकल्प किया है। सभी समझदार नर-नारियों को इस निधि में अपना सहयोग देना चाहिए। मुझे विश्वास है कि यदि आप चाहें तो अकेले मुम्बई शहर में इतनी बड़ी निधि इकट्ठा कर सकते हैं। इस काम को जल्दी ही शुरू किया जाएगा। और आप सभी लोगों को एक होकर हिम्मत के साथ इस काम में अपना-अपना सहयोग देना है। उसी प्रकार आप लोगों को साप्ताहिक 'जनता' के ग्राहकों की संख्या बढ़ाना चाहिए। वह अपने आन्दोलन का अखबार है। इस अखबार से जनता को नई चेतना मिलेगी। इसलिए इस अखबार को अपने पाँव पर खड़ा करना आपकी अपनी जिम्मेदारी है।

# गांधीजी भी अमर नहीं हैं

*महात्मा गांधी ने **दि. 15 सितम्बर 1932** को मुम्बई सरकार को एक पत्र लिखकर अपने आमरण अनशन की भूमिका स्पष्ट की थी। उस पत्र की प्रतियाँ 21 सितम्बर को प्रकाशनार्थ अखबारों को दी गई थी। उस समय गांधीजी के जवाब में डॉ. बाबासाहेब अम्बेडकर ने **दि. 19 सितम्बर 1932** को एक निवेदन प्रकाशित किया था। वह निवेदन मूल में अंग्रेजी में था। उसका हिन्दी अनुवाद यहाँ प्रस्तुत है–*

ब्रिटिश सरकार ने स्वेच्छा से या जनमत के दबाव में आकर अछूत समाज को स्वतन्त्र मतदाता संघ का जो हक़ दिया है उसका गांधीजी ने सख्त विरोध किया है। उन्होंने यह प्रतिज्ञा की है कि ब्रिटिश सरकार घोषित रूप में इसे वापस नहीं लेती है तो 'मैं आमरण अनशन करके अपनी जान कुर्बान कर दूँगा।' उनकी इस प्रतिज्ञा को सुनकर मुझे बेहद आश्चर्य हुआ। महात्मा गांधी द्वारा किए गए आत्महत्या के संकल्प से उन्होंने मुझे विरोधी और मुश्किल स्थिति में डाल दिया है। इसमें मेरी कितनी बड़ी जिम्मेदारी है, इस बात की कल्पना कोई आसानी से कर सकता है।

गांधीजी गोलमेज परिषद् के सामने यह कह रहे थे कि जाति सम्बन्धी निर्णय का सवाल अन्य सवालों की तुलना में मामूली है। फिर उनकी राय में 'मामूली' सवाल के लिए उन्हें अपनी जान की बाजी क्यों लगानी चाहिए, यह बात आज तक मेरी समझ में नहीं आई है। उन जैसे आदमी की नजरों से देखा जाए तो इस तरह के जाति विशेष के सवाल का मतलब है हिन्दुस्तान के संविधान की किताब में सम्मिलित किया जा रहा एक परिशिष्ट। इस जाति विशेष का सवाल उस किताब का प्रमुख महत्त्वपूर्ण हिस्सा नहीं समझा जाता। हिन्दुस्तान को सम्पूर्ण राजनीतिक स्वतन्त्रता मिलनी चाहिए इस बात पर गांधीजी ने गोलमेज परिषद् में कितना बल दिया था और इस बात का कितना आग्रह किया था! इस तरह की राजनीतिक स्वतन्त्रता के महत्त्वपूर्ण सवाल के लिए गांधीजी ने यदि अपनी जान की बाजी लगा दी होती तो वह उचित होता। लेकिन राजनीतिक स्वतन्त्रता जैसे उनकी राय में बड़े महत्त्वपूर्ण सवालों को वहीं छोड़कर अछूतों के मतदान के एक मामूली सवाल को उन्होंने जानबूझकर उठाया और उसका बहाना करके अपनी जान की बाजी लगाने की बात कही, यह कहाँ तक उचित है? गांधीजी का यह बर्ताव

त्रस्त करनेवाले अचम्भे का एक उत्तेजक और खेदजनक नमूना है। स्वतन्त्र मतदाता संघ अकेले अछूत समाज को ही मिला है, ऐसी बात नहीं। इंडियन ईसाई, एंग्लो इंडियन्स, मुस्लिम, सिख आदि को भी स्वतन्त्र मतदाता संघ दिए गए हैं। यही नहीं, जमींदार वर्ग, मजदूर वर्ग और व्यापारी वर्ग के लिए भी खास या स्वतन्त्र मतदाता संघों की योजना बनाई गई है। गांधीजी ने प्रारम्भ में सिर्फ मुस्लिमों और सिखों को छोड़कर बाकी सभी के स्वतन्त्र मतदाता संघों पर आपत्ति की थी और उनका विरोध किया था। अब सिर्फ मुस्लिमों और सिखों को ही नहीं, अछूतों के साथ-साथ जमींदार, व्यापारी, एंग्लो इंडियन, ईसाई आदि वर्गों को भी स्वतन्त्र मतदाता संघ दिए गए हैं। अब यदि गांधीजी को विरोध ही करना था तो उन्हें इन सभी मतदाता संघों का विरोध करना चाहिए था। किन्तु उन्होंने उन सभी को छोड़ दिया और अकेले अछूत समाज को मिली सहूलियतों का बहाना करके उस योजना के विरुद्ध अपनी जान कुर्बान करने का संकल्प किया।

## *कल्पित डर*

अछूत समाज को कुछ समय के लिए स्वतन्त्र मतदाता संघ देने से बड़ा अनर्थ हो जाएगा इस तरह से गांधीजी की जो भययुक्त समझ बनी है, वह केवल कल्पित है। जब गांधीजी को नहीं लगता कि मुस्लिमों और सिखों को स्वतन्त्र मतदाता संघ देने से राष्ट्र के टुकड़े होते हैं और यदि वे उनके लिए कबूल कर लिए जाते हैं, तो अछूतों को स्वतन्त्र मतदाता संघ मिल जाने से हिन्दू समाज के टुकड़े हो जाएँगे ऐसा समझकर इस योजना का विरोध करने के लिए अपनी जान कुर्बान करने के लिए तैयार हो जाना उन्हें उचित और न्यायपूर्ण कैसे लगा? अछूत समाज के अलावा अन्य समाजों को और वर्गों को स्वतन्त्र मतदाता संघ दिए गए तब उसके विरोध में गांधीजी अपनी सत्‌विवेक बुद्धि से कोई विरोध नहीं कर रहे हैं। लेकिन अछूतों को दी गई इन सहूलियतों के कारण उनकी यह सत्‌विवेक बुद्धि हड़बड़ाकर जाग जाती है और जान को कुर्बान करने की तैयारी करते हुए उसके विरोध में आतंक फैलाती है। इस प्रकार की न्याय-निर्दयता के बारे में क्या कहना चाहिए?

## *बहुसंख्यक लोगों की जुल्म-ज्यादतियाँ*

आनेवाले स्वराज्य की सत्ता में बहुसंख्यक वर्ग की जुल्म-ज्यादतियों से अल्पसंख्यक समाज के संरक्षण के लिए राजनीतिक हक़ों की खास सहूलियतें यदि किसी समाज को सबसे पहले और सबसे ज्यादा मिलनी जरूरी हैं तो वह है अछूत समाज। यह बात किसी भी समझदार आदमी को पसन्द आएगी, इस बात का मुझे पूरा यकीन है। अछूत समाज ही एक ऐसा वर्ग है जिसके पास चारों ओर के जीवन संघर्ष में टिक पाने के सबल आधार नहीं हैं। वह जिस धर्म पर आधारित है और जिन धर्म बन्धनों से उसे पूरी तरह से घेर लिया गया है उस धर्म में उसका सम्मान होने की बजाय धर्म ने उसे घृणित

अवस्था तक पहुँचा दिया है। इस धर्म ने अछूतों की इनसानियत को कलंकित और तबाह कर दिया है। इस धर्म ने अस्पृश्य समाज के सामान्य व्यक्ति के पास दैनिक व्यवहार में सम्मान के साथ शामिल होने की योग्यता भी नहीं रहने दी। आर्थिक दृष्टि से देखा जाए तो अछूत समाज पूरी तरह से दूसरों पर निर्भर एक वर्ग है। उन्हें रोटी के टुकड़ों के लिए उच्चवर्णीय हिन्दुओं पर निर्भर रहना पड़ता है। यहाँ अछूत समाज को सम्मान के साथ या स्वतन्त्र रूप से जीने या अपना पेट भरने का कोई रास्ता खुला नहीं है। उसे इस गुलामी से मुक्त होने के लिए कोई संगठन न मिले इसलिए उसके स्वावलंबन और आत्मउत्थान के सभी रास्ते रोकने के प्रयास जानबूझकर किए जा रहे हैं। सवर्ण हिन्दुओं में आपस में कितने भी मतभेद हों लेकिन अछूतों ने सिर उठाने की मामूली कोशिश भी की तब भी उन्हें दबाने और उन पर हर तरह की जुल्म-ज्यादतियाँ करने के लिए सवर्ण हिन्दू लोग तुरन्त एक हो जाते हैं, यह हमारा गाँव-देहात के जीवन का प्रत्यक्ष अनुभव है, ऐसा कहने में कोई अवास्तविकता नहीं है।

ऐसी स्थिति में सभी समझदार और न्यायप्रिय लोगों को ऐसा प्रयास करना चाहिए, जिससे हर तरह से सताए गए और सवर्ण हिन्दुओं के जुल्म से रौंदे गए अछूत समाज को आत्मरक्षा के लिए और भयंकर जीवन संघर्ष में टिके रहने के लिए आधार के रूप में राजनीतिक सत्ता का कुछ-न-कुछ हिस्सा निश्चित तौर पर मिल सके।

## *गांधीजी का बेढंगापन*

मुझे यह उम्मीद थी कि अछूत समाज का कोई हमदर्द उस समाज के हाथों में जितनी सम्भव हो उतनी आंशिक राजनीतिक सत्ता प्रदान करने की कोशिश करेगा। लेकिन गांधीजी की विचारधारा को देखते हैं तो वह विरोधी और बेढंगी नजर आती है। और इसीलिए मुझे उनकी इस चमत्कारिक विचारधारा का रहस्य समझ में ही नहीं आ रहा है। गांधीजी अछूत समाज के हाथों में आंशिक राजनीतिक सत्ता के सूत्र दिलाने का तो कोई प्रयास नहीं कर रहे हैं बल्कि ब्रिटिश सरकार के जाति सम्बन्धी फैसले से जो मामूली ही सही किन्तु राजसत्ता का हिस्सा निश्चित तौर पर अछूत समाज के हाथों में भविष्य के संविधान में आने की सम्भावना है उसे भी गांधीजी अछूत समाज के हाथों से छीनने के लिए अपनी जान की बाजी लगाकर विरोध कर रहे हैं। अछूत समाज को राजसत्ता का मामूली से मामूली हिस्सा न मिले और राजनीतिक दृष्टि से उनका अस्तित्व खत्म कर दिया जाए इसके लिए गांधीजी ने जो दौड़धूप शुरू की है और वह कोई पहली दौड़धूप नहीं है। अल्पसंख्यक वर्ग का समझौता (मॉयनॉरिटी पैक्ट) अस्तित्व में आने से पहले ही अछूतों को राजनीतिक सत्ता का मामूली हिस्सा भी न मिले इसलिए गांधीजी ने मुस्लिमों की मदद से प्रयास शुरू किए थे। गांधीजी ने मुस्लिमों के साथ इस तरह की सौदेबाजी की कि अछूतों के राजनीतिक हक़ों की माँगों के विरोध में आप लोग मुझे सहयोग दीजिए, मैं आप लोगों की चौदह माँगें मंजूर करवा दूँगा।

किन्तु मुस्लिम प्रतिनिधियों की अच्छाई की वजह से गांधीजी का प्रयास असफल रहा। मुसलमानों ने गांधीजी के ऐसे काले कारनामों को समर्थन देने से इनकार कर दिया। यदि मुस्लिम गांधीजी के दाँव में फँस गए होते तो अछूतों को दोहरी जकड़न में जकड़े रहना पड़ता। अछूत समाज गांधीजी के और मुस्लिमों के विरोध की कैंची में आ गया होता। लेकिन मुस्लिम प्रतिनिधियों ने गांधीजी का साथ देने से इनकार किया इसलिए अछूतों के सामने से एक भयंकर खतरा टल गया।

## *कौन है ज्यादा सनातनी हिन्दू, गांधी या मुंजे?*

जाति सम्बन्धी निर्णय का गांधीजी को क्यों विरोध करना चाहिए, इस बात के अर्थ को मैं समझ नहीं पा रहा हूँ। गांधीजी कहते हैं कि इस निर्णय से अछूत समाज हिन्दू समाज से अलग हो जाता है। लेकिन डॉ. मुंजे तो इस तरह से कुछ भी नहीं कह रहे हैं और डॉ. मुंजे को तो प्रतिक्रियावादी हिन्दू और फौजी दिमाग का हिन्दू हितरक्षक समझा जाता है। इंग्लैंड से आने के बाद डॉ. मुंजे ने जो व्याख्यान दिए उन सभी में उन्होंने यही कहा है कि ब्रिटिश सरकार ने जाति सम्बन्धी जो निर्णय दिया है उससे अछूत समाज हिन्दू समाज से बिलकुल अलग नहीं हो रहा है। बल्कि डॉ. मुंजे तो इस तरह की शेखी बघार रहे हैं कि ब्रिटिश सरकार ने यह जो निर्णय दिया है वह उन्हीं की वजह से दिया है। और अछूत समाज को राजनीतिक दृष्टि से हिन्दू समाज से अलग करने का डॉ. अम्बेडकर का जो प्रयास था वह ब्रिटिश सरकार के इस निर्णय से असफल हुआ है। इस निर्णय से अछूत समाज हिन्दुओं से अलग नहीं हो रहा है इसका लाभ डॉ. मुंजे के अनुसार उन्हें नहीं पहुँचता फिर भी वे जो कुछ कह रहे हैं वह गलत नहीं है। ब्रिटिश सरकार ने यह जो निर्णय दिया है उससे डॉ. मुंजे कहते हैं उस तरह मुझे भी लगता है कि अछूत समाज हिन्दू समाज से राजनीतिक दृष्टि से भी अलग नहीं हो रहा है, यह होते हुए भी इस निर्णय से अछूत समाज हिन्दू समाज से अलग होता है यह गांधीजी का डर बेकार और बेमतलब है। जो डर डॉ. मुंजे जैसे प्रतिक्रियावादी हिन्दू को नहीं दिखाई दे रहा है वह डर गांधीजी जैसे राष्ट्रीय नेता समझे जानेवाले व्यक्ति को दिखाई देना और हिन्दुओं के हितों का रक्षण के लिए इस बात पर उनका अपनी जान कुर्बान करने के लिए तैयार होना इस बात को चमत्कारिक रहस्य ही समझना चाहिए। इस निर्णय में डॉ. मुंजे जैसे आदमी को भी अलगाव का शैतान नहीं दिखाई दे रहा है। उस निर्णय के बारे में गांधीजी जैसे आदमी को तो सन्देह भी व्यक्त करने की जरूरत नहीं थी।

## *रावबहादुर एम.सी.राजा की बकवास*

ब्रिटिश सरकार की ओर से प्रधानमन्त्री रैम्से मैक्डोनाल्ड ने जो निर्णय दिया है और उसमें

अछूतों के लिए जो योजना तैयार की गई है, वह मेरी राय में हिन्दुओं को सन्तुष्ट करने योग्य है, इतना ही नहीं, रावबहादुर राजा, गवई, पी. बालू आदि अछूत समाज में संयुक्त मतदान संघ का समर्थन करनेवाले जो लोग हैं उनके पास भी इस निर्णय पर नाक-भौं सिकोड़ने का कोई कारण नहीं है फिर भी रावबहादुर राजा ने एसेम्बली के अपने भाषण में इस सरकारी निर्णय के विरोध में जो हो-हल्ला किया है और जो कानाफूसी शुरू की है वह भी देखने-सुनने योग्य है। कल-परसों तक जो स्वतन्त्र मतदाता संघ का समर्थन करनेवाले और उच्चवर्णीय हिन्दुओं के जातिभेद निर्मित जुल्म के जबर्दस्त दुश्मन थे, उस रावबहादुर के मन में संयुक्त मतदाता संघ के बारे में और उच्चवर्णीय हिन्दुओं के सम्बन्ध में पैदा हुए असीम प्रेम को देखकर किसी को भी हँसी आएगी या नहीं? रावबहादुर राजा के मन में जो अचानक प्रेम पैदा हुआ है उसके मूल में गोलमेज परिषद् में उन्हें स्थान न मिलने की वजह से अपनी खोई प्रसिद्धि की प्राप्ति का स्वाभाविक लालच कहाँ तक है और उनके इस नए प्रेम में प्रामाणिक मन परिवर्तन का अंश कितना है, इस बात की खोज मैं फिलहाल नहीं करना चाहता।

सरकार ने जो निर्णय दिया है उसके विरोध में रावबहादुर राजा ने फिलहाल जो कानाफूसी शुरू की है, उसमें उन्होंने निम्न प्रकार की दो बातों पर ज्यादा बल दिया है। अछूतों को उनकी जनसंख्या के अनुपात में कम सीटें दी गई हैं, यह उस निर्णय के विरोध में उनकी पहली आपत्ति है। और इस निर्णय से अछूत समाज हिन्दुओं से अलग हो गया, यह उनकी दूसरी आपत्ति है।

रावबहादुर राजा की यह आपत्ति कि जनसंख्या के अनुपात से कम सीटें इस निर्णय की वजह से अछूत समाज को मिली हैं, यह मुझे भी मंजूर है। किन्तु जो कम सीटें मिलीं उसकी जिम्मेदारी गोलमेज परिषद् के हम दोनों प्रतिनिधियों पर है और हमने अछूत समाज के हितों को नुकसान पहुँचाया है, इस तरह के आरोप रावबहादुर राजा को हम जैसे लोगों पर लगाने के पहले जब वे स्वयं सेंट्रल कमेटी में थे उस समय उन्होंने कौन-से दीये वहाँ जलाए इस बात पर कम-से-कम उन्हें सोचना चाहिए था। उस कमेटी की रिपोर्ट में मद्रास के हिस्से में 150 में से सिर्फ 10; मुम्बई को 114 में से सिर्फ 8; बंगाल में 200 में से सिर्फ 8; उत्तर प्रदेश में 182 सीटों में सिर्फ 8; पंजाब में 150 में सिर्फ 6; बिहार और उड़ीसा में 150 में 3; सी.पी. में 125 में सिर्फ 8 और असम में अछूत तथा अन्य पिछड़ी जनजातियों के लिए 75 में से सिर्फ 9 सीटें दी गई हैं। यह विभाजन अछूतों की जनसंख्या के अनुपात में बहुत कम है। और रावबहादुर राजा इसी कमेटी के एक सदस्य थे। सरकार ने जाति सम्बन्ध में जो निर्णय दिया है उसमें अछूतों को कम सीटें मिली हैं इसके लिए हमें जिम्मेदार मानने के पहले जब आप स्वयं सेंट्रल कमेटी के सदस्य थे उस समय आपने उक्त प्रकार की काट-छाँट बगैर किसी रुकावट के कैसे करने दी और उस समय आपने आकाश-पाताल एक क्यों नहीं किया, इस बात का रावबहादुर राजा के पास कोई जवाब है? अछूतों को उनकी जनसंख्या के अनुपात में सीटें मिलना यह तो अछूतों का जन्मसिद्ध अधिकार है और वह उन्हें आत्मरक्षा के लिए पूरी तरह

मिलनी चाहिए। यह एकदम जरूरी और अपरिवर्तनीय घटना है। ऐसा यदि रावबहादुर को लगता हो तो फिर वैसा होना ही चाहिए। इस आग्रह को सफल बनाने के लिए और सेंट्रल कमेटी के सदस्य होने के नाते उन्हें जो मौका मिला था उसका लाभ वे क्यों नहीं उठा सके?

रावबहादुर राजा की दूसरी आपत्ति यह है कि सरकार द्वारा दिए गए निर्णय की वजह से अछूत समाज को हिन्दू समाज से अलग किया गया, मुझे लगता है इस बात का कोई मतलब नहीं है। (डॉ. मुंजे को भी ऐसा नहीं लगता।) रावबहादुर राजा जैसे सद्विवेक बुद्धिवादी आदमी की स्वतन्त्र मतदाता संघ के विरोध में आपत्ति हो तो स्वतन्त्र मतदाता संघ में उम्मीदवार के रूप में खड़ा रहने की या मत देने की जबर्दस्ती इस निर्णय से उनसे नहीं की जा रही है। संयुक्त या आम मतदान संघ में उम्मीदवार के रूप में चुनाव के लिए खड़े रहने का और मत देने का इस तरह के दोनों हक़ इस निर्णय से उनके जैसे लोगों को दिए गए हैं। और उसका अनुभव लेने की उन्हें पूरी स्वतन्त्रता है। रावबहादुर राजा बड़े जोरशोर के साथ और छाती ठोककर सभी को बताते हुए घूम रहे हैं कि हिन्दुओं के दिलो-दिमाग में बुनियादी परिवर्तन हुआ है। इन पाँच-छह महीनों में अछूतों के बारे में सवर्ण हिन्दुओं में (वे जब से डॉ. मुंजे के साथ मिले) बेहिसाब बदलाव आया है। उनकी इस नई खोज पर जिन अछूतों को भरोसा नहीं और जो लोग स्वतन्त्र मतदाता संघ की माँग करते हैं ऐसे लोगों को यकीन दिलाने के लिए रावबहादुर राजा जैसे लोगों को संयुक्त मतदाता संघ में खड़े होकर चुने जाने की और अछूतों को स्वतन्त्र मतदाता संघ की जरूरत नहीं है, इस बात को सिद्ध करने के अवसर को बिल्कुल गँवाना नहीं चाहिए। जो हिन्दू यह कहते हैं कि हमें अछूतों से हमदर्दी और प्रेम है उन्हें भी रावबहादुर राजा जैसे लोगों को निर्वाचित करवाना चाहिए। उन्हें इस निर्णय से अपने कथन की सच्चाई को अमल़ में लाने का एक अच्छा मौका मिला है।

## *सही-सही समझौता*

सरकार द्वारा दिया गया यह निर्णय कई बातों में अधूरा है फिर भी इसमें जिन्हें स्वतन्त्र मतदाता संघ चाहिए उनका और जिन्हें संयुक्त मतदाता संघ चाहिए उनका, इस तरह दोनों को सन्तुष्ट करने की व्यवस्था है। और इस दृष्टि से देखा जाए तथा अछूत समाज के बारे में ही कहा जाए तो यह निर्णय समझौते के रूप में है और दोनों समुदायों को उसे स्वीकार कर लेना ही उचित है।

यदि गांधीजी के बारे में कहा जाए तो उनको क्या चाहिए यह साफ तौर पर समझ में नहीं आता। यह कहा जाता है कि गांधीजी जबकि स्वतन्त्र मतदाता संघ के विरोध में हैं फिर भी वे संयुक्त मतदाता संघ और आरक्षित सीटों के विरोध में नहीं हैं। किन्तु यह सबसे बड़ी गलती है। आज उनके मन में जो भी बदलाव आया हो, लेकिन जब वे इंग्लैंड में थे उस समय उन्होंने कई बार साफ तौर पर कहा था कि अछूतों को हिन्दुओं

से अलग राजकीय या स्वतन्त्र अस्तित्व देनेवाली कोई भी योजना मुझे पसन्द नहीं है। इसकी गांधीजी ने घोषणा कर दी थी। उन्होंने इंग्लैंड में खुले रूप से कह दिया था कि अछूतों के स्वतन्त्र मतदाता संघ को ही नहीं, संयुक्त मतदाता संघ की आरक्षित सीटों की योजना का भी वे अन्तिम दम तक विरोध करेंगे। गांधीजी अछूतों को आम मतदान का अधिकार और आम चुनाव में मत देने का हक़, इसके अलावा उनके खास हित-रक्षण के लिए उन्हें कोई भी कानूनी सहूलियतें देने के लिए तैयार नहीं थे। इस तरह की नीति जब वे वहाँ थे उस समय उन्होंने शुरू में अपनाई थी। बाद में मेरे साथ समझौता करते समय उन्होंने मेरे दिल को बहलाने के लिए अन्तिम क्षण में एक योजना पेश की। उनकी यह योजना एकदम बेकार तो थी ही फिर भी उसे वे कानूनी स्वरूप या समर्थन देने के लिए तैयार नहीं थे।

## *गांधीजी की बेबुनियादी योजना*

गांधीजी की इस योजना के मुताबिक अछूत वर्ग के उम्मीदवारों को चुनाव के लिए खड़ा होना चाहिए। उच्च वर्ग के अन्य उम्मीदवार भी मतलब इसी स्थान के लिए उम्मीदवार के रूप में खड़े हो सकते हैं। बाद में चुनाव होने के बाद उसमें अछूत उम्मीदवार नहीं चुना गया, तो वह चाहे तो इस चुनाव के निर्णय के विरोध में अर्जी दे सकता है। इस अर्जी के मुताबिक उसे न्यायाधीशों की ओर से यदि इस तरह का फैसला प्राप्त हुआ कि सिर्फ अछूतपन की वजह से यह उम्मीदवार नहीं चुना गया तो गांधीजी ने कहा कि चुने गए उम्मीदवारों में से किसी उच्चवर्णीय हिन्दू को अपने पद से इस्तीफा दे देना चाहिए, इस तरह की मैं व्यवस्था करूँगा। फिर पुनः इस हारे हुए अछूत उम्मीदवार को या अन्य किसी को इस चुनाव में फिर खड़ा होना चाहिए। और यदि फिर वह चुनाव हार गया तो वह चाहे तो पहले की तरह ही अर्जी दे सकता है और उसी तरह का फैसला होने पर चुनाव का यह खेल खेलते रहना चाहिए। इस तरह से गांधीजी की इस योजना का मतलब 'बार-बार हारकर चुनाव लड़ते रहो' इस तरह यह एक बचकाना खेल ही था। गांधीजी की इस योजना पर खुले तौर पर बोलने की वजह यही है कि संयुक्त संघ और आरक्षित स्थानों को यदि अछूतों ने स्वीकार कर लिया तो गांधीजी की सद्विवेक बुद्धि को सन्तोष मिलेगा। इस तरह से जो कुछ लोगों को लग रहा है, वह कैसे गलत है, यह सभी की समझ में आना चाहिए। गांधीजी ने अभी कोई नई योजना बनाई हो तो उसे उन्हें प्रस्तुत करना चाहिए, इस तरह का मैंने जो आग्रह किया है, वह इसीलिए है। गांधीजी की पुरानी बातें और पुरानी योजनाएँ क्या हैं, उनके बारे में मैं अच्छी तरह से जानता हूँ और उन्हें जो जवाब देना चाहिए वह भी मैंने दे दिया है। उन पुरानी बातों पर बहस करने का कोई मतलब नहीं है इसीलिए मैंने गांधीजी से यह आग्रह किया है कि आपकी कोई नई योजना हो तो उसे पेश करें।

## *गांधीजी भी अमर नहीं हैं*

मैं यहाँ एक बात प्रारम्भ में ही साफ तौर पर कह देना चाहता हूँ कि गांधीजी या कांग्रेस को जो उचित या न्यायसंगत लगेगा वही अछूत समाज को स्वीकार्य होगा, इस तरह के आश्वासन को मैं कभी स्वीकार नहीं कर सकता। अपने अछूत भाइयों के हितसुरक्षा जैसे महत्त्वपूर्ण और जनप्रिय सवाल पर सिर्फ शाब्दिक आश्वासन पर और कागजी समझौतों पर निर्भर रहने के लिए मैं तैयार नहीं हूँ। गांधीजी महात्मा होंगे लेकिन वे अमर नहीं हैं या सर्वव्यापक नहीं हैं। और कांग्रेस भी ऊँची जातियों के वैभव के लिए, सर्वहारा जनता को रौंदनेवाली, और अपनी हकूमत में रखनेवाली एक खतरनाक संस्था नहीं है ऐसा यदि मान भी लिया जाए तब भी उसका बड़प्पन और प्रभाव हमेशा-हमेशा के लिए बरकरार रहेगा, ऐसी बात बिल्कुल नहीं है। इस भूमि पर अछूतपन समाप्त किया जाए, और अछूत जनता को हिन्दू समाज में अपना लिया जाए, इसके लिए प्रचार करनेवाले ढेरों महात्मा पैदा हुए हैं। लेकिन उनमें से किसी को कोई खास सफलता नहीं मिली। कई महात्मा पैदा हुए और कई मर गए लेकिन अछूत अछूत ही रह गए।

हिन्दुओं के सुधारकों के सुधार की गति कछुए की दौड़ की तरह किस तरह से सीमित है और उस पर भरोसा करना किस तरह से विनाशकारी है, इस बात का मुझे प्रत्यक्ष अनुभव महाड और नासिक में जो घटनाएँ घटीं उनमें हुआ है। इस सच्चाई की वजह से अछूतों के जो सही और ज्ञानी हितचिन्तक हैं वे हिन्दुओं के ऐसे विनाशकारी, मँझधार में घात करनेवाले सुधारकों के हाथ में अछूतों का भविष्य सौंप दें, इस तरह की सलाह कभी नहीं देंगे। अपने जातभाइयों के मन को पीड़ा पहुँचे या उनमें रोष पैदा न हो, इसलिए जो सुधारक ऐन आपातस्थिति में अपनी बातों में बेईमान होते हैं, उनका अछूतों के लिए कोई उपयोग नहीं है।

इस हकीकत की वजह से हमारे लोगों की भलाई के लिए कानूनी संरक्षण का आग्रह उचित ही है। यदि गांधीजी का यह आग्रह हो कि जातिसम्बन्धी निर्णय बदला जाए, तो उन्हें नई योजना पेश करनी चाहिए। आज अछूतों को जो कुछ मिला है, उससे भी ज्यादा भलाई अपनी इस योजना में अछूतों की है और उसे अमल में लाने के लिए जो कानूनी सुविधाएँ होनी चाहिए वे सभी इस योजना में हैं, यह उन्हें सिद्ध करके बताना चाहिए।

मुझे उम्मीद है कि गांधीजी ने आत्महत्या का जो रास्ता अपनाया है उसे वे छोड़ देंगे। स्वतन्त्र मतदाता संघ की माँग करने में हमारा यह उद्देश्य बिल्कुल नहीं है कि हिन्दू समाज का नुकसान हो। बल्कि हमने इसी उद्देश्य से प्रेरित होकर यह माँग की है कि हमारा भविष्य हमारे हाथों में होना चाहिए, सवर्ण हिन्दुओं की खुशी पर या उनकी मर्जी पर हमारा भविष्य पहले की तरह पूरी तरह से निर्भर नहीं होना चाहिए। गांधीजी अंग्रेज राज्यकर्त्ताओं को सम्बोधित करते हुए कहते हैं कि गलती या पाप करने का भी हमें अधिकार है। इसलिए हम गांधीजी को यह बताना चाहते हैं कि हमें भी वही

अधिकार है और होना चाहिए जो अधिकार उन्हें है। वे हमारे उस अधिकार को हड़पने का प्रयास कतई नहीं करेंगे, ऐसी हम उम्मीद करते हैं।

उन्हें भोजन त्यागकर अपने प्राणों का अन्त करने की अपनी यह प्रतिज्ञा अन्य किसी महान कार्य के लिए सुरक्षित रखनी चाहिए थी। गांधीजी ने हिन्दू-मुस्लिम या सवर्ण और अछूतों में होनेवाले दंगे अथवा खूनखराबे को रोकने के लिए यदि इस तरह की महान प्रतिज्ञा की होती तो मैं उसके स्वाभाविक महत्त्व को समझ सकता था। उनकी आज की इस प्रतिज्ञा से अछूत समाज की भलाई होगी या उसकी पीड़ा कम होगी, ऐसी कोई बात नहीं है। गांधीजी को इसके परिणामों की कल्पना हो या न हो लेकिन उनके इस कृत्य का परिणाम अन्त में जुल्म-ज्यादतियों में ही होगा। उनके अनुयायी और चाहनेवालों की ओर से सम्पूर्ण देश में अछूतों पर जबर्दस्त जुल्म-ज्यादतियाँ होंगी, लेकिन इन ज्यादतियों का परिणाम अच्छा नहीं होगा। यदि अछूतों ने हिन्दू समाज से अलग होने का संकल्प किया तो इस तरह की ज्यादतियों से वे निश्चित रूप में हिन्दू समाज से पूरी तरह हट जाएँगे और अपने असन्तोष का प्रदर्शन भी करेंगे।

## *हिन्दू धर्म या राजसत्ता?*

यदि गांधीजी ने अछूतों से पूछा कि तुम्हें हिन्दू धर्म और हिन्दू समाज चाहिए या राजसत्ता में हिस्सेदारी चाहिए, तो मुझे पूरा यकीन है कि अछूत समाज यह कहेगा कि हिन्दू धर्म और हिन्दू समाज से हमारे लिए राजनीतिक सत्ता का ही विशेष महत्त्व है। उनसे साफ-साफ शब्दों में यह कहकर, आत्महत्या की प्रतिज्ञा से उन्हें बचाने में अछूत जनता एकदम तैयार होगी। गांधीजी को इन बातों के परिणामों पर शान्ति के साथ सोचना चाहिए। इस तरह के उपायों से अपना जो जय-जयकार वे करवा रहे हैं उसकी कोई उपयोगिता या कीमत भी है या नहीं, ऐसा गांधीजी सोचते हैं या नहीं इस बात पर मुझे सन्देह है।

इससे भी विचार करने योग्य और चिन्ता की बात यह है कि गांधीजी अपने इस कृत्य की वजह से हिन्दू समाज के घटिया और मरियल विकारों को खुली छूट दे रहे हैं। उनके कार्य से सवर्ण और अछूतों में घृणा की दीवारें टूटने के बजाय और मजबूत होनेवाली हैं। दोनों समाजों में पराएपन का अन्तर कम होने की बजाय इससे और बढ़ेगा।

क्योंकि जब मैंने गोलमेज परिषद् में गांधीजी की नीतियों का विरोध किया तब इस देश में मेरे विरोध में चारों ओर होहल्ला मचाया गया। 'राष्ट्रीय' कहे जानेवाले सभी उच्चवर्णीय हिन्दू पत्रकारों ने और 'देशभक्तों' ने मुझे 'राष्ट्रद्रोही' आदि कई तरह की गालियाँ देने और मेरे बारे में जितना गलत प्रचार किया जा सकता है उतना करने की मानो कसम खाई थी। हिन्दू सुधारवादियों ने भी झूठा प्रचार किया कि सम्पूर्ण अछूत समाज मेरे विरोध में है, और यह सारी दुनिया को बताने के लिए उन्होंने कई बोगस

संस्थाएँ बनाईं। फर्जी सभाओं के जरिए लम्बी-लम्बी नकली रिपोर्ट तैयार कर राष्ट्रीय अखबारों में उन्हें प्रकाशित करने की होड़ शुरू कर दी। उन्होंने मेरे समर्थन में आनेवाले टेलीग्रामों और पत्रों को रद्दी की टोकरी में डलवा दिया और उन्हें प्रकाशित न करने का जैसे सभी राष्ट्रीय अखबारों ने षड्यन्त्र रचा हो।

उन्होंने अछूत वर्ग के कुछ लोगों को 'सिलव्हर बुलेट' (पैसा) का लालच देकर उन्हें मेरे विरोध में भौंकने के लिए खड़ा कर दिया। कुछ जगहों पर सवर्ण और अछूत समाज में संघर्ष भी हुए, कुछ खूनखराबा भी हुआ है।

ऐसी गलत और विनाशकारी घटनाएँ पहले से ज्यादा भयंकर रूप में न घटें ऐसी गांधीजी की इच्छा हो तो उन्हें मेहरबानी करके इन बातों पर शान्ति के साथ सोचना चाहिए। भविष्य में होनेवाले अनर्थ को टालना चाहिए। ऐसा भी हो सकता है, यह गांधीजी को लगता होगा, मुझे ऐसा नहीं लग रहा है। लेकिन उन्होंने यदि अपनी आत्मघाती प्रतिज्ञा वापस नहीं ली तो इस कृत्य का भयंकर परिणाम न हो ऐसी उनकी इच्छा क्यों न हो तब भी उसका कोई फायदा नहीं होगा। दिन डूबने के बाद रात होती है यह जितना स्वयंसिद्ध है वही गांधीजी की इस प्रतिज्ञा का परिणाम अन्त में जुल्म, अत्याचार और सभी तरह के अनर्थों में होना स्वाभाविक है।

## *गांधीजी की जान और मेरे लोगों के हक़*

अन्त में मैं एक बात की ओर आप लोगों का ध्यान आकर्षित करना चाहता हूँ कि इस सम्बन्ध में किसी के साथ बात करने का कोई प्रयोजन नहीं है। यह कहने का मुझे हक़ है बावजूद इसके सिर्फ गांधीजी के इस सवाल पर मैं किसी नई योजना पर विचार करने के लिए तैयार हूँ। और मुझे उम्मीद है कि गांधीजी की जान और मेरे लोगों के हक़ इन दोनों में से सिर्फ किसी एक बात का चुनाव करने की भयानक और संवेदनशील स्थिति वे नहीं आने देंगे। क्योंकि इस तरह की स्थिति आई तो मैं किस बात का चुनाव करूँगा यह न बताते हुए भी बात समझी जा सकती है। कुछ भी क्यों न हो, किन्तु मैं अपने लोगों का भविष्य सवर्ण हिन्दू लोगों के हवाले करने के लिए तैयार नहीं हूँ।

सा. जनता : दि. 24 सितम्बर 1932

# हिन्दू नेताओं की परिषद् का कोई मतलब नहीं

*महात्मा गांधी ने **दि. 20 सितम्बर 1932** से कम्युनल अवार्ड के खिलाफ अपने अनशन की घोषणा की थी। इसलिए सम्पूर्ण भारत के सवर्ण हिन्दू नेताओं ने* **दि. 19 सितम्बर 1932** *को एक आपातकालीन परिषद् मुम्बई में आयोजित करने का निर्णय लिया। इस परिषद् का आयोजन 'इंडियन मर्चेन्ट्स हॉल' मुम्बई में किया गया था। इस परिषद् में डॉ. अम्बेडकर ने अपने भाषण में कहा–*

इस परिषद् के कार्यक्रम को देखा जाए तो परिषद् के आयोजन का कोई प्रयोजन है, ऐसा मुझे बिल्कुल नहीं लगता। महात्मा गांधी ने हमारी माँगों का विरोध करते हुए अपनी जान भी दाँव पर लगा दी है। महात्मा गांधी की कीमती जान बचाई जानी चाहिए ऐसा हर किसी को लगना स्वाभाविक है। किन्तु उन्हें अपनी जान दाँव पर लगाने से पहले दूसरी कोई स्पष्ट योजना जनता के सामने रखनी चाहिए थी। आज की सम्पूर्ण स्थिति के बारे में सोचने के बाद मुझे साफ तौर पर ऐसा लगता है कि गांधीजी की नई योजना के बगैर किसी भी प्रकार के समझौते का प्रयास व्यर्थ है। इस बारे में साफ-साफ शब्दों में कहा जाए तो इस बारे में आगे तय करने के लिए कुछ नहीं बचा है। इस परिषद् में कितनी भी चर्चा हुई तब भी महात्मा गांधी को वास्तव में क्या कहना है यह बात जब तक साफ तौर पर पता नहीं चलती तब तक मुझे कोई नया रास्ता नहीं दिखाई दे रहा है। और मैं आप सभी लोगों से साफ शब्दों में कह देना चाहता हूँ कि मैं इस परिषद् के संचालकों को या किसी भी नेता की योजना के प्रति प्रतिबद्ध नहीं हूँ।

मैं सिर्फ महात्मा गांधी के विचारों पर गौर करूँगा। मुझे जब तक उनकी योजना का पता नहीं चलता, तब तक मैं कोई जवाब नहीं दे सकता। उनका कहना क्या है इरा बात को आप पहले स्पष्ट कीजिए फिर मैं उस पर आगे सोचूँगा। उनका जो कहना है उसे आपमें से किसी सवर्ण नेता को उनके प्रतिनिधि की हैसियत से स्पष्ट करना चाहिए तब मैं उस पर विचार करूँगा। मैं पहले ही आप लोगों को साफ शब्दों में कह देना चाहता हूँ कि किसी भी अछूत नेता की ओर से आई योजना को मैं कभी स्वीकार नहीं करूँगा। महात्मा गांधी की जान बचाने के लिए मैं अपने दलित भाइयों के न्याय के हक़ों को नष्ट करने का जिम्मेदार नहीं बनना चाहता।

# मुझे फाँसी की परवाह नहीं

*दि. **20 सितम्बर 1932** को सुबह दस बजे बिरला हाऊस, मुम्बई में एक बैठक हुई जिसमें बं. जयकर, तेजबहादुर सप्रू और मदनमोहन मालवीय तथा दलितों की ओर से डॉ. बाबासाहेब अम्बेडकर और डॉ. सोलंकी थे। इसमें गांधीजी की योजना पर चर्चा हुई। इस योजना पर डॉ. अम्बेडकर ने अपने विचार व्यक्त करते हुए कहा–*

आज की इस भयंकर स्थिति में जो प्रयास हो रहा है उसमें मेरी स्थिति सबसे ज्यादा अजीबोगरीब है। इस शान्तिपूर्ण सुलूक में दुर्भाग्य से अपने लोगों के न्यायोचित हक़ों के संरक्षण के लिए मुझे खलनायक की भूमिका निभानी पड़ रही है। मुझे मेरे न्यायोचित और जनहित के कार्य में कितनी भी परेशानी हो, यही नहीं, करीब के किसी बिजली के खम्बे पर मुझे किसी ने तुरन्त फाँसी दी तब भी मैं उसकी परवाह नहीं करूँगा। आज के सवाल को सिर्फ भावनाओं में बहकर हल करना उचित नहीं है। बल्कि जो अनगिनत लोग इस गुलामी में सड़ रहे हैं उन मेरे समाज बन्धुओं के न्यायोचित हक़ों के लिए संवैधानिक आधार पर यह सवाल हल करना पड़ेगा।

यहाँ सिर्फ यह विवेकबुद्धि से सोचने से काम नहीं चलेगा। और महात्मा गांधी की योजना पर गौर करते हुए उस पर गम्भीरता से सोचने में कुछ समय लगेगा। इसलिए परिषद् को प्रस्ताव मंजूर करके महात्मा गांधी को 10-12 दिन तक अपना अनशन रोकने के लिए कहना चाहिए।

# क्या हिन्दू समाज पूना पैक्ट पर अटल रहेगा?

*कम्युनल अवार्ड की घोषणा के बाद महात्मा गांधी ने पूना के येरवदा जेल में अपना अनशन प्रारम्भ कर दिया था। कम्युनल अवार्ड की घोषणा* **दि. 17 अगस्त 1932** *को हुई थी। और गांधीजी ने अपना अनशन* **दि. 20 सितम्बर 1932** *को दोपहर में ठीक 12.00 बजे से शुरू कर दिया था।* **दि. 24 सितम्बर 1932** *को पूना पैक्ट हो गया था।* **दि. 26 सितम्बर 1932** *को इसे सरकार ने भी स्वीकार कर लिया था। इस सम्बन्ध में डॉ. अम्बेडकर ने अपने भाषण में कहा–*

कुछ दिन पहले मैं बड़ी कठिन स्थिति में से गुजर रहा था। इस प्रकार की कठिन परिस्थिति से कोई भी नहीं गुजरा होगा ऐसा यदि मैं कहूँ तो यह कुछ गलत होगा, ऐसा मुझे बिल्कुल नहीं लगता। और वह भयंकर स्थिति यह थी कि दो विकल्पों में से मुझे एक को चुनना था।

एक ओर मुझ पर भारत के एक बड़े आदमी की जान बचाने की जिम्मेदारी थी तो दूसरी ओर गोलमेज परिषद् में ईमानदारी के रास्ते और अपनी हैसियत के मुताबिक मैं दलितों के कल्याण के लिए प्रयासरत रहा हूँ। दलितों के संरक्षण का और कल्याण का गम्भीर सवाल हल करने की जिम्मेदारी मुझ पर भी है। आप सभी के सहयोग से और आपके द्वारा दिए गए समाधान से मैं आज खुश हूँ। मैंने एक ओर महात्मा गांधी की जान बचाई है तो दूसरी ओर मैंने सही ढंग से दलित वर्ग के भावी कल्याण और उन जरूरी संरक्षणों का सवाल भी हल किया है। इस समझौते का बहुत कुछ श्रेय महात्मा गांधी को देना चाहिए। मैं जब उनसे मिला तब मैंने यह महसूस किया कि हम दोनों के विचारों में बड़ी समानता है। मुझे इस बात को कबूल करना चाहिए कि उनसे मिलकर मेरे आश्चर्य की सीमा नहीं रही। जैसाकि मैंने आपसे पहले ही कहा है कि सर तेजबहादुर सप्रू जब भी कोई विवाद उनके पास ले गए, उस विवाद का रूप ही अप्रिय हो गया। गोलमेज परिषद् में मेरे विचारों का तीव्र विरोधी विचारधारा वाला यह आदमी दूसरे पक्ष की मुक्ति के लिए दौड़कर जाने की बजाय मेरी मदद के लिए तुरन्त दौड़कर आया। यह देखकर मुझे आश्चर्य हुआ। बेहद मुश्किल स्थिति से मुझे महात्माजी ने मुक्त किया। इसलिए मैं उनका बड़ा एहसानमन्द हूँ। लेकिन अपने ऐसे स्वभाव का

परिचय महात्माजी ने गोलमेज परिषद् में क्यों नहीं दिया, इस बात का मुझे दुख है। उसी समय उन्होंने मेरी बात को समझ लेने की तत्परता दिखाई होती तो इस कसौटी से गुजरने की उन्हें गरज ही पैदा न हुई होती। लेकिन अब ये सारी बातें भूतकाल की हैं। अब मैं इस प्रस्ताव को समर्थन देने के लिए खड़ा हूँ, इसलिए मुझे खुशी हो रही है।

अखबारवालों ने यह सवाल खड़ा किया है कि क्या इस समझौते को सारे दलित वर्ग का समर्थन प्राप्त है? जहाँ तक मेरी बात है, मेरे साथ जो जनसमूह है उसके बारे में (और यहाँ जो अन्य मित्र मौजूद हैं उनकी ओर से भी मैं बोल रहा हूँ।) मैं स्पष्ट करना चाहता हूँ कि हम लोग इस समझौते को समर्थन देंगे, इस बारे में कोई सन्देह नहीं होना चाहिए।

लेकिन इस समझौते पर हिन्दू समाज अटल रहेगा या नहीं, यही हमारी चिन्ता का विषय है। (आवाज : जरूर ! जरूर !! निश्चित तौर पर) दुर्भाग्य से हिन्दू समाज एकसंघीय समाज नहीं है बल्कि वह छोटी-छोटी जातियों का संघ है, इस बात को हम अच्छी तरह अनुभव कर रहे हैं। फिर भी उनकी ओर से मैं यह उम्मीद करता हूँ कि इस समझौते के दस्तावेजों की ओर हिन्दू समाज भी पवित्रता की भावना से देखेगा और सम्मानजनक भावना से आगे के काम में जुट जाएगा।

मैं एक बात और आपके सामने कहना चाहता हूँ। इस समझौते में जिन मित्रों ने हिस्सा लिया उनका मैं एहसानमन्द हूँ। लेकिन खास तौर पर सर तेजबहादुर सप्रू और माननीय सी. राजगोपालचारी का मैं उल्लेख करना चाहता हूँ। तेजबहादुर के बगैर कई मुद्दों पर निर्णय लेना कठिन था। उनके सम्बन्ध में पिछले दो साल के अपने अनुभव से मुझे कबूल करना चाहिए कि जाति अहंकार से मुक्त ऐसा कोई भारतीय मनुष्य है तो वे हैं–सर तेजबहादुर सप्रू। भारत के नए संविधान में हमें संरक्षण मिलना चाहिए, इसलिए जो अल्पसंख्यक लोग इस बारे में प्रयास कर रहे हैं उन्हें सर तेजबहादुर सप्रू की प्रामाणिकता और न्यायबुद्धि का हमेशा आधार मिला है। उसी प्रकार मुझे अपने मित्र सी. राजगोपालाचारी का भी उल्लेख करना चाहिए। जब हम लोग मनमुटाव के छोर पर खड़े थे उसी समय वे हमारी मुक्ति के लिए दौड़ आए। शायद उनके सहयोग के बगैर यह समझौता भी नहीं हुआ होता। इसी तरह पंडित मदनमोहन मालवीय से जब तीखी नोंकझोंक हो रही थी उस समय उन्होंने जिस सहनशीलता और सभ्यता का परिचय दिया उसके लिए उन्हें भी धन्यवाद देना चाहिए। 'स्वतन्त्र मतदाता संघ राष्ट्रीय हित में हानिकर होगा' इस आग्रह के कारण ही कम्युनल अवार्ड (जातीय फैसला) में यह परिवर्तन किया गया। किन्तु इस समर्थन से मेरी शंका का अब भी समाधान नहीं हुआ है, इस बात को मुझे स्वीकार करना चाहिए। बहुसंख्यक लोगों के प्रतिनिधित्व के लिए स्वतन्त्र मतदाता संघ हानिकर है इस बात को मैं अच्छी तरह समझ सकता हूँ। लेकिन अल्पसंख्यक लोगों के प्रतिनिधित्व के लिए भी स्वतन्त्र मतदाता संघ हानिकर है, इस बात को मैं आज भी समझ नहीं पा रहा हूँ।

संयुक्त मतदाता संघ की वजह से दलित वर्ग को हिन्दू समाज में पूरी तरह एकजुट

करने का सवाल हमेशा-हमेशा के लिए हल हो जाएगा, इस बात पर मुझे भरोसा नहीं है। मतदाता संघ से सम्बन्धित कोई भी समझौता गहरे सामाजिक सवालों को हल करने का अन्तिम इलाज नहीं हो सकता, इस बात पर मुझे पूरा भरोसा है। किसी भी राजनीतिक सुलह के लिए कुछ बातों की जरूरत होती है। इसलिए मैं यह उम्मीद करता हूँ कि हम आज जो राजनीतिक व्यवस्था करने जा रहे हैं उस राजनीतिक व्यवस्था के जरिए अब आगे बढ़ना आपके लिए सम्भव होगा। और इस प्रकार का मार्ग और साधन इस्तेमाल करना सम्भव होगा जिससे दलित वर्ग हिन्दू समाज से जुड़े, सिर्फ उसका एक विभाग न रहे। हिन्दू समाज में उसे सम्मान और समानता का स्थान और हैसियत हासिल होगी।

जब तक दलित वर्ग अज्ञानी था, तब तक वह स्वाभिमान की प्रेरणा से अभिभूत नहीं था, तब तक उसे हिन्दू कानून के मुताबिक दिया गया सामाजिक स्थान स्वीकार करना ही था। किन्तु जैसे ही दलितों को शिक्षा मिलेगी, वे इन सामाजिक नियमों की पीड़ा को अधिक महसूस करेंगे। उससे दलितों का हिन्दू समाज से अलग हट जाने का खतरा पैदा होगा। इन सभी बातों पर गहराई में सोच-विचार कर आप लोग इस सम्बन्ध में जरूरी प्रयास करेंगे, मैं ऐसी उम्मीद करता हूँ।

पूना पैक्ट के बाद डॉ. बाबासाहेब अम्बेडकर का भाषण, 1931-32

# अछूतपन समाप्त करने का रास्ता

**भीमराव रा. अम्बेडकर**

**पोर्ट सैय्यद**
**14 नवम्बर, 1932**

प्रिय ठक्कर,

लन्दन जाने से पहले आपके द्वारा भेजा हुआ तार मिला। आपके तार से मुझे इस बात का पता चला कि मेरी सलाह के मुताबिक रावबहादुर मान्यवर श्रीनिवासन को केन्द्रीय बोर्ड के सदस्य के रूप में और मान्यवर देवराव नाईक को प्रदेश बोर्ड में आपने लिया है। मेरी सलाह के अनुसार इस सवाल को सन्तोषजनक ढंग से हल किया गया, यह बड़ी अच्छी बात है। अब हम सभी मिलकर आपके अस्पृश्यतानिवारक संघ का कार्यक्रम हाथ में ले सकते हैं। आपके इस संघ का कार्यक्रम किस नीति से और सिद्धान्त के मुताबिक चलना उचित और प्रभावी होगा इसके बारे में मंडल के सदस्यों से विचार-विमर्श करने का अवसर यदि मुझे मिला होता तो अच्छा रहता, लेकिन जल्दी में लन्दन जाने की तैयारी करनी पड़ी इसलिए इस बारे में मुलाकात करने का मुझे मौका नहीं मिला। लेकिन संघ के सदस्यों से आमने-सामने विचार-विमर्श करने का सुयोग उपर्युक्त कठिनाई की वजह से प्राप्त न हो सका। अपनी सामर्थ्य के अनुसार हर अच्छे मौके का लाभ उठाने का मैंने फैसला किया है। इस पत्र के द्वारा मेरे विचार इस सम्बन्ध में आप तक पहुँचें और उन्हें आप अपने केन्द्रीयमंडल के अन्य सदस्यों के सामने उनकी राय के लिए रखें, यही आज मेरे लिए उपयुक्त अवसर है। मैं इसका पूरा उपयोग करना चाहता हूँ।

अछूत या दलित वर्ग के उत्थान से सम्बन्धित सवाल पर गौर करने और उसके बारे में सोचने के सीधे-सीधे मेरी दृष्टि से दो दृष्टिकोण या दो ढंग हो सकते हैं। कुछ लोग इस तरह का सिद्धान्त अपनाकर इस दृष्टि से और इस विचारधारा के मुताबिक इस सवाल को देखते हैं कि 'अछूत समाज के आदमी का भविष्य उसके व्यवहार पर निर्भर करता है।' मतलब अछूत समाज का आदमी यदि दुख और दरिद्रता से बेचैन है तो इसकी वजह वह आदमी दुष्ट और बदचलन होना चाहिए। इस सिद्धान्त को माननेवाले समाजसुधारक समाज में, अछूत वर्ग में व्यक्ति से सम्बन्धित या व्यक्ति विशेष (Personal) के सद्गुणों का प्रचार और प्रसार करने की कोशिश करते हैं। और वे अपने

सभी साधनों का इस्तेमाल इसी एक बात के लिए करते हैं। व्यक्ति विशेष से सम्बन्धित सद्गुणों का प्रसार करने के लिए उपरोक्त विचारधारा को माननेवाले सामाजिक कार्यकर्त्ता शराबबन्दी, स्वास्थ्य से सम्बन्धित सरकारी आन्दोलनों, पुस्तकालयों और स्कूलों को चलाने आदि जैसे कई कार्यक्रम हाथ में लेते हैं। मतलब अछूत समाज का आदमी ज्यादा अच्छा और ज्यादा सद्गुणी बने इसके लिए व्यक्ति विशेष के सद्गुणों का प्रचार करने की ही उनकी कोशिश होती है और वे साधनों का इस्तेमाल भी उसी दृष्टि से करते हैं।

मेरे विचार से अछूतों के उत्थान का सवाल हल करने का दूसरा तरीका (Method) भी है। जिस स्थिति और जिन बन्धनों में व्यक्ति को अपना जीवन व्यतीत करने के लिए मजबूर होना पड़ता है वे स्थितियाँ व्यक्ति के भविष्य के लिए भी जिम्मेदार होती हैं। व्यक्ति के चारों ओर के सार्वजनिक माहौल की प्रतिकूलता पर इस सिद्धान्त और इस दूसरी कार्यपद्धति की विचारधारा की नींव रखी गई है। मेरा विश्वास है कि उपर्युक्त दो विचार-पद्धतियों में दूसरी विचारपद्धति ज्यादा सही और वास्तविकता की नींव पर आधारित है। पहली पद्धति की सहायता से कुछ मामूली चुने हुए आदमियों का स्तर उनके समाज के स्तर से कुछ ऊँचा उठा हुआ दिखाई देगा। लेकिन इस विचार-पद्धति से सारे समाज का सामाजिक स्तर बढ़ाना सम्भव नहीं है। और आपकी संस्था अछूत समाज के कुछ ख़ास या मुट्ठीभर लोगों का स्तर ऊँचा उठाने के लिए या जो अपने इर्द-गिर्द रहेंगे ऐसे कुछ गिने-चुने व्यक्तियों को मदद करने के लिए नहीं बनाई गई बल्कि सम्पूर्ण अछूत समाज का सामाजिक स्तर ऊँचा उठाना ही आपकी अस्पृश्यतानिवारक संस्था का उद्देश्य है। इसलिए मुझे ऐसा लगता है कि व्यक्ति विशेष में सद्गुणों का प्रसार करने में अपने सारे साधन इस्तेमाल करने का कोई मतलब नहीं है। बल्कि मेरी यह राय है कि आपके अस्पृश्यतानिवारक मंडल को अछूत समाज की आम और सामाजिक स्थिति में परिवर्तन करके उसमें सुधार के लिए प्रयासों पर ही विशेष बल देना चाहिए और उसी नीति के मुताबिक आपके कार्यक्रम बनाए जाएँ।

इस तरह इस सवाल के बारे में मेरी बुनियादी सोच क्या है, इसका मैंने आपको परिचय दिया है। इसके बाद मैं कुछ निश्चित और अमल में लाने योग्य योजनाएँ आपके सामने रखने की हिमाकत कर रहा हूँ।

## 1. नागरिकता के अधिकार प्राप्ति का अभियान

मेरी राय में आपकी संस्था को यदि पहला कार्यक्रम कोई हाथ में हो तो वह अछूत वर्ग को नागरिकता के मामूली हक़ दिलवाने का होना चाहिए। इसके अलावा गाँव-देहातों में कुँओं से पानी भरने का हक़ अछूतों को दिलवाएँ, देहातों के स्कूलों में अछूतों के बच्चों को दूसरों के साथ और उन्हीं की तरह बैठने और पढ़ने की सुविधा मिले, देहातों के

चौपाल पर जाने की उन्हें अनुमति हो, उसी प्रकार बैलगाड़ी, ताँगा, मोटर, नाव आदि सार्वजनिक वाहनों का दूसरों की तरह अछूतों को भी बिना रोक-टोक उपयोग करने का हक़ हो इस प्रकार की व्यवस्था करना आदि बातों को इस कार्यक्रम में सम्मिलित किया जा सकता है। इस प्रकार के कार्यक्रम गाँव-देहातों तक पहुँचाने की व्यवस्था की गई तो ही अछूतों को हिन्दू समाज में सामाजिक समता का दर्जा प्राप्त होने लायक सवर्ण हिन्दू जनता के विचारों में परिवर्तन हो सकता है। उसके बगैर वे लोग अछूतों के साथ समानता का बर्ताव करने के लिए तैयार नहीं होंगे। लेकिन इस उपर्युक्त कार्यक्रम को गाँव-देहातों में अमल में लाने का फैसला किया गया तो आपके इस अस्पृश्यतानिवारक बोर्ड को किस प्रकार की कठिनाइयों का सामना करना पड़ेगा, इस बात का भी अंदाज आप सभी को पहले से ही होना जरूरी है।

इस कार्य में किस प्रकार की रुकावटें और कठिनाइयाँ आती हैं यह मैं स्वानुभव से आपको बता सकता हूँ। डिप्रेस्ड क्लासेस इन्स्टीट्यूट और समाज समता संघ के अध्यक्ष की हैसियत से जब उपर्युक्त कार्यक्रमों का अभियान मैंने कुलाबा और नासिक जिले से शुरू किया तब क्या हुआ, इस बात का मुझे अनुभव है। सबसे पहले अछूत और सवर्ण हिन्दू लोगों में मारपीट हुई और उसका अन्त दोनों ओर के लोगों के सिर फूटने में और कोर्ट में एक-दूसरे के विरोध में शिकायत करने में होगा। इस झगड़े में अछूत वर्ग के बुरे हाल होंगे। क्योंकि पुलिस और न्यायव्यवस्था दोनों इस मामले में अछूतों के विरोध में होंगे। नासिक और कुलाबा जिले में अछूत वर्ग को नागरिकता के मामूली हक़ दिलवाने के लिए जो आन्दोलन चलाया गया उसमें ऐसा एक भी उदाहरण नहीं मिला जिसमें पुलिस विभाग की ओर से या न्यायव्यवस्था की ओर से अछूतों का पक्ष सही होने पर भी उन्हें सहायता मिली हो, यह कहा जा सकता है। इस मामले में पुलिस विभाग और न्यायव्यवस्था दोनों घटिया और सड़ियल सिद्ध होती हैं। लेकिन उससे भी बुरी बात यह है कि ये विभाग न्याय का पालन करनेवाले होने की बजाय वे केवल राजनीतिक नीति से चलनेवाले होते हैं। सवर्ण हिन्दुओं के स्वार्थ के लिए और इज्जत के लिए ये विभाग अछूतों को जो न्याय मिलना उचित और जरूरी है, उस न्याय को बेरोकटोक बलिदान कर देने में कोई कसर बाकी नहीं छोड़ते, ये इतने अन्यायी और दुष्ट होते हैं, यह हमारा अनुभव है। इस कार्यक्रम को हाथ में लेने से दूसरी कठिनाई यह है कि गाँव-देहात के सवर्ण हिन्दू जाति की ओर से अछूतों का बहिष्कार किया जाएगा। जब वे देख लेंगे कि अछूतों की ओर से या अछूतों के लिए उनकी बराबरी में आने का प्रयास किया जा रहा है, तो उस गाँव के सवर्ण हिन्दू लोग अछूतों का जबर्दस्त सामाजिक बहिष्कार करेंगे और उनका नमक-पानी बन्द करवा देंगे। इस बहिष्कार में भुखमरी और सभी प्रकार के अनगिनत और रोंगटे खड़े करनेवाली शारीरिक यातनाएँ दी जाती हैं, इस दर्दनाक कहानी को स्टार्ट कमेटी के एक सदस्य से सुनने का आपको मौका मिला इसलिए इस पत्र में मैं अछूतों को जो अत्याचार बर्दाश्त करने पड़ते हैं उनका गम्भीरता से विस्तृत वर्णन नहीं करना चाहता। अछूतों को इस नीच स्थिति

से बाहर आने और अपना सामाजिक स्तर सुधारने का प्रयास करना चाहिए। सामाजिक बहिष्कार जैसे भयंकर हथियार का इस्तेमाल अछूतों के खिलाफ किस तरह किया जाता है और उनके उत्थान को रोकने और उन्हें पहले से भी बुरी स्थिति में धकेलने का अमानवीय षड्यन्त्र सवर्ण हिन्दू जनता की ओर से किस तरह किया जाता है, इसका यह एक स्थायी उदाहरण है।

अछूतों को नागरिकता के उपर्युक्त साधारण हक़ों को दिलवाने के लिए मैंने आपकी संस्था को जो सुझाव दिए हैं उनके मुताबिक आपने अभियान शुरू किया तो आपके रास्ते में जो कठिनाइयाँ आएँगी उनमें से मैंने सिर्फ कुछ कठिनाइयों का जिक्र किया है। अन्य कठिनाइयों का मुकाबला करने के लिए आपको समाज सेवकों की एक फौज ही खड़ी करनी पड़ेगी और आपको गाँव-देहातों में जन-जाग्रति के लिए और अछूत जनता की सहायता के लिए इन स्वयंसेवकों का चारों ओर जाल बिछाना पड़ेगा। ये स्वयंसेवक अपने अधिकारों के लिए झगड़नेवाली जनता को प्रेरणा देंगे और बढ़ावा देंगे। सरकार के दरबार में अछूतों को न्याय दिलाने के लिए पैसे और अन्य प्रकार की जरूरी मदद भी इन स्वयंसेवकों के माध्यम से अछूतों को मिलेगी, इस प्रकार की व्यवस्था होनी चाहिए। यह कार्यक्रम बहुत ही प्रभावी ढंग से सफल हो, इस तरह का सुझाव आपको देते समय मेरे मन में किसी भी प्रकार का सन्देह नहीं है। अन्य दूसरे कार्यक्रमों को गौण मानकर आपको इसी कार्यक्रम को पहले हाथ में लेना चाहिए, यह मैं आपको बड़े आग्रह के साथ सुझाना चाहता हूँ। और मुझे इस बात का यकीन है कि अपना उद्देश्य सफल बनानेवाला इससे ज्यादा प्रभावी दूसरा कोई कार्यक्रम नहीं है।

इस कार्यक्रम से समाज में तहलका मच जाएगा और इससे खूनखराबा भी हो सकता है, यह बात सच है। लेकिन मेरी राय में इन बातों को नजरअंदाज करना असम्भव है। इस जुझारू कार्यक्रम के अलावा कम-से-कम मुकाबले की नीति के मुताबिक एक दूसरे कार्यक्रम की भी योजना बनाई जा सकती है, इस बात को मैं अच्छी तरह जानता हूँ। लेकिन मैं साफ तौर पर यह कह सकता हूँ कि इस तरह का पिलपिला कार्यक्रम अछूतपन के निर्मूलन में असमर्थ साबित होगा। जो हिन्दू जनता सदियों से अनपढ़ रही उससे यह उम्मीद करना कि उसकी खुशामद करके, उसकी भावनाओं को बगैर चोट पहुँचाए बुद्धिवाद के रास्ते से वह अछूतों के साथ प्रेमभाव और समानता का बर्ताव करने के लिए तैयार होगी, यह बेकार की बात है। अन्य सामान्य लोगों की तरह सवर्ण जाति का हिन्दू रोज के आचरण में एक रूढ़ाचार की भावना से अछूतपन की परम्परा का पालन करता रहता है। कुछ लोग अपने रूढ़ाचारों के विरोध में भाषण करते रहते हैं इसलिए कुछ लोग आमतौर पर अपने उन विचारों को नहीं छोड़ते। और जिन लोगों की यह समझ है कि अपने इस रूढ़ाचार को धर्म का और शास्त्रों का आधार प्राप्त है वे लोग फिर किसी को भी उनके विरोध में कहें तब भी उसकी परवाह नहीं करते। उन्हें अपने धार्मिक रूढ़ाचार के विरोध में बोलनेवालों से ज्यादा नफरत होती है। और ऐसे लोगों ने प्रत्यक्ष अपना रोष भी जाहिर नहीं किया तब भी वे समाज-सुधारकों

की आलोचना की ओर या आदेश की बगैर परवाह किए अपने रूढ़ाचार के अनुसार ही चलते हैं। लेकिन जब सवर्ण हिन्दू लोगों के ध्यान में आएगा कि 'अब हम लोगों को बदलना ही होगा, पुरानी मान्यताओं का, रूढ़ाचारों का त्याग किए बगैर अब हमारे लिए कोई विकल्प नहीं है' और इस तरह का विचार करने के लिए मजबूर करनेवाली स्थिति जब सवर्ण हिन्दू जनता को दिखाई देगी तब कहीं अछूतों के उत्थान का रास्ता खुला समझा जा सकेगा। ऐसी स्थिति पैदा करने के लिए आपको इस प्रकार का साहसी कार्यक्रम तैयार करना चाहिए जिससे सवर्ण हिन्दू समाज के उन दकियानूसी आचार-विचारों पर जबर्दस्त आघात हों। जब सवर्ण हिन्दुओं को लगता है कि अब गम्भीर स्थिति आ पड़ी है तो फिर वे सोचने लग जाते हैं। और एक बार नए विचारों के रास्ते पर उन्होंने कदम बढ़ाने शुरू किए तो पहले का सड़ा-गला रास्ता छोड़कर नए रास्ते पर चलने की पहले से भी ज्यादा सम्भावना बनेगी। धीरे-धीरे उपदेश देकर लोगों की भावनाओं को बगैर छेड़े उनके मानस को बदलने का जो कार्यक्रम होता है उसमें एक बड़ा दोष यह है कि यह कार्यक्रम लोगों को सोचने के लिए मजबूर नहीं कर सकता। क्योंकि उनमें अन्तिम या आपात स्थिति निर्माण करने की कुब्बत नहीं होती। और आपात स्थिति के बगैर अनपढ़ लोग सोचने या कुछ करने के लिए कभी तैयार नहीं होते।

लाखों साल तक दर्शन पढ़ाकर और शान्ति से उपदेश देकर जनमत को जो प्रेरणा नहीं मिली वह प्रेरणा महाड के चवदार तालाब पर या नासिक के कालाराम या मलबार के गुरुवायूर के मन्दिर पर मोर्चे का आयोजन करके मिल गई। इसलिए अछूतों को नागरिकता के हक़ दिलवाने के लिए आपके अस्पृश्यतानिवारक मंडल को इस तरह का प्रत्यक्ष साहसी कार्यक्रम हाथ में लेना चाहिए, यही मेरा आप सभी लोगों से आग्रह के साथ सुझाव है। इस रास्ते में आनेवाली कठिनाइयों की मुझे पूरी जानकारी है, और इस मामले में मुझे जो अनुभव हुआ है उससे मैं यह कह सकता हूँ कि इस तरह का कार्यक्रम सफल बनाने के लिए हमें सरकारी कानून का प्रत्यक्ष समर्थन मिलना बहुत जरूरी है। फिलहाल मैंने अपने कार्यक्रमों से मन्दिर-प्रवेश का आन्दोलन नहीं रखा है, उसकी वजह भी यही है। मैंने खुद यह अनुभव किया है कि कानून और पुलिस दोनों ही इन कार्यक्रमों के एकदम खिलाफ हैं, इसलिए मैंने मन्दिर-प्रवेश के आन्दोलन को फिलहाल अलग रखा है। और अपने कार्यक्रमों में मैंने सार्वजनिक अधिकारों के आन्दोलन को महत्त्व दिया है। इसलिए आज सरकार की यह पहली जिम्मेदारी है कि उसे इस सम्बन्ध में हमारा समर्थन करना चाहिए और हमें हमारे सार्वजनिक अधिकारों का उपयोग करने के लिए कानूनी समर्थन दिलवाना चाहिए।

## 2. समान अवसर

आपके अस्पृश्यतानिवारक मंडल को दूसरा और एक अन्य कार्यक्रम हाथ में लेना चाहिए।

वह यह कि इस जीवनसंघर्ष की होड़ में भाग लेने के लिए अछूतों को समान अवसर दिलवाना जरूरी है। अछूत समाज की गरीबी को और दुखों की जो बातें और जो कठिनाइयाँ खास तौर पर कारण बनी हुई हैं उनमें 'समान अवसर का अभाव' भी एक मुख्य कारण है। और सवर्ण हिन्दुओं में व्याप्त अछूतपन की भावना की वजह से ही उन्हें 'समान अवसर' की प्राप्ति नहीं हो सकती इस बात को यहाँ जानबूझकर करना चाहिए। अन्य सभी जातियों को सब्जी-भाजी का व्यापार, दूध-घी बेचना आदि जीवन-निर्वाह के जो सामान्य तरीके हैं सभी खुले हैं, लेकिन वे सभी तरीके अछूत समाज के लिए देहातों में ही नहीं, गाँव-शहरों में भी पूरी तरह से बन्द हैं। जो लोग हिन्दू नहीं हैं ऐसे अन्य धर्म के लोगों से सवर्ण जाति के हिन्दू लोग इन चीजों को खरीद सकते हैं। लेकिन वे अछूतों से कभी भी इन चीजों की खरीद नहीं करते। नौकरीपेशे के बारे में तो अछूतों की स्थिति इससे भी बुरी है। सरकारी नौकरियों में भी सवर्ण हिन्दुओं का यह अछूतपन इन अभागे लोगों को पग-पग पर सताता है। अछूतपन की वजह से उन्हें पुलिस हवलदार की या मामूली चपरासी की भी नौकरी मिलनी मुश्किल होती है। मिल में या फैक्टरी में भी यह अछूतपन उनका पीछा छोड़ने के लिए तैयार नहीं है। अछूतों के बारे में 'गोली के लिए पहले लेकिन रोटी के लिए बाद में' इस तरह का व्यवहार होता है। और इन कठिनाइयों को पार कर यदि कोई किसी विभाग में या कारखाने में नौकरी पर लग गया है तो वहाँ भी उसे उन्नति के लिए कौन-से अवसर मिलते हैं? मुम्बई और अहमदाबाद की कपास की फैक्टरियों में काम करनेवाले अछूत मजदूरों की ही बात ले लीजिए। कम-से-कम वेतनवाले विभाग में इन मजदूरों को लिया जाता है। जहाँ ज्यादा वेतन मिलने की उम्मीद होती है ऐसे 'वीविंग डिपार्टमेंट' जैसे विभाग अछूत मजदूरों के लिए हमेशा के लिए बन्द कर दिए जाते हैं। और जिस कम वेतनवाले विभाग में उन्हें लिया जाता है वहाँ भी एकदम निचले, घटिया पद पर ही उन्हें आखिर तक चिपके रहना पड़ता है। उनमें कितनी भी योग्यता हो या वे कितने भी पुराने अनुभवी हों तब भी उन्हें ऊँचे दर्जे का पद या अधिकार मिल नहीं सकता। लेकिन सवर्ण जाति का हिन्दू कितना भी नालायक क्यों न हो और उसका अनुभव कितना ही कम क्यों न हो, फिर भी उसी के मातहत अछूत लायक आदमी को भी गुलाम की तरह मजदूरी करनी पड़ती है। इस तरह का व्यवहार मिलों और कारखानों में मजदूरों के साथ होता है। जिस विभाग में काम के हिसाब से मजदूरी मिलने (Piece Work) की व्यवस्था होती है वहाँ भी सवर्ण मजदूर की तरह अछूत मजदूर को पर्याप्त वेतन की प्राप्ति नहीं होती। क्योंकि वहाँ अछूत मजदूर को कौन से काम करने चाहिए और कौन से नहीं करने चाहिए, इस तरह का धार्मिक बन्धन खड़ा हो जाता है। बाइंडिंग और रीलिंग विभाग में काम करनेवाली अछूत वर्ग की सैकड़ों मजदूर महिलाओं ने मेरे पास इस तरह की शिकायतें की हैं कि सवर्ण वर्ग के मुखिया कच्चे माल का बँटवारा करते समय सवर्ण और अछूत का भेदभाव करते हैं। और अछूत महिलाओं को कम-से-कम माल और वह भी आखिर का बचा-खुचा और खराब माल देते हैं।

हिन्दुओं की ओर से अछूतों के साथ असमानता का और सौतेलेपन का यह जो बर्ताव होता है और समान अवसर के अभाव में अस्पृश्य समाज के लायक आदमियों के जो हौसले पस्त किए जाते हैं ये उसके कुछ उदाहरण हैं। आपके अछूतपन निवारक संघ को इस सवाल को महत्त्व देकर इस असमानता के विरोध में जनमत तैयार करने का कार्यक्रम हाथ में लेना और ऐसे सौतेले व्यवहार के जो उदाहरण सामने आएँगे उन्हें समाप्त करने के लिए जगह-जगह संस्थाएँ स्थापित करना, मेरी दृष्टि से उचित और जरूरी है। ख़ास तौर पर कपड़ा मिल के बुनाई खाते अछूत मजदूरों के लिए आपके संघ ने दिए तो एक बड़े किफायतवाले धन्धे के दरवाजे अछूत मजदूरों के लिए खुल जाएँगे और उनका बड़ा फायदा होगा। उसी तरह हिन्दुओं के अधिकार में और स्वामित्व में जो फर्म और कम्पनियाँ हैं वहाँ अछूत मजदूरों को उनकी योग्यता के मुताबिक नौकरियाँ मिलने की व्यवस्था की गई तो वह भी बड़ी महत्त्वपूर्ण उपलब्धि होगी।

## 3. आपसी सामाजिक सम्बन्ध और सम्पर्क

आपके संघ को दूसरा भी और एक प्रयास करना चाहिए और वह यह है कि सवर्ण हिन्दुओं में अछूतों के प्रति जो नफरत है उसे समाप्त कर देना चाहिए। सवर्णों के मन में यह जो नफरत की भावना है उसी की वजह से सवर्ण और अछूत इस तरह के भेद हैं और ये दो वर्ग अलग-अलग हो गए। यह नफरत या यह घृणा की भावना समाप्त करने का एक अच्छा उपाय यह है कि इन दो वर्गों के लोगों के सम्बन्ध और सम्पर्क जिससे कि स्थापित हो सकें और जिस वजह से इन दो वर्गों में मेल-मिलाप बढ़कर एक-दूसरे के बारे में उन्हें अपनेपन का अहसास हो, इस तरह के हालात पैदा करने होंगे। दो अलग-अलग समझे जानेवाले वर्ग के लोगों को एक-दूसरे के बारे में जो परायापन और दूजाभाव है उसे समाप्त करने के लिए यह अच्छा उपाय है कि उन्हें इकट्ठा लाकर किसी सामूहिक या सामान्य कार्यक्रम में व्यस्त रखा जाए। सवर्णों के घरों में अछूतों का मेहमान के नाते आना या अछूतों को नौकर रखना आदि बातें अमल में लाई गईं तो उसका अच्छा परिणाम होगा और सवर्णों के मन से नफरत की भावना समाप्त करने का यह एक अच्छा तरीका हो सकेगा। इससे ज्यादा प्रभावी और मेल-मिलाप बढ़ानेवाला साधन दूसरा शायद ही कोई हो। इस तरह से प्रत्यक्ष सम्बन्ध और सम्पर्क बढ़ जाने से दोनों का सामान्य जीवन-व्यवहार होगा और वे दोनों अपनेपन के साथ रहने लगेंगे और जिस सामाजिक एकता के लिए आज हम इतनी कोशिश कर रहे हैं वह एकता भी स्थापित होगी। लेकिन अछूतपन उन्मूलन होना चाहिए ऐसा कहनेवाले सवर्ण हिन्दू सुधारक लोग इस तरह से पारिवारिक सम्बन्ध और सम्पर्क स्थापित करने की बात को टालते हैं, यह मेरी दृष्टि से बड़ी शर्म की बात है।

हिन्दी लोगों के दिलों को झकझोरनेवाले महात्मा गांधी के अनशन के दस दिनों

में ही विलेपारले और महाड आदि जगहों पर ऐसी घटनाएँ घटीं कि जिससे सुधारकों की निष्क्रियता और असमर्थता दिखाई दी। इन सुधारकों में से कुछ लोगों ने अछूतों के लिए मन्दिर खोलने का प्रयास किया इसलिए उनके घर के सवर्ण हिन्दू नौकरों ने काम करना बन्द कर दिया और काम पर आना छोड़ दिया। मुझे ऐसा लगता है कि ऐसे समय ये सुधारक कार्यकर्त्ता ज्यादा साहस दिखाकर अपने इन नासमझ नौकरों को कुछ नसीहत देंगे। इन 'नादान' नौकरों की इस तरह की धमकी से घबराने के बजाय वास्तव में उनके इन अछूतपन उन्मूलक मालिकों को उनके स्थान पर तुरन्त अछूत वर्ग के लोगों को नौकरी पर रख लेना चाहिए था। लेकिन ऐसा करने की बात तो दरकिनार बल्कि मूर्ख और नासमझ जनमत के सामने इन सुधारकों ने घुटने टेक दिए और अपने इस व्यवहार से उन्होंने सनातनियों की गद्दी को और मजबूत कर दिया। अछूतों के ऐसे तथाकथित हमदर्द आपातस्थिति में उनका कितना साथ दे सकते हैं, उसका हम इसी बात से अंदाजा लगा सकते हैं। जो लोग दुख से पीड़ित हैं उनके दुखों का नाश केवल शब्दों की सद्भावना से नहीं हो सकता। हमारे बारे में सद्भावना सिर्फ शब्दों में प्रदर्शन करने तक ही रहती है। यह सद्भावना सड़ी-गली और अछूतों के दुखों का विनाश करने के लिए या उनके मन में विश्वास और समाधान पैदा करने में असमर्थ है। इसीलिए मैं जानबूझकर आपके अछूतपन निवारक संघ के सामने इस बात को रख रहा हूँ। हमें न्याय और समानता दिलाने के लिए अपने सवर्ण वर्ग के हितचिन्तक और हमदर्द अपने जातभाइयों के साथ भी झगड़ने में आगे-पीछे नहीं देखते। अमेरिका के काले लोगों की (नीग्रो) गुलामी नष्ट करने के लिए वहाँ के गोरे लोग जिस तरह अपने सजातियों के साथ लड़ते रहे उसी प्रकार हम पर लादा गया अछूतपन समाप्त करने के लिए इस अछूतपन निवारक संघ के सवर्ण सदस्य और कार्यकर्त्ता समय आने पर अपने लिए अपने सवर्ण भाइयों के साथ लड़ने को तैयार हैं, इस तरह की जब अछूत जनता को स्वानुभव से यकीन हो जाएगा तब उनका विश्वास इस संघ के सदस्यों पर और उसके कार्य पर होगा, वरना नहीं। इस बात को मैं साफ तौर पर कहना चाहता हूँ। लेकिन इस अन्तिम उपाय को कुछ समय के लिए दूर ही रखा जाए तब भी आपके इस संघ को सवर्ण हिन्दू जनता के मन पर इस बात के संस्कार डालने चाहिए कि अछूतों के साथ समानता से और प्रेमभावना के साथ व्यवहार करना कितना उचित है और उसके लिए उन्हें अपने यहाँ बुलाना या उन्हें अपने घर में नौकर रखकर आपसी सम्बन्धों को बढ़ावा देना कितना जरूरी है।

## 4. कार्यकर्त्ता कैसे होने चाहिए

अपना कार्यक्रम अमल में लाने के लिए इस अस्पृश्यतानिवारक संघ को कार्यकर्त्ता समाज सेवकों की एक फौज खड़ी करनी पड़ेगी, इसमें कोई सन्देह नहीं। इन कार्यकर्त्ताओं के

चुनाव की बात एक मामूली बात है, ऐसा समझा जा सकता है। लेकिन मेरी राय में इस कार्य के लिए उचित लोगों का चुनाव हो, यह बात बड़ी महत्त्वपूर्ण और जिम्मेदारीपूर्ण समझनी चाहिए। किसी भी काम को करना हो तो उसके लिए किराए के टट्टू कभी भी मिल सकते हैं। लेकिन इस कार्य के लिए ऐसे किराए के टट्टुओं से काम नहीं चलेगा। यदि आपको अछूतपन उन्मूलन के कार्य के लिए आवश्यक लगन और आस्था के लोग चाहिए तो हमें अछूत समाज से योग्य लोगों को खोजना चाहिए। इस कार्य के लिए किस आदमी का चुनाव करना चाहिए और किसका नहीं, इन सवालों का फैसला करते समय आपके संघ को इन सवालों के कुछ पहलुओं को ध्यान में रखना आवश्यक है। अछूतपन उन्मूलन के बहाने अपना निजी स्वार्थ देखनेवाले और अपना पेट पालनेवाले बाजारू हरामखोर लोग अछूत समाज में बिल्कुल नहीं हैं, ऐसा मेरा कहना नहीं है। ऐसे कुछ लोग अछूतों में भी हैं। लेकिन सामान्य तौर पर देखा जाए तो अछूतपन उन्मूलन के कार्य के लिए अछूत समाज के कार्यकर्त्ताओं की और समाजसेवकों की नियुक्ति की गई तो वह काम उनके हाथों एकदम स्वाभाविक तौर पर अपनेपन की भावना से और प्रेम की भावना से होगा। और ऐसे कार्य की सिद्धता के लिए इस तरह से प्रेम की और अपनेपन की भावना तो बहुत जरूरी है।

इस सवाल पर सोचते समय हमें दूसरी भी एक सावधानी रखनी चाहिए। समाज सेवा और अछूतोद्धार करने के लिए कई संस्थाएँ समाज में आज मौजूद हैं और इस तरह की संस्थाएँ अपने सामने कोई निश्चित नीति रखने की बजाय 'जैसी हवा आएगी वैसी पीठ घुमाना' इस तरह से मनचाहे ढंग से अपने समाज-उद्धार के कार्य की गाड़ी खींच रहे हैं। इस तरह की चालचलाऊ संस्थाओं को यदि कुछ आर्थिक सहयोग किया गया तो वे संस्थाएँ भी अछूतोद्धारक संघ ने जिस कार्य को हाथ में लिया उसमें कुछ हाथ बटाएँगी। लेकिन इस तरह से किराए के टट्टू बनकर किया हुआ कार्य बुनियादी नहीं होगा। समर्पित उद्देश्य से काम करनेवाले और निश्चित लक्ष्य के लोग ही ऐसे कार्य में चाहिए। अपना स्वयं प्रेरणा से अपनाया हुआ कार्य उत्साह से और मन लगाकर करना आसान हो इसलिए ऐसे लोग जानबूझकर अपने कार्य का क्षेत्र छोटा रखने का प्रयास करते हैं। इसलिए इस काम की जिम्मेदारी किसी दूसरे को देनी हो तो ऐसे आदमी को देनी चाहिए कि जो अछूतोत्थान के इस कार्य के लिए ही अपने आपको पूरी तरह से समर्पित करने के लिए तैयार हो।

पत्र काफी विस्तृत हो गया। मुझे और भी कुछ सुझाव देने थे। लेकिन बाद में फिर कभी लिखूँगा। लेकिन इस पत्र को समाप्त करने से पहले मैं एक बात बताना चाहता हूँ। मिस्टर बेलफोर ने कहा है कि ब्रिटिश साम्राज्य को यदि एक जगह बरकरार रहना है तो वह कानून के बल पर नहीं रह सकेगा बल्कि प्रेम के बन्धनों से रह सकेगा। मुझे ऐसा लगता है कि यह सिद्धान्त हिन्दू समाज पर भी पूरी तरह से लागू होता है। सवर्ण और अछूत ये दोनों समाज केवल कानून के बन्धनों से या स्वतन्त्र मतदाता संघ की बजाय संयुक्त मतदाता संघ में परिवर्तन करने से कभी एकजान या इकट्ठा नहीं होंगे।

सिर्फ प्रेम का बन्धन ही उन्हें इकट्ठा रख सकेगा। और न्याय तथा समानता के सिद्धान्त को स्वीकार किए बगैर प्रेम का वातावरण भी नहीं बनेगा। इसलिए सवर्ण हिन्दू लोग अछूतों के साथ न्याय की भावना से बर्ताव करेंगे या अछूतों के साथ न्याय तथा समानता की भावना से बर्ताव करने के लिए सवर्ण हिन्दू स्वयं तैयार नहीं हुए तो वैसा करने के लिए उन्हें मजबूर होना पड़े, इस तरह की स्थिति पैदा करने के काम को आपके इस अस्पृश्यतानिवारक संघ को अपना मुख्य कर्त्तव्य मान लेना चाहिए। इसी एक बात के लिए इस संघ का अस्तित्व उचित और आवश्यक होगा, वरना नहीं।

आपका

भीमराव रा. अम्बेडकर

## डॉ. बाबासाहेब अम्बेडकर द्वारा गवर्नर को भेजा हुआ दूसरा निवेदन-पत्र

**भीमराव रा. अम्बेडकर**
**एम.ए., पी-एच.डी., डी.एस.सी.**
**बार-एट-लॉ, एम.एल.सी.**
**सदस्य विधिमंडल, मुम्बई**

**दामोदर हॉल,**
**परेल, मुम्बई-12**

सेवा में,
मान्यवर गवर्नर, मुम्बई प्रदेश
महोदय,

9-4-1930 को सवर्ण और अछूतों में दंगा-फसाद-मारपीट हुई उसकी रिपोर्ट डिस्ट्रिक्ट मजिस्ट्रेट नासिक की ओर से मुम्बई सरकार को मिल गई होगी। मुझे ऐसा लगता है कि इस दंगा-फसाद-मारपीट के बारे में मुझे अपनी राय आपके सामने रखने की आवश्यकता है।

**दंगा-फसाद का मूल**—नासिक के कालाराम मन्दिर से राम का रथ नासिक शहर में जुलूस के साथ घुमाया जाता है, यही आज तक का रिवाज रहा है। राम के रथ की शोभायात्रा के सम्बन्ध में वहाँ उपस्थित पुलिस इन्स्पेक्टर मिस्टर कर्णिक ने मुझे पूछा कि रथ की शोभायात्रा के सम्बन्ध में आपकी भूमिका क्या होगी? मैंने कहा, यदि अछूतों से रथ खींचने के काम में समानता का बर्ताव किया जाता है तो रथयात्रा में मुझे कोई आपत्ति नहीं है। अपने ख्याल से मैंने निम्न दो प्रकार से समभाव के बर्ताव की माँग की : (1) सवर्णवर्गियों के साथ राम का रथ खींचने के काम में अछूत वर्ग के लोग भी

सहयोगी होंगे। (2) उसी प्रकार अछूत वर्ग के लोग भी रथ में रखे हुए देवताओं की पूजा करेंगे।

मिस्टर कर्णिक मेरी बात को सुनकर चले गए और वे डिस्ट्रिक्ट मजिस्ट्रेट को साथ में लेकर आए। मुझसे डिस्ट्रिक्ट मजिस्ट्रेट ने कहा कि सवर्ण हिन्दुओं ने हमारी शर्तें मंजूर कर ली हैं। सवर्ण लोग रथ को मन्दिर के मुख्य दरवाजे तक खींचकर लाएँगे। वहाँ से आगे उन्हें पुनः दस फुट तक रथ खींचने के बाद अछूतों को सवर्णों के साथ रथ से बँधा हुआ रस्सा पकड़कर रथ खींचना है। ऐसा उन्होंने मुझे बताया और पूछा कि इस तरह से रथ की शोभायात्रा से आपको कोई आपत्ति तो नहीं? मैंने उनसे कहा कि मुझे कोई आपत्ति नहीं है। केवल शान्ति बनाए रखने के उद्देश्य से मैंने अपने 5,000 लोगों में से 50 लोगों को चुना और उन्हें समझा दिया कि, ''आप लोगों को सिर्फ रथ खींचने में ही हिस्सेदार बनना है।'' फिर सवर्ण लोग मन्दिर के दरवाजे के सामने रथ को खींचकर लाए। किन्तु पुलिस अफसरों और अछूत वर्ग के लोगों को फँसाने के उद्देश्य से सवर्ण लोगों ने दो बातें कीं। पहली बात तो यह कि सवर्ण लोगों ने रथ खींचने का रस्सा एक-दूसरे से चिपककर इस तरह से पकड़ा जिससे कि रस्से को बीच में पकड़ने के लिए अछूत लोगों को बिल्कुल जगह न मिले। दूसरी बात जो पहले ही तय की गई थी उसके अनुसार सवर्ण लोगों ने रथ को मन्दिर के दरवाजे के पास खड़ा करने की बजाय, सीधे ही उसे आगे खींचते हुए ले गए। उसमें उनका उद्देश्य यह था कि रथ का रस्सा पकड़कर खींचने में अछूतों को बिल्कुल मौका ही न मिले। आपस में विचार-विमर्श से जो समझौता हुआ था उसे सवर्ण लोगों ने जानबूझकर तोड़ा, इसलिए अछूत वर्ग के लोगों का चिढ़ना स्वाभाविक ही था। दंगा-फसाद का मूल कारण बहुसंख्यक हिन्दू पुलिस ही है। रथ के रस्से को पकड़ने के लिए कोशिश में लगे हुए अछूतों पर पुलिस ने हमले की शुरुआत की। पुलिसकर्मियों ने सवर्ण हिन्दुओं का पक्ष लेकर सबसे पहले दंगा-फसाद भड़काया।

इन पचास अछूत लोगों पर पुलिस और सवर्ण लोगों ने हमला किया। जब अछूत लोग रस्सा पकड़ने का प्रयास करते थे तब सवर्ण लोग उन्हें रस्से के पीछे धकेल रहे थे। वे उन्हें रस्सा पकड़ने नहीं दे रहे थे। उसी समय सवर्ण हिन्दू पुलिस इन अछूतों को बन्दूक के बट और डंडे से मारने लगी। जब अछूतों ने देखा कि उनके भाइयों को पुलिस और सवर्ण लोग मार रहे हैं और रथ को बड़ी तेजी से भगाकर ले जा रहे हैं तब वे लोग रथ के पीछे दौड़े। अछूत लोगों का बड़ा प्रवाह रथ के पीछे आते हुए देखकर सवर्णों ने रथ को बीच रास्ते में ही छोड़ दिया और नजदीक के खेत में जाकर उन्होंने सड़क पर खड़े अछूत लोगों की भीड़ पर पत्थर बरसाना शुरू कर दिया। सड़क के किनारे काँटेदार तार का कम्पाउंड है और दूसरी ओर काँटेदार पेड़ों का कम्पाउंड होने की वजह से अछूत लोग सड़क पर ही पत्थरों की मार को बर्दाश्त करते रहे। वहाँ से उन्हें हटना असम्भव हो गया। पत्थरों की मार से कई लोग घायल हुए। लेकिन सवर्णों में से कोई भी जख्मी नहीं हुआ। यही अछूतों की शान्तिप्रियता का सबसे अच्छा उदाहरण है।

**अछूतों पर खतरे की काली घटा :** खेत में खड़े होकर अछूतों पर पत्थरों का वार करनेवाले सवर्ण लोग वहाँ से हट गए और वे सत्याग्रह कमेटी के कैम्प पर हमला करने लगे। वहाँ उन्होंने सत्याग्रह कमेटी के तम्बू को नीचे गिरा दिया। उन्होंने स्वयंसेवकों की साइकिलें तोड़ दीं। उन्होंने कमेटी के एक सदस्य की गाड़ी पर हमला किया। उन्होंने सत्याग्रह आश्रम में खाना पकानेवाली महिलाओं को पत्थरों से मारा और इर्द-गिर्द खेलनेवाले बच्चे पत्थरों की मार से घायल हुए। फिर सवर्णों का वही मोर्चा गोदावरी नदी के किनारे की ओर भागा। वहाँ कुछ अछूत नारी-पुरुष और बच्चे सत्याग्रह के लिए लाई गई अपनी बैलगाड़ियाँ, बैल, रोटियाँ और अन्य सामान सँभालते हुए नदी के किनारे बैठे थे। उन पर इन सवर्ण हमलावरों ने अमानवीय हमला किया। उनके सामान की होली जला दी। उन्होंने उनका कुछ सामान नदी में फेंक दिया। और मुझे इस बात का भी पता चला है कि इस हमले में एक अछूत भाई की हत्या हुई है। नदी किनारे हुए हमले में घायल अछूतों को नाममात्र की आर्थिक सहायता दी गई। अछूतों का बड़ा जमाव बीच रास्ते में ही रुकावटों की वजह से और उनके इर्द-गिर्द पुलिस की मोर्चाबन्दी की वजह से वे अपने बदनसीब भाई-बहनों के बचाव के लिए नहीं पहुँच सके। उसी प्रकार बड़ी संख्या में पुलिस फोर्स मन्दिर के दरवाजे के पास धरने पर बैठे हुए अछूतों पर नजर गड़ाए हुए थी। इस वजह से नदी किनारे पर हमले में फँस गए अछूतों की सहायता के लिए बहुत ही कम लोग वहाँ पहुँच गए।

**पुलिसकर्मियों का बर्ताव :** इस स्थिति में मेरी पुलिस अफसरों के विरोध में कोई शिकायत है, ऐसा समझने की कोई आवश्यकता नहीं। मैं यही कहूँगा कि पुलिस अफसरों ने अपना फर्ज अदा किया है। खास तौर पर इस आपात स्थिति में पुलिस इन्स्पेक्टर्स मिस्टर शेकके, मिस्टर नगरकर, मिस्टर कराका आदि लोगों ने बड़ी बहादुरी का परिचय दिया। मेरी शिकायत केवल सवर्ण हिन्दू पुलिस के विरोध में है। चूँकि उन्होंने सरेआम सवर्ण लोगों का पक्ष लेकर अछूतों पर अमानवीय हमला किया और अछूतों के प्रति अपनी नफरत को जाहिर किया। उन पुलिसकर्मियों के नाम और ब्यौरेवार रिपोर्ट मैं उनके बड़े अफसरों के सामने पेश करूँगा। उनके विरोध में अनुशासन भंग के तहत कार्यवाही करने का आप हुक्म देंगे, इस बात की मुझे पूरी उम्मीद है।

**डिस्ट्रिक्ट मजिस्ट्रेट का रवैया :** अछूतों के इस सत्याग्रह में डिस्ट्रिक्ट मजिस्ट्रेट ने जो नीति अपनाई थी वह उचित नहीं थी, ऐसा मुझे बड़े दुख के साथ कहना पड़ रहा है। मैंने आपको जो पहला निवेदन प्रस्तुत किया है उसी में मैंने यह स्पष्ट कह दिया है कि मन्दिर के पुजारी ने अपने निजी मकान के रास्ते का इस्तेमाल सभी लोगों को मन्दिर में दर्शन के लिए प्रवेश करने के लिए किया और उसी की वजह से सत्याग्रह का उद्देश्य असफल हुआ। इस मामले में डिस्ट्रिक्ट मजिस्ट्रेट ने हमारी बात की ओर कोई ध्यान नहीं दिया। बल्कि रामनवमी के दिन उन्होंने पुजारी के मकान का निजी दरवाजा सभी लोगों को मन्दिर-प्रवेश के लिए उपयोग में लाने के वास्ते पुलिस को अनुमति दी और नजदीक के दरवाजे पर धरना देकर बैठे हुए हमारे सत्याग्रहियों को

पुलिस के द्वारा धमकाकर भगा दिया गया और सवर्ण हिन्दुओं को मन्दिर में जाने का रास्ता खुला कर दिया गया। उसी की वजह से उस रवैये के विरोध में 300 में से 92 सत्याग्रहियों ने सत्याग्रह किया और रामनवमी के दिन पुलिस ने उन्हें कैद करके रखा।

9 तारीख को जो दंगा-फसाद हुआ उसके बाद डिस्ट्रिक्ट मजिस्ट्रेट ने मेरे सामने ऐसा सवाल रखा कि, "आप लोग अपना सत्याग्रह बन्द कीजिए, वरना मैं पुलिस हटा दूँगा।" उनके यह कहने पर सत्याग्रह कमेटी ने विचार किया और उनकी बात को बाकायदा नामंजूर कर दिया।

इस तरह की स्थिति में सत्याग्रह स्थापित करने का निर्णय लेने से अछूतों के आन्दोलन को बहुत बड़ा खतरा पैदा हो जाएगा। उससे सवर्ण हिन्दुओं का यह सवाल पुख्ता हो जाएगा कि मामूली सख्ती करने से अछूतों के आन्दोलन को दबाया जा सकता है। सवर्णों को ऐसा मानने के लिए मैं या सत्याग्रह कमेटी बिल्कुल तैयार नहीं हैं। इसलिए हर तरह से सोचने के बाद हमारे उद्देश्यों की सफलता के लिए हम लोग इस सत्याग्रह को शुरू रखनेवाले हैं। पहरेदारी कर रही पुलिस हटा देने से उसका अंजाम क्या होगा, यह बात मुम्बई सरकार के ध्यान में आ जाएगी। इसका अर्थ मुझे यह लगता है कि जब अछूत लोग अपने न्यायिक हक़ों के लिए लड़ रहे हैं उस समय सरकार को अपनी ताकत का उपयोग इस न्याय की रक्षा के लिए करने की इच्छा नहीं है। इस तरह की ताकत का ही यदि इस्तेमाल किया गया तो आज की राजसत्ता बदलने के लिए जो लड़ रहे हैं उनसे अछूत वर्ग साँठगाँठ करेगा। इसलिए मुझे इस तरह की उम्मीद है कि इस सवाल पर मुम्बई सरकार डिस्ट्रिक्ट मजिस्ट्रेट को उचित सलाह देगी।

मुझे 'टाइम्स ऑफ इंडिया' में छपे समाचार से यह पता चला है कि डिस्ट्रिक्ट मजिस्ट्रेट ने राम के मन्दिर के पास धारा 144 लगा दी है। क्या इसका मतलब यह तो नहीं कि मन्दिर के दरवाजे पर धरना देकर सत्याग्रह करनेवाले सत्याग्रहियों को वहाँ धरना देने से रोका जाए ?

इस प्रकार मैंने सारी हकीकत आपके सामने पेश की है। हमारे न्यायपूर्ण सत्याग्रह का उद्देश्य असफल करने के लिए जो माहौल तैयार किया गया उस पर गम्भीर रूप से सोचकर उचित निर्णय लें, यही आपसे गुजारिश है। मैं आपसे पत्रोत्तर की अपेक्षा करता हूँ।

आपका नम्र

बी.आर. अम्बेडकर

# राजनीतिक सत्ता प्राप्त करना ही अपना लक्ष्य

*दि. **4 मार्च 1933** की रात को साढ़े नौ बजे मुम्बई संडहर्स्ट रोड (वाडी पोर्ट) के पास जी. आई. पी. रेलवे की चाल के पास के मैदान पर अछूतों की एक विशाल सभा का आयोजन किया गया था। इस सभा में डॉ. बाबासाहेब अम्बेडकर को सम्मानपत्र अर्पण किया गया था और मा. आर. डी. कवली इस सभा के अध्यक्ष थे। इस सभा में मा.सी.ना. शिवतरकर, मा. दे. वि. नाईक, सहस्त्रबुद्धे, दिवाकर पगारे, उपशाम, कमलाकान्त चित्रे, मेश्राम आदि मान्यवर उपस्थित थे। इस सभा को सम्बोधित करते हुए डॉ. अम्बेडकर ने कहा—*

इस सम्मानपत्र में मेरे बारे में जो कुछ लिखा गया है वह कहाँ तक सही है, यह बताना मुश्किल है। किन्तु इतनी बात सही है कि उसमें प्रशंसा के रूप में अलंकारिक भाषा में आप लोगों ने अपने जैसे ही एक आदमी को मानवीय गुणों से परे ईश्वर बनाया है। इस बात को यदि सच कहा जाए तो आपकी भावनाएँ स्वहित विनाशक हैं, ऐसा मुझे लगता है। और आज अपने मूल पर ही यह एक प्रहार है। इस दृष्टि से मैं दो बातें पहले कह देना चाहता हूँ। दूसरे को भगवान बना देना और अपने उत्थान की जिम्मेदारी उसके सिर पर डाल देना, इस तरह की भावना आप लोगों को गैरजिम्मेदार बनानेवाली है। यदि आप लोग इसी भावना से चिपके रहे तो आप प्रवाह के बाहर बहनेवाली लकड़ी के टुकड़े बनकर रह जाएँगे और आपके भीतर जो शक्ति है वह बेकार हो जाएगी। इस नए युग में आपको जो राजनीतिक सत्ता हासिल हुई है वह बेअसर होगी। आप लोगों ने आज तक इस नादान भावना को अपने मन में सँजोए रखा इसलिए उसने आपके समाज का समूल विनाश किया है। मैं उससे भी आगे जाकर यह कहना चाहता हूँ कि इस तरह की नादान भावना ने आपका ही नहीं, सम्पूर्ण हिन्दू समाज का विनाश किया है। अपने हिन्दुस्तान की हीनता का यदि कोई कारण है तो वह यही ईश्वरवाद है।

अन्य राष्ट्रों के लोग समाज में कोई विवाद खड़ा हुआ, या समाज पर मुसीबत आने पर एकता से अपनी सारी शक्ति लगाकर अपना स्वयं का उत्थान कर लेते हैं। किन्तु हमारे धर्म ने हमारी यह समझ बनाई है कि मनुष्य कुछ नहीं कर सकता। समाज पर विपत्ति आई या समाज का पतन हुआ तो भगवान समाज में अवतार ग्रहण कर लेता

है और संकटों को समाप्त कर देता है। लोग सब मिलकर संकट का मुकाबला करने की बजाय ईश्वर के अवतार का इन्तजार करते रहते हैं।

हिन्दू लोग इस तरह की शेखी बघारते हैं कि हमारा हिन्दू धर्म सनातन है, ग्रीक, रोमन आदि प्राचीन और प्रसिद्ध राष्ट्र समाप्त हो गए हैं किन्तु हमारा हिन्दू राष्ट्र आज भी जिन्दा है। सिर्फ जिन्दा रहने की कोई कीमत नहीं है। मनुष्य इज्जत से जीता है या नहीं इस बात का महत्त्व है। इस दृष्टि से देखा जाए तो सवाल उठता है कि हिन्दू समाज ने जिन्दा रहकर कौन-सी महारत हासिल की है? दूसरों की बेशर्म गुलामी को अपनाने के अलावा उसने क्या किया है? इस तरह के जीने का कोई मतलब नहीं है। मर्दानगी से दो दिन का जीवन दूसरों का गुलाम बनकर सौ साल तक जीने से ज्यादा अच्छा है। दो की भिड़ंत में एक आदमी भागकर भी जिन्दा रहता है और जीता है तो दूसरा अपने प्रतिपक्ष को हराकर जिन्दा रहता है। मैदान से भागनेवाला और दूसरों की संप्रभुता को स्वीकार करके जीनेवाला आदमी अन्त में क्या हासिल करता है। वह दूसरों का गुलाम बनता है और अपना अस्तित्व भूल जाता है। गुलामों की संख्या बढ़ाता है और नामर्दी फैलाता है। फिर उससे मर जाना क्या बुरा है? अब हिन्दू समाज दूसरों का दास या गुलाम होकर ही क्यों रहा, इस बात पर सोचने से पता चलता है कि वह अपने उद्धार के लिए भगवान का इन्तजार कर रहा था। और यही उसकी गुलामी का कारण था, ऐसी मेरी राय है।

इस दुनिया में भगवान है या नहीं, इस बात पर सोचने की आपको कोई जरूरत नहीं है, यह बात सही है कि दुनिया में हर पल जो घटनाएँ घटती हैं उसका कारण आदमी ही है। कुछ मुट्ठीभर पढ़े-लिखे और स्वार्थी लोग अन्य अनगिनत लोगों को अज्ञान के अन्धकार में रखकर, उन्हें ईश्वर से सम्बन्धित झूठी बातों में उलझाकर उनकी धार्मिकता का लाभ उठाते हैं और अपना स्वार्थ साधने की कोशिश करते हैं। इस षड्यन्त्र से आपकी संघशक्ति समाप्त होती है और आप भेड़ों की तरह व्यर्थ भावनाओं में भटक जाते हैं। आप लोगों को लूटने का उनका मार्ग साफ हो जाता है। आज हम लोग बहुत बुरी अवस्था में पहुँच गए हैं। उस स्थिति से बाहर निकलकर आप लोगों को अपना उत्थान कर लेना हो तो आप लोगों को इन बातों को पूरी तरह से त्याग देना चाहिए। आप सभी नारी और पुरुषों को यकीन करना चाहिए कि आपका उद्धार करने के लिए दूसरा कोई आनेवाला नहीं है या वह मैं भी करनेवाला नहीं हूँ। यदि आप अपने मन में तय कर लेते हैं तो आप अपना उद्धार स्वयं करने में सफल होंगे। मुझे यह बताने में खुशी हो रही है कि अपने समाज में आन्दोलन का तूफान चारों ओर फैल गया है। किन्तु इस जाग्रति के बावजूद भी मैं आम लोगों को यह महत्त्वपूर्ण बात बताना चाहता हूँ कि इसके आगे आप सभी का भविष्य राजनीति में है, और अन्य किसी बात में नहीं। आप सभी लोगों का उत्थान पंढरपुर, त्र्यंबकेश्वर, काशी, मथुरा, हरिद्वार, प्रयाग, तिरुपति आदि की यात्राएँ करके या शनि महात्म्य, शिवलीलामृत, गुरु चरित्र, हनुमान चालीसा, रामायण, महाभारत आदि का पाठ करने

से या एकादशी, सोमवार, गुरुवार, शुक्रवार आदि का उपवास करने से बिल्कुल होनेवाला नहीं है। आप लोगों के माता-पिता, पुरखे हजारों साल तक यही काम करते रहे हैं तब भी उनकी अमानवीय व्यवस्था में क्या कोई तब्दीली आई है? वही पहले के फटे पुराने चिथड़े आपके बदन पर हैं, आपको अधकच्ची रोटी के टुकड़े भी ढंग से पेट भरने के लिए नसीब नहीं, जानवरों से भी गन्दी अवस्था में आप लोगों का रैनबसेरा है और मुर्गों की तरह रोग के शिकार होने की पहले की आपकी निर्बलता आज भी है। क्या इस बदहाल स्थिति में कोई परिवर्तन हुआ है? एक ही प्रकार की दवाई लेने से यदि बीमारी ठीक न होती हो तो क्या हम लोगों को दवाई में परिवर्तन नहीं करना चाहिए? क्या हकीम नहीं बदलना चाहिए? आप लोगों ने आज तक जितनी यात्राएँ की हैं उसमें से एक भी आपके काम नहीं आई। आपका उपवास जीवन की भुखमरी को समाप्त करने के काम नहीं आ सका।

अब अपनी स्थिति परिवर्तन के लिए, अपना उद्धार करने के लिए एक ही रास्ता है और वह है राजनीति, कानून बनाने की शक्ति। आप लोगों को भरपेट खाने के लिए नहीं मिलता, आप लोगों को छोटे-छोटे कमरों में भीड़ बनाकर रहना पड़ता है। आप लोगों को पैसा कमाने के साधन प्राप्त नहीं हैं। इसलिए आप लोगों को बेकार, बेरोजगार होकर रहना पड़ता है। क्या है इसकी वजह? भगवान या नसीब? ये दोनों बातें इसके कारण नहीं हैं। आप लोगों के लिए भोजन, कपड़ा, मकान और शिक्षा की व्यवस्था करने का काम इस देश के लिए विधि-विधान बनानेवाली संस्था का है, राजसत्ता का काम है, और इस सत्ता का कामकाज आप लोगों की शक्ति पर ही चलनेवाला है। कानून बनानेवाली इस शक्ति में आप लोगों को महत्त्व प्राप्त हुआ है। अपना जीवन सुखी बनाने के लिए आप लोगों को उस तरह के कानून बनवा लेने चाहिए। मान लीजिए आज इस रेलवे लाइन्स की चाल में आपके हर परिवार को एक ही कमरा मिलता हो किन्तु यदि कानून बनाया गया तो आपको दो-दो कमरे मिल सकते हैं।

अपने बच्चों की पढ़ाई पर खर्च करने के लिए आपके पास पैसा नहीं, लेकिन उस तरह का कानून बनाया गया तो आपके बच्चों की पढ़ाई की व्यवस्था हो जाएगी। आप में से कई लोग बेरोजगार हैं। सभी लोगों को काम देना या काम न हो तो उनको पालने की जिम्मेदारी सरकार की है। यदि इस तरह का कानून बनाया गया तो बेरोजगारी में भूखों मरने की नौबत आप लोगों पर नहीं आएगी।

धनी लोग बीमार पड़ें तो पैसा खर्च करके इलाज करवाते हैं और ठीक हो जाते हैं। किन्तु गरीबों की बीमारी में कानून से व्यवस्था होगी। मतलब यह कि आज सारे सुखों का मूल कानून है। इसलिए आप सभी लोगों को कानून बनाने की शक्ति को पूरी तरह से हासिल कर लेना चाहिए। इसलिए धर्मकर्म, जपजाप, पूजापाठ करना आदि से पूरी तरह मुक्ति पाकर अपना ध्यान राजनीति में लगाना चाहिए, यही आपकी मुक्ति का रास्ता है। यही बात आज मुझे आप लोगों को खास तौर पर बतानी थी। इस बारे में मैंने विस्तार से सबकुछ बता दिया है।

कुछ दिन पहले कांग्रेस के और सवर्ण जाति के लोग यह कहते थे कि हम जैसा चाहते हैं उस तरह का स्वराज्य जब तक हमें नहीं दिया जाता तब तक उसे चलाने के लिए हम मदद नहीं करेंगे। किन्तु वे ही लोग आज अलग भाषा का इस्तेमाल कर रहे हैं।

कल ही कांग्रेस के एक नेता अवज्ञा आन्दोलन में पकड़े जाने के बाद जेल में सजा भोगते हुए सरकार से माफी माँगकर जेल से बाहर आए हैं। अब वे कहने लगे हैं कि, "महात्मा गांधी का अवज्ञा आन्दोलन गलत है। मैं इसके बाद कानून तोड़ने का काम नहीं करूँगा।" इससे पहले महात्मा गांधी के खास शिष्य राजगोपालाचारी ने तो यह घोषणा कर दी थी कि नया संविधान आने पर कांग्रेस सम्भव हुआ तो उसे स्वीकार करेगी। 'केसरी' के सम्पादक न.चि. केलकर का कहना है कि नया संविधान अपर्याप्त होने पर भी उसे स्वीकार करने के लिए हम तैयार हैं।

मतलब वे लोग आज अपनी पुरानी भाषा बदल रहे हैं। फिर यह जो मत परिवर्तन हुआ है क्या वह अपने आप हुआ है? इस सवाल का जवाब बड़ा सरल है। अब बहिष्कार करनेवाले लोगों को ऐसा लगने लगा है कि यदि इसके बाद भी कांग्रेस के लोगों ने हमारा बहिष्कार बरकरार रखा तो आनेवाली सत्ता अन्य समाज के लोगों के हाथ में चली जाएगी। इसीलिए उनकी दृष्टि से जो परिवर्तन उन्हें नहीं चाहिए थे, उन्हें वे स्वीकार करने के लिए तैयार हुए हैं। मतलब जो लोग बहिष्कार की घोषणा कर रहे थे वे लोग भी अपनी भलाई की कोशिश कर रहे हैं।

अब आगे हिन्दुस्तान में जो संघर्ष चलेगा वह अंग्रेज और हिन्दुस्तान के लोगों के बीच नहीं चलेगा। बल्कि हिन्दुस्तान के ही अगड़े लोगों में और पिछड़े लोगों के बीच चलेगा। शायद आप यह कह सकते हैं कि पिछड़ा वर्ग बहुसंख्यक है इसलिए उसे अगड़े लोगों से डरने की कोई आवश्यकता नहीं है लेकिन आप लोगों को इस बात को ध्यान में रखना चाहिए कि कोई समाज बहुजन समाज है, इससे ही काम चलनेवाला नहीं। बल्कि वह जाग्रत, शिक्षित, स्वाभिमानी होगा तब कहीं उसकी शक्ति बढ़ेगी। अन्यथा मिल के मालिक ने या किसी धनी साहूकार ने आप लोगों को लालच दिया और उसके खातिर आप लोगों ने अपने वोट बेच दिए तो आपके समाज की जो विशेषता है वह खत्म हो जाएगी। अपने वर्ग के लोगों के अलावा भाड़खाऊ लोग आपके समाज की कौड़ी की भी भलाई नहीं कर पाएँगे। अपने समाज की कुछ विशेषताएँ हैं और इस बात को हमेशा ध्यान में रखना चाहिए। उसी प्रकार समाज में आपस में जो भेदभाव है उसे भी दूर करने का प्रयास करना चाहिए। और हम लोगों को अपना संगठन मजबूत बनाना चाहिए। उसे बढ़ाना चाहिए। उसी प्रकार बदलती स्थिति पर भी हमारी नजर होनी चाहिए। इसके लिए अपने समाज के हर आदमी को साप्ताहिक 'जनता' अखबार का ग्राहक बनकर बदलती स्थिति के बारे में जानकारी हासिल करना जरूरी है। क्योंकि जब तक बदलती स्थिति की जानकारी हासिल नहीं होती तब तक आप अपनी भलाई नहीं कर सकते।

अन्त में व्हॉलिन्टियर (समता सैनिक दल) के बारे में मुझे कुछ सुझाव देने हैं।

व्हॉलिन्टियर का मतलब है हमारे समाज का ज्ञानी और जानकार आदमी, ऐसा मैं मानता हूँ। खाकी रंग के कपड़े पहनकर कोई फौरन व्हॉलिन्टिअर हो गया, ऐसा मैं नहीं समझता। अपने समाज के लोगों को जगाना यही व्हॉलिन्टियर की प्रमुख जिम्मेदारी है। उसे अपने अज्ञानी समाज को साप्ताहिक 'जनता' के अंक पढ़कर के सुनाने चाहिए और उसमें क्या लिखा गया है यह समझाकर बताना चाहिए, यह भी उसकी एक जिम्मेदारी है। मुझे यह उम्मीद है कि वे अपनी जिम्मेदारी को अच्छी तरह से निभाएँगे। आप सभी लोगों के प्रति पुनः आभार प्रकट करते हुए मैं अपनी बात को समाप्त कर रहा हूँ।

साप्ताहिक 'जनता' के 11 मार्च, 1933 के अंक में प्रकाशित।

# हम डॉ. सोलंकी के एहसानमन्द हैं

*अहमदनगर जिले की ओर से **दि. 12 और 13 अप्रैल 1933** को मुम्बई के दामोदर हॉल के पीछे के मैदान पर डॉ. बाबासाहेब अम्बेडकर, डॉ. सोलंकी को सम्मानपत्र देने का और प्रो. राव के सम्मान का सभारम्भ आयोजित किया गया था। 12 अप्रैल को डॉ. सोलंकी की अध्यक्षता में डॉ. अम्बेडकर को सम्मानपत्र दिया गया। और 13 अप्रैल को डॉ. अम्बेडकर की अध्यक्षता में डॉ. सोलंकी को सम्मानपत्र दिया गया और प्रो. राव को सत्कार किया गया। उस अवसर पर डॉ. अम्बेडकर ने कहा–*

आज की सभा की अध्यक्षता करने में मुझे बड़ी खुशी हो रही है। इस अवसर पर आप लोगों को तीन महत्त्वपूर्ण कार्य करने हैं। पहला काम डॉ. सोलंकी साहब को सम्मानपत्र देना है। दूसरी बात म्युनिसपल स्कूल कमेटी के अध्यक्ष प्रो. राव ने दलित वर्ग के लिए अभिनन्दनीय कार्य किया है इसलिए उनका सम्मान करना है। और तीसरी बात नगर जिले में शिक्षा के प्रसार के लिए छात्रावास शुरू करने के कार्य के सम्बन्ध में विचार-विमर्श करना है। डॉ. सोलंकी साहब ने अछूत वर्ग के लिए जो काम किया है उससे आप सभी अच्छी तरह परिचित हैं। उसका विश्लेषण करके बताने की कोई आवश्यकता नहीं है। लोगों के मान-अपमान की बगैर परवाह किए अपने लोगों की भलाई के लिए उन्होंने अपनी सारी शक्ति खर्च कर दी है। मैं स्वयं इस बात को कबूल करने के लिए मजबूर हूँ कि उन्होंने विधिमंडल में या मुम्बई म्युनिसपल में मुझसे भी सौ प्रतिशत ज्यादा काम किया है। मुझे अन्य कार्यों की वजह से विधिमंडल में उपस्थित रहने का अधिक वक्त नहीं मिलता। उनके काम का सारा श्रेय उनकी लगन को और काम के प्रति उनकी ईमानदारी को है।

धनवान लोग हमेशा ही राजनीति और सामाजिक कार्य करते हैं। बैंक में उनके नाम पर काफी पैसा है और ऐसे ही लोग सार्वजनिक कार्य में रहते हैं। हर माह चेक से पैसा लाकर अपनी जिन्दगी चलाते हैं और रोज का बचा हुआ समय मनोरंजन के खातिर समाज कार्य में खर्च करते हैं। जिन्दगी की व्यस्तताओं में समाज कार्य करना यह बात आसान और सरल नहीं है। उन्होंने मेडिकल की परीक्षा पास की है फिर भी उनका अपना खुद का दवाखाना नहीं है। वे 24 घंटे समाज कार्य में व्यस्त रहते हैं। यह उनका समाज पर बड़ा एहसान है।

इंग्लैंड में मजदूरों की राजनीति करनेवालों को अच्छी तनख्वाह मिलती थी। 1910 में पार्लियामेंट के सदस्यों को तनख्वाह नहीं दी जाती थी। उस समय उन्हें 400 पौंड मजदूरों की संस्थाओं से मिलते थे। यहाँ तो कुछ भी नहीं है। ऐसी स्थिति में भी डॉ. सोलंकी ने समाज कार्य किया है।

इसलिए सम्मानपत्र की बजाय अन्य रूप में भी उनके एहसान को समझना जरूरी है। उनके प्रति हमारे मन में जो प्यार है, उसे व्यक्त करने के लिए हम लोग उन्हें सम्मानित करके यह सम्मानपत्र दे रहे हैं।

साप्ताहिक 'जनता' में 15 अप्रैल 1933 को प्रकाशित।

# सार्वजनिक कार्य के लिए धन इकट्ठा कीजिए

*__दि. 12 और 13 अप्रैल 1933__ को अहमदनगर जिले की ओर मुम्बई के दामोदर हॉल के पीछेवाले मैदान पर डॉ. बाबासाहेब अम्बेडकर और डॉ. सोलंकी का सम्मान सभारम्भ आयोजित किया गया था। दि. 12 अप्रैल को डॉ. सोलंकी की अध्यक्षता में डॉ. अम्बेडकर को सम्मानपत्र अर्पण किया गया था। उस सभारम्भ में लोगों को सम्बोधित करते हुए डॉ. अम्बेडकर ने कहा—*

आज का यह समारोह नगर जिले के लोगों की ओर से आयोजित किया गया है। मैंने उनके लिए कोई खास काम नहीं किया है फिर भी मेरे बारे में उनके मन में जो प्यार है, उसी की वजह से यह समारोह हो रहा है, इसके लिए मैं आप सब लोगों के प्रति अपना शुक्रिया अदा करता हूँ। नगर जिला अन्य जिलों की तुलना में पिछड़ा हुआ है। इस जिले की सामाजिक स्थिति तनावपूर्ण है, इस बात को मैं जानता हूँ। इस जिले के महार लोगों ने ईसाई धर्म को अपनाया है इसलिए यहाँ दो पन्थ हैं। ऐसी स्थिति के बावजूद भी इस जिले की ओर विशेष ध्यान देना मेरे लिए सम्भव नहीं हुआ, इसके लिए मुझे खेद है। मेरे पास आप लोगों से नया कहने के लिए कुछ नहीं है। फिर भी इस कुर्सी पर बैठने के लिए भी मैं मन से दुखी हूँ। मेरा दम घुट रहा है। यहाँ इकट्ठा हुए लोगों को ऐसा लग रहा होगा कि यदि हम नेता हुए होते तो कितना अच्छा होता। अच्छे-बुरे सन्दर्भ में जैसे अखबारों में डॉ. अम्बेडकर का नाम पढ़ने को मिलता है, वैसा ही उनका नाम भी अखबारों में छपता।

मेरी अपनी प्रबल इच्छा है कि मेरी जगह दूसरा कोई आएगा तो मैं अपने आपको बड़ा खुशनसीब समझूँगा। मुझे हार पहनानेवालों को बड़ी खुशी हुई होगी। किन्तु मेरी स्थिति उससे बिल्कुल अलग है। आप लोगों ने मेरी जो प्रशंसा की है उससे मेरी जिम्मेदारी और भी बढ़ गई है। आप लोग मुझसे किसी कार्य की अपेक्षा कर रहे हैं। मुझे कई बार ऐसा लगता है कि समाज की जिम्मेदारी लेने के बजाय यदि मैं अकेला ही रहता तो बड़ा अच्छा होता। मैं सारी उम्र विद्यार्थी ही रहा, ऐसा मुझे लगता है। इसलिए अपनी जबान पर लगाम लगाकर मैंने कई किताबें खरीदी हैं। मेरी पहली इच्छा यही थी कि कहीं प्रोफेसर की नौकरी पाकर किताबें पढ़ने में सुख से समय गुजारा जाए। किन्तु बदनसीबी कहिए या खुशनसीबी, मुझे अछूतों के आन्दोलन में उतरना पड़ा। और

अब मुझे इस आन्दोलन से अपना कदम हटाने में डर लगता है। अछूत समाज की जिम्मेदारी आसान और सरल नहीं है। सिर्फ प्रशंसा से या ऐसे आयोजनों से कुछ लाभ होनेवाला नहीं है, ऐसा मुझे लगता है। यदि ऐसा होता तो इससे पहले ही सब कुछ हो गया होता। हर दिन मेरे पास 25-30 खत आते हैं। उन्हें पढ़ने पर किसी को भी निश्चित तौर पर दया आएगी। इस काम में लगातार ध्यान देनेवाले लोग चाहिए। आपके पास जो कुछ लोग हैं वे मेरी नासमझी की वजह से कहिए या आपकी बदनसीबी से कहिए, मेरे साथ काम करने के लिए तैयार नहीं हैं। केवल कार्य करनेवाले लोगों का अभाव है, इतना ही नहीं पैसे की भी कमी है। जो भी मेरे पास आता है, हाथ हिलाते हुए आता है। न पैसा, न लोग, न ज्ञान, न समझदारी, इस स्थिति में इस समाज का काम करना काफी मुश्किल है।

डॉ. सोलंकी को मुझे इस कार्य से मुक्त कर देना चाहिए। दूसरे समाज के लोग चौथे आश्रम में उम्र के 50 साल बीतने के बाद समाज कार्य में अपना कदम रखते हैं। किन्तु मुझे उम्र के 25 साल में ही समाज का कार्य शुरू करना पड़ा। अब हमारे समाज को राजनीतिक सत्ता प्राप्त हुई है। अब इससे ज्यादा समाज को मेरी आवश्यकता है, ऐसा मुझे नहीं लगता। पढ़े-लिखे लोग तैयार हो रहे हैं। आगे यदि उम्र के कुछ साल मेरे पास बच रहे तो मुझे अपनी भलाई की ओर भी ध्यान देना पड़ेगा। आप लोग अपने पाँव पर खड़े होना सीखिए। जिन लोगों को मुझसे और डॉ. सोलंकी से जलन हो उन्हें हमें साफ शब्दों में बता देना चाहिए। हम लोग एक पाँव पर खड़े होने के लिए तैयार हैं। प्रत्यक्षतः हर तरह की जिम्मेदारी अब इसके आगे लेने के लिए मैं तैयार नहीं हूँ। सार्वजनिक कार्य के लिए आवश्यक बातों में अब आप लोगों को तैयार रहना चाहिए। कांग्रेस ने अपने आन्दोलन के लिए आज तक दो करोड़ से भी ज्यादा रुपए खर्च किए होंगे। मुस्लिमों ने भी अपने आन्दोलन के लिए उतना ही या उससे भी ज्यादा रुपया खर्च किया होगा। मैं आप लोगों से पूछना चाहता हूँ कि हमारे लोगों ने अपने आन्दोलन के लिए कितना पैसा खर्च किया होगा? ज्यादा से ज्यादा 2-3 हजार रुपए। यह इतना घाटे का सौदा है किन्तु इसके आगे आप लोगों को अपनी जिम्मेदारी समझनी होगी। मेरे मन में इस तरह के विचार कई दिनों से काँटे की तरह चुभ रहे थे जिन्हें मैंने साफ शब्दों में आप लोगों के सामने रख दिया है। उन्हें आपने अच्छी तरह सुन लिया है, इसलिए मैं आपका आभारी हूँ और अपनी बात को यहीं समाप्त करता हूँ।

साप्ताहिक 'जनता' के 22 अप्रैल, 1933 के अंक में प्रकाशित।

# अपने पूर्वजों की गलतियों को सुधारिए

*__दि. 16 अप्रैल 1933__ को कोंकण पंचमहल (राजापुर से गोवा सीमा) महार समाज सेवा संघ, मुम्बई की ओर से माझगाँव बोगधाची वाडी, सीमेंट चाल में एक बहुत बड़ा सहभोज सभारम्भ आयोजित किया गया था। इस सभारम्भ में दलित वर्ग के कई नेता उपस्थित थे। इस सहभोज सभारम्भ को सम्बोधित करते हुए डॉ. बाबासाहेब अम्बेडकर ने कहा–*

प्यारे भाइयो तथा बहनो,

आज मुझे कुछ बहुत महत्त्वपूर्ण काम करने थे। दो-तीन दिनों बाद ही मैं इंग्लैंड जानेवाला हूँ, इसलिए मुझे कुछ महत्त्वपूर्ण कार्य पूरे करने हैं। किन्तु मेरी दृष्टि से आज के आयोजन का बहुत महत्त्व है, इसलिए मैं जानबूझकर इस सहभोज में आया हूँ। जातिभेद को समाप्त किए बगैर हमें अपने उत्थान का रास्ता नहीं मिल पाएगा। महार समाज मुस्लिम समाज की तरह जातिभेद न माननेवाला समाज है। यह सारे समाज के लिए बड़ी गर्व की बात है। किसी भी प्रदेश के महार इकट्ठा हो सकते हैं। मैं मुम्बई इलाके में चारों ओर घूमा हूँ, तब मुझे समझ में आया कि महारों में भेदभाव नहीं है। सिर्फ कोंकण में कुछ जगह महारों में 'बेले' और 'पान' जैसे भेद हैं, इस तरह का भेद वहाँ क्यों पैदा हुआ, इसके बारे में कोई जानकारी नहीं है। अब आगे ये दो भेद महारों में क्यों रहने चाहिए इस बारे में भी कोई कुछ नहीं बता सकता। और यह बात सच है तो 'बेले' और 'पान' महार में आपस में भोजन और ब्याह क्यों नहीं होने चाहिए? इसके लिए कुछ लोग यह कारण बता सकते हैं कि यह तो परम्परा से बाप-दादों के समय से चला आ रहा रिवाज है। किन्तु परम्परा से बाप-दादा से चली आ रही परम्पराएँ कायम रहीं तो हम लोगों को सड़ते-मरते रहना पड़ेगा, इस बात पर जरा सोचिए। उनके समय की स्थिति अलग थी। उन्हें पूरी तरह अज्ञान में, जड़ता में रखा गया था। उनकी स्थिति पूरी तरह गुलामी की थी। उन्हें राजनीतिक, धार्मिक स्वतन्त्रता प्राप्त नहीं थी। उनकी आर्थिक स्थिति खराब थी। अपने पूर्वजों की गलती की वजह से ही आज हमें यह पीड़ा भोगनी पड़ रही है। इस पीड़ा को समाप्त करके अपने बाल-बच्चों को सुख मिले ऐसा यदि आपको लगता हो तो आप लोगों को अपने पूर्वजों की गलतियों को सुधारना चाहिए। इसके लिए पुराने लोगों की अपेक्षा युवा वर्ग पर ज्यादा जिम्मेदारी है।

वे लोग उस जिम्मेदारी को निभाएँगे, ऐसी मुझे पूरी उम्मीद है। आपस के इस भेदभाव की वजह से ही आज तक रत्नागिरी जिले में छात्रावास नहीं खुल सका। वही अनुभव सार्वजनिक आन्दोलनों में भी रहा है। समझ लीजिए एक गाँव में 'बेले' महार और 'पान' महार इन दोनों उपजातियों के लोग रहते हों और उनमें से एक उपजाति ने मरे हुए जानवर का मांस खाना छोड़ दिया तो दूसरा उसे खाता है। और उसका परिणाम यह होता है कि दोनों पर गाँव के लोगों का वर्चस्व बढ़ जाता है। किन्तु उनमें आपस में भेदभाव न हों तो इस तरह का दुष्परिणाम नहीं होगा। अपना उत्थान करने के लिए हम लोगों को जातिभेद को समाप्त कर देना चाहिए।

यदि हम लोग अपने भीतर की इस गन्दगी को खत्म कर देते हैं तब तो हमें भी दूसरों को कहने का हक़ बनता है कि वे जातिभेद की गन्दगी को खत्म कर दें।

मुझे खुशी हो रही है कि इस तरह के प्रयास बड़ी तेजी के साथ अपने लोगों में शुरू हुए हैं। और मुझे यह उम्मीद है कि कुछ ही दिनों में ये भेदभाव समाप्त हो जाएँगे। आज के इस अवसर के लिए मैं आप सभी का मन से आभारी हूँ।

साप्ताहिक 'जनता' के 22 अप्रैल 1933 के अंक में प्रकाशित। यह भाषण 'जातिभेद को समाप्त किए बगैर उत्थान का मार्ग असम्भव' इस शीर्षक से भी छपा है।

# संकुचित भावना को त्यागकर सार्वजनिक काम में सहयोग कीजिए

*जी. आई. पी. रेलवे पोर्टर चाल, कुर्ला में **दि. 22 अप्रैल 1933** को कुर्ला के अछूत समाज की ओर से डॉ. बाबासाहेब अम्बेडकर को सम्मानपत्र और निधि अर्पण का सभारम्भ सम्पन्न हुआ। इस सभारम्भ के अध्यक्ष थे रावबहादुर एस. के. बोले। इस सभारम्भ को सम्बोधित करते हुए डॉ. अम्बेडकर ने कहा–*

आज मुझे पाँच-सात साल पहले घटी एक घटना याद आ रही है। कुर्ला आने का यह मेरा दूसरा अवसर है। पाँच-सात साल पहले यहाँ के लोगों ने एक सभा की अध्यक्षता करने का मुझे निमन्त्रण दिया था। वे बारिश के दिन थे फिर भी मैं निश्चित समय पर पहुँचा था। किन्तु आश्चर्य की बात यह है कि सभास्थल पर कोई नहीं था। इस बात का मुझे बड़ा आश्चर्य हुआ था। हर जगह मेरी सभाओं में अनगिनत लोग आते हैं और यहाँ ऐसा क्यों हुआ। इस बात की पूछताछ करने पर मेरी समझ में आया कि उस सभा के पर्चे सिर्फ नासिक जिले के लोगों ने ही निकाले थे। उनमें नगर, सतारा आदि जिले के लोगों के नाम नहीं थे, इसलिए ऐसा हुआ। जिस समय इस सभा का निमन्त्रण देने के लिए यहाँ के लोग आए उस समय मैंने उन्हें बताया था कि यदि सभी लोगों की ओर से यह कार्यक्रम होता है तो मैं वहाँ आऊँगा। उन्होंने उस बात को कबूल किया और उसी तरह से उन्होंने किया। इसलिए मैं उनका अभिनन्दन करता हूँ। सभी का एक साथ मिलकर रहना जरूरी है। सभी लोगों को इस तरह रहना चाहिए कि एक की पीड़ा सभी की पीड़ा हो। सिर्फ अपने तक देखने की और संकुचित दृष्टि छोड़ देनी चाहिए। आप सभी लोग एक हुए, इस बात की मुझे बड़ी खुशी है। आप लोगों ने मुझे सम्मानपत्र देकर मेरा जो आदर किया है, उसके लिए मैं आपका आभारी हूँ।

आपने मुझे थैली स्वरूप जो रुपए दिए हैं उनका उपयोग मैं अपने परिवार के लिए नहीं करूँगा। इससे पहले ढेर सारा धन मुझे मिला है। किन्तु उसमें से एक पैसा भी मैंने अपने खर्च के लिए नहीं लिया है। वह सारा पैसा मैंने सार्वजनिक काम में खर्च किया है। और आज आपने मुझे जो रुपए दिए हैं उनका उपयोग भी मैं सार्वजनिक काम के लिए ही करूँगा। यहाँ इकट्ठा हुए लोग करीब-करीब पाँच-छह हजार तो होंगे

ही। इतने लोगों की ओर से सिर्फ 80 रुपए ही सार्वजनिक काम के लिए प्राप्त हुए, यह बड़े शर्म की बात है। इस समय इसका कोई इलाज नहीं है किन्तु आगे कभी इसकी भरपाई होगी, इस बात की मुझे पूरी उम्मीद है। सार्वजनिक काम बगैर पैसे के नहीं होते। काम करनेवाले को तनख्वाह देनी जरूरी है। कुछ लोग सार्वजनिक काम फोकट में करते हैं। लेकिन सभी लोगों के लिए सार्वजनिक काम फोकट में करने सम्भव नहीं हैं। साप्ताहिक 'जनता' में पाँच-छह लोग लिखने का काम करते हैं। अन्य जगह इस तरह के काम के लिए सौ-दो सौ रुपए दिए जाते हैं। किन्तु पाँच-सात साल से ये लोग बगैर किसी पारिश्रमिक के अग्रलेख आदि लिखने का काम करते हैं। वही बात भारतभूषण प्रेस की है। इस छापेखाने में व्यवस्थापक आदि जो लोग हैं उन्हें कम-से-कम तनख्वाह दी जाती है। वे लोग स्वार्थ त्याग करनेवाले लोग हैं, इसलिए ठीक है। किन्तु हमेशा ऐसा चलेगा यह सम्भव नहीं है। इसलिए आप लोगों को इसके लिए आर्थिक मदद करनी चाहिए।

साप्ताहिक 'जनता' के 29 अप्रैल, 1933 के अंक में प्रकाशित।

# समाज कार्य का महत्त्व समझिए

*दि. **23 अप्रैल 1933** को पूना जिला, नासिक जिला और अन्य जगह के लोग मिलकर सभी की ओर से सम्मानपत्र और निधि अर्पण का सभारम्भ मुम्बई के दामोदर हॉल के पीछेवाले मैदान पर हुआ। रावबहादुर एस. के. बोले इस सभारम्भ के अध्यक्ष थे। इस सभारम्भ में दलित समाज के और अन्य समाज के कई सुधारवादी, उदारवादी नेता उपस्थित थे। इस सभारम्भ को सम्बोधित करते हुए डॉ. अम्बेडकर ने कहा–*

अध्यक्ष महोदय, प्यारे भाइयो तथा बहनो,

आज इस सभा के लिए आप सभी लोग यहाँ इकट्ठा हुए हैं, यह बात मेरी दृष्टि से बहुत महत्त्वपूर्ण है। क्योंकि जैसे पहले तय किया गया था उसके अनुसार हर जिले के लोगों ने अलग-अलग कार्यक्रम तय किए होते तो हर कार्यक्रम के लिए उपस्थित रहना मेरे लिए सम्भव नहीं था। उसी प्रकार आज यहाँ जितने लोग इकट्ठा हुए हैं उतने लोग इकट्ठा होने का अवसर भी नहीं आया होता। दूसरी बात–कल आप लोग पोर्ट पर आकर मुझे विदाई देने का जो कष्ट करेंगे वह कष्ट भी आप लोगों को नहीं उठाना पड़ेगा। आज यहीं पर आप लोग मुझसे और मैं आपसे विदा ले लूँगा। पोर्ट पर आकर आप लोग जिस तरह से घोषणाएँ करते हैं और जयघोष करते हैं उससे मैं स्वयं हड़बड़ा जाता हूँ। उसी तरह मेरे साथ जहाज से जानेवाले प्रतिनिधियों के मन में भी संकोच होता होगा। कई लोगों को विदाई देते समय कभी चार लोग भी मौजूद नहीं रहते किन्तु मैं इसका अपवाद हूँ। क्योंकि जब मैं विदेश जाता हूँ तब भारी संख्या में लोग पोर्ट पर आते हैं, यह अच्छी बात नहीं है। मुझे यह बात कभी अच्छी और उचित नहीं लगी कि गरीब लोगों को अपना रोज का धन्धा छोड़कर मुझे विदा करने के लिए पोर्ट पर आना चाहिए। तब कल आपमें से कोई भी पोर्ट पर न आए। यहाँ एक-दूसरे से जो कुछ कहना हो वह कहा जा सकता है। जिन संस्थाओं की ओर से यह सम्मानपत्र दिया गया है उन संस्था-संचालकों को मैं धन्यवाद देता हूँ।

पिछले सप्ताह नगर जिले में सम्मानपत्र ग्रहण करते समय मैंने जो भाषण दिया उसका ऐसा और इतनी जल्दी प्रभाव पड़ेगा, ऐसा मुझे नहीं लग रहा था। किन्तु आप लोगों को समाजकार्य की प्रेरणा मिली इसलिए समाजकार्य सही ढंग से चले इसके लिए

एकता के बल पर आप लोगों ने कम समय में आज जो थैलियाँ अर्पित की हैं, उनके लिए मैं आपका आभारी हूँ।

मुझे कल और आज जो निधि प्राप्त हुई है उसका उपयोग मैं समाजकार्य के लिए ही करूँगा। उसके लिए मैंने एक योजना बनाई है। मेरे मन में कई दिनों से यह बात उठ रही थी कि समाज के लोगों को सही ढंग से जाग्रत किया जाए। इस तरह की कुछ व्यवस्था हो। बच्चों को स्कूल में अच्छी शिक्षा हासिल करनी चाहिए। उसी प्रकार नौजवान नारी और पुरुषों को भी समाज-सुधार के लिए अनुकूल ज्ञान हासिल करना जरूरी है इसलिए कम-से-कम चार आना मूल्य की उपयोगी और अच्छी जानकारीयुक्त किताबें प्रकाशित करने के लिए एक संस्था स्थापित की जाए, यही मेरा उद्देश्य है। आज तथा कल मुझे जो पैसा मिला है मैं उसका उपयोग उसी काम के लिए करूँगा।

गोलमेज परिषद् के सम्बन्ध में आज विशेष कुछ बताने की आवश्यकता है, ऐसा मुझे नहीं लगता। क्योंकि वह परिषद् अब पुरानी हो चुकी है। उसके पुरानेपन के बारे में दो बातें कहने में मुझे दया आती है। गोलमेज परिषद् के तीन दौर हो चुके हैं। और यह अब अन्तिम दौर है। इस सम्बन्ध में मेरी विशेष कुछ बोलने की इच्छा नहीं है। एक बात सच है कि पिछले चार सालों से मेरे सिर पर अछूतों के कार्य की बहुत बड़ी जिम्मेदारी रही है। वह न होती तो मेरी राजनीति कुछ अलग ढंग से आगे बढ़ी होती। मैं दो पाटों के बीच में फँस गया था। पहली बात यह कि अंग्रेजों के साथ झगड़ा जाए तो गांधी की ओर से कोई लाभ होनेवाला नहीं और दूसरी बात गांधी को मदद की जाए तो अंग्रेजों से कोई लाभ होनेवाला नहीं। इसलिए मैंने बड़े राष्ट्रकार्य को नजरअंदाज कर दिया था। अब मेरा मन मुझे कह रहा है कि किसी भी प्रकार का स्वराज्य आने पर अब अछूतों का फायदा ही होगा। इस सम्बन्ध में जो कुछ कमियाँ रह गई हैं, उन्हें भी पूरा करने का काम मैं करनेवाला हूँ। किन्तु अब मुझे अछूतों के कार्य पर विशेष बल देने की कोई जरूरत नहीं दिखाई दे रही है।

अछूतों को सिर्फ राजनीतिक सत्ता मिलने का कोई उपयोग नहीं। वह मिलने के बाद भी यदि सत्ता अंग्रेज सरकार के हाथों में ही रही तो 15/20 या 25 प्रतिनिधि हमें मिले भी तो उनका कोई उपयोग नहीं हो पाएगा। पंक्ति में बैठने का हक़ हासिल होने के बाद हमारे सामने जो थाली आनेवाली है उस पर पर्याप्त भोजन परोसा जाए इस बात की भी पूरी सावधानी रखनी जरूरी है। इसलिए अब मैं इस देश को अंग्रेज सरकार की ओर से विशेष हक़ मिले, इस बात के लिए झगड़नेवाला हूँ। जो लोग विदेश जाते हैं और फिर अपने देश लौट आते हैं उन्हें एक बात अच्छी तरह समझनी चाहिए, कि अपने देश में बड़ी दरिद्रता है। यहाँ बीमार लोगों और दरिद्र लोगों के लिए कोई उचित व्यवस्था नहीं है। इस दृष्टि से इंग्लैंड में अच्छी व्यवस्था है। वहाँ जिन लोगों की हैसियत नहीं ऐसे लोगों को सरकार की ओर से डॉक्टरी सुविधा उपलब्ध कराई जाती है। यदि आदमी बेरोजगार हो गया तो सरकार उसे नौकरी दिलाती है या नौकरी मिलने तक बेरोजगारी भत्ता देती है।

साठ साल से ज्यादा उम्र के व्यक्ति की किसी भी प्रकार की व्यवस्था न हो तो सरकार उसे बुढ़ापे की पेंशन देती है। गरीब लोगों को मकान का अधिक किराया न देना पड़े इस बात की ओर भी वहाँ की सरकार का ध्यान रहता है। इसके लिए सरकार मकान मालिक को अनुदान देकर उससे मकान का ज्यादा किराया न लेने की शर्त लिखवा लेती है।

वहाँ हर जगह प्राथमिक शिक्षा अनिवार्य है और वह भी मुफ्त में दी जाती है। इतना ही नहीं, ऐच्छिक और कॉलेज की शिक्षा भी वहाँ मुफ्त में दी जाती है। वही अंग्रेज सरकार यहाँ कुछ नहीं कर रही है।

मुम्बई में बहुत जल्दी एक कठिन स्थिति आनेवाली है। वहाँ के मिलमालिक कामगारों को कठिनाई में देखकर भी उनकी तनख्वाह कम कर रहे हैं, जिससे हड़ताल की वजह से मिल बन्द हो रहे हैं। किन्तु सरकार इस बात की ओर कोई ध्यान नहीं दे रही है। इंग्लैंड, जर्मनी आदि राष्ट्रों में ऐसी स्थिति पैदा हो गई होती तो वहाँ की सरकार इस तरह से चुप नहीं रही होती। यदि यहाँ की सरकार ऐसा मानती हो कि शान्ति बनाए रखने के अलावा हमारी कोई जिम्मेदारी नहीं तो उससे यहाँ की प्रजा को सुख और स्वास्थ्य की प्राप्ति होना सम्भव नहीं है। राष्ट्र के लिए ही नहीं, आपके लिए भी सम्पूर्ण सत्ता यहाँ के लोगों के हाथों में आनी जरूरी है इसलिए मैं अंग्रेज सरकार के हाथों से सत्ता निकालने का प्रयास करूँगा। अभी मुझे जो सम्मानपत्र दिए गए उनमें से एक में यह कहा गया है कि, ''सुदामा की भेंट की तरह आप हमारी छोटी-सी भेंट को स्वीकार कीजिए।'' इस सन्दर्भ में मुझे यही कहना है कि सुदामा की भेंट से कुछ होनेवाला नहीं है। स्वर्ग में आपको अच्छी स्थिति प्राप्त हो इसके लिए मेरे प्रयास नहीं हैं और न तो वह मेरा काम है। बल्कि इसी जीवन में आपकी गुलामी, आपकी पीड़ा समाप्त हो और आपको मुक्ति मिले, सुख मिले, इसके लिए मेरे प्रयास हैं, और उसके लिए धन की आवश्यकता है। वह मैं आपके पास से लूँगा। और वह आप लोगों को मुझे देना ही चाहिए। आज का यह आयोजन आप लोगों ने सफल बनाया है, इसके लिए मैं आप सभी का आभारी हूँ।

साप्ताहिक 'जनता' के 29 अप्रैल, 1933 के अंक में प्रकाशित।

# मुझे हिन्दू धर्म की परवाह नहीं, अछूतों की भलाई के बारे में सोचना ही मेरी जिम्मेदारी है

*डॉ. बाबासाहेब अम्बेडकर ने राउंड टेबिल परिषद् में दलितों के राजनीतिक हक़ों के लिए जो काम किया उससे दलित समाज में एक नई चेतना पैदा हो गई। इसलिए दलित समाज की ओर से उनको सम्मानित करने का सम्मानपत्र देकर उनके गौरव का एक सिलसिला शुरू हो गया था। सोपारा (वसई) में भी इसी प्रकार के सभारम्भ में डॉ. अम्बेडकर ने कहा–*

अध्यक्ष महोदय, प्यारे भाइयो तथा बहनो,

मान्यवर वनमाली के कहने के मुताबिक यह सभा पहले आयोजित की जानी चाहिए थी। मुझे तीसरी गोलमेज परिषद् का निमन्त्रण मिला। इसलिए तब उस समय इस बैठक में उपस्थित रहना असम्भव था, इससे आयोजकों को निराशा हुई होगी। खैर। आज का यह अवसर जिन चेवली चमार लोगों की वजह से प्राप्त हुआ है और इस इलाके के अछूत वर्ग के सामने बोलने का मुझे मौका मिला है इसके लिए मैं उनका आभारी हूँ। पहली गोलमेज परिषद् के लिए जब मैं लन्दन गया था उस समय मेरी स्थिति काफी दयनीय हो गई थी। उस समय हिन्दू-मुस्लिम सदस्यों में मनमुटाव हो गया था जिसकी वजह से अछूतों की दलीलें पेश करना काफी मुश्किल हुआ। अन्त तक हम लोग एकमत न होने की वजह से हम सबको लगा कि पहला साल व्यर्थ चला गया है। इसके अलावा कांग्रेस और उसके सर्वेसर्वा महात्मा गांधी परिषद् से अलग थे। दूसरी गोलमेज परिषद् में महात्मा गांधी और कांग्रेस के अन्य प्रतिनिधि उपस्थिति रहे और उन्होंने उसमें हिस्सा लिया इसलिए उसका महत्त्व बढ़ गया। दूसरी परिषद् में कुछ ठोस बातें होंगी, यह आशा सभी हिन्दी सदस्यों ने व्यक्त की थी, किन्तु अन्त में वह गलत साबित हुई। उससे गोलमेज परिषद् के सभी हिन्दी सदस्यों में इतना खिंचाव पैदा हुआ कि किसी भी सवाल पर कोई फैसला नहीं हो सका। उस समय इसका एक ही कारण था और वह थे महात्मा गांधी। एक ओर मुस्लिम और दूसरी ओर सवर्ण हिन्दू तथा बीच में अल्पसंख्यक अछूत आदि जाति के प्रतिनिधि ऐसी विचित्र स्थिति पैदा हो गई थी इसलिए मैं हड़बड़ा गया था। अछूतों के बारे में महात्मा गांधी कुछ अलग योजनाएँ बनाएँगे इस बात की मुझे

उम्मीद नहीं थी। क्योंकि पहली गोलमेज परिषद् में जाने से पहले मेरी उनसे जो मुलाकात हुई थी उसके आधार पर मैं कुछ और सोच रहा था। यह कि अछूत वर्ग के लिए मैं जो योजनाएँ पेश करूँगा, महात्मा गांधी उनका विरोध नहीं करेंगे, मुझे पूरी उम्मीद थी लेकिन सब उलटा हुआ। महात्मा गांधी ने भारत में यह कबूल किया था कि अन्य सभी लोगों द्वारा स्वीकृत अछूतों की योजना का मैं विरोध नहीं करूँगा और करीब-करीब यही अभिवचन उन्होंने मुझे भी दिया था। वही महात्मा गांधी सिख और मुस्लिमों से कोरे कागजों पर हस्ताक्षर करवाने के लिए तैयार हो गए। उन्होंने कहा कि वे अछूतों को सूई की नोक पर जितने हक़ देने के लिए तैयार नहीं हैं। महात्मा गांधी की इस प्रतिज्ञा की वजह से मुझे अपने समाज की भलाई के लिए अल्पसंख्यक समुदायों के गुट से मिलना पड़ा। महात्माजी का कहना यह था कि ''सवर्ण और अछूत सभी का मैं अकेला प्रतिनिधि हूँ और उनका हित-अहित किसमें है, इस बात को मैं अच्छी तरह जानता हूँ। डॉ. अम्बेडकर के पीछे तो अछूत समाज बिल्कुल है ही नहीं। उन्होंने जो योजना बनाई और जो विचार दिए वे उनके अपने हैं। उनका अछूत वर्ग से बिल्कुल सम्बन्ध नहीं है।'' उनकी इस बात को उस समय हिन्दुस्तान में बड़ा प्रचार मिला था। कांग्रेस और हिन्दू महासभा के कार्यकर्त्ताओं की ओर से अछूतों में फूट डालने की बड़ी कोशिश हो रही थी और उसी का परिणाम है कि चमार समाज की कुछ उपजातियाँ उस समय मेरे विरोध में हो गईं। उस समय झूठी सभाएँ, झूठे टेलीग्राम, हो रहे थे। उस समय अन्य चमार जातियों की ओर से जो विरोध हो रहा था वह गलत है यह बात मान्यवर वनमाली और मान्यवर चान्दोरकर ने कही। मेरा विरोध करने में चमार समाज की कोई भलाई नहीं है, इस बात को अच्छी तरह समझकर मेरी माँगों के समर्थन में जो कई टेलीग्राम आए उसमें चेवली चमार समाज की ओर से श्री वनमाली और श्री चांदोरकर के भी टेलीग्राम थे, इस बात को मैं कभी भूल नहीं सकता।

दूसरी गोलमेज परिषद् के बाद अल्पसंख्यक समुदाय का निर्णय सरकार की ओर से जल्दी ही प्रकाशित किया गया। उसमें अछूतों को स्वतन्त्र मतदाता संघ देकर स्वराज्य में अछूतों की स्वतन्त्रता को स्वीकार कर लिया गया था। सरकारी निर्णय की घोषणा होने के बाद महात्मा गांधी ने अपनी प्रतिज्ञा के मुताबिक आमरण अनशन शुरू कर दिया और उसी का परिणाम है पूना पैक्ट। इस समझौते से हम लोगों को जो राजकीय हक़ और अधिकार प्राप्त हुए हैं उनका पालन करना अब आप लोगों के हाथ में है। अपनी जाति के नेता जो बताएँगे उसे सुनकर उसके अनुसार आचरण करना यह हिन्दूधर्मियों का गुण है। उसी तरह आप भी अपने समाज के नेताओं पर विश्वास कीजिए। मुझे इस बात पर बिल्कुल विश्वास नहीं है कि हिन्दू लोग और उनके युवा नेता आपके लिए कुछ करेंगे। वे आप लोगों को मन्दिर में ले जाएँगे, अपने तालाब, कुएँ का पानी पिलाएँगे, यह व्यर्थ बकवास है। जो लोग सनातनी लोगों की मर्जी से अछूतपन उन्मूलन का कार्य कर रहे हैं उन्होंने हिन्दुस्तान के भूगोल और नक्शे की ओर अब तक अपनी नजर नहीं दौड़ाई है। यदि वे कुछ अवलोकन करें तो उन्हें दिखाई देगा कि उनकी नजर

कटक पर है या विंध्याचल पर है। मुझे हिन्दू समाज और धर्म की परवाह नहीं है। मुझे इतना ही देखना है कि मेरा जिस अछूत समाज से सरोकार है उसके हितों की रक्षा करना ही मेरी जिम्मेदारी है। और वही काम आज मैं कर रहा हूँ। आप लोगों से मैं इतना ही कहना चाहता हूँ कि धर्म और सामाजिक बातों को दूर रखिए और रोटी, शिक्षा तथा राजसत्ता प्राप्त करने के लिए अपनी बुद्धि का इस्तेमाल कीजिए। यहाँ अभी-अभी सार्वजनिक कुएँ, स्कूल और तालाब पर बोर्ड लगाने जैसा भीख माँगनेवाला प्रस्ताव लाया गया था। वास्तव में इस तरह की भीख माँगने की कोई आवश्यकता नहीं है। यदि म्यूनिसपैलिटी और लोकल बोर्ड में आपके सही और पर्याप्त प्रतिनिधि हों तो वे ही लोग आपके हितों का ध्यान रख पाएँगे। इसलिए अपने सही प्रतिनिधित्व की ओर समुचित ध्यान दिया जाना चाहिए। महात्मा गांधी मन्दिर खोलने के उपाय खोजने में जुट गए हैं। हिन्दू लोग अपने मन्दिर खोलें या मन्दिरों को सात तालों से बन्द रखें, इसकी परवाह नहीं करनी चाहिए। हिन्दू युवा जर्मन राजनीति की ओर देखें, तो उनकी समझ में आएगा कि नाजी पार्टी कम्युनिस्टों के खिलाफ लड़ रही है। एक ही राष्ट्र के लोग न्याय के लिए एक-दूसरे के खिलाफ खून की होली खेल रहे हैं। 1863 में अमेरिका में ब्लेक (काले) लोगों को गुलामी से मुक्त करने के लिए उत्तरी और दक्षिणी अमेरिका के गोरे आपस में भिड़ गए, यह बात हिन्दी युवा वर्ग को दिखाई नहीं दे रही है। अछूतपन के उन्मूलन के लिए चार हिन्दू युवकों ने चार हिन्दू सनातनियों के सिर ठेंच दिए होते तो कौन-सा नुकसान होनेवाला था? किन्तु वास्तव में यहाँ किसी को सही अर्थों में अछूतपन का उन्मूलन नहीं करना है। खैर, हिन्दू धर्म और समाज का कुछ भी हो, अछूतपन उन्मूलन हो या न हो, आप इस बात की ओर ध्यान मत दीजिए। आप लोग अपने आपस के महार-चमार भेद को समाप्त कर दीजिए और आपस में एकता और संगठन को मजबूत कर हम लोगों को जो राजनीतिक हक़ प्राप्त हुए हैं उनकी तन-मन और धन से रक्षा कीजिए, यह कहते हुए मैं आपसे विदा लेता हूँ।

साप्ताहिक 'जनता' के 29 अप्रैल, 1933 के अंक में प्रकाशित।

# मुझे तुम्हारे मन्दिरों में जाने की कोई जरूरत नहीं

*पूना पैक्ट के बाद कुछ गांधीवादी लोग, कुछ कांग्रेसी लोग और कुछ हिन्दुत्ववादी लोग दलितों, अछूतों के लिए हिन्दू मन्दिर प्रवेश का आन्दोलन चलाना चाहते थे और उसके लिए वे डॉ. बाबासाहेब अम्बेडकर का समर्थन चाहते थे। हिन्दू मन्दिर प्रवेश आन्दोलन के सम्बन्ध में डॉ. अम्बेडकर ने अपनी भूमिका को स्पष्ट किया था। इस सम्बन्ध में उनके द्वारा दि.* **14 फरवरी 1934** *को प्रकाशित किया गया निवेदन–*

मन्दिर-प्रवेश के आन्दोलन में मुझे सक्रिय सहयोग देना चाहिए, इस तरह मुझसे बार-बार आग्रह किया जा रहा है। इस सम्बन्ध में मैं अपने विचारों को इस निवेदन पत्र के द्वारा व्यक्त कर रहा हूँ।

क्या अछूतों के लिए मन्दिर-प्रवेश का आन्दोलन शुरू करना अनिवार्य है? मन में इस तरह का सवाल खड़ा होने के बाद उसी के साथ दूसरा सवाल भी खड़ा होता है कि क्या अछूत जाति के लोगों को मन्दिर-प्रवेश की जरूरत है या नहीं? इन बातों पर अछूत समाज के लोग दो तरह से विचार करते हैं। पहला विचार इस तरह है कि जब उनका सामाजिक दर्जा ऊँचा उठ जाएगा तो हिन्दुओं की सोच अपने आप बदल जाएगी। उनको अपना सामाजिक दर्जा ऊँचा उठाने के लिए ऊँची शिक्षा, बड़ी नौकरियाँ और जीवन-निर्वाह के लिए अन्य प्रकार के साधनों की जरूरत है। उनकी सामाजिक स्थिति अच्छी हो गई, और दूसरों के बराबरी का स्थान उन्हें समाज में प्राप्त होने लगा तो सनातनी हिन्दुओं की उनके बारे में जो सोच है वह पूरी तरह से बदल जाएगी। और मान लीजिए कि इस तरह का परिवर्तन नहीं हुआ तब भी उससे अछूतों का कोई नुकसान होनेवाला नहीं है। इस दृष्टि से देखा जाए तो मन्दिर-प्रवेश जैसी फिजूल बातों पर अछूतों को अपनी शक्ति और अपना समय नहीं गँवाना चाहिए। मन्दिर-प्रवेश के आन्दोलन में रुकावट पैदा करनेवाली दूसरी बात है आत्मगौरव की भावना। कुछ समय पहले भारत में रहनेवाले अंग्रेजों के क्लबों के दरवाजों पर, "कुत्ते और हिन्दुस्तानी लोगों को अन्दर आने की इजाजत नहीं है।" इस तरह के बोर्ड लगे होते थे। किन्तु इस बोर्ड में यह आदेश है–"सभी हिन्दुओं को अपने कुत्तों और अपने जानवरों के साथ मन्दिर में प्रवेश की इजाजत है, सिर्फ अछूतों को मन्दिर में प्रवेश की इजाजत नहीं है।"

यूरोपियनों के क्लबों में हमें प्रवेश की इजाजत मिले इसके लिए हिन्दुस्तानी लोगों ने कभी प्रवेश की भीख नहीं माँगी। इसकी वजह क्या है? क्योंकि हिन्दुस्तानी लोगों में आत्मगौरव की जो भावना थी उसने इन घमंडी यूरोपियनों से पहले भीख उन्हें माँगने से रोका। ऐसी स्थिति में जिन घमंडी हिन्दुओं ने अछूतों के विरोध में ऐसी पाबन्दियाँ लगाईं उनसे आत्मगौरव की भावनावाला कोई भी अछूत ऐसी भीख क्यों माँगेगा? पर अछूत मन्दिर-प्रवेश के सवाल पर हिन्दुओं को इतना ही जवाब देगा कि "अछूतों के लिए मन्दिर के दरवाजे खुले रखना या न रखना यह तो आपके सोच पर निर्भर करता है, यह मेरे आन्दोलन की समस्या नहीं है। यदि आपको लगता हो कि मानवीय पवित्रता का अपमान करना गलत है तो आप अपने मन्दिरों के दरवाजे खुले रखकर सभ्य इनसान बन सकते हैं। और इस प्रकार के सभ्य इनसान बनने के बजाय आपको सिर्फ 'हिन्दू' ही बने रहना पसन्द हो तो आप अपने मन्दिरों के दरवाजे बन्द रख सकते हैं। मुझे तुम्हारे मन्दिर में जाने की कोई जरूरत नहीं है।"

मन्दिर-प्रवेश के सम्बन्ध में और भी कई सवाल हैं। अछूतों को अब मन्दिर-प्रवेश का अधिकार क्यों दिया जा रहा है? उसके मूल में हिन्दुओं का उद्देश्य क्या है? क्या मन्दिर-प्रवेश अछूतों की मुक्ति का अन्तिम लक्ष्य है? या उनके उत्थान का यह केवल पहला कदम है? यदि यह प्रारम्भ हो तो उसका अन्तिम लक्ष्य क्या है? यदि इस आन्दोलन का अन्तिम लक्ष्य मन्दिर-प्रवेश ही हो तो अछूत समाज के लोग इस आन्दोलन का समर्थन नहीं करेंगे। बल्कि वे कहेंगे कि हिन्दू समाज ने आज भी उन्हें अपनाया नहीं है। दूसरी ओर अन्य कहीं अपने भाग्य को आजमाना चाहिए। यदि मन्दिर-प्रवेश का यह पहला कदम हो तो, अछूत लोग उसका समर्थन इसलिए नहीं करेंगे कि उन्हें समानता पर आधारित धर्म की जरूरत है। जिस धर्म में जन्म पर आधारित भेदभाव और सामाजिक विषमता है इस प्रकार का धर्म अब उन्हें बिल्कुल नहीं चाहिए।

यदि हिन्दू धर्म अछूतों का भी धर्म है तो उसे समानता का धर्म होना पड़ेगा। केवल मन्दिर में प्रवेश करने से हिन्दू धर्म समानता का धर्म नहीं बन सकता। इसके लिए सवर्ण-अछूत, ऊँच-नीच और जातिभेद को पैदा करनेवाले चातुर्वर्ण के सिद्धान्त को उसे समाप्त करना पड़ेगा। यदि चातुर्वर्ण के सिद्धान्त को समाप्त करने की सम्भावना न हो तो अछूत लोग मन्दिर-प्रवेश के साथ-साथ हिन्दू धर्म का भी त्याग करेंगे। चातुर्वर्ण और जातिभेद दोनों ही अछूतों के आत्मगौरव के विरोध में हैं। जब तक चातुर्वर्ण और जातिभेद हिन्दू धर्म के बुनियादी सिद्धान्त माने जाते हैं, तब तक अछूतों की ओर नीच दृष्टि से देखना बन्द नहीं होगा। जब हिन्दू धर्म से और हिन्दूशास्त्रों से वर्णव्यवस्था और जातिभेद नष्ट किया जाएगा तब कहीं अछूत लोग अपने आपको हिन्दू कहने के लिए तैयार होंगे। जो लोग अपने आपको सुधारक कहते हैं वे स्वयं गांधी भी क्या इस सिद्धान्त को और लक्ष्य को स्वीकार करने के लिए तैयार हैं? क्या वे इस लक्ष्य को पाने के लिए अपने कदम आगे बढ़ाने के लिए तैयार हैं? मन्दिर-प्रवेश के सम्बन्ध में अन्तिम जवाब देने से पहले मुझे उक्त सभी सवालों का जवाब चाहिए। इसलिए गांधीजी और

अन्य सुधारक लोग उनका क्या जवाब देते हैं इसका मैं इन्तजार करूँगा। महात्मा गांधी और अन्य सुधारक इसके लिए राजी हों या न हों लेकिन इससे कम दर्जे के लक्ष्य के लिए अछूत लोग बिल्कुल तैयार नहीं होंगे। इस बात को सभी लोग ध्यान में रखें। सिर्फ मन्दिर-प्रवेश से अछूतों को शान्त नहीं किया जा सकता। सिर्फ मन्दिर-प्रवेश एक षड्यन्त्र है।

गांधीजी और अन्य सुधारक इस पर इस तरह से तर्क दे सकते हैं कि यदि अछूतों ने मन्दिर-प्रवेश के आन्दोलन में हिस्सा लिया तो उससे उनकी जातिभेद और वर्णव्यवस्था को समाप्त करने का आन्दोलन बन्द नहीं हो सकता। लेकिन इस पर मेरा जवाब यह है कि मैं आपके मन्दिर-प्रवेश के आन्दोलन को अब समर्थन देता हूँ किन्तु उसके बाद क्या आप लोग जातिभेद के और वर्णव्यवस्था के विरोध में चल रहे आन्दोलन को गांधीजी का समर्थन दिलवा सकते हैं? यदि उस सम्बन्ध में गांधीजी ने सनातनी, प्रतिक्रियावादी हिन्दुओं का समर्थन किया तो गांधीजी को भी मेरा साफ-साफ जवाब यह है कि मैं तुम्हारे मन्दिर-प्रवेश आन्दोलन का कभी भी समर्थन नहीं करूँगा। और यदि चातुर्वर्ण समाप्त करने के बारे में गांधीजी सनातनी और प्रतिक्रियावादी हिन्दुओं के विरोध में हमारे पक्ष में हों तो उन्हें इसी वक्त बेहिचक मेरे संगठन का पक्ष लेना चाहिए।

# गुलाम रहकर कितने दिन अपमान बर्दाश्त करोगे?

*__दि. 29 सितम्बर 1934__ को मुम्बई में परल पोयबावड़ी के मजदूर मैदान पर पूना पैक्ट की याद में एक विराट जनसभा का आयोजन किया गया था। डॉ. बाबासाहेब अम्बेडकर इस सभा के अध्यक्ष थे। उन्होंने इस सभा को सम्बोधित करते हुए उन्होंने कहा–*

करीब पिछले दो हजार सालों में अछूत समाज को इस देश के समाज का अभिन्न हिस्सा नहीं समझा गया। किसी भी प्रकार की राजनीतिक या सामाजिक घटना घटी तो उसके सम्बन्ध में सोचने का अवसर अछूत समाज को कभी मिला ही नहीं। महाराष्ट्र की राजनीतिक स्थिति की ओर ध्यान देने से पता चलता है कि ब्राह्मण, कायस्थ, मराठा आदि जातियों को इस सम्बन्ध में सोच-विचार करने का मानो ठेका मिला था।

इस काम में महारों की जिम्मेदारी पहरेदारी करने के अलावा मतलब जासूसी से अधिक कभी नहीं रही। अन्य जाति के लोगों को निमन्त्रण पहुँचाने के बाद सम्भव हो तो दरवाजे के बाहर बैठकर भीतर में क्या चल रहा है इसकी मालूमात करने की कोशिश करना, इसकी उन्हें गन्ध तक का पता नहीं चलता था।

अब समय बदल गया है। अब अछूत समाज जिंदे प्राणियों का समाज बन गया है। उन्हें अब अन्य मानव समाज की तरह ही सोचने-विचारने की आवश्यकता है। मनुष्य में जिस तरह से सुख-दुख की भावनाएँ हैं उसी प्रकार इस समाज को भी हैं, इस प्रकार की कल्पना सवर्ण समाज ने कभी की ही नहीं? और इसी की वजह से अछूत समाज को देश के राजनीतिक या सामाजिक किसी भी प्रकार के उतार-चढ़ाव में शिरकत का कोई मौका नहीं मिला। इस दुनिया के किसी भी देश में न दिखाई देनेवाली घिनौनी व्यवस्था हिन्दुस्तान जैसे देश में सदियों से जड़ें जमाए हुई थी। इस काल में समाज-शास्त्रियों, राज्यकर्त्ताओं ने या दार्शनिकों ने इस समाज विनाशक विचारधारा को बेअसर करके विचारों को नई दिशा देने का प्रयास कभी किया ही नहीं। उसका भयंकर परिणाम अछूत समाज पर पड़ा और उनका जीवन पीड़ाग्रस्त, स्वाभिमानशून्य और प्रभावहीन बन गया। उसके परिणाम सारे देश को भोगने पड़े हैं। किन्तु अब समय बदल गया है। 1930 में हिन्दुस्तान के राज्यकर्त्ताओं की ओर से गोलमेज परिषद् में उपस्थित रहने के लिए अछूत समाज के प्रतिनिधियों को निमन्त्रण मिला। वह अवसर इस बदली हुई स्थिति

की शुरुआत है, ऐसा मैं मानता हूँ। इसके पहले के हिन्दू समाज के इतिहास में जो नहीं हुआ, मुगल बादशाहों के काल में जो नहीं हुआ, मराठाओं के हिन्दवी स्वराज्य में जो नहीं हो सका, वह बात बीसवीं सदी में हुई है।

हिन्दुस्तान की भावी राज्यव्यवस्था के सम्बन्ध में अलग-अलग समाज के प्रतिनिधियों से बात की जा रही है। और ऐसी स्थिति में अछूत समाज को दूर रखने का मतलब बातचीत अधूरी रखना है। उसी प्रकार राज्यकर्त्ताओं को लगा कि इस बातचीत के बाद जो निर्णय किए जाएँगे उनसे अछूत समाज की आशाओं को यदि जोड़ा नहीं गया तो वे निर्णय अपर्याप्त होंगे, अधूरे होंगे। इतना ही नहीं, उस निर्णय पर खड़ी की गई राज्यव्यवस्था को सही लोकतन्त्र का स्वरूप प्राप्त नहीं होगा, यह बात ब्रिटिश राज्यकर्त्ताओं के समझ में आई और इसलिए उन्होंने अछूतों के प्रतिनिधियों को गोलमेज परिषद् के लिए निमन्त्रित किया। इस निमन्त्रण के द्वारा अछूतों के प्रतिनिधियों को समानता का, उच्च समझे गए अन्य समाज की बराबरी का मान मिला। सारे देश की भलाई में अछूत समाज की भलाई जुड़ी हुई है इसलिए उसके हक़ों का रक्षण किए बगैर देश का उत्थान नहीं होगा, इस तरह की समझ इस घटना ने सारे समाज में पैदा कर दी। और अछूतों के प्रतिनिधियों को अन्य लोगों के साथ देश का भविष्य तय करने का अवसर मिला। इस परिवर्तित समय की बुनियाद को मजबूत करने के उद्देश्य से आपके प्रतिनिधियों ने अपने भविष्य के स्वर्णिम इतिहास की शुरुआत की है। किन्तु इसकी नींव आसानी से नहीं रखी गई। उनको अपने समाज के हक़ प्रस्थापित करने के लिए दूसरों के साथ भयंकर लड़ाई लड़नी पड़ी।

दूसरी गोलमेज परिषद् के पहले जातीय विवाद से सभी लोग निराश हुए। और हम सभी लोग महात्मा गांधी के आने का इन्तजार कर रहे थे। दल से भी ऊपर समझे गए गांधी इस विवाद को समाप्त कर देंगे, ऐसा सभी को लग रहा था। मैं स्वयं इस तरह की अपेक्षा कर रहा था कि हमारे न्याय के हक़ कबूल कर लिए जाएँगे और उन्हें आनेवाली राजनीति में उचित मौका मिलेगा। किसी को एक थाली परोसी जाएगी तो किसी को दो-दो थालियाँ परोसी जाएँगी। और मेरी यह समझ बन गई थी कि मेरे समाज के हिस्से में कम-से-कम एक कटोरी तो आएगी। किन्तु यह उम्मीद बेकार गई।

महात्मा गांधी की ओर से मुझे यह जवाब मिला कि, "मुस्लिमों को मैं जो चाहे वह दूँगा, ईसाई समाज को मैं जरूर वह सब दूँगा, यूरोपियन और एंग्लो इंडियन लोगों के जो भी हक़ हैं उन्हें मैं स्वीकार करूँगा, सिखों की मैं उनकी सभी माँगें मानूँगा किन्तु अछूत समाज के हक़ों को मैं किसी तरह का महत्त्व नहीं दूँगा।" और मैं हैरानी में पड़ गया। महात्मा गांधी के इस व्यवहार की इतिहास में और कोई मिसाल नहीं मिलती। किन्तु महाभारत की एक घटना मुझे जरूर याद आ रही है। आप सभी को मालूम है कि कौरव और पाण्डवों का झगड़ा और बढ़ने के बजाय समझदारी से मिटाया जाए और किसी तरह का खूनखराबा न हो इस उद्देश्य से कृष्ण ने दुर्योधन से युद्ध होने से पहले आपसी समझौते की बात शुरू की थी। उस समय दुर्योधन ने यह साफ तौर पर कह

दिया था कि "पाँच पाण्डवों को आधा राज्य देने की बात तो दरकिनार, मैं पाँच गाँव भी देने के लिए तैयार नहीं हूँ। यही नहीं, सूई की नोंकभर जितनी जमीन भी देने के लिए मैं तैयार नहीं हूँ।" इस तरह का जवाब मुझे गांधी से मिला। उसके बाद के इतिहास से तो आप परिचित ही हैं।

ब्रिटिश सरकार ने अछूत समाज के न्याय के हक़ स्वीकार करके उसके आधार पर कम्युनल अवार्ड में उनको स्थान दिया। इस अवार्ड की घोषणा होते ही किए हुए पाप को धोने के लिए या मन की आग को शान्त करने के लिए या उनकी दृष्टि में हुए अन्याय को समाप्त करने के लिए महात्मा गांधी ने आमरण अनशन शुरू कर दिया। और उस अनशन का अन्त पूना पैक्ट में हुआ, इस बात से सभी परिचित हैं। और उसी पैक्ट (समझौता) की स्मृतियाँ जिन्दा रखने के लिए आज हम-आप यहाँ इकट्ठा हुए हैं।

इस समझौते के भविष्य के बारे में कुछ लोगों ने आज डर प्रकट कर दिया है। कम्युनल अवार्ड पर चारों ओर से हमले किए जा रहे हैं इसलिए सरकार को उसे वापिस ले लेने से पूना पैक्ट में रुकावट तो नहीं आएगी, इस तरह का सन्देह या डर व्यक्त किया गया। मैं आप लोगों से साफ तौर पर कहना चाहता हूँ कि इस तरह का डर या सन्देह बेबुनियाद है। आप लोगों को पूना पैक्ट से डरने की कोई जरूरत नहीं। राष्ट्रीय सभा ने इस तरह की घोषणा की है कि श्वेत पत्र को अस्वीकार करते हुए उसे नष्ट कर दिया गया तो कम्युनल अवार्ड भी अपने आप नष्ट हो जाएगा। इस विवाद में जाने की आपको कोई आवश्यकता नहीं। आप लोगों को जो डर लग रहा है वह यह कि इस तरह से कम्युनल अवार्ड नष्ट हो गया तो पूना पैक्ट भी नष्ट हो जाएगा। तर्क की दृष्टि से या कानून की दृष्टि से इस तरह डरने की कोई जरूरत नहीं। वह कैसे, इस बात को अच्छी तरह समझ लीजिए। ब्रिटिश सरकार के कम्युनल अवार्ड के कालम 5 में यह स्पष्ट है कि "जाति-जाति में जो विवाद है वह आपसी समझदारी से नहीं मिटाया गया इसलिए सरकार को कम्युनल अवार्ड के लिए मजबूर होना पड़ा।" मतलब यदि यह विवाद आपस में मिटाया गया होता तो सरकार को कम्युनल अवार्ड देने की कोई जरूरत ही नहीं थी। और जब भी कभी हिन्दुस्तान में किसी भी जाति में आपस में समझदारी से बातचीत हुई तो सरकार उसे जरूर स्वीकार करेगी। पूना पैक्ट इसी प्रकार का मेलमिलाप है। और उसे सरकार ने पूरी तरह से स्वीकार कर लिया है। कम्युनल अवार्ड में केवल प्रादेशिक विधिमंडलों की सीटों का बँटवारा है और सरकार की ओर से जब पूना पैक्ट को स्वीकृति मिली उस समय सरकार ने कम्युनल अवार्ड के प्रादेशिक विधिमंडलों की सीटों के बँटवारे को बदलकर पूना पैक्ट की प्रादेशिक सीटों के बँटवारे को उचित माना है। और उच्च विधिमंडल के सम्बन्ध में पूना पैक्ट में तय किए गए प्रमाण स्वीकार किए। उसी सिद्धान्त के अनुसार बाद में व्हाइट पेपर में पूना पैक्ट के अनुसार उच्च विधिमंडल की सीटों की संख्या तय की गई। मतलब पूना पैक्ट में हिन्दू और अस्पृश्यों में हुए समझौते के सिद्धान्त सरकार के कम्युनल अवार्ड के पाँचवें कालम

के अनुसार स्वीकार किए गए और उस पर सरकार ने अपनी मुहर लगा दी। इस समझौते में किसी भी प्रकार का परिवर्तन करना हो तो सरकार उसे नहीं कर सकती या अकेले हिन्दू नहीं कर सकते। वह परिवर्तन हिन्दू और अछूत को ही आपसी बातचीत से करने का अधिकार है अन्य किसी भी रास्ते से इसमें परिवर्तन सम्भव नहीं है। इसलिए आप लोगों को इस बारे में निश्चिन्त रहना चाहिए।

अब हिन्दुओं की ओर से शायद यह कहा जा सकता है कि जिस समय दो दलों में समझौता होता है उस समय कोई भी दल संकट में नहीं होना चाहिए। महात्मा गांधी ने अपनी जान दाँव पर लगा दी। और उससे इस तरह की स्थिति पैदा हो गई कि उनकी जान बचाने की जिम्मेदारी मुझ पर आ पड़ी। उस समय सारा हिन्दू समाज आग में जल रहा था। मुझे चारों ओर से इस तरह से पकड़ लिया गया था कि मैंने अपना आग्रह छोड़कर किसी न किसी रूप में समझौता कर लेना तय किया। देश के कई (हिन्दू) युवा मुझे जान से मारने के लिए तैयार बैठे थे। बंगाल के दहशतवादी (हिन्दू) युवाओं की ओर से मुझे धमकी के खत भेजे जा रहे थे। किसी भी रूप में गाँधी की जान को खतरा हुआ तो उसके लिए मुझे जिम्मेदार समझकर मुझे जान से तो मार ही दिया जाएगा किन्तु बेसहारा अछूत समाज से भी बदला लिया जाएगा, इस तरह की विचित्र स्थिति मेरे सामने थी। ऐसी मानसिक अवस्था में प्रतिपक्ष के साथ समझौता करके मुझे उस समझौते पर हस्ताक्षर करने पड़े। इस तरह अपनी जान खतरे में थी, इसलिए मुझे समझौता मंजूर करना पड़ा यह कहने का हक़ यदि किसी को प्राप्त हो तो वह कानूनी दृष्टि से मुझे प्राप्त है, इसमें कोई सन्देह नहीं।

किन्तु पूना पैक्ट की सारी बातें मेरे अनुकूल नहीं रहीं। मैं इस तरह के हक़ का इस्तेमाल करने के लिए तैयार नहीं हूँ। मैं पूना पैक्ट के प्रति ईमानदार रहूँगा। इस तरह पूना पैक्ट बरकरार रखने के लिए अछूत समाज ईमानदारी बरत रहा है फिर भी हिन्दू समाज के कई जिम्मेदार नेता और संस्थाओं के आन्दोलनों को देखने और उनके वक्तव्यों को पढ़ने से पता चलता है कि हिन्दू समाज पूना पैक्ट के लिए ईमानदार रहेगा या नहीं, इसी बात का मुझे सन्देह है। इसलिए हम लोगों को सजग रहकर हमें जो हक़ मिले हैं, उनकी पहरेदारी करनी चाहिए।

आज के कुछ वक्ताओं ने पूना पैक्ट को गांधी-अम्बेडकर पैक्ट के नाम की संज्ञा दी है। किन्तु यह बात गलत है। इस पैक्ट पर महात्मा गांधी के हस्ताक्षर नहीं हैं। महात्मा गांधी को हिन्दुओं का नेता नहीं समझा जाता। हिन्दू समाज के असली नेता मदन मोहन मालवीय हैं। और उन्हीं के नेतृत्व में अखिल भारतीय हिन्दू समाज के नेताओं में इस नाते उस समय समझौते की बातचीत चल रही थी। इसी नाते उस समझौते पर पहले हस्ताक्षर मदन मोहन मालवीय के हैं। यदि अपने सर्वमान्य नेताओं के शब्दों का महत्त्व हिन्दू समाज को न हो तो उस समाज की तरह गैरजिम्मेदार और बेशर्म समाज दूसरा नहीं है ऐसा मुझे कहना पड़ेगा। किन्तु मुझे उम्मीद है कि हिन्दू नेता अपने शब्द पर ईमानदार रहेंगे।

अछूत समाज अपने शब्द के प्रति ईमानदार है। और इसी बात की घोषणा करने के लिए आज आप लोग यहाँ इकट्ठा हुए हैं, ऐसा मैं मानता हूँ लेकिन इसी समय मैं आपको यह बता देना चाहता हूँ कि पिछले साल से हम लोग जो दिन मना रहे हैं वह 'पूना पैक्ट दिन' नहीं है। पूना पैक्ट तो अछूतों को मुक्ति आन्दोलन के इतिहास का एक स्वर्णिम अवसर है। इस समझौते के द्वारा अपने समाज को बेहिचक हिन्दू समाज को अपना राजनीतिक अस्तित्व कबूल करने के लिए मजबूर किया गया है। इसलिए हम लोगों को उस दिन को अपने राजनीतिक हक़ के दिन के रूप में मनाना चाहिए। पूना समझौते के द्वारा अपने समाज को जो अधिकार प्राप्त हुए हैं उन्हें हम सही ढंग से उपयोग में ला रहे हैं या नहीं, यह देखने के लिए ही आज के दिन हमें इकट्ठा होना चाहिए।

मुम्बई प्रदेश के लिए जो 15 सीटें मिली हैं उनके लिए खड़े उम्मीदवार अपने वर्ग के सही प्रतिनिधि हैं या नहीं, यह देखकर ही उनका चुनाव करना चाहिए। इन 15 प्रतिनिधियों में से यदि पाँच पूँजीपतियों के हाथ में गए, पाँच हिन्दू समाज के दलाल हुए तो बचे हुए पाँच लोगों का क्या उपयोग होगा? इसलिए आपको इन 15 प्रतिनिधियों के बारे में होशियार रहना चाहिए तब तो हासिल किए गए हक़ों का कुछ फायदा होगा और अछूत समाज के कदम भी आगे बढ़ेंगे।

आनेवाले वक्त की नब्ज को पहचानते हुए हर आदमी को मेहनती बनना चाहिए। उसी प्रकार बाप के नक्शे कदम चलने की आदतों को छोड़कर इस तरह की उम्मीद रखनी चाहिए कि मैं अपने बल पर कुछ कर दिखाऊँगा।

इस सम्बन्ध में मैं एक मामूली उदाहरण देना चाहता हूँ। एक सुबेदार के बच्चे के बारे में मुझे मालूम है। उसका हमेशा इसी प्रकार का आग्रह रहता था कि लोगों को उसको भी पिता की तरह सुबेदार कहना चाहिए। इसके लिए उसने अपने कमरे के दरवाजे की अपनी नामपट्टी पर भी सुबेदार नाम लिखा था। यदि किसी ने उसको सुबेदार कहकर बुलाया तो ही वह जाता था। लोगों को इस बात का पता था कि सुबेदार नाम की यह फौज की उपाधि उसके पिता की है उस लड़के की नहीं। इसलिए लोग उस लड़के को सुबेदार नाम से सम्बोधित करने के लिए तैयार नहीं हुए। उस लड़के ने किसी भी रूप में अपनी योग्यता बढ़ाने का प्रयास नहीं किया। बल्कि उसने अपनी मूर्खता का प्रदर्शन किया और लोगों के मजाक का विषय बन गया। मतलब भूतकाल के बड़प्पन का झूठा अभिमान रखना बेकार है। बड़प्पन प्राप्त होने के लिए हर किसी ने स्वयं प्रयास करना चाहिए। पिता का बड़प्पन बेटे के काम आनेवाला नहीं है। और इस योग्यता को पाने के लिए शिक्षा हासिल करने के अलावा और कोई रास्ता नहीं है।

जब हमारे पास शिक्षा का अभाव है, फिर हम उच्च पदों की नौकरियाँ कैसे प्राप्त कर सकते हैं? अभी-अभी सरकार ने एक सर्कूलर प्रकाशित किया है और उसमें सरकार ने मुस्लिम समाज के लिए अलग-अलग विभागों में पद आरक्षित करने की घोषणा की है। उन पदों पर नियुक्ति करने के लिए लायक उम्मीदवारों की मुस्लिम समाज में कमी

नहीं है। अछूत समाज के लिए इस प्रकार की व्यवस्था करने की सरकार की तैयारी होने पर भी उन पदों पर नियुक्त करने के लिए अपने समाज से लायक लोग कहाँ से मिलेंगे? आपके समाज के लिए नौकरियाँ आरक्षित रखी जानी चाहिए। लेकिन आपके समाज की जनसंख्या ज्यादा होने पर भी पढ़े-लिखे लोगों का अभाव होने के कारण उस प्रकार की व्यवस्था करना सम्भव नहीं है, इस प्रकार का जवाब यदि सरकार की ओर से दिया गया तो हम सरकार से क्या कहेंगे? इसलिए उच्च दर्जे की नौकरियाँ प्राप्त करके समाज में अपनी प्रतिष्ठा बढ़ानी हो तो अपने बच्चों को उचित शिक्षा देना हर आदमी की जिम्मेदारी है।

स्कूल की इस प्रकार की पढ़ाई के साथ ही देश में घट रही घटनाओं की जानकारी हासिल करना भी जरूरी है। वर्तमान समय अपने समाज की संक्रमयावस्था का समय है। अछूत समाज पुरानी व्यवस्था से नई व्यवस्था में प्रवेश कर रहा है। इस प्रकार की महत्त्वपूर्ण स्थिति में हम लोगों को ज्यादा सचेत रहने की जरूरत है। अलग-अलग जगह क्या चल रहा है, अपने उत्थान के रास्ते में या हम लोगों द्वारा तय किए गए विकास के रास्ते में कौन रुकावट बन रहा है, अपने ही समाज में अपने विरोधी लोग क्या कर रहे हैं, नासिक में क्या चल रहा है, नागपुर में क्या हो रहा है, कोंकण में क्या घट रहा है आदि बातों की सही जानकारी प्राप्त करके हम सभी में एक संवेदनशीलता पैदा होनी चाहिए। और हम लोगों ने उसी के अनुसार कुछ रास्ते बनाने चाहिए। और अपना समाज जब तक ताकतवर, स्वतन्त्र सोचवाला नहीं बनेगा अपना स्वतन्त्र अखबार नहीं रहेगा तब तक कुछ भी नहीं होगा। इसलिए इस कार्य की ओर आप में से हर किसी ने अपना पूरा ध्यान रखना अपने समाचारपत्र को जिन्दा रखना अपनी जिम्मेदारी समझना चाहिए। और इस शिक्षा सम्बन्धी कार्य में हम लोगों ने एक बात का ध्यान देना चाहिए कि उसमें दूसरों पर निर्भरता बिलकुल नहीं होना चाहिए।

आजकल जहाँ-वहाँ अछूत समाज के लड़के-लड़कियों को छात्रवृत्तियाँ देने की घोषणा हो रही है। लेकिन मुझे बड़ा डर लगता है कि सवर्ण हिन्दू समाज से प्राप्त आर्थिक सहयोग से गुलामी मानसिकता को बढ़ावा मिलेगा इसमें कोई सन्देह नहीं। छात्रवृत्ति पानेवाले कमजोर दिल के बच्चे छात्रवृत्ति देनेवाले वर्ग के गुलाम बनेंगे इसमें कोई दो राय नहीं हैं। मनुष्य प्राणी पैसों का दास बनता है। महाभारत की एक कहानी को ले लीजिए। भीष्माचार्य जैसे सत्यनिष्ठ आदमी को मालूम था कि कौरव पक्ष न्याय का नहीं है। पांडवों की माँग पूरी तरह न्याय पर आधारित है। फिर भी पांडवों के वनवास के समय कौरवों की दया पर निर्भर रहकर उनके भोजन पर पलने की वजह से भीष्म कौरवों के पक्ष को छोड़ न सका और वे पांडवों को बर्बाद करने के लिए तैयार हो गए।

लॉर्ड लोथिअन की अध्यक्षतावाली फ्रेंचाइज कमेटी पर काम करते समय हम लोग पंजाब में गए थे। अछूत समाज की ओर से गवाह देने के लिए कुछ पढ़े-लिखे लोग पंजाब में हैं या नहीं इस बात की पूछताछ हम लोग कर रहे थे। उस समय हम लोगों

को कॉलेज में पढ़नेवाले कुछ लड़के मिले। वे लड़के आर्य समाज द्वारा संचालित छात्रावास में रहते थे और उस समाज के खर्चे से उनकी पढ़ाई चल रही थी। उन लड़कों ने मुझे बताया कि आर्य समाज की ओर से हम लोगों को साफ शब्दों में कहा गया है जैसा यदि हमें आर्य समाज कहेगा उस तरह गवाही नहीं देते हैं तो हम लोगों को छात्रावास से भगा दिया जाएगा। और पढ़ाई के लिए मिलनेवाला सहयोग समाप्त कर दिया जाएगा। इस प्रकार की धमकी से वे लड़के पूरी तरह से घबड़ा गए थे। इसलिए उनके मन की असली बातें मैं कमेटी के रिकार्ड में दर्ज नहीं कर सका। इसलिए जिन लोगों से हमें अपने छिने गए हक़ हासिल करना है उनके सहयोग की उम्मीद करना बड़ी खतरनाक बात है, इस बात को आप लोग अच्छी तरह समझ सकते हैं।

अछूतपन उन्मूलन के सवाल पर महात्मा गांधी से एक बार जब बातचीत हुई तब उन्होंने मुझसे कहा था, ''अछूतपन हिन्दू समाज में कई सदियों से अपनी जड़ें मजबूत बना चुका है इसलिए उसे एकदम नष्ट करना आसान नहीं है, इसके लिए आप हिन्दू समाज को मौका दीजिए।'' यह बात सच है कि कई सदियों की परम्परा एकदम नष्ट होनेवाली नहीं है। और उसे समाप्त करने के लिए लगातार प्रयास होते रहने चाहिए, किन्तु उस परम्परा को समाप्त करने का मतलब क्या है, इस बात को भी समझना जरूरी है। महात्मा गांधी ने मन्दिर-प्रवेश का आन्दोलन जब शुरू किया उस समय उन्होंने कहा था, ''अछूतों को मन्दिर में घुसने देने का लक्ष्य रखते हुए हिन्दू धर्म के बहुत ही पवित्र स्थलों पर उन्हें आने की अनुमति दी गई तो अछूतपन समाप्त हो जाएगा। और आज कुएँ, तालाब, शालाएँ आदि मन्दिरों से भी कम पवित्रता के जो स्थल हैं वे अछूतों के लिए अपने-आप खुल जाएँगे।'' उनके यह कहने का मतलब यह है कि अछूतपन के मूल पर प्रहार करना होगा और उसी के साथ अछूतपन की बेड़ियों को काट देना होगा। उनकी दृष्टि में मन्दिर-प्रवेश अछूतपन उन्मूलन की पहली और आखिरी पीढ़ी है। मुझे यह विचार पसन्द नहीं है। मेरी यह स्पष्ट मान्यता है कि अछूतपन चातुर्वर्ण की कल्पना पर खड़ी की गई इमारत है। हिन्दू समाज का जातिभेद उसी का प्रतिरूप है। हिन्दू समाज को निगलनेवाली इस कल्पना को समूल नष्ट करके समाज के हर व्यक्ति को अपनी बुद्धि का विकास करने का पूरा अवसर दिए बगैर या जातिभेद की कल्पना को पूरी तरह से नष्ट किए बगैर हिन्दू समाज का विकास पूरी तरह से नहीं होगा। अछूतपन का मूल ऊपर-ऊपर दिखाई देनेवाली हिन्दू समाज रचना के पृष्ठभाग पर ही फैला हुआ नहीं है बल्कि वह जातिभेद की कल्पना की गहराई तक है। आज यदि अछूतपन को समूल नष्ट करना हो तो जाति-भेद के इस मूल को सुधारवादियों को उखाड़ फेंक देना चाहिए। लेकिन यह काम बिल्कुल आसान नहीं है, उसे करने के लिए निश्चित तौर पर समय लगेगा, इस बात को मैं समझ नहीं सकता इतना मैं नासमझ नहीं हूँ। मैं इतना ही कहना चाहता हूँ कि इसे लक्ष्य मानकर या इसे सिद्धान्त मानकर आपको जो जरूरी लगे उस तरह के प्रयास कीजिए। इसके स्वरूप के बारे में मुझे विशेष कुछ कहना नहीं है वह अलग-अलग जगह, अलग-अलग समय में और अलग-अलग समाज में भिन्न हो सकता

है। किन्तु खेद की बात यह है कि वह सिद्धान्त ही हिन्दू समाज को मंजूर नहीं है।

हिन्दू समाज के एकदम घटिया स्थिति में रहनेवाले समाज के द्वारा हम पर किस प्रकार का जुल्म होता है, इस बात को समझकर उससे मुक्त होने के लिए हमें क्या करना चाहिए यह तय करने का हक़ स्वयं निर्णय के सिद्धान्त के अनुसार अछूतों को होना चाहिए। लेकिन हिन्दू समाज इस मामूली बात को भी स्वीकार करने के लिए तैयार नहीं है। उन्होंने आज तक अछूत समाज को गुलामी में रखा और उन्हें भविष्य में किस स्थिति में रहना चाहिए इस बात को तय करने का अधिकार भी वे अपने हाथ में ही रखना चाहते हैं। हिन्दुस्तान के लोग राजनीति के क्षेत्र में डोमिनियन स्टेट्स का मतलब उपनिवेश का स्वराज्य का लक्ष्य रखकर राजनीतिक अधिकार हासिल कर रहे हैं। उसी प्रकार आज अछूत समाज अपना एक लक्ष्य तय करके उसे आहिस्ता-आहिस्ता लेने के लिए तैयार है। ब्रिटिश सरकार ने यह कबूल किया है कि हिन्दुस्तान को डोमिनियन स्टेट्स देकर उसे अपनी बराबरी का समझकर उससे व्यवहार करने का उनका लक्ष्य है। किन्तु हिन्दू समाज इसमें उदारता दिखाने के लिए तैयार नहीं है। इतना ही नहीं, अछूत समाज 'हमारा' है यह कहने के लिए वे तैयार नहीं हैं।

महात्मा गांधी के आमरण अनशन के बाद उच्च विधिमंडल में कोई हिन्दू सदस्य मन्दिर-प्रवेश का बिल लाया था। महात्मा गांधी के अनशन के बाद जहाँ इस तरह की बात फैल रही थी कि हिन्दू समाज में अछूतों के प्रति हमदर्दी पैदा हुई है, यह मन्दिर बिल बगैर विरोध के मंजूर हो जाएगा इस तरह की गप्पें हाँकी जा रही थीं। इस बिल से अपने उत्थान के दिन और करीब आएँगे इस तरह की उम्मीद रखने लायक इस बिल में कुछ नहीं था इसलिए इस बिल के भविष्य के बारे में अछूत समाज लापरवाह था। यह बिल हिन्दुओं के मन्दिरों के बारे में था। इसलिए अछूत समाज को उसमें दखलंदाजी करने की कोई आवश्यकता नहीं थी। और उसी की वजह से यह बिल विधिमंडल के सामने लाते समय या उसे दफनाने के बाद भी उन्होंने उस बिल के बारे में पूछताछ नहीं की। बिल मंजूर हुआ होता तो भी अछूत समाज को खुशियों के उबाल नहीं आए होते और उसे वापिस लिया गया तो भी उन्हें खेद नहीं हुआ। अपने मन्दिरों के बारे में आप सोच लीजिए। मन्दिर जैसे धार्मिक स्थल अछूतों के लिए खुले करके उनका प्यार हासिल करना या उन्हें बन्द करके उसमें प्रवेश के लिए अछूतों को रोकना यह हिन्दू समाज का कार्य है—हमारा नहीं। किन्तु इतनी समझदारी दिखाए तो फिर वह हिन्दू धर्म किस काम का! अन्त में जो होना था वही हुआ, ऐसी बात नहीं तो क्यों सारे हिन्दू समाज ने उसका इतना जबर्दस्त विरोध किया कि उस बिल के जनक ही उस बिल का जन्मदिन मनाने के लिए आगे आने की हिम्मत नहीं कर सके। उस बिल को बगल में दबाकर रंगा अय्यर को पीछे के दरवाजे से भागना पड़ा। हम लोगों ने हिन्दू समाज को अपना मैला मन साफ करने के लिए पूरा मौका दिया है और हम लोग निष्पक्ष रहे। अब हम लोगों को इस बिल की मौत से कुछ सबक सीखना चाहिए। हिन्दू समाज की नीयत का पता चल गया है। वह अछूत समाज को अपना मानने के लिए तैयार नहीं है। यह बात हम लोगों

को साफ तौर पर समझ में आई है। जब इस तरह से हिन्दू लोगों ने आप लोगों को लताड़ा है, तब आप लोग कितने दिन तक हिन्दुओं का दामन थामे रहेंगे। आज कोई भी आप लोगों को हिन्दू समाज के शरीर का एक अभिन्न हिस्सा मानने के लिए तैयार नहीं है। मनुष्य अपने पाँव की जूतियों का चाहे जितना उपयोग कर ले पर उतारता उन्हें दरवाजे के बाहर ही है और जब उनकी उपयोगिता खत्म हो जाती है तब उन्हें फेंक देता है। आज हिन्दू लोग आपकी पाँवों की जूतियों से ज्यादा कीमत नहीं समझते। आप लोगों को गुलाम बनाकर रखने का ही उनका इरादा है। यह सब होने पर भी आप लोग कितने दिन तक इस अपमान को बर्दाश्त करते रहेंगे?

आप लोग दूसरों के गुलाम बनकर कितने दिन जीना चाहते हैं? क्या आज की परिस्थिति आपके स्वाभिमान के अनुकूल है? क्या स्वाभिमानरहित गुलामों ने अपनी खुद की या देश की कभी उन्नति की है? इन सवालों पर आप गम्भीर रूप से सोचिए। क्या आप लोग स्वयं को हिन्दू कहकर दूसरों के गुलाम ही रहना चाहते हैं? मैं जब इस सवाल पर सोचता हूँ तब मेरा मन मुझे स्वयं को हिन्दू समझने की इजाजत नहीं देता।

मैं पिछले दो साल से इस सवाल पर गम्भीर रूप से सोच रहा हूँ। और अनुभव के बाद मुझे पूरा यकीन हो गया है कि यदि मैं अपना स्वाभिमान सचेत रखना चाहता हूँ, यदि मैं समानता के माहौल में रहना चाहता हूँ तो हिन्दू होकर रहने का कोई मतलब ही नहीं है। मैं हिन्दू नहीं हूँ फिर भी मैं अपने आपको क्या कहलाऊँ, ईसाई कहलाऊँ या मुसलमान कहलाऊँ या बौद्ध कहलाऊँ, यह मैं आज ही नहीं कह सकता। आज तक मैं हिन्दू रहा, तुम लोगों के साथ रहा यह केवल आप लोगों के खातिर। आपकी आज की अनपढ़ अवस्था में आप लोगों को छोड़कर जाने का मतलब है आप लोगों को अन्धे बने रहने देना। और इस बात को जानते हुए मैं आज तक आप लोगों के साथ रहा। किन्तु अब जल्दी ही हम लोगों को इस बात का फैसला करना होगा। और जो भी कुछ करना है वह हम सभी मिलकर एक साथ करेंगे। जहाँ भी जाना हो, जो भी करना हो सब मिलकर एक साथ करेंगे। फिलहाल आप अपने मन में इस तरह का फैसला कर लीजिए कि हिन्दुओं का आप लोगों के साथ किस प्रकार का व्यवहार है।

सा. जनता : दि. 20 अक्तूबर 1934। उसी प्रकार यह भाषण सा. जनता में 11 जुलाई 1936 सम्पादकीय में 'धर्मान्तरण की घोषणा के पहले का एक साल' नाम से छपा था।

# मैं जहाँ भी जाऊँगा, काँटों की तरह चुभता रहूँगा

*धर्मान्तरण की घोषणा को महाराष्ट्र की ओर से समर्थन देने के लिए **दि. 11** और **12 जनवरी 1936** को पूना में अहिल्याश्रम के मैदान पर अखिल महाराष्ट्रीय अस्पृश्य तरुण परिषद् आयोजित की गई थी। प्रो. एन. शिवराज इस परिषद् के अध्यक्ष थे। इस परिषद् में कुछ सवर्ण हिन्दू, मुस्लिम और सिख नेता भी उपस्थित थे। इस परिषद् को सम्बोधित करते हुए डॉ. अम्बेडकर ने कहा–*

इस परिषद् में भाषण करने से पहले हर वक्ता को अपनी जाति बतानी चाहिए ऐसी परम्परा इस सभा के अध्यक्ष ने शुरू की है। मेरे गले के इस काले धागे को देखकर आप सभी को मेरी जाति का पता चल जाएगा। (तालियाँ और हँसी) जिस तरह से जाति में जाति-भेद होते हैं उसी प्रकार देश में भी प्रान्त-भेद होते हैं। फिर भी महाराष्ट्र युवक परिषद् ने इस भेदभाव से अलग इस सभा के लिए मद्रास के एक आदमी को अध्यक्ष बनाकर अछूत लोगों में एकता स्थापित करके संगठन बनाने का प्रयास किया है, यह प्रशंसनीय है। और यह प्रयास इसी तरह से जारी रहा तो अपना संगठन बहुत जल्दी मजबूत होगा, इस बात का मुझे पूरा यकीन है।

अपना आन्दोलन यदि किसी बात से सफल होगा तो वह संगठन से ही होगा। किसी भी समाज का आन्दोलन अन्तिम बिन्दु तक सफलतापूर्वक कायम रखना हो तो एक मदारी के खेल से काम नहीं चलेगा। उस मदारी के साथ उसके कुछ साथी भी होने चाहिए। क्योंकि उस मदारी के मरने के बाद भी उसका ढोल बजाने के लिए लोग चाहिए। उस मदारी के पास ऐसे साथी नहीं होंगे तो उसका खेल अन्त तक ठीक से नहीं चल सकता। अपने अछूत समाज के आन्दोलन को लीजिए या अन्य किसी समाज के आन्दोलन को लीजिए, यदि आन्दोलन अन्त तक सरलता के साथ चलना हो तो समाज में एक ही नेता से काम नहीं चलता इस बात को ध्यान में रखना आप लोगों के लिए जरूरी है। इस सभा में इकट्ठे हजारों लोगों को देखकर मेरे मन में उम्मीद जाग उठी है। और इसलिए मैं विश्वास के साथ कह सकता हूँ कि मेरे बाद इस आन्दोलन को चलाने के लिए कई लोग तैयार होंगे और मेरी जिम्मेदारी को अपने ऊपर लेंगे तथा अपना काम पूरा करेंगे। मैं आशावादी आदमी हूँ।

मैं इस अवसर पर धर्मान्तरण जैसे बुनियादी सवाल पर यदि कुछ नहीं बोल सका तो आप सबको बड़ी निराशा होगी। इसलिए मैं उस सवाल पर भी यहाँ चर्चा करना चाहूँगा।

धर्मान्तरण के इस सवाल के सम्बन्ध में विचार-विमर्श के लिए कई लोग मेरे पास आते हैं। इस सवाल पर आज तक जितनी चर्चा हुई और जिन लोगों ने चर्चा में हिस्सा लिया उनमें दो तरह के लोग दिखाई देंगे। पहले प्रकार के लोगों का कहना है कि हमारी जो शर्तें हैं उन्हें हमने हिन्दू लोगों के सामने रखा और उन शर्तों को यदि उन्होंने पूरा किया तो धर्मान्तरण करने की कोई जरूरत नहीं है। इसलिए हमें (पहले) यही प्रयास करके देखना चाहिए। दूसरे प्रकार के लोगों का कहना है कि अछूतों को धर्मान्तरण से कुछ भी लाभ होनेवाला नहीं है। इसलिए धर्मान्तरण करने से हमारे लोगों का क्या फायदा होगा इसके बारे में यहाँ चर्चा करना बहुत मुश्किल है। क्योंकि आज इस चर्चा के लिए इस सभा में समय नहीं है। प्राचीनकाल में ज्यू लोगों ने ईसा मसीह के पास जाकर सवाल पूछा था कि क्या धर्मान्तरण से हम लोगों को मोक्ष मिलेगा? ज्यू लोगों के इस सवाल का जवाब देते हुए ईसा मसीह ने कहा था कि आप लोग मुझ पर विश्वास रखिए, 'Be unto me, let ye children ?' और यही जवाब आज इस अवसर पर मैं दूसरे धर्म के लोगों को देना चाहता हूँ।

छोटे बच्चे अपने माता-पिता से कभी-कभी कुछ सवाल करते हैं। उन सवालों के जवाब उन्हें अपने माता-पिता से मिलते ही हैं। उन पर विश्वास रखकर बच्चे उन बातों पर अमल करते हैं। यदि आप लोगों का मुझ पर भरोसा हो तो मैं आप लोगों से पूरे यकीन के साथ कहना चाहता हूँ कि इस धर्मान्तरण से आप लोगों का कल्याण ही होगा, अकल्याण तो होगा ही नहीं (तालियाँ)। इस समय मेरे पास ज्यादा समय न होने के कारण मैं ज्यादा देर तक बोल नहीं पाऊँगा। फिर भी मुझे इस बात का यकीन है कि समय मिलते ही मैं सभी लोगों की शंकाओं का समाधान करने में कोई कसर बाकी नहीं रखूँगा। अन्य धार्मिक लोगों को ईसा मसीह के जवाब से निश्चित तौर पर सन्तोष होगा।

हिन्दू समाज में हम लोगों के लिए कई रुकावटें पैदा की जाती हैं। इस हिन्दू धर्म में हम लोगों को स्वाभिमानी जीवन जीने का मौका मिलना कभी सम्भव नहीं है। पहले प्रकार के लोगों का यह कहना कि अपनी भलाई की बातें सवर्ण हिन्दू लोगों के सामने रखकर उनसे न्याय माँगने की कोशिश करनी चाहिए। इस बात के लिए मेरे पास दो तरह के जवाब हैं। इसमें पहला जवाब यह है कि हम अछूतों द्वारा रखी गई सारी शर्तें सवर्ण समाज कभी पूरी करनेवाला नहीं है, इस बात का मुझे पूरा यकीन है।

मेरी शर्त रुपयों की बिल्कुल नहीं है। मेरी शर्त रोटी की भी नहीं है। मेरी शर्त उससे भी बड़ी है। उसे यदि कोई सुनना चाहता है तो उसे मेरे पास आना चाहिए। मैं उसे अपनी शर्त जरूर बताऊँगा। लेकिन मुझे इस बात का पूरा यकीन है कि यह बड़ी शर्त सवर्ण हिन्दुओं के द्वारा पूरी होना बिल्कुल सम्भव नहीं है। किसी भी समाज का

भविष्य पढ़े-लिखे आदमी पर निर्भर करता है। अपना यह आन्दोलन हजारों साल बाद शुरू हुआ है क्योंकि इतने सालों तक हमारे समाज में पढ़े-लिखे लोग पैदा नहीं हुए। जिस समाज में जानकार आदमी पैदा होते हैं, उस समाज में नई चेतना जाग जाती है। हिन्दू समाज में चतुर ब्राह्मण समाज है। अपने देश में मराठा और गैरब्राह्मण समाज अन्धा है, परम्परावादी है। उसे अपने और देश के भविष्य के बारे में कुछ भी समझ नहीं है। सही भविष्य कोई समझता होगा तो वह है ब्राह्मण जाति, इस बात को मैं अच्छी तरह से जानता हूँ। देश को ब्राह्मण जाति किस दृष्टि से देखती है? आप ब्राह्मणों के सामने किसी भी सवाल को रखिए और उसमें उन्हें विकल्प दीजिए। उस विकल्प से चाहे अन्य सभी समाजों की भलाई हो रही हो फिर भी ब्राह्मण समाज उस बात को नजरअंदाज करके अपनी जाति का कल्याण किसमें है, इस बात की ओर सबसे पहले ध्यान देगा। और उस विकल्प से ब्राह्मणों के वर्चस्व को कुछ धक्का तो नहीं लगेगा इस बात की ओर ब्राह्मण जाति अपना पूरा ध्यान देगी। यह है ब्राह्मणों की देश के भविष्य को देखने की दृष्टि। इसीलिए मैं कहता हूँ कि ब्राह्मण-हिन्दू समाज के सामने अपनी शर्तें रखकर उसका कभी भी और कुछ भी उत्थान होनेवाला नहीं है। ब्राह्मण-हिन्दू समाज तुम्हारी शर्तें किसी भी रूप में मुफ्त में स्वीकार करने के लिए तैयार नहीं है। तुम लोगों को उसके बदले में कुछ न कुछ कीमत चुकानी ही पड़ेगी। मैं पूरे यकीन के साथ कहना चाहता हूँ कि हिन्दू लोग हमारी शर्तें यदि किसी कीमत पर स्वीकार करने के लिए तैयार होंगे तो वह यह कि हम अछूतों को हमेशा के लिए उनकी गुलामी में ही रहना चाहिए।

गांधीजी ने हरिजनों के लिए 9 लाख रुपए का फंड इकट्ठा किया है। उस फंड को उन्होंने इसलिए इकट्ठा किया कि अछूत लोग कांग्रेस से दूर न जाएँ और ब्राह्मण जाति के खिलाफ विवाद का झंडा न उठाएँ। कुल मिलाकर यह कहा जा सकता है कि यह सवर्ण हिन्दू समाज हम लोगों के साथ कभी भी समानता से व्यवहार नहीं करेगा। इसलिए हम लोगों को किसी आजाद आदमी की तरह जीना हो तो हमें हिन्दू धर्म को पूरी तरह से छोड़ देना चाहिए। अब इससे आगे सवर्ण हिन्दुओं ने मुझे बहकाने के लिए मन्दिर के भगवानों को भी मेरे सामने लाकर रखा तब भी मैं हिन्दू धर्म से अपना सम्बन्ध विच्छेद कर दूँगा ! हिन्दू धर्म छोड़ दूँगा !! तीन बार कहता हूँ मैं कि हिन्दू धर्म छोड़ दूँगा !!! (तालियाँ)

हम लोग धर्मान्तरण करना चाहते हैं, वह अकेले करने से कोई फायदा नहीं है। धर्मान्तरण हम सभी लोगों को मिलकर करना चाहिए। मैं यह नहीं कहता कि हमारे धर्मान्तरण करने से आसमान नीचे उतर आएगा। धर्मान्तरण करने के बाद भी हम लोग अपने भविष्य के लिए लड़ते रहेंगे। मुस्लिम हो जाने से हम नवाब होनेवाले नहीं हैं। सिख हो जाने से सरदार होनेवाले नहीं हैं। या ईसाई होने से पोप बननेवाले नहीं हैं। इन सभी सम्प्रदायों में ऊँच-नीच की भावना है। हम लोग किसी भी धर्म में जाएँ फिर भी अपने भविष्य की लड़ाई तो हम लोगों को ही लड़नी है और उसके लिए हम लड़ते

रहेंगे। इसके लिए हमें संघशक्ति की बहुत जरूरत है। और इस संघशक्ति की वजह से हम इस लड़ाई को अंजाम तक ले जाएँगे। धर्मान्तरण करनेवाले कुछ ईसाई लोग बताते हैं कि, ''हम पहले की तरह ही हैं। हम लोगों में कोई बदलाव नहीं आया है।'' उनकी इस बात पर मेरा इतना ही जवाब है कि ''किसी घर में अकेली बिल्ली दूध पीने गई और उसे वहाँ दूध नहीं मिला तो उसमें दोष किसका है? (तालियाँ और हँसी) यह दोष दूध पीने के लिए गई बिल्ली का है। इसलिए मैं आप लोगों से इतना ही कहना चाहता हूँ कि आपके अकेले धर्मान्तरण करने से कोई फायदा नहीं। आप लोग सामूहिक धर्मान्तरण कीजिए। यदि आप लोग अकेले धर्मान्तरण करेंगे तो आप लोगों की स्थिति भी उस बिल्ली की तरह ही होगी।''

हम लोग जो धर्मान्तरण करनेवाले हैं वह सोच-समझकर हाथों में सिर उठाकर (तालियाँ) करनेवाले हैं। हम लोगों के इस्लाम या ईसाई धर्म स्वीकार करने के बाद यदि कुछ लोगों ने हमें कुछ और करने का सुझाव दिया तो उस सुझाव को आग लगा दीजिए। जैसाकि मैंने कहा, भविष्य की लड़ाई इसी बात के लिए लड़नी हमारे लिए जरूरी है। मैं स्वयं बेहद सीधा-साधा आदमी हूँ। लेकिन मैं जहाँ भी जाऊँगा वहाँ काँटों की तरह चुभता रहूँगा (हँसी और तालियाँ), यह बात सभी लोगों को ध्यान में रखनी चाहिए।

अपने अछूत समाज में भी जातिभेद हैं। जिस प्रकार ब्राह्मण लोगों में अछूतों को नीच समझा जाता है, उसी प्रकार अपनी जातियों में मातंग, भंगी आदि जातियों को महार लोग नीच मानते हैं। महारों के इस बर्ताव से मातंग, भंगी आदि लोगों को बुरा लगता है। और उन्हें ऐसा लगना स्वाभाविक है। मैं इस अवसर पर आप लोगों को यह बताना चाहता हूँ कि अपनी पढ़ाई-लिखाई का लाभ मैंने अछूत समाज को दिलवाया है और आगे भी दिलवाता रहूँगा। किन्तु मेरी यह बड़ी इच्छा है कि अपने बीच का जातिभेद खत्म हो जाना चाहिए। (तालियाँ) मैं महार समाज से सिर्फ इतना ही कहना चाहता हूँ कि मुम्बई इलाके में महार लोग बहुसंख्यक हैं और अल्पसंख्यक लोगों को बहुसंख्यक लोग हमेशा परेशान करते हैं। इस अवसर पर मैं महार जाति के लोगों को इतनी ही सलाह देना चाहता हूँ कि उदारता के साथ मातंग, भंगी आदि जातियों के साथ समानता का व्यवहार करना चाहिए। और उन्हें इस बात का अहसास दिलाना चाहिए कि वे हमारे साथ रहेंगे तो उन्हें किसी प्रकार की परेशानी नहीं होगी। इस अवसर पर मैं महारों के अलावा अन्य जाति के लोगों को इस बात का एहसास दिलाना चाहता हूँ कि महार जाति जब तक अपने प्रभाव की नीति को नहीं बदलती तब तक मैं महारों के पक्ष में नहीं हूँ। बल्कि मैं मातंग, भंगी आदि जातियों के पक्ष में हूँ।

धर्मान्तरण करने के जो कई कारण हैं उनमें जातिभेद मुख्य कारण है। हम लोग हिन्दू धर्म से अलग होकर धर्मान्तरण करेंगे और ऐसा करने के बाद हम लोगों को किसी भी प्रकार के जातिभेद को मानना उचित नहीं होगा। जातिभेद को समाप्त करने का सवाल धर्मान्तरण के द्वारा ही हल करना आसान होगा। यदि हम लोग धर्मान्तरण करके

मुस्लिम हुए तो मुस्लिमों की लड़कियों के साथ या ईसाई हुए तो ईसाइयों की लड़कियों के साथ हक़ से शादी-ब्याह कर सकेंगे।

जब तक हिंदुस्तान का जातिभेद खत्म नहीं होगा तब तक हिन्दुस्तान आजाद नहीं होगा। यह सवाल स्वराज की प्राप्ति से भी ज्यादा महत्त्वपूर्ण और पवित्र है। यदि अपनी दलित जातियों के बीच का जातिभेद खत्म हो गया तो मैं अपने आपको बड़ा भाग्यशाली समझूँगा। आप लोगों ने इस सभा में मेरे सम्बन्ध में जो विचार व्यक्त किए हैं उनसे मुझे एक इनसान के नाते स्वाभाविक तौर पर खुशी हुई है। किन्तु सात करोड़ लोगों की जिम्मेदारी कितनी बड़ी होती है, इस बात की कल्पना आप लोग ही कीजिए। मेरे सात करोड़ भाइयों तथा बहनों की मुझे रात और दिन चिन्ता रहती है। किसी समय मुझसे यदि कुछ गलती हुई तो आप लोगों के भविष्य का क्या होगा, इस तरह का सवाल मुझे बार-बार सताता रहता है। कुछ लोग हमारे इस धर्मान्तरण को गलत निगाह से देखते हैं। किन्तु उनका इस तरह से देखना गलत है। इस धर्मान्तरण के पीछे मेरा किसी भी प्रकार का स्वार्थ नहीं है। मैं आज इस प्रकार की स्थिति में हूँ कि मैं जो चाहूँगा उस चीज को हासिल करने में मुझे बिल्कुल समय नहीं लगेगा। ऊँची जाति के लोगों को जो मिलेगा वही मुझे भी मिलेगा, इसमें किसी भी प्रकार का गर्व नहीं बल्कि आत्मविश्वास है। इस धर्मान्तरण से मेरा तो नुकसान ही है। क्योंकि मैं महारों में पहला बैरिस्टर हूँ। यदि मैं धर्मान्तरण करके मुस्लिम हो गया तो बैरिस्टर के नाते मेरा महत्त्व कौन समझेगा! क्योंकि मुस्लिम समाज में कई लोग बैरिस्टर हैं। मुझे यह आघात लगा तब भी मुझे उसकी कोई परवाह नहीं है। मेरा मन मुझे कह रहा है कि मैं हमेशा आप लोगों के कल्याण के लिए ही लड़ता रहूँ। इस आन्दोलन के पीछे आप लोगों की बड़ी ताकत है, इस बात का मुझे पूरा यकीन है। हम लोग इतने दिनों से बेसहारा हैं, किसी ने हमारी कोई परवाह नहीं की। लेकिन अब हमें कोई कह रहा है 'तुम्हारे उत्थान के लिए हम एक करोड़ रुपए देंगे' दूसरा कह रहा है कि 'हम दो करोड़ रुपए देंगे।' कुल मिलाकर इस स्थिति से मुझे ऐसा लगता है कि हमारे समाज के लिए समय अनुकूल बनता जा रहा है। स्वार्थ से अलग जहाँ आपकी ताकत है वहाँ सब कुछ अच्छा ही होगा, इस बात का मुझे पूरा यकीन है। समय खतरनाक है। यह समय Now or Never इस कहावत के मुताबिक है। और इसीलिए हम लोगों को इस समय को समझने का प्रयास करना चाहिए। इसीलिए हम लोगों को अपने धर्मान्तरण का आज ही संकल्प कर लेना चाहिए। क्योंकि उस बात का फैसला यदि हम लोगों ने आज नहीं लिया तो आगे हम लोगों का बड़ा नुकसान हो सकता है इसमें कोई सन्देह नहीं है।

कुछ लोग हमें इस तरह की सलाह देते हैं कि आप लोग धर्मान्तरण के लिए और कुछ साल रुक जाइए। मैं उन लोगों को इतना ही कहना चाहता हूँ कि मैं मूर्ख नहीं हूँ। सात करोड़ अछूत लोग एक पल में धर्मान्तरण कर लेंगे, यह इतना आसान नहीं है। इस धर्मान्तरण को पाँच साल या दस साल लग सकते हैं। और इतने समय में धर्मान्तरण पूरा हो गया तो मैं अपने आपको बड़ा भाग्यशाली समझूँगा। यदि दस साल

में सफलता हासिल होनी होगी तो हम लोगों को अपने कार्य की शुरुआत आज ही और अभी करनी चाहिए। पौधे को शुरू से ही पानी से सींचा गया तो वह जल्दी पेड़ बन जाता है और उस पर फल लगने शुरू हो जाते हैं। अपने धर्मान्तरण का सवाल भी इसी तरह है। जो लोग हमें यह कहते हैं कि 'इतनी जल्दी धर्मान्तरण मत कीजिए, जरा ठहरिए, वे वास्तव में हमारे दोस्त नहीं हैं।' (तालियाँ)

सा. जनता, दि. 8 और 5 फरवरी 1936

# अपने वोटों की कीमत नमक-मिर्च की तरह मत आँकिए

*दि. **24 जनवरी 1936** को सोलापुर में स्वतन्त्र मजदूर पार्टी की चुनावी प्रचार सभा हुई थी। डॉ. बाबासाहेब अम्बेडकर चुनाव प्रचार अभियान पर थे। उन्होंने इस सभा को सम्बोधित करते हुए कहा–*

भाइयो तथा बहनो,

मुम्बई विधिमंडल के अगले चुनाव में किसको अपना वोट देकर चुनना चाहिए, इस बात पर विचार करने के लिए हम सभी लोग यहाँ इकट्ठा हुए हैं। इस देश में कई राजा-महाराजा हुए हैं। और अंग्रेजों को यहाँ आए करीब-करीब डेढ़ सौ साल हो गए हैं। अंग्रेजों के डेढ़ सौ साल के कार्यकाल में करीब 60 साल से इस तरह के विधिमंडल अमल में आए हैं और उनके द्वारा जनता के प्रतिनिधि अपनी जनता के सवालों को सरकार तक पहुँचा रहे हैं। किन्तु आठ करोड़ अछूत प्रजा की ओर से उनके सवाल सरकार के सामने रखनेवाला उनका प्रतिनिधि कौन्सिल में होना चाहिए इस तरह की बात अब तक दुनिया के इतिहास में नहीं घटी थी। लेकिन अब यह घटना हमारे प्रयासों से घटी है। आनेवाले अप्रैल, 1937 से शुरू होनेवाले विधिमंडल के लिए सोलापुर जिले के अपने लोगों को एक प्रतिनिधि चुनकर भेजने का अधिकार मिला है। अब जो कौन्सिल बैठनेवाली है वह अपने समाज के बचाव का साधन बननेवाली है। वहीं अपने सुख-दुखों का फैसला होनेवाला है। हम लोगों को उसी विधिमंडल के द्वारा महारों के पैतृक अधिकारों के सम्बन्ध में, बंजर जमीन प्राप्त करने, अछूतपन की वजह से जो दरिद्रता आई है उसे रोकने और सरकारी नौकरियों में उचित प्रतिनिधित्व प्राप्त करने के सम्बन्ध में एक नहीं अनेकों बातें लड़-झगड़कर हासिल करनी हैं। इसलिए विधिमंडल में जानेवाला आपका प्रतिनिधि मानसम्मान पाने के लिए नहीं जाएगा बल्कि अपने समाज के हितों की रखवाली के लिए, लड़ने के लिए जाएगा, इस बात को ध्यान में रखिए। उसी प्रकार दैनिक व्यवहार में हम देखते हैं कि मकान बनाते समय पत्थरों के काम के लिए बेलदार और लकड़ी के काम के लिए हम लोग बढ़ई बुलाते हैं। कहीं कोई रेलवे का पुल बनाना हो तो इंजीनियर की जरूरत होती है। स्कूल मास्टर ऐसे काम नहीं कर सकता। किन्तु आपके यहाँ के शिरशरण मास्टर ने इस जिम्मेदारी के काम के लिए

अपना नाम प्रस्तुत किया है। इस बारे में उन्होंने पत्र लिखा है। ये मास्टर साहब अंग्रेजी नहीं जानते इसलिए मैं चुप रहा। पूरे दो माह तक मैं इस बात पर सोचता रहा और बाद में मैंने जिवाप्पा एदाड़े के नाम की घोषणा की। तब तक मागाड़े के नाम के बारे में मुझे किसी ने कुछ नहीं बताया, उनके बारे में बाद में बताया गया। किन्तु इसके मूल में कांग्रेस का हाथ है और उनके लिए मेरे पास प्रमाण हैं। भाइयो, कांग्रेस को स्वराज्य चाहिए। हमें भी स्वराज्य चाहिए। किन्तु उसे हासिल करने के लिए कांग्रेस का अवज्ञा आन्दोलन हमें मंजूर नहीं है। अवज्ञा आन्दोलन ने स्वराज्य के खूँटे को हिला-हिलाकर मजबूत किया है। कांग्रेसवाले आप लोगों को बताएँगे कि, ''आप हम सभी के सहयोग से, एकता के बल पर अपने देश से अंग्रेजों को भगाना है और स्वराज्य हासिल करना है।'' लेकिन जिनकी खटमल मारने की हिम्मत नहीं वे लोग ताकतवर और आक्रामक अंग्रेज सरकार को कैसे भगा पाएँगे? या मान लीजिए, कल अंग्रेज सरकार इंग्लैंड चली गई तो हम लोगों को धार्मिक, आर्थिक, सामाजिक पतन की खाई में धकेलनेवाले ये खोत-जमींदार लोग भी क्या विदेश जानेवाले हैं? और कांग्रेस तो सेठ-साहूकार, पूँजीपति लोगों की पार्टी है इसलिए आप ऐसे लोगों के बहकावे में मत आइए।

भाइयो, आप अपने वोटों का मूल्य नमक-मिर्च की तरह मत आँकिए। आप इस बात को मत भूलिए कि आपकी जान से अधिक अपने वोटों का मूल्य है। यदि आप लोगों ने अच्छे उम्मीदवार को वोट दिया तो खटीक के हाथ में बकरे द्वारा ही छुरी देनेवाली बात हो जाएगी। जिवाप्पा एदाड़े मेरी पार्टी के उम्मीदवार हैं। उनके लक्ष्य हैं। उनके पास सिद्धान्त हैं। उनकी और तुम्हारे भविष्य की सारी जिम्मेदारी मेरे ऊपर है। इसलिए जिवाप्पा एदाड़े को अपने तीनों वोट देकर विजयी बनाएँ। जो अन्य उम्मीदवार हैं वे मेरे दुश्मन नहीं हैं। किन्तु जिनकी पार्टी नहीं, जिनका कोई लक्ष्य नहीं, सिद्धान्त नहीं ऐसे बीच में लटकते रहनेवाले लोगों की मैं जिम्मेदारी नहीं ले सकता। अभी तक किसी ने आप लोगों को यह बताया होगा कि आप अपने जिले का, तहसील का, या गाँव का मान रखिए। किसी का ऐसा मान रखना हो तो पहले तुम्हें अपने गाँव और घर का मान रखना पड़ेगा। और इस तरह से घर-घर से उम्मीदवार खड़े होंगे तो तुम्हारे उज्ज्वल भविष्य का सत्यानाश होगा, इस बात पर हमें सोचना होगा।

अन्त में मैं आप लोगों को यही बताना चाहता हूँ कि इस शहर के मजदूरों को एक वोट देने का अधिकार है। इस सीट के लिए मजदूरों की ओर से रघुनाथराव बखले हैं। उन्होंने आज तक कौंसिल में गरीबों, मजदूरों, किसानों और अछूतों की जो सेवा की है, उसकी मैं प्रशंसा करता हूँ। उन्हीं को सोलापुर के मजदूरों को अपना वोट देना चाहिए। सेठ-साहूकार, मिलमालिकों के दलालों को वोट देने से तुम लोगों की भलाई होनेवाले नहीं हैं। इसलिए बखले को ही अपना कीमती वोट दीजिए।

साप्ताहिक 'जनता' के 22 फरवरी, 1936 के अंक में प्रकाशित।

# इस सड़ियल धर्म से मैं अलग हो जाऊँगा

*कुलाबा जिला उत्तर भाग और ठाणे जिला दक्षिण भाग अछूतों की संयुक्त परिषद्* ***दि. 29 फरवरी*** *और* ***1 मार्च 1936*** *को पनवेल के पास तड़ोजे में आयोजित की गई थी। डॉ. बाबासाहेब अम्बेडकर इस परिषद् के अध्यक्ष थे। इस परिषद् में दलित समाज के कई नेता उपस्थित थे। इस परिषद् को सम्बोधित करते हुए डॉ. अम्बेडकर ने कहा–*

यह स्थान मुम्बई के नजदीक होने के बावजूद मैं कभी किसी सभा में इधर नहीं आया, इसका मुझे खेद है। काम की व्यस्तता की वजह से मैं आप लोगों से मिल नहीं सका। मुझे जनजागरण के काम के लिए हजारों जगह से निमन्त्रण आते हैं। किन्तु मेरे जैसे अकेले आदमी को सभी जगह पहुँच पाना सम्भव नहीं है। मैं कोई शतमुखी रावण नहीं या बदन पर राख मलकर घूमनेवाला संन्यासी भी नहीं हूँ। आप लोगों की तरह ही मुझे भी अपने पेट की चिन्ता रहती है। आपकी तरह ही समस्याओं से लड़ता हुआ मैं भी एक इनसान हूँ।

आज का यह अवसर बड़ा महत्त्वपूर्ण है फिर भी ज्यादा विस्तार में अपनी बात को कहते हुए मैं आपका ज्यादा समय नहीं लूँगा। मैं यहाँ कुछ सवालों पर बात करनेवाला हूँ। विशेष तौर पर आपका कर्त्तव्य क्या है और आपका मार्गदर्शक के नाते मेरी जिम्मेदारी क्या है, इन्हीं बातों पर मैं आप लोगों के सामने अपनी बात को रखने का प्रयास करूँगा।

सज्जनो, आज आप हजारों सालों से इस देश में रह रहे हैं। उसी प्रकार आपके पड़ोसियों के रूप में अन्य लोग भी यहाँ रह रहे हैं। अपनी स्थिति का अवलोकन करते हुए अपने पड़ोसी की स्थिति को भी ध्यान से देखिए। अपने दोनों की स्थिति की तुलना कीजिए। आपको पहली बात यह दिखाई देगी कि आप लोग अन्य समाजों की तुलना में दरिद्र हैं। अन्य समाजों को हर तरह के काम-धन्धे करके रोटी कमाने के रास्ते खुले होने की वजह से उनकी स्थिति आप लोगों से बेहतर है। सभा में जाना है इस वजह से आप लोग अपने फटे-पुराने चिथड़े उतारकर कुछ अच्छे कपड़े पहनकर आए हो। आप लोग सभा के लिए साफ-सुथरे बनकर आए, यह देखकर मुझे खुशी हो रही है। लेकिन आप लोगों की सही स्थिति क्या है इस बात को मैं अच्छी तरह जानता हूँ। क्योंकि मैं

आप जैसा ही हाड़मांस से बना हूँ। जहाँ आपको सप्ताह में तीन दिन भरपेट खाना मिलने की मुश्किल है, बदन पर फटी-पुरानी कमीज, एक मैली-सी लुंगी या धोती है, ऐसी आपकी कंगाल स्थिति है। दूसरी ओर देखें, सफेदपोश वर्ग की क्या स्थिति है? आपसे वे सौ गुना सुखी हैं। उनके मकानों पर खपरैल हैं तो आपके घरों पर पर्याप्त बाँस या छप्पर भी नहीं हैं। उनके घरों में पीतल के बरतन हैं तो आपके घरों में मिट्टी के बर्तन भी नहीं हैं। यह है आपकी स्थिति। इसका पहला कारण यह है कि उनको जीने के जो साधन प्राप्त हैं वे आप लोगों को नहीं हैं। आप लोगों को आज डिप्टी-कलेक्टर, तहसीलदार या पुलिस अफसर की ज्यादा तनख्वाह वाली नौकरियाँ नहीं मिलतीं। आखिर क्यों? क्योंकि आप लोगों में पढ़े-लिखे नौजवान नहीं हैं। इस बात को सच भी मान लिया जाए तब भी तहसीलदार से कम दर्जे की कई नौकरियाँ हैं वे नौकरियाँ भी आप लोगों को नहीं मिलतीं। वहाँ भी आप पर रोक लगाई गई है। मामूली पुलिस की नौकरी को ले लीजिए। वह नौकरी आपको क्यों नहीं मिलती। इस ओहदे की जिम्मेदारी निभाने के लिए कुछ खास पढ़ाई की आवश्यकता नहीं होती। सवर्ण समाज के दो-तीन दर्जे तक पढ़े किसी भी आदमी को वह नौकरी मिल सकती है, किन्तु उसके लिए भी आप लोगों को लायक नहीं समझा जाता। आप लोगों में प्रामाणिकता का या जिद का अभाव है, ऐसी भी बात नहीं है। क्योंकि आज लाखों रुपयों का लगान महारों के द्वारा वसूल किया जाता है। इस वसूली को लाने-ले जाने का काम आज कई सालों से महार लोग ही कर रहे हैं। किन्तु महार ने इस वसूली में धोखाधड़ी करके बेईमानी की हो, ऐसी बात कभी किसी ने सुनी है? बल्कि तहसीलदारी जैसे बड़े पदों वाले सवर्ण समाज के लोगों ने कई धोखेबाजियाँ की हैं। इसके प्रमाण दिए जा सकते हैं। यह बात हुई नौकरियों के सम्बन्ध में। अब अन्य छोटे-मोटे धन्धों को लीजिए। यदि आप लोगों ने दूध, दही या मक्खन बेचने का धन्धा करने की बात सोच ली तो आपका दूध कोई नहीं खरीदेगा और आपके हाथ का मक्खन खरीदनेवाले ग्राहक का धर्म भ्रष्ट हो जाएगा। आप लोग मामूली सब्जी बेचने का धन्धा करने जाइए तो हालत वही होगी। आपको सिर ऊँचा उठाने की जगह नहीं मिलेगी। ऐसी आज आपकी स्थिति है। मैं आप लोगों से सवाल पूछना चाहता हूँ कि क्या आप लोगों ने इस खतरनाक स्थिति के बारे में कभी सोचा है? अन्य लोग अपने बाल-बच्चों की अच्छी परवरिश करते हैं और उनकी पढ़ाई-लिखाई की व्यवस्था करते हैं, जिससे वे अपनी स्थिति को बदल सकते हैं। आप लोग वैसा क्यों नहीं कर पाते? चारों ओर से आपको क्यों दबाया जा रहा है? आज इस सवाल पर आप लोगों को सोचना चाहिए। आपके रास्ते में खतरा बनकर आनेवाली जो बातें हैं उनको कैसे दूर किया जाए, इस बात को आपको देखना पड़ेगा। मैं आप लोगों से यह पूछना चाहता हूँ कि आप अपनी स्थिति में परिवर्तन लाना चाहते हैं या नहीं? जैसे आज तक आप इस कीचड़ में फँसे रहे वैसे ही क्या अब भी रहना चाहते हो? जहाँ आपकी पाँव की जूतियों से भी ज्यादा कीमत नहीं, क्या वहीं आपको सड़ते हुए रहना है? संक्षेप में कहें तो क्या आपको गुलामों की तरह रहना है या स्वतन्त्र आदमी की तरह जीना है, इस

बात का आज आप लोगों को फैसला करना है। आपके रास्ते में आनेवाली कठिनाइयाँ कैसे दूर हों, इस बात को आपको देखना है।

विशेष तौर पर आज आपके सामने तीन प्रकार की कठिनाइयाँ हैं। पहली बात आपकी दरिद्रता, दूसरी बात आपकी असमर्थता और तीसरी बात मन की दुर्बलता। आप सभी लोग दरिद्रता की वजह से परेशान हैं, इसलिए दूसरों पर निर्भर हैं। स्वतन्त्र मन से आप कुछ भी नहीं कर सकते। आप अपनी मामूली इनसानियत के लिए झगड़ने लगे तो सवर्ण समाज की ओर से जबर्दस्त विरोध होता है। आपका जीवन पूरी तरह से उन पर निर्भर है, इसलिए वे आपको आपके मुक्ति आन्दोलन से दूर रखते हैं और हर प्रकार से सताते हैं। उन्होंने रोटी का टुकड़ा दिया तो आपको भोजन मिलता है। इसलिए दूसरों पर निर्भर इस जीवन को बदलने के लिए आप लोगों को नए काम-धन्धे खोजने पड़ेंगे।

दूसरी बात है आपकी असमर्थ स्थिति। आप लोगों को किसी की मदद नहीं है। आज ऐसा कोई भी नहीं है जो आपके साथ दोस्त की हैसियत से खड़ा हो सके। आप लोगों के साथ गाँववासियों का झगड़ा हो तो आप लोगों की मदद के लिए कोई दौड़कर आनेवाला नहीं है। इस देश में हिन्दू समाज के अलावा मुस्लिम, ईसाई और सिख आदि समाज भी रहते हैं। लेकिन मुस्लिम या ईसाई लोग आप लोगों की मदद के लिए दौड़ कर नहीं आते। इस बात पर आपको गम्भीरता से सोचना होगा। जिस धर्म में हम पैदा हुए, जिस धर्म के सिद्धान्तों को हम जानते हैं, जिस धर्म को हम अपना धर्म और जिस समाज को हम अपना समाज मानते हैं वही आज हमें सता रहा है। हम अपनी इस निरुपाय स्थिति को कितने दिनों तक बर्दाश्त करते रहेंगे? मैं आप लोगों से पूछना चाहता हूँ कि बगैर किसी मदद के क्या आप हिन्दुओं के विरोध में कभी सफल हो पाएँगे? जिन लोगों की दया पर आप लोग जीते हैं वे आप लोगों को कभी इनसानियत के हक़ देंगे, इस तरह की उम्मीद करना बेकार है। मैं आप लोगों को बड़े विश्वास के साथ कहता हूँ कि हिन्दू लोगों से आपकी कभी भलाई होनेवाली नहीं है। बच्चे को पिता ने ही कुएँ में धकेल दिया। उसे अपने हाथों से बाहर निकालनेवाला आदमी उस बच्चे का दोस्त होगा या जान से मारने के लिए उतावला पिता उसका चाहनेवाला होगा? इस तरह आप लोगों को मदद करनेवाला दोस्त चाहिए, उसकी तलाश करनी चाहिए।

आज हिन्दू मुस्लिमों को क्यों नहीं छेड़ रहे हैं? वे तो उनके धर्म से नफरत करते हैं, उसकी भर्त्सना करते हैं किन्तु गाँवों में मुस्लिमों के बच्चों को छेड़ने की ताकत हिन्दुओं में नहीं है। इसकी क्या वजह है? उन्होंने मुस्लिमों के बच्चों को हाथ लगाया तो हिन्दू अच्छी तरह जानते हैं कि हिन्दुस्तान का सारा मुस्लिम समाज मुस्लिमों की मदद के लिए दौड़कर आएगा और हिन्दुओं को उसका जवाब देना पड़ेगा। लेकिन हिन्दू लोग आप लोगों को सता रहे हैं, इसकी वजह यही है कि आज आपकी मदद के लिए दौड़कर आनेवाला कोई नहीं है।

कई लोग आप लोगों से कहते हैं कि आप अपने पाँव पर खड़े हो जाइए किन्तु

जिसके दोनों पाँव काट दिए गए हैं वह आदमी खड़ा कैसे रहेगा? आपको किसी न किसी की मदद की जरूरत है। और उसके बाद ही आप सबल बन पाएँगे। आज की इस बेसहारा स्थिति में आपको जो मदद देगा वही आपका सच्चा दोस्त और रखवाला है। इसी वजह से मैं आप लोगों से कहता हूँ कि आप लोगों को धर्म बदलना जरूरी है। मनुष्य को धर्म प्यारा नहीं है, इनसानियत प्यारी है।

कातकरी जैसी बहुत ही पिछड़ी जाति को भी हिन्दू धर्म में इनसानियत के हक़ प्राप्त हैं। वे लोग सवर्णों के घरों में जा सकते हैं। किन्तु आप लोगों को दरवाजे तक जाने की भी इजाजत नहीं है। आपके हाथ का दूध खरीदने के लिए भी कोई तैयार नहीं है। नौकरियाँ करके या अन्य कामधन्धे करके अपना उत्थान करने के लिए जितने रास्ते हैं वे सभी आप लोगों के लिए रोक दिए गए हैं? मुस्लिम या ईसाई धर्म के लोग जिस प्रकार की नौकरियाँ करते हैं उस प्रकार की नौकरियाँ करने की बात आप लोगों ने सोची तो आप लोगों को हिन्दुओं का विरोध झेलना पड़ेगा। इसलिए मैं आपको पुनः यह कहना चाहता हूँ कि इस हिन्दू धर्म में रहकर आप अपना उत्थान बिल्कुल नहीं कर सकते। आप हिन्दू धर्म में हैं इसलिए आपके आगे यह रुकावट है। यदि आप मुस्लिम होते, ईसाई होते या सिख होते तो यह सभी रास्ते आपके लिए खुले हुए होते और आप कुछ-न-कुछ अपना आर्थिक उत्थान कर सकते। किन्तु जब तक आप हिन्दू हैं तब तक उत्पीड़न की उनकी पकड़, उनका वर्चस्व कभी समाप्त होनेवाला नहीं है। और इसी की वजह से आप इस नर्क में सड़ रहे हैं, इसलिए आप इस स्थिति के बारे में गम्भीर रूप से सोच लीजिए। आप इस आत्मघाती धर्म से कितने दिन चिपककर रहेंगे? मैं पूछता हूँ कि मरने के लिए आपको स्वर्ग चाहिए या मोक्ष चाहिए, पहले आपको इनसानियत चाहिए। पुनर्जन्म से या काल्पनिक स्वर्ग से मुझे कुछ लेना-देना नहीं है।

तीसरी बात यह कि इस हिन्दुस्तान की अधकचरी शिक्षा से आपके मन मसल दिए गए हैं। जिस प्रकार साँप को देखने से आदमी के होश उड़ जाते हैं, उसी तरह आज आप लोगों की स्थिति है। आप लोगों को लगता है कि हम एकदम नीच और हलके दर्जे के लोग हैं। हिन्दू धर्म आपको अतिशूद्र मानता है। और आप स्वयं को शूद्र मानते हैं। इसीलिए आप लोग रास्ते पर चलते समय सवर्णों से काफी दूर चलते हैं। इसका कारण आपका मन भर गया है। आपका स्वाभिमान सोया हुआ है। आपको ऐसा नहीं लगता कि हम इनसान हैं इसलिए हम पर जुल्म करनेवाले हिन्दू के साथ झगड़ने का विचार आपके मन को छूता तक नहीं। मैं आप लोगों को साफ तौर पर कह रहा हूँ कि आप लोग जब तक हिन्दू धर्म की चौखट में हैं तब तक तुम्हारे हाथों में यह गुलामी की जंजीरें हैं। जब तक आपके दिलो-दिमाग पर हिन्दू धर्म की शिक्षा का प्रभाव है, तब तक आप लोग एकदम निरर्थक समझे जाएँगे।

आप सभी लोग किसान हैं। किस परिस्थिति में पेड़ बढ़ते हैं, इस बात को आप अच्छी तरह जानते हैं। आप लोगों को यह भी मालूम है कि एक पेड़ की छाँव में दूसरा पेड़ फलता-फूलता नहीं। अगर पेड़ उग भी गया तो वह बढ़ता नहीं। आम की कलम

लगानी हो तो पन्द्रह-बीस फिट का अन्तर रखना पड़ता है। तब कहीं उस पेड़ पर फूल लगकर फल आते हैं। इसका कारण क्या है? बड़े पेड़ों की छाँव में छोटे पेड़ों को पर्याप्त रोशनी नहीं मिलती। उन पर सूरज की पूरी किरणें नहीं पड़तीं। अन्य पोषक पदार्थ भी पर्याप्त रूप से उन्हें नहीं मिलते। इन छोटे पेड़ों की तरह ही आपकी स्थिति है। हिन्दुओं की काली छाँव में रहने की वजह से ही आपका विकास नहीं हुआ है। आप लोग बौने पेड़ों की तरह हैं। सज्जनो, आप लोग इतने दिन सोए हुए थे। इस दुनिया में इन लोगों ने क्या लूटखसोट मचाई इस बात पर आज आप लोगों को सोचना होगा।

मैंने जो तीन कठिनाइयाँ बताई हैं उन्हें समाप्त करने का प्रयास यदि आप लोगों ने पूरे दिल से किया तो आपका उत्थान निश्चित तौर पर होगा इसमें कोई सन्देह नहीं। अब आपकी पहली कठिनाई है आपकी दरिद्रता। इस दरिद्रता को दूर करना आपके हाथ में नहीं है। किन्तु आप और हम मिलकर उसे दूर करने का प्रयास कर सकते हैं। इस सन्दर्भ में आपसे मेरी ज्यादा जिम्मेदारी है। मैं और मेरे अन्य सहकारियों पर भी जिम्मेदारी है। आर्थिक स्थिति में बदलाव लाने के लिए हमें राजनीतिक हक़ मिलने चाहिए। आज आप लोगों को विधिमंडल में पन्द्रह सीटें मिली हैं। वहाँ चुनकर जानेवाले प्रतिनिधि पर हर तरह से आपकी आर्थिक स्थिति में परिवर्तन लाने की जिम्मेदारी है। उसी प्रकार आप लोगों को अपनी स्थिति का पूरा ध्यान रखते हुए अपने इन अगुवाओं को अपनी जिम्मेदारी निभाने के लिए मजबूर करना चाहिए।

तीसरी कठिनाई है आपकी 'असमर्थता', आपके 'मन की दुर्बलता'। इन बातों को दूर करना पूरी तरह से आप लोगों पर निर्भर है। मैं अपनी जिम्मेदारी को जानते हुए उन कठिनाइयों को कैसे दूर किया जाए इस बारे में बताऊँगा। लेकिन उसके अनुसार चलना या न चलना आपके हाथ में है। मेरी राय में ये दोनों कठिनाइयाँ आप लोग जब तक हिन्दू धर्म को नहीं छोड़ते तब तक दूर होनेवाली नहीं हैं। बल्कि ये कठिनाइयाँ हिन्दू धर्म का त्याग करने से ही दूर होंगी। मैंने आप लोगों को साफ तौर पर कह दिया है कि आपकी असमर्थता दूर करने के लिए आप लोगों को अन्य धर्म के समाज के लोगों से दोस्ती का हाथ बढ़ाना चाहिए। उसी प्रकार अपने मन की दुर्बलता को समाप्त करने के लिए आप लोगों को अन्य धर्म की शिक्षा को अपनाना जरूरी है। उसके लिए कोई विकल्प नहीं है। संक्षेप में कहा जाए तो इन दोनों कठिनाइयों का निदान है—धर्मान्तरण। अब आप लोगों को धर्मान्तरण के लिए तैयार हो जाना चाहिए। धर्मान्तरण कब करना है, किस धर्म में जाना है आदि बातें मैं उचित समय पर बताऊँगा। मेरा कहना यदि आप लोगों को उचित लगता हो तो आप मेरी राह पर चलिए, मेरे साथ-साथ चलिए। यदि आपकी इच्छा न हो तो आप इसी धर्म में रहिए, इसी में सड़ते रहिए। जब मैं आपकी जाति में पैदा हुआ तब अपनी जिम्मेदारी समझकर मैं आपको यह कह रहा हूँ। आप लोगों के अच्छे-बुरे की जिम्मेदारी यदि आप मुझ पर छोड़ देते हैं तो मैं जैसे कहूँगा उस तरह से चलने के लिए आपको तैयार रहना चाहिए। मैं जहाँ जाऊँगा वहाँ मेरे साथ-साथ आना चाहिए।

अन्त में मैं आप लोगों से यह कहना चाहूँगा कि यह समय बड़ी कठिनाइयों से भरा हुआ है। हम लोगों को क्या करना है यह हमें आज ही तय कर लेना चाहिए। आप सभी लोगों को मैंने पाँच-दस साल का मौका दिया है। इसकी वजह यही है कि यह सवाल बहुत गम्भीर है। इसलिए उसका हल आसान नहीं है। आप लोगों में से आधे-अधूरे लोग ही धर्मान्तरण के लिए तैयार हुए तो अपनी कोई भलाई होनेवाली नहीं है। सभी लोगों को उसके लिए तैयार रहना चाहिए। इसीलिए यह पाँच-दस साल की सहूलियत दी गई है। इस बीच आपके दिलो-दिमाग पर हिन्दू धर्म का जो प्रभाव है वह खत्म हो जाना चाहिए। इस बात को ध्यान में रखिए। जिस समय मुझे ऐसा लगेगा कि आप धर्मान्तरण के लिए तैयार नहीं हैं उस समय ऐसा मान लीजिए कि आपके और मेरे रास्ते अलग-अलग हो गए हैं किन्तु मैं इस निरर्थक और सड़ियल धर्म से निश्चित तौर पर जानेवाला हूँ, यह बात बिल्कुल सही है।

# जिस धर्म में समानता, प्रेम और अपनापन नहीं वह धर्म, धर्म नहीं

*__दि. 4 मई 1936__ को अमरावती के नेकोलेट पार्क में डॉ. बाबासाहेब अम्बेडकर की जनसभा का आयोजन अमरावती के दलित समाज की ओर से किया गया था। इस अवसर पर अमरावती के रेलवे स्टेशन पर उनका जबर्दस्त स्वागत किया गया था। यह जनसभा नागपुर कैम्प म्यूनिसपैलिटी के सेक्रेटरी मा. मेश्राम की अध्यक्षता में हुई थी। इस सभा को सम्बोधित करते हुए डॉ. अम्बेडकर ने कहा–*

मैं आज अमरावती में सात-आठ सालों बाद आया हूँ। मैं पिछली बार यहाँ अम्बादेवी के सत्याग्रह के लिए आया था। उस समय मेरे अछूत भाइयों की सत्याग्रह करने की कोई तैयारी नहीं थी। सत्याग्रह में जेल जाने के लिए सिर्फ छह लोग तैयार हुए थे। किन्तु वह स्थिति आज पूरी तरह बदल गई है, यह देखकर मुझे बड़ी खुशी हो रही है। यहाँ आने से पहले महात्माजी ने मुझे मुलाकात के लिए वर्धा बुलाया था। जब मैं वहाँ गया तब जमनालाल बजाज ने जिस लक्ष्मीनारायण के मन्दिर को अछूतों के लिए खोल दिया था, जो उनका अपना निजी मन्दिर था, उसे दिखाने के लिए वे ले गए थे। मैंने मन्दिर के भीतर प्रवेश किया और मन्दिर के बाहर आकर देखता हूँ तो वहाँ मेरा अछूतपन जस का तस बरकरार था। क्योंकि इस मन्दिर के लिए पानी और फूल भी यहाँ हमें नहीं मिलते। तो फिर मन्दिर के भीतर जाकर अछूतपन कैसे दूर होगा? खैर, हम लोगों को पहले मन्दिर पर सत्याग्रह करने में जितनी खुशी होती थी उतनी ही अब घृणा हो रही है।

जब महात्मा गांधी ने स्वराज्य के सवाल को हाथ में लिया उसी समय हमने उनसे कहा था कि अछूतपन के सवाल को नजरअंदाज न किया जाए। किन्तु अछूतपन का सवाल स्वराज्य के कई सवालों में से एक है, यह कहकर वे शान्त रहे। किन्तु हमें यह बात समझ में नहीं आ रही है कि हमारे धर्मान्तरण की घोषणा करते ही हिन्दू लोगों को इतना आगबबूला होने की क्या आवश्यकता है। यदि हिन्दू धर्म ही हमें हिन्दू कहने के लिए तैयार नहीं है तो हमें अपने आपको हिन्दू क्यों कहना चाहिए? जिस धर्म में समानता, प्रेम और अपनेपन की भावना नहीं उस धर्म को मैं धर्म मानने के लिए ही तैयार नहीं हूँ।

दो हजार साल पहले हमारे पुरखे अज्ञानी थे। उनको किसी भी प्रकार का ज्ञान हासिल करने की और हथियार उठाने की आज्ञा नहीं थी। इसलिए उनमें कोई भी नया कार्य करने का साहस नहीं था। अज्ञान ने उनके मन को नष्ट करके दुर्बल बना दिया था। उन्होंने हिन्दू धर्म को चार वर्णों की चौखट में कसकर रख दिया है। इस वर्ण व्यवस्था की वजह से हमारी योग्यता किसी भी ब्राह्मण से श्रेष्ठ होने पर भी गुलामी के काम हमारे हाथों में दे दिए गए हैं। इस गुलामी की वजह से ही अपने पुरखे अपना स्वाभिमान पूरी तौर पर भूल गए थे। किन्तु आज स्थिति बदल गई है। उस स्थिति के अनुसार हम हिन्दू धर्म की दकियानूसी चौखट में नहीं रह सकते। इसलिए धर्मान्तरण की घोषणा करने के लिए मैं मजबूर हूँ।

साप्ताहिक 'जनता' के 16 मई, 1936 के अंक में प्रकाशित।

# अपने मटियामेट जीवन की नई प्रभात के लिए ही धर्मान्तरण की जरूरत

*धर्मान्तरण की जाहिर घोषणा का समर्थन करने लिए **दि. 17 मई 1936** को कल्याण में दलित समाज की जंगी जाहिर सभा का आयोजन किया गया था। इस सभा का आयोजन डॉ. बाबासाहेब अम्बेडकर की अध्यक्षता में ही किया गया था। इस सभा को सम्बोधित करते हुए डॉ. अम्बेडकर ने कहा–*

"आज आप लोग यहाँ धर्मान्तरण के बारे में मेरे विचार सुनने के लिए इकट्ठा हुए हैं। इसलिए इस सम्बन्ध में मेरा विस्तार से बोलना जरूरी है। कुछ लोग धर्मान्तरण के सम्बन्ध में ऐसा सवाल खड़ा करते हैं कि हम लोगों को धर्मान्तरण क्यों करना चाहिए? किन्तु इस पर मेरा प्रति सवाल यह है कि हम लोगों को धर्मान्तरण क्यों नहीं करना चाहिए? मुझे धर्मान्तरण क्यों करना चाहिए, मेरे जीवन में जो घटनाएँ घटीं उनसे आपको यह आसानी से समझ में आएगा। मेरी तरह ही आप लोगों के जीवन में भी इस तरह की घटनाएँ घटी होंगी। जिन कारणों से मुझे लगता है कि हम लोगों को धर्मान्तरण करना चाहिए उन कारणों को सिद्ध करने के लिए मेरे जीवन में जो कुछ घटनाएँ घटीं और जिनका मेरे जीवन पर जबर्दस्त प्रभाव पड़ा उनमें से दो-तीन बातें मैं आज आपके सामने रखना चाहूँगा।

मेरा जन्म महू (इन्दौर) में हुआ था। मेरे पिता फौज में थे। उस समय मेरे पिता फौज में सूबेदार थे। हम लोग फौजी एरिया में ही रहते थे। इसलिए हमारा बाहरी दुनिया से सम्पर्क नहीं रहता था। इसलिए मुझे अछूतपन के सम्बन्ध में कुछ भी मालूम नहीं था। किन्तु जब मेरे पिता रिटायर हुए तब से हम सभी लोग सतारा में आकर रहने लगे। तब मैं पाँच साल का था, उसी समय मेरी माँ का देहान्त हुआ। सतारा जिले के गोरेगाँव में अकाल पड़ा था इसलिए सरकार ने अकाल निवारण के काम शुरू किए। उस समय पानी के एक तालाब का काम शुरू किया गया था। इस तालाब पर काम करनेवाले मजदूरों को तनख्वाह बाँटने के काम पर मेरे पिता की नियुक्ति की गई। वे गोरेगाँव चले गए और हम चार बच्चे सतारा में ही रहे। जब हम सतारा आए तभी हमें अछूतपन के असली स्वरूप का पता चला। पहली बात तो यह कि हमें बाल कटवाने के लिए हजाम नहीं मिलता था। यह बड़ी मुसीबत थी। मेरी बड़ी बहिन (जो अभी भी जिन्दा

है) हम चार बच्चों के बाल चबूतरे पर बैठकर काटती थी। सतारा में इतने हजाम होने के बावजूद भी वे हमारे बाल क्यों नहीं काटते इस बात का पता मुझे पहली बार चला। दूसरी घटना इस प्रकार है कि मेरे पिता गोरेगाँव में रहते थे। वे हमें पत्र लिखते थे। उन्होंने एक बार हम लोगों को गोरेगाँव आने के लिए पत्र लिखा। हम लोग गोरेगाँव रेलगाड़ी से जाएँगे इस बात से मुझे खुशी हुई थी। तब तक मैंने रेलगाड़ी नहीं देखी थी। पिताजी ने जो पैसा भेजा था उससे हम लोगों ने अच्छे कपड़े सिलवाए। मैं, मेरा भाई और बहिन की लड़कियाँ हम लोग पिताजी से मिलने निकले। उससे पहले हम लोगों ने उन्हें खत लिखा था। लेकिन वह नौकर की लापरवाही की वजह से उन्हें नहीं मिला और इस वजह से हमारे गोरेगाँव पहुँचने का उन्हें पता नहीं चला। किन्तु हम लोग इस उम्मीद में थे कि पिताजी हम लोगों को लेने के लिए किसी नौकर को भेजेंगे। लेकिन हम निराश हुए। हम लोगों ने रेलगाड़ी से उतरने के बाद नौकर को खोजा, इन्तजार किया। मेरे कपड़े ब्राह्मणों जैसे लग रहे थे। रेलगाड़ी आई और चली गई। हम लोग आधा एक घंटा स्टेशन पर इन्तजार करते रहे। स्टेशन पर हमारे अलावा और कोई नहीं था। कुछ ही देर में हमें देखकर स्टेशन मास्टर हमारे पास आया और पूछने लगा कि तुम लोगों को कहाँ जाना है, आप कौन हैं? जैसे ही हमने कहा कि हम 'महार' हैं तो स्टेशन मास्टर झटके से पीछे हट गया। वह हड़बड़ाकर पाँच-छह कदम पीछे हटा। फिर हमारे कपड़ों को देखकर उसे लगा कि हम किसी सम्पन्न महार के बच्चे हैं इसलिए उसने हमारे लिए किराए की बैलगाड़ी की व्यवस्था करने की सोची। हम महार के बच्चे थे इसलिए कोई भी गाड़ीवान हमें ले जाने के लिए तैयार नहीं हुआ। अन्त में मुश्किल से एक बैलगाड़ीवाला तैयार हुआ लेकिन उसने कुछ ऐसी शर्तें रखीं कि वह गाड़ी नहीं चलाएगा। मैं फौजी एरिया में रहा था इसलिए बैलगाड़ी चलाना मेरे लिए मुश्किल काम नहीं था। जब हम लोगों ने गाड़ी चलाने की बात स्वीकार कर ली तो वह गाड़ी ले आया। और हम गोरेगाँव के रास्ते पर बढ़ने लगे। काफी दूर जाने के बाद गाँव के बाहर रास्ते में एक नाला पड़ा। नाले को देखते हुए गाड़ीवाले ने कहा कि आप लोग यहीं अपनी रोटियाँ खा लीजिए, आगे आपको पीने के लिए पानी नहीं मिलेगा। हम गाड़ी से नीचे उतरे, हमने रोटियाँ खाईं। नाले का पानी गन्दा था। उसमें गोबर मिला था। गाड़ीवाला इतने में रोटी खाकर आ गया था। फिर हमारी गाड़ी चलने लगी। रात काफी बीत चुकी थी। रास्ते में रोशनी नहीं थी, कुछ भी दिखाई नहीं दे रहा था। हमारी आँखों में आँसू आ गए थे। इस तरह रात के बारह बज गए। मन में तर्क-कुतर्क उठ रहे थे। हम लोग सोच रहे थे शायद हम गोरेगाँव नहीं जा रहे हैं, इतने में एक जकात नाके पर हमारी गाड़ी पहुँची। हम लोग गाड़ी से नीचे उतरे। हमने खाने के बारे में जकात नाके पर तैनात सिपाही से पूछा। मैं फारसी भाषा अच्छी तरह जानता था इसलिए उस आदमी के साथ बात करने में मुझे कोई कठिनाई नहीं हुई। किन्तु उसने मुझे अड़ियल जवाब दिया और पानी के लिए सामनेवाले पहाड़ की ओर इशारा किया। शेष रात हमने उसी जकात नाके पर बिताई।

दूसरे दिन सुबह फिर गाड़ी से हमारा सफर शुरू हुआ। और दोपहर में अधमरी अवस्था में हम लोग गोरेगाँव पहुँच गए।

मेरे जीवन की तीसरी घटना है बड़ौदा सरकार की नौकरी। बड़ौदा सरकार की छात्रवृत्ति मिलने के बाद मैं यूरोप गया और मैंने वहाँ ऊँची शिक्षा प्राप्त की। वहाँ से लौट आने के बाद छात्रवृत्ति की शर्तों के मुताबिक मुझे बड़ौदा संस्थान में नौकरी करनी थी। मुझे बड़ौदा में रहने के लिए मकान नहीं मिल रहा था। हिन्दू-मुस्लिम कोई भी मुझे रहने के लिए मकान देने को तैयार नहीं थे। अन्त में मैंने एक पारसी धर्मशाला में पारसी बनकर रहने का निश्चय किया। यूरोप से लौट आने के बाद मैं दिखने में रुआबदार और गोरा दिखाई दे रहा था। मैं उस धर्मशाला में एदलजी सोरावाजी पारसी नाम से रह रहा था। रोज के दो रुपए किराया देकर धर्मशाला में रहने का वायदा धर्मशाला के चौकीदार ने किया था। इससे पहले बड़ौदा शहर में यह चर्चा आम थी कि महाराज सरकार ने बड़ौदा में महार के एक लड़के को पढ़ाया-लिखाया है। मेरे पारसी नाम से धर्मशाला में अज्ञात रूप में रहने से लोगों को सन्देह हुआ। हंगामा मच गया। वहाँ के पारसी लोगों को इस बात का पता चल गया कि धर्मशाला में रहनेवाला मैं वही महार हूँ। दूसरे दिन मैं भोजन करने के बाद ऑफिस जाने के लिए निकला उस समय पन्द्रह-बीस पारसी हाथ में डंडे लेकर मुझे जान से मारने के लिए आए। उन्होंने सबसे पहले यही पूछा कि 'तू कौन है?' मैंने जवाब दिया कि 'मैं सिर्फ हिन्दू हूँ' किन्तु इस जवाब से उनके सन्देह का समाधान नहीं हुआ। वे गाली-गलौज पर उतर आए। उन्होंने मुझे तुरन्त धर्मशाला छोड़कर जाने के लिए कहा। उस समय मेरे धैर्य ने मुझे बल दिया। मैंने उनसे साहस के साथ आठ घंटे की मोहलत माँगी। और उन्होंने मोहलत दे दी। मैंने सारे दिन ठिकाना खोजने की पूरी कोशिश की। किन्तु मुझे कहीं भी रहने के लिए जगह नहीं मिली। मैं अपने कई मित्रों के पास गया। उन्होंने बहानेबाजी करके मुझे मदद करने से इनकार कर दिया। मैं इतना परेशान हो गया था कि अब क्या किया जाए यह मेरी समझ में नहीं आ रहा था। मैं एक जगह जमीन पर बैठ गया। मेरा मन धधकने लगा था और आँखों से लगातार आँसू बह रहे थे। अन्त में निराश होकर मैंने बड़ौदा की नौकरी छोड़ी और रात की रेलगाड़ी से मुम्बई लौट आया। मेरे साथ जो बर्ताव हुआ है वही बर्ताव आप लोगों के साथ भी हुआ होगा। इसलिए मैं कहता हूँ कि जिस समाज में इनसानियत नहीं, इनसानियत का कोई महत्त्व नहीं उस समाज में बेमतलब अपमान बर्दाश्त करते हुए रहने का कोई मतलब नहीं है। जो इस तरह के अमानवीय धर्म में रहेगा वह गुलाम है। जो आदमी इनसानियत से प्यार करता है वह इस शैतानी धर्म में नहीं रहेगा।

मेरे माँ-बाप इस हिन्दू धर्म में रहे किन्तु उन्हें हिन्दू धर्म के नियमों के कारण पढ़ाई से दूर रहना पड़ा। इस धर्म ने उन्हें हथियार उठाने की इजाजत नहीं दी। उन्हें इस धर्म के नियमों के मुताबिक पर्याप्त रुपया-पैसा कमाने की इजाजत नहीं थी। इसलिए हमारे पूर्वजों को ये तीनों बातें हासिल नहीं हो सकीं। उच्च शिक्षा प्राप्त करते हुए मैं संस्कृत

पढ़ना चाहता था। किन्तु उस समय वह बात धर्म-बन्धनों की वजह से मेरे लिए सम्भव नहीं हुई। किन्तु अब पढ़ना, धन कमाना और हथियार उठाना सम्भव हो गया है। ऐसी स्थिति में जिस धर्म ने आपके पूर्वजों को गुलामी की अवस्था में रखा, किसी भी स्थिति का उपयोग करने की इजाजत देने की बजाय आपको अनपढ़ और गरीबी में रहने के लिए मजबूर किया उस हिन्दू धर्म की आप परवाह क्यों करते हैं? अपने पूर्वजों की तरह उस स्वाभिमानशून्य परिस्थिति के रास्ते पर ही चलना हो तो आपको कोई पूछनेवाला नहीं है। आपकी कोई भी परवाह नहीं करेगा। और इसी की वजह से आज धर्मान्तरण के सवाल का बड़ा महत्त्व है। हिन्दू धर्म में रहने से आपको गुलामी से अधिक प्राप्त होनेवाला नहीं है। यदि मैं अछूत भी रहा तब भी हिन्दू समाज का कोई आदमी जो कर पाएगा, वह मैं आसानी से कर सकूँगा। मेरे हित-अहित का सवाल हिन्दू धर्म में रहने से या न रहने से हल नहीं होगा ऐसी बात नहीं है। मैं आज की स्थिति में हाईकोर्ट का जज बन सकता हूँ। विधिमंडल में मिनिस्टर का पद भी मुझे मिल सकता है। किन्तु आप लोगों की इनसानियत के लिए मेरा धर्मान्तरण करना जरूरी हो गया है। आपके इस मटियामेट जीवन को सोने के दिन प्राप्त हों इसीलिए मुझे धर्मान्तरण की जरूरत महसूस हो रही है। आपकी स्थिति में बदलाव लाने के लिए मेरे सहयोगी मित्रों की ओर से आपको निश्चित तौर पर मदद मिलेगी, इस बात की मुझे पूरी उम्मीद है। आप लोगों को होशियार बनाने के लिए मुझे धर्मान्तरण करवाना है। अपने हितों के सवाल के लिए मैं एकदम बेफिक्र हूँ। मैं आज जो काम कर रहा हूँ वह आप लोगों की भलाई के लिए है। आप मुझे भगवान मानते हैं। किन्तु मैं भगवान नहीं हूँ। मैं आपकी तरह ही एक इनसान हूँ। मुझसे आप लोगों की जो भी मदद होगी, वह मैं करने के लिए तैयार हूँ। मैंने यह निश्चय कर लिया है कि आप लोगों को आज की इस स्थिति से मुक्त करना है। मैं अपने लिए कुछ नहीं कर रहा हूँ। आप अपनी जिम्मेदारी को पहचान लीजिए और मैं आपको जो रास्ता दिखाऊँ उसी पर आप चलिए। मतलब आपकी भलाई, आपकी होशियारी सफल होगी, इसमें कोई सन्देह नहीं है।

साप्ताहिक 'जनता' के 23 मई, 1936 के अंक में प्रकाशित।

# दलित वर्ग को धर्मान्तरण की आवश्यकता क्यों है?

*बाबासाहेब डॉ. अम्बेडकर ने येवला में* **13 अक्तूबर, 1935** *को धर्मान्तरण करने की घोषणा की थी। धर्म क्यों बदलना है इस बात को लोगों को अच्छी तरह समझाने के लिए उन्होंने* **31 मई, 1936** *को मुम्बई में मुम्बई इलाका महार परिषद् के नाम से एक सभा आयोजित की थी। उस परिषद् को सम्बोधित करते हुए डॉ. अम्बेडकर ने कहा–*

**साथियो, भाइयो और बहनो**

धर्मान्तरण की जो घोषणा मैंने की है, यह परिषद् उस पर चिन्तन और सलाह करने के लिए मुख्य रूप से बुलाई गई है। यह बात आप लोगों को स्पष्ट रूप से मालूम हो चुकी है। धर्मान्तरण का प्रश्न मेरी दृष्टि से बहुत ही महत्त्वपूर्ण बात है। इतना ही नहीं, दलित, शोषित, पीड़ित जनता का भविष्य भी मेरी दृष्टि से इस धर्मान्तरण की समस्या पर अवलम्बित है। इस कारण यह प्रश्न मुझे अत्यधिक महत्त्वपूर्ण लगता है। इस प्रश्न की गम्भीरता और महत्ता को आप सब लोग अच्छी तरह समझ गए होंगे। यह कहने में अब मुझे कोई संकोच नहीं है। यदि यह बात सही नहीं होती तो आज आप लोग इतनी विशाल संख्या में यहाँ नहीं आए होते। किन्तु आप सब लोग जो इतनी बड़ी संख्या में यहाँ इकट्ठा हुए हैं, यह देखकर मैं गर्व से खुश हूँ।

जबसे हमने धर्मान्तरण की घोषणा की है उस दिन से आज तक कई जगहों पर छोटी-बड़ी सभाएँ, संगोष्ठियों का आयोजन कर अपने लोगों ने इस विषय पर अपना मत प्रदर्शित किया है, यह सभी लोग जानते भी हैं। और सबने सुना भी है, किन्तु किसी एक जगह इकट्ठा होकर विचार-विमर्श के द्वारा धर्मान्तरण के प्रश्न की निर्णयात्मक और निश्चयात्मक चर्चा करने का अवसर आज तक हम सब लोगों को प्राप्त नहीं हुआ था। मुझे ऐसे महत्त्वपूर्ण अवसर की आप सब लोगों से भी बहुत अधिक आवश्यकता थी, और आप सब लोगों को यह बात माननी पड़ेगी कि धर्मान्तरण का आन्दोलन सफल बनाने के लिए पूर्व तैयारी की बहुत बड़ी आवश्यकता है।

धर्मान्तरण, यह कोई बच्चों का खेल नहीं है, धर्मान्तरण कोई मौज का विषय नहीं है। यह तो तमाम दलित समाज की जिन्दगी और मौत का प्रश्न है। जैसे नाविक को

अपना जहाज एक बन्दरगाह से दूसरे बन्दरगाह पर ले जाने के लिए जितनी पूर्व तैयारी करनी पड़ती है, उतनी ही पूर्व तैयारी धर्मान्तरण के लिए भी करनी पड़ेगी। बिना हिन्दू धर्म का त्याग किए एक नए किन्तु मानवता और मनुष्यता से परिपूर्ण जीवन को प्राप्त करना कदापि सम्भव नहीं है। जिस प्रकार नाविक नौका में कितने यात्री आते हैं इसका अन्दाजा जाने-समझे बिना सफर की तैयारी नहीं करता है, उसी प्रकार मेरी भी स्थिति है। ऐसे कितने लोग हैं जो धर्मान्तरण के लिए तैयार हैं, जब तक इसका निश्चित रूप में अन्दाजा नहीं होगा, तब तक मेरे लिए धर्मान्तरण की तैयारी में जुट जाना सम्भव नहीं है। किन्तु जब तक हम लोगों द्वारा कहीं-न-कहीं इस प्रश्न पर सोच-विचार के लिए परिषद् का आयोजन नहीं किया जाएगा तब तक जनमत का निश्चित रूप में मन जानने का अवसर प्राप्त नहीं होगा।

मैंने यह बात जब मुम्बई के कार्यकर्त्ताओं को बताई तब उन्होंने उसी वक्त खर्चे की और अन्य किसी भी प्रकार की कठिनाइयों की या परिश्रम की बात को आगे न लाते हुए परिषद् के आयोजन की पूरी जिम्मेदारी को अपने ऊपर ले लिया, और वह भी बड़ी खुशी के साथ। इतनी बड़ी जिम्मेदारी को सफल बनाने में उन्हें कितना कष्ट सहन करना पड़ा होगा। इसकी हकीकत हमारे कार्यकर्त्ता और स्वागत समिति के अध्यक्ष रेवजी दगडूजी डोलस ने अपने स्वागत भाषण में विस्तारपूर्वक बताई है। इतनी सारी कठिनाइयों को बर्दाश्त करके उन्होंने हमारे लिए इस परिषद् का जो आयोजन किया है, इसके लिए मैं इस परिषद् के स्वागत मंडल का बहुत ही एहसानमन्द हूँ।

### *केवल महारों की ही परिषद् क्यों?*

यदि मेरे धर्मान्तरण की घोषणा तमाम अछूतों के लिए है तो फिर तमाम अछूतों की परिषद् क्यों नहीं बुलाई गई, केवल महारों की ही परिषद् क्यों बुलाई गई? इस प्रकार का आरोप मुझ पर कुछ लोगों द्वारा लगाए जाने की सम्भावना है। जिन प्रश्नों पर चर्चा करने के लिए यह सभा बुलाई गई है उन प्रश्नों पर बहस करने से पहले इस संभाव्य आरोप का उचित जवाब देना मेरे लिए अत्यावश्यक है, मैं ऐसा मानता हूँ।

महारों की ही सभा क्यों बुलाई गई और तमाम अछूत वर्ग की सभा क्यों नहीं बुलाई गई, इसके कई कारण हैं। उनमें पहला कारण यह है कि इस परिषद् में एक तो न हमको किसी भी प्रकार की माँगें माँगनी हैं, और न ही हिन्दू लोगों से (समाज से) कुछ सामाजिक हक माँगना है। हमें अपने तमाम दलित भाइयों की जिन्दगी और मनुष्यता के लिए क्या करना ज़रूरी है, अपने जीवनक्रम की रूपरेखा किस प्रकार से तय करें, केवल यही प्रश्न इस परिषद् के सामने है। इस प्रश्न को दलित (अछूत) जाति और जमातों को स्वतन्त्र रूप से सोचकर ही हल करना चाहिए। जिन कारणों के लिए सभी अछूत जातियों को एक संयुक्त सभा आयोजित करने की आवश्यकता मुझे महसूस नहीं हुई, उनमें यह एक कारण है। केवल महारों की ही परिषद् आयोजित करने में दूसरा

भी एक कारण है, धर्मान्तरण की घोषणा के बाद आज करीब दस महीने का समय बीत चुका है। इस कालावधि में जन-जाग्रति का, समाज प्रबोधन का कार्य बहुत कुछ हुआ है और अब जनमत आजमाने की अधिक आवश्यकता है, ऐसा मैं समझता हूँ। यह एक सबसे सरल और आसान तरकीब है, ऐसा मुझे लगता है।

धर्मान्तरण के प्रश्न को अमली जामा पहनाने के लिए जो प्रयास करना आवश्यक है, वह प्रयास करने के पूर्व वास्तव में दलित जनमत की तैयारी कहाँ तक है, इस बात का पूरा यकीन कर लेना एकदम आवश्यक है। और मेरी यह मान्यता है कि दलित समाज की प्रत्येक जाति में अपनी-अपनी जाति की सभा आयोजित करके इसमें दलित जनता का जो विश्वास प्राप्त किया जाएगा और उसमें जो वास्तविक दृश्य दिखाई देगा उस प्रकार का स्वरूप आम अछूत दलित वर्ग की सभा में न तो दिखाई देगा और न ही हम पूरे वर्ग के बारे में कुछ निश्चित निष्कर्ष पर पहुँच पाएँगे। चूँकि यदि हम तमाम अछूतों-दलितों की परिषद् इस तरह का नाम देकर भी सभा का आयोजन करते तब भी यह तमाम अछूतों की प्रतिनिधि सभा ही हो सकती थी। लेकिन उसमें भी तमाम दलित वर्ग के जनमत का पूरा यकीन आजमाना असम्भव था। इसीलिए केवल महार (अछूत) वर्ग की ही सभा आयोजित की गई है।

इस परिषद् में अन्य दलित अछूत जातियों को सम्मिलित न करने के कारण उनकी कुछ भी हानि होनेवाली नहीं है। यदि उन्हें धर्मान्तरण न करना हो तो उन्हें इस सभा में सम्मिलित न करने के कारण कुछ भी बुरा लगने का प्रश्न नहीं है, और यदि उन्हें धर्मान्तरण करना हो तो इस सभा में उन्हें सम्मिलित नहीं किया गया इससे उनके धर्मान्तरण में किसी भी प्रकार की कठिनाई नहीं आनेवाली है। जैसे महार लोगों की परिषद् आयोजित की गई है, उसी प्रकार दलित अछूत वर्ग की हर जाति को अपनी-अपनी जाति की सभा आयोजित करके इस प्रश्न पर अपना जनमत जाग्रत करने का और अपनी भावनाओं को व्यक्त करने का पूरा अवसर प्राप्त है। और इस प्रकार की परिषद् उन्हें भी आयोजित करनी चाहिए, ऐसी मैं उन्हें सलाह देना चाहूँगा। इस काम के लिए उन्हें मेरी ओर से जो भी मदद सम्भव होगी, मैं अवश्य करूँगा। यहाँ तक तो केवल इस परिषद् की प्रस्तावना ही हुई है, अब मैं आज के इस परिषद् के मूल उद्देश्य और मूल विषयों की चर्चा करूँगा।

धर्मान्तरण का प्रश्न जितना महत्त्व का है उतना ही वह गहन और गम्भीर है। सर्व-सामान्य मनुष्य की बुद्धि इसे नहीं समझ सकती। उसी प्रकार सर्व-सामान्य आदमी को धर्मान्तरण जैसे प्रश्न की बात समझा देना, यह उतनी आसान बात नहीं है। इसके बावजूद आप सभी लोगों को जब तक यह बात अच्छी तरह नहीं समझाई जाती है तब तक धर्मान्तरण को कार्य-रूप में लाना बहुत ही मुश्किल काम है, इस बात की मुझे अच्छी तरह जानकारी है। और इसीलिए जितनी सरलता से इस प्रश्न का मैं विश्लेषण करूँगा, जितने आसान तरीके से यह प्रश्न मैं आप सब लोगों के सामने स्पष्ट रूप में रखूँगा, आप उतनी ही अच्छी तरह समझ पाएँगे। इसकी मैं पूरी कोशिश करूँगा।

## *धर्मान्तरण के व्यावहारिक कारण*

धर्मान्तरण के प्रश्न पर दो दृष्टियों से विचार होना चाहिए। सामाजिक दृष्टि से विचार करना चाहिए और दूसरी धार्मिक दृष्टि से भी विचार करना चाहिए। उसी प्रकार तात्त्विक दृष्टि से भी विचार करना चाहिए, किन्तु किसी भी दृष्टि से धर्मान्तरण का विचार करने पर सबसे पहले अस्पृश्यता (अछूतपन) क्या बला है, इसका वास्तविक स्वरूप क्या है, इसका वास्तविक ज्ञान कर लेना बहुत आवश्यक है। इसके बिना मेरे धर्मान्तरण की घोषणा का अर्थ आप सब लोगों को समझना सम्भव नहीं है। अछूतपन क्या बला है और उसका सही स्वरूप क्या है? इसकी जानकारी आप लोगों को होनी चाहिए। इसीलिए तमाम दलित-अछूत वर्ग पर सवर्ण हिन्दुओं द्वारा हो रहे ज़ुल्म और अत्याचारों की आप लोगों को याद दिला देना मैं आवश्यक समझता हूँ।

सरकारी पाठशालाओं में अपने बच्चों को पढ़ाई के लिए दाखिल करने का हक जताने के कारण, सार्वजनिक और सरकारी कुँओं पर, तालाब और पनघट पर पानी भरने का हक़ जताने के कारण, बरात घोड़े पर ले जाने का हक़ जताने के कारण, जुलूस और मोर्चे निकालने, सभा और सम्मेलन कराने का हक़ जताने के कारण सवर्ण हिन्दुओं द्वारा अछूत-दलित वर्ग के साथ मारपीट करने की घटनाएँ सुबह से शाम तक आए दिन होते रहने के कारण एक भयावह दृश्य सबकी आँखों के सामने है। किन्तु मारपीट करने के दूसरे कई कारण हैं जिनका उल्लेख करने पर भारत से बाहर के लोगों को भी उसका दुख होगा। अछूतों द्वारा कीमती और अच्छे कपड़े पहनने के कारण उनसे स्पृश्य ऊँची जाति के हिन्दुओं द्वारा मारपीट किए जाने के असंख्य उदाहरण दिए जा सकते हैं। अछूतों द्वारा पानी भरने के लिए ताँबा और पीतल के बर्तन इस्तेमाल करने के कारण सवर्ण हिन्दुओं द्वारा उनके साथ मारपीट किए जाने की असंख्य घटनाएँ बयान की जा सकती हैं। अछूतों द्वारा भूमि खरीदने के कारण स्पृश्य हिन्दुओं द्वारा उनके घर-मकान जलाए जाने की असंख्य घटनाएँ बताई जा सकती हैं। अछूतों के जनेऊ पहनने के कारण सवर्ण हिन्दुओं द्वारा उन्हें मारने-पीटने की असंख्य घटनाएँ हैं। मरे हुए जानवर न उठाने के कारण और मरे हुए जानवरों का मांस खाने से इनकार करने के कारण सवर्ण हिन्दुओं द्वारा उन्हें मारने-पीटने के अनगिनत उदाहरण दिए जा सकते हैं। अछूतों के अपने पाँव में जूता और जुराब पहनकर गाँव से गुजरने के कारण, रास्ते में मिले स्पृश्य हिन्दुओं को जोहार (झुककर सलाम) न करने के कारण, शौच के लिए ताँबे का लोटा ले जाने के कारण उन पर हिन्दू स्पृश्यों द्वारा अमानवीय ज़ुल्म और सितम ढाए जाने की दर्द भरी असंख्य कहानियाँ हैं। अछूतों द्वारा अपने समाज के पंचों की पंक्ति में चपाती परोसने के कारण स्पृश्य हिन्दुओं द्वारा उनकी पंगत का ही मटियामेट करने की घटना अभी ताज़ा है।

उपरोक्त प्रकार के ज़ुल्म और सितम स्पृश्य हिन्दुओं द्वारा अस्पृश्य समाज पर सदियों से हो रहे हैं और अब भी इस प्रकार के ज़ुल्म ढाने की अनगिनत घटनाएँ हैं। इस अमानुषिक ढंग से व्यवहार करने की कई घटनाएँ आपके सुनने में ही नहीं, देखने

और स्वयं भोगने में भी आई होंगी। जहाँ स्पृश्य हिन्दुओं द्वारा अछूतों को मारना-पीटना सम्भव नहीं हुआ होगा वहाँ उन्होंने बहिष्कार के हथियार का आपके विरुद्ध कैसे इस्तेमाल किया है, इसका भी आप लोगों को अच्छा अनुभव होगा ही। अछूतों को मज़दूरी नहीं मिलने पाए इसकी पूरी कोशिश स्पृश्य हिन्दू करते हैं। जंगल में आपके पशुओं को नहीं जाने दिया जाता है, गाँव में अछूतों को नहीं जाने दिया जाता है। इस तरह चारों ओर से जकड़बन्दी करके स्पृश्य हिन्दू लोगों द्वारा आपके लोगों को परेशान करने की घटनाओं के बारे में आपमें से बहुत कुछ लोगों को मालूम होगा ही। किन्तु यह सब अपने ही समाज पर क्यों होता है, इसके मूल में ऐसे कौन से कारण हैं, ऐसा कौन-सा रहस्य छिपा हुआ है, यह बात मेरी दृष्टि में आपमें से बहुत ही कम लोगों को मालूम होगी। उसे जानने के लिए यह समझना मेरी दृष्टि से बहुत आवश्यक है।

## *यह वर्ग-कलह की समस्या है*

उपरोक्त वर्ग-कलह की जो घटनाएँ हैं उनमें व्यक्ति की अच्छाई और बुराई से कुछ भी सम्बन्ध नहीं है। यह दोनों खटनटों का आपसी कलह नहीं है। अस्पृश्यता का प्रश्न वर्ग-कलह का प्रश्न है। स्पृश्य और अस्पृश्य इन दो समाजों का वर्ग-कलह है। एक समाज पर दूसरे समर्थ समाज द्वारा हो रहे अतिक्रमण का यह प्रश्न है। यह एक मनुष्य पर हो रहे अन्याय का प्रश्न नहीं है। बल्कि यह एक वर्ग द्वारा दूसरे वर्ग पर ज़बर्दस्ती किए जा रहे हमलों का प्रश्न है। यहाँ एक वर्ग जो सदियों से समर्थ है, शक्तिशाली है, उसके द्वारा निर्धन, निर्बल दलित-वर्ग पर जबर्दस्ती किए जा रहे अतिक्रमण, जुल्म-शोषण तथा उत्पीड़न का प्रश्न है।

यह वर्ग-कलह सामाजिक दर्जे से सम्बन्धित वर्ग-कलह है। तथाकथित एक ऊँचे वर्ग द्वारा दूसरे दलित-वर्ग से व्यवहार करते समय अपना बर्ताव कैसे रखना चाहिए यह इससे सम्बन्धित वर्ग-कलह है, इस वर्ग-कलह की जो उपरोक्त घटनाएँ दी गई हैं उनसे जो एक समस्या स्पष्ट रूप से सिद्ध हो रही है वह यह है कि आप लोग परम्परागत ऊपरी वर्ग से व्यवहार रखते वक्त बराबरी के, समानता के रिश्ते से बर्ताव रखने का आग्रह करते हैं, इसलिए यह वर्ग-कलह उत्पन्न होता है। यदि ऐसा नहीं होता तो चपाती की मेज़बानी देने के कारण ऊँचे और क़ीमती कपड़े पहनने के कारण, जनेऊ पहनने के कारण, ताँबे और पीतल के बर्तन में पानी भरने के कारण, घोड़े पर बारात ले जाने के कारण ऊपरी वर्ग के किसी भी आदमी की हानि नहीं है। वह अपना ही रुपया-पैसा खर्च करता है। तब भी ऊपरी वर्ग को उसके इस व्यवहार के प्रति जलन, द्वेष और दर्द क्यों होना चाहिए? इस जलन और क्रोध का एक ही मकसद है, और वह यह है कि इस तरह का समता का व्यवहार उसकी मानहानि का कारण है। आप निचले वर्ग के हैं, अपवित्र हैं, निचले दर्जे में ही आप रहें तब तो वे आप लोगों को सुख और शान्ति से रहने देंगे अन्यथा नहीं। आपने अपने परम्परागत स्तर से उठने की कोशिश

की तो आपके विरुद्ध कलह की आग भड़कने लगती है। स्पृश्य हिन्दुओं के दिल में आपके प्रति आग के शोले भड़क उठते हैं। यह बात अब निर्विवाद रूप से सिद्ध हो चुकी है।

उपरोक्त घटनाओं से और भी एक बात सिद्ध होती है, वह यह कि अस्पृश्यता यह नैमित्तिक (खास मौके की) नहीं होकर नित्य की चीज है। और सदियों से चलती आ रही है। यही बात स्पष्ट रूप में कहनी हो तो यह स्पृश्य और अस्पृश्य हम दो वर्गों का नित्य कलह है। और यह हमेशा ऐसा ही रहनेवाला है। चूँकि जिस धर्ग के कारण आप लोगों को इतना निचला दर्जा दिया गया है वह धर्म ऊपरी वर्ग के कथनानुसार सनातन है। उसमें किसी भी प्रकार से समयानुकूल परिवर्तन नहीं हो सकता है। आप लोग आज जैसे निचले दर्जे के हैं उसी प्रकार आप लोगों को हमेशा के लिए निचले दर्जे के रहना चाहिए। इसका मतलब ही यह है कि स्पृश्य और अस्पृश्य इनमें यह कलह, यह वर्गसंघर्ष हमेशा कायम रहनेवाला है।

इस वर्ग-कलह, वर्ग-संघर्ष से आप लोगों का बचाव कैसे हो, यही मुख्य प्रश्न है। और इस प्रश्न पर विचार किए बिना आप लोगों के पास कोई अन्य रास्ता नहीं है, यह मेरा स्पष्ट मत है, आपमें से जिनसे स्पृश्य हिन्दू समाज जिस तरह से व्यवहार करेगा उस तरह से रहना हो, उनके सेवा-धर्म की जातियों के तले जीना हो, स्पृश्य हिन्दू समाज की दया की भीख पर जिन्हें जीना हो, उन लोगों को इस प्रश्न पर विचार करने की कोई आवश्यकता नहीं है। किन्तु जिन्हें स्वाभिमान की ज़िन्दगी प्यारी हो, जिन्हें मानवता और मनुष्यता से प्रेम हो, जिन्हें समता, बन्धुता, स्वतन्त्रता और न्याय का जीवन आवश्यक लगता हो उनका इस प्रश्न पर विचार किए बिना कोई अन्य रास्ता नहीं है। किस तरह से इस वर्ग-कलह से अपना बचाव किया जा सकता है, इसका विचार करना अत्यावश्यक है। इस वर्ग-कलह से अपना बचाव कैसे होगा? इस प्रश्न का निर्णय करना मैं समझता हूँ कि मेरे लिए कोई असम्भव बात नहीं है। यहाँ इकट्ठा हुए आप सभी लोगों को एक ही बात माननी पड़ेगी, और वह यह कि किसी भी कलह में, संघर्ष में, जिनके हाथ में सामर्थ्य होती है, उन्हीं के हाथ में जय होती है। जिनमें सामर्थ्य नहीं है उन्हें अपनी विजय की अपेक्षा रखना फ़िज़ूल की बकवास है। यह बात आप सबके अनुभव से सिद्ध हो चुकी है। इसके समर्थन में और अन्य आधार खोजने की बात ही फिजूल है। इसलिए तमाम दलित-वर्ग को अब अपने हाथों में सामर्थ्य और शक्ति को इकट्ठा करना बहुत ज़रूरी है। अब उन्हें अपनी शक्ति का, अपने संगठन-सामर्थ्य का प्रदर्शन करने की नितान्त आवश्यकता है।

## *सबसे पहले सामर्थ्य और शक्ति को जुटाओ*

इसके बाद का प्रश्न जिस पर आप लोगों को गम्भीरता से सोचना है वह यह कि इस वर्ग-कलह से मुक्ति पाने के लिए आपके पास आवश्यक सामर्थ्य है या नहीं? मनुष्य

समाज के पास तीन प्रकार की सामर्थ्य होती है। एक है मनुष्य-बल अर्थात संगठन की शक्ति। दूसरा है धन-बल और तीसरा है मानसिक बल अर्थात आत्मविश्वास (Self Confidence) और बुद्धि। मानव-समाज के पास ये तीन तरह के बल होते हैं। इनमें से किसी भी प्रकार का बल आपके पास उपलब्ध है ऐसा आपको लग रहा है? मनुष्य-बल की दृष्टि से आप लोग अल्पसंख्यक हैं, यह बात एकदम स्पष्ट है। मुम्बई इलाके में अछूत-वर्ग की जनसंख्या 1/8 ही है, किन्तु वह भी संगठित नहीं है। आपसी जातिभेद के कारण उनमें संघ-शक्ति का पूरी तरह से अभाव है। फिर वे संगठित नहीं हैं। इतना ही नहीं, इकट्ठा भी नहीं रहते हैं। ये सब लोग गाँव-खेड़ों में बिखरे हुए हैं इसी कारण जो थोड़ी जनसंख्या है उसका भी ज़्यादती-ग्रस्त, जुल्म से पीड़ित अछूत वर्ग की बस्ती को किसी प्रकार का लाभ नहीं हो सकता है।

आपके पास थोड़ा-बहुत जनबल है, ऐसा कहना कुछ अनुचित नहीं होगा, किन्तु आपके पास धनबल तो कुछ भी नहीं है, यह तो निर्विवाद बात है। आप लोगों का अपना कोई उद्योग-धन्धा या व्यापार नहीं है। नौकरी-चाकरी भी नहीं है। और न ही कोई ज़मीन-जायदाद ही है। ऊपरी वर्ग के लोग जो भी कुछ झूठन फेंककर मारेंगे उस पर आज आप लोगों को अपना भरण-पोषण करना होता है। आप लोग न अच्छा खाना खा सकते हैं, न आपको अच्छा कपड़ा-लत्ता पहनने को मिलता है और न मिलने दिया जाता है। आपके पास धनबल की बात तो दरकिनार यदि आप पर जुल्म और अन्याय हुआ तो कोर्ट से न्याय और संरक्षण माँगने की औकात आपके पास कहाँ है? आपमें हजारों-लाखों लोग कोर्ट का ख़र्चा बर्दाश्त करने की हैसियत में न होने के कारण स्पृश्य हिन्दुओं के द्वारा होनेवाले अतिक्रमण, रोष और ज़ोर-जुल्म को मुर्दों की तरह बर्दाश्त कर रहे हैं। मानसिक बल की तो उससे भी बुरी हालत है।

सैकड़ों वर्षों से स्पृश्य हिन्दुओं द्वारा हो रहा जुल्म, छी-थू, मुर्दों की तरह बर्दाश्त करने के कारण उनकी प्रतिकार करने की आदत, प्रतिकार की हिम्मत पूरी तरह से नष्ट हो गई है। आप लोगों का आत्मविश्वास, उत्साह और महत्त्वाकांक्षी (Ambitious) होने की चेतना का मूलोच्छेद कर दिया गया है। आपमें सभी लोग मायूस, नाउम्मीद, विपन्न और निस्तेज बन चुके हैं, बनाए गए हैं। निराशा और नामर्दी का वातावरण चारों ओर फैला हुआ है। 'हम भी कुछ कर सकते हैं' इस तरह का विचार ही किसी के मन में न आता है और न ही कोई सोचता है। और इस हालत में न ही किसी में आ सकता है।

## *आप लोगों पर (दलितों-अछूतों) ही जुल्म क्यों होता है?*

वास्तविक स्थिति का मैंने यह जो विश्लेषण किया है यदि यह सत्य है तो उससे जो सिद्धान्त निकलेगा उसे भी आप सब लोगों को स्वीकार करना होगा, और वह यह है कि आप अपने ही (समाज के) व्यक्तिगत सामर्थ्य पर निर्भर रहेंगे तो आपको इस जुल्म का प्रतिकार (मुक़ाबला) करना सम्भव नहीं है। आप लोगों के सामर्थ्यहीन होने के

कारण ही आप पर स्पृश्य हिन्दुओं द्वारा ज़्यादती, जुल्म और अन्याय होता है, इसमें मुझे किसी भी प्रकार का सन्देह नहीं है। इस इलाके में केवल आप ही अल्पसंख्यक हैं ऐसी बात नहीं है। आप की तरह यहाँ मुस्लिम भी अल्पसंख्यक हैं जिस तरह महार, चमार, माँगों के दो-चार घर गाँव में होते हैं उसी प्रकार मुसलमानों के भी दो-चार मकान गाँव में होते हैं। किन्तु इन मुसलमानों की ओर आँखें उठाकर देखने की किसी भी स्पृश्य हिन्दू की मजाल होगी? नहीं, किन्तु आप लोगों पर जो जुल्म ढाए जा रहे हैं, ज़्यादतियाँ हो रही हैं, उनका कारण क्या है? दो मुसलमानों के मकान होने पर भी कोई स्पृश्य हिन्दू उनकी ओर आँख उठाकर भी नहीं देख सकता। आप (दलित-अस्पृश्य) लोगों के दस मकान होने पर भी स्पृश्य हिन्दू ज़्यादती, अन्याय और जुल्म करते हैं। आपकी बस्तियाँ जला दी जाती हैं, आपकी महिलाओं के साथ बलात्कार होते हैं, आदमी, बच्चे और महिलाओं को ज़िन्दा जला दिया जाता है। आपकी महिलाओं को, बहू और जवान बेटियों को नंगा करके गाँव में घुमाया जाता है। यह सब क्यों होता है? यह एक बहुत ही महत्त्वपूर्ण प्रश्न है। इस पर आप लोगों को गम्भीरता से चिन्तन और खोज करनी चाहिए।

मेरी दृष्टि से इस प्रश्न का एक ही उत्तर दिया जा सकता है और वह यह कि उन दो मुसलमानों के पीछे सारे भारत के मुसलमान समाज की शक्ति और सामर्थ्य है। इस बात की स्पृश्य हिन्दू समाज को अच्छी तरह जानकारी होने के कारण उन दो घर के मुसलमानों की ओर टेढ़ी आँख उठाकर देखने की किसी भी हिन्दू स्पृश्य समाज की हिम्मत नहीं है। इन दो घर के मुसलमानों की ओर किसी स्पृश्य हिन्दू ने टेढ़ी उँगली भी उठाई तो पंजाब से लेकर एकदम मद्रास तक और गुजरात से लेकर बंगाल तक सम्पूर्ण मुस्लिम समाज अपनी शक्ति से उनका संरक्षण करेगा, यह यक़ीन स्पृश्य हिन्दू समाज को होने के कारण वे दो घर के मुसलमान निर्भय होकर अपनी जिन्दगी बसर करते हैं। किन्तु आप दलित अछूतों के बारे में स्पृश्य हिन्दू समाज की यह धारणा बन चुकी है और वाकई वह सच भी है कि आपको कोई मदद करनेवाला नहीं है, आप लोगों के लिए कोई दौड़कर आनेवाला नहीं है, आप लोगों को कोई रुपए-पैसों की मदद होनेवाली नहीं है, और न ही आपको किसी सरकारी अधिकारी की मदद मिलनेवाली है। पुलिस, कोर्ट और कचहरियाँ सब उनके ही होने के कारण स्पृश्य हिन्दू और अस्पृश्यों के संघर्ष में वे जाति की ओर देखते हैं, अपने कर्त्तव्यों की ओर उनका कोई ध्यान नहीं होता है, पहले जाति, बाद में और कुछ। और जाति वालों को भी इस तरह का पूरी तरह यकीन होता है। हमारा कौन क्या बाल-बाँका कर सकता है। आप लोगों की इस असहाय अवस्था के कारण ही आप पर स्पृश्य हिन्दू समाज ज़्यादती जुल्म और अन्याय करता है।

यहाँ तक मैंने जो विश्लेषण किया है उससे दो बातें सिद्ध होती हैं। उसमें पहली बात यह है कि बिना सामर्थ्य (ताक़त) के आपको इस जुल्म और अन्याय का प्रतिकार (मुक़ाबला) करना सम्भव नहीं है। दूसरी बात यह है कि प्रतिकार के लिए अत्यावश्यक

सामर्थ्य आज आपके हाथ में नहीं है। ये दो बातें सिद्ध हो जाने के बाद तीसरी एक बात अपने आप ही सिद्ध हो जाती है और वह यह है कि यह आवश्यक सामर्थ्य आप लोगों को कहीं-न-कहीं से बाहर से प्राप्त करनी चाहिए। यह सामर्थ्य आप कैसे प्राप्त कर सकते हैं, यही सचमुच महत्त्व का प्रश्न है। और इस पर आप लोगों को निर्विकल्प दृष्टि से चिन्तन और मनन करना चाहिए।

## *बाहरी सामर्थ्य प्राप्त करना चाहिए*

इस देश के जाति-भेद और धर्म-भेद का लोगों के मन और नैतिकता पर एक विलक्षण परिणाम हुआ, ऐसा मुझे दिखाई दे रहा है। इस देश में दुःख, दरिद्रता, लाचारी और अस्पृश्यता के प्रति किसी को भी किसी प्रकार का अफ़सोस नहीं हो रहा है। सब बेहया हैं। अपने ही धर्म-बन्धुओं पर या अपने ही जाति-बन्धुओं पर यदि दुःख और उत्पीड़न या ज़ुल्म होता है तो उसकी सुरक्षा के लिए उन्हें सहयोग करते हैं। यह नैतिकता की दृष्टि चाहे कितना भी विकृत हो तब भी वह जारी है, यह किसी को भी भूलना नहीं चाहिए। जिस गाँव में अछूत लोगों पर हिन्दू स्पृश्यों की ओर से ज़ुल्म होता है उस गाँव में अन्य धर्मावलम्बी लोग नहीं होते हैं, ऐसी बात नहीं है। अस्पृश्यों पर होनेवाला ज़ुल्म बेक़सूरी का है, बेगुनाहों पर ज्यादती है। यह बात उन्हें मालूम नहीं हो ऐसी भी बात नहीं है। जो कुछ हो रहा है वह वास्तव में ज़ुल्म और अन्याय है। यह मालूम होने पर भी वे लोग अछूतों की मदद के लिए दौड़कर नहीं जाते हैं, इसका कारण आख़िर क्या है? 'तुम हमें मदद क्यों नहीं करते हो?' यदि ऐसा प्रश्न आपने उनसे पूछा तो वे आपको उत्तर देंगे कि 'आपके झगड़े में हम क्यों पड़ें? यदि आप हमारे धर्म के होते तो हमने आपको सहयोग दिया होता।' यह बात आपकी समझ में आ सकती है कि किसी भी अन्य समाज के आप जब तक अहसानमन्द नहीं होंगे, किसी भी अन्य धर्म में शामिल हुए बिना आपको बाहरी सामर्थ्य प्राप्त नहीं हो सकता है। और इसका स्पष्ट मतलब यह है कि आप लोगों को धर्मान्तर करके किसी भी अन्य समाज में अन्तर्भूत (विलीन) होना चाहिए। सिवाय इसके आपको उस समाज का समर्थन प्राप्त होना सम्भव नहीं है। और जब तक आपके पीछे सामर्थ्य नहीं है तब तक आपको और आपकी भावी औलाद को आज के जैसी भयानक, अमानवीय, दरिद्र अवस्था में सारी ज़िन्दगी गुज़ारनी पड़ेगी। ज़्यादतियाँ बेरहमी से बर्दाश्त करनी पड़ेंगी, इसमें कोई सन्देह नहीं है।

## *धर्मान्तरण के तात्त्विक कारण*

यहाँ तक हमने ऐहिक (भौतिक) कल्याण के लिए धर्मान्तरण की आवश्यकता क्या है, इसका दिग्दर्शन किया है। उसी प्रकार अब तात्त्विक कारणों के लिए धर्मान्तरण की आवश्यकता क्यों है, इससे सम्बन्धित मैं अपने विचार आपके सामने रख रहा हूँ। सबसे

पहले धर्म किसलिए होता है, उसकी आवश्यकता क्यों है, यह समझ लेना ज़रूरी है ऐसा मैं समझता हूँ। धर्म की कई प्रकार की व्याख्याएँ कई लोगों ने की हैं, यह आपको मालूम होगा। किन्तु उन सबमें अर्थपूर्ण और सभी की समझ में आने योग्य एक ही व्याख्या है। 'जिसे सारी प्रजा स्वीकार करती हो, वही धर्म है।'

सही अर्थों में यही धर्म की व्याख्या है। धर्म की यह परिभाषा मैंने नहीं की है, यह परिभाषा सनातनी हिन्दुओं के अग्रगण्य दक़ियानूसी नेता लोकमान्य तिलक महाशय ने की है, तब तो धर्म की परिभाषा के सम्बन्ध में मखौल करने का आरोप कोई भी मुझ पर नहीं कर सकता है। यह धर्म की परिभाषा जबकि मैंने नहीं दी है तब भी उसे मैंने केवल विवाद के लिए मान्य किया है, ऐसी कोई बात नहीं है, मुझे धर्म की यह परिभाषा मंज़ूर है, 'समाज की धारणा के लिए जो बन्धन लगाए गए हैं वह धर्म है', यह मेरी भी धर्म सम्बन्धी धारणा है, यह परिभाषा वास्तविक दृष्टि से या तार्किक दृष्टि से योग्य होने पर भी समाज की धारणा के लिए समाज के बन्धन, नियम किस प्रकार के होने चाहिए इस प्रश्न का लोकमान्य तिलक की उपर्युक्त परिभाषा से कुछ भी अर्थ बोध नहीं हो रहा है, और नहीं हमारी शंका का वास्तविक समाधान लोकमान्य तिलक की धर्म सम्बन्धी परिभाषा दे सकती है और न किसी प्रकार का विश्लेषण प्रस्तुत कर सकती है। समाज की योग्य धारणा के लिए समाज के बन्धन किस प्रकार के होने चाहिए यह प्रश्न शेष रह जाता है। और यह प्रश्न धर्म की परिभाषा से भी ज़्यादा महत्त्वपूर्ण है। धर्म कौन-सा हो, यह उसकी परिभाषा पर आधारित नहीं है, बल्कि वह बन्धनों के हेतु और स्वरूप पर आधारित है, जिन बन्धनों से समाज की तमाम प्रजा की आस्था हो सकती है, ऐसे बन्धन नियम कैसे होने चाहिए? मतलब यह है कि वास्तविक धर्म का स्वरूप कैसा होना चाहिए? इस प्रश्न पर चिन्तन करते समय समाज और व्यक्ति में तात्त्विक दृष्टि से क्या सम्बन्ध है? और ये सम्बन्ध किस प्रकार के होने चाहिए? यह प्रश्न स्वाभाविक रूप से उत्पन्न होता है।

उपरोक्त प्रश्नों के सम्बन्ध में आधुनिक समाजशास्त्रियों ने तीन तरह के मत प्रतिपादित किए हैं। कुछ समाजशास्त्रियों की दृष्टि से व्यक्ति मात्र को सुख प्राप्त हो, यही सामाजिक रचना का अन्तिम हेतु है। कुछ समाजशास्त्रियों की दृष्टि से व्यक्ति-मात्र को उसके अन्दर के गुणों का और शक्ति का विकास करने का पूरा अवसर प्राप्त हो और उन गुणों को पूर्णावस्था तक ले जाने में सहायक हो, यही सामाजिक रचना का अन्तिम हेतु होना चाहिए। और कुछ समाजशास्त्रियों की दृष्टि से सामाजिक रचना हेतु व्यक्ति की उन्नति या व्यक्ति का सुख न होकर आदर्शभूत समाज का निर्माण करना है। हिन्दू धर्म की संकल्पना इन तीनों संकल्पनाओं से एकदम भिन्न है। हिन्दू धर्म में व्यक्ति के लिए कुछ भी स्थान नहीं है। हिन्दू धर्म की रचना वर्ग की कल्पना पर की गई है। एक व्यक्ति को दूसरे व्यक्ति के साथ किस तरह से व्यवहार करना चाहिए इसकी शिक्षा हिन्दू धर्म में नहीं है। एक वर्ग को दूसरे वर्ग के साथ किस प्रकार व्यवहार करना चाहिए इसके बन्धन और नियम हिन्दू धर्म में हैं। जिसमें व्यक्ति का कोई स्थान नहीं,

ऐसा धर्म मेरी दृष्टि से दो कौड़ी का है, ऐसा धर्म मुझे स्वयं मान्य नहीं है। व्यक्ति के विकास के लिए समाज की आवश्यकता है, तब भी समाज की यह धारणा धर्म का अन्तिम ध्येय नहीं हो सकता है। व्यक्ति का विकास ही धर्म का वास्तविक हेतु है ऐसा मैं समझता हूँ। व्यक्ति समाज का एक घटक होने पर भी उसका और समाज का सम्बन्ध, शरीर और उसकी इन्द्रिय, बंडी और उसके चाक का जो सम्बन्ध है, इस प्रकार का सम्बन्ध मनुष्य और समाज का नहीं है, ऐसा मैं मानता हूँ।

## *समाज और व्यक्ति*

जिस प्रकार पानी की एक बूँद सागर में डाल देने से उसका अस्तित्व ही समाप्त हो जाता है वैसे ही केवल समाज में रहने के कारण मनुष्य के अस्तित्व का लोप नहीं हो सकता है। उसका एक स्वतन्त्र जीवन है। स्वतन्त्र अस्तित्व है, उसका जन्म समाज की सेवा के लिए ही नहीं है बल्कि आत्मविश्वास, आत्मोन्नति (Self-development) के लिए है। इसी एक ही कारण से विकसित और उन्नत राष्ट्र में एक आदमी द्वारा दूसरे आदमी को अपना गुलाम बनाकर रखने का कोई अधिकार नहीं है। जिस धर्म में व्यक्ति की कोई कीमत नहीं, जिस धर्म में व्यक्ति की प्रधानता नहीं, वह धर्म मेरी दृष्टि से नरक के समान है, वह धर्म मुझे मान्य नहीं है। उसी प्रकार जिस धर्म में एक वर्ग को पढ़ना और लिखना सीखना चाहिए, एक वर्ग के लिए जो धर्म ज्ञान के सभी दरवाजे खुले रखता है, दूसरे वर्ग को शस्त्र धारण करना चाहिए, तीसरे वर्ग को व्यापार-उद्योग करना चाहिए और चौथे वर्ग को केवल ऊपरी तीनों वर्गों की सेवा ही करनी चाहिए, ऐसी आज्ञा देता है, ऐसा धर्म के नाम पर कलंक मुझे मान्य नहीं है।

ज्ञान हर किसी को चाहिए, शस्त्रों की ग़रज हर आदमी को है, रुपया-पैसा, ज़मीन-जायदाद सबको चाहिए और यह बात जो धर्म अपनी धर्म-आज्ञा में जान-बूझकर नहीं कहता है और जो एक को ज्ञानवान करने के लिए बाकी अन्य को अज्ञान रखता है वह धर्म नहीं बहुसंख्य लोगों को गुलामी और दासता में रखने का एक षड्यन्त्र है। जो धर्म एक को हाथ में शस्त्र रखने की धर्म आज्ञा देता है और दूसरे को निःशस्त्र बनाता है, वह धर्म नहीं धर्म के नाम पर एक को दूसरे की गुलामी में रखने का अमानवीय कुटिल उपाय है। जो धर्म कुछ लोगों को धन प्राप्ति के सभी रास्ते खुले कर देता है और शेष समाज को अपनी जीविका के लिए दूसरों की भीख पर, दया पर निर्भर रहने की आज्ञा देता है वह धर्म नहीं है, बल्कि धर्म के नाम पर ज़ालिमों का जाल है। हिन्दू धर्म और उसकी चातुर्वर्णी समाज-रचना का यही स्वरूप है। इसके अतिरिक्त हिन्दू धर्म में कुछ भी नहीं है। इस व्यवस्था के सम्बन्ध में मेरा अपना मत क्या है यह मैंने आपके सामने स्पष्ट कर दिया है। इस प्रकार की यह ज़ालिमों की पशुवत् समाज-व्यवस्था और यह दक़ियानूसी हिन्दू धर्म आपके हित और कल्याण के लिए है या नहीं इसका आपको ही विचार करना है। व्यक्ति की आत्मोन्नति के लिए उपयुक्त

वातावरण का निर्माण करना ही धर्म की मूलभूत संकल्पना है। यदि हम ऐसा मानते हैं तो इस दक़ियानूसी हिन्दू धर्म में रहकर आप लोगों की उन्नति कभी भी सम्भव नहीं है, यह गुलामी और दासता का फंदा टूटनेवाला नहीं है।

मेरी दृष्टि में व्यक्ति के विकास के लिए तीन बातों की आवश्यकता है, एक सहानुभूति की, दूसरी समानता की, और तीसरी स्वतन्त्रता की आवश्यकता है। हिन्दू धर्म और इस हिन्दू समाज-व्यवस्था में इन तीनों में से एक भी मानवी आवश्यकता आपके लिए उपलब्ध है, ऐसा आपमें से कोई भी व्यक्ति नहीं कह सकता है।

## *हिन्दू धर्म में आपके प्रति कोई सहानुभूति नहीं है*

हिन्दू धर्म और समाज की ओर यदि सहानुभूति की दृष्टि से देखा जाए तो ठन्-ठन् गोपाल, चारों ओर से अन्धकार ही अन्धकार नज़र आएगा। हर जगह पर घृणा, द्वेष, अहंकार, अज्ञान और अन्धकार ही दिखाई देगा, यही कहना पड़ेगा। इसका आप लोगों को अच्छा ख़ासा अनुभव है। हिन्दू धर्म में अपनत्व की भावना तो है ही नहीं, बल्कि हिन्दू-समाज की ओर से आप लोगों को दुश्मनों से भी दुश्मन, गुलामों से भी गुलाम और पशुओं से भी नीच समझा जाता है। एक ही गाँव में रहनेवाले स्पृश्य और अस्पृश्य इनका परस्पर सम्बन्ध किस प्रकार का है? यह देखने पर ऐसा कभी नहीं मालूम होगा कि यह पड़ोस में रहनेवाले दो भाई हैं, हम ऐसा कभी नहीं कह सकते हैं। ये दो समाज एक-दूसरे से एकदम भिन्न हैं। दोनों की स्वतन्त्र अस्मिता है, छावनी डाले हुए यह दो परस्पर विरोधी फ़ौज के दल हैं, यही कहा जा सकता है।

जितने मुसलमान लोग हिन्दुओं को अपने करीब के लगते हैं, उनसे उनका जितना स्नेह सम्बन्ध होता है उसका रत्तीभर अंश भी हिन्दू समाज आपसे स्नेह नहीं रखता है। हिन्दू-मुसलमान लोकल बोर्ड में, कायदे-कौन्सिल में, व्यापार-उद्योग में एक-दूसरे के सहयोगी होकर रहते हैं। किन्तु आप लोगों से उसी सहानुभूति से हिन्दू समाज ने कभी कोई सम्बन्ध रखा हो, या सहानुभूति से कोई आर्थिक व्यवहार, लेन-देन किया हो, क्या आप इसका एक भी उदाहरण दे सकते हैं? कदापि नहीं, बल्कि उनका आपके विरुद्ध हमेशा ही घृणा का दृष्टिकोण रहता है, यह बात सौगुना सही है। हिन्दुओं के मन में आपके विरोध में जो घृणा है उसका परिणाम इतना ख़तरनाक हुआ है कि यदि आप में से जिस किसी को न्याय की माँग के लिए कोर्ट में जाने की नौबत आई होगी, वह अपने अनुभव से कह सकता है। यहाँ की कोर्ट और कचहरी आपको न्याय देंगी? पुलिस और उसके अफसर आपको मदद देंगे? यह आपमें से किसी एक को भी विश्वास हो सकता है? और यदि विश्वास नहीं हो रहा है तो इस तरह की धारणा दृढ़ होने का कारण क्या है?

मेरी दृष्टि से ऐसे अविश्वास का कारण एक ही है, और वह यही है कि हिन्दू समाज में आपके प्रति किसी भी प्रकार की सहानुभूति नहीं होने के कारण वे अपने

अधिकार का सदुपयोग करेंगे इसकी कोई अपेक्षा आपको नहीं करनी चाहिए। और यदि यह सही है तो शत्रुत्व से पूर्ण ऐसे वातावरण में रहकर उसमें आपको क्या लाभ होनेवाला है?

## *क्या हिन्दू समाज में आपके प्रति समानता की दृष्टि है?*

यह प्रश्न सचमुच ही पूछना नहीं चाहिए था। अछूतपन यही वास्तव में असमानता है। इतनी बड़ी भयानक, अमनुष्यतापूर्ण असमानता दुनिया में और कहीं भी नहीं दिखाई देगी। अस्पृश्यता दुनिया की बड़ी से बड़ी और उग्र असमानता से भी भयानक है। हैसियत के कम या अधिक मात्रा के आधार पर अपनी बच्ची दूसरे के बच्चे को नहीं देना, कम अधिक हैसियत के होने से एक का दूसरे के साथ बैठकर खाना नहीं खाना, इस प्रकार से असमानता का स्वरूप सब लोग देखते हैं, जानते हैं, किन्तु एक आदमी को दूसरे आदमी द्वारा छुआ तक नहीं जाता, आदमी द्वारा आदमी को ही इतना पतित समझने की गलत रूढ़ि सिवाय हिन्दू समाज के अन्यत्र कहीं नहीं दिखाई देगी। जिसके छूने से पानी अपवित्र हो जाता है, जिसके छूने से भगवान भी अपवित्र हो जाता है, जिसको देखने से ही स्पृश्य हिन्दू अपवित्र हो जाता है, जिसके चलने से रास्ते अपवित्र बन जाते हैं, वह प्राणी मनुष्य श्रेणी में गिना जाता है, ऐसा कौन कह सकता है? अछूत मनुष्य की ओर देखने की दृष्टि और महारोग से पीड़ित जर्जर मनुष्य की ओर देखने की दृष्टि, इसमें कौन-सा फर्क है? महारोग से जर्जर आदमी के प्रति लोगों के मन में नफरत होने पर भी उसके प्रति लोगों के मन में सहानुभूति भी होती है, किन्तु आप लोगों के प्रति सहानुभूति तो होती ही नहीं बल्कि नफ़रत ही होती है, महारोग से जर्जर आदमी से भी गई गुज़री दृष्टि से आपकी ओर देखा जाता है, उनसे भी हीन और दीन आप लोगों की अवस्था है। आज भी देहातों में कोई स्पृश्य आदमी उपवास (व्रत) छोड़ रहा हो और ऐसे वक्त किसी महार (अछूत) का शब्द उसके कान में पड़ गया हो तो वह स्पृश्य आदमी अन्न ग्रहण करना छोड़ देता है। जितना कलंकित आपके इस शरीर को माना गया है, उतना ही कलंकित आपका शब्द भी समझा गया है।

अस्पृश्यता हिन्दू धर्म का कलंक है, ऐसा कुछ लोग कहते हैं। किन्तु ऐसे ढोंगी और फ़रेबियों के कहने में कोई सच्चाई नहीं है, हिन्दू धर्म ही कलंकित है, ऐसा एक भी हिन्दू नहीं कह रहा है, और न मानता है। आप कलंकित हैं, आप अपवित्र हैं, ऐसा बहुसंख्य हिन्दू समाज मानता है, आपकी इतनी बुरी अवस्था क्यों हुई? आप लोग हिन्दू धर्म में रहने के कारण ही इस बुरी अवस्था को प्राप्त हुए हैं, ऐसा मेरा अपना स्पष्ट मत है। आपमें से जो मुसलमान बने हैं उन्हें हिन्दू धर्म और हिन्दू समाज अछूत नहीं मानता है, और न ही असमान समझता है आपमें से जो ईसाई बने हैं, उन्हें हिन्दू धर्म और समाज अछूत नहीं मानता है, और न ही असमान समझते हैं। अभी-अभी त्रावणकोर में जो घटना घटी है, यह विचारणीय है, वहाँ थिया जाति के अछूतों को सरकारी मार्ग

पर चलने की बंदिश है, चूँकि उनके रास्ते चलने से वह मार्ग ही अपवित्र हो जाता है, यह स्पृश्य हिन्दुओं की धारणा है। परसों ही उनमें से कुछ लोगों ने सिख धर्म अपनाया है, यह आपको मालूम ही होगा। अछूत होने के कारण जिन लोगों को उस रास्ते से चलना मना था, उन्हीं लोगों द्वारा सिख धर्म अपनाने के साथ ही उन पर से अछूतपन बंदिश उठाई गई। इन सब बातों से यह स्पष्ट होता है कि आपकी अस्पृश्यता और आपकी असमानता का यदि कोई कारण है तो वह आपका और हिन्दू धर्म से जो रिश्ता है वही इसका वास्तविक और मूल कारण है।

इस असमानतापूर्ण अन्यायी और ज़ुल्मी हिन्दू समाज-व्यवस्था में अछूत-वर्ग को सांत्वना (तसल्ली) देने के उद्‌देश्य से कुछ स्पृश्य हिन्दू लोग अस्पृश्यों से कहते हैं कि तुम लोग शिक्षा लो, जिससे हम आपको स्पर्श कर सकेंगे, तुम लोग स्वच्छ रहो, जिससे हम आपको स्पर्श कर सकेंगे, और समानता से भी रखेंगे, सच देखा जाए तो अज्ञानी महारों का, दरिद्री महारों का और अस्वच्छ महारों का जो बेहाल होता है, वही बेहाल पढ़े-लिखे महारों का, पैसेवाले महारों का और स्वच्छ आचार-विचार रखनेवाले महारों का भी होता है। यह हम और आप सबको स्वयं के अनुभव से अच्छी तरह मालूम है। किन्तु यदि यह प्रश्न कुछ देर के लिए दूर रखा जाए तब भी सिवाय शिक्षा प्राप्त किए, पैसेवाले, बदन पर अच्छे कपड़े पहननेवाले को यदि सम्मान और मान्यता प्राप्त नहीं होती तो सर्वसामान्य, सीधे सच्चे सरल महार (अछूत) का क्या हाल हो सकता है? जिसे शिक्षा प्राप्त करना सम्भव नहीं, जिसे पैसा मिलना सम्भव नहीं, और जो साफ़ कपड़ा नहीं पहन सकता, जो अच्छे कपड़े नहीं ख़रीद सकता, उस महार को समानता कैसे मिलेगी?

ईसाई धर्म में, इस्लाम धर्म में जो समानता की शिक्षा दी गई है उसका सम्बन्ध विद्या, धन-दौलत, अच्छे कपड़े और बहादुरी ऐसे बाह्य कारणों से कुछ भी नहीं है। मनुष्य का मनुष्यत्व यही सबसे महत्त्वपूर्ण चीज़ है, यह इस्लाम और ईसाई धर्म की बुनियाद है। और यह मनुष्यत्व सबके लिए आदरणीय होना चाहिए। किसी को भी किसी का अपमान नहीं करना चाहिए, और न ही किसी को किसी दूसरे का अहसान मानना चाहिए, यह शिक्षा वे धर्म देते हैं। हिन्दू धर्म में इस शिक्षा का पूरी तरह से अभाव है। जिस धर्म में मनुष्य के मनुष्यत्व को और उसकी इनसानियत की कुछ भी क़ीमत नहीं, ऐसा धर्म किस काम का? और उस धर्म में सड़-सड़कर भी उसी धर्म को पकड़कर रखने में क्या फ़ायदा है? इसके उत्तर में कुछ स्पृश्य हिन्दू लोग उपनिषदों का साक्ष्य देते हैं और कहते हैं, उनमें वह तत्त्व है कि ईश्वर सबमें व्याप्त है, वे इस तरह डींग मारते हैं।

## *क्या हिन्दू धर्म में आपको स्वतन्त्रता है?*

कुछ लोग यह कह सकते हैं कि हर नागरिक को जितनी क़ानून से व्यवसाय की स्वतन्त्रता है उतनी ही व्यावसायिक स्वतन्त्रता आपको भी है, उतना ही व्यक्ति-स्वातन्त्र्य आपको भी है, किन्तु सच देखा जाए तो उनके इस कथन में दो कौड़ी की सत्यता नहीं

है। इस पर आपको गम्भीर विचार करना चाहिए। जिसका जाति से प्राप्त जो धन्धा है उसके सिवाय उसे अन्य क्षेत्रों में किसी भी प्रकार का व्यवसाय, उद्योग करने नहीं दिया जाता है। प्रत्यक्ष-अप्रत्यक्ष रूप में आपका बहिष्कार किया जाता है। जहाँ पहले जाति देखी जाती हो उस व्यक्ति को कहना कि तुम्हें व्यवसाय की स्वतन्त्रता है यह कितनी मूर्खता है, कितना छल है। जिसके लिए सम्पत्ति प्राप्त करने का, व्यापार-उद्योग के द्वारा पैसा कमाने का किसी भी प्रकार से रास्ता खुला नहीं रखा गया है, उसे कहना कि आपकी सम्पत्ति को कोई हाथ नहीं लगा सकता। अपनी सम्पत्ति का उपभोग करने के लिए आप स्वतन्त्र हैं, यह कहना कितना सड़ियल है? जन्मजात अपवित्रता के कारण जिन्हें नौकरियों के योग्य नहीं समझा जाता है, जिनके अधिकार में नौकरी करना, काम करना स्पृश्य हिन्दुओं को अपना अपमान लगता है, भयंकर पाप लगता है, ऐसे आदमी को किसी भी सरकारी ओहदे पर अधिकार जताने की स्वतन्त्रता है, यह कहना इनसानियत के नाम पर काला धब्बा नहीं तो और क्या हो सकता है?

क़ानून से आपको चाहे जितने हक़ और अधिकार दिए गए हों किन्तु यदि समाज उनका उपयोग करने दे तब तो वे वास्तविक हक़ हैं, यह कहा जा सकता है कि अछूतों को अच्छे कपड़े पहनने की क़ानूनी स्वतन्त्रता है। किन्तु हिन्दू समाज अस्पृश्यों को अच्छा कपड़ा पहना हुआ देखकर मन-ही-मन जल जाता है। यह हिन्दू समाज अपनी फूटी आँखों से उन्हें अच्छे कपड़ों में देखना बर्दाश्त नहीं करता। उन पर गिद्धों की तरह झपट जाते हैं। फिर आप ही बताइए, कानूनी हक़ का क्या उपयोग है? अछूतों को ताँबा और पीतल के बर्तनों में पानी भरना चाहिए यह उन्हें क़ानून से प्राप्त हक़ है, किन्तु हिन्दू समाज उन्हें किसी भी धातु के बर्तन नहीं रखने देता। फिर इस क़ानूनी हक़ का क्या उपयोग है? अछूतों को अच्छे मकान बनाकर उनमें रहने का, अपने घरों का खपड़ा (खपरैल) डालने का क़ानूनी हक़ उन्हें प्राप्त है, किन्तु हिन्दू समाज उस पर यह सब करने की रोक लगाता है। उनके घरों को ही जला देता है तो आप ही बताइए इस क़ानूनी हक़ का क्या उपयोग है? इस प्रकार के सैकड़ों उदाहरण दिए जा सकते हैं।

विज्ञान और धर्म यह दो एकदम भिन्न चीज़ें हैं। अमुक चीज़ विज्ञान का तत्त्व है या धर्म की शिक्षा है इसकी खोज करनी चाहिए। सबमें व्याप्त एक विज्ञान का सिद्धान्त है। धर्म के तत्त्वों का आचरण और व्यवहार से सम्बन्ध होता है। विज्ञान से इसका कोई सम्बन्ध नहीं है। सबमें व्याप्त एक ईश्वर यह धर्म की शिक्षा नहीं है। यह विज्ञान का एक तत्त्व है। इसी कारण हिन्दू लोग धर्म के अनुसार नहीं चलते हैं, यह मेरे कहने का तात्पर्य है। इसके विरुद्ध हिन्दू लोगों का यही आग्रह होगा कि सबमें व्याप्त एक ईश्वर है, यह बात तत्त्वज्ञान का सिद्धान्त नहीं है, बल्कि उनके धर्म की नींव है। इसलिए हमारा धर्म श्रेष्ठ है। तो ऐसे लोगों को इतना ही उत्तर है कि उनसे ज़्यादा नीच लोग दुनिया में अन्य कोई नहीं होंगे। मुँह से तो सबमें व्याप्त ईश्वर ऐसी माला जपनेवाले और अपने व्यवहार से मनुष्य की अप्रतिष्ठा करनेवाले लोगों के 'मुख में राम और बग़ल में छुरी',

जिनकी कथनी और करनी में ज़मीन और आसमान का अन्तर हो, ऐसे क़ातिल हत्यारों की टोली में ही उन्हें सम्मिलित रहना चाहिए। सबमें व्याप्त एक ईश्वर माननेवाले और आचरण में मनुष्य को पशुतुल्य माननेवाले लोग कपटी हैं। इनसे दोस्ती करना फ़िज़ूल है। चींटियों को चीनी खिलानेवाले और मनुष्यों को पानी के लिए तड़पते मरते हुए देखनेवाले लोग ढोंगी हैं, इनसे दोस्ती करना फ़िज़ूल है। इनकी संगत से आपको कितने बुरे अंजाम भोगने पड़े हैं, आप जानते हैं। आपकी इज़्ज़त लूटी गई, आपके मान और सम्मान छीन लिए गए। आपकी भौतिक और मानसिक उन्नति के सभी साधन छीन लिए गए। आपको नंगा, भूखा और कंगाल कर दिया गया। अब आपके लिए केवल शेष हैं, गुलामी और दासता की बेड़ियाँ।

सच देखा जाए तो अब हिन्दू-समाज में ही आपका मान और सम्मान नहीं है, यह कहना वस्तुस्थिति की दृष्टि से उचित नहीं होगा। आपको हिन्दू-समाज ही नीच मानता है ऐसी बात नहीं है, बल्कि ईसाई और मुसलमान समाज के लोग भी आपको निचले दर्जे का समझते हैं। सही दृष्टि से देखा जाए तो इस्लाम धर्म में, ईसाई धर्म में ऊँच-नीच, बड़ी-छोटी ऐसी भावना जाग्रत करनेवाली शिक्षा नहीं है। ऐसा होने पर भी वे लोग आपको निचले ही मानते हैं इसका कारण क्या है? इसका एक ही कारण है, हिन्दू समाज आपको निचले मानता है, इसलिए आपको मुस्लिम और ईसाई भी निचले मानते हैं। अछूतों को हमने समानता की दृष्टि से देखा तो हिन्दू समाज भी हमें अछूतों के जैसे ही नीचा मानेगा, इस डर से मुसलमान और ईसाई लोग आपसे हिन्दुओं की तरह ही अस्पृश्यता मानते हैं। हम लोग हिन्दू समाज में हीन समझे गए हैं इतना ही नहीं, बल्कि हिन्दुओं के असमानता के व्यवहार के कारण हम सब सारे भारत देश में सबसे नीचे समझे गए हैं। इस भयानक अमनुष्यतापूर्ण अवस्था से मुक्ति के लिए, कलंक को हटाने के लिए, इस मानवी शरीर की प्रतिष्ठा और अस्मिता के लिए यदि मेरी दृष्टि से कोई उपाय है तो वह एक ही है और वह है हिन्दू धर्म और हिन्दू समाज का त्याग, यही बेहतरीन रास्ता हो सकता है।

यह सब कहने का सारांश यही है कि हिन्दू समाज उन्हें यह सब करने दे तब तो अपना हक़ है ऐसा हम कह सकते हैं। जिस हक़ का उपभोग करने के लिए भी हिन्दू समाज की ओर से आपत्ति है, उनके द्वारा रोड़े अटकाए जाते हैं, बाधा उत्पन्न की जाती है, तब फिर आपको क़ानून से चाहे जितने भी हक़ और अधिकार प्राप्त हों, उनका कोई उपयोग नहीं है, और ये सब दो कौड़ी की बातें रह जाती हैं। अछूत-दलित-समाज को कानूनी स्वतन्त्रता की अपेक्षा सामाजिक स्वतन्त्रता की सबसे ज़्यादा ज़रूरत है। जब तक आपको सामाजिक स्वतन्त्रता प्राप्त नहीं तब तक आपको क़ानून द्वारा कितनी भी स्वतन्त्रता घोषित की गई हो उसका कोई उपयोग होनेवाला नहीं है।

आप लोगों को शारीरिक स्वतन्त्रता है, ऐसा कुछ लोग कह सकते हैं। आप पर क़ानूनी पाबन्दी न हो ऐसे सभी जगह पर जाने की स्वतन्त्रता है, जहाँ क़ानूनी रोक न हो ऐसे सभी स्थानों पर आप जा सकते हैं, लिख सकते हैं, विचार व्यक्त कर सकते

हैं, यह सही है। किन्तु इस स्वतन्त्रता का क्या उपयोग है? मनुष्य का जैसे शरीर है उसी प्रकार उसका अपना एक मन भी है। उसे जितनी शारीरिक (भौतिक) स्वतन्त्रता की आवश्यकता है, उतनी ही मानसिक स्वतन्त्रता की भी आवश्यकता है। केवल शारीरिक स्वतन्त्रता का कुछ भी उपयोग नहीं। शारीरिक स्वतन्त्रता के साथ ही मानसिक स्वतन्त्रता का होना भी अनिवार्य है, सच देखा जाए तो शारीरिक स्वतन्त्रता की आवश्यकता ही क्या है? हर किसी को अपने मन के अनुसार व्यवहार करने की स्वतन्त्रता हो यही उसका अर्थ हो सकता है, कैदी के पाँव की बेड़ियाँ उतारकर उसे खुला करने का मतलब क्या है? उसका कारण इतना ही है कि वह बाहरी दुनिया में खुले दिल से रहकर अपने अच्छे गुणों को विकसित करे। अपने कर्त्तव्य का पूरा लाभ उठाए। किन्तु जिस आदमी का मन स्वतन्त्र नहीं, उसे अपनी इस बाहरी स्वतन्त्रता का क्या लाभ है।

मानसिक स्वतन्त्रता ही मनुष्य के लिए वास्तविक स्वतन्त्रता है। जिसका मन स्वतन्त्र नहीं वह स्वतन्त्र होकर भी गुलाम है। जिसका मन स्वतन्त्र नहीं, वह आदमी क़ैद में न होने पर भी क़ैदी है। जिसका मन स्वतन्त्र नहीं वह ज़िन्दा होकर भी मृत व्यक्ति के समान है। मन की स्वतन्त्रता ही ज़िन्देपन की साक्षी है। किन्तु मानसिक स्वतन्त्रता किसे है? या मानसिक दृष्टि से हम किसे स्वतन्त्र कह सकते हैं? जो आदमी अपनी विवेक बुद्धि को जाग्रत रखकर अपने हक़ क्या हैं, अपने अधिकार क्या हैं और अपने कर्त्तव्य क्या हैं यह जान लेता है, समझ लेता है ऐसे ही आदमी को मैं स्वतन्त्र मानता हूँ। जो परिस्थिति का दास नहीं है, जो परिस्थिति को अपने क़ाबू में लाने में समर्थ होता है, वही आदमी स्वतन्त्र है, ऐसा मैं मानता हूँ। जो रूढ़ियों का गुलाम नहीं हुआ है, जो किसी का अन्धानुयायी नहीं है, जिसकी चिन्तनशीलता कभी समाप्त नहीं हुई है, जो विवेकी है, जो बुद्धिनिष्ठ है, वही आदमी स्वतन्त्र है, मैं ऐसा मानता हूँ। जो पराधीन नहीं है, जो दूसरों का अन्धानुकरण नहीं करता है, जो हेतु और प्रत्यय (कार्य-कारण भाव सिद्धान्त) वादी दृष्टि से बिना सोचे किसी बात पर भी विश्वास नहीं करता है, जो आदमी अधिकार के छिन जाने पर अपनी पूरी ताक़त से जी-जान से उसकी रक्षा करता है, जो आदमी प्रतिकूल जनमत से नहीं घबराता है, दूसरों के हाथ का खिलौना न बनने की क्षमता रखता है, जो स्वाभिमानी है, वही आदमी स्वतन्त्र है, ऐसा मैं मानता हूँ। जो आदमी अपने जीवन का लक्ष्य और अपने जीवन की बरबादी दूसरों के द्वारा नियन्त्रित और नियोजित उद्देश्यों से तय नहीं करता है, जो बुद्धिजीवी है, बुद्धिमान है, जो अपनी बुद्धिमत्ता के अनुसार अपने जीवन का क्या होना चाहिए और अच्छे तथा जनहित में उसका उपयोग कैसे हो यह स्वयं तय करता है, सारांश यह है कि जो पूरी तरह से स्वाधीन है, वही आदमी स्वतन्त्र है ऐसा मैं मानता हूँ।

इस दृष्टि से देखा जाए तो, मैं आप लोगों से पूछता हूँ, क्या आप लोग स्वतन्त्र हैं? जीवन का लक्ष्य क्या आपने अपनी बुद्धिमत्ता से तय किया है? क्या आप स्वाधीन हैं? मेरी दृष्टि से आप लोगों को किसी भी प्रकार की स्वतन्त्रता नहीं है, बल्कि आप

लोग इस व्यवस्था के गुलाम हैं, दास हैं, इतना ही नहीं बल्कि इस हिन्दू धर्म और हिन्दू समाजव्यवस्था में आपकी दासता इतनी भयानक मर्यादा को पार कर चुकी है कि जिनकी आप कल्पना नहीं कर सकते। यहाँ आप मनुष्य तो समझे ही नहीं जाते किन्तु पशु श्रेणी भी आपको नसीब नहीं है। हिन्दू धर्म में किसी को भी विचारों की स्वतन्त्रता नहीं हो सकती। जो भी आदमी हिन्दू धर्म और इस हिन्दू समाज-व्यवस्था में रहेगा उस हर आदमी को अपने विचार की स्वतन्त्रता को तिलांजलि देनी ही पड़ेगी। यही एक रास्ता है। हिन्दू धर्म और हिन्दू समाज में व्यक्ति का हर आचरण वेदों में लिखित विचारों के अनुसार होना चाहिए। यदि वेदों में वैसी आज्ञा न हो तो स्मृतियों की आज्ञानुसार चलना होगा, यदि स्मृतियों में वैसी आज्ञा न हो तो हिन्दू धर्म के अनुसार सर्वाधिकार सम्पन्न ऐसे जाति के या हिन्दू समाज-व्यवस्था के अगुवा लोगों का और उनके द्वारा तय किए गए सामाजिक बन्धनों का अनुकरण करना पड़ेगा। हिन्दू धर्म में व्यक्ति की बुद्धिमत्ता की कोई क़ीमत नहीं है, उसमें विचार स्वातन्त्र्य नाम की कोई चीज़ नहीं है। आपके विकास की वहाँ कोई गुंजाइश नहीं है। हर हिन्दू आदमी अपने आपमें गुलाम है, उसे किसी न किसी की गुलामी स्वीकार करनी अनिवार्य है। तभी वह हिन्दू है। उसे वेदों की गुलामी करनी ही चाहिए। हिन्दू धर्म के तमाम धर्म-ग्रन्थों की दासता सिर पर रखनी ही चाहिए तभी वह हिन्दू है। इसी का नाम हिन्दू है, उसे समाज के उच्च वर्ण की और ऊँचे वर्ग की दासता स्वीकार करनी ही होगी। हर हिन्दू को विचार-शक्ति का उपयोग करने की कोई आवश्यकता नहीं है, कोई उपयोग नहीं है, जब तक आप हिन्दू धर्म में हैं और इस हिन्दू समाज-व्यवस्था के एक पुर्जे के रूप में हैं तब तक आपको किसी भी प्रकार का विचार स्वातन्त्र्य प्राप्त होना असम्भव है।

इस पर कोई यह भी पूछ सकता है कि हिन्दू धर्म ने केवल आपकी ही मानसिक स्वतन्त्रता छीन ली है ऐसी बात नहीं, बल्कि हिन्दू धर्म को प्रमाण माननेवाले तमाम जाति-वर्ण-वर्ग और उप-जातियों की मानसिक स्वतन्त्रता हिन्दू धर्म ने छीन ली है। हिन्दू धर्म के कारण सारा हिन्दू समाज सदियों से एक प्रकार की बौद्धिक गुलामी के शिकंजे में जकड़ा हुआ है। किन्तु इसका मतलब यह कभी नहीं हो सकता कि वे सब एक जैसे दुःखी लोग हैं। इस बौद्धिक गुलामी के दुष्परिणाम सारे हिन्दू समाज को भोगने पड़ रहे हैं, ऐसी बात नहीं है। स्पृश्य हिन्दू वर्ग के ऐहिक सुख पर इस बौद्धिक गुलामी का किसी भी प्रकार का अवांछित परिणाम नहीं हो सकता है। यदि वे वेदों के भी गुलाम बनें, स्मृतियों के भी दास बनें, उच्चवर्णियों के और ऊँचे वर्ग के अन्धानुयायी बनें तब भी हिन्दू समाज के व्यवहार में उन्हें वेदों ने, स्मृतियों ने ऊँचा स्थान दिया है, दूसरों पर हुकूमत चलाने का अधिकार उन्हें प्राप्त है। सारा हिन्दू धर्म ऊँचे वर्ग और वर्ण के हिन्दुओं के हित और सुरक्षा के लिए ही बनाया गया है। यह बात अब एकदम स्पष्ट हो चुकी है। जिस चीज को वे लोग धर्म मानते हैं उस धर्म में तुम्हारा गुलामों का स्थान है। इतना ही नहीं, बल्कि इस गुलामी से आप लोगों की कभी मुक्ति न हो, इस प्रकार की पूरी कोशिश इस धर्म में की गई है, इसलिए हिन्दू धर्म की इस बौद्धिक गुलामी से

मुक्त होने की, इस गुलामी की ज़ंजीरों को तोड़ने की जितनी आवश्यकता आप और हम लोगों को है, उतनी अन्य हिन्दुओं को नहीं है।

इस तरह से गहन और गम्भीर अध्ययन और खोज के पश्चात् हम इस निष्कर्ष पर पहुँचते हैं कि हम लोगों को दोनों ओर से हिन्दू धर्म और हिन्दू समाज-व्यवस्था मृत व्यवस्था सिद्ध हुई है, इस धर्म ने आपकी मानसिक आज़ादी को लूटकर आपको हज़ारों साल से बन्दी बना रखा है। और इसी धर्म ने, इसी हिन्दू समाज-व्यवस्था ने आप लोगों को इस वर्तमान गुलामी में जकड़कर इस मृत अवस्था में लाकर रखा है। यदि आप सही रूप से आज़ादी चाहते हैं, यदि आप स्वयं को मनुष्य-रूप में देखना चाहते हैं, यदि आप मानवता और मनुष्यता की कुछ कीमत समझते हैं, प्यार और मोहब्बत को समझते हैं, यदि आप अपनी भावी सन्तान को शान और स्वाभिमानपूर्ण देखना पसन्द करते हैं, यदि आप चाहते हैं कि आपकी माँ-बेटी और बहनों की इज़्ज़त की कुछ क़ीमत है तो आप लोगों को धर्मान्तिरण करना ही होगा।

## *दलितों के संगठन और धर्मान्तरण*

अछूतपन निर्मूलन (जड़ से उखाड़ फेंकने) का आज जो आन्दोलन चल रहा है, उस आन्दोलन पर हर तरह से स्पृश्य हिन्दुओं द्वारा नुक्ताचीनी, दोषारोपण किया जाता है कि अछूत-वर्ग में जिन भिन्न-भिन्न अछूत जातियों का समावेश हुआ है उन जातियों में भी आपस में जाति-भेद बरता जाता है, इतना ही नहीं बल्कि वे आपस में ही छुआछूत मानते हैं। महार और माँग जाति आपस में एक-दूसरे के हाथ का पकाया हुआ नहीं खाते हैं। दोनों जातियाँ भंगी को छूते नहीं हैं। और उनसे अछूतपन मानते हैं। जाति-भेद और अछूतपन स्वयं माननेवाले लोगों द्वारा ऊँची जातियों द्वारा बरता जानेवाला जातिभेद नष्ट करो, अछूतपन का निर्मूलन करो, यह कहने का क्या अधिकार है? इस तरह का घटिया प्रश्न हमेशा ही घटिया लोगों की ओर से पूछा जाता है, आप अपना आपसी जाति-भेद और अस्पृश्यता नष्ट करो फिर हमसे माँग करो, इस प्रकार की मूर्खतापूर्ण सलाह हमें दी जाती है, इस आरोप में जो सच्चाई है, उसे हम सब लोगों को स्वीकार करनी चाहिए। किन्तु इस आलोचना में जो आरोप लगाया जाता है वह एकदम घटिया क़िस्म का है।

अछूत-वर्ग में आनेवाली जातियाँ आपस में जाति-भेद मानती हैं, कुछ लोग छुआछूत भी बरतते हैं, इस बात से इनकार करना सम्भव नहीं है। उनका यह आरोप मान्य होने पर भी इस अपराध के लिए वे ही लोग अपराधी हैं, वे ही लोग ज़िम्मेदार हैं। यह कहना तथ्य नहीं है कि जाति-भेद और अस्पृश्यता का जन्म स्पृश्य लोगों के द्वारा नहीं हुआ है। जाति-भेद और अस्पृश्यता का जन्म ऊँचे वर्ग और ऊँचे वर्ण के हिन्दुओं द्वारा ही हुआ है। जातीयता और अस्पृश्यता मानने का पाठ ऊँचे वर्ग और वर्ण के हिन्दुओं ने ही पढ़ाया है। यदि यह बात सही है तो जाति-भेद और अस्पृश्यता की रूढ़ियों की

ज़िम्मेदारी, जाति-भेद और अस्पृश्यता का कलंक स्पृश्य वर्ग के माथे पर ही लगता है। अस्पृश्य समाज उसके लिए ज़िम्मेदार नहीं है, अस्पृश्य वर्ग के लोग जाति-भेद और अछूतपन मानने में ऊँचे वर्ण और वर्ग के लोगों द्वारा पढ़ाया गया पाठ ही बरतते हैं। यह पाठ यदि झूठा है, तो उसकी सारी ज़िम्मेदारी उन लोगों पर आती है जिन्होंने यह पाठ पढ़ाया है। जो दलित आज इस तरह जाति-भेद और अस्पृश्यता मानते हैं उन पर यह दोष कदापि नहीं लग सकता है।

जिन कारणों से अछूतपन और जातिभेद हम लोगों में आया है उसके लिए हम लोग दोषी नहीं हैं तब भी हम लोगों में जो जातिभेद और अस्पृश्यता है, उसका मूलोच्छेद नहीं करना, उसका धिक्कार नहीं करना, और उसे वैसे ही बरक़रार रहने देना मूर्खता है। अस्पृश्यता और जाति-भेद के निर्माण में जबकि हम ज़िम्मेदार नहीं हैं, तब भी उसका मूलोच्छेद करने की ज़िम्मेदारी हम लोगों पर है, इस जवाबदेही को हम लोगों ने पहचान लिया है। इसलिए मैं बहुत खुश हूँ। मुझे यह यक़ीन है कि महार (अछूत) जाति में ऐसा कोई भी नेता और कार्यकर्त्ता नहीं है जो जातिभेद मानना चाहिए, ऐसा कहता हो। यदि तुलना ही करनी हो तो वह नेताओं में ही करनी चाहिए, महारों का (अस्पृश्यों का) पढ़ा-लिखा वर्ग ले लीजिए और ब्राह्मणों का पढ़ा-लिखा वर्ग ले लीजिए। दोनों में तुलना की दृष्टि से देखने पर यह बात स्पष्ट हो जाएगी कि अस्पृश्य वर्ण के पढ़े-लिखे वर्ग की प्रवृत्ति जातिभेद और अस्पृश्यता का मूलोच्छेद करने के लिए सबसे ज़्यादा अनुकूल है, यह सबको मानना पड़ेगा। इतना ही नहीं, बल्कि यह बात आचरण से भी सिद्ध हो चुकी है। अस्पृश्यों का सुशिक्षित वर्ग इस सुधार भावना के लिए अनुकूल है, इतना ही नहीं अस्पृश्य (महार) अज्ञानी, सर्वसामान्य जनता भी इस सुधार के लिए अनुकूल विचार रखती है, यह हम सिद्ध कर चुके हैं।

आज अस्पृश्यों (महार) में ऐसा एक भी आदमी नहीं मिलेगा जो महार माँगों में रोटी-बेटी व्यवहार करने के विरुद्ध हो। अपने अन्दर की जाति विषमता को नष्ट करने की आवश्यकता को आप लोग जानते हैं। इस बात का मुझे बड़ा गर्व और अभिमान है। मैं बेहद खुश हूँ। मैं आप सभी लोगों का दिलोजान से अभिनन्दन करना चाहूँगा। किन्तु अछूतों में आपसी जातिभेद नष्ट करने का प्रयत्न कैसे सफल किया जा सकता है, क्या कभी आपने इस पर कुछ सोचा है? सहभोज करने से या कभी किसी प्रसंग में सहविवाह करने से जातिभेद समाप्त नहीं हो सकता है। जातिभेद एक मानसिक अवस्था है, एक मानसिक दर्द है, और इस मानसिक रोग के लिए हिन्दू धर्म की शिक्षा ही पूरी तरह से ज़िम्मेदार है। हम लोग जातिभेद मानते हैं, अस्पृश्यता मानते हैं इसका मुख्य कारण जिस धर्म में हम हैं वह धर्म ही वैसा करने की धर्म-आज्ञा हमें देता है। इसलिए अगर कोई चीज़ कड़वी हो तो उसे मीठी बनाया जा सकता है, अगर खट्टी हो, बेरुचि की हो तो उसको रुचि वाली में बदला जा सकता है, किन्तु ज़हर को मधुर नहीं बनाया जा सकता है। हिन्दू धर्म में रहकर जातिभेद नष्ट करने की बात करना, यह ऐसी ही बात है जैसे ज़हर को मधुर बनाने की असम्भव बात करना है, अर्थात

जिस धर्म में मनुष्य से घृणा मनुष्य द्वारा ही की जाती है, जिस धर्म में मनुष्य, मनुष्य को ही अपवित्र मानता हो, और इसी में उसका धर्म हो, यही शिक्षा उस धर्म की बुनियाद हो, उस धर्म में हम लोग जब तक हैं, तब तक जातिभेद, अस्पृश्यता, नष्ट होनेवाली नहीं है। अपने मन की जातीयता, अस्पृश्यता नष्ट करनी हो तो धर्मान्तरण ही एकमात्र रास्ता है।

## *नाम-परिवर्तन और धर्मान्तरण*

यहाँ तक धर्मान्तरण के कारण और धर्मान्तरण की मीमांसा मैंने आपके सामने रखी है। ये कारण और यह मीमांसा आपके लिए विचार प्रवर्त्तक होगी, इसकी मुझे पूरी उम्मीद है। ये कारण और यह मीमांसा जिन्हें गम्भीर और गहन लगती हो उन्हें इस विषय को समझने में आसानी हो इसलिए मैं कुछ सरल और बड़ी आसानी से समझ में आने योग्य विचार आपके सामने रखने का प्रयास कर रहा हूँ। सच देखा जाए तो इस धर्मान्तरण के प्रश्न में नई चीज़ क्या है? मैं आप लोगों से पूछता हूँ कि हिन्दुओं का और आपका सामाजिक सम्बन्ध क्या है? जितने मुस्लिम लोग हिन्दुओं से भिन्न हैं उतने ही आप भी हिन्दुओं से भिन्न हैं। ईसाई समाज हिन्दुओं से जितना भिन्न है, उतने ही आप भी हिन्दुओं से भिन्न हैं। मुस्लिम और हिन्दुओं में, ईसाई और हिन्दुओं में जैसे रोटी-बेटी व्यवहार नहीं होता है, उसी तरह आप लोग और हिन्दुओं में भी कोई रोटी-बेटी व्यवहार नहीं होता है। आपका अस्पृश्य समाज और हिन्दू समाज ये दोनों भिन्न-भिन्न समाज हैं। धर्मान्तरण करने से एक समाज के दो टुकड़े हुए हैं, यह कोई भी नहीं कह सकता है। और न किसी को कुछ बुरा लगनेवाला है। आज जिस तरह आप हिन्दू समाज से भिन्न हैं, उसी तरह आप धर्मान्तरण करने से भी अलग ही रहनेवाले हैं। धर्मान्तरण से कुछ भी नया नहीं होनेवाला है, यदि यह बात सही है तो धर्मान्तरण का किसी को क्यों विरोध करना चाहिए, यह बात मुझे समझ नहीं आ रही है। दूसरी बात यह है कि यदि धर्मान्तरण का महत्त्व आपकी समझ में नहीं भी आया हो तब भी नाम-परिवर्तन का महत्त्व आप सब समझ गए हैं, इसमें कोई सन्देह नहीं है।

आपमें से किसी को भी जब यह पूछा जाता है कि आपकी जाति क्या है, तब आप कहते हैं, चोखामेला, वाल्मीकि, रैदास किन्तु कोई भी अपने को महार, माँग, भंगी या चमार नहीं बताते हैं। बिना नाम-परिवर्तन की गरज के कोई नाम-परिवर्तन करनेवाला नहीं है, इस प्रकार के नाम-परिवर्तन करने का कारण बड़ा आसान है, अपरिचित आदमी को अस्पृश्य कौन और स्पृश्य कौन यह बताने की आवश्यकता नहीं होगी, और जब तक जाति मालूम नहीं होती, तब तक स्पृश्य हिन्दू के मन में किसी भी प्रकार की दूषित भावना उत्पन्न नहीं होती है। सफर में अपरिचित स्पृश्य और अस्पृश्य बड़े स्नेहपूर्ण ढंग से रहते हुए दिखाई देते हैं, एक-दूसरे से बीड़ी-पान लेते हैं। किन्तु उसी आदमी को, जिससे वह स्नेहपूर्ण व्यवहार कर रहा है, उसकी जाति मालूम हुई और यह मालूम हुआ

कि यह तो अछूत है, तब फ़ौरन उसके मन में उस आदमी के प्रति घृणा और द्वेष की भावना बढ़ने लगती है। और अन्त में दोनों की दोस्ती का परिणाम गाली-गलौच और मारपीट में हो जाता है, यह अनुभव सबका है, इसमें कोई सन्देह नहीं है। इस प्रकार से क्यों होता है? यह आप सब लोगों को मालूम है, आप लोगों को जो जातिवाचक नाम दिए गए हैं, उन नामों में इतनी गन्दगी लगी हुई है कि उसका नाम लेने से भी स्पृश्य हिन्दुओं के दिल में मतली आने लगती है और इसीलिए आप लोग स्वयं को महार न कहकर, चोखामेला, रोहिदास, वाल्मीकि, हरिजन आदि नाम देकर लोगों को बहकाने का काम करते हैं, किन्तु इससे कोई बहकनेवाला नहीं है, इसका भी आपको अच्छी तरह अनुभव है। चूँकि आपने चाहे चोखामेला बताया और चाहे हरिजन बताया, हिन्दू लोग आपको जो समझना चाहिए वही समझते हैं। आप लोगों को नाम-परिवर्तन की आवश्यकता है, यह आपके व्यवहार से ही स्पष्ट हो चुका है, मुझे आप लोगों से यही पूछना है कि नाम-परिवर्तन करना यदि आपको आवश्यक लगता है, तो फिर आपको धर्मान्तरण करने में क्यों आपत्ति होनी चाहिए?

धर्मान्तरण एक दृष्टि से नाम-परिवर्तन ही है। धर्मान्तरण से होनेवाला नाम-परिवर्तन आपको ज़्यादा फ़ायदेमन्द होगा। अपने आपको मुस्लिम कहलवा लेना, ईसाई कहलवा लेना, बौद्ध कहलवा लेना, सिख कहलवा लेना यह धर्मान्तरण तो है ही किन्तु नाम-परिवर्तन भी है। यही वास्तविक नाम-परिवर्तन है। इस नाम-परिवर्तन में गन्दगी नहीं है। यही मूलभूत परिवर्तन की प्रक्रिया है। इसमें किसी भी हिन्दू को जाति खोजना असम्भव है, चोखामेला, वाल्मीकि, रोहिदास या हरिजन इस नाम-परिवर्तन से कुछ भी लाभ होनेवाला नहीं है। पुराने नाम की गन्दगी नए नाम को भी लगेगी इसमें कोई शक नहीं है। जब तक आप हिन्दू धर्म में रहेंगे तब तक आपको नाम-परिवर्तन करना ही पड़ेगा, चूँकि केवल हिन्दू कहलाने से काम चलनेवाला नहीं है, हिन्दू कोई मनुष्य प्राणी है, यह कोई नहीं जानता है, अब चोखामेला, वाल्मीकी, रैदास या हरिजन नाम बताने से काम चलनेवाला नहीं है, चूँकि उस नाम का उच्चारण करते ही कोई भी हिन्दू आपके करीब आनेवाला नहीं है। ऐसी बीच की अवस्था में दम घुटते हुए रहने की अपेक्षा, आज यह नाम, कल वह नाम, इस तरह का नाम-परिवर्तन करते रहने की अपेक्षा धर्मान्तरण करके हमेशा-हमेशा के लिए मूलरूप से आप लोगों को नाम-परिवर्तन क्यों नहीं करना चाहिए, यही मेरा आप सब लोगों से अन्तिम सवाल है।

## *दलितों के दुश्मनों की भूमिका*

जब से धर्मान्तरण का आन्दोलन शुरू हुआ तब से कई लोगों ने इस आन्दोलन के विरुद्ध कई आक्षेप लगाए हैं। इन आक्षेपों में कितना सत्य है इस पर सोचना अत्यावश्यक है। कुछ हिन्दू लोग धार्मिकता की बड़ी गीदड़ भभकी दिखाकर आप लोगों को यह बता रहे हैं कि, "धर्म कोई उपभोग की चीज़ नहीं है, जैसे आज हमने एक कोट पहन लिया,

दूसरे दिन दूसरा कोट पहन लिया। उसी प्रकार धर्म ऐसी चीज़ नहीं है जिसमें परिवर्तन, बदल या उसे छोड़ दिया जा सकता है। हिन्दू धर्म को छोड़कर आप दूसरे धर्म में जा रहे हैं, तो आपके पूर्वज जो इतने दिन तक हिन्दू धर्म में थे क्या वे मूर्ख थे?" इस तरह का प्रश्न कुछ मूर्ख बुजुर्गों ने उपस्थित किया है। मेरी दृष्टि से इस आक्षेप में किसी भी प्रकार का तथ्य नहीं है। केवल पूर्वजों का धर्म समझकर ही उससे चिपककर रहना चाहिए, यह कहना किसी मूर्ख आदमी को ही शोभा दे सकता है, कोई भी समझदार आदमी इस प्रकार की भूमिका नहीं ले सकता है। केवल पूर्वजों का धर्म है इसलिए धर्मान्तरण नहीं करना चाहिए, यह कहनेवाले लोगों ने इतिहास नहीं पढ़ा, यही कहना उचित होगा। पहले के आर्यों का धर्म, जिसको वैदिक धर्म के नाम से जाना जाता है, उसमें गोमांस खाना, दारू पीना और स्वच्छन्द रूप से अनैतिक भोग करना इन्हीं तीन बातों में उनका धर्म समाविष्ट है। उस धर्म को हज़ारों वर्षों तक इस देश के लोगों ने अपना धर्म समझकर माना और आज भी कुछ ब्राह्मण लोगों को उस धर्म की ओर जाने का दिल करता है। केवल पूर्वजों का ही धर्म पालन करना था तो वैदिक धर्म छोड़कर इस देश के लोगों ने बुद्धमत को क्यों अपनाया था? वैदिक धर्म को उन्होंने क्यों ठोकर मारी थी? इस धर्म में हमारे पूर्वज थे यह बात सही है, किन्तु वे लोग स्वयं ख़ुशी से, स्वयं की प्रेरणा से उस धर्म में रहे, यह बात मैं नहीं मान सकता हूँ।

इस देश में कई वर्षों से चातुर्वर्णीय व्यवस्था के अनुसार ब्राह्मणों को विद्या पढ़नी चाहिए, क्षत्रियों को युद्ध करना चाहिए, वैश्यों को व्यापार करना चाहिए, और शूद्रों को ऊपरी सभी वर्णों की सेवा करनी चाहिए, इस प्रकार की नियमबद्ध व्यवस्था को मत्थे मढ़ दिया गया था। इस व्यवस्था में शूद्र, अतिशूद्र वर्ण के लिए न तो कोई विद्या थी और न ही धन और दौलत थी, और न ही अन्न-वस्त्र और निवास था। ऐसी विपन्न और निःशस्त्र अवस्था में आपके जिन पूर्वजों को रहना पड़ा, उन्होंने इस वैदिक अर्थात ब्राह्मणी धर्म को स्वयं ख़ुशी से अपनाया होगा ऐसा कोई भी समझदार आदमी नहीं कह सकता है। आपके इन पूर्वजों को ब्राह्मणी धर्म के विरुद्ध विद्रोह करना क्या सम्भव हो सकता था? इस पर ज़रूर विचार होना चाहिए। यदि उन्हें इस ब्राह्मणी धर्म के विरुद्ध विद्रोह करना सम्भव था, फिर भी उन्होंने नहीं किया तो हम यह मान सकते हैं कि उन्होंने इस धर्म को स्वयं ख़ुशी से अपनाया था। किन्तु वास्तविकता यह है कि वे असहाय थे, वे लाचार थे, इसलिए उन्हें इसी धर्म में रहना पड़ा। यह बात निर्विवाद है। इस दृष्टि से देखने पर यह ब्राह्मणी धर्म अर्थात हिन्दू धर्म हमारे पूर्वजों का धर्म नहीं हो सकता है, बल्कि उन पर ज़बर्दस्ती लादी गई एक गुलामी, दासता थी। हमारे पूर्वजों को इस धर्म में ही रखना, यह क्रूर, ख़ूनी पंजा था जो हमारे पूर्वजों के ख़ून का प्यासा था। इस गुलामी से अपनी मुक्ति पाने की क्षमता और साधन उनके पास उपलब्ध नहीं थे, इसलिए उनका इस गुलामी के विरुद्ध विद्रोह करना सम्भव नहीं था। उन्हें इसी गुलामी में रहना पड़ा, इसके लिए हम उन्हें दोषी नहीं ठहराएँगे। कोई भी उन पर रहम ही करेगा। किन्तु आज की पीढ़ी पर उस तरह की जबर्दस्ती करना किसी के लिए भी

सम्भव नहीं है। हमें हर तरह की स्वतन्त्रता है। इस आज़ादी का सही-सही उपयोग कर यदि इस पीढ़ी ने अपनी मुक्ति का रास्ता नहीं खोजा, यह जो हज़ारों साल से ब्राह्मणी अर्थात हिन्दू धर्म की गुलामी है, इसे नहीं तोड़ा तो मैं यही समझूँगा कि उनके जैसे नीच, उनके जैसे हरामी और उनके जैसे कायर जो स्वाभिमान बेचकर पशु से भी गईगुजरी ज़िन्दगी बसर करते हैं, अन्य कोई नहीं होंगे। यह बात मुझे बड़े दुःख और बड़ी बेरहमी से कहनी पड़ेगी।

## *मनुष्य और पशु में अन्तर*

केवल पूर्वजों का धर्म मानकर उस धर्म से चिपककर रहना, किसी मूर्ख आदमी को ही शोभा दे सकता है, किन्तु कोई भी समझदार आदमी इस प्रकार की भूमिका कैसे ले सकता है? इस परिस्थिति में ही उसको मरते दम तक रहना चाहिए, यह कहना पशुओं के लिए ही शोभा दे सकता है। किन्तु जो इनसान इनसानियत से मोहब्बत करता है उसे यह शोभा नहीं दे सकता। मनुष्य और पशु में यदि किसी प्रकार का अन्तर है तो वह यही है कि पशु अपना विकास नहीं कर सकता है और मनुष्य अपनी प्रगति के लिए लाख कोशिश कर सकता है। मनुष्य का स्थिति-परिवर्तन के बिना अपना विकास सम्भव नहीं है। हम भी स्थिति-परिवर्तन के बिना अपना विकास नहीं कर सकेंगे। धर्मान्तरण भी एक प्रकार का स्थिति-परिवर्तन ही है। और यदि धर्मान्तरण के बिना अपनी प्रगति सम्भव नहीं हो तो धर्मान्तरण करना ही ज़रूरी है। केवल पूर्वजों का धर्म यह चीज़ प्रगति प्रिय मनुष्य के मार्ग में रोड़ा नहीं बन सकती है।

धर्मान्तरण के विरुद्ध और भी एक प्रश्न उठाया जाता है, वह यह है कि, "धर्मान्तरण एक प्रकार से भगोड़ापन है। आज हिन्दू धर्म में कई लोग हैं जो हिन्दू धर्म के सुधार करने में संलग्न हैं, उनकी सहायता से जाति-भेद और अस्पृश्यता नष्ट करना सम्भव है। जब ऐसा सुधार कार्य चल रहा हो तब ऐसे समय धर्मान्तरण करना पूरी तरह अनुचित है।" यह कुछ लोगों का कहना है। हिन्दू समाज-सुधारकों के प्रति किसका क्या मत है, मैं नहीं जानता। किन्तु मेरे मन में उनके प्रति बहुत नफ़रत है। मैं उनके सम्बन्ध में अच्छी तरह जानता हूँ। मुझे उनका बहुत ही गहरा अनुभव है। और इन अधपगले लोगों से मुझे बड़ी घृणा है। जिन लोगों को अपनी जाति में ही रहना है, अपनी जाति में ही मरना है, अपनी जाति में ही शादी-ब्याह करना है, उन लोगों का यह कहना, "हम जाति-भेद और अस्पृश्यता को नष्ट करनेवाले हैं।" इस प्रकार की शेख़ी मारना, और उनकी इस शेख़ी पर अछूत वर्ग ने विश्वास नहीं किया, इसलिए संतप्त होना, यह बड़े आश्चर्य और बेशर्मी की बात है।

इन हिन्दू समाज-सुधारकों की यह झूठी शेख़ी सुनने पर अमेरिका के नीग्रो लोगों की मुक्ति के लिए जिन श्वेत अमेरिकी लोगों ने प्रयत्न किया था, उस घटना की मुझे याद आती है। एक समय में अमेरिकी नीग्रो लोगों की अवस्था इस देश के अछूत वर्ग

के समान ही थी। उनकी गुलामी क़ानून से स्थापित की गई थी। आप लोगों की गुलामी धर्म द्वारा स्थापित की गई है, इतना ही इसमें अन्तर है। इस गुलामी से नीग्रो लोगों की मुक्ति के लिए अमेरिका के कुछ समाज-सुधारक प्रयत्न कर रहे थे। किन्तु हिन्दू समाज-सुधारकों और अमेरिकी नीग्रो लोगों की मुक्ति के लिए लड़नेवाले अमेरिकी श्वेत सुधारकों की तुलना करना ग़लत होगा। काले शिद्दी लोगों को गुलामी से मुक्ति दिलाने के लिए अपने ही ख़ून और मांस जैसे श्वेतों से अमेरिकी श्वेत सुधारकों का घमासान युद्ध हुआ। नीग्रो को वैसी ही स्थिति में रहने दो ऐसा कहनेवाले असंख्य श्वेत लोगों के ख़ून की नदियाँ बहाई गईं। उन्हें मौत के घाट उतार दिया गया। इस आन्दोलन का इतिहास मैंने पढ़ा। और जब मैंने यहाँ के हिन्दू समाज-सुधारकों का चित्र अपनी आँखों के सामने रखा तब मैंने जान लिया, 'कहाँ राजा भोज और कहाँ गंगू तेली', और इस उक्ति से यहाँ के समाज-सुधारकों का कितना सम्बन्ध है यह मेरी समझ में आ गया, सुधार के नाम पर ढिंढोरा पीटनेवाले उन हिन्दू समाज-सुधारकों से जो अपने आपको अछूतों के ख़िदमतगार कहलवाते हैं। मैं उनसे पूछना चाहता हूँ कि 'क्या आप (हिन्दू) जिस तरह अमेरिका के श्वेत सुधारकों ने नीग्रो लोगों की मुक्ति के लिए जो घमासान युद्ध किया था उस प्रकार के युद्ध के लिए तैयार हैं? और यदि तैयार नहीं हैं तो फिर इस प्रकार की झूठी शेख़ी बघारने का मतलब क्या है?'

हिन्दुओं में अछूतों की उन्नति की बात करनेवाले जो कुछ उँगलियों पर गिने जानेवाले लोग हैं उनमें आज एक महात्मा गांधी हैं, उनकी दौड़ भी कहाँ तक है यह मैं अच्छी तरह जानता हूँ, 'मुल्ला की दौड़ मस्जिद तक' वाली बात है। अंग्रेज़ सरकार के विरुद्ध निःशस्त्र प्रतिकार का आन्दोलन चलानेवाले महात्मा गांधी जब अछूतों-दलितों पर हिन्दुओं द्वारा पशुवत जुल्म होता है तब भी हिन्दुओं के मन को थोड़ी भी ठेस न लगे इसकी पूरी कोशिश करते हैं। उनके दिल दुखाने के लिए महात्मा गांधी तैयार नहीं हैं, उनके विरुद्ध सत्याग्रह करने के लिए तैयार नहीं हैं। इतना ही नहीं, उनके विरुद्ध क़ानूनी कार्यवाही करने के लिए भी वे तैयार नहीं हैं। ऐसे निकम्मे समाज-सुधारकों का क्या उपयोग है? मेरी समझ में नहीं आ रहा है।

### *वास्तव में यह दलितों की ही भूल है*

कुछ लोग अछूतों-दलितों की ही सभा में आकर बड़े रोषपूर्ण आवेश में स्पृश्यों को गालियाँ देंगे, कुछ लोग दलितों की सभा में आकर बड़े शेख़ी के साथ उन्हें कहेंगे, 'मित्रो, आप स्वच्छ रहना सीखो, शिक्षा लो, पढ़ना-लिखना सीखो, अपने पाँव पर खड़े हो,' वगैरह। वास्तव में यदि इसके लिए कोई ज़िम्मेदार है तो वह है स्पृश्य हिन्दू समाज और उनका धर्म। वही इस गुलामी का जन्मदाता है। वही इसके लिए सबसे बड़ा अपराधी है। स्पृश्य वर्ग द्वारा ही सदियों की इस गुलामी को उसी प्राचीन और सनातनी रूप में ज़िन्दा रखा गया। किन्तु स्पृश्य वर्ग को इस प्रश्न पर संगठित कर उनकी सभा में उन्हें

अक्ल देने का काम ये महाशय क्यों नहीं करते? लोग उन्हें इस अपराध के लिए अपराधी क्यों नहीं मानते? अपराधी वे स्पृश्य हिन्दू हैं और सजा हम भोग रहे हैं। अक्ल तो उन्हें देनी चाहिए जो बेअक्ल हैं, सज़ा तो उन्हें भोगनी चाहिए जो अपराधी हैं, किन्तु यह काम यह तथाकथित समाज-सुधारक करनेवाले नहीं हैं।

कुछ लोग यह भी कहते हैं कि 'हिन्दू धर्म में ही रहकर आप अपना आन्दोलन जारी रखो। आप और हम मिलकर यह आन्दोलन सफल बनाएँगे।' इस तरह की बात करनेवाले सुधारकों को हम दो घटनाओं की याद दिलाना चाहते हैं। पिछले महायुद्ध में एक अमेरिकी और एक अंग्रेज़ आदमी में युद्ध के सम्बन्ध में जो संवाद हुआ है उसे मैंने पढ़ा है। यह संवाद बहुत उद्‌बोधक है। इसलिए यहाँ पर उसकी चर्चा करना मुनासिब है, ऐसा मैं समझता हूँ। उनके संवाद का विषय था कि अब युद्ध कहाँ तक जारी रखा जाए। अमेरिकी आदमी के प्रश्न का उत्तर देते हुए इस अंग्रेज़ आदमी ने ऐंठ में कहा, 'अन्तिम फ्रेंच आदमी के मरते दम तक हम इस लड़ाई को लड़ेंगे।' हिन्दू समाज के सुधारक जब यह कहते हैं कि अछूतपन के विरुद्ध यह लड़ाई हम 'अन्तिम समय तक लड़ेंगे तब मेरे जैसा आदमी उनके इस कथन का यही अर्थ निकालता है कि अन्तिम अछूत दलित आदमी के मरते दम तक यह लड़ाई लड़ी जाएगी।

दूसरों की गरदन को ख़तरे में डालकर युद्ध मैदान की ओर बढ़नेवाले योद्धा से जीत की अपेक्षा रखना कहाँ तक उचित है। यह आप सब लोग जानते हैं। हमारी लड़ाई में यदि हम ही मरनेवाले हैं तो फिर ग़लत जगह पर लड़ाई करने का मतलब क्या है? हिन्दू समाज को सुधारना हमारा लक्ष्य नहीं है, यह हमारा कार्य नहीं है, अपनी आज़ादी के लिए लड़ना और अपनी आज़ादी को प्राप्त करना, यही हमारा लक्ष्य है। इससे आगे हमें कुछ नहीं करना है। हमारा लक्ष्य है हमारी आज़ादी, दलित और अछूत समाज की मुक्ति। धर्मान्तरण के द्वारा यदि हम अपनी आज़ादी को प्राप्त कर सकते हैं, तो फिर हमें हिन्दू समाज सुधारने की फालतू ज़िम्मेदारी अपने सिर पर क्यों लेनी चाहिए? और उस लड़ाई में हमें अपने सामर्थ्य का और शक्ति का ग़लत काम के लिए उपयोग करना चाहिए? इसमें हमारा लड़ना ग़लत होगा, यह हमारी मूर्खता होगी। हिन्दू समाज का सुधार करना, अछूतपन उन्मूलन आन्दोलन का उद्‌देश्य नहीं है। और न ही किसी को इस तरह से समझना चाहिए। अछूतपन उन्मूलन आन्दोलन का मुख्य उद्‌देश्य है अछूतों को सामाजिक आज़ादी प्राप्त करा देना। यही इस आन्दोलन का लक्ष्य है और यह आज़ादी सिवाय धर्मान्तरण के प्राप्त होनेवाली नहीं है। यह बिल्कुल सही है।

अछूतों को समता की आवश्यकता है, यह मुझे मंजूर है, और समता की प्राप्ति ही हमारे आन्दोलन का वास्तविक उद्‌देश्य है। किन्तु इस समता को प्राप्त करने के लिए उन्हें हिन्दू धर्म में ही रहना चाहिए, वरना समता प्राप्त होनेवाली नहीं है, यह कोई भी नहीं कह सकता है। समता प्राप्त करने के दो रास्ते मुझे दिखाई दे रहे हैं। हिन्दू धर्म में ही रहकर समता प्राप्त करनी चाहिए या धर्मान्तरण के द्वारा समता प्राप्त करनी चाहिए। हिन्दू धर्म में रहकर समता प्राप्त करने का मतलब है केवल छुआछूत को समाप्त

करना। किन्तु इससे काम चलनेवाला नहीं है। रोटी-व्यवहार और बेटी-व्यवहार होना सबसे महत्त्वपूर्ण चीज़ है। तभी वास्तव में समता प्राप्त हो सकती है। इसका ही अर्थ यह है कि चातुर्वर्ण्य का मूलोच्छेद होना चाहिए नम्बर एक और दूसरी बात है ब्राह्मणी धर्म का विध्वंस होना चाहिए, क्या यह बात सम्भव है?

और यह बात सम्भव न हो तो हिन्दू धर्म में रहकर समता के व्यवहार की अपेक्षा करना समझदारी नहीं होगी। और न ही इस प्रयास में किसी को कुछ सफलता ही मिलनेवाली है। इन सबमें यदि सबसे अच्छा और सबसे आसान कोई रास्ता है तो वह है धर्मान्तरण। हिन्दू समाज मुस्लिम समाज को समता की दृष्टि से देखता है। हिन्दू समाज ईसाई समाज को समता की दृष्टि से देखता है। मुस्लिम, ईसाई और हिन्दू समाज में समता का व्यवहार है। इसका मतलब यही है कि धर्मान्तरण से बड़ी आसानी से सामाजिक समता स्थापित की जा सकती है। और यदि यह बात सही है तो फिर धर्मान्तरण जैसे सीधे और सरल रास्ते को आप लोगों को क्यों नहीं स्वीकार करना चाहिए? यह मेरा प्रश्न है, मेरी दृष्टि से धर्मान्तरण का रास्ता जैसे अछूतों-दलितों के लिए हितकारी है उसी प्रकार स्पृश्य हिन्दुओं के लिए भी हितकारी ही होगा।

आप लोग जब तक हिन्दू धर्म में रहेंगे तब तक उनसे छुआछूत के लिए, पानी के लिए, रोटी के लिए, बेटी के लिए झगड़ना ही पड़ेगा। और जब तक आपमें और हिन्दुओं में यह संघर्ष जारी रहेगा तब तक आपमें और उनमें विवाद बढ़ता ही रहेगा। और हमेशा के लिए एक-दूसरे के दुश्मन बने रहेंगे। और यदि धर्मान्तरण करते हैं तो झगड़े के मूल कारणों की ही समाप्ति हो जाती है। आप लोगों को उनके मन्दिरों पर हक़ जताने का न तो कोई अधिकार रहेगा और न ही उनके मन्दिरों में तथा उनके साथ सहभोज करने की आवश्यकता होगी। आपस में शादी-ब्याह आदि इस तरह के सामाजिक हक़ों के लिए आन्दोलन, संघर्ष करने की कोई आवश्यकता नहीं होगी। इस तरह से यह संघर्ष यदि समाप्त हुआ तो दोनों वर्गों में स्नेह सम्बन्धों का विकास होगा। आज देखने की बात यह है कि मुस्लिम समाज और ईसाई समाज की तथा हिन्दू समाज की आपसी स्थिति क्या है? आप लोगों की तरह ही हिन्दू समाज मुसलमानों को और ईसाई समाज को अपने मन्दिर में आने से रोकता है, आप लोगों की तरह ही वे मुसलमानों से रोटी-व्यवहार नहीं रखते हैं, ईसाइयों से रोटी-व्यवहार नहीं रखते हैं, दोनों से बेटी-व्यवहार नहीं करते हैं। यह सब होने पर भी उनमें और हिन्दुओं में आज जो सलूक है वह आपमें और हिन्दुओं में नहीं है। यह जो अन्तर है इसका मुख्य कारण यही है कि आप लोगों को हिन्दू धर्म में रहने के कारण हिन्दू समाज से अपने सामाजिक और धार्मिक हक़ों के लिए लड़ना पड़ रहा है। किन्तु आज के मुस्लिम और ईसाई लोग हिन्दू धर्म की चौखट से बाहर जाने के कारण उन्हें हिन्दू समाज से सामाजिक और धार्मिक हक़ों के लिए लड़ने की, उनके लिए विद्रोह और आन्दोलन करने की आवश्यकता नहीं है, और न ही उन्हें विद्रोही बनना पड़ रहा है।

दूसरी बात यह है कि हिन्दू समाज में उन्हें किसी भी प्रकार का हक़ नहीं होने

पर भी, मतलब उनसे (मुस्लिम और ईसाइयों से) रोटी और बेटी-व्यवहार नहीं होने पर भी हिन्दू समाज उन्हें असमान दृष्टि से नहीं देखता है, और न ही हिन्दुओं के द्वारा उन्हें असमान दृष्टि से देखने से उनका कुछ बाल-बाँका ही हो सकता है।

धर्मान्तरण से समता स्थापित हो सकती है, धर्मान्तरण से यदि हिन्दू और अस्पृश्यों में सलूक उत्पन्न हो सकता है, तो फिर यह समता का सीधा और सरल, हितकारी रास्ता अस्पृश्य दलित समाज को स्वीकार कर लेना चाहिए। इस तरह से यह धर्मान्तरण का रास्ता वास्तविक आज़ादी की ओर ले जानेवाला है। और इसी रास्ते से सही अर्थों में वास्तविक समता प्राप्त हो सकती है। धर्मान्तरण का रास्ता पलायनवाद का रास्ता नहीं है। यह एक समझदारी का रास्ता है, मनुष्यता का रास्ता है।

धर्मान्तरण के रास्ते में और भी एक अड़ंगा डाला जाता है और वह यह कि जाति-भेद से ग्रस्त होकर धर्मान्तरण करने का कुछ भी अर्थ नहीं है, इस प्रकार का युक्तिवाद कुछ मूर्ख हिन्दू लोग करते हैं। वे तर्क क्या देते हैं? 'कहीं भी जाइए, वहाँ पर भी जाति-भेद है ही। ईसाइयों में भी जाइए, उनमें भी जाति-भेद है', अफ़सोस से यह बात क़बूल करनी पड़ती है कि इस देश के अन्य धार्मिक समाजों में भी जाति-भेद का प्रवेश हुआ है। किन्तु इस अपराध के अपराधी हिन्दू लोग ही हैं। मूलरूप में यह रोग उनसे ही उत्पन्न हुआ है। उनका संसर्ग फिर अन्य समाजों से हुआ है। यह उनकी दृष्टि में अनुचित बात है। ईसाई और मुसलमानों में यदि जाति-भेद है भी तब भी वह जाति-भेद हिन्दुओं के जाति-भेद जैसा ही है यह कहना 'चोरों को सारे नज़र आते हैं चोर' वाली बात है, हिन्दुओं में जाति-भेद और मुस्लिम तथा ईसाइयों में जाति-भेद इन दोनों में बहुत बड़ा अन्तर है। सबसे पहले तो यही बात ध्यान में रखनी होगी कि मुसलमान और ईसाइयों में जाति-भेद होने पर भी वह उनके समाज का मुख्य अंग नहीं है। हिन्दुओं को छोड़कर यदि आप दूसरों से यह पूछते हैं कि, 'आप कौन हैं?' तो वे कहेंगे 'मैं मुस्लिम हूँ', 'मैं ईसाई हूँ' इतना ही उत्तर मिलने पर सबका मतलब उत्तर देनेवाले का और पूछनेवाले का समाधान हो जाएगा, 'तेरी जाति क्या है?' यह पूछने की या बताने की किसी को भी कोई आवश्यकता नहीं रहती है, किन्तु यदि आप किसी हिन्दू आदमी से पूछते हैं, 'तू कौन है?' तो वह उत्तर देगा 'मैं हिन्दू हैं'। इससे किसी का भी समाधान होनेवाला नहीं है, न प्रश्न पूछनेवाले का और न उत्तर देनेवाला का ही। फिर उसके बाद दूसरा प्रश्न पूछा जाता है, 'तेरी जाति क्या है?' जब तक वह अपनी जाति का नाम नहीं बताता तब तक किसी को उसकी वास्तविक स्थिति का पता नहीं चलेगा। इससे यह स्पष्ट होता है कि हिन्दू समाज में जाति को कैसे प्रधानता दी गई है और मुस्लिम तथा ईसाई समाज में जाति को कैसे गौण स्थान दिया गया है। हिन्दू समाज में जाति को प्रधान स्थान प्राप्त होता है और मुस्लिम तथा ईसाई समाज में गौण स्थान प्राप्त हुआ है, इससे यह बात अपने आप स्पष्ट हो जाती है।

इसके अतिरिक्त हिन्दू और अन्य समाजों में और भी एक महत्त्व का फ़र्क़ है। हिन्दुओं के जाति-भेद के मूल में उनका हिन्दू धर्म है। मुस्लिम और ईसाइयों के

जाति-भेद के मूल में उनके धर्म की स्थापना नहीं है। 'हिन्दू लोग जाति-भेद नष्ट करेंगे' ऐसा कहने पर उनका धर्म उसमें बाधक बन जाता है। किन्तु ईसाई और मुसलमान लोगों ने अपने आपस का जातिभेद नष्ट करने का प्रयास किया तो उनका धर्म इसमें बाधक बननेवाला नहीं है। हिन्दुओं को अपने धर्म का विध्वंस किए बिना जाति विध्वंस करना सम्भव नहीं है। मुसलमानों को और ईसाइयों को जाति विध्वंस करने के लिए अपना धर्म विध्वंस करने की कोई आवश्यकता नहीं है। जाति विध्वंस के काम में उनका धर्म बाधक बननेवाला नहीं है। इतना ही नहीं, उनके धर्म का ऐसे कार्य के लिए बहुत उपयोग भी हो सकता है।

जाति-भेद सबमें और सभी ओर है, यह क़बूल करने पर भी हिन्दू धर्म में ही रहो, ऐसा निष्कर्ष नहीं निकाला जा सकता है। जाति-भेद यह बात यदि बुरी है तो जिस समाज में जाने पर जाति-भेद की तीव्रता गहरी नहीं या जिस समाज में जाने पर जाति-भेद की तीव्रता, जाति-भेद का विनाश शीघ्र, सहजता से और मूलरूप से किया जा सकता है उसी में शामिल हो जाना चाहिए यही वास्तव में तर्कपूर्ण सिद्धान्त है, ऐसा मानना पड़ेगा।

'केवल धर्मान्तरण से क्या होगा? आप लोग अपनी आर्थिक स्थिति और शैक्षणिक स्थिति सुधारने का प्रयत्न करो', इस तरह की सलाह कुछ हिन्दू लोग भी देते हैं, इससे हममें से कुछ लोगों को गुमराह होने की सम्भावना है। इसलिए इस प्रश्न पर विचार करने की आवश्यकता है, ऐसा मैं समझता हूँ। प्रश्न है कि आपकी आर्थिक और शैक्षणिक स्थिति सुधारने का प्रयत्न कौन करनेवाला है? आप या आपको जो इस तरह की सलाह देते हैं, वे लोग? जो हिन्दू लोग आपको इस तरह की सलाह देते हैं, वे लोग शब्दों से आगे आपके लिए कुछ करेंगे, इसका मुझे कतई विश्वास नहीं है, और इस तरह से कुछ करने की उनकी तैयारी भी मुझे नहीं दिखाई दे रही है, बल्कि प्रत्येक हिन्दू अपनी-अपनी जाति तक ही सीमित दृष्टि रखकर अपनी-अपनी जाति की ही आर्थिक स्थिति सुधारने के लिए सोचता है, लड़ता है। ब्राह्मण लोग ब्राह्मण औरतों के लिए प्रसूतिगृह ब्राह्मण बच्चों के लिए स्कॉलरशिप्स, ब्राह्मण बेकारों के लिए नौकरियाँ दिलाने की व्यवस्था में व्यस्त हैं। सारस्वत ब्राह्मण भी वही कर रहे हैं, हर कोई अपने लिए कुछ न कुछ कर रहा है। और जिसका कोई नहीं उसके लिए मौत या भीख माँगना, यही आज की स्थिति है। आपका विकास, आपकी उन्नति, आपकी भलाई, आपको ही करनी है। अन्य कोई आपकी मदद करनेवाला नहीं है। यदि यही वास्तविक स्थिति है तो फिर ऐसे निकम्मे और दलित द्रोही लोगों के कहने की ओर अपना ध्यान केन्द्रित करने की आवश्यकता क्या है? केवल आपको भुलावे में डालकर, आपको पथ भ्रष्ट करके वक्त को टालना, इसके आगे इनका अन्य कोई इरादा नहीं दिखाई दे रहा है। आपकी स्थिति आप लोगों को ही सुधारनी है यदि ऐसा ही इन हिन्दुओं का कहना है तो उनकी धोखेबाज़ी की ओर अपना ध्यान केन्द्रित करने की किसी को कोई आवश्यकता नहीं है। और उन जैसे ज़ालिमों को हमें उपदेश देने की कोई आवश्यकता नहीं है। और न

ही उन्हें यह अधिकार ही प्राप्त है। लेकिन फिर भी इतना कहकर इस प्रश्न को छोड़ देने का मेरा विचार नहीं है। उनके इस ग़लत प्रचार का खंडन करना भी मेरे लिए आवश्यक है।

'केवल धर्मान्तरण से क्या होगा?' इस तरह का उपदेश जो हिन्दू लोग करते हैं उनकी विचारशून्यता पर हमें बड़ा आश्चर्य होता है। इस देश के सिख, मुस्लिम और ईसाई ये सब लोग पहले के हिन्दू ही थे और उनमें से भी बहुसंख्य लोग शूद्र और अछूत थे। जिन हिन्दुओं ने हिन्दू धर्म को त्यागकर सिख धर्म को अपनाया, उनका कुछ भी विकास नहीं हुआ है, क्या यही इन टीकाकारों का कहना है? और यदि यह सत्य न हो तो, धर्मान्तरण से उन्हें लाभ हुआ है। यदि यह क़बूल करना उचित है तो फिर धर्मान्तरण से अछूतों का कुछ भी कल्याण नहीं होगा, यह कहना कितना अवास्तविक और अयथार्थ होगा, इसका विचार उनको ही करना चाहिए। धर्मान्तरण से कुछ भी होनेवाला नहीं है, उनके इस कथन का गर्भित अर्थ धर्म एकदम सड़ियल है, ऐसा ही अर्थ निकल सकता है। धर्म सड़ियल चीज़ है, उससे कुछ भी लाभ होनेवाला नहीं है, यह जिनका कहना है अछूतों को हिन्दू धर्म में ही रहना चाहिए, इस प्रकार का आग्रह क्यों होना चाहिए। यह बात हमारी समझ में नहीं आ रही है। धर्म में कुछ भी नहीं रखा हुआ है, यदि ऐसा ही लगता है, तो किसी भी धर्म को छोड़ो और किसी भी धर्म को अपनाओ। फिर इसमें भौंकने का मतलब क्या है? केवल धर्मान्तरण से ही क्या होनेवाला है, इस तरह जो हिन्दू लोग पूछते हैं, उनसे यह प्रश्न पूछा जा सकता है कि केवल स्वराज्य से भी क्या लाभ होनेवाला है? सबसे पहले आर्थिक और शैक्षणिक विकास होना आवश्यक है, यदि यह बात सही है तो केवल स्वराज्य-स्वराज्य कहकर भौंकने का क्या मतलब है? आख़िर इस स्वराज्य का उपयोग किसके हित में होनेवाला है? और यदि केवल स्वराज्य से देश का फ़ायदा होनेवाला है तो धर्मान्तरण से भी अछूतों-दलितों का निश्चित रूप से फ़ायदा ही होनेवाला है।

इस समस्या पर गहन अध्ययन के पश्चात हमको यह मानना पड़ेगा कि जितनी स्वराज्य की आवश्यकता इस देश के लिए है, उतनी ही आवश्यकता अछूतों-दलितों को धर्मान्तरण की है। धर्मान्तरण और स्वराज्य इन दोनों का अन्तिम उद्‌देश्य है स्वतन्त्रता की प्राप्ति। और स्वतन्त्रता यदि मनुष्य के लिए आवश्यक है तो जिस धर्मान्तरण से अस्पृश्यों को स्वतन्त्र जीवन की प्राप्ति हो सकती है, वह धर्मान्तरण अर्थहीन है, यह कहना दलित-द्रोह नहीं तो और क्या है?

## *पहले आर्थिक उन्नति या धर्मान्तरण*

यहाँ पर पहले आर्थिक उन्नति या पहले धर्मान्तरण इस प्रश्न पर भी विचार करना मेरी दृष्टि में अत्यावश्यक है। आर्थिक उन्नति पहले होनी चाहिए ऐसा कहनेवाले लोगों का मत मुझे ग्राह्य नहीं हो सकता है। पहले धर्मान्तरण फिर आर्थिक उन्नति या पहले

आर्थिक उन्नति फिर धर्मान्तरण। यह दलील पहले राजकीय उन्नति या पहले सामाजिक उन्नति इस दलील की तरह नीरस है। समाज की उन्नति और विकास के लिए कई साधनों की आवश्यकता होती है और वे सभी साधन अपनी-अपनी दृष्टि से आवश्यक होते हैं, उसमें अमुक एक चीज़ का उपयोग करना चाहिए और दूसरी चीज़ का उपयोग बाद में करना चाहिए इस तरह का अनुक्रम रखना कभी सम्भव नहीं है।

किन्तु यदि इस प्रकार का अनुक्रम रखने का आग्रह ही हो, पहले धर्मान्तरण या पहले आर्थिक उन्नति? इस प्रश्न का उत्तर यदि मुझे देना ही है तो मैं पहले धर्मान्तरण ही कहूँगा। जब तक अछूतपन का कलंक आप लोगों पर लगा हुआ है, तब तक आप लोगों की आर्थिक उन्नति और विकास कैसे होगा, यह मेरी समझ में नहीं आ रहा है। दुकानदारी करने के उद्देश्य से आपमें से किसी ने यदि किसी भी प्रकार की कोई एक दुकान खोलने की कोशिश की और ग्राहकों को यदि यह मालूम हुआ कि दुकानदार अछूत है तो आपकी दुकान से कोई भी माल ख़रीदनेवाला नहीं है। नौकरी मिलने के उद्देश्य से यदि आपमें से किसी ने नौकरी के लिए आवेदन किया और प्रार्थी अछूत है यह मालूम हुआ तो आपको नौकरी मिलनेवाली नहीं है।

किसी को अपना खेत या ज़मीन बेचनी हो और आपमें से किसी ने उसे ख़रीदने का प्रयत्न किया और बेचनेवाले को यदि यह मालूम हो गया कि ख़रीददार अछूत है तो वह आपको ज़मीन बेचनेवाला नहीं है। आर्थिक उन्नति का कोई भी रास्ता आपने अपनाया तब भी अछूतपन के कलंक के कारण किसी भी मार्ग में आपको यश प्राप्ति होने वाली नहीं है।

अछूतपन आपकी उन्नति और विकास के मार्ग में रोड़ा बना हुआ है। उस रोड़े के बिना हटाए आपका रास्ता सुगम होनेवाला नहीं है। और बिना धर्मान्तरण किए यह रोड़ा हटनेवाला या नष्ट होनेवाला नहीं है।

आपमें से कुछ नौजवान लोग आज पढ़ाई-लिखाई के पीछे लगे हुए हैं और इस पढ़ाई के लिए उन्हें जहाँ कहीं से भी पैसा मिले, पैसा प्राप्त करने की कोशिश कर रहे हैं। इस पैसे के लालच के कारण कई लोगों के मन में है कि अछूत रहकर ही उन्हें अपनी उन्नति और विकास का मार्ग दिखाई दे रहा है किन्तु ऐसे युवकों से मैं यह एक प्रश्न पूछना चाहता हूँ कि पढ़ने-लिखने के पश्चात यदि आपके लिए आपकी पढ़ाई के अनुरूप नौकरी मिलने का मार्ग खुला नहीं है तो आप लोग पढ़-लिखकर क्या करेंगे? इस समाज में पढ़े-लिखे बहुत लोग बेकार हैं, इसका कारण क्या है? मेरी दृष्टि से इस बेकारी का कारण कई दृष्टियों से अछूतपन ही है, अछूतपन के कारण ही आपके गुणों की क़दर नहीं हो सकती है, अछूतपन के कारण ही आपके कुछ लोगों को फ़ौज से निकाल दिया गया था। अछूतपन के कारण ही आप लोगों को पुलिस में भर्ती नहीं किया जा सकता है। अछूतपन के कारण ही आपके कुछ लोगों को चपरासी तक की नौकरी नहीं मिल सकती है। अछूतपन एक तरह का अभिशाप है, जिससे आप पीड़ित हैं और जिससे आपके गुणों की तबाही हो चुकी है। ऐसी बेहया, बेहूदा स्थिति में आप कौन-सी शिक्षा

और कौन-सा स्वाभिमान हासिल कर सकते हैं? और ऐसी शिक्षा का क्या उपयोग है? आपके गुणों की कद्र होनी चाहिए। आपकी लिखाई-पढ़ाई की इज्जत होनी चाहिए। आपकी आर्थिक उन्नति और विकास के रास्ते खुले होने चाहिए। और यदि आप ऐसा चाहते हैं तो आपको पहले अछूतपन को नष्ट करना होगा। अछूतपन को और अछूतपन को जन्म देनेवाले धर्म तथा समाज को दफ़न करना होगा।

## *धर्मान्तरण के विरुद्ध कुछ शंकाएँ*

यहाँ तक हमने धर्मान्तरण आन्दोलन के बारे में बेहया, दलित-द्रोहियों ने जितनी आलोचना, जितना विरोध, और जितने रोड़े डालने के विफल प्रयास किए हैं, उन सब कारणों का गहराई से और गम्भीरतापूर्वक विचार किया है।

अब धर्मान्तरण के पक्ष में सहानुभूति रखनेवाले कुछ लोगों ने जो शंकाएँ प्रदर्शित की हैं उन शंकाओं का शमन करने का प्रयत्न मैं यहाँ कर रहा हूँ। सबसे पहले हमारी महारकी (महार-जाति) का क्या होगा। इस बात की बहुत बड़ी संख्या में महार लोगों को चिन्ता है, ऐसा मैंने सुना है। ऊपरी जाति और ऊँचे वर्ग के धर्मान्तरण विरोधी लोगों ने धर्मान्तरण आन्दोलन के विरोध में इतना घिनौना प्रचार किया है कि जिसका कोई ठिकाना नहीं। वे कहते हैं, आप लोगों ने धर्मान्तरण किया तो आपकी महारकी (अर्थात महार जाति) समाप्त हो जाएगी। और इसका प्रचार उन्होंने देहातों में गाँव-गाँव में किया है, ऐसा मैंने सुना है। महारकी (महार जाति) समाप्त हो गई तो मुझे किसी भी प्रकार का अफ़सोस होनेवाला नहीं है, यह बात सब लोगों को मालूम है। महारों को (अछूत-दलितों को) पतन की ओर ले जानेवाली यदि कोई एक चीज़ है तो वह है महारकी परम्परा से प्राप्त जाति-धन्धा। जो बात महारों (अछूतों) के पतन का कारण बनी है, वही बात चमार, भंगी, माँग, डोम, परिहा, ऐसी असंख्य तमाम अछूत दलित जातियों के आदिवासियों के पतन का कारण बनी है। यह मैं अपना मत पिछले दस सालों से अपनी बहिष्कृत, दलित जनता और सबके सामने रखता आ रहा हूँ। और जिस दिन इस महारकी बेड़ियों से, ज़ंजीरों से आपकी मुक्ति होगी उसी दिन से आप लोगों की उन्नति, विकास और कल्याण का रास्ता खुल जाएगा, मैं ऐसा समझूँगा। किन्तु जिस किसी को महारकी (जाति-धन्धा) ही चाहिए, उन लोगों को मैं यह आश्वासन देना चाहूँगा कि धर्मान्तरण से महारकी (जाति-धन्धा) को किसी भी प्रकार से ख़तरा उत्पन्न होनेवाला नहीं है।

इस सम्बन्ध में सन् 1850 में बनाए गए क़ानून का उल्लेख करना आवश्यक है। उस क़ानून की धारा के अनुसार किसी भी आदमी के द्वारा केवल धर्मान्तरण करने के कारण उसके उत्तराधिकार के या सम्पत्ति के किसी भी हक़ को कोई ख़तरा नहीं हो सकता है। जिन्हें क़ानून का आधार पर्याप्त न लगता हो तो उन्हें नगर ज़िले की परिस्थिति पर विचार करना चाहिए। नगर ज़िले के बहुसंख्य महार लोग ईसाई बने हैं।

और कुछ जगह पर एक ही घर से कुछ लोग ईसाई बन गए हैं और कुछ महार ही हैं। किन्तु जो लोग ईसाई बने हैं, उनका जाति-हक़ समाप्त नहीं हुआ है। उनके हक़ नष्ट नहीं हुए हैं। इस बात की वास्तविक रूप में मिसाल नगर ज़िले के महार आप लोगों को दे सकते हैं। इस प्रकार धर्मान्तरण से महारकी को किसी भी प्रकार का संकट उत्पन्न हो सकता है यह प्रश्न ही नहीं है। और न ही किसी को किसी भी प्रकार की शंका अपने मन में रखनी चाहिए।

दूसरी शंका है राजकीय हक़ (सरकारी सुविधाओं) के सम्बन्ध में। कुछ लोगों की ओर से इस प्रकार की शंका भी प्रदर्शित की जाती है कि धर्मान्तरण करने पर हमारे हक़ का क्या होगा? इस प्रकार की शंकाएँ उठना स्वाभाविक भी है। किन्तु अछूत-दलित वर्ग को जो राजकीय हक़ प्राप्त हुए हैं उनका महत्त्व मैं नहीं समझ रहा हूँ, ऐसी बात नहीं है। इन राजकीय अधिकारों को हासिल करने के लिए मैंने जितनी कठिनाइयों को, जितनी मुसीबतें को बर्दाश्त किया है, शायद ही किसी ने उतनी कठिनाइयों को और मुसीबतों को बर्दाश्त किया होगा। फिर भी राजकीय हक़ पर ही पूरी तरह निर्भर रहना उचित नहीं होगा, ऐसा मुझे लगता है। जो राजकीय हक़ दिए गए हैं वे हमेशा के लिए हैं, ऐसी शर्त पर नहीं दिए गए हैं। वे आज नहीं तो कल समाप्त होनेवाले हैं। ब्रिटिश सरकार ने जो जातीय फ़ैसला (Communal award) दिया था, उस फ़ैसले में हमें जो राजकीय हक़ दिए गए हैं, उन राजकीय हक़ों की काल-मर्यादा बीस वर्ष भी निश्चित नहीं की गई थी। पूना पैक्ट में उस प्रकार की काल-मर्यादा निश्चित नहीं की गई है, तब भी उसकी मुद्दत चिरकाल है, यह कहना ग़लत होगा। जिनके द्वारा राजकीय हक़ पर इतना बल दिया जा रहा है, उन्हें इस बात पर अवश्य विचार करना चाहिए कि राजकीय हक़ समाप्त होने के बाद क्या होगा?

जिस दिन ये सभी राजकीय हक़ खत्म हो जाएँगे उस दिन हमें अपनी सामाजिक सामर्थ्य पर ही अवलम्बित रहना पड़ेगा। और यही सामर्थ्य हम लोगों के पास नहीं है, यह मैंने पहले ही कह दिया है। और उस सामर्थ्य को धर्मान्तरण के बिना हम हासिल नहीं कर सकते, यह भी मैंने सिद्ध कर दिया है। किसी भी आदमी को केवल मौजूदा स्थिति में लाभ की ही बात नहीं सोचनी चाहिए। तात्कालिक लाभ से आसक्त होकर निरन्तर हित किस बात में है इसका विचार नहीं करना, यह तमाम अछूत-दलित वर्ग के लिए ख़तरे की बात है। ऐसी अवस्था में निरन्तर (स्थायी) लाभ किस बात में है, इसका तमाम दलित-अछूत वर्ग को अवश्य विचार करना चाहिए। मेरी दृष्टि में निरन्तर हित की दृष्टि में धर्मान्तरण का रास्ता ही एक रास्ता है। उसके लिए राजकीय हक़ को यदि बलिदान कर देने का मौक़ा आया तब भी उस बात की परवाह नहीं करनी चाहिए। धर्मान्तरण से राजकीय हक़ को कोई ख़तरा नहीं है।

किन्तु केवल हम लोगों के धर्मान्तरण करने से हमारे राजकीय हक़ ख़तरे में पड़ जाएँगे, यह मेरी समझ में नहीं आ रहा है। आपके जो राजकीय हक़ हैं, आप कहीं भी जाएँ तब भी वे आपके साथ ही रहनेवाले हैं, इसमें हमें किसी भी प्रकार की कोई शंका

नहीं है। यदि आप मुस्लिम बनें तब भी आपके हक़ मुस्लिम नाम से मिलेंगे। यदि आप सिख हुए तब आपके हक़ सिख नाम से आपको मिलेंगे। राजकीय हक़ जनसंख्या पर अवलम्बित हैं। जिस समाज की जनसंख्या बढ़ेगी उस समाज के राजकीय हक़ भी बढ़ेंगे। यदि हम हिन्दू समाज से निकले तो हमें मिलनेवाली 15 सीटें हैं, वे शेष हिन्दुओं को मिलेंगी, यह ग़लतफ़हमी किसी को नहीं होनी चाहिए। हम मुसलमान हुए तो हमें मिली हुई 15 सीटें मुसलमान लोगों को जो सीटें आज प्राप्त हुई हैं, उसमें यह संख्या बढ़ जाएगी। हम ईसाई बनें तो हमारी सीटें ईसाई समाज को आज जो सीटें प्राप्त हुई हैं उसमें यह संख्या बढ़ जाएगी। कुल मिलाकर यही कहना है कि हमारे राजकीय हक़ हम जहाँ जाएँगे, वहाँ हमारे साथ रहेंगे, इसीलिए इसके बारे में भयभीत होना बेमतलब की बात है।

इसके विपरीत यदि हमने धर्मान्तरण नहीं किया और हिन्दू धर्म में ही सड़ते रहे तो अपने हक़ मौजूद रहेंगे ही, इसका क्या प्रमाण है? इसका भी आप लोगों को अवश्य विचार करना चाहिए। मान लो हिन्दुओं को अछूतपन नहीं मानना चाहिए और अछूतपन मानने पर क़ानूनी जुर्म होगा इस प्रकार का क़ानून बनाया गया और क़ानून बनाने पर आपसे ऐसा प्रश्न पूछा जाए कि आपका अछूतपन हमने क़ानून के द्वारा खत्म कर दिया है। अब आप अछूत नहीं रहे हैं। हो सकता है आप अब ग़रीब और दरिद्र हैं, आपकी तरह अन्य जाति भी दरिद्र हैं, किन्तु ऐसी दरिद्र ग़रीब जातियों को हमने स्वतन्त्र राजकीय हक़ नहीं दिए हैं। फिर हम आपको ही क्यों देंगे? इस प्रश्न का आप क्या उत्तर देंगे, इस बात पर आपको पूरी तरह से विचार करना चाहिए। मुसलमान लोगों को और ईसाई लोगों को इसका उत्तर देना बड़ा आसान है। हमारा समाज दरिद्र है, अज्ञानी है, पिछड़ा हुआ है, इसलिए हमें स्वतन्त्र राजकीय हक़ दिए गए हैं ऐसा नहीं है, हमारा धर्म अलग है, हमारा समाज अलग है। और जब तक हमारा धर्म अलग है, तब तक राजकीय हक़ का हिस्सा हमें मिलना चाहिए, इस प्रकार का न्यायोचित उत्तर वे दे सकेंगे।

आपका समाज अलग है इसलिए आपको राजकीय हक़ मिलना चाहिए, इस प्रकार की भूमिका जब तक आप हिन्दू धर्म में हैं और हिन्दू समाज में हैं तब तक आप न ले सकेंगे। जिस दिन आप लोग धर्मान्तरण करके हिन्दू धर्म और समाज से स्वतन्त्र हो जाएँगे उस दिन यह भूमिका आप ले सकेंगे। जब तक आप हिन्दू धर्म और समाज में हैं तब तक आप कोई स्वतन्त्र भूमिका नहीं ले सकते हैं। आप उनके गुलाम ही रहेंगे। और जब तक आप इस प्रकार स्वतन्त्र भूमिका पर खड़े होकर अपने राजकीय हक़ की माँग नहीं कर सकते, तब तक आपके राजकीय हक़ निरन्तर और क़ायग हैं, उसमें किसी भी प्रकार का धोखा नहीं है, यह समझकर चलना एकदम अज्ञान और मूर्खता का लक्षण है, ऐसा मुझे लगता है। इस दृष्टि से देखने पर धर्मान्तरण व राजकीय हक़ का विरोध नहीं है, बल्कि दलित और अछूत वर्ग के राजकीय हक़ को संवर्धित करने का यही एक मूलभूत रास्ता है, यही कहना चाहिए।

यदि आप लोग हिन्दू धर्म और समाज में रहे तो आपके राजकीय हक़ छिन जाएँगे।

आपको गुलाम बनाया जाएगा। यदि आप इनसानियत की, मनुष्यता की ज़िन्दगी जीना चाहते हैं, अपने स्वतन्त्र अस्तित्व और अस्मिता को क़ायम रखना चाहते हैं, अपने राजकीय हक़ को बरक़रार रखना चाहते हैं, तो धर्मान्तरण का रास्ता अपनाओ। धर्मान्तरण से ही आपके राजकीय हक़ क़ायम रहनेवाले हैं।

## *अन्त में*

मैंने अपना निश्चय कर लिया है, मैं धर्मान्तरण करूँगा यह एकदम निश्चित है। मेरा अपना धर्मान्तरण किसी भी प्रकार के व्यक्तिगत और तात्कालिक लाभ के लिए नहीं है। आज मेरे लिए ऐसी कोई भी चीज़ नहीं है जो मैं अछूत रहकर भी प्राप्त नहीं कर सकता हूँ।

मेरी धर्मान्तरण की संकल्पना में, उसके मूल में तात्विक, बुद्धिमानी, विवेक, चिरकाल की सुरक्षा, आत्मसम्मान, अस्तित्व तथा अस्मिता की भावना है। इसके सिवाय और कोई अन्य कारण नहीं है। हिन्दू धर्म मेरे स्वाभिमान को अच्छा लगनेवाला धर्म नहीं है। आप लोगों को तात्त्विक, भौतिक तथा व्यावहारिक लाभ के लिए धर्मान्तरण करना आवश्यक है। कुछ लोग तात्कालिक, भौतिक तथा व्यावहारिक लाभ के लिए धर्मान्तरण करने की कल्पना का उपहास करते हैं और उसकी बुराई करते हैं, ऐसे लोगों को मूर्ख कहने में मुझे किसी भी प्रकार का संकोच नहीं हो रहा है।

मरने पर आत्मा का क्या होगा यह बतानेवाला धर्म अमीरों, सेठ-साहूकारों, जमींदारों, भाँड व लबाड़ों, पण्डों, पुरोहितों और ब्राह्मणशाही के उपयोग का हो सकता है। फुरसत के समय ऐसे धर्म पर सोचना लतीफ़ों से अपना मनोरंजन करनेवाली बात है। जिन्होंने इस जीवन में बहुत सुख और ऐयाशी भोगी है, उन्हें अपने मरने के बाद सुख कैसे मिलेगा, इसका विचार जिस धर्म में ख़ास तौर पर किया गया है, उन्हें ऐसे धर्म की आवश्यकता है। और जिनके चैन और शान-शौकत के लिए ही उस धर्म की पैदाइश है ऐसे धर्म में उन्हें रहना ज़रूरी है। किन्तु जिनकी अमुक एक धर्म में रहने के कारण तबाही, बर्बादी हुई है, जिनकी जिन्दगी की मिट्टी पलीद हुई है, जिनका जीवन मटियामेट हुआ है, जिनकी बहू-बेटियों की इज़्ज़त को भरे गाँव में बेचा जाता है, जिन्हें गाँव में नंगा करके घुमाया जाता है, जिनकी माँ और बहनों, बहू-बेटियों के साथ दिनदहाड़े बलात्कार होते हैं, जिनके घर फूँक दिए जाते हैं, जिन्हें पीने के पानी के लिए तड़प-तड़पकर मरना पड़ रहा है, जो अनाज के एक-एक दाने के लिए मोहताज हैं, जो कपड़ों और लत्तों से बेज़ार हैं, जिनकी इनसानियत और मनुष्यता को छीन लिया गया है, उन लोगों को धर्म और धर्मान्तरण का तात्कालिक, व्यावहारिक, और भौतिक दृष्टि से विचार नहीं करना चाहिए तो क्या आँख मूँदकर आकाश की ओर देखते रहना चाहिए?

इन हरामज़ादों, हरामख़ोर अमीरों, सेठ, साहूकारों, ज़मींदारों, भाँड व लबाड़ों,

पंडा-पुरोहितों और ब्राह्मणों के अलमस्त धर्म में हमारा कुछ भी लाभ होनेवाला नहीं है। ऐसे अललटप्पुओं के वेदान्त को दीन-दलितों, पद-दलितों को कुछ भी लाभ होनेवाला नहीं है।

## *धर्म मनुष्य के लिए है*

मैं आप लोगों को यह स्पष्ट रूप से कह देना चाहूँगा कि मनुष्य धर्म के लिए नहीं है, बल्कि धर्म मनुष्य के लिए है। संसार में मनुष्य से बढ़कर और कोई चीज़ नहीं है। धर्म एक साधन मात्र है, जिसे बदला जा सकता है, फेंका जा सकता है।

यदि आपको इनसानियत से मोहब्बत हो तो धर्मान्तरण करो। हिन्दू धर्म का त्याग करो, तमाम दलित-अछूतों की, सदियों से गुलाम रखे गए वर्ग की मुक्ति के लिए एकता, संगठन करना हो तो धर्मान्तरण करो। समता प्राप्त करनी हो तो धर्मान्तरण करो। आज़ादी प्राप्त करनी हो तो धर्मान्तरण करो। अपने जीवन की सफलता चाहते हो तो धर्मान्तरण करो। मानवी सुख चाहते हो तो धर्मान्तरण करो। हिन्दू धर्म को त्यागने में ही तमाम दलित, पददलित, अछूत, शोषित, पीड़ित वर्ग का वास्तविक हित है, यह मेरा स्पष्ट मत बन चुका है।

जो धर्म हमारी मनुष्यता की कोई क़ीमत नहीं देना चाहता है उस धर्म में हम क्यों रहें? जो धर्म आप लोगों को मन्दिर में जाने से रोकता है, उस धर्म में आप क्यों रहते हो? जिस मन्दिर का भगवान आपके स्पर्श से ही अपवित्र हो जाता है, उस भगवान को आप क्यों पूजते हो? जो धर्म तुमको पीने का पानी तक नहीं मिलने देता, उस धर्म में क्यों रहते हो? जो धर्म आपके नौकरीपेशे में रुकावटें पैदा करता है उस धर्म में क्यों रहते हो? जो धर्म हर क़दम पर आपकी मानहानि करता है उस धर्म में आप क्यों रहते हो? जिस धर्म में इनसान से इनसानियत के साथ रहने की मनाही है, वह धर्म, धर्म नहीं बल्कि इनसानियत पर धब्बा है। जिस धर्म में मनुष्य की मनुष्यता को पहचानना अधर्म माना जाता है वह धर्म नहीं बल्कि रोग है। जिस धर्म में जानवरों का स्पर्श चल सकता है किन्तु मनुष्य को मनुष्य का स्पर्श नहीं चलता वह धर्म नहीं बल्कि भानमती का पिटारा है। जो धर्म यह शिक्षा देता है कि एक वर्ग को विद्या हासिल नहीं करनी चाहिए, धन प्राप्त नहीं करना चाहिए, शस्त्र धारण नहीं करना चाहिए, वह धर्म नहीं बल्कि मनुष्य के पुरुषार्थ की विडम्बना है, जो धर्म यह शिक्षा देता है कि अशिक्षितों अनपढ़ रहो, ग़रीबों ग़रीब रहो, निर्धनों भीख माँगो, वह धर्म नहीं क़ैदख़ाना है।

धर्मान्तरण के सम्बन्ध में जितने प्रश्न उठाए जा सकते हैं, उन सभी प्रश्नों की चर्चा करने का प्रयत्न मैंने किया है। हो सकता है कि इन प्रश्नों पर मैं कुछ विस्तार से बोल गया होऊँ। चूँकि इस विषय पर गहराई से सोचने का मैंने पहले से ही तय कर रखा था। धर्मान्तरण के सम्बन्ध में विरोधियों ने जो प्रश्न उपस्थित किए हैं, उनका उत्तर देना जरूरी था। धर्मान्तरण की जो घोषणा की गई है, उसकी सार्थकता जब तक किसी की

समझ में न आए तब तक वह धर्मान्तरण न करे, यह मेरा स्पष्ट मत है। किसी के भी मन में किसी भी प्रकार की शंका न हो और न ही किसी प्रकार का सन्देह रहे इसलिए इस प्रश्न पर विस्तार से सोचा गया है। किस हद तक मेरे विचार आपकी समझ में आएँगे यह मैं नहीं कह सकता। किन्तु आप लोग इस पर गहराई से सोचेंगे, इसकी मुझे पूरी उम्मीद है। लोगों को जो बात अच्छी लगती है वही बोलना और लोकप्रियता प्राप्त करना, यह बात किसी चालबाज़ आदमी को ही शोभा देती है, किन्तु किसी सही जन नेता को यह अशोभनीय है, यह मेरा स्पष्ट मत है। जनता का हित और अहित किसमें है, उसे यह समझाना मेरा कर्त्तव्य है। फिर चाहे वह आपको पसन्द न भी आए, तब भी आपको बताना मेरा कर्त्तव्य है। मैंने अपना कर्त्तव्य पूरा कर दिया है। अब इस प्रश्न पर निर्णय लेना आपका फ़र्ज है।

धर्मान्तरण के प्रश्न के मैंने जानबूझकर दो भाग किए हैं। इसमें एक भाग है हिन्दू धर्म का त्याग करेंगे या हिन्दू धर्म में ही रहेंगे। और दूसरा भाग है, हिन्दू धर्म का त्याग करने पर किस धर्म को स्वीकार करेंगे, या नए धर्म का निर्माण करेंगे। मुझे आज केवल प्रथम प्रश्न पर ही आपके निर्णय को जान लेना है। जब तक हम प्रथम प्रश्न पर ही अपना निर्णय नहीं ले लेते हैं तब तक दूसरे प्रश्न की चर्चा करना या निर्णय लेना मैं फ़िज़ूल समझता हूँ। इसलिए प्रथम प्रश्न पर ही सोचना है। आज दूसरे प्रश्न पर सोचने के लिए आपको अवसर मिलनेवाला नहीं है। आज की इस सभा में आप जो निर्णय लेंगे, उसी के अनुसार मैं अगला कार्यक्रम तय कर सकता हूँ। यदि आपने धर्मान्तरण के विरोध में निर्णय लिया तो प्रश्न समाप्त। मुझे अपने लिए जो कुछ करना है, वह मैं अवश्य करूँगा। यदि आप लोगों ने धर्मान्तरण के पक्ष में निर्णय लिया तब तो आपको यह भी आश्वासन देना होगा कि सब लोग संगठित रूप में ही धर्मान्तरण करेंगे। धर्मान्तरण का निश्चय होने पर हर कोई मनचाहे धर्म में जाकर, इस तरह से अपनी एकता को भंग करना हो तो, मैं आपके इस धर्मान्तरण के कार्य में सम्मिलित नहीं होऊँगा। हमें लगता है कि आप सब लोग हमारे साथ आएँगे। जिस धर्म में हम जाएँगे उसी धर्म में आप सबकी उन्नति के लिए, जो कुछ भी मेहनत और प्रयत्न करना पड़ेगा उसके लिए मेरी पूरी तैयारी है। किन्तु मैं कहता हूँ इसलिए धर्मान्तरण करो, यह ग़लत है। यदि आपकी बुद्धि यह सब करने की प्रेरणा दे, तब तो करो। मेरे साथ न आने का निर्णय आपने लिया, तब भी मुझे दुःख होनेवाला नहीं है, बल्कि एक तरह से मेरी उतनी जिम्मेदारी कम हो जाएगी। यह तमाम दलित वर्ग की मुक्ति का प्रश्न है। यह हमारी मुक्ति का अवसर है। आपकी भावी पीढ़ी की भवितव्यता आप जिस प्रकार से तय करेंगे उस पर निर्भर है। यदि आप लोगों ने आज स्वतन्त्र होने का निश्चय किया, तब तो आपकी भावी पीढ़ी भी स्वतन्त्र होगी। आपने आज गुलाम रहने का निश्चय किया तो आपकी भावी पीढ़ी भी गुलाम ही रहेगी। इसलिए इस प्रश्न पर आज सोचना आपकी महत्त्वपूर्ण ज़िम्मेदारी है।

जो भी मुझे कहना आवश्यक था, वह मैंने कह दिया है। सिद्धार्थ, गौतम बुद्ध के

जीवन से सम्बन्धित एक घटना मुझे याद आती है। घटना बुद्ध के महापरिनिर्वाण के पहले की है। बुद्ध के अनुगामी आनन्द जब उसके पास जाते हैं और कहते हैं कि 'आप अपने महापरिनिर्वाण के पहले संघ का कुछ मार्गदर्शन करें' तब बुद्ध आनन्द से कहते हैं, 'आनन्द! संघ को मुझसे क्या चाहिए? जो कुछ मुझे कहना था वह मैंने कह दिया है। जो कुछ मैंने जाना था वह संघ के सामने रख दिया है। बुद्ध रहस्यवादी नहीं है। आनन्द! अपने दीपक आप बनो। स्वयं प्रकाशित बनो। ख़ुद पर भरोसा रखो। स्वयं की शरण में जाओ। सच्चाई पर अटल रहो।' मैं बुद्ध के इन वचनों की याद दिलाकर अन्त में यही कहना चाहता हूँ कि, "आप अपना आधार आप बनो, अपनी बुद्धि की शरण में जाओ। अन्य किसी के बहकावे में मत जाओ। सत्य का आधार लो, सत्य की शरण में जाओ।" बुद्ध का यह मार्गदर्शन आप सबके लिए प्रेरक सिद्ध होगा और यदि आपने बुद्ध के इन वचनों को ध्यान में रखा, तो मुझे इस बात का पूरा यक़ीन है कि आप लोग जो भी निश्चय करेंगे, वह ग़लत नहीं होगा।

सा. जनता : दि. 20 जून 1936

# अछूत समाज और चुनावी राजनीति

*मुम्बई इलाका महार परिषद् **दि. 1 जून 1936** को हुई। डॉ. बाबासाहेब अम्बेडकर इस राजनीतिक सम्मेलन के अध्यक्ष थे। इस सम्मेलन को सम्बोधित करते हुए डॉ. अम्बेडकर ने कहा–*

मैंने कल ही धर्मान्तरण विषय पर भाषण दिया है, उसमें मैंने 'समाज-सुधार पहले या राजनीतिक सुधार पहले' इस बात पर काफी विचार किया है। मनुष्य और समाज के उत्थान के लिए कई साधनों की आवश्यकता होती है। अमुक बात पहले या अमुक बात बाद में यह बेमतलब का विवाद है। मैं यह कह सकता हूँ कि अछूतों को धर्मान्तरण की जितनी आवश्यकता है उतनी ही आवश्यकता राजनीति की भी है। जिस प्रकार कल आपने धर्मान्तरण के सम्बन्ध में मेरे क्या विचार हैं यह जाना उसी तरह आज राजनीति के बारे में मेरे विचार क्या हैं यह जानना भी जरूरी है। मुझे यह कई दिनों से लग रहा था कि हम सभी को एक जगह बैठकर राजनीतिक सवालों पर बात करनी चाहिए। किन्तु इस प्रकार का मौका आज तक प्राप्त नहीं हुआ था। वह मौका आज प्राप्त हुआ है, इस बात की मुझे खुशी है। राजनीति का विषय आसान नहीं है। फिर भी आप सभी लोगों को यह विषय आसानी से समझ में आए इसलिए मैं इस विषय पर अपने विचार सहज भाषा में रखने का प्रयास करूँगा।

आपमें से जो लोग साप्ताहिक 'जनता' या अन्य अखबार पढ़ते होंगे उन्हें मालूम ही होगा कि अगले साल अप्रैल माह की पहली तारीख को हिन्दुस्तान में नए परिवर्तन होनेवाले हैं। इन परिवर्तनों के बारे में अपनी नीति क्या होनी चाहिए और उन परिवर्तनों का उपयोग करने के लिए हम लोगों को कैसा संगठन बनाना चाहिए, यह तय करना जरूरी है।

इन राजनीतिक परिवर्तनों के सम्बन्ध में हिन्दुस्तान के लोगों की जो भी राय हो। इस संविधान से हिन्दुस्तान की स्थिति अच्छी हो या बुरी यह देखना हमारा प्रयोजन नहीं है। ये जो राजनीतिक परिवर्तन अमल में आनेवाले हैं वे अपर्याप्त हैं इसलिए उन्हें अस्वीकार कर देना चाहिए, इस तरह की घोषणा कांग्रेस और अन्य राजनीतिक दल कर रहे हैं। जिन लोगों की ओर से इन राजनीतिक परिवर्तनों को अमल में न लाया जाए ऐसे कहा जाता है, उनसे मुझे कुछ लेना-देना नहीं है। कुछ लोगों का कहना है कि

वर्तमान राज्यव्यवस्था की तुलना में यह नए राजनीतिक परिवर्तन बेकार हैं। इस तरह से सोचनेवालों के सम्बन्ध में मुझे यही कहना है कि इन नए राजनीतिक परिवर्तनों से देश का कोई बहुत बड़ा कल्याण होनेवाला नहीं है, यह बात बिल्कुल सही है, फिर भी उन्हें यदि अमल में लाया गया तो उनसे बिल्कुल लाभ नहीं होगा, ऐसा भी मैं नहीं कह सकता। वे राजनीतिक परिवर्तन अपर्याप्त हैं, ऐसा कहनेवालों के मत से मैं सहमत हूँ। किन्तु उन्हें राजनीतिक स्थिति के साथ देखा जाए तो हम नए परिवर्तनों से पिछड़ गए हैं, ऐसी बात मुझे मंजूर नहीं है। जो लोग ऐसा कहते हैं उन्होंने राजनीति का अध्ययन नहीं किया है, ऐसी बात नहीं। किन्तु मैंने भी उन्हीं जैसा राजनीति का कुछ अध्ययन किया है।

इस नए संविधान से देश पिछड़ गया है, ऐसा कुछ लोग कहते हैं, उनका कहना भी मुझे सही नहीं लगता है। इतना ही नहीं, वे राजनीतिक परिवर्तन अपर्याप्त होने के बावजूद भी उससे मौजूदा व्यवस्था से ज्यादा लाभ होगा यह मेरी प्रामाणिक मान्यता है।

जो लोग यह कहते हैं कि इन राजनीतिक परिवर्तनों को न स्वीकारा जाए, उनका उपयोग न किया जाए, उन लोगों से यह सवाल पूछा जा सकता है कि यदि आप लोगों को परिवर्तन नहीं चाहिए और आप लोगों को पूरी स्वतन्त्रता चाहिए तो पूरी स्वतन्त्रता प्राप्त करने के लिए आपके पास कौन-से साधन हैं? पूरी स्वतन्त्रता प्राप्त करनी हो तो अंग्रेज सरकार की तरह फौज और अन्य साधनों को जुटाकर, जिस तरह आयरिश लोगों ने विद्रोह किया, उस तरह का विद्रोह करना होगा। लेकिन क्या यह बात हिन्दुस्तान के लोगों के लिए सम्भव है? ब्रिटिश साम्राज्य कितना फैला हुआ और बड़ा है, यह मैंने गोलमेज परिषद् के समय देखा है। उनकी युद्ध क्षमता बहुत बड़ी है।

जिन लोगों को परिवर्तन नहीं स्वतन्त्रता चाहिए उन्हें अच्छी तरह मालूम है कि अंग्रेज सरकार के साथ युद्ध करने के लिए जो युद्ध सामग्री चाहिए वह मिलनी मुश्किल है। इसी कारण से कहिए कि इस स्वतन्त्रता के लिए लोगों का मार्ग अहिंसा का है। वह मार्ग है असहयोग और अवज्ञा का। जिस तरह हवा से पेड़ हिलता है वैसे ही अंग्रेज सरकार हिल गई, लेकिन उसकी व्यवस्था नहीं चरमराई। कांग्रेस द्वारा खोजा गया यह असहयोग का मार्ग स्वतन्त्रता के लिए अपर्याप्त सिद्ध हुआ। अब पुनः उसी मार्ग को अपनाने का क्या मतलब है, यह मेरी समझ में नहीं आ रहा है। मेरी राय में तो असहयोग का यह रास्ता बहुत खतरनाक है। उसमें सफलता नहीं मिली तो उससे नुकसान ही नुकसान होगा।

इस समय मुझे इंग्लैंड के इतिहास की एक बात याद आ रही है। फ्रांस में राज्यक्रान्ति शुरू हुई थी उस समय इंग्लैंड में लोगों को राजनीतिक हक़ मिलने चाहिए इसलिए आन्दोलन शुरू हुआ था। ये राजनीतिक हक़ पाने के लिए जो लोग इंग्लैंड की पार्लियामेंट के साथ लड़ रहे थे उनमें चार्ल्स जेम्स जहाल समझे गए राजनीतिक दल का नेता था। इस दल ने नागरिकों को मतदान का हक़ हासिल कराने के लिए जबर्दस्त कोशिश की। उस समय पार्लियामेंट में धनवानों का वर्चस्व था। उन धनवानों की

पार्लियामेंट के साथ चार्ल्स जेम्स फॉक्स और उनके अनुयायी निर्णायक रूप में लड़ रहे थे। किन्तु उसमें वे असफल रहे। अन्त में आखिरी उपाय के तौर पर उसने और उसके दल ने पार्लियामेंट से असहयोग छेड़ दिया। हिन्दुस्तान में महात्मा गांधी का असहयोग आन्दोलन चल रहा था। उसी प्रकार इंग्लैंड में भी ऐसा ही असहयोग आन्दोलन उस समय जोरों पर था। इस जहालवादी दल की अधिष्ठात्री पॉर्टलैंड नाम की एक महिला थी। उस महिला को जब पता चला कि चार्ल्स जेम्स फॉक्स ने पार्लियामेंट से वॉकआउट किया है तब उसने उस आदमी को अपने घर चाय पर बुलाया। जब फॉक्स और उसके साथी उस महिला के घर गए तब वे आपस में अपने असहयोग के सम्बन्ध में बातें कर रहे थे। उस महिला ने उन लोगों से जो सवाल किया था वह बहुत महत्त्वपूर्ण है। वही मैं आप लोगों को बता रहा हूँ। उस महिला ने कहा, "मिस्टर फॉक्स, आपके असहयोग से आपका दुश्मन भाग रहा हो तो आपके असहयोग का रास्ता उचित है। लेकिन यदि वैसा न हो रहा हो तो उस असहयोग का कोई मतलब नहीं है। प्रतिपक्ष के साथ दो-दो हाथ करने की बात छोड़कर आपको असफलता मिली, इसलिए रोनेराव की तरह रोते रहे और भगोड़ों की तरह मैदान छोड़कर भाग गए तो अपना दुश्मन निश्चित तौर पर हम पर विजय हासिल करेगा। इसलिए मैदान से भागना बिल्कुल बेवकूफी है।" यह बात कांग्रेस के सन्दर्भ में भी उचित है, ऐसा मुझे लग रहा है।

हम लोगों को जो राजनीतिक अधिकार प्राप्त हुए हैं वे अपर्याप्त हैं। फिर भी उन्हें ठुकराने के बजाय उनका उपयोग करके उन्हीं के बल पर हम लोग और ज्यादा लाभ ले सकते हैं। इन राजनीतिक अधिकारों के बल पर हम लोग कई बातें कर सकते हैं। कोई भी बात कानून के बगैर नहीं होती। इसलिए कानून बनाना बहुत जरूरी है। कम-से-कम अछूत समाज का भविष्य तो कानून पर ही निर्भर करेगा। इसलिए आप लोगों का इस राजनीतिक परिवर्तन को स्वीकार करना जरूरी है।

आपका सामाजिक परिवर्तन शायद कानून के द्वारा सम्भव नहीं हो पाएगा। किन्तु अपना आर्थिक, शैक्षणिक और औद्योगिक विकास कानून से ही सम्भव है। उसी पर आप लोगों को निर्भर रहना पड़ेगा। अपने उत्थान के कानून कैसे बनाए जा सकते हैं यह बात हम विधिमंडल में जिस योग्यता के प्रतिनिधि चुनकर भेजेंगे, उसी पर निर्भर करेगी। हम लोग जो प्रतिनिधि चुनकर भेजेंगे वे अपने समाजहित के रक्षक हैं या नहीं, यह देखना होगा। जो अपने समाजहित की दृष्टि से विधिमंडल में कानून बनवा सकते हैं, ऐसे लोगों को आप चुनकर भेजिए। आज तक हम लोगों को अंग्रेज सरकार से माँगें करनी पड़ती थीं, किन्तु इस नए संविधान के बाद अंग्रेज सरकार के हाथ में कुछ नहीं बचा है।

आप लोग विधिमंडल में जो प्रतिनिधि चुनकर भेजेंगे उन पर ही आपको निर्भर रहना पड़ेगा। आपकी जो कुछ कठिनाइयाँ होंगी उनको दूर करने के लिए उन्हें आपको मजबूर करना होगा। सिर्फ विधिमंडल में अपने प्रतिनिधि भेजने से काम नहीं चलेगा। चुने जाने के बाद वे क्या काम करते हैं इस बात पर भी नजर रखनी होगी। मैं आप

लोगों को यह बार-बार बताना चाहता हूँ कि आप जिसे प्रतिनिधि की हैसियत से विधिमंडल में चुनकर भेजेंगे वह लायक होना चाहिए। आप बड़े भोले-भाले लोग हैं। कोई कहेगा, यह मेरे गाँव का येशा महार है, दूसरा कहेगा कि यह मेरे गाँव का राघो महार है, तीसरा कहेगा यह मेरा शंकर महार चुना गया है। ऐसे स्वाभिमान से आपको क्या फायदा? आप लोगों को इस बात को देखना चाहिए कि विधिमंडल में आपकी भलाई की बात कौन कर सकता है। व्यर्थ में गाँव के, तहसील के या जिले के स्वाभिमान में कुछ नहीं रखा है।

यदि आप लोगों ने अपना प्रतिनिधि चुनते समय सावधानी नहीं बरती तो आपको सभी कार्यों में हानि होगी। दूसरी बात मुझे आपको यह बतानी है कि अकेला आदमी विधिमंडल में कुछ नहीं कर सकता। मैं 1926 से मुम्बई विधिमंडल में हूँ। मुझे कुछ समय भी है। किन्तु मैं वहाँ समाजहित की दृष्टि से कुछ नहीं कर सका। इसका कारण सिर्फ हम दो ही लोग–मैं और डॉ. सोलंकी–विधिमंडल में हैं। अकेला-दुकेला आदमी विधिमंडल में कुछ भी नहीं कर सकता। आपके चुने हुए प्रतिनिधि एक होकर और संगठित रूप में रहते हैं या नहीं इस बात को आपको देखना होगा। पार्टी को साथ में लेकर न चलनेवाले आदमी को चुनने से कुछ भी भला होनेवाला नहीं है। वह सिर्फ होशियार है इतना होने से काम नहीं चलेगा। वह पार्टी का प्रतिनिधि है या नहीं, इस बात को भी आपको देखना चाहिए।

आपकी खुशकिस्मती से हमें पन्द्रह सीटें मिली हैं। किन्तु जो पन्द्रह सीटें हमें मिली हैं वे पन्द्रह प्रतिनिधि एकता के साथ नहीं रहे तो उसका गलत उपयोग होना ही है। इसलिए आपके चुने हुए प्रतिनिधि विधिमंडल में एक होकर कैसे रहें इसके लिए हमें योजना बनानी चाहिए और वह योजना ऐसी होनी चाहिए जिससे वे पन्द्रह प्रतिनिधि पाँच साल तक एक होकर रहें और अपने समाज के हितों का व्यापक ध्यान रखें। जिन-जिन जिलों में हमारे लिए स्थान सुरक्षित रखे गए हैं उन जिलों में दस लोगों की एक कमेटी स्थापित की जाए। इस तरह से अलग जिला कमेटियाँ बननी चाहिए। इन सबमें जो लोग लायक होंगे उस सभी का एक केन्द्रीय मंडल बनाया जाएगा। और इस केन्द्रीय मंडल के द्वारा सभी जिले के प्रतिनिधियों को चुना जाएगा। जिन्हें चुनाव में खड़ा होना हो उन्हें अपनी उम्मीदवारी की अर्जी स्थानीय कमेटियों के पास भेजनी चाहिए और वह अर्जी उनकी सिफारिशों के साथ केन्द्रीय मंडल के पास आने के बाद उस अर्जी की जाँच-पड़ताल होगी। और बाद में किसी एक को उम्मीदवार घोषित किया जाएगा। इस योजना को सफल बनाने के लिए संगठन तथा सहयोग के बगैर कुछ नहीं होगा। आप लोगों ने यदि ऐसा तय किया कि हमारे बोर्ड ने जो उम्मीदवार तय किया है उसी को हम अपना मत देंगे तो हमें जो पन्द्रह सीटें मिली हैं उनसे भी ज्यादा उम्मीदवार हम चुनकर भेज सकते हैं। केन्द्रीय मंडल जिस व्यक्ति को अपनी उम्मीदवारी देगा और जो चुना जाएगा उस उम्मीदवार को अपनी पार्टी की सभी शर्तें माननी चाहिए। वे शर्तें किस प्रकार की होनी चाहिए यह मैंने तय कर लिया है, उनकी घोषणा मैं बाद में करूँगा।

हम लोग राजनीति में बड़ी महत्त्वपूर्ण भूमिका अदा कर सकते हैं। कहने के लिए सिर्फ पन्द्रह सीटें हैं फिर भी यदि हम सब एक मिलकर चले तो मुझे विश्वास है कि चुनाव के समय हमारे पन्द्रह में से पैंतालीस उम्मीदवार आसानी से चुने जा सकते हैं। आज यह मौका आप लोगों को प्राप्त हुआ है।

जो राजनीतिक सत्ता आप लोगों को प्राप्त हुई है उसकी कल्पना शायद आप लोगों को नहीं होगी किन्तु ऊँची जाति के लोगों को उसके बारे में भलीभाँति मालूम है। इसलिए वे आपकी दाढ़ी पर हाथ लगाने में भी कोई शर्म महसूस नहीं करेंगे। उनमें हमारे हित के बारे में सोचनेवाले कौन हैं इस बात पर विचार करके हमने अपने वोट दिए तो ऊँची जाति के जो लोग हमारे लिए लड़ते हैं उन्हें हम चुनाव में मदद कर सकते हैं। इस तरह से अपना संगठन बढ़ सकता है। अछूतों की कई जातियाँ हैं। अछूतों में महार जाति बड़े भाई की तरह हैं। इसलिए उन्हें सभी जाति के लोगों के साथ बन्धुता से, अपनेपन से और समानता से व्यवहार करना चाहिए। उनके साथ सहयोग करने की उदारता दिखानी चाहिए। सभी सीटें आप अपने पास मत रखिए। अपने स्वार्थ के लिए आप लोगों को दूसरों को पन्द्रह सीटों में हिस्सेदार बनाना चाहिए। क्या इस नियम का पालन करने के लिए आप लोग तैयार हैं? यदि आप लोग तैयार हैं तो मैं राजनीति में आऊँगा। यदि आप इन बातों का पालन करना नहीं चाहते तो मेरी राजनीति में कोई रुचि नहीं है, इस बात को आप लोगों के सामने साफ तौर पर कह देना मेरे लिए जरूरी है।

साप्ताहिक 'जनता' के 4 जुलाई, 1936 में प्रकाशित अग्रलेख।

# धर्म के नाम पर अनैतिकता से जीना छोड़ दीजिए

*__दि. 30 मई और 1 जून 1936__ को मुम्बई में आयोजित महार परिषद् में मंजूर धर्मान्तर के प्रस्ताव का परिणाम कमाठीपुरा में रहनेवाली समाज से बहिष्कृत देवदासी आदि महिलाओं पर हुआ। महार परिषद् में डॉ. अम्बेडकर के व्याख्यान को सुनने के बाद इन महिलाओं ने अपनी स्थिति पर सोचना शुरू कर दिया। उन्होंने अपने पेशे से सम्बन्धित महिलाओं की और पुरुषों की सभा आयोजित की और तय किया कि* **दि. 16 जून 1936** *को डॉ. अम्बेडकर की प्रमुखता में एक सम्मेलन आयोजित किया जाए। डॉ. अम्बेडकर ने उनके निमन्त्रण को स्वीकार किया। इस सम्मेलन का आयोजन पोयबावडी के दामोदर हॉल में हुआ। इस सम्मेलन को सम्बोधित करते हुए डॉ. अम्बेडकर ने कहा–*

आज की सभा का महत्त्व मुझे कुछ दिन पहले आयोजित महार परिषद् से भी सौ गुना ज्यादा लगता है। समाज का जो हिस्सा बहुत नीच और घटिया समझा जाता है, वही आपका समाज है। धर्म के नाम पर अनैतिक ढंग से अपना पेट पालनेवाली आप महिलाएँ हैं। आपका स्वाभिमान खत्म हो गया है, तन को बेचकर पेट पालना यही जिनके लिए सबकुछ है, आज दुनिया में क्या चल रहा है, यह समझने की जिज्ञासा और अपनी जीवनचर्या सुधारने की तैयारी करने की बातें सचमुच आपके लिए गौरवपूर्ण हैं। और इसीलिए महार परिषद् में 25,000 लोग इकट्ठा हुए इस बात का मेरे लिए अधिक महत्त्व नहीं है। किन्तु यहाँ आज आप जबकि 400-500 की संख्या में ही हैं, यह बात ज्यादा महत्त्वपूर्ण लग रही है। आज की आपकी इस सभा के लिए मैं आप लोगों को धन्यवाद देता हूँ।

इतनी प्रस्तावना के बाद मैं मूल विषय की ओर आ रहा हूँ। आज मुम्बई शहर में महार समाज को कमाठीपुरा से गुजरते हुए शर्म से सिर झुकाना पड़ता है। यहाँ अपनी बहनें अन्य समाज के लोगों के द्वारा किस तरह से बेइज्जत हो रही हैं यह देखने के बाद हर महार को शर्मिन्दा होना पड़ेगा। आज आप लोगों ने महार समाज के साथ धर्मान्तरण करने की इच्छा जाहिर की है। किन्तु आपके इस निश्चय से मेरे अनुयायियों की संख्या बढ़ गई है इसलिए मुझे खुशी नहीं हो रही है या धर्मान्तरण की घोषणा को ज्यादा से ज्यादा समर्थन मिल रहा है इसलिए भी मुझे सन्तोष नहीं हो रहा है। हमारे

धर्मान्तरण का मतलब आप लोग अच्छी तरह से समझ लीजिए। हम लोग जो धर्मान्तरण करना चाहते हैं उसका उद्देश्य इस गन्दगी से बाहर निकलना है। सभी को समानता, भाईचारे और स्वाभिमान का आदर्श इसी जीवन में प्राप्त हो और उनका जीवन सुखमय हो इस दृष्टि से हम लोग धर्मान्तरण के लिए तैयार हैं। आप लोगों को यदि हमारे साथ चलना है तो आप लोगों को अपनी यह घिनौनी दिनचर्या पूरी तरह छोड़ देनी चाहिए। तुम लोगों को अपनी गन्दी आदतों को छोड़ देना चाहिए। तुम लोग यदि ऐसा करने के लिए तैयार हो तो तुम हमारे साथ चल सकते हो वरना तुम जहाँ हो तुम्हें वहीं रहना पड़ेगा। तुम मुस्लिम होना चाहते हो तो मुस्लिम हो जाओ, ईसाई हो जाइए। हमें कोई आपत्ति नहीं। लेकिन आप हमारे साथ आना चाहते हैं तो अवश्य आइए। तन, मन और वाणी से शुद्ध होकर आइए। अन्यथा मैं आपको साफ तौर पर कहना चाहता हूँ कि आप लोग हमारे साथ नहीं चल पाएँगे।

और यदि आप लोग अपनी जीवनचर्या बदलने के लिए तैयार नहीं हैं, यदि आप लोग महार जाति पर दाग लगाने का काम नहीं छोड़ना चाहते तो मैं आप लोगों को साफ शब्दों में बता देना चाहता हूँ कि मैं हजारों युवा स्वयंसेवक तैयार करके तुम्हारे कमाठीपुरा पर हमला बोल दूँगा।

आप लोगों को यह बात समझनी चाहिए कि नारी जाति समाज का आभूषण है। हर समाज में नारी के चरित्र को महत्त्व दिया गया है। हर आदमी की यह अपेक्षा रहती है कि अपनी सहनिवासिनी नारी अच्छे कुल की हो। क्योंकि उसे यह मालूम है कि अपना, अपने बाल-बच्चों का, अपने परिवार का और कुल का नाम रोशन नारियों के चरित्र पर निर्भर है। किन्तु आपके कमाठीपुरा की जीवनचर्या समाज को तथा नारी जाति को कलंकित करनेवाली है। इसलिए नारियों का समाज में क्या स्थान है इस बात को देखते हुए आप लोगों को अपनी घिनौनी चर्या को त्याग देना चाहिए और अपना तथा अपने समाज का नाम रोशन करना चाहिए।

शायद आप लोग यह सवाल पूछ सकती हैं कि यह धन्धा हमारे पेट पालने का धन्धा है। इतना ही नहीं, इसी धन्धे की वजह से आज हम लोगों की जीवनचर्या सुख से चल रही है, बगैर किसी की मदद के। इसमें हमारे लिए नौकर आदि की भी सुख-सुविधाएँ हैं, फिर इस तरह के ऐशोआराम और मौजमस्ती की जीवनचर्या छोड़कर हम लोग क्या कर सकती हैं? जब मैं आप लोगों से यह कहता हूँ कि आप इस घिनौनी जीवनचर्या को छोड़ दीजिए तब मैं आप लोगों को साफ तौर पर कहता हूँ कि आप लोगों को जीने के साधन मुहैया करने की जिम्मेदारी मेरी नहीं होगी, वे आपको ही खोजने पड़ेंगे। आज हजारों औरतें गरीब आदमियों से शादी करके उनके साथ भयंकर गरीबी में जिन्दगी बसर कर रही हैं। उन्हें अपना पेट पालने के लिए हर तरह की मेहनत करनी पड़ती है। हजारों औरतें कपड़ा मिलों में काम करके, कारखानों में काम करके और जिन्दगी की हर मुसीबत को बर्दाश्त करते हुए अपने बाल-बच्चों के साथ आधा पेट खाकर गरीबी में दिन गुजार रही हैं किन्तु आपके धन्धे में सुख है फिर भी वे आपके

धन्धे में नहीं आ रही हैं। वे औरतें ऐसा क्यों नहीं कर रही हैं? वह क्यों दुख बर्दाश्त कर रही हैं? जरा आप इस बात पर सोचिए। आपने महाभारत की कथा सुनी होगी। जब पाण्डव युद्ध में हार गए तब वे पेड़ों की छाल और मृगचर्म पहनकर जंगल जाने के लिए निकले। उनके साथ उसी तरह के कपड़े पहने हुए द्रौपदी भी थी। बीच रास्ते में कौरवों के दुर्योधन ने उससे कहा, "हे द्रौपदी, इन मूर्ख पतियों के साथ रहकर तू खुद को क्यों मुसीबत में डाल रही है? अपनी कोमल काया को क्यों कष्ट दे रही है? तू मेरे साथ भी रह सकती है। मैं तुझे ऐशोआराम में रखूँगा। तुझे कुछ भी दुख नहीं भोगना पड़ेगा।" लेकिन उस समय स्वाभिमानी द्रौपदी ने दुर्योधन को जो जवाब दिया उस पर आपको गौर करना चाहिए। उसने कहा, "यदि मुझे नैतिकता से जीवनचर्या चलानी सम्भव न हो तो मुझे ऐशोआराम नहीं चाहिए। राजमहल की बजाय कष्टमय वनवास ही मुझे ज्यादा प्रिय है।" तुम लोगों को भी इस राह पर चलना चाहिए। तुम लोग कष्ट उठाने से क्यों डरती हो? आप हजारों बहनों की तरह अपने-अपने गाँव जाकर या नौकरी करके मेहनत से जीवनचर्या चलाने में क्यों घबराती हो? तुम्हें अपनी जाति के प्रति अभिमान क्यों नहीं है? यह अपने को पतित करनेवाला और जाति को बदनाम करनेवाला धन्धा क्यों नहीं छोड़ देतीं? तुम्हारे इस घिनौने धन्धे ने सम्पूर्ण महार जाति को कितना शर्मिन्दा कर दिया है, इसकी शायद तुमको कल्पना नहीं होगी। किन्तु हमें हर समय तुम्हारी वजह से सिर नीचा करना पड़ता है। कुछ साल पहले मैं एक सभा के लिए कमाठीपुरा गया था। उस समय मेरे मित्र डॉ. सोलंकी भी मेरे साथ थे। शिक्षा के महत्त्व के बारे में बोलते हुए मैंने कहा था कि सरकार शिक्षा के लिए मुस्लिमों को जो सहूलियतें दे रही है उस तरह की सहूलियतें अछूतों को नहीं दे रही है। और यह बात एकदम सच है। वहाँ कुछ मुस्लिम लोग मौजूद थे। उनमें से एक ने बताया 'महारों को मुस्लिमों के बारे में जलन क्यों है? हम तो दो-दो, चार-चार महरिनियों को रखते हैं?' मैंने इस टेढ़ी बात का प्रत्युत्तर नहीं दिया। किन्तु इस वाक्य ने मुझे कितना जलील किया होगा, इसका अंदाजा तुम लगा सकती हो। मुझे जिस बात से ज्यादा नफरत होती है या मैं जिस बात से ज्यादा बेचैन होता हूँ वह है आपकी इस प्रकार की जीवनचर्या। और कमाठीपुरा का आपका यह जीवन। इसलिए पुनः मैं आप लोगों को ताकीद दे रहा हूँ कि यदि आप लोगों को महार कहलवाना हो तो आपको इस धन्धे को पूरी तरह से छोड़ देना चाहिए। इस धन्धे में रहते हुए मैं आप लोगों को अपने साथ नहीं आने दूँगा। और यह सब होने के बावजूद भी आप लोग मेरी बात नहीं सुनेंगे तो मैं आप लोगों को यहाँ से हटाने के लिए कोई कसर बाकी नहीं रखूँगा। इसलिए अब आप लोग जाग जाइए, और इस हीन जीवनचर्या को छोड़ दीजिए।

मुझे खुशी इस बात की है कि आज की यह सभा तुम लोगों ने अपनी प्रेरणा से बुलाई है। और अपने में तब्दीली लाने के लिए आप तैयार हैं। इसलिए मैं उम्मीद करता हूँ कि मेरी भावनाएँ सफल होंगी और यहीं मैं अपनी बात समाप्त करता हूँ।

साप्ताहिक 'जनता' के 4 जुलाई, 1936 के अंक में प्रकाशित।

# एम. सी. राजा परिया के नाम से ही जिएँगे और परिया के नाम से ही मरेंगे

*डॉ. बाबासाहेब अम्बेडकर ने* ***दि. 13 अक्तूबर 1935*** *को धर्मान्तरण की घोषणा की थी। उसके बाद मद्रास के डिप्रेस्ड क्लासेस मिशन के प्रमुख रावबहादुर एम. सी. राजा ने धर्मान्तरण का विरोध किया था। और उन्होंने अखबारों में अपना पत्र-व्यवहार प्रकाशित किया था। इसका जवाब देते हुए डॉ. अम्बेडकर ने* **दि. 15 अगस्त 1936** *को अपना एक निवेदन प्रकाशित किया था।*

अछूतों द्वारा सिख धर्म में प्रवेश करने की सम्भावना के सम्बन्ध में एम. सी. राजा और डॉ. मुंजे का पत्र-व्यवहार अखबारों में प्रकाशित हुआ है। और मैंने उसे पढ़ा है। सबसे पहले मैं यह बता देना चाहता हूँ कि मान्यवर राजा का उस पत्र-व्यवहार को प्रकाशित करने के लिए अखबारों में भेजना ही गलत था। डॉ. मुंजे ने मान्यवर राजा को लिखे पत्रों के अन्त में स्पष्ट उल्लेख किया था कि इस धर्मान्तरण के सवाल के सम्बन्ध में विरोध या समर्थन के अन्तिम निर्णय तक पत्र-व्यवहार को एकदम निजी समझकर उसे गुप्त रखा जाए। इस बात की ओर मान्यवर राजा का ध्यान नहीं गया होगा ऐसा नहीं लगता। राजा को पत्र-व्यवहार को प्रकाशन के लिए अखबारों को भेजने से पहले डॉ. मुंजे से अनुमति लेनी चाहिए थी। इस बारे में मान्यवर राजा का यह बर्ताव किसी सभ्य व्यक्ति को शोभा देने लायक नहीं कहा जा सकता।

धर्मान्तरण के लिए अछूत वर्ग शायद सिख धर्म को पसन्द करेगा यह बात मेरे कई हिन्दू मित्रों और अछूत वर्ग के जिन लोगों ने इस सवाल की ओर ध्यान दिया था उन सभी को मालूम थी। मतलब मान्यवर राजा को ऐसा मानने की कोई जरूरत नहीं कि मैंने डॉ. अम्बेडकर के एक बड़े रहस्य की पोल खोल दी है। मैं मान्यवर राजा के पत्रों को बिलकुल महत्त्व नहीं देता। मेरी दृष्टि से मान्यवर राजा की अछूत समाज में एक कौड़ी की भी कीमत नहीं बची है। उनके विचारों की कोई कीमत है ऐसा यदि मुझे लगा होता तो इस बारे में सहयोग करने के लिए सबसे पहले उनका मन परिवर्तन करने का प्रयास मैंने किया होता।

मान्यवर राजा की बजाय रायबहादुर श्री निवासन के साथ गोलमेज परिषद् के लिए

मेरी नियुक्ति की गई। तब से मान्यवर राजा के मन में मेरे प्रति घृणा पैदा हो गई। उनकी ओर से मेरा जो विरोध हो रहा है वह उसी घृणा का परिणाम होना चाहिए, ऐसा मुझे लग रहा है। सार्वजनिक कार्य में और अखबारों में अपने प्रचार के लिए शायद मान्यवर राजा ने मेरा अखंड विरोध करते रहने की कसम ही खाई है, ऐसा दिखाई दे रहा है।

किन्तु इस सवाल को अलग भी रख दिया जाए तब भी अछूत वर्ग ने हिन्दू धर्म का त्याग करके दूसरा धर्म अपनाने का जो आन्दोलन शुरू किया है उससे मान्यवर राजा के सीने पर चोट क्यों पड़नी चाहिए, इसका अर्थ मेरी समझ में नहीं आ रहा है। मान्यवर राजा को हिन्दू धर्म में ही रहना हो तो धर्मपरिवर्तन के लिए उन्हें कोई विवश नहीं कर सकता। इसलिए धर्मान्तरण के सम्बन्ध में शिकायत करने का मान्यवर राजा को कोई अधिकार नहीं है। मान्यवर राजा कहते हैं कि, "मैं हिन्दू ही जिऊँगा और हिन्दू ही मरूँगा" इस तरह की बात मैंने सुनी हैं। ऐसा कहने का उन्हें पूरा अधिकार है। वे स्वतन्त्र हैं। किन्तु मैं उन्हें यह समझाना चाहता हूँ कि उन्होंने वाक्‌कौशल के जोश में हिन्दू धर्म पर अपने अपार प्रेम का कितना भी जंगी प्रदर्शन किया तब भी वे जब तक धर्मान्तरण नहीं करते तब तक वे परिया ही रहेंगे और परिया (अछूत) ही मरेंगे। हिन्दू धर्म में रहकर उनका अछूतपन तिलभर भी कम होनेवाला नहीं है। इस सच्चाई की ओर उन्हें ध्यान देना चाहिए। मान्यवर राजा का यह कहना कि 'आध्यात्मिक उत्थान के लिए यदि जरूरी हो तो धर्मान्तरण करना चाहिए' यह कोरी बकवास है, ऐसा मुझे लगता है। मैं मान्यवर राजा से पूछना चाहता हूँ कि क्या वे सिर्फ आध्यात्मिक उत्थान के लिए ही हिन्दू धर्म में हैं? मान्यवर राजा को आध्यात्मिक सुख के अलावा अन्य किसी सुख की गरज न हो तो विधिमंडल की आरक्षित सीटों के आधिभौतिक और ऐहिक लाभ का विवाद खड़ा करने की उन्हें क्या गरज थी? हिन्दू बनकर जीने और हिन्दू रहकर मरने के लिए उन्हें आरक्षित सीटों की चाहत की कोई जरूरत नहीं थी।

मैं यह कहता हूँ कि श्री गांधी और पं. मालवीय अछूतों के धर्मान्तरण के विरोध में शिकायत नहीं कर सकते। पूना पैक्ट के समय अछूत वर्ग के उत्थान के लिए उन्होंने जो वादा किया था उसका पालन करने के लिए वे पूरी तरह से असफल रहे हैं। श्री गांधी कहते हैं कि, "मेरी भूमिका क्या है इस बात को समझने में वे असमर्थ हैं।" मुझे भी उनकी भूमिका और उनकी भाषा साफ-साफ समझ में नहीं आ रही है। वे कहते हैं कि, "अछूतपन उन्मूलन का सवाल मेरे लिए एकदम स्वतन्त्र बुनियाद पर खड़ा सवाल है।" गांधी की यह रहस्यमय भाषा कोई दूसरा रहस्यवादी ही समझ सकता है। सामाजिक जीवन के दैनिक व्यवहार की सीमा से बाहर जाने के लिए तैयार न होनेवाले मेरे जैसे सामान्य आदमी के लिए गांधी के कहने का कुछ भी अर्थ दिखाई नहीं दे रहा है।

गांधी कहते हैं कि यह सवाल परस्पर व्यवहार का नहीं है। उस पर मेरा जवाब यह है कि उन्होंने इतनी देर बाद यह जो सवाल खड़ा किया है, वह उनके मुँह से शोभा

नहीं देता। पूना पैक्ट के समय इस सवाल के व्यावहारिक स्वरूप को उन्होंने स्वीकार किया है। रोटी के लिए भूखे और इनसानियत के बुनियादी हक़ों के प्यासे लोगों को 'आध्यात्मिक आनन्द के भोजन पर जिन्दा रहिए' कहने के दिन अब नहीं रहे। अछूत वर्ग धर्मान्तरण के लेन-देन का सौदा कर रहा है, ऐसा होहल्ला करनेवाले गांधी जैसे लोगों को एक बात ध्यान में रखनी चाहिए कि धर्मान्तरण का यह आन्दोलन किसी ने निजी स्वार्थ के लिए शुरू नहीं किया है। गांधी का यह आग्रह दिखाई देता है कि, "सवर्ण हिन्दुओं को प्रायश्चितयुक्त पवित्र मन से सिर्फ स्वयंप्रेरणा से किए गए प्रयासों से ही अछूतपन उन्मूलन होना चाहिए, किन्तु स्वयं अछूतों को अछूतपन उन्मूलन के बारे में प्रयास करने की कोई जरूरत नहीं है।" मतलब गांधी के कहने का सीधा-सरल अर्थ यह है कि, "हे भगवान! सवर्ण हिन्दुओं की सद्विवेक बुद्धि को जगा दे। वे अपने कृत-कर्म पर अफसोस करें, और उन्हें अपना व्यवहार सुधारने की सद्बुद्धि दे!" इस तरह भगवान की प्रार्थना करते हुए अछूतों को हाथ जोड़कर गुपचुप बैठ जाना चाहिए। कोई भी आदमी गांधी की इस विचारधारा का समर्थन नहीं करेगा। प्लेग से दूषित इलाके में रहनेवाले लोगों को किसी नीमहकीम आदमी का उपदेश देना कि, "भाइयो, ठहरिए, रोग की परवाह मत कीजिए। म्यूनिसपैलिटी सदस्यों को अपनी गैरजिम्मेदारी पर अफसोस कभी न कभी होगा और रोग की रोकथाम के लिए वे कुछ-न-कुछ व्यवस्था करेंगे ही। तब तक चुप रहिए। गाँव छोड़कर जाने की बात मत कीजिए।" इस तरह का उपदेश देने में जो नासमझी है वही नासमझी महात्मा गांधी के उक्त कथन में भी है।

श्री राजगोपालाचारी को क्रोध आया होगा। इस आदमी के भेजे को सख्त विशेषणों के इस्तेमाल करने से बदहजमी का रोग लगा है, ऐसा दिखाई दे रहा है। इसीलिए उन्होंने धर्मान्तरण की योजना को 'शैतानी' विशेषण दिया होगा। अछूत लोग सिख होने की बात सोच रहे हैं तो उनका वह कार्य 'शैतानी' है या और कुछ इस बात को तो हिन्दू लोगों को ही तय करना चाहिए। मुझे पूरा यकीन है कि जिन हिन्दू लोगों को हिन्दू समाज के भविष्य के बारे में मामूली भी चिन्ता होगी, उन्हें राजगोपालाचारी की इस दीवानगी पर अवश्य सन्देह हुआ होगा।

दरअसल यदि किसी कार्य के लिए 'शैतानी' विशेषण का इस्तेमाल किया जाए तो डॉ. मुंजे की अनुमति के बिना उनके एकदम निजी और गुप्त पत्र-व्यवहार को प्रकाशित करने जैसे कार्य को शैतानी कहा जाना चाहिए। इस विषय पर इससे ज्यादा चर्चा करना मैं उचित नहीं समझता।

अछूतों के सिख धर्म स्वीकारने के लिए शंकराचार्य, डॉ. कुर्तकोटी और अन्य कई प्रमुख हिन्दू नेताओं ने अपनी स्वीकृति दे दी है। वास्तव में उन्होंने ही इस तरह का प्रयास किया कि अछूतों को सिख धर्म स्वीकार करना चाहिए। उन्होंने वैसा करने के लिए मुझे भी उत्साहित किया। मैंने भी सिख धर्म पसन्द किया। इसका कारण यही है कि हिन्दू संस्कृति के भविष्य की जिम्मेदारी कुछ न कुछ मेरे सिर पर है, इस बात की मुझे समझ थी।

प्रकाशित किए गए पत्र-व्यवहार पर मेरा निवेदन पढ़ने के बाद श्री गांधी, श्री राजा और श्री राजगोपालाचारी आदि लोगों ने धर्मान्तरण के सवाल के सम्बन्ध में जो नीति अपनाई है वह हिन्दू समाज के हितों के अनुकूल है या नहीं, यह तय करने का काम मैं हिन्दू जनता पर छोड़ रहा हूँ।

यह निवेदन साप्ताहिक 'जनता' के 15 अगस्त, 1936 के अंक में प्रकाशित हुआ।

# स्वतन्त्र मजदूर पार्टी का घोषणापत्र

*डॉ. बाबासाहेब अम्बेडकर ने अगस्त* **1936** *में स्वतन्त्र मजदूर पार्टी की स्थापना की थी। और उन्होंने सन्* **1937** *का पहला आम चुनाव इसी पार्टी के बैनर तथा झंडे तले लड़ा था और भारी सफलता हासिल की थी। स्वतन्त्र मजदूर पार्टी का घोषणापत्र भी उन्होंने ही लिखा था जो निम्न प्रकार से है–*

स्वतन्त्र मजदूर पार्टी ने मुम्बई विधिमंडल में नए परिवर्तनों के तहत जो कार्यक्रम-प्रपत्र तैयार किया था उसका साधारण स्वरूप निम्न प्रकार है :

## *1. नए परिवर्तन के सम्बन्ध में नीति*

इस दल की यह राय है कि नए परिवर्तन में पर्याप्त दोष और खामियाँ होने की वजह से वे परिवर्तन सम्पूर्ण जिम्मेदारी का स्वराज्य हासिल करने के लिए असमर्थ हैं। प्रदेश के प्रशासन से सम्बन्धित कई परिवर्तन, खास तौर पर दूसरे सदन की बात इस दल की दृष्टि से गलत है, उस पर विरोध है फिर भी इन नए परिवर्तनों को अमल में लाना गलत नहीं है। किन्तु जिम्मेदार स्वराज्य के स्वरूप को असफल करने योग्य जो विशेष अधिकार और अनियन्त्रित स्वरूप के अधिकार गवर्नर को दिए गए हैं उनका उपयोग इस दरमियान न हो, इसके लिए यह दल पूरी निगरानी रखेगा।

## *2. आर्थिक नीति*

1. खेती का विकास हो और उद्योग-धन्धे लाभदायी हों इसलिए लैंड मार्केज बैंक, उत्पादक किसान वर्ग की सहकारी अर्थसंस्थाएँ और क्रय-विक्रय करनेवाली सहकारी संस्थाएँ (मार्केटिंग सोसायटीज) स्थापित करने का इस दल का कार्यक्रम है।

2. इस दल का यह मत है कि किसानों की गरीबी का प्रत्यक्ष कारण कृषि योग्य भूमि का छोटे-छोटे टुकड़ों में बँटवारा है, इसलिए उसमें पूँजी लगाने में और परिवर्तित ढंग से खेती करने का अवसर नहीं मिलता।

जमीन के छोटे-छोटे टुकड़े और उसकी वजह से किसानों में फैलनेवाली गरीबी की

सही वजह यह है कि बढ़ती हुई जनसंख्या को सिर्फ जमीन पर ही निर्भर रहना पड़ता है। और जब तक जमीन पर निर्भर रहनेवाली ज्यादा जनसंख्या के निर्वाह के लिए खेती के अलावा अन्य उद्योग-धन्धों की व्यवस्था नहीं की जाती तब तक किसानों की गरीबी समाप्त नहीं हो सकती। इस दल का यह मत है कि किसानों को मदद करने के लिए और उनकी उत्पादन क्षमता बढ़ाने के लिए प्रदेशों में उद्योग-धन्धों की संख्या बढ़ानी जरूरी है। इसलिए यह दल मौजूदा उद्योग-धन्धों को शुरू करवाएगा और इस इलाके में पैदा होनेवाले कच्चे माल के आधार पर नए उद्योग-धन्धे लगाने का प्रयास करेगा।

3. यह दल लोगों को अपने काम में कुशलता हासिल करने में और अपनी उत्पादन शक्ति बढ़ाने में, मददगार व्यावसायिक शिक्षा का व्यापक कार्यक्रम हाथ में लेने का प्रयास करेगा।

4. इस दल का यह मत है कि जनहित को देखते हुए जहाँ जरूरी हो ऐसे समय में देश के उद्योग-धन्धों का स्वामित्व सरकार को अपने हाथ में लेना चाहिए।

5. जीवन का पूर्ण और स्वतन्त्र उपभोग करने के मार्ग में पैदा होनेवाली तमाम कठिनाइयों को समाप्त करने के लिए जो आर्थिक व्यवस्था किसी विशेष वर्ग को या जनता के समूह को अन्यायी लगती हो उस व्यवस्था को बदलना, परिवर्तन करना या उसे समाप्त कर देना, यह इस दल का बुनियादी कार्यक्रम है।

6. आम तौर पर जमींदारों की ओर से किसानों का जो उत्पीड़न होता है और उनकी ओर से जमीन के हिस्से को निकाल लेने की जमींदारों की जो नीयत होती है : जैसे–1. खोती और 2. तहसीलदारी प्रणाली में इस तरह की जो प्रवृत्तियाँ हैं वे किसानों के हितों के विरोध में हैं। इसलिए इससे किसानों के हक़ों का रक्षण हो, इस तरह के कानून बनाने का प्रयास यह दल करेगा।

7. किसान वर्ग और कामगार वर्ग को परिवर्तित जीवन जीने का अवसर मिले इसके लिए उनके मेहनताने की कम-से-कम सीमा तय करने के लिए यह दल प्रयास करेगा।

8. कारखानों के कामगार वर्ग के हितों के लिए कारखाने में नौकरी, बर्खास्तगी, वेतनवृद्धि आदि पर सरकारी नियन्त्रण, काम के ज्यादा से ज्यादा घंटे, काम के अनुरूप वेतन, वैतनिक छुट्टियाँ आदि तरह की उपयोगी योजनाएँ और बुढ़ापा या अन्य उचित कारणों से सेवानिवृत्ति पर बोनस, पेंशन या उसी प्रकार की दूसरी मदद आदि के लिए विधिमंडल में कानून पास करवाने के लिए यह दल प्रयास करेगा। और बीमारी, बेरोजगारी या दुर्घटना आदि के समय कामगारों को मदद करनेवाली निजी बीमा योजना और कामगारों के लिए सस्ते किराए पर मकानों का निर्माण आदि काम हाथ में लेने का प्रयास यह दल करेगा।

9. यह दल कारखानों में काम करनेवाले कामगारों की भलाई के लिए जो काम करनेवाला है वही काम किसानों की भलाई के लिए भी आवश्यक रूप से करेगा।

10. इस दल की यह सैद्धान्तिक मान्यता है कि बेरोजगारी समाप्त करने की जिम्मेदारी सरकार की है और उसके लिए किसानी-आवास और जिनके पास जमीन नहीं है या बेरोजगार कामगारों को काम देने के लिए नई योजनाएँ अमल में लाने का प्रयास यह दल करेगा।

11. बेहिसाब ब्याज, गलत और भ्रष्टाचारी साहूकारों से गरीब लोगों का संरक्षण करने और किसानों की कर्जमाफी के लिए उचित कानून बनवाने का काम यह दल करेगा।

12. बड़े-बड़े शहरों में और औद्योगिक कारखानों के क्षेत्र में रहनेवाले मध्यम स्थिति के लोगों के लिए मकानों के उचित किराए के लिए यह दल कानून बनवाएगा।

## *3. कर-निर्धारण प्रणाली के बारे में पार्टी की नीति*

इस दल का यह मत है कि प्रजा के कल्याण और उत्थान के लिए सरकार को राष्ट्र-संवर्धक कई कार्यक्रम हाथ में लेने चाहिए। लेकिन सरकार के पास पैसा हो तब इस प्रकार के कार्यक्रम हाथ में लिए जा सकते हैं। यह पैसा कर के द्वारा लोगों से प्राप्त होता है। पर्याप्त पैसा हो तो सुराज्य की बात सम्भव है। 'कर कम होने चाहिए और राष्ट्रोत्थान के लिए अनुकूल कार्य न हुए तब भी कोई बात नहीं, किन्तु कर कम होने चाहिए, उसी में आपकी भलाई है।' इस प्रकार के विचारों का प्रचार बहुजन समाज में करने का मतलब अज्ञानी और गरीब जनता को गुमराह करके गलत सलाह देना है। फिर कर-निर्धारण प्रणाली जैसी है वैसी ही रहे यह इस दल का कहना नहीं है। इतना ही नहीं, मौजूदा प्रणाली इस दल को नामंजूर है क्योंकि वह अन्याय है और उससे गरीब समाज का शोषण होता है। इस अन्याय को दूर करने का प्रयास यह दल करेगा। मौजूदा जमीन लगान-प्रणाली बहुत खतरनाक है और उसमें परिवर्तन लाने का इस दल का प्रयास रहेगा।

## *4. सामाजिक परिवर्तन*

1. आवश्यक सभी प्रकार के सामाजिक परिवर्तन का मतलब–(अ) (हिन्दू) सनातनियों की ओर से समाज सुधारकों के बहिष्कार पर रोक लगाना, (ब) प्रजा को कानून के द्वारा प्राप्त हक़ और जीवन स्वतंत्रता का सही उपभोग, व्यक्ति या किसी वर्ग पर आतंक या बहिष्कार करने जैसे प्रयासों को कानूनी शिक्षा के द्वारा रोक लगाने के लिए कानूनी व्यवस्था करना।

2. धार्मिक विधि का गलत इस्तेमाल या अव्यवस्था न हो इसके लिए सार्वजनिक धर्मदाय संस्था पर नियन्त्रण रखनेवाले कानून बनाना और इस विधि से संकल्पित विनियोग होने के बाद जो शेष रहेगा उसका शिक्षा प्रसार जैसे लौकिक कार्य में इस्तेमाल, इसके लिए कानून बनाने का प्रयास करना।

3. भिखमंगे और अन्य अनाथ-बेघर लोगों के लिए उचित व्यवस्था की कानूनी योजना बनाना।

## *5. ग्राम-संगठन*

1. ग्राम-संगठन की दृष्टि से आवश्यक सुख-सुविधाओं के साधनों की व्यवस्था ग्रामीण जीवन में प्राप्त हो इसके लिए हरसम्भव सभी उपायों की योजना।

2. आम तौर पर नगर-निर्माण की प्रणाली पर ही गाँव की रचना होनी चाहिए। इस तरह की योजना में गाँवों में मकान बनाकर स्वास्थ्य सुधार करना।

3. गाँव में पुस्तकालय, सार्वजनिक हाल, रेडियो, चलचित्र आदि की योजना बनाकर जनपदों की विचार परम्परा को विकसित और उन्नत बनाना।

## *6. शिक्षा नीति*

1. मुफ्त प्राथमिक शिक्षा की योजना को अमल में लाना।

2. सामान्य साक्षरता प्रसार के लिए अनपढ़ बुजुर्ग लोगों के लिए शिक्षा योजना बना।

3. तान्त्रिक शिक्षा पर विशेष बल देना।

4. शिक्षा के क्षेत्र में पिछड़ी जाति के होशियार बच्चे हिन्दुस्तान से परदेश में जाकर ऊँची शिक्षा प्राप्त कर सकें, इसके लिए सरकारी मदद प्राप्त हो, इस तरह की कानूनी योजना बनाना।

5. प्रदेश में जहाँ जरूरत हो वहाँ प्रत्यक्ष शिक्षा देनेवाले प्रादेशिक विश्वविद्यालयों की स्थापना करके विश्वविद्यालय शिक्षा प्रणाली की पुनर्योजना के लिए कानून बनाने का काम यह दल करेगा। छात्रों की मेहनत और उनकी बौद्धिक शक्ति को मटियामेट करनेवाली परीक्षाओं की मौजूदा गलत प्रणाली को खत्म करने का कार्य यह दल करेगा।

## *7. राज्य शासन-प्रणाली*

1. राज्य प्रशासन की प्रणाली गम्भीर, अच्छे परिणाम देनेवाली और निर्दोष हो, इसके लिए इस दल का पूरा प्रयास रहेगा।

2. उपर्युक्त नं-1 उपधारा के उद्देश्यों की प्राप्ति के लिए यह दल (1) न्याय और अमल में लानेवाले विभाग को अलग-अलग करना, (2) आधुनिक परिस्थिति के अनुकूल इस प्रकार की अधिकार प्रणाली की व्यवस्था करना, इस तरह की दो योजनाएँ यह दल हाथ में लेगा।

3. सरकारी नौकरियों में एक जगह पर एक ही जाति के या वर्ग के लोग न हों यही इस दल की नीति रहेगी। राज्य प्रशासन प्रभावी हो इसके लिए प्रदेश की सरकारी नौकरियों में सभी जाति और वर्ग के लोगों को उचित मात्रा में प्रतिनिधित्व मिले, इस तरह का प्रयास यह दल करेगा।

साप्ताहिक 'जनता' के 21 अगस्त, 1936 के अंक में प्रकाशित।

# समय का इंतजार करना होगा

भीमराव रा. अम्बेडकर

दामोदर हॉल,
परल, मुम्बई-12

## नासिक जिला अछूत वर्ग के लोगों से नम्र निवेदन

नासिक से प्रकाशित होनेवाले 'कोहनूर' समाचार-पत्र में मैंने यह पढ़ा है कि अछूतपन से तंग आकर 500 अछूत लोग मुस्लिम धर्म को स्वीकार करनेवाले हैं। सत्याग्रह जैसा कठिन रास्ता अपनाने के बाद भी सवर्ण लोगों (हिन्दू) की बेहोशी दूर नहीं हो रही, यह देखकर ऐसा लगता है कि अछूतों का झुकाव धर्मान्तरण की ओर होना बिलकुल स्वाभाविक है। लेकिन इतने कम समय में लोग धर्मान्तरण का फैसला कर लेंगे, ऐसा मुझे नहीं लगा था। लेकिन उस तरह का फैसला करके अछूत लोग 29 तारीख को मुस्लिम धर्म स्वीकार करेंगे, इस प्रकार की सही खबर हमें मिली है, इसलिए नासिक जिले के अछूत भाई-बहनों को एक जरूरी सूचना दी जाती है कि उन्हें अपने मन को स्थिर रखना चाहिए और उन्हें इस बात के लिए और कुछ समय तक इन्तजार करना चाहिए कि अपने प्रयासों से हिन्दू धर्म को निर्मल स्वरूप दिया जा सकता है या नहीं। अपने प्रयासों को सफलता मिलेगी, इसके बारे में निश्चित रूप से कुछ भी कहा नहीं जा सकता। क्योंकि, सवर्ण हिन्दू समाज को लज्जा और सत्धर्म की चाह है या नहीं और जनसत्याग्रह की जानकारी है या नहीं इस बात पर पूरी तरह से निर्भर करता है। इसलिए जो धर्मान्तरण करना चाहते हैं उन्हें 'नहीं' कहने का मुझे कोई अधिकार नहीं। यह काम सवर्ण हिन्दू समाज का है। जो हम प्रयास कर रहे हैं उसकी केवल यह शुरुआत हुई है। इसका अनुभव हो जाने के बाद जो भी करना हो कीजिए, यही मेरी राय है। इसलिए उस बात पर सभी लोगों को सोचना चाहिए, यही मेरा आप लोगों से नम्र निवेदन है।

आपका हमदर्द
बी. आर. अम्बेडकर

[येवला (जिला नासिक) में 13 अक्तूबर, 1935 को मुम्बई इलाका दलित सभा का आयोजन किया गया था। इस सभा के अध्यक्ष थे डॉ. बाबासाहेब अम्बेडकर। इसी सभा में डॉ. अम्बेडकर ने यह कहा था कि

"मैं हिन्दू पैदा हुआ हूँ लेकिन अब मैं हिन्दू रहकर मरूँगा नहीं।" इसी परिषद् में उन्होंने पहली बार धर्मपरिवर्तन की घोषणा की थी। विशाल जनसमुदाय इस सभा में उपस्थित था। इस सभा में डॉ. अम्बेडकर ने धर्मपरिवर्तन के विषय पर सबसे महत्त्वपूर्ण भाषण दिया था। बाद में इस सभा में कुछ महत्त्वपूर्ण प्रस्ताव भी पास किए गए।]

# सभा में पारित प्रस्ताव

माननीय अछूत भाइयों तथा बहनों को सूचित किया जाता है कि आप पर लगा हुआ अछूतपन का कलंक समाप्त करने के लिए और आपने आपको हम आज तक जिस हिन्दू समाज का हिस्सा मानते रहे उस समाज में सम्मान का और समानता का स्थान प्राप्त हो इसके लिए हम सभी लोग नासिक में कालाराम मन्दिर-प्रवेश सत्याग्रह, रामकुंड प्रवेश सत्याग्रह आदि कई आन्दोलन पिछले पाँच-छह सालों से चला रहे हैं, जबकि हमारे पास उतना बल नहीं है फिर भी लोगों का और धन का बेहिसाब नुकसान बर्दाश्त करते हुए हम बड़े लगन के साथ आन्दोलन चला रहे हैं। लेकिन उसका सही परिणाम नहीं दिखाई दे रहा है। आप लोगों ने जिस आन्दोलन को इतने दिन तक जारी रखा उस आन्दोलन पर विचार-विमर्श करने के लिए येवला में इस अखिल मुम्बई इलाका दलित वर्ग सभा का आयोजन किया गया है और इस सभा में सारी स्थिति का जायजा लेते हुए निम्न प्रस्ताव एकमत से पारित किया है–

"अछूत वर्ग और सवर्ण वर्ग में समानता और संगठन कायम करने के लिए पर्याप्त बल न होने के बावजूद भी धन का बेहद नुकसान बर्दाश्त करके मुम्बई इलाके के दलित वर्ग के लोगों ने कालाराम मन्दिर-प्रवेश सत्याग्रह, रामकुंड प्रवेश सत्याग्रह और रामरथ की शोभायात्रा के सम्बन्ध में नासिक में सत्याग्रह को पिछले पाँच-साल से चलाया है। किन्तु सवर्ण हिन्दू समाज में कुछ भी परिवर्तन दिखाई नहीं दे रहा है। इतना ही नहीं, वे उपर्युक्त प्रकार के संगठन को और उसकी निर्माण-शक्ति को बिल्कुल महत्त्व नहीं देते हैं यह बात उन्होंने अपने आचरण से सिद्ध कर दी है। इसलिए दलित वर्ग की यह सभा यह प्रस्ताव पारित करती है कि, उपर्युक्त सत्याग्रह का उन पर कुछ भी परिणाम नहीं हो रहा है, इसलिए इसके लिए दलित वर्ग को अपनी शक्ति अब बेमतलब खर्च नहीं करनी चाहिए और अब इससे आगे सत्याग्रह की मुहिम बन्द कर देनी चाहिए। सवर्ण हिन्दू समाज से दलित वर्ग को अलग समझकर उन्हें अब अपना संगठन तैयार करना चाहिए और हिन्दुस्तान में कई समाजों में अपने इस अलग समाज को सम्मान का और स्वतन्त्र दर्जा हासिल कराने के लिए दलित समाज को प्रयास करना चाहिए, यही इस परिषद् की राय है।"

उपर्युक्त प्रस्ताव के अनुसार इसके बाद आगे हम लोगों के साथ असमानता का बर्ताव करनेवाले हिन्दुओं के देवी-देवताओं, मन्दिरों और रथों से हमारा कोई लेना-देना

नहीं रहेगा। हमें हिन्दुओं के इन और इस प्रकार के समारोहों में भविष्य में बिल्कुल सम्मिलित नहीं होना चाहिए। अखिल मुम्बई इलाका दलित वर्ग परिषद् ने एकमत से यह प्रस्ताव स्वीकार किया। इस प्रस्ताव पर आप सभी लोग अमल करेंगे। हम यही उम्मीद करते हैं, यह हमारे स्वाभिमान की कसौटी है। इसलिए इस कसौटी पर आप सभी लोग सही साबित उतरेंगे, इस प्रकार की मुझे पूरी उम्मीद है।

आपका
भीमराव अम्बेडकर
अध्यक्ष, मुम्बई इलाका
दलित वर्ग परिषद्, येवला
जिला नासिक

राजगृह, हिन्दू कॉलोनी
दादर, मुम्बई-14

अमृतराव धोंडिबा रणखांबे
स्वागताध्यक्ष, मुम्बई इलाका,
दलित वर्ग परिषद्, येवला,
जिला नासिक

# महाड की परिषद् और भालाकार की मक्कारी

### सा. बहिष्कृत भारत में प्रकाशित प्रतिक्रिया

आजकल विक्षिप्त और प्रतिक्रियावादी विचारधारा के जो पत्रकार हैं उनमें 'हिन्दू समाज की रोटीबन्दी और बेटीबन्दी रखकर हिन्दू संगठन और शुद्धि आन्दोलन चलाना चाहिए' इस मत का प्रतिपादन करनेवाले भालाकार की गिनती करने में कोई हर्ज नहीं है। ब्राह्मण भोजन, गणेशोत्सव में डंडे का नाच करनेवाले, बच्चों के मेले और अछूतपन के कारण दूसरों से अछूता रहकर अपनी श्रेष्ठता का दिखावा करनेवाले ब्राह्मणों का कसैलापन, फिर भी उनके बलबूते पर देश की आजादी हासिल करने का दावा करनेवाले और 'हिन्दू धर्म पर होनेवाले हमलों का जवाब भी दिया जा सकता है', ऐसे साफ शब्दों में कहनेवाले लोकमान्य पन्थी भोपटकर की कलम महाड परिषद् की समाप्ति के बाद अपने आपको उच्चवर्णीय कहलानेवाले लोगों ने जो गुंडागर्दी का नंगा नाच किया उनके समर्थन में चल पड़ी है। अछूत जातियों के सम्बन्ध में दिखावटी बातें करके अछूत समाज के नेताओं और इस परिषद् का समर्थन करनेवाले अन्य अछूत जातियों के लोगों को उपदेश देने का अवसर उन्होंने साध लिया है। भालाकार जैसे लोगों को हम साफ शब्दों में बता देना चाहते हैं कि हमें अपने उत्थान के लिए किए जानेवाले प्रयासों में अन्य लोगों के सहयोग और हमदर्दी की भी जरूरत है। किन्तु हमें हिन्दू समाज की फौलादी चौखट पर जस का तस कायम रखकर मेहरबानी के तौर पर सहूलियतें देने के इच्छुक और हमारे नैसर्गिक (मानवीय) हक़ों को किसी तरह से महत्त्व न देते हुए केवल अपने धर्मगुरुओं के वर्चस्व को प्रदर्शित करने के लिए हमें हिन्दू धर्म में डुबोकर रखने की बात सोचनेवाले मतलबी और महत्त्वाकांक्षी लोगों की हमदर्दी की हमें बिल्कुल आवश्यकता नहीं है।

अछूत समाज के सही मायने में यदि कोई शत्रु हैं तो वे इसी तरह के लोग हैं। इस तरह के लोग अनपढ़, अज्ञानी हिन्दू समाज को मूर्ख बना रहे हैं। हम अज्ञानी समाज के विचारों की कल्पना कर सकते हैं। उनके साथ अविवेक और अत्याचारों की घटनाएँ घटती हैं तो वे उनके अज्ञान का परिणाम हैं, हम ऐसा मानते हैं और हमें उम्मीद है कि आज नहीं तो कल उनके विचारों में, उनकी सोच में बदलाव आएगा, उनमें समानता की सोच पैदा होगी और सम्पूर्ण समाज में समानता आएगी। किन्तु पढ़े-लिखे लोग 'कुत्ते की दुम' की तरह हैं। यदि ईश्वर है तो उसके भी बस में नहीं है कि वह इस दुम को सीधी कर सके।

भालाकार का आरोप है कि 'अछूतों के बेसब्र हमदर्दों ने बेसब्री जताई है।' भालाकार जिन्हें 'बेहूदा बेसब्र समाज सुधारक' कहते हैं उनका कसूर यह है कि वे अछूतों के लिए पनघट, कुएँ खोलने, अछूतपन को समाप्त करने और उन्हें हिन्दुओं के मन्दिरों में बेरोकटोक प्रवेश करने के मत का प्रतिपादन करते हैं। सुधारवादियों का कहना यह है कि 'धीरे चलिए', दूसरे लोगों की धार्मिक भावनाओं पर आँच नहीं आनी चाहिए और अछूतों को भी अपना उत्थान करना चाहिए। बरसों बीत गए फिर भी 'अब भी अछूतपन की समाप्ति का समय नहीं आया' ऐसी बहानेबाजी करना और दूसरी ओर अछूतों के प्रति नकली हमदर्दी दिखाना। अब आगे ऐसी आँखमिचौली करना सम्भव नहीं है। कहा जाता है कि अछूतपन नई बात नहीं है, इसलिए उसे एक साल में समाप्त नहीं किया जा सकता। तब काल की मर्यादा कम हो या ज्यादा वह हमेशा एक जैसी ही रहेगी। इस तरह की दलीलें देनेवालों से हमारा सवाल है कि राजनीतिक क्षेत्र में 'स्वराज' के लिए जब बेसब्री दिखाते हो उस समय आपकी अक्ल कहाँ सोई रहती है? आपकी हजार-बारह सौ सालों की गुलामी की आदतें अचानक नष्ट कैसे होंगी? आप जिस गुलामी को हजार-बारह सौ सालों से भोग रहे हैं, वह पलभर में कैसे समाप्त होगी? उसे समाप्त करने के लिए जाग्रति आने तक हजार-बारह सौ साल इन्तजार क्यों नहीं करना चाहिए? क्योंकि आप लोगों के कथनानुसार 'काल की मर्यादा एक जैसी ही रहेगी'। आप लोग स्वराज के योग्य नहीं हैं, यह आपकी आदतों से साफ दिखाई दे रहा है।

जिन कारणों से आप लोगों ने स्वराज खोया है वे सभी कारण आज भी मौजूद हैं। बहुत दूर जाने की आवश्यकता नहीं, कल-परसों की बात है, महाड में जो नंगा नाच हुआ उसमें आप लोगों की स्वराज के प्रति अयोग्यता ही साबित हुई है। आप लोग अल्पसंख्यक लोगों की नागरिकता के हक़ कबूल करने के लिए तैयार नहीं हैं। आप ग़रीब दुर्बल लोगों से न्यायोचित व्यवहार करने के इच्छुक नहीं हैं। यदि हिन्दू राज होता तो बहिष्कृत वर्ग की हालत पूरी तरह बिगड़ गई होती। महाड में कलेक्टर योरोपियन, डिप्टी पुलिस सुपरिटेंडेंट यूरोपियन और पुलिस इन्स्पेक्टर मुस्लिम अफसर न होते और महाड के मुस्लिमों ने अपने घरों में बहिष्कृत वर्ग के स्त्री-पुरुषों और बच्चों को आश्रय न दिया होता तो छूत (सवर्ण) कहे जानेवाले हिन्दुओं का जुल्म और सितम का नंगा नाच और बढ़ गया होता। इस पर भी 'स्वराज मेरा जन्मसिद्ध अधिकार है' कहने में आपको लज्जा नहीं आती। मतलब यह कि स्वराज आपका पैदायशी अधिकार है और महारों-चमारों का कोई अधिकार नहीं है। आप लोग जिन टुकड़ों को महारों-चमारों के मुँह पर फेंक मारेंगे उन टुकड़ों को चबाने में ही उन्हें सन्तोष करना चाहिए, फिर आप पर मेहरबानी करके सरकार आपको जो हक़ दे रही है उन्हीं से खुश रहकर आप क्यों निश्चिन्त नहीं बैठते? क्या यह आहिस्तावादी उपदेश तुम्हारी बेसब्री के राजनीतिक आन्दोलन पर लागू नहीं होता? अगर बेसब्री नहीं चाहिए तो वह कहीं नहीं होनी चाहिए। यदि बेसब्री राजनीति के क्षेत्र में उचित है तो वह सामाजिक क्षेत्र में उससे भी अधिक उचित है। राजनीतिक क्षेत्र में शरियत के घोड़े की तरह तेज दौड़ना चाहिए और

सामाजिक तथा धार्मिक सवाल पर कछुए की तरह धीरे-धीरे चलने से ही सही विकास होगा, ऐसे बीच-बचाव की भूमिका निभाना यह मक्कारी नहीं तो और क्या है? और इस मक्कारी को अछूत समाज ने कभी का पहचान लिया है।

भालाकार अछूतों के प्रति अपनी हमदर्दी जताते हैं। किन्तु उस हमदर्दी की कौड़ी की कीमत नहीं है। उन्होंने ऊपरी हमदर्दी दिखाने की कोशिश की है किन्तु उसी लेख में उनके भीतर का कसैलापन जाहिर हो गया है। अछूतों और उनके हमदर्दों को यह उपदेश देना कि लोगों की भावना को ठेस मत पहुँचाइए। इन पाखंडियों से हम पूछना चाहते हैं कि क्या आपके अट्ठारह करोड़ (सवर्ण) लोगों की ही भावनाएँ हैं और सात करोड़ अछूतों की कोई भावनाएँ नहीं हैं? पहले इन लोगों पर जुल्म-ज्यादतियाँ करना, उन्हें दुनिया में नारकीय जीवन बिताने के लिए विवश करना और इसे अपना हक़ कहना, ऐसे हक़ों को धक्का पहुँचने की सम्भावना नज़र आई तो हमारी भावनाओं को ठेस पहुँचाई जा रही है, यह कहकर चीखना-चिल्लाना, यह कहाँ का न्याय है? फिर आप लोग क्यों अंग्रेजों की भावनाओं को ठेस पहुँचा रहे हैं। अंग्रेजों की भावना यह है कि हिन्दी लोग जीत लिए गए हैं, इसलिए गुलामी में रहने के ही योग्य हैं। हिन्दी लोगों ने बड़े-बड़े अधिकार के पद प्राप्त करके अंग्रेजों की बराबरी करने का प्रयास किया है, क्या इससे अंग्रेजों की भावनाओं को ठेस पहुँचना स्वाभाविक नहीं है? लोगों की भावनाएँ मत दुखाइए इस तरह का 'परोपदेश पंडिताई' करनेवाले इन देशभक्तों ने लोगों को यह उपदेश दिया है कि 'तुम्हारी भावनाएँ सड़ी-गली हो चुकी हैं', 'इनसानियत के हक़ सभी को मिलने चाहिए, दूसरों से तुच्छता से व्यवहार करने का हक़ किसी को नहीं है, अन्यायी परम्पराएँ अभी तक चल रही हैं, इसलिए प्रचलित रिवाज के आधार पर उन्हें न्यायोचित स्वरूप प्राप्त नहीं हो सकता।' इस तरह से उन्हें कड़ी चेतावनी क्यों नहीं देनी चाहिए? लेकिन कड़ी चेतावनी दी गई तो उन्हें सस्ती लोकप्रियता कैसे मिलेगी? जाति वर्चस्व बरकरार रखने की उनकी इच्छा-पूर्ति कैसे होगी? अज्ञानी अनपढ़ लोगों का उचित मार्गदर्शन करना नहीं बल्कि उनके नाम को आगे कर उनके न्यायोचित आन्दोलन का विरोध करना ही महाराष्ट्र की पिछले 40 सालों की परम्परा है। भालाकार भी उसी तालीम से ढले हुए हैं। किन्तु उन्हें और उनके जातभाइयों को यह बात अच्छी तरह से समझ लेनी चाहिए कि इस तरह की आँखमिचौनी इससे आगे नहीं चलेगी। अब बहिष्कृतों का कहना है कि अपने न्यायिक हक माँगने में वे किसी का लिहाज नहीं करेंगे। यदि यही आपका कहना है कि अनपढ़-अज्ञानी लोगों की भावनाओं को दुखाना नहीं चाहिए, तो उस तरह की भावनाएँ ही गलत हैं, सड़ी-गली हैं, यह उन्हें समझाकर बताइए, यही आपका कर्त्तव्य है। किन्तु यह सब न करते हुए उन्हें आप विरोध में भड़काते हैं इसलिए आप लोग ही वास्तव में दोषी हैं। आप लोग अनपढ़ लोगों के पीछे छिपना चाहते हैं किन्तु हम तुम्हें खींचकर बाहर लाए बिना नहीं रहेंगे।

भालाकार ने महाड की घटना पर लिखते हुए मन्दिर के बारे में कुछ उबाऊ बातें बताई हैं। किन्तु पहली बात तो यह है कि महाड की सभा में एकत्रित महार-चमारों को

किसी मन्दिर में नहीं जाना था। गाँवों में अछूतों को बहुत बुरी हालत में रहना पड़ता है, इसलिए सार्वजनिक कुएँ, पनघट पर उनके लिए किसी प्रकार की रुकावट नहीं होनी चाहिए, यही उनकी माँग थी। 1924 में महाड म्यूनिसपैलिटी ने जिस तालाब को सार्वजनिक उपयोग के लिए घोषित किया था उस तालाब का उपयोग उन्हें सार्वजनिक सभा के माध्यम से करना था। उसी कार्यक्रम के अनुसार सभी प्रतिनिधिगण खुलेआम तालाब पर गए और उस तालाब पर पानी पीकर आए। किन्तु महारों-चमारों को प्यासा मारनेवाले लोगों को यह अच्छा नहीं लगा, वे तिलमिला उठे। उन्होंने बदला लेने की दुष्ट इच्छा से अफवाह फैलाई कि 'महार-चमार अब वीरेश्वर के मन्दिर में प्रवेश करनेवाले हैं।' यह कहकर उन्होंने अज्ञानी-अनपढ़ लोगों को भड़काया। वास्तव में महाड संग्राम का मन्दिर-प्रवेश के सवाल से कोई सम्बन्ध नहीं था। फिर भी जब भालाकार ने मन्दिर का सवाल जबर्दस्ती उठाया है और उससे फायदा उठाकर अछूतों को एक छोटा-सा भाषण भी दे दिया है तो हम उनसे स्पष्ट रूप से कह देना चाहते हैं कि जब तक हम स्वयं को हिन्दू कहते हैं और आप हमें हिन्दू समझते हैं, तब तक मन्दिर में जाकर दर्शन करना हमारा हक़ है, ऐसा हम मानते हैं। हमें एकजातीय मन्दिर नहीं चाहिए। मन्दिर के बगैर हमारा कुछ रुका हुआ नहीं है। भगवान की भक्ति मन्दिर में ही होनी चाहिए यह आवश्यक नहीं है। समाजसेवा और सामाजिक समारोहों अथवा एकता के लिए मन्दिरों की उपयोगिता है। यदि अपने स्वतन्त्र मन्दिर बनाने हों तो उन्हें अछूत लोग स्वयं बनाएँगे, उसके लिए उन्हें दूसरों की अनुमति नहीं चाहिए। आज नहीं तो कल, हम इस सवाल का हल ढूँढ़ लेंगे। हमें समाज में समान हक़ चाहिए। जहाँ तक सम्भव हुआ वे हक़ हम हिन्दू समाज में रहकर लेंगे। यदि ऐसा सम्भव न हुआ तो दो कौड़ी के हिन्दुत्व को लात मारकर हम उसे प्राप्त करेंगे। हिन्दुत्व को नकारने का जब समय आएगा हम मन्दिरों को छुएँगे भी नहीं, यहाँ यह बताने की आवश्यकता नहीं है।

भालाकार ने हमारे लोगों को धमकियाँ देने में कोई कसर बाकी नहीं छोड़ी है। 'पठानगीरी' दिखाने की हमारी इच्छा बिल्कुल नहीं है। हमें जोर-जबर्दस्ती भी नहीं करनी है किन्तु सदियों से हम पर जो जोर-जबर्दस्ती की जा रही है, उसे अब हम आगे नहीं चलने देंगे। पठानों को देखकर भालाकार के जातिभाई और स्वयं को क्षत्रियों के वंशज कहलानेवाले लोग किस कदर कायर हो जाते हैं यह हमें मालूम है। पठानगीरी ही दिखानी होती तो बहिष्कृत वर्ग ने वह पहले ही दिखा दी होती। भोपटकर का कहना है कि 'मन्दिर में घुसने का अविचार' यदि किया गया तो 'अछूतों की खाल खींचे जाने की सम्भावना है।' किन्तु महाड में अछूत वर्ग के नेताओं ने, हमदर्दों ने परिषद् के प्रतिनिधियों को समझाया-बुझाया न होता तो साढ़े तीन हजार प्रतिनिधियों ने महाड गाँव को तबाह कर दिया होता और महाड के हिन्दू गुंडों को पठानगीरी का असली जायका मिल गया होता। अछूतों की खाल खींचने की बजाय छूत वर्ग के लोगों के सिर कुचले गए होते, अछूतों के विरुद्ध अनपढ़-अज्ञानी लोगों को भड़कानेवाले मोटे पेटवाले नेताओं के पेट फाड़ दिए गए होते। यह बात भोपटकर और उनकी तरह बकवास करने वाले

लोगों को जरूर ध्यान में रखनी चाहिए। यदि समय ही आया तो जैसे बंगाल के नाम शूद्रों ने मुसलमानों की मदद से छूत हिन्दुओं की मस्ती मिटा दी थी, वैसा भी हो सकता है। भालाकार को पीठ की खाल खींचने की बातें घर में बैठकर करनी चाहिए। उन्हें ब्राह्मण भिक्षुओं की सभा में सोने के कंगन पहने हाथ के इशारे पर 'वाचि वीर्य द्विजानाम' इस कथन की सच्चाई साबित कर देनी चाहिए। किन्तु इससे आगे उन्हें अछूतों के बारे में जो भी लिखना हो, सँभलकर लिखें। विदूषकों या मक्कार देशभक्तों की हमदर्दी की हमें बिल्कुल जरूरत नहीं है। आप लोगों से हम स्पष्ट कह रहे हैं कि आप पर हमारा बिल्कुल भरोसा नहीं है। हम तुम्हारे उपदेशों को घास के तिनके जितना महत्त्व देना भी पसन्द नहीं करते। तुम्हें हमारे हक़ों का समर्थन न करना हो तो हमारे रास्ते से हट जाइए। लेकिन यदि आप हमारे रास्ते में रुकावट बनकर आए और अज्ञानी-अनपढ़ लोगों को भड़काने लगे तो हम तुम्हारी परवाह नहीं करेंगे। हमारी माँग न्यायोचित है और उसके लिए हम आख़िरी दम तक लड़ेंगे। बहिष्कृत वर्ग छुईमुई नहीं है। उसने भी युद्ध के मैदान में अपना मर्दानापन साबित किया है। भालाकार जैसे धमकियाँ देनेवाले लोग मुस्लिमों और अंग्रेजों के सामने कैसे दुम हिलाने लगते हैं यह हमें अच्छी तरह मालूम है। हमारी पीठ की खाल खींचने की धमकियाँ देनेवालों से यदि हमारा मुकाबला हुआ तो हम उनके सिर कुचल देने में कोई कसर बाकी नहीं रखेंगे, फिर जो होना होगा सो होगा।

'बहिष्कृत भारत' में प्रकाशित।

# योग्य प्रतिनिधि को ही चुनिए

*पूना में **दि. 7 सितम्बर 1936** को डी. सी. मिशन के कार्यालय में पूना के कुछ चुनिंदा नेताओं के साथ डॉ. बाबासाहेब अम्बेडकर की बैठक हुई। उसमें डॉ. सोलंकी भी थे। यह बैठक आनेवाले असेम्बली चुनावों को ध्यान में रखकर आयोजित की गई थी। इस बैठक को सम्बोधित करते हुए डॉ. अम्बेडकर ने कहा–*

मेरे प्यारे भाइयो तथा बहनो,

मैंने जिस व्यक्ति को आपके उम्मीदवार के रूप में खड़ा किया है उसके बारे में जो मामूली आलोचना हो रही है उसके लिए मुझे बिल्कुल खेद नहीं है, उस पर मुझे आश्चर्य भी नहीं हो रहा है। क्योंकि उसके बारे में कोई खास विरोधी राय नहीं दिखाई दे रही है। इसलिए उम्मीदवार के चयन के सम्बन्ध में मेरी पसन्द उन्हें अच्छी लगी है, ऐसा कहने में मुझे कोई आपत्ति नहीं है। मैंने जिन लोगों को पसन्द किया है, उनमें कोई भी मेरा रिश्तेदार, चाचा, लड़का, दामाद या समधी आदि नहीं है। इनका चयन करते समय मैंने सभी बातों पर सोचा है। मैंने तीन कसौटियों पर खरे उतरे लोगों का चयन किया है। पहली कसौटी है अंग्रेजी भाषा का अच्छा ज्ञान। क्योंकि, वहाँ सारी कार्यवाही अंग्रेजी में चलेगी। हम लोगों को अपने जिले के सम्बन्ध में, तहसील के जाँच, अकाल आदि से सम्बन्धित सवाल एसेम्बली में अंग्रेजी में पूछने आने चाहिए। इसलिए उम्मीदवार अंग्रेजी को जाननेवाला चाहिए। दूसरी बात है उम्मीदवार उम्र से युवा होना चाहिए। बूढ़े लोगों को वहाँ प्रदर्शनी में नहीं रखना है। असेम्बली के किसी सदस्य को असेम्बली की जब बैठकें होती हैं उस वक्त किसी गाँव-देहात से जरूरी बुलावा आने पर उसमें उस गाँव तक पैदल चलने की सामर्थ्य होनी चाहिए। रात-बेरात अपने जिले के लोगों के काम से घूमना चाहिए। इस तरह का काम किसी बूढ़े, रोगी कौंसिलर से होना सम्भव नहीं है। तीसरी महत्त्वपूर्ण बात यह है कि अपनी पार्टी का उम्मीदवार अपनी पार्टी के अनुशासन से अनुशासित होना चाहिए। उसमें पार्टी की विचारधारा और नियमों के अनुसार कार्य करने की ललक होनी चाहिए। और वह पार्टी के लिए निस्वार्थ भाव से काम करनेवाला होना चाहिए। मैं किसी भी स्वार्थी आदमी को एक कौड़ी भी देने के लिए तैयार नहीं हूँ।

अपने जिले की ओर से चुने गए राजाराम भोले का उदाहरण ही लीजिए। उनसे ज्यादा पढ़ा-लिखा और लायक आदमी पूना में नहीं है। मुझे भाई-भतीजावाद या जिले के दुराभिमान की ओर या अधिकारशाही की ओर ध्यान नहीं देना है। सिर्फ नाम पर लायकी या महत्त्व निर्भर नहीं होता है, बल्कि वह काम पर निर्भर होता है। यदि भोले निर्विरोध चुने गए तो हमें तीन सीटें मिल जाएँगी। यदि उनका विरोध किसी ने नहीं किया तो वे आसानी से चुनकर जाएँगे। और उन्हें वोट न मिले तो अपने दल का दूसरा उम्मीदवार चुना जाएगा। दूसरे क्षेत्र से भी अपने दल का उम्मीदवार अपने दूसरे क्षेत्र के वोटों से जनरल चुनाव में जीतकर आएगा। इस तरह से यदि हम लोग अनुशासन में रहे तो हमें अकेले पूना में तीन सीटें मिल सकती हैं। इसलिए तुम लोगों को तहसील, गाँव या जिले के दुराभिमान को छोड़कर अपने दल की भलाई के लिए लायक आदमी को ही चुनना चाहिए। कौन्सिल का मतलब जाति अधिकार नहीं है कि बाप मर गया तो बेटे को मिल जाएगा।

फिलहाल मेरी तबियत ठीक नहीं है। ब्लड प्रेशर बढ़ने से मैं थोड़ी दूर भी चल नहीं सकता। इसलिए मुझे हर जगह जाकर शंकाओं का समाधान करने का अवसर ही नहीं मिलेगा। मेरी कसौटी पर सही उम्मीदवारों के विरुद्ध यदि किसी को विरोध करना हो तो उसे पूरे सोच-विचार और जिम्मेदारी के साथ ही ऐसी हिम्मत करनी चाहिए। मैं उनके स्वार्थीपन की गलत नीति को सिद्ध करके बताऊँगा। दिन-ब-दिन मुझ पर कई तरह की जिम्मेदारियाँ आ रही हैं। अपने समाज की स्वतन्त्रता के कार्य में मेरे दुश्मन भी पैदा हो गए हैं। आज के इस आन्दोलन में मुझ पर किस प्रकार की जानलेवा मुसीबत खड़ी हो सकती है, इसके बारे में मैं आज कुछ नहीं कहूँगा। इस स्थिति में भी मैं आपके लिए हर तरह की जिम्मेदारी लेने के लिए तैयार हूँ। यदि मुझ पर आपका भरोसा हो तो आप लोगों को मेरे द्वारा पसन्द किए गए लायक आदमी को ही अपना वोट देकर चुनना चाहिए। इस तरह अपने समाज की भलाई कीजिए। सभी जगह बूढ़े लोगों का हक़ है तो सब बूढ़े लोग ही हो जाएँगे। मेरे लिए कहीं कोई स्थान नहीं रहेगा। सूबेदार घाटगे ने भी मुझसे 50 साल अधिक काम किया है। शिवराम जानबा काम्बले ने भी 60 साल अधिक काम किया है। उनकी उम्र तक पहुँचने पर शायद मैं भी काम नहीं कर पाऊँगा। इसलिए इस तरह की बहस में जाने की कोई जरूरत नहीं है। जब तक तुम लोगों का मुझ पर विश्वास है तब तक मैं आपका नेतृत्व करूँगा। इस समय हम लोगों को बड़ा समुद्र पार करना है। इसलिए मैं कहूँगा मुझे अच्छा कप्तान और अच्छा जहाज मिलना चाहिए। टूटा हुआ जहाज और बेअक्ल कप्तान दिया गया तो मैं जहाज पर बिल्कुल पाँव नहीं रखना चाहूँगा। मुझे भी आपका नेतृत्व करने का शौक नहीं है। यह बात आप सभी लोगों को ध्यान में रखनी चाहिए कि हर किसी के पास योग्यता नाम की नहीं काम की होनी चाहिए। इस बात को ध्यान में रखिए।

साप्ताहिक 'जनता' के 12 सितम्बर 1936 के अंक में प्रकाशित।

# अन्धी और स्वार्थी नजर से समाज का सत्यानाश

*दि. **8 अक्तूबर 1936** को डॉ. बाबासाहेब अम्बेडकर रेलगाडी से सुबह 6.30 बजे जलगाँव पहुँचे। वहाँ उनका भव्य स्वागत हुआ। वे सुबह 11.00 बजे कोर्ट के काम के लिए कोर्ट में गए। शाम को जलगाँव के म्युनिसपैल टाउन हॉल में उनकी जनसभा का आयोजन किया गया था। इस सभा को सम्बोधित करते हुए डॉ. अम्बेडकर ने कहा–*

आज की सभा मान्यवर दौलतराव गुलाजी जाधव की उम्मीदवारी को समर्थन देने के लिए आयोजित की गई है। पूर्व खानदेश जिले के पूर्व क्षेत्र के आरक्षित स्थान के लिए वे खड़े हैं। मैंने सुना है कि इस स्थान के लिए और भी कुछ लोग खड़े हैं। उनमें से मैं मेंढे, वरहाडे आदि के नाम सुन रहा हूँ। मैं इन दोनों को अच्छी तरह पहचानता हूँ। उनका और मेरा सम्बन्ध 15-20 साल पुराना है। उनमें भी मेढे से मेरा ज्यादा करीब का सम्बन्ध है। मेढे ने यहाँ कुछ काम भी किया है, इस बात को भी मैं जानता हूँ। यह सब होते हुए भी मैंने जाधव को ही क्यों खड़ा किया है, इस बात की शंका शायद कई लोगों को होगी। किन्तु उसका कारण एक ही है कि विधिमंडल में होशियार, चतुर और सामाजिक दृष्टि से जानकार लोगों की जरूरत है। हमें इस काम में ऐसे ही आदमी की जरूरत है। ऐसे काम के लिए कम योग्य आदमी को चुना गया तो वह काम को सही अंजाम नहीं दे पाएगा। उस काम को वह ठीक से कर नहीं पाएगा। तुम लोग बेलदार से बेलदारी का ही काम करवा सकते हो। और आपने अगर ऐसा नहीं किया तो मकान की बजाय वहाँ कुछ और ही नजारा देखने को मिलेगा। लेकिन सही काम सही आदमी को दिया गया तो वहाँ समय पर सही इमारत खड़ी नजर आएगी। यही बात व्यवहार की भी है। आप लोगों ने अगर इस पर सोचा तो बात आपकी समझ में आएगी। मेढे-बिन्हाडे जैसे लोग म्यूनिसपैलिटी, लोकल बोर्ड और स्कूल बोर्ड के काम के लिए ही उपयोगी हैं। किन्तु जो काम उनके लिए सम्भव नहीं है, ऐसे काम करने की उन्हें कोशिश नहीं करनी चाहिए। यदि वास्तव में उन्हें समाज के हित की चिन्ता है तो इस बारे में उन्हें सोचना चाहिए। उन्हें खुद फैसला करना चाहिए कि इस काम के लिए कौन लायक है? यदि उन्होंने सच्चे मन से सोचा तो जाधव ही इस काम के लिए लायक हैं, यह जवाब उन्हें स्वयं मिल जाएगा। विधिमंडल का काम बाकी लोगों से नहीं होगा।

वे नालायक हैं ऐसा मुझे नहीं कहना है। बल्कि जिस काम के लिए जो आदमी लायक है उसे वही काम करना चाहिए। और इस काम के लिए जाधव ज्यादा लायक हैं। कौंसिल का सारा काम अंग्रेजी में चलता है इसलिए उम्मीदवार को अंग्रेजी का ज्ञान होना चाहिए। उसमें हर तरह के सवाल पूछने की योग्यता होनी चाहिए। यह सारी बातें अच्छी अंग्रेजी जाननेवाले क़े लिए ही सम्भव हैं। यहाँ अंग्रेजी न जाननेवालों का उपयोग नहीं। हमें अपनी सीमित कुर्सियों की शोभा नहीं बढ़ानी है। हमें कुछ काम करना है। आज उनसे ज्यादा पढ़ा-लिखा आदमी आपके जिले में नहीं है। वह बी.ए. पास हैं और मेरे कोई रिश्तेदार भी नहीं हैं। वह अपना भत्ता मुझे देनेवाले नहीं हैं। मैंने आप लोगों की भलाई के लिए ही उनका चयन किया। मैंने इसमें कोई भेदभाव नहीं किया है। मैंने पूरी तरह सोचने के बाद और पूर्व खानदेश का नक्शा अपनी नजरों के सामने रखते हुए श्री जाधव को योग्य उम्मीदवार के रूप में चुना है। मैं पुनः कहता हूँ कि वही लायक उम्मीदवार हैं।

आप लोग शायद यह सवाल पूछेंगे कि अनपढ़ गँवार मराठे और कुनबी कौन्सिल में चुनकर जाते हैं, उन्हें क्या अंग्रेजी आती है? किन्तु मैं आप लोगों को यह बताना चाहता हूँ कि मराठा, कुनबी और आपमें जमीन-आसमान का अन्तर है। उनके लिए सबकुछ अनुकूल है। उन्हें किसी प्रकार की कमी नहीं है। लेकिन आप लोग कंगाल हैं। आप लोगों को सब कुछ मेहनत से पाना है। और वह आसानी से पाना चाहते हो तो सिर्फ कानून से ही पाया जा सकता है। इसीलिए आपके मूर्ख उम्मीदवार नहीं चल सकते। वहाँ जानकारों की आवश्यकता है। क्योंकि आपकी गुलामी को समाप्त करना है और इसीलिए जाधव जैसे लायक आदमी को चुनना आपकी जिम्मेदारी है। यदि आप वैसा नहीं करेंगे तो अपना खुद का ही सत्यानाश करेंगे। इस तरह के खतरे की सूचना मैं आज आप लोगों को दे रहा हूँ। यदि किसी और ने मूर्खता की है तो उसे आप मत कीजिए। चोरी किसी ने की इसलिए आपको बेमतलब रस्सी बाँधकर मरने की जरूरत नहीं है। आज दो हजार साल से आपके पुरखे इस देश में हैं। लेकिन क्या आप यह बता पाएँगे कि किसने ब्राह्मण के साथ बैठने की हिम्मत की? वह स्वर्णिम मौका आज आप लोगों को प्राप्त हुआ है। और ऐसे समय यदि आप लोगों ने स्वार्थी और अन्धी नजर रखी तो सारे समाज का ही नहीं बल्कि अपने बीवी-बच्चों के भी बेहाल हो जाएँगे। इसलिए मैं इन सभी लोगों की ओर से मेढे-बरहाडे से विनती करता हूँ कि आप लोग समाज के रास्ते के पत्थर मत बनिए और बेमतलब रुकावटें पैदा मत कीजिए। इतना कहने पर भी यदि उन्होंने नहीं सुना तो आप क्या करेंगे? क्या आप लोग मेरा विरोध करेंगे? (सभी ओर से आवाज नहीं, नहीं, नहीं।) क्या समाज का विनाश करेंगे? (पुनः नहीं, नहीं, नहीं।) फिर आप लोग क्या करोगे? आपके इलाके में 5,000 मतदाता हैं। हर किसी को मतदान का हक़ हासिल है। आपने उसका उचित उपयोग करना है। इसलिए हर किसी को सोचना चाहिए। और यदि आपको लगता हो कि सम्पूर्ण समाज का काम सही ढंग से होना चाहिए तो आप अपनी जिम्मेदारी को निभाइए। जिससे जो

सम्भव हो उस तरह के प्रयास करके जाधव को चुनकर लाइए। यदि आप टूटा हुआ जहाज और अयोग्य कप्तान देकर जहाज को समुन्दर पार करने की उम्मीद मुझसे करेंगे तो उस जहाज को मैं सही लक्ष्य पर नहीं ले जा पाऊँगा। इतना ही नहीं, मैं उस जहाज पर कदम भी नहीं रखूँगा। इसलिए मैं कहूँगा योग्य कप्तान मुझे देना होगा तब कहीं मैं उस जहाज को आसानी से लक्ष्य तक पहुँचा सकूँगा। अन्त में मैं आप लोगों से विनती करता हूँ कि आप श्री जाधव को ही वोट देकर चुनें।

साप्ताहिक 'जनता' के 17 अक्तूबर, 1936 के अंक में प्रकाशित।

# कांग्रेस मुझे अपने रास्ते का काँटा मानती है

*डॉ. बाबासाहेब अम्बेडकर* ***11 नवम्बर 1936*** *को इंग्लैंड जानेवाले थे। इसलिए उन्होंने सा. जनता के* **दि. 7 नवम्बर 1936** *के अंक की सूचना के मुताबिक* **दि. 8 नवम्बर 1936** *को सुबह 9 बजे दामोदर हॉल, परेल, मुम्बई में समता सैनिक दल की ओर से जाहिर सभा करवाई। वे उस सभा के अध्यक्ष थे। उस सभा को सम्बोधित करते हुए डॉ. अम्बेडकर ने कहा–*

मैं कल किसी महत्त्वपूर्ण काम से इंग्लैंड जा रहा हूँ। मेरी अनुपस्थिति में आप लोगों को बहुत बड़ी जिम्मेदारी निभानी है। आप लोगों को यह बात अच्छी तरह मालूम है कि नए संविधान के अनुसार अपने अछूत समाज को विधिमंडल में 15 आरक्षित स्थान मिले हैं। विधिमंडल के लिए चुनाव अगले फरवरी माह में होगा। हम लोगों को मिली हुई पन्द्रह आरक्षित सीटें इस इलाके के अलग-अलग जिलों में हैं। इन सीटों के लिए मैंने अपनी स्वतन्त्र मजदूर पार्टी की ओर से अलग-अलग स्थान पर उम्मीदवार खड़े किए हैं। यह चुनाव लड़ने के लिए मैंने और मेरे सहयोगी मित्रों ने मिलकर इस बात का खुलासा करने का प्रयास किया है कि हम लोगों ने स्वतन्त्र मजदूर पार्टी की स्थापना क्यों की है। पहले इस बात का खुलासा मैं यहाँ कर रहा हूँ। कांग्रेस जैसी बड़ी और सुसंगठित संस्था इस देश में होने के बावजूद भी यह नया संगठन बनाने की आवश्यकता क्यों पड़ी, इस बात का जवाब बड़ा आसान है। कांग्रेस का मुख्य लक्ष्य है आजादी। मुझे और मेरे साथियों को इस तरह का लक्ष्य मंजूर है। लेकिन उसे हासिल करना आसान नहीं है। उसके लिए गांधीजी का सत्याग्रह जैसा हथियार बेकार सिद्ध होनेवाला है। अवज्ञा आन्दोलन से भी आजादी मिलनी असम्भव है, ऐसा हर किसी को लग रहा है। यह होते हुए भी हम लोगों को निष्फल आजादी के बारे में क्यों सोचना चाहिए? जब तक सही स्वतन्त्रता हासिल करने की धमक हम लोगों में नहीं आती तब तक वैधानिक रास्ते से अपने लक्ष्य की ओर बढ़ना उचित है, ऐसा हमें लगता है।

वास्तव में हिन्दुस्तान एक राष्ट्र नहीं है। इस देश में अलग-अलग 4020 जातियाँ हैं। इन अलग-अलग जातियों के आपसी झगड़ों की वजह से, जातिभेद, प्रान्तभेद, विवाद, टकराव और धर्मभेद के कारण साम्प्रदायिक झगड़े आदि की वजह से यहाँ एकता स्थापित होना असम्भव है। यहाँ हिन्दू, मुस्लिम और ईसाई का लक्ष्य एक नहीं है। मान

लीजिए आज की परिस्थिति में अंग्रेजों की सत्ता समाप्त हुई तो जिन्हें एकराष्ट्र का लक्ष्य मान्य नहीं ऐसे जातिवादी और धर्मवादी लोग आपस में लड़ बैठेंगे और राजनीतिक सत्ता अपने हाथ में लेने का प्रयास करेंगे।

दूसरी दृष्टि से सोचा जाए तो कांग्रेस और हमारी पार्टी में कुछ बुनियादी फर्क हैं। कांग्रेस को नया परिवर्तन निरर्थक लगता है। और उसे विधिमंडल में जाकर उसका विरोध करने और नए विधिमंडल को बर्खास्त करना पसन्द हो सकता है। लेकिन हमें ये नए परिवर्तन अपर्याप्त लगते हैं। फिर भी विधिमंडल में जाकर इस परिवर्तन के तहत काम के अधिकार के बल पर ज्यादा हक़ हासिल करने का लगातार प्रयास करना जरूरी है, ऐसा हमें लगता है। विधिमंडल को बर्खास्त कर नासमझी का खेल खेलने की आज स्थिति नहीं है। सही आजादी हासिल करने के लिए जो सही शक्ति चाहिए वह अपने हाथ में न होने की वजह से या उस तरह की धमक न होने पर आजादी के हवाई महल बनाना अन्त में घातक साबित होगा।

उसी प्रकार कांग्रेस एक भानुमती का पिटारा है। उसमें बेकार, मजदूर, पूँजीपति, साहूकार, किसान, किसान मजदूर, जमींदार, छोटे-बड़े व्यापारी आदि हैं, मतलब उसमें परस्पर विरोधी हित-सम्बन्धों के लोग हैं। संक्षेप में कहा जाए तो वह एक कबाड़ीखाना है। खून चूसनेवाले और जिनका खून चूसा जाता है वे दोस्त के रूप में आपस में एक साथ कैसे रह सकते हैं? आज कांग्रेस धनवानों के जाल में फँसी हुई है। फिर वह गरीब, दलित, किसान, सर्वहारा वर्ग के कौन से हितों की रक्षा करनेवाली है? कांग्रेस दलित, किसान, मजदूर, सर्वहारा वर्ग की हितैषी पार्टी नहीं है। वह पूँजीपतियों की पार्टी है। उससे बहुजन समाज जैसे मेहनतकश वर्ग की भलाई होना असम्भव है।

किन्तु हमारी स्वतन्त्र मजदूर पार्टी साफ तौर पर वर्ग सिद्धान्त के आधार पर स्थापित की गई है। हम लोग किसान, कामगार, दलित, सर्वहारा वर्ग के हितों की जितनी रक्षा कर सकते हैं उतनी शायद ही कांग्रेस कर पाएगी। हमारी पार्टी का मुख्य कार्य यही है कि दलित, गरीब, मजदूर, किसान, सर्वहारा वर्ग के हितों का संरक्षण और संवर्धन करना। जहाँ सिद्धान्तों की बात है वहाँ किसी भी प्रकार से समझौता नहीं किया जाएगा। बल्कि विधिमंडल में किसी भी पार्टी के साथ कुछ समान हितों के सवालों पर उचित समय में हम सहयोग करेंगे। उसी प्रकार मैंने अछूत समाज के अलावा अन्य जाति के लोगों के साथ सहयोग क्यों किया है, इस तरह का सवाल मुझसे पूछा जाता है। इस बारे में मुझे यही कहना है कि नए संविधान के मुताबिक बननेवाले विधिमंडल में कुल 175 प्रतिनिधि चुनकर जानेवाले हैं। इन 175 सदस्यों में अपने अछूत समाज के 15 प्रतिनिधि होंगे। इन 15 लोगों की मदद से कोई कुछ नहीं कर पाएगा। इसलिए हमें मदद के लिए ज्यादा लोगों की जरूरत है। और ये लोग भी अपनी ही विचारधारा के तथा अपने दोस्त ही होने चाहिए। इसलिए जिन सवर्ण लोगों ने आज तक अपनेपन की भावना से सहायता की, जिन्होंने अपने समाज कार्य के लिए अपने स्वार्थ का बलिदान किया ऐसे लोगों को चुनना और अपनी पार्टी में उन्हें सम्मिलित

करना जरूरी है। इसके लिए आगे अब बेमतलब तर्क-कुतर्क करके समय बर्बाद करने की कोई जरूरत नहीं। हमारी पार्टी की ओर से जो कार्यक्रम तय किया गया है उसे अमल में लाने के लिए आपस के झगड़े, विवाद, मारपीट आदि बातों को छोड़ दीजिए। अनुशासन और सिद्धान्तों को लेकर चले तो आज मेरे हाथों अपने समाज के लिए जो काम हुआ है उससे ज्यादा काम करने की प्रबल शक्ति मुझे प्राप्त होगी। सिद्धान्त और अनुशासन के लिए लड़ते-लड़ते मैं विधिमंडल के चुनाव में असफल रहा तब भी कोई बात नहीं। लेकिन मुम्बई 'जी' वार्ड और उपनगर बिभाग की ओर से अपने जो उम्मीदवार कालोखे खड़े हैं उन्हें चुनना आप लोगों की जिम्मेदारी है। उसी में आपकी भलाई है। उसी में आपकी इज्जत है। इस समय महार-मातंग के जातिभेद को महत्त्व देने की कोई आवश्यकता नहीं है। अब हम सभी एक हैं, इस तरह की श्रेष्ठ भावना हम सबके मन में होनी चाहिए।

अब मैं दूसरे महत्त्वपूर्ण सवाल की ओर आता हूँ। मुझ पर यह आरोप लगाया जाता है कि मैंने सभी उम्मीदवार महार जाति से खड़े किए हैं और अन्य जाति के लोगों को मौका नहीं दिया है। सचमुच देखा जाए तो हमें इसकी ज्यादा गहराई में नहीं जाना चाहिए, यही उचित है। फिर भी आज जिन लोगों ने राष्ट्रीय हरिजन पार्टी खड़ी करके यह आरोप लगाया है इसलिए उन्हें जवाब देना जरूरी है। इस राष्ट्रीय हरिजन पार्टी के लोगों के लिए मैं एक ही शब्द का प्रयोग करना चाहता हूँ कि ये लोग 'लेभागू' हैं। उनको चमार समझकर मैंने अपनी पार्टी से दूर नहीं रखा। वे मन चाहे जैसा आरोप लगा सकते हैं, मुझे इस बात की कोई परवाह नहीं है। उनका चुनाव न होने के लिए उनका लेभागूपन ही जिम्मेदार है। जहाँ जो कुछ मिलता है वे वहीं जाते हैं। उन्हें सिद्धान्तों की समझ ही नहीं है। जो मिले वही झोली में डालकर स्वयं के लिए ही ले जाना यही उनका धर्म है। हम लोगों ने महाड का संग्राम चलाया स्वावलंबन के कई आन्दोलन चलाए, नासिक का कालाराम मन्दिर-प्रवेश का सत्याग्रह किया, दूर की बात छोड़िए, पूना पैक्ट को ही ले लीजिए, हम लोग सिद्धान्तों के लिए जान पर खतरा मोल लेते हुए कांग्रेस के साथ और उसके पंचप्राण गांधी के साथ झगड़ रहे थे उस समय ये राष्ट्रीय हरिजन वाले लोग बेहिचक हमारे दुश्मनों की छावनी में थे। ऐसे लेभागू लोगों ने लाभ के बँटवारे के समय हाथ फैलाया इसलिए कुछ-न-कुछ देने की दिलदारी हम लोगों को दिखानी चाहिए? जिन्हें चमगादड़ की तरह जीना है उनके आरोपों की, उनकी चिल्लाहट की मुझे कोई परवाह नहीं है। यही नहीं पूना पैक्ट के पहले जब गांधीजी ने जान की बाजी लगा दी उस समय इन लोगों को गांधीजी को बचाने के लिए विधिमंडल में किसी भी प्रकार का स्थान नहीं चाहिए था। फिर अब वे मेरे प्रयास से मिले हुए इन स्थानों की इच्छा क्यों रखते हैं? सचमुच देखा जाए तो इस राष्ट्रीय हरिजन पार्टी के मुख्य नेता नारायणराव काजरोलकर जैसे लोग समय आने पर डॉ. सावरकर की गोद में बैठ जाएँगे, मान्यवर पी. बालू देशभक्त वल्लभभाई की गोद में खेलते हुए दिखाई देंगे। ऐसी स्थिति में इस पार्टी का अन्त में क्या हाल होगा। यह आज बताने से कोई

फायदा नहीं। इस तरह की सच्चाई पर कभी किसी ने कुछ रोशनी डाली है? जिन्होंने आज तक हमारी पार्टी के साथ सहयोग किया और हमारे कार्य की सफलता के लिए जो लगन से काम करते रहे वे शिवतरकर मास्टर चमार समाज के एक जिम्मेदार व्यक्ति हैं। उन्हें बदकिस्मती से म्युनिसपल कमेटी की ओर से चुनाव में खड़े होने की अनुमति नहीं मिली। इसलिए हम उन्हें अपनी पार्टी का उम्मीदवार नहीं बना पाए। खैर।

वास्तव में देखा जाए तो मुझे इस विधिमंडल में जाने की बजाय बाहर रहकर ही काम करना ज्यादा उचित लगता है। मेरे सामने आज धर्मान्तरण का सवाल है। फिर भी आप सभी की इच्छा के लिए मैंने इस नई पार्टी के प्रतिनिधि की हैसियत से विधिमंडल में जाने का संकल्प किया है। मुझे पूरा विश्वास है कि मेरे इस संकल्प में कांग्रेस काँटे बिछाए बगैर नहीं रहेगी। कांग्रेस अपने पैसे के बल पर मेरा विरोध करने का कई तरह से प्रयास करेगी। आज उन्होंने वैसे प्रयास शुरू कर दिए हैं। इसलिए हम सभी लोगों को अनुशासन से संगठित होना चाहिए। और इस समय आप सभी के वोट मुझे मिलने चाहिए। तुम लोगों को यह बात ध्यान में रखनी चाहिए कि मैं चुनाव जीतने के लिए सिद्धान्तों के साथ बेईमानी नहीं करूँगा। हम लोगों को दूसरा कोई मदद करनेवाला नहीं है। और ऐसे समय किसी भी प्रकार के लालच में आने की कोई आवश्यकता नहीं है। जो अपने आपको उम्मीदवार नहीं कहला पाए ऐसे असन्तुष्ट लोग लालच और दगाबाजी से हमारे पीछे पड़े हुए हैं। अपने स्वाभिमान की रक्षा में किसी को उनकी दगाबाजी के सामने सिर नहीं झुकाना चाहिए। आप लोग इस बात पर गौर कीजिए कि जिस पेड़ की छाया में आपको सुख-शान्ति से बैठना है, जिस पेड़ की छाँव से हमें हमारा अधिकार मिलनेवाला है उस छाँव को नष्ट करने का, उसकी डालियाँ, कुल्हाड़ी से काट डालने की दुष्टता आप लोग नहीं करेंगे, इस बात का मुझे पूरा भरोसा है। जो लोग स्वार्थ पर बलि चढ़ जाते हैं, लोगों के डराने-धमकाने से डर जाते हैं, और जो आज दुष्टता तथा मूर्खता करने के लिए तैयार हैं उन्हें कहाँ तक सफलता मिलेगी, इस बात का मुझे सन्देह है। लेकिन वे लोग आज अपने ही पाँव पर अपनी कुल्हाड़ी से वार कर रहे हैं। इन हरकतों से दूर रहकर मैं मेरे मित्रों के तथा सहयोगियों के सहयोग से जो कार्यक्रम आप लोगों के सामने रख रहा हूँ उन्हें आप सभी समता सैनिक दल के हर सैनिक को अनुशासन के साथ पूरा करना चाहिए।

हम लोगों को जबर्दस्त दुश्मन से टक्कर लेनी है। इसलिए इस मुम्बई शहर में कम-से-कम दो हजार समता सैनिकों को तैयार किया जाना चाहिए। हम लोगों के पास पर्याप्त जनशक्ति है। इसलिए अनुशासन और संगठन के बल पर भयंकर से भयंकर स्थिति में भी रास्ता खोजना असम्भव नहीं है। मेरे चुनाव के सम्बन्ध में कांग्रेस और अन्य विरोधी लोग कई प्रकार के षड्यन्त्र कर रहे हैं। क्योंकि वे मुझे अपने रास्ते का काँटा समझते हैं और मुझे रास्ते से हटा देना चाहते हैं। मुझे पूरा यकीन है कि मेरे चुनाव क्षेत्र (वाडी) में रहनेवाला हर अछूत मतदाता मुझे मत दिए बगैर नहीं रहेगा और समता

सैनिक दल को इस काम को महत्त्व देकर इस काम को सफल बनाने में जुट जाना चाहिए। मुझे पूरा यकीन है कि मेरी अनुपस्थिति में इस बड़ी जिम्मेदारी को समता सैनिक दल का हर अनुशासित सैनिक ईमानदारी के साथ निभाएगा। मैंने इस काम के लिए एक कमेटी बनाई है, उसकी मदद से आप अपना कार्य आसानी से कर सकते हैं।

साप्ताहिक 'जनता' के 5 दिसम्बर, 1936 के अंक में प्रकाशित भाषण।

# वोटों का अधिकार तुम्हारी मुक्ति का हथियार

*डॉ. बाबासाहेब अम्बेडकर इंग्लैंड से लौटकर आने के बाद कार्यक्रम के तहत* ***दि. 16-17 जनवरी 1937*** *को नासिक जिले के दौरे पर गए। उस चुनाव दौरे में वे इगतपुरी, कम्प देवलाली, नासिक, दिंडोरी, वरखेडा, पिंपळगाँव, बसवंत, ओझर, तांबट, सिन्न आदि जगह गए। इसमें उनके भाषण का सारांश है–*

प्यारे भाइयो तथा बहनो,

आज इस अवसर पर आपको यहाँ बुलाने का कारण प्रकाशित सूचना के द्वारा आपको मालूम ही होगा। मुम्बई विधिमंडल के हो रहे चुनावों में हम अपना वोट देकर किसे चुनें, आज इस बात का हमें निर्णय करना है। अपने देश में कई राजा-महाराजा हुए हैं। अंग्रेजों को भी यहाँ लगभग 150 साल हो चुके हैं। इन 150 सालों के कार्यकाल में उनके लगभग 60 सालों से विधिमंडल अमल में आए हैं। और इस कौन्सिल के द्वारा जनता के प्रतिनिधि अपने लोगों के सवाल सरकार के सामने रख रहे हैं। किन्तु 8 करोड़ अछूत वर्ग की ओर से उनके सवालों को सरकार के सामने रखनेवाला उनका प्रतिनिधि होना चाहिए यह बात दुनिया के इतिहास में अभी नहीं हुई। यह बात अपने प्रयासों से अब हुई है। अगले अप्रैल, 1937 से शुरू होनेवाले विधिमंडल के लिए नासिक जिले के लोगों को अपना एक प्रतिनिधि चुनकर भेजने का अधिकार मिला है। अब जो कौन्सिल शुरू होगी उसमें हमें अपने सुख-दुखों के फैसले करने का अवसर प्राप्त हो रहा है। आज तक की परम्परा यह थी कि अपने सवाल सरकारी अधिकारियों के सामने रखे जाते थे। किन्तु आगे अपने सवाल विधिमंडल के सामने रखे जाएँगे। अपने सभी सवालों की चर्चा वहाँ होगी। विधिमंडल में आपकी ओर से जानेवाला आदमी अच्छा मँजा हुआ होना चाहिए। इस तरह के स्थान सम्मान के लिए नहीं हैं बल्कि जिम्मेदारी के हैं। विधिमंडल में जानेवाला आदमी अपने लिए नहीं बल्कि अपने समाज के लिए है। इसलिए हमें ऐसे आदमी को चुनना है जो समाज-हित की दृष्टि से पैदा होनेवाले सवालों पर गम्भीर रूप से विचार करके विधिमंडल में हमारी ओर से लड़नेवाला हो। विधिमंडल अपने बचाव का साधन है।

आपको अपने जिले के पश्चिमी विभाग की ओर से एक प्रतिनिधि चुनकर भेजने का अधिकार मिला है। इस एक स्थान के लिए भाऊराव गायकवाड और रामचन्द्र रोकडे

दो उम्मीदवार खड़े हैं। इन दोनों उम्मीदवारों को तुम लोग अच्छी तरह से पहचानते हो। इसलिए इस सम्बन्ध में मुझे विशेष सिफारिश करने की कोई जरूरत नहीं है।

इस विधिमंडल में महार लोगों के अधिकारों (वतनदारी) की चर्चा होनी जरूरी है। तुम लोगों के पास भूमि नहीं है, इसलिए तुम्हें बेकार बंजर जमीन मिलनी जरूरी है। अपना समाज शिक्षा के क्षेत्र में पिछड़ा हुआ है इसलिए अपने बच्चों को उचित शिक्षा मिलनी चाहिए। जो गरीब हैं उन्हें सरकारी छात्रवृत्तियाँ मिलनी चाहिए। आप लोगों को अछूत बनाकर रखा गया इसलिए आपका शोषण, उत्पीड़न हुआ है, उसे रोकने के लिए अछूतपन उन्मूलन का कानून बनना जरूरी है। अपने लोगों को सरकारी नौकरियों में उचित प्रतिशत मिलना जरूरी है। यह व्यवस्था होनी जरूरी है। इस तरह की एक या दो नहीं बल्कि ऐसी सैकड़ों बातें हैं जो इस विधिमंडल से लड़कर हासिल की जा सकती हैं। इस काम को इन दो उम्मीदवारों में से कौन करेगा, आपको क्या लगता है? (सभा में लोग एक स्वर से कहते हैं कि यह काम गायकवाड करेंगे।)

हमेशा के व्यवहार में हम देखते हैं कि जिस आदमी को मकान बनाना हो और बढ़ई की जरूरत हो तो जो आदमी बढ़ई का काम जानता है उसी को बुलाया जाता है। बेलदार का काम हो तो बेलदारी करनेवाले को ही बुलाया जाता है। उसी तरह विधिमंडल में जो काम करवाने हैं उन्हें कौन अच्छी तरह से करना जानता है इस बात का विचार करते हुए तय करना जरूरी है। यहाँ दूर का, नजदीक का, खून का सम्बन्ध देखने की आवश्यकता नहीं है। यहाँ रिश्तेदारी को देखने की आवश्यकता नहीं है। या आपस की नफरत से प्रेरित होकर बदले की भावना से देखने की भी जरूरत नहीं है। बल्कि यहाँ ऐसे आदमी को चुनना जरूरी है जो अपने सवालों को विधिमंडल में पेश करे और उनके हल के लिए लड़े। जो आदमी विधिमंडल के लायक है उसी को चुनकर भेजिए।

अब आपके सामने एक स्थान के लिए दो उम्मीदवार खड़े हैं, उनमें ज्यादा लायक कौन है, यह देखना जरूरी है। भाऊराव गायकवाड द्वारा पिछले कई सालों से की गई सार्वजनिक सेवा सभी को मालूम है। उन्होंने लोकल बोर्ड और नासिक म्युनिसपैलिटी जैसी स्थानीय स्वराज्य की संस्थाओं में पिछले कई सालों से जिम्मेदारी के काम किए हैं। वे अपने जिले के लोगों के सवालों को सरकारी दरबार में पेश करके उन्हें हल करने का प्रयास पिछले छह-सात सालों से कर रहे हैं। नासिक जिला अछूत समाज के आन्दोलनों का केन्द्र बन गया है। पिछले पाँच-छह साल से इस जिले में आन्दोलनों का तहलका मचा हुआ था, इस बात की जानकारी आप सभी को है। वे उन सभी आन्दोलनों में महत्त्वपूर्ण और जिम्मेदारी के पद पर रहे हैं। उन्होंने जो समाज-सेवा की है वह आपकी नजरों के सामने है। उन्हें उन आन्दोलनों में कई बार मार भी पड़ी। कई बार उन पर सरकार की ओर से जुर्माना हुआ तो कई बार उन्हें जेल की सख्त सजा भी भुगतनी पड़ी है। भाऊराव गायकवाड के इस काम को देखते हुए स्वतन्त्र मजदूर पार्टी की ओर से मैंने उनके नाम का प्रस्ताव किया है। गायकवाड के विरोध

में रामचन्द्र रोकडे खड़े हैं? वे मन्दिर-प्रवेश सत्याग्रह के समय कहाँ खो गए थे? जिसे सार्वजनिक सेवा कहते हैं उसका कुछ अंश भी उनके नाम पर है? (नहीं, नहीं, लोग कहते हैं) 1935 के इंडिया एक्ट में साफ तौर पर कहा गया है कि इसके बाद मुम्बई विधिमंडल की सभाओं की कार्यवाही अंग्रेजी में होगी। अपने जो भी सवाल विधिमंडल के सामने रखने हों उन्हें अंग्रेजी में रखना पड़ेगा, इस तरह का स्पष्ट निर्बन्ध लगाया गया है। इन सारी बातों को देखते हुए क्या रोकडे अपने सवाल अंग्रेजी में रखने लायक अंग्रेजी जानते हैं? (सभा में नहीं, नहीं की आवाजें गूँजती हैं।) रोकडे ने जो निवेदन प्रकाशित किया है उसमें वे कहते हैं कि मैं न किसी पार्टी और न किसी संस्था की ओर से खड़ा हूँ। यदि रोकडे किसी पार्टी की ओर से खड़े नहीं हैं तो उनके काम में उन्हें कौन मदद करेगा? क्या उनकी हालत न पशु और न पंछी चमगादड़ जैसी नहीं होगी? उससे तो ज्यादा अच्छा यह होता कि वे सीधे कांग्रेस या किसी अन्य दल की या संस्था की ओर से खड़े होते। लेकिन न यह अच्छा न वह अच्छा यह स्थिति ठीक नहीं है।

इन सभी बातों को मद्‌देनजर रखते हुए दोनों उम्मीदवारों में लायक कौन है और नालायक कौन है इस बात का पता लगाना आसान काम है। क्योंकि भाऊराव गायकवाड और रामचन्द्र रोकडे इन दोनों की सार्वजनिक कार्य की समझ, सक्रियता, अनुभव और शिक्षा की दृष्टि से हर तरह से तुलना करने पर–कहाँ राजा भोज और कहाँ पोत राजा, कहाँ पर्वत और कहाँ कंकड़, कहाँ सोना और कहाँ शीशा, कहाँ घोड़ा और कहाँ गधा। यह अन्तर दोनों उम्मीदवारों में है, यह बात सूरज की रोशनी की तरह साफ है। यह सब होने पर आपको हड़बड़ाने की कोई जरूरत नहीं है। फिर भी मैं आप लोगों से प्रार्थना करता हूँ कि अपने चारों वोट भाऊराव गायकवाड को दें।

मुझे ऐसा मालूम हुआ है कि कुछ विरोधियों ने जब वे आपके पास वोट माँगने आए तब कहा कि दो वोट गायकवाड को दीजिए और दो वोट रोकडे को दीजिए, ऐसी उन्होंने प्रार्थना की और इस बात का भी पता चला है कि दोनों उम्मीदवार एक ही जाति के हैं, वे ऐसा प्रचार करते हुए भी घूम रहे हैं। इस सम्बन्ध में मुझे आपसे साफ तौर पर कहना है कि जिले की ओर से आपको एक प्रतिनिधि चुनना है। इसलिए वोटों का इस तरह से बँटवारा होने देना उचित नहीं है। और यदि आप लोग आपको दिए गए एक स्थान के वोट इस तरह से निरर्थक बाँटने लगे तो उसमें आपका विनाश है, बहुत बड़ा नुकसान है, इस बात को मत भूलिए। उसी प्रकार आपके इन वोटों के लिए लोग आपको पैसे का लालच भी देंगे। काम के वक्त मामा की याद इस हिसाब से आपके साथ मीठी-मीठी बातें करेंगे। लेकिन आप किसी प्रलोभन में मत पड़िए। वोट का अधिकार आपकी मुक्ति का साधन है। यदि आप लोग अपनी मुक्ति के हथियार को पैसे के मोल बेचेंगे तो आपके जैसे आत्मविनाशी, समाजद्रोही और मूर्ख आप ही होंगे। इसके लिए भाइयो तथा बहनो, आपको वोटों का जो अधिकार मिला है उसे पैसे में मत बेचिए, मेरी आपसे यही प्रार्थना है।

मैंने कल यहाँ आने के बाद कुछ लोगों से सुना कि रोकडे बहुत धनवान हैं इसलिए

उन्हें आपको वोट देना चाहिए। इस सम्बन्ध में आप लोगों को मैं साफ तौर पर बताना चाहता हूँ कि प्यारे भाइयो, विधिमंडल अमीरों की प्रदर्शनी लगाने का स्थान नहीं है। वहाँ गरीब या अमीर का भेद नहीं है बल्कि 'जिसकी कलाई में बल है वही बलवान है' इस सिद्धान्त के मुताबिक विधिमंडल में अपनी पार्टी की ओर से लड़नेवाला सड़क का भिखारी भी क्यों न हो किन्तु वह अमीरी और ऐयाशी में पलनेवाले नादान, शरारती और अबोल अमीर से लाखों गुना बेहतर है। विधिमंडल के लिए चुने जानेवाले उम्मीदवार की हैसियत अमीर पर निर्भर नहीं है बल्कि यह कर्मठता पर, समाज सुधार और त्याग पर आधारित है। केवल अमीरी देखकर भूल जाने का कोई कारण नहीं। क्योंकि सम्भाजी रोकडे के मरने के बाद उनकी दौलत के वारिस उनके बेटे हो गए हैं। श्रीमंत धोडिब्बा रणखांबे के मरने के बाद उनकी दौलत के वारिस उन्हीं के बच्चे हुए। मेरे मरने के बाद मेरी दौलत के वारिस मेरे बच्चे हो जाएँगे। यदि ऐसा ही है तो अमीरों की अमीरी से हमें क्या लेना-देना? कुछ लोग ऐसा कहते हैं कि विधिमंडल में बहुत ही बुद्धिमान और कर्मठ लोगों की जरूरत है, ऐसा नहीं है। मराठा समाज के उम्मीदवारों की ओर देखने पर और पिछली बार जो कौन्सिल में थे उनकी ओर देखने से यह बात और भी स्पष्ट हो जाती है। इसमें मेरी मान्यता है कि मराठों का एक भी गोल फेंटेवाला और अनपढ़ आदमी विधिमंडल में गया तब भी कोई बात नहीं। किन्तु आपका आदमी भी वैसा ही हो तो काम नहीं चलेगा। बल्कि वह उससे 15 गुना होशियार और मेहनती होना चाहिए।

मैंने यह भी सुना है कि अपने इस नासिक जिले में गायकवाड और रणखांबे ये दो कार्यकर्त्ता हैं। फिर भी भाऊराव गायकवाड को ही क्यों चुना गया इस तरह की शंकाएँ लोगों में हैं। नासिक जिले में गायकवाड और रणखांबे ये दोनों व्यक्ति विधिमंडल में जाने योग्य हैं, यह बात सही है। मैंने साफ तौर पर कहा था कि नासिक जिले में विधिमंडल के चुनाव में किसे उम्मीदवार होना चाहिए यह आप दोनों ही आपस में तय कर मुझे बता दें। इस प्रकार आप दोनों में यदि यह तय नहीं हुआ और फैसला देने की जिम्मेदारी मुझ पर आई तो मैं भाऊराव गायकवाड के पक्ष में मत दूँगा, ऐसा मैंने रणखांबे को भी कह दिया था। इन दोनों में ज्यादा लायक कौन है इस बात को मैं आपसे अच्छी तरह जानता हूँ। आज तक अमृतराव रणखांबे ने अध्यक्ष और स्वागताध्यक्ष के नाते कई सभाओं में जितने व्याख्यान दिए हैं वे सभी अमृतराव के नहीं हैं बल्कि भाऊराव गायकवाड ने लिखे हैं, यह मुझे अच्छी तरह मालूम है। रणखांबे के पीछे असली कलाकार दूसरा है, यह मुझे अच्छी तरह मालूम है। इसीलिए अमृतराव रणखांबे से भी भाऊराव गायकवाड ज्यादा लायक हैं ऐसा मेरा मानना है।

दूसरी बात यह कि रणखांबे ने स्वेच्छा से मुझे पत्र लिखा है और उसमें उन्होंने स्पष्ट रूप से कहा है कि विधिमंडल में नासिक जिले के आरक्षित स्थान के लिए भाऊराव गायकवाड को ही अपना उम्मीदवार तय कीजिए। इस पर रणखांबे को भाऊराव गायकवाड की उम्मीदवारी को मदद करनी चाहिए थी किन्तु वैसा करने की बजाय या

घर में बैठे रहने की बजाय वे गायकवाड की उम्मीदवारी का विरोध कर रहे हैं, इसका मतलब क्या है? वास्तव में रणखांबे परिवार में और रोकडे परिवार में मेरी जानकारी के अनुसार पिछले सात-आठ सालों से किसी कारणवश झगड़ा था। दोनों में मैत्री या प्रेमभाव तो बिल्कुल नहीं था। किन्तु मैंने रणखांबे के नाम की सिफारिश विधिमंडल के लिए नहीं की इसलिए पिछले कई साल से भाई-भाई की तरह और प्यार-मोहब्बत से रहनेवाले गायकवाड के विरोध में वे चिल्ला रहे हैं। इतना ही नहीं, वे हमारे दुश्मनों से जाकर मिल गए हैं। दोस्त का विरोध करने की बात रणखांबे को कहाँ तक शोभा देती है? नासिक जिले में संगठन में दरारें पड़ गई हैं और बेमतलब जो विवाद पैदा किया गया है उसके लिए रणखांबे जैसे लोग ही जिम्मेदार हैं। किन्तु यह ठीक नहीं है।

भाषण समाप्त करने से पहले मुझे आप लोगों से एक ही बात का आग्रह करना है कि 17 जनवरी, 1937, बुधवार को आप सभी मतदाता भाइयों तथा बहनों को अपने खुद के खर्च से या पैदल अपने पुलिस स्टेशन पर जाना चाहिए और अपने चारों वोट स्वतन्त्र मजदूर पार्टी के उम्मीदवार भाऊराव गायकवाड को ही देने चाहिए। उनका चुनाव निशान घोड़ा है और घोड़े के निशान पर ही आप अपनी मुहर लगाएँ।

साप्ताहिक 'जनता' के 23 और 30 जनवरी, 1937 के अंक में प्रकाशित।

# अधिकार ग्रहण नकारने के लिए कांग्रेस ही जिम्मेदार

*डॉ. बाबासाहेब अम्बेडकर ने* ***दि. 10 अप्रैल 1937*** *को कांग्रेस की नीतियों के बारे में अपना यह निवेदन प्रकाशित किया था।*

कांग्रेस के अधिकार ग्रहण के नकार के बाद छह प्रान्तों के गवर्नरों ने कामचलाऊ मन्त्रिमंडलों का गठन किया इसलिए कांग्रेस द्वारा उन गवर्नरों को दोष देने की बात, मेरी समझ में नहीं आ रही है। जिस समय विधिमंडल की सबसे बड़ी पार्टी मन्त्रिमंडल का गठन करने से इनकार करती है उस समय दूसरी अन्य पार्टी अपना बहुमत सिद्ध करने का आश्वासन देती है तो गवर्नर उस पार्टी को मन्त्रिमंडल बनाने के लिए आमन्त्रण देगा ही। इस सम्बन्ध में कांग्रेस ने गवर्नर को जिम्मेदार ठहराया, लेकिन उसके लिए स्वयं कांग्रेस को जिम्मेदार ठहराना ज्यादा उचित होगा।

अब मुख्य सवाल यह है कि मन्त्रिमंडल का गठन करते समय कांग्रेस का गवर्नर से आश्वासन माँगना क्या उचित है? और ऐसा आश्वासन देना कानूनी दृष्टि से गलत नहीं था? यह कांग्रेस के प्रमुख कानूनी सलाहकार भोलाभाई देसाई और मद्रास के नेता राजगोपालाचारी का कहना है। बहुसंख्यक वोटों का समर्थन जिस मन्त्रिमंडल को है उसके विरोध में राजा को अपना वीटो अधिकार इस्तेमाल करने का हक़ नहीं है, यह बात मिस्टर देसाई कहते हैं। किन्तु इस तरह के मन्त्रिमंडल के विरोध में राजा ने वीटो के अधिकार का इस्तेमाल किया है इसके कई उदाहरण इतिहास में देखे जा सकते हैं। मिस्टर देसाई जैसे लोग राजा के वीटो अधिकार को नए संविधान के अनुसार गवर्नर को प्राप्त अधिकारों से मिलाना चाहते हैं। परन्तु दोनों के अधिकार एकदम भिन्न हैं। यह जानकारी मैं मिस्टर देसाई को देना चाहता हूँ। वीटो के अधिकार की वजह से राजा प्रधानमन्त्री की सलाह को नकार सकता है किन्तु स्वयं मन्त्रिमंडल के साथ विचार-विमर्श के बिना कुछ नहीं कर सकता। यहाँ गवर्नर मन्त्री की सलाह अस्वीकार कर सकता है इतना ही नहीं, उसकी सहायता के बगैर राज्य सरकार चला सकता है। उसी प्रकार संसदीय व्यवस्था के मन्त्री और नए संविधान के मुताबिक बननेवाले मन्त्रिमंडल में कोई फर्क नहीं है, ऐसी बात राजगोपालाचारी को लगती होगी, लेकिन यह उनकी गलती है। नए संविधान के मुताबिक सभी कुछ अच्छे-बुरे कार्य के लिए गवर्नर जिम्मेदार है। उसी प्रकार वहाँ राजा को नहीं बल्कि प्रधानमन्त्री को जिम्मेदार समझा जाता है।

कांग्रेस के प्रस्ताव के मुताबिक गवर्नर ने आश्वासन दिया था तब भी क्या कांग्रेस को अधिक लाभ हुआ होता? कांग्रेस ने यदि ऐसा आश्वासन माँगा होता कि गवर्नर को अपने विशेष अधिकार कब इस्तेमाल करने चाहिए, यह तय करने का अधिकार मन्त्रिमंडल को होना चाहिए तो बात अलग थी। रानी विक्टोरिया के कार्यकाल में प्रधानमन्त्री ग्लैडस्टन और रानी के सम्बन्ध अच्छे नहीं थे तब भी उसने कई साल राजसत्ता का संचालन किया या नहीं? बहुसंख्यक मतदाताओं और अल्पसंख्यक मतदाताओं का समर्थन जिस मन्त्रिमंडल को है उसे ऐसे आश्वासन की आवश्यकता होती ही है।

अब जिस बहुजन समाज का कांग्रेस को इतना व्यापक समर्थन मिला है उसके कल्याण के लिए कांग्रेस क्या करती है, यह देखना है।

साप्ताहिक 'जनता' के 10 अप्रैल, 1937 के अंक में प्रकाशित।

# कांग्रेस सिद्धान्तहीन संगठन है

*डॉ. बाबासाहेब अम्बेडकर द्वारा स्थापित स्वतन्त्र मजदूर पार्टी की ओर से मुम्बई विधिमंडल में चुनकर आए विधायकों का अभिनन्दन करने के लिए दल की ओर से* ***दि. 30 मई 1937*** *को पटेल के कामगार मैदान पर डॉ. पी. जी. सोलंकी की अध्यक्षता में सभा हुई थी। इस सभा को सम्बोधित करते हुए डॉ. अम्बेडकर ने कहा–*

प्यारे भाइयो तथा बहनो,

यहाँ स्वतन्त्र मजदूर पार्टी की ओर से चुने गए सभी प्रतिनिधियों का स्वागत किया गया है। इस अवसर पर मुझे अकेले भाषण देने की जिम्मेदारी क्यों दी गई, यह मेरी समझ में नहीं आ रहा है। मैं आप लोगों की भावनाओं का ख्याल रखते हुए दो शब्द बोलना चाहूँगा। मैंने जब से अपने सार्वजनिक कार्य की शुरुआत की तब से पिछले साल तक मैं अछूत समाज के आन्दोलन का काम कर रहा हूँ। किन्तु बदलती स्थिति के अनुसार मैंने अपने कार्य की दिशा भी बदल दी है। और इसी वजह से धर्म और जाति के बारे में सोचने के बजाय मैंने सभी किसान, कामगार वर्ग की भलाई से दृष्टि ने काम करना शुरू किया है। मैंने जिस स्वतन्त्र मजदूर पार्टी की स्थापना की वही मेरे बदले हुए कार्यक्रम का संकेत है। इस चुनाव में स्वतन्त्र मजदूर पार्टी ने अच्छी सफलता हासिल की है, इसके बावजूद हमारे दो मेहनती कार्यकर्त्ता डॉ. सोलंकी और सूबेदार सवादकर इस चुनाव में हार गए हैं, इस पर मेरी तरह आपको भी बुरा लगता होगा इसमें कोई सन्देह नहीं। चुनाव में असफलता मिलने के बावजूद भी उन्होंने आज की इस अभिनन्दन सभा में बड़े उत्साह के साथ और खुशी से हिस्सा लिया है। इससे उनका बड़प्पन ही है। डॉ. सोलंकी को विधिमंडल के चुनाव में असफलता मिली है तब भी लेजिस्लेटिव कौन्सिल में सरकार नियुक्त सदस्य के रूप में उन्हें मौका देगी, ऐसी मुझे उम्मीद है।

लेजिस्लेटिव एसेम्बली के चुनाव में सफलता हासिल करने के लिए अभिनन्दन के योग्य यदि कोई एक पार्टी है तो वह है स्वतन्त्र मजदूर पार्टी। क्योंकि स्वतन्त्र मजदूर पार्टी को जिन अन्य पार्टियों के साथ टक्कर लेनी पड़ी वह तमाम पार्टियाँ हमसे कई गुना प्रबल हैं। वे साधनसम्पन्न और संगठित हैं। उनके लिए हर स्थिति अनुकूल थी। मुम्बई इलाके में कांग्रेस, ब्राह्मणेतर, मुस्लिम, ईसाई आदि कई पार्टियों के लोग चुनाव लड़ रहे थे। उनमें

से मुस्लिमों ने अपनी अलग दीवार खड़ी कर दी थी। हमारा और कांग्रेस का अखाड़ा एक ही था। हमारे साथ ब्राह्मणेतर पार्टी भी इसी अखाड़े में उतरी थी। किन्तु अपने आपको लड़ाकू कहनेवाले ब्राह्मणेतर पार्टी की कांग्रेस ने किस तरह से धज्जियाँ उड़ा दीं यह आप सभी ने देखा ही है। उसी प्रकार अन्य पार्टियों को भी सफलता नहीं मिली। किन्तु कांग्रेस के साथ हुए संग्राम में यदि कोई पार्टी सफल हुई हो तो वह है स्वतन्त्र मजदूर पार्टी। हमारी पार्टी के पास पैसा नहीं था, संगठन नहीं था। सिर्फ अपने प्रचार कार्य के बल पर ही हमारे 14 लोग चुनकर आ सके। और कांग्रेस जैसी बलवान पार्टी के साथ मुकाबला करके, सफलता हासिल करके, हमारी पार्टी को अधिकार से अभिनन्दन समारोह आयोजित करने का अवसर मिला है। चुनाव में अन्य पार्टियों का जो हाल हुआ उसे देखते हुए स्वतन्त्र मजदूर पार्टी ने जो सफलता हासिल की है वह बेमिसाल है। इस बात को हमारे दुश्मन भी कबूल करने के लिए तैयार हैं।

अपने प्रदेश की तरह अन्य प्रदेशों की एसेम्बलियों में भी अछूत वर्ग के लिए आरक्षित सीटें हैं। किन्तु मुम्बई प्रदेश के अलावा अन्य प्रदेशों में कांग्रेस ने अछूत उम्मीदवारों के चुनाव में बड़े-बड़े घोटाले किए हैं। किन्तु हम लोगों ने मुम्बई प्रदेश में अपनी लड़ाई बड़ी बहादुरी के साथ लड़ी है। कुश्ती लड़ने के लिए एक बार ताल ठोककर मैदार में उतरे तो जिसका जो दाँव लगे उससे विजय पाना कोई गलत नहीं है। फिर भी महाभारत में कहा गया है कि, धर्मयुद्ध करके नीति के द्वारा प्राप्त विजय की महानता और आनन्द कुछ और ही है। अफसोस की बात है कि इस चुनाव में कांग्रेस ने धर्मनीति की पूरी धज्जियाँ उड़ा दी थीं। इसके लिए उदाहरण ही देने हों तो कई दिए जा सकते हैं। मैं यहाँ सिर्फ एक उदाहरण दे रहा हूँ। इलाहाबाद में कांग्रेस के सर्वेसर्वा के प्रदेश में उसी व्यक्ति के द्वारा इस चुनाव में जो बातें हुईं वे नीचता का उदाहरण नहीं थीं ऐसा कौन कह सकता है? इलाहाबाद शहर में अछूत समाज के लिए एक सीट आरक्षित थी। उस सीट के लिए दो उम्मीदवार खड़े थे। जिसने अछूत वर्ग के लिए कई सालों तक तन-मन-धन से काम किया ऐसा एक लायक, अनुभवी और पुराना कार्यकर्त्ता उस सीट पर खड़ा था। उसके विरोध में कांग्रेस के पंचप्राण कहे जानेवाले पंडित जवाहरलाल नेहरू ने अपना हरि नामक एक रसोइया नौकर खड़ा किया था। अछूत समाज के नेताओं की आज तक समाज-सेवा को देखते हुए इस हरि रसोइए की हैसियत क्या होगी यह न बताते हुए भी सारी स्थिति आपकी समझ में आ जाएगी। कांग्रेस के नेताओं को अछूतों के नेताओं की तुलना में हरि की हैसियत बड़ी दिखाई दी। किन्तु हम लोगों ने इस बात की परवाह नहीं की। एक बार युद्ध करने के लिए खड़े हो गए तो फिर रोने-बिलखने की कोई जरूरत नहीं। सूरत में डॉ. सोलंकी की उम्मीदवारी के साथ भी यही बात हुई। कांग्रेस ने सोलंकी के विरोध में एक चपरासी को खड़ा किया था। इन सभी बातों पर गौर करने से पता चलेगा कि इस चुनाव में हमारी पार्टी की जो विजय हुई वह सामान्य बात नहीं है। बल्कि यह तो मगरमच्छ के मुँह से हीरा छीननेवाली बात है। हम लोगों ने आज जो सफलता हासिल की है वह अन्तिम नहीं है। सिर्फ चुनाव में सफलता हासिल

करने से हमारे आन्दोलन का कार्य सफल हुआ ऐसा मत मानिए। नए विधिमंडल का कार्यकाल पाँच साल का है फिर भी इस मुद्दत के पहले विधिमंडल को बर्खास्त करने का अधिकार गवर्नर को है। ऐसा मौका कब आएगा इसके बारे में आज कुछ नहीं कहा जा सकता। फिर भी अगले चुनाव के लिए आप लोगों को अपनी पार्टी की ओर से पूरी तैयारी रखनी चाहिए। और सूचना मिलते ही अपने चुनाव युद्ध के लिए तैयार हो जाना चाहिए। स्वतन्त्र मजदूर पार्टी ने आज बहुजन समाज में जो चेतना और आत्मविश्वास पैदा किया है उसको हमेशा-हमेशा के लिए कायम रखने की जिम्मेदारी हम सभी लोगों के लिए जरूरी है। पार्टी संगठन की दृष्टि से जगह-जगह पार्टी की शाखाएँ स्थापित करनी जरूरी हैं। कांग्रेस पार्टी के साथ पुनः दो हाथ करने का मौका आया तो अपनी पार्टी का उत्साह पहले से अधिक होना चाहिए, यह बात हमें दुनिया को बतानी चाहिए।

अपनी बात को समाप्त करने के पहले वर्तमान स्थिति के बारे में बोलना जरूरी है। आप सभी लोग जानते हैं कि आज राजनीति का माहौल बहुत खराब है। सारा राजनीतिक खेल बन्द पड़ा हुआ है और चारों ओर खतरनाक स्थिति है। लेकिन इस स्थिति के लिए हम लोग जिम्मेदार नहीं हैं। राजनीति में अल्पसंख्यक पार्टी अगुवाई करके कुछ नहीं कर सकती। जनहित के लिए विधिमंडल में कुछ ठोस काम करने की हमारी जिम्मेदारी को यदि हम सही ढंग से नहीं निभा पाए तो उसके लिए जिन्होंने यह खतरनाक स्थिति पैदा की वे ही जिम्मेदार होंगे। आज राजनीति का दाँव कुंद पड़ा हुआ है तब भी यह दाँव जिस दिन लगना है उस दिन के लिए हमारी तैयारी होनी चाहिए। हमें जो कानून बनवाना है उसका मसौदा हमारे पास तैयार है। निशाना लगाने की बात गलत है कि आज ही हम अपनी पिस्तौल चलानेवाले हैं। आज चारों ओर सन्नाटा छाया हुआ है। तब भी कुछ दिनों में आशावान स्थिति पैदा होगी इसमें कोई सन्देह नहीं। आप लोगों को निराश होने की जरूरत नहीं है। जो लोग आपके प्रतिनिधि की हैसियत से विधिमंडल में चुनकर गए हैं वे हमेशा आपकी भलाई के लिए जागते रहेंगे इसमें कोई सन्देह नहीं, इस बात का मुझे पूरा विश्वास है।

कांग्रेस छोड़कर अन्य पार्टियों से चुनकर आए हुए प्रतिनिधियों को ऐसा लग रहा है कि हम अपनी पार्टी छोड़कर कांग्रेस में चले जाएँगे। किन्तु हम ऐसी लाचार मानसिकता से कभी कांग्रेस में नहीं जाएँगे। श्रमजीवी बहुजन समाज के सम्पूर्ण उत्थान के लिए स्थापित किए गए स्वतन्त्र मजदूर दल को हमें जिन्दा रखना है। हमारी 14 लोगों की संख्या कम है फिर भी हमें किसी भी प्रकार के लालच से दूसरे दल में नहीं जाना है। कांग्रेस जैसी संस्था सभी प्रकार के लोगों की खिचड़ी है। यह पूँजीपति, मजदूर, जमींदार-किसान, खोत-साहूकार, खेत मजदूर, दुश्मन-दोस्त ऐसे विरोधी हित-सम्बन्धों के लोगों की पार्टी है, यह बेसुरी पार्टी है। ऐसी बेसुरी पार्टी के माध्यम से गरीबों की कोई भलाई होनेवाली नहीं है। हमारी स्वतन्त्र मजदूर पार्टी का गठन कामगार, किसान वर्ग पर धनवान वर्ग की ओर से जो अन्याय, जुल्म हो रहा है उसे समाप्त करने के लिए

हुआ है। कांग्रेस की आज की परिस्थिति को देखते हुए ऐसा लगता है कि उसमें आगे-पीछे असन्तोष बढ़ेगा, इसमें कोई सन्देह नहीं। और उस समय कांग्रेस के हमारी विचारधारा के लोग हमारी पार्टी में आएँगे, इसमें मुझे तनिक भी सन्देह नहीं है।

तात्कालिक लाभ के लिए हम कांग्रेस में चले जाएँगे इस तरह की बेईमानी हम नहीं कर सकते। हमें राष्ट्र-कार्य करना है। सार्वजनिक सवालों को हल करने के लिए या जनहित के लिए जहाँ एकमत होगा उस समय क्षणिक मतभेदों को भूलकर हम लोग कांग्रेस की सहायता करेंगे। लेकिन सभी तरह के भेदभाव हमेशा के लिए भूलकर कांग्रेस में विलीन हो जाना हमारे लिए कदापि सम्भव नहीं होगा।

मौजूदा मन्त्रिमंडल में मैंने दीवानगीरी को स्वीकार क्यों नहीं किया यह सवाल लोग मुझसे पूछते हैं। उसका जवाब यही है कि जिस मन्त्रिमंडल को बहुमत का समर्थन नहीं वह मन्त्रिमंडल बहुत दिन टिकनेवाला नहीं है। और ऐसी अस्थाई सत्ता में हिस्सेदारी करने से किसी भी प्रकार का फायदा नहीं हो सकता।

कांग्रेस ने मन्त्रिमंडल बनाने की बात को नकारकर फिलहाल राजनीति की गाड़ी को अवरोध पैदा करने की जो कोशिश की है उससे कांग्रेस को कुछ फायदा नहीं है। कांग्रेस ने गवर्नर से जो आश्वासन माँगे हैं वे एकदम फालतू हैं। कांग्रेस पार्टी के नेताओं को अधिकार पद स्वीकार करके सत्ता को चलाना यही एक रास्ता कांग्रेस के लिए फायदेमन्द है। नया संविधान नष्ट करने की राजनीति स्वतन्त्र मजदूर पार्टी को मंजूर नहीं है। यदि नया संविधान रद्द किया गया तो दलित, शोषित, उत्पीड़ित किसान-कामगार वर्ग की समस्याएँ और उनकी शिकायतें हल करने के लिए जो कुछ अवसर प्राप्त हुआ था वह भी खत्म हो जाएगा। जब तक कांग्रेस का साम्राज्यवाद विरोधी संघर्ष समाप्त नहीं होता तब तक हम लोग अपनी पीड़ाओं को अपनी छाती से लगाकर दुख बर्दाश्त करने के लिए बिल्कुल तैयार नहीं हैं। विधिमंडल के सामने पेश करने के लिए विधि मसौदे हमारे पास तैयार हैं, हम सिर्फ खेल शुरू होने का इन्तजार कर रहे हैं।

साप्ताहिक 'जनता' के 12 जून, 1937 के अंक में प्रकाशित।

# साम्राज्यशाही से भी ब्राह्मणशाही ज्यादा खतरनाक

*डॉ. बाबासाहेब अम्बेडकर* ***दि. 31 जुलाई 1937*** *को कोर्ट के काम के लिए धुलियाँ गए। उसी दिन शाम के समय विजयानन्द थिएटर में उनकी एक जनसभा आयोजित की गई थी। उस सभा को सम्बोधित करते हुए डॉ. अम्बेडकर ने कहा–*

कल 1 अगस्त को स्वराज्य के प्रारम्भिक दिन के रूप में मनाना चाहिए, ऐसा फरमान कांग्रेस ने जारी किया है। कांग्रेस पार्टी ने राज्यसत्ता के सूत्र अपने हाथ में लिए हैं इसलिए वह स्वराज्य हो गया और हमारे जैसे किसी आदमी ने मन्त्रिपद स्वीकार किया तो वह स्वराज्य नहीं है, क्या यह कहना उचित है? भावना और दर्शन को कुछ क्षण के लिए दूर रखा जाए और व्यावहारिक दृष्टि से विचार किया जाए तो ऐसा दिखाई देगा कि गला काटनेवाले साहूकार, मजदूरों का खून चूसनेवाले मिल-मालिक और हम लोगों को अन्य तरह से सतानेवाले लोग जैसे पहले थे वैसे ही आगे भी रहेंगे। जमींदार लोग और चौधरी लोग वैसे ही रहेंगे। यहाँ से अंग्रेज लोग चले गए तब भी वे वैसे ही रहनेवाले हैं। इसलिए हम लोगों को पहले से ज्यादा चिन्ता करनी चाहिए। इतने दिन एक बात जो हमारे लिए अनुकूल थी वह यह थी कि अंग्रेज आदमी जाति भावना और छूत-अछूत का विचार नहीं रखता था। अब आगे आपका शोषण करनेवाले लोगों के हाथ में सत्ता आई है। अब हम लोगों की बात कौन सुननेवाला है? यह स्वराज्य नहीं बल्कि दूसरों का हम पर राज होगा। इसलिए संगठन बनाना आपकी जिम्मेदारी है। यदि आप लोगों ने संगठन नहीं बनाया तो आपकी दरिद्रता सौ गुनी बढ़ जाएगी। आज यदि महारों (अछूत) पर जुल्म होता है तो चौधरी, पटेल, सिपाही, तहसीलदार आदि कोई उन्हें मदद नहीं करते। इसलिए अपना सामाजिक संगठन जरूर बनाइए। कम-से-कम अन्याय के समय तो उसे मदद कीजिए। बगैर पैसे के कुछ भी काम नहीं होता। वकील, जमानतदार, कोर्ट के काम, बस किराया आदि सभी बातों के लिए पैसे की आवश्यकता होती है। इसलिए न्याय पाने के लिए सामाजिक निधि इकट्ठा कीजिए।

प्रयास करके एक गाँव में आपने न्याय हासिल कर लिया तो उसका प्रभाव अन्य गाँवों पर पड़ेगा। आप ऐसी अपेक्षा क्यों करते हैं कि आपका काम दूसरों को करना

चाहिए। आप लोगों के लिए माननीय बर्वे जी को छात्रावास शुरू करने चाहिए या यह कार्य गांधी को करना चाहिए ऐसी अपेक्षा क्यों? महाराष्ट्र में दस लाख महार अछूत लोग हैं। हर एक ने एक रुपया भी दिया तब भी दस लाख की निधि इकट्ठा होती है।

अंग्रेज अब कुछ नहीं कर सकते। इसका मैं एक उदाहरण दे रहा हूँ। जितना सम्भव हो उतने अल्पसंख्यकों के प्रतिनिधि मन्त्रिमंडल में होने चाहिए, इस तरह से बादशाह ने गवर्नर को लिखे आज्ञा-पत्र में कहा है। मौजूदा मन्त्रिमंडल गांधी के कहने पर बनाया गया है। मुम्बई के मन्त्रिमंडल में अछूतों का एक भी प्रतिनिधि नहीं है फिर भी गवर्नर का उसमें कोई हस्तक्षेप नहीं है।

कुछ लोग मुझसे पूछते हैं कि मैं कांग्रेस में क्यों नहीं जाना चाहता? उसके कारण निम्न प्रकार हैं–

1. कांग्रेस की राजनीति का जो परिणाम निकला वह ब्राह्मणवाद का उत्थान है, यही मुझे दिखाई दे रहा है। छह प्रदेशों में कौन मुख्यमन्त्री हुए, इसे देखिए। ब्राह्मण ही मुख्यमन्त्री हुआ है। साम्राज्यशाही से भी ब्राह्मणशाही हजारों गुना खतरनाक है।

2. मुझसे यह कहा जाता है कि मैं अछूतों के लिए जो आन्दोलन कर रहा हूँ उसे छोड़ दूँ। किन्तु मेरे लिए तनख्वाह का महत्त्व नहीं है, मुझे सम्मान पाने की भी परवाह नहीं है। बल्कि तुम लोग स्वाभिमानी बनो यही मेरी कोशिश है। और उसके लिए मुझे स्वतन्त्र आन्दोलन चलाना जरूरी है। तुम लोगों में और मुझमें फर्क इतना ही है कि मुझे तुम लोगों से कुछ ज्यादा जानकारी है। इसलिए मैं कुछ दूर की बात सोच सकता हूँ। और खतरा कहाँ है, यह मैं समझता हूँ। कांग्रेस के लोगों ने कुछ भी कहा तब भी मुझे उसकी परवाह नहीं है। तुम लोग इनसान बन गए तो मेरी सारी मेहनत सफल हुई।

यह स्वराज्य खतरनाक है। जिनके हाथ में सामाजिक सत्ता थी उन्हीं के हाथ में राजनीतिक सत्ता गई है। इसलिए अब हर एक गाँव को मिलकर दस रुपए का चन्दा देना चाहिए जिससे कि तुम लोगों को न्याय पाने में आसानी होगी। अपनी स्वतन्त्र मजदूर पार्टी के पन्द्रह प्रतिनिधि मुम्बई विधिमंडल में हैं। ये लोग अच्छी तरह एक सूत्र में बँधे हैं। यहाँ एक का मुँह एक ओर और दूसरे का दूसरी ओर ऐसी हालत नहीं है। इसीलिए आज यदि कांग्रेस को किसी का डर है तो वह है हमारी पार्टी का। कांग्रेस पार्टी को मुस्लिमों का डर नहीं है या लोकशाही पार्टी का डर नहीं है। यह बात वल्लभभाई पटेल के पूना के भाषण से स्पष्ट हुई है। हम लोगों ने चुनाव के समय अनुशासन का परिचय दिया इसलिए इस फल की प्राप्ति हुई है। तुम लोगों ने चुनाव के समय जो कसमें खाई थीं उन्हें बरकरार रखिए। अपने संगठन की शाखाएँ हर जिले में स्थापित होनी चाहिए। ऊपर से हमारी मदद करनेवाला कोई नहीं है। जो मेहनत करेगा उसी को सत्ता मिलती है। हर संस्था में अपने ज्यादा लोग रहें, इसके लिए एक होकर मेहनत कीजिए। कांग्रेस को अछूतों की परवाह होती तो उन्होंने बगैर किसी शर्त के किसी अछूत को

मन्त्रिमंडल में लिया होता। किन्तु उसके लिए हमें किसी से भीख नहीं माँगनी चाहिए। मैंने कभी भी कांग्रेस के लोगों की ओर लाभ की दृष्टि से नहीं देखा है। मैं उनसे हजारों मील दूर रहा हूँ।

खानदेश से अपने पार्टी के मान्यवर दौलत गुलाबजी जाधव चुने गए हैं। उनसे अपने काम करवाइए। इस देश में हम लोगों के साथ इनसानियत से व्यवहार नहीं किया जाता, इस बात को आप भूल जाते हैं लेकिन मैं इस बात को कभी भूल नहीं सकता। हमेशा जागते रहो, सफलता निश्चित तौर पर मिलेगी।

साप्ताहिक 'जनता' के 14 अगस्त, 1937 के अंक में प्रकाशित।

# यह कांग्रेस की नहीं बल्कि ब्राह्मणशाही की विजय है

*डॉ. बाबासाहेब अम्बेडकर का यह एक बहुत ही महत्त्वपूर्ण व्याख्यान है। उनका यह भाषण* ***दि. 14 अगस्त 1937*** *के सा. जनता के अंक में अग्रलेख के रूप में प्रकाशित हुआ था। लेकिन उनका यह भाषण कहाँ और कब हुआ इसके बारे में सा. जनता में कोई उल्लेख नहीं है।*

प्यारे भाइयो,

आपकी इस सभा में उपस्थित होकर मुझे बड़ी खुशी हो रही है। आप लोगों ने स्वतन्त्र मजदूर पार्टी को संगठित स्वरूप देने का और अपने लोगों में संगठन कायम करने का यह जो प्रयास शुरू किया है वह प्रशंसा योग्य तथा बेहद महत्त्वपूर्ण है।

छह माह पहले हुए विधिमंडल के चुनाव का अवलोकन करने से इस बात का पता चलता है कि हमारे लोगों ने जो जिम्मेदारी निभाई उस पर मुझे गर्व है। क्योंकि उस समय बहुत ही प्रभावी और अमीर कांग्रेस के साथ हमें मुकाबला करना था। कांग्रेस ने यह फैसला कर लिया था कि स्वतन्त्र मजदूर पार्टी का एक भी आदमी चुनकर न आए। कांग्रेस ने हमारे उम्मीदवारों को हराने के लिए आकाश-पाताल एक कर दिया था। ऐसी खतरनाक स्थिति का मुकाबला मुझे करना पड़ा। जब हम दूसरे प्रदेशों की ओर देखते हैं तो हमें यह दिखाई देता है कि सभी ने कांग्रेस के हाथ में अपना समर्पण-पत्र दे दिया था। सारे देश में कांग्रेस के साथ मुकाबला करने के लिए सिर्फ मैं ही अकेला खड़ा था। लेकिन उसमें भी मैं सफल रहा। और यह बात सच है कि यदि आप लोगों का समर्थन न होता तो मैं इसमें सफलता हासिल नहीं कर सकता था। आप सभी जानते हैं कि उस समय अपने में से ही कुछ लोग कांग्रेस के चक्कर में फँए गए थे। किन्तु यह सब होते हुए भी हम लोगों ने उस समय अच्छी सफलता हासिल की। इस बात को कांग्रेस के समर्थक भी स्वीकार करते हैं। उस समय सारे हिन्दुस्तान में कांग्रेस को सिर्फ तीन सीटें ही महत्त्वपूर्ण लग रही थीं। वे सीटें हैं डॉ. वाड की मुम्बई यूनिवर्सिटी की सीट, लोकशाही स्वराज्य पार्टी के मुखिया लक्ष्मण बलवन्त भोपटकर की पूना की सीट और तीसरी स्वतन्त्र मजदूर पार्टी की मेरी मुम्बई की सीट। इनमें पहली दो सीटें पाने में कांग्रेस सफल हुई। लेकिन तीसरी मेरी सीट वे नहीं ले सके। इसलिए कांग्रेस के लोगों को भी हमारी शक्ति का अहसास हो गया है। जो वल्लभभाई पटेल

चुनाव से पहले स्वतन्त्र मजदूर पार्टी का नाम लेने के लिए भी तैयार नहीं थे, वही वल्लभभाई पटेल, जब कांग्रेस के मन्त्री बने तब (पूना) के शनिवारवाड़े के सामने भरी सभा में उन्होंने कहा, मुम्बई विधिमंडल में जो अलग-अलग पार्टियाँ हैं, उनमें डॉ. अम्बेडकर की स्वतन्त्र मजदूर पार्टी का महत्त्व कम नहीं है। कांग्रेस को उस पार्टी की बात को मानना पड़ेगा। मतलब यह कि यह किस बात का परिणाम है, इस बात पर आपको गहराई से सोचना चाहिए। यह परिणाम और किसी बात का नहीं है बल्कि अपनी संघशक्ति का है।

कांग्रेस हिन्दू लोगों की संस्था है। हिन्दुस्तान पर आज तक अंग्रेज लोगों का राज था। इसलिए आज तक इन लोगों के हाथ में राजनीति की बागडोर नहीं थी। किन्तु आज हिन्दुस्तान पर नाम के लिए अंग्रेजों की सत्ता है। राजनीति की सारी बागडोर आज हिन्दू लोगों के हाथ में है। इसके लिए आगे हम लोगों को अपना बचाव करने के लिए संगठित प्रयास करना चाहिए। उसके अलावा हमारे पास कोई विकल्प नहीं है। जिस विधिमंडल के द्वारा राजनीतिक सत्ता का इस्तेमाल किया जाता है उस विधिमंडल में आपके प्रतिनिधि जाने चाहिए। हिन्दुस्तान में सभी जगह कांग्रेस को जो सफलता मिली है वह कांग्रेस की सफलता नहीं है बल्कि ब्राह्मणशाही की विजय है, इस बात को आप लोगों को भूलना नहीं चाहिए। पाँच-छह प्रदेशों के मुख्यमन्त्रियों के पद ब्राह्मणों के पास ही गए हैं। मुम्बई प्रदेश की ग्यारह सीटों में से पाँच सीटें ब्राह्मणों के हिस्से में ही गई हैं। 1919 से 1935 तक विधिमंडल में ब्राह्मण सदस्यों की संख्या बहुत कम थी। मतलब 10-12 थी। और वह भी बाद में कम होती गई। किन्तु आज कांग्रेस के नाम पर मुम्बई प्रदेश में 27 ब्राह्मण चुनकर आए हैं। इससे आपको पता चल जाएगा कि ब्राह्मणों को कितनी बड़ी सफलता मिली है। इस ब्राह्मणवाद से आप लोग अपना बचाव करना चाहते हैं तो आप लोगों को पूरी तरह संगठित होना चाहिए।

पिछली गोलमेज परिषद् के समय मुझसे एक गलती हुई। अल्पसंख्यक पार्टी का कम-से-कम एक प्रतिनिधि गवर्नर को मन्त्रिमंडल में लेना चाहिए था। इस तरह का कानून बनवा लेना चाहिए था। इन लोगों की इच्छा पर उस बात को नहीं छोड़ना चाहिए था। किन्तु मैंने उस समय सोचा कि 'परोसनेवाले को भी कुछ शर्म होनी चाहिए और खानेवाले को भी कुछ शर्म होनी चाहिए।' इस कहावत के मुताबिक मैंने इस सम्बन्ध में अपनी बात को बहुत नहीं खींचा। किन्तु यह बात उनकी मर्जी पर छोड़ने का परिणाम क्या हुआ? उन्होंने अछूतों का एक भी प्रतिनिधि मन्त्रिमंडल में नहीं लिया। इसके लिए कानून नहीं है। किन्तु उन्हें शिष्टाचार के तौर पर अछूतों का एक प्रतिनिधि लेना चाहिए था। हमारी पन्द्रह सीटों में से चार सीटों पर कांग्रेस की ओर से हमारे आदमी चुनकर आए। फिर उन्हें मन्त्री क्यों नहीं बनाया गया? दूसरी बात यह कि वे चारों लोग नालायक हैं तो फिर कांग्रेस के इन नालायक लोगों को टिकट देकर बड़ी भारी गलती की है, यह कहने में क्या गलत है? मुस्लिमों के प्रतिनिधि के लिए कांग्रेस ने इतनी दौड़-धूप की तो फिर कांग्रेस ने अछूतों का प्रतिनिधि क्यों नहीं लिया? इसका एक ही

कारण है कि, 'हम लोग आपके लिए सब कुछ करेंगे, तुम्हें अपने लिए कुछ करने की जरूरत नहीं है' यही उनकी नीति है।

कुछ दिन पहले एक चमार नेता ने अखबार में छपवाया था कि, "अछूतों का प्रतिनिधि मन्त्रिमंडल में नहीं लिया गया, इसलिए हमें इसका अफसोस नहीं है। क्योंकि डॉ. खेर साहब पर हमारा पूरा भरोसा है।" यदि ऐसा ही है तो फिर इन लोगों ने चुनाव में इतनी दौड़-धूप क्यों की? इसलिए तुम यदि ऐसे लोगों पर निर्भर रहे तो तुम्हारा सत्यानाश होगा, इस बात को ध्यान में रखिए।

महात्मा गांधी कांग्रेस के चवन्नी के सदस्य भी नहीं हैं। किन्तु कांग्रेस के सभी लोग उनके सभी आदेशों को मानते हैं। फिर वे इसके लिए कुछ क्यों न करें। किन्तु उन्हें हमारे लिए कुछ नहीं करना है, यह स्पष्ट दिखाई दे रहा है, इसलिए हम लोगों को संगठित होने की जरूरत है। मैं आप लोगों को एक दूसरी बात भी बता रहा हूँ। वह यह कि विधिमंडल में जाना आसान काम नहीं है। उसके लिए गृहस्थी छोड़नी पड़ती है। चुनाव का खर्च जबर्दस्त है। उतना खर्च करना अपने उम्मीदवारों के लिए आसान नहीं है। मैं आप लोगों को यह बता देना चाहता हूँ कि पिछले चुनाव में जो उम्मीदवार खड़े थे उनमें से कई उम्मीदवारों की मैंने आर्थिक मदद की, तब कहीं वे चुने गए। किन्तु हर बार ऐसी मदद करना मेरे लिए सम्भव नहीं है। और उम्मीदवारों को भी अपने चुनावी खर्च का निर्वाह करना मुश्किल पड़ता है। इसलिए आप लोगों को अच्छे आदमी विधिमंडल में चुनकर भेजने हों तो उनका खर्च आपको करना चाहिए। पिछले चुनाव में कांग्रेस की ओर से जो उम्मीदवार थे उनका सारा खर्च कांग्रेस ने ही वहन किया था। अकेले मुम्बई शहर में चुनाव के दिन कांग्रेस ने हजारों रुपए खर्च किए थे, इस बात को ध्यान में रखिए।

मैं आप लोगों से इतना ही कहना चाहता हूँ कि इस संगठन को आप मजबूत कीजिए और उसे कांग्रेस की तरह मजबूत बनाइए। मुम्बई में अपने लोगों की संख्या एक लाख से ऊपर है। इसलिए कम-से-कम एक लाख लोगों को इस संगठन का सदस्य बनाइए।

इस संगठन का सालाना चन्दा आठ आना है। वह बहुत कम है। इसलिए इसे देने में किसी को कोई कठिनाई नहीं होगी। जिस तरह कांग्रेस के पीछे अमीरों की शक्ति है, उस तरह आपके पीछे कोई नहीं है। अपना संसार आपको ही चलाना है। इंग्लैंड में भी संसद में मजदूर पार्टी है। वे लोग भी इसी तरह से चन्दा इकट्ठा करके चुनाव लड़ते हैं।

किसी भी पार्टी को अखबार की बड़ी जरूरत होती है। अखबार के बगैर हम कुछ काम नहीं कर सकते। इसलिए अपनी पार्टी के 'जनता' समाचारपत्र का अधिक प्रसार होना चाहिए। आप सभी लोगों को उसका सदस्य बनना चाहिए। आप लोगों ने जिन्हें विधिमंडल के लिए चुना है वे लोग आप लोगों के लिए क्या कर रहे हैं यह आपको 'जनता' समाचारपत्र पढ़ने से ही मालूम हो पाएगा। इसलिए आप सभी लोगों को

'जनता' समाचारपत्र का ग्राहक बनना चाहिए। कुछ लोग दूसरे अखबारों को पढ़ते हैं, आखिर क्यों? उनमें सट्टे का नम्बर और भविष्यफल होता है। सट्टा खेलने से किसी का भला नहीं हुआ है। इसके अलावा अखबारों में दिया गया भविष्यफल सही साबित नहीं होता। अपने अखबार के अलावा अपनी पार्टी के सही कार्यक्रम और आन्दोलन की सही दिशा अन्य अखबारों में पढ़ने को नहीं मिलेगी। इसलिए अपनी पार्टी का स्वाभिमान बढ़ाने के लिए सभी लोगों को 'जनता' पत्र का ग्राहक बनना चाहिए।

अन्त में मैं आप लोगों को एक महत्त्वपूर्ण बात बता देना चाहता हूँ कि आप लोगों को मान-अपमान की भावना त्याग देनी चाहिए। कहीं मेरा नाम नहीं आया तो मैं होनेवाले काम का विरोध करूँगा, यह भावना खतरनाक है। आप लोग काम शुरू कीजिए, नाम आपके पीछे दौड़ेगा। मुझे और मेरे सहयोगी मित्रों को मालूम है कि जब तक हम लोगों ने कुछ काम करके नहीं दिखाया था तब तक टाइम्स ऑफ इंडिया जैसे समाचार-पत्र में मामूली खबर छपाने के लिए हमें कितनी खुशामद करनी पड़ती थी। लेकिन अब वे लोग ही हमारे पीछे लगते हैं और कहते हैं कि, 'आपकी कोई खबर हो तो भेज दीजिए', सभी लोगों को राजनीतिक और सामाजिक झगड़ों को तुरन्त भूल जाना चाहिए। पिछली बार जो महारों की बैठक हुई उस समय मुझे ऐसा दिखाई दिया कि जिनके हाथ में उस परिषद् के अधिकार थे उनमें से कुछ लोगों ने उन अधिकारों का आपसी झगड़ों में गलत इस्तेमाल किया। ऐसी बातें अब नहीं होनी चाहिए।

इस संगठन का मुख्य कार्य चुनाव के समय एक होकर रहना है। यह संगठन जिन लोगों को उम्मीदवार के रूप में खड़ा करेगा उन्हीं को आपने अपना वोट देना है। इसके लिए आपको संगठन को मजबूत बनाना चाहिए और उसे इतना मजबूत करना चाहिए कि हममें से कोई भी आदमी उससे अलग न हो पाए। इसके बगैर अब हमारे पास कोई विकल्प नहीं है। पिछले चुनाव के समय मेरे और पी. बालू के वोटों में हजार-दो हजार का फर्क था। उस समय आपमें से कुछ लोगों ने उदासी दिखाई होती तो चुनाव में मेरी हालत खराब हो गई होती। आपके उत्थान की बुनियाद राजनीति में ही है। इसलिए आप लोगों को संगठित होकर स्वतन्त्र मजदूर पार्टी को मजबूत बनाना चाहिए। इस समय आप लोगों से मुझे इतना ही कहना है।

साप्ताहिक 'जनता' के 14 अगस्त, 1937 के अंक का सम्पादकीय है।

# ऐसी धोखेबाजी क्यों?

*दि. 23 अगस्त 1937 को मुम्बई विधिमंडल की बैठक हुई। उसमें पहले कुछ कामकाज हुआ। उसके बाद मुख्यमंत्री बालासाहब खेर ने दिवाणों के वेतन के बारे में पहला सरकारी बिल पेश किया। उस सरकारी बिल पर स्वतन्त्र मजदूर पार्टी की ओर से पार्टी नेता डॉ. बाबासाहेब अम्बेडकर ने कहा–*

मैं अब भाषण करने के लिए खड़ा हूँ। मैंने यहाँ 'भाषण' शब्द का इस्तेमाल जानबूझकर किया है। क्योंकि इस बात को सदन के मत-विभाजन रजिस्टर में दर्ज करवाने की मेरी कोई इच्छा नहीं है। प्रस्तुत बिल पर मेरी पहली आपत्ति यह है कि इस तरह का बिल सरकार को स्वयं पेश करने के बजाय सभी दलों की सहमति से पेश किया जाना चाहिए था। दूसरी बात यह कि जो तनख्वाह तय की गई है (500 रु. वेतन, 100 रु. किराया और 150 रु. मोटर-भत्ता) उचित नहीं है। ब्रिटिश साम्राज्य के अन्य उपनिवेशों के मन्त्रियों के वेतन की ओर थोड़ा भी हमने ध्यान दिया तो उन मन्त्रियों का वेतन आमतौर पर 2,000 रु. के आसपास है। अस्थायी मन्त्रिमंडल के काल में उन मन्त्रियों को हिन्दुस्तान के अलग-अलग प्रदेशों में निर्धारित वेतन (उड़ीसा प्रदेश के अलावा) 2,000 रु. से ऊपर है। किन्तु अब एक नई परम्परा शुरू की जा रही है। अब आगे मन्त्रियों को हर माह 500 रु. वेतन मिलेगा, ऐसी जानकारी प्राप्त हुई है। इन राशियों का फर्क केवल संख्या का फर्क नहीं है बल्कि वह एक सिद्धान्त का फर्क है। किसी भी पद का वेतन तय करते समय चार बातों को ध्यान में रखना जरूरी है। (1) मन्त्री का सामाजिक महत्त्व, (2) कार्यक्षमता, (3) जनतन्त्र और (4) राज्यसत्ता की पवित्रता और एकता ये वे चार बातें हैं। प्रदेश के मन्त्री प्रदेश के प्रथम नागरिक हैं इसलिए उनका जीवन सुसंस्कृत होना चाहिए, यह उचित ही है। किन्तु इसके लिए उन पर जबर्दस्ती नहीं की जा सकती। फिर भी मन्त्रियों के वेतन की बात करते समय तीन बातों को नजरअंदाज करने से काम नहीं चलेगा। आज स्वयं मन्त्रियों को क्या लगता है इस बात की मुझे कोई जानकारी नहीं है। किन्तु ध्वज बंदन करना या केसरिया स्वयंसेवकों की सलामी लेना मन्त्रिपद के लिए यही कार्य महत्त्व का नहीं है। राज्यसत्ता के जो तीन महत्त्वपूर्ण अंग हैं उनमें कार्यकारी मंडल का स्थान महत्त्वपूर्ण है।

प्रदेश का मन्त्रिमंडल प्रदेश की बौद्धिक क्षमता का सर्वोत्तम संचय होना चाहिए।

इस बिल में जो वेतन निर्धारित किया गया है उससे राज्यसत्ता में पैदा होनेवाले असाधारण सवालों को हिम्मत से हल करने के लिए लायक लोग आगे आएँगे या नहीं, इस बात का सन्देह पैदा होता है। क्योंकि अन्य जगहों पर उनको इससे अधिक प्रलोभन दिए जा सकते हैं। दूसरी बात यह है कि अपने यहाँ पढ़ा-लिखा वर्ग बहुत कम है। अपनी सामाजिक व्यवस्था की वजह से शिक्षा का ज्यादा से ज्यादा लाभ सिर्फ एक छोटे से वर्ग को ही मिलता रहा है। ब्रिटिश लोग भी इस समाज व्यवस्था को नष्ट नहीं कर सके। चातुर्वर्णीय व्यवस्था में शिक्षा पाने का अधिकार सिर्फ एक ही वर्ग (वर्ण) को दिया गया है।

अब लोकतन्त्र के सन्दर्भ में इसका क्या परिणाम हो सकता है यह बात देखिए। जिन लोगों के पास पैसा है उन लोगों को अपने निजी या अन्य उद्देश्यों की प्राप्ति के लिए राजनीतिक सत्ता पर कब्जा करना आसान होगा। या जिन लोगों को कहीं कुछ नहीं मिलता ऐसे लोग मन्त्रिमंडल में लिए जाएँगे। मेरा कहना यह है कि मन्त्रियों का वेतन इतना होना चाहिए जिससे वे किसी भी लालच से दूर रह सकें। कल्पना कीजिए, जिस समय मन्त्री का वेतन 4,000 रु. और 3,000 रु. था उस समय भी अपने प्रदेश में मन्त्री कई बातों के लिए बदनाम हुए, फिर अब मन्त्रियों का वेतन 500 रु. होने पर उनकी संख्या बढ़ेगी, ऐसा यदि कहा जाए तो क्या गलत होगा? ठेका देते समय भी हम लोग ठेका सबसे कम राशि के टेंडर को नहीं देते। कम वेतन लेने के लिए तैयार होना कम वेतन देने का उचित तर्क नहीं है। बचत भी करनी हो तो वह भी तरीके से करनी चाहिए।

दूसरी एक बात है कि 'वेतन इसलिए कम रखा गया है कि यह राष्ट्रीय जीवन के स्तर से मेल खाता है'? 'हरिजन' में अलग-अलग देश के वासियों की साधारण आय के जो आँकड़े दिए गए हैं, उसमें हिन्दी व्यक्ति की सामान्य आय 4 पौंड है। इसलिए उसमें दर्शाए गए वेतन के मुताबिक हर माह 75 रु. वेतन ही उचित होगा। इस दृष्टि से 500 रु. वेतन फिजूल का खर्च होगा। फिर ईमानदारी से 75 रु. ही वेतन क्यों नहीं लेते? मुझे कहना यह है कि इस तरह से जनता के मन में आपके प्रति विश्वास पैदा नहीं होगा। फिर इस तरह की धोखेबाजी क्यों? नंगे बदन घूमकर सिगरेट की बजाय बीड़ी पीकर बैलगाड़ी या रेल के तीसरे दर्जे में यात्रा करके लोगों की आँखों में धूल क्यों झोंकी जा रही है? इंग्लैंड के मध्यकालीन ईसाई पादरी ब्रह्मचर्य, पवित्रता और गरीबी में अपना जीवन व्यतीत करने की प्रतिज्ञा करते थे। अपने मन्त्रियों के ब्रह्मचर्य का तो सवाल ही नहीं है। क्योंकि अब सवाल उनके दायरे से निकल गया है। उन्होंने पवित्रता या निष्कलंकित होने की प्रतिज्ञा भंग की तो इस सदन में इस बारे में उनसे शिकायत करने की जरूरत नहीं है। और यदि गरीबी के बारे में कहा जाए तो साधु, संन्यासी होने की वजह से उनके लिए शायद यह मुश्किल काम नहीं है किन्तु आज के मन्त्रियों का गरीबी में जीवन गुजारना क्या सम्भव है? मुझे यही कहना है कि हर माह 500 रु. वेतन तय करने में उनका इरादा नेक नहीं है। उसके पीछे उनका एक षड्यन्त्र

है। वह षड्यन्त्र यह है कि मन्त्रीपद हमेशा के लिए उन्हीं के पास रहना चाहिए और उस पर अन्य किसी को भी अपना अधिकार प्रदर्शित नहीं करना चाहिए। मुझे यह भी नहीं कहना है कि मन्त्रियों का वेतन हर माह 4,000 रु. या 3,000 रु. होना चाहिए। मैं इस बिल पर जो आपत्ति उठा रहा हूँ वह यह कि सिर्फ सार्वजनिक नीति की चर्चा होनी चाहिए, यही मेरा उद्‌देश्य है। डॉ. जॉनसन ने एक बार कहा था, ''बदमाश लोगों को देशभक्ति का सहारा लेना आसान होता है।'' ऐसा कहने का मौका हमें नहीं मिलना चाहिए।

साप्ताहिक 'जनता' के 28 अगस्त, 1937 के अंक में प्रकाशित।

# धर्मान्तरण तो होगा ही

*मुम्बई के म्युनिसिपल हॉल में **दि. 28 अगस्त 1937** को डॉ. बाबासाहेब अम्बेडकर की एक जंगी जाहिर सभा हुई। इस सभा का आयोजन धर्मान्तर के बारे में मुम्बई इलाका महार परिषद् ने जो प्रस्ताव पास किया था उसकी याद दिलाने के लिए किया गया था। इस सभा को सम्बोधित करते हुए डॉ. अम्बेडकर ने कहा–*

प्यारे भाइयो तथा बहनो,

मैं इस सभा में आनेवाला नहीं था। किन्तु मुझे पता चला कि यहाँ पुरानी परम्पराओं से चिपककर रहनेवाले कुछ लोग हैं। और वे महार परिषद् के द्वारा धर्मान्तरण के प्रस्ताव को अमल में लाने के लिए पूरी तरह से तैयार नहीं हैं। इसलिए ऐसे लोगों की शंकाएँ दूर करने के लिए मैं यहाँ आया हूँ। अपनी मान्यताएँ इससे पहले मैंने कई बार आप लोगों के सामने व्यक्त की हैं। उनके बारे में आप लोगों के मन में कोई सन्देह नहीं होना चाहिए। 1935 में मुम्बई इलाके की महार परिषद् का मुम्बई में जो आयोजन हुआ था वह आयोजन महार जाति के इतिहास में स्वर्णाक्षरों में लिखने योग्य है। इसलिए इस परिषद् ने जो प्रस्ताव मंजूर किए वे सभी प्रस्ताव महार जाति को स्वीकार कर लेने चाहिए और महार जाति के अधिकांश लोग उन प्रस्तावों को मानते भी हैं। किन्तु आज भी महार जाति के कुछ लोग पुरानी परम्पराओं को मानते हैं, ऐसा मैंने सुना है। ऐसे लोगों से मुझे यही कहना है कि अल्पमतवाले लोगों को हमेशा ही बहुमतवाले लोगों का रास्ता अख्तियार करना पड़ता है। वर्तमान कौंसिल की ही बात ले लीजिए। वर्तमान कौंसिल में कांग्रेस का बहुमत है। इसलिए वे लोग जो कानून बनाएँगे उन्हें स्वीकार करने के लिए हम मजबूर हैं। एक कहावत है कि जाति के लिए मिट्टी उठानी पड़ती है। फिर जाति ने धर्मान्तरण के लिए जो निर्णय लिया है, उसे मानना हमारी जिम्मेदारी है या नहीं?

कई काम ऐसे हैं जिसके लिए हमें जाति के पास जाना ही पड़ता है। फिर जाति ने जो प्रस्ताव मंजूर किया उसे नामंजूर क्यों किया जाए? हम लोग हिन्दू धर्म के अनुसार जो बातें मानते थे वे सभी धार्मिक त्योहार, उत्सव छोड़ देने चाहिए। उन सभी बातों को छोड़ने के जिन कारणों की मैं यहाँ चर्चा करनेवाला हूँ, वे कुछ अजीब हैं। हिन्दू धर्म के जो रीति-रिवाज हैं वे सभी धर्म और नीति की दृष्टि से उचित हैं या नहीं, इस बात पर

हम लोगों को सोचना चाहिए। कुछ रीति-रिवाजों में तो बेहूदा बातें भरी पड़ी हैं। जैसे शंकर के नाम से लोग सोमवार को उपवास रखते हैं, और कई तरह से शंकर के लिंगपिंड की पूजा करते हैं। किन्तु शंकर का लिंगपिंड क्या चीज है, इसके बारे में कभी किसी ने सोचा है? वह और कुछ नहीं है बल्कि पुरुष और नारी के सम्भोग क्रिया की प्रतिमा है। फिर ऐसी घिनौनी प्रतिमा की पूजा हम लोगों को क्यों करनी चाहिए? आप रास्तों पर कुत्तों की तरह यदि पुरुष और नारी सम्भोग क्रिया करने लगें तो हम लोग उनकी पूजा फूलों से करेंगे या जूतों से? फिर पार्वती और शंकर की इसी क्रिया की प्रतिमा का मतलब भगवान के घिनौने कारनामों की पूजा हम लोगों को क्यों करनी चाहिए?

गणपति (गणेश) के बारे में भी यही बात है। गणपति की कथा इस प्रकार है कि एक बार पार्वती नग्न होकर स्नान कर रही थीं। उस समय शंकर कहीं गए हुए थे। उस समय पार्वती के मन में आया कि मुझे किसी का भी उपसर्ग न हो। इसलिए उसने अपने शरीर के मैल को निकाला और अपना रक्षणकर्त्ता गणपति बनाया। तब सवाल यह पैदा होता है कि जिसकी पैदाइश मैल से हुई, जो अमंगल है उसे भगवान कैसे माना जाए? वास्तव में ईश्वर तो निष्कलंक, पवित्रता का प्रत्यक्ष प्रमाण होना चाहिए। किन्तु हिन्दू धर्म के देवता गजब के हैं। इसलिए उनकी पूजा नहीं करनी चाहिए, यह मेरी प्रामाणिक राय है।

तीसरी बात दत्तात्रेय की है। अत्रि ऋषि की पत्नी अनुसूया पवित्र नारी थी। इसी तरह से ब्रह्मा, विष्णु और महेश की नारियों के बारे भी बताया गया है। किन्तु इन नारियों से भी कोई नारी पवित्र हो सकती है, उन्हें यह बात नहीं भायी। तब उन तीनों नारियों ने अपने-अपने पतियों से कहा कि अनुसूया की पवित्रता को नष्ट कर दें। अपनी औरतों की बात सुनकर वे तीनों उस काम के लिए तैयार हो गए। वे तीनों अनुसूया के घर गए। उसके पति को उन्होंने बहाने से कहीं और भेज दिया। और वे स्वयं अनुसूया से दैहिक सम्पर्क करने लगे। इस तरह अनुसूया ने एक बच्चे को जन्म दिया। इस बालक का पिता कौन है उन्हें इस बात की चिन्ता हुई। तब उन्होंने समान रूप में जिम्मेदारी के लिए उस बालक के तीन मुँह बनाए। और वही यह दत्तात्रेय का अवतार है। कई लोग यह समझते हैं कि धर्मान्तरण का तूफान अब रुक गया है। लेकिन ऐसी बात नहीं है। धर्मान्तरण तो होने ही हैं, मैंने उस आन्दोलन को अभी छोड़ा नहीं है। इस बात को आप अच्छी तरह ध्यान में रखिए। कई हिन्दू लोग मुझसे कहते हैं कि, "आपके धर्मान्तरण के सवाल ने हमारी आँखें खोल दी हैं। अब हम होशियार हो गए हैं। आप लोगों के लिए हम सब कुछ करने के लिए तैयार हैं। इसलिए आप धर्मान्तरण के आन्दोलन को वापस ले लीजिए।" किन्तु आज तक मैंने जो कुछ कहा है उन कारणों से मुझे यह आन्दोलन वापस नहीं लेना है। आप पूरी तरह सोच लीजिए। दूसरा धर्म अपनाना है तो उसको भी अच्छी तरह परख करके ही स्वीकार करना होगा। मुझे उम्मीद है कि इसके बाद महार जाति के सभी लोग महार परिषद् द्वारा मंजूर प्रस्तावों के अनुकूल ही अपना व्यवहार करेंगे।

साप्ताहिक 'जनता' के 4 सितम्बर 1937 के अंक में प्रकाशित।

# दूसरा कोई आपका कल्याण नहीं कर सकता

*दि. **6 नवम्बर 1937** को मसूर (जि. सतारा) में सतारा जिला महार परिषद् का सातवाँ सम्मेलन डॉ. बाबासाहेब अम्बेडकर की अध्यक्षता में सम्पन्न हुआ था। इस परिषद् के स्वागताध्यक्ष थे खंडेराव एस. सावंत। इस परिषद् को सम्बोधित करते हुए डॉ. अम्बेडकर ने कहा–*

बहनो तथा भाइयो,

मसूर गाँव का नाम लेते ही मुझे अपने बचपन की अछूतपन की घटनाएँ याद आने लगती हैं और मेरी आँखों में आँसू आ जाते हैं। इस गाँव में आने का पिछले 35 साल बाद यह दूसरा मौका है। इस इलाके में जिस समय गोरेगाँव में तालाब बनाया गया उस समय उस काम पर मेरे पिता कैशियर के रूप में काम कर रहे थे। उस समय मैं, मेरे दो भाई और मेरी बहन का लड़का हम चार लोग सतारा में पढ़ाई कर रहे थे। मेरी माँ का तब देहान्त हो चुका था। हम सभी बच्चों की देखभाल हमारा एक पड़ोसी और मेरे पिता का एक मित्र किया करता था। वे हमारा ख्याल रखते थे। गर्मी के दिनों में पिता ने हमें गोरेगाँव बुलाया था। हम वहाँ आनेवाले हैं ऐसा एक पत्र पहले ही हमने एक हयाल के हाथों भेज दिया था। हम लोगों को रेलगाड़ी से यात्रा करने की खुशी थी। उससे पहले मुझे यह मालूम नहीं था कि रेलगाड़ी इंजिन से चलती है। इस यात्रा के लिए हम बड़े बेताब थे। यात्रा के लिए नए कपड़े, जरी की टोपियाँ आदि खरीदकर हम लोग सतारा के पाडली स्टेशन से गाड़ी में बैठे। वहाँ से मसूर तक की यात्रा हमने बड़े मजे में की। मसूर स्टेशन पर हम लोगों को लेने के लिए कोई नहीं आया, यह देखकर हमें आश्चर्य हुआ। हम लोग शाम 4 बजे से रात 7 बजे तक मसूर स्टेशन पर ही बैठे रहे। हम लोग वहाँ किसी की इन्तजार में बैठे हैं, यह देखकर स्टेशन मास्टर ने हमसे पूछताछ की। जब हमने उसे अपनी जाति बताई तो वह चौंक गया। अन्त में उसने बड़ी मुश्किल से गोरेगाँव जाने के लिए एक किराए की बैलगाड़ी तय करवा दी। लेकिन गाड़ीवाले को जब हमारी जाति के बारे में मालूम हुआ तो उसने भी नाक-भौं सिकोड़ लिए। उसने हमें महारों के (अछूत) बेटे कहकर ले जाने से इनकार किया। अन्त में हमारे भाई ने उससे समझौता किया कि जो किराया तय किया गया उससे हम एक रुपया अधिक देंगे और बैलगाड़ी को हम चलाएँगे, गाड़ीवाला हमारे साथ चलेगा। समझौता मंजूर हुआ और उसने गाड़ी

पर बैल जोत दिए। हम लोग गाड़ी चलाने लगे। आगे मसूर गाँव के नाले के पास गाड़ी रोक दी गई। उस समय हमें बड़ी प्यास लगी थी। जब हमने गाड़ीवाले से पूछा कि कहाँ का पानी पीने चाहिए तो उसने अछूत लोगों के लिए बनाए गए गोबर-मिट्टी के मैले गड्ढे की ओर इशारा किया। वहाँ का सड़ा हुआ पानी पीना मुश्किल था। हम लोगों को बड़ी प्यास लगी थी। किन्तु इस पानी की असुविधा की वजह से बगैर कुछ कहे हमें आगे बढ़ना पड़ा। रात गहरा रही थी। पानी और भूख से हमारी जान निकल रही थी। दूसरे सवर्णों के नाले से पानी पीने या माँगने की मनाही थी। आधी रात के दौरान हम लोग जकात नाके पर पहुँचे। वहाँ भी महार जाति की वजह से पानी नहीं मिला। अन्त में ऐसे ही परेशान हाल हम लोग गोरेगाँव पहुँच गए। पिता ने हमसे पूछा कि पहले बगैर किसी प्रकार की सूचना दिए हम क्यों चले आए? इसका मतलब था कि हम लोगों ने एक आदमी के हाथ जो चिट्ठी भेजी थी वह उन्हें नहीं मिली थी। रास्ते में हुई हमारी इस परेशानी को देखकर उनकी आँखें डबडबा आईं। इस यात्रा से मुझे इस बात की अच्छी जानकारी मिली कि हम लोग अछूत हैं, हम लोगों को नीच समझा जाता है। हमारे कुएँ गन्दी जगह पर होते हैं। सवर्ण हिन्दू लोग हमें अछूत समझते हैं। इस बात ने मेरे बाल-मन पर गहरी चोट की। और इस बात की चर्चा आज यहाँ इकट्ठा हुए हजारों लोगों के सामने करने का मौका मिलेगा, ऐसा मैंने कभी ख्वाब में भी नहीं सोचा था।

हम लोग आज यहाँ अपनी स्वतन्त्र मजदूर पार्टी की शाखा की स्थापना के लिए इकट्ठा हुए हैं। अपनी पार्टी के कार्यक्रम की आप सभी को अच्छी जानकारी है ही। हिन्दुस्तान पर जो नया संविधान थोपा गया है उसमें कई दोष और विकृतियाँ हैं। इसलिए वे पूरी जिम्मेदारी से स्वराज्य देने में असमर्थ हैं। प्रदेश राज्य शासन की कई घटनाएँ खास तौर पर दूसरे सभागृह की घटना पर हमारी पार्टी को आपत्ति है। फिर भी नए संविधान को अमल में लाने में कोई कठिनाई नहीं है। लेकिन जिम्मेदारी के स्वराज्य के स्वरूप अप्रभावी करने योग्य जो खास और अमर्यादित अधिकार गवर्नर को दिए गए हैं उनका उपयोग इस दौरान न हो इस बात की पूरी कोशिश स्वतन्त्र मजदूर पार्टी करेगी। उसी प्रकार अछूत भाइयों, मजदूरों और किसानों में जो दूरी है उसे कम करके उनमें अपनेपन की भावना कैसे बढ़े, इस बात पर सोचकर सामान्य श्रमजीवी वर्ग के लिए विधायक कार्य करने का अपनी पार्टी का संकल्प है। आप लोग इस बात को जानते ही होंगे कि कपड़ा मिलों में काम करनेवाले मजदूर वर्ग में सवर्ण मजदूर और अछूत मजदूर इस प्रकार का सीधा-सीधा भेदभाव है। सवर्ण मजदूर को कपड़ा विभाग में काम मिलता है और वह जॉबर के पद तक पदोन्नत हो सकता है। किन्तु अछूत मजदूर कितना भी लायक हो, उसे कपड़ा विभाग में काम नहीं मिलता। वह तेलवाला ही रहता है। आमतौर पर मजदूरों की स्थिति खराब और दुखदायी है। सवर्ण मजदूरों की गरीबी मालिकशाही और अछूत मजदूरों की गरीबी मालिकशाही और अछूतपन की वजह से है। किन्तु अफसोस की बात यह है कि कांग्रेस और अन्य मजदूर नेता इस बात की ओर जानबूझकर ध्यान नहीं दे रहे हैं। स्वतन्त्र मजदूर पार्टी का अलग संगठन

बनाने के जो अन्य कारण हैं उसमें यह भी एक है। मजदूरों को जातिभेद के कारण या वर्ग-भेद की वजह से उनकी योग्यता पर आँच नहीं आएगी और उनके उत्थान का रास्ता आसान होगा इस प्रकार का प्रयास आज कांग्रेस या अन्य दलों के मजदूर नेता नहीं कर सकते। क्योंकि आज कांग्रेस के नेता पूँजीपतियों के जाल में फँसे हैं। उनके हाथों गरीब मजदूरों और किसानों का कल्याण होना असम्भव है। कांग्रेस घोषित करती है कि वह पूँजीपतियों का भी कल्याण करेगी और गरीब मजदूरों का भी कल्याण करेगी। ऐसी दोगली स्थिति में एक म्यान में दो तलवारें नहीं रह सकतीं। ऐसी स्थिति में हमारे श्रमजीवी वर्ग को कांग्रेस पर भरोसा करके रहना बेकार है। कांग्रेस के पंचप्राण महात्मा गांधी के मन की बात मैं अच्छी तरह से जानता हूँ। उनके दिल की बात को मैं जितना जानता हूँ उतना शायद ही कोई जानता हो। उनका और मेरा जो परिचय है, उससे देखा जाए तो महात्मा गांधी आपका कल्याण नहीं कर सकते। इस बारे में उनके और अपने रास्ते अलग हैं। जिसे रोटी चाहिए उसके लिए मन्दिर का क्या उपयोग? पिछली गोलमेज परिषद् में हमें अछूत समाज की समस्याएँ रखने में मुश्किलों का सामना करना पड़ा। वहाँ सभी का कहना यह था कि नौकरशाही के शिकंजे से सत्ता निकालकर उसे बहुजन समाज के हाथ में देते समय उसका कुछ अंश अछूतों को दे दिया जाए। किन्तु ये महात्मा ही उस समय अछूतों के हक़ों के विरोध में गए। उन्होंने मुस्लिम, ईसाई आदि अल्प-संख्यक लोगों को सत्ता का कुछ अंश देने की तैयारी जताई। ऐसी खतरनाक स्थिति में हिन्दुओं के इस महान नेता के साथ अपने स्वतन्त्र हक़ के लिए हमें लड़ना पड़ा। अपने आपको अछूतों का कल्याणकर्त्ता कहनेवाले हिन्दुस्तान के महात्मा को हमारे विरोध की कोई जरूरत नहीं थी। यदि वे वास्तव में हमारे कल्याणकर्त्ता होते तो मुझे उनके साथ झगड़ने में अपनी ताकत खर्च करने की कोई जरूरत नहीं थी।

महात्माजी को स्वराज्य के लिए तुरन्त एक करोड़ रुपए देनेवाले सवर्ण लोग अछूतपन उन्मूलन के लिए पाँच-छह लाख का चन्दा देने के लिए भी क्यों तैयार नहीं होते? इससे पता चलता है कि सवर्ण हिन्दू समाज को अछूतपन उन्मूलन के कार्य में कितनी दिलचस्पी है। गांधीजी का यह जुल्मी रामनाम का आन्दोलन किस तरह अपना उत्थान कर सकता है? और ये लोग आपका अछूतपन, आप पर होनेवाला अन्याय, आप पर होनेवाली सामाजिक ज्यादतियाँ, अपमान, गरीबी आदि को किस तरह से नष्ट कर पाएँगे? वास्तव में देखा जाए तो सवर्ण हिन्दू समाज नकली समाज-सेवा करने में बड़ा होशियार है। वे लोग हमेशा ही बड़ी चालाकी से भीतर से आपके सामाजिक जीवन में काँटे बोने का प्रयास करते हैं। यहाँ के अमीर, साहूकार, खोत, जमींदार, पूँजीपति लोग आपके आर्थिक जीवन को और भी मुश्किल कर रहे हैं। और इधर बहुजन समाज का प्रतिनिधित्व करनेवाली कांग्रेस बड़े गर्व से कह रही है कि कांग्रेस ही अछूतों, गरीबों और उत्पीड़ित वर्ग की संस्था है। इन तमाम बातों पर गहराई में जाकर विचार के बाद ऐसा लगता है कि कांग्रेस यदि हमारा कल्याण करनेवाली संस्था है तो हम भी उसमें शामिल हुए होते किन्तु जब मैंने यह अनुभव किया कि कांग्रेस के द्वारा अपने समाज का, मजदूरों

का, किसानों का और दीनदुखियों का कल्याण नहीं हो सकता तब मैंने स्वतन्त्र मजदूर पार्टी की स्थापना की है।

इस देश से अंग्रेज लोग चले जाएँगे किन्तु यहाँ की गरीब जनता का खून चूसनेवाला जोंक की तरह जो धनवान वर्ग है वह इस देश से जानेवाला नहीं है। वह कांग्रेस में आ गया है। इसलिए उसकी खून चूसने की आदत समाप्त होनेवाली नहीं है। उसकी बेहिसाब ब्याज लेने की आदत समाप्त होनेवाली नहीं है। और उसकी गरीबों के घरों को उजाड़ने की आदत भी बदलनेवाली नहीं है।

मुझे ऐसा लग रहा था कि हमारे मुम्बई प्रदेश की ब्राह्मणेतर पार्टी गरीबों के लिए कुछ काम करेगी। इतना ही नहीं, कुछ समय तक उन पर मुझे गर्व भी था। किन्तु अन्त में अनुशासन और संगठन के अभाव में और 'बहती नदी में हाथ धोने' जैसी आदत की वजह से पार्टी की सारी शक्ति खत्म हो गई। और ऊँची जाति के कहलानेवाले ब्राह्मण समाज की नीति को मटियामेट करना जिनका लक्ष्य था वह लक्ष्य कहाँ गायब हो गया इसका कुछ पता नहीं चल रहा है। एक प्रबल पार्टी की इस दयनीय अवस्था पर गौर कीजिए। अपने हर आदमी को अपनी पार्टी के प्रति वफादार रहना चाहिए। पार्टी नेताओं की आज्ञा का पालन करना चाहिए। पार्टी के कार्यक्रम पर पूरी तरह विश्वास रखना चाहिए तथा अनुशासन का पालन करना चाहिए। उसी प्रकार पार्टी कार्यक्रम को अमल में लाने की पूरी कोशिश करनी चाहिए। आपको अपने निजी स्वार्थ का त्याग करना चाहिए। पार्टी के लिए सबकुछ कुर्बान करने की तैयारी रखनी चाहिए। इसलिए स्वतन्त्र मजदूर पार्टी में सम्मिलित होनेवालों को इन तमाम बातों का ध्यान रखना आवश्यक है। इन तमाम बातों पर गम्भीर रूप से सोचना चाहिए।

आज विधिमंडल में अपनी पार्टी के कम प्रतिनिधि हैं फिर भी विधिमंडल में अन्य पार्टियों के प्रतिनिधि उनसे घबराते हैं। क्योंकि हमने लोक-कल्याण के लिए जो कार्यक्रम बनाया है उसे अमल में लाने के लिए हम पूरी तरह से प्रयास करेंगे, इस बात को वे अच्छी तरह जानते हैं। बहुजन समाज को सुख मिलेगा, उन पर अन्याय नहीं होगा, इस तरह के कानून सत्ताधारी पार्टी की ओर से बनवा लेना चाहिए। हम लोगों को जो मामूली राजनीतिक हक़ प्राप्त हुए हैं उनमें फिलहाल विश्वास करते हुए अपने अधिकारों के लिए झगड़ना चाहिए। फौजदार, तहसीलदार, सर्कल इन्स्पेक्टर, पटवारी और मुखिया के हाथ में सत्ता नहीं है। जैसे महार सरकारी नौकर हैं वैसे वे भी हैं। सही सत्ता लोगों के हाथ में मतलब विधिमंडल के हाथ में है। इसलिए आपको सरकारी नौकरों से बिल्कुल डरने की जरूरत नहीं है। मैं आप लोगों को यह यकीन दिलाता हूँ कि उन्होंने और अन्य लोगों ने आप लोगों को सताया तो उससे न्याय पाने के लिए, आपकी शिकायतें, दुख और जुल्म के खिलाफ आवाज बुलन्द करने का काम स्वतन्त्र मजदूर पार्टी करेगी। स्वतन्त्र मजदूर पार्टी की जिलावार शाखाएँ बननेवाली हैं। मेरा बचपन और प्राथमिक शिक्षा इसी जिले में हुई है इसलिए इस जिले की शाखा का गठन करते हुए मुझे बड़ी खुशी हो रही है।

साप्ताहिक 'जनता' के 13 और 20 नवम्बर, 1937 के अंक में प्रकाशित।

# लाचारी से जीना छोड़ दीजिए

*दि. **7 नवम्बर 1937** को दौंड़ (जि. पूना) में डॉ. बाबासाहेब अम्बेडकर की अध्यक्षता में दलितों की सभा आयोजित की गई थी। इस सभा को सम्बोधित करते हुए डॉ. अम्बेडकर ने कहा–*

प्रिय बहनो तथा भाइयो,

मुझे यहाँ आकर कुछ विशेष बोलना पड़ेगा, ऐसा मुझे बिल्कुल नहीं लग रहा था। आप लोगों से मुलाकात हो जाने से काम चल जाएगा, ऐसा मैं सोच रहा था। किन्तु आपके यहाँ की स्थिति को देखते हुए मुझे दो बातें कहनी ही चाहिए। आज की सभा का मुख्य उद्‌देश्य है स्वतन्त्र मजदूर पार्टी की शाखा का गठन करना। हमारा यह संगठन सिर्फ अछूतों के लिए नहीं है बल्कि उन तमाम लोगों के लिए है, जो लोग मेहनत करके पेट पालते हैं, मजदूरी करते हैं, वे मजदूर किसान हैं, ऐसे लोगों के लिए ही यह संगठन है। अपनी पार्टी की स्थापना हुए एक साल भी नहीं हुआ है किन्तु हमारे कार्यों में बड़ी तेजी आई है, इस बात से पता चलता है कि इस पार्टी की कितनी जरूरत है। कांग्रेस में मेहनतकश, मजदूर वर्ग का कोई कल्याण होनेवाला नहीं है। कांग्रेस एक मायाजाल है। इस महामाया के जाल में फँसकर अपना विनाश मत करवाइए। आप लोग इस बात को जानते हैं कि एक बार एक चीते ने भेड़ से कहा, "तू मेरे साथ चल, मैं तुझे स्वर्ग ले जाता हूँ", किन्तु उसने उसे स्वर्ग ले जाने के बजाय रास्ते में ही खा लिया। इसलिए आप सभी लोग समय रहते जाग जाइए। सच और झूठ क्या है इसे आप ही अपनी बुद्धि से पहचानिए। आपका सही कल्याण हो यही यदि आपकी इच्छा है तो आप लोग आज ही स्वतन्त्र मजदूर पार्टी के सदस्य बन जाइए। विधिमंडल के लिए अपने ज्यादा से ज्यादा प्रतिनिधि चुने जाने जरूरी हैं। वे प्रतिनिधि अपनी भलाई का ज्यादा से ज्यादा काम कर सकते हैं।

उसी प्रकार (महार) अधिकार (वतनदारी) के बारे में कांग्रेस के लोग आपको गलत सलाह देंगे। गाँवखेड़ों में आप लोगों की संख्या कम होती है। आपका जीवन-निर्वाह भी वहाँ के सवर्णों पर निर्भर होता है। उसके लिए वे आप लोगों को गुमराह कर सकते हैं कि आपकी ईनामी जमीन (हडकी हाडबल) छीन ली जाएगी। इसलिए आप उन पर भरोसा मत रखिए। दीवाली में महार जाति के लोगों को पाटिल (चौधरी) की आरती

उतारने के लिए जाना और कहना कि, 'बलि का राज आये!' उसने अब तक बहुत राज भोग लिया है। फिर पाटिल (चौधरी) की बीवी को महार की आरती क्यों नहीं उतारनी चाहिए। दूसरे दिन महार लोग शमी-पत्र लाएँगे और फिर पाटिल उन्हें लूटेगा। ऐसे समय शमी-पत्र तोड़कर लाने में पाटिल के लिए कौन-सी शर्म की बात है? पंचायत आदि महत्त्वपूर्ण कामों में सभी लोगों को बुलाने के लिए महार को भेजा जाता है। फिर गाँव पंचायत में बैठने का अधिकार महार को क्यों नहीं होना चाहिए? मौत की खबर डाक या तार से भेजने के बजाय कोसों दूर पैदल चलकर महार को ही क्यों पहुँचानी चाहिए? मैंने अब तक आप लोगों को सिर्फ दो बातें छोड़ देने के लिए कहा है, वे दो बातें हैं : (1) मरे हुए पशुओं का मांस नहीं खाना, (2) झूठन नहीं खाना। उसी तरह मैं रोटियाँ आदि की भीख माँगने के खिलाफ हूँ। हम अन्य लोगों की तरह मनुष्य हैं फिर हमें सिर्फ रोटी के लिए क्यों स्वाभिमान-शून्य होना चाहिए?

ऐसी स्थिति में मैं तुम लोगों को सवर्ण लोगों के पास रोटी के लिए भीख माँगिए, ऐसा कैसे कह सकता हूँ? उसी प्रकार मैं यहाँ उपस्थित महिलाओं से कहना चाहता हूँ कि आप जिन बच्चों को पैदा करती हैं उनकी सही देखभाल करने की बजाय, उनको सवर्ण समाज के बच्चों की तरह अच्छी बातें सिखाकर उनका ध्यान पढ़ाई में लगाने की बजाय क्यों गाँव में भीख माँगते घूमने देती हो? आप लोग भी इनसान हैं। सवर्ण समाज के बच्चे पढ़-लिखकर अपना नाम रोशन करते हैं। उसी तरह अपने बच्चों को तुम लोग क्यों तालीम नहीं देते हो? मेरी सलाह के मुताबिक यदि यहाँ के लोग रहने लगे तो मेरे लिए इससे बढ़कर और कोई खुशी की बात नहीं होगी।

(हडकी-हाडबल यह महारों के परम्परागत अधिकारों का खास शब्द है। जिस पश्चिम महाराष्ट्र में पेशवाई और मराठाशाही की जुल्मी राजसत्ता थी वहाँ के महारों को (अछूत) परम्परागत कुछ अधिकार थे। जैसे महारों के 52 अधिकारों की बात कही जाती है। उसमें हडकी-हाडबल एक अधिकार है, जिसका मतलब है महारों को गाँव में मरे हुए जानवरों की हड्डियाँ और चमड़ी आदि रखने के लिए दी गई कुछ जमीन, जिस पर महारों को सरकारी लगान आदि नहीं देना पड़ता था।)

साप्ताहिक 'जनता' के 20 नवम्बर, 1937 के अंक में प्रकाशित।

# स्वतन्त्र मजदूर पार्टी की आवश्यकता क्यों?

*दि. **10 नवम्बर 1937** को मुम्बई में भाऊराव गायकवाड को सम्मानपत्र देने का कार्यक्रम डॉ. बाबासाहेब अम्बेडकर की अध्यक्षता में आयोजित किया गया था। इस अवसर पर दलित जनता को सम्बोधित करते हुए डॉ. अम्बेडकर ने कहा–*

आज इस अवसर पर मैं इस सभा के लिए उपस्थित हो सका हूँ इस बात की मुझे बड़ी खुशी है। और जिन लोगों ने इस सभा का आयोजन किया है उनका मैं शुक्रगुजार हूँ। हम लोग जिस तरह हमेशा आन्दोलन की ज्वाला को बरकरार रखने के लिए तात्कालिक सभाओं का आयोजन करते हैं उस तरह का यह आयोजन नहीं है। यह एक सम्माननीय सदस्य के अभिनन्दन के लिए आयोजित की गई सभा है और उसका बड़ा महत्त्व है। भाऊराव गायकवाड की हैसियत कितनी बड़ी है, यह बताने की आवश्यकता नहीं है। आज के सम्मान-पत्र की भाषा उन्हें अवास्तविक लग रही है। किन्तु मेरी राय में वह पानी की तरह तरल है। उसकी तुलना में भाऊराव का कार्य बहुत बड़ा है। इस समय मुझे इस बात के लिए अफसोस हो रहा है कि यह सम्मान-समारोह वड़ाला के सभी लोगों की ओर से होने की बजाय कुछ लोगों की ओर से हो रहा है। दूसरी बात यह कि यह कार्यक्रम सारे मुम्बई प्रदेश की ओर से नहीं तो कम-से-कम मुम्बई शहर की ओर से होना चाहिए था। खैर, फिर भी इस महत्त्वपूर्ण सभा की अध्यक्षता करने के लिए मुझे कहा गया जिससे मैं इनकार नहीं कर सका।

जब मैं पिछले दस साल के अपने समाज के उत्थान के बारे में सोचता हूँ, उस समय मेरे मन में बार-बार दो तरह के विचार आते रहते हैं। एक बगैर ईश्वर की कृपा के पिछले दस सालों में हम अपने समाज का आशातीत उत्थान नहीं कर सके। गाँधीजी जैसे व्यक्ति के साथ झगड़ने में सफलता हासिल करके हम लोगों को राजनीतिक हक़ हासिल हुए। हम लोगों को राजनीति में समानता के हक़ प्राप्त हुए हैं। ब्राह्मण, क्षत्रिय की कुर्सी से कुर्सी लगाकर विधिमंडल में बैठने की, उनके साथ बातचीत करने का जो मौका मिला है क्या वह ईश्वरीय मेहरबानी नहीं है? मुझे ऐसा लगता है कि यह सब हासिल करने का मैं सिर्फ एक निमित्त था। दूसरी बात यह है कि मान्यवर भाऊराव गायकवाड जैसे लोगों का मुझे सहयोग न मिला होता तो यह अकेली ईश्वरीय कृपा भी कुछ नहीं कर सकती थी। आज सामान्य जनों की ओर से मुझे मेरे काम के लिए जो

धन्यवाद दिया जा रहा है, उसकी अस्सी प्रतिशत हिस्सेदारी मान्यवर गायकवाड की है, यह कहने में मुझे कोई एतराज नहीं है। इस प्रकार हर तरह से योग्य नेता को यहाँ आज सम्मान-पत्र देकर जो सम्मान किया जा रहा है वह मेरी दृष्टि से उचित और प्रशंसनीय है।

अब इस अवसर पर अपने आन्दोलन के सम्बन्ध में मुझे दो बातें कहने में कोई संकोच नहीं है। इस हिन्दुस्तान में राष्ट्रीय कांग्रेस को बहुत बड़ी संस्था माना जाता है। यह होते हुए भी मैंने स्वतन्त्र मजदूर पार्टी का अलग संगठन क्यों बनाया? इसकी वजह एक ही है कि कांग्रेस में जिन पूँजीपतियों की तादाद ज्यादा है वे लोग अपनी भलाई के बारे में सोचने की बजाय दलित, गरीब, मजदूर, सर्वहारा और किसान वर्ग की भलाई के बारे में सोचेंगे, ऐसा मुझे नहीं लग रहा है। उसी प्रकार कामगार वर्ग में दूसरा एक दल बनाया गया है। इस लाल झंडे के आन्दोलन से श्रमजीवी वर्ग की आज की स्थिति में भलाई होगी या नहीं, इस बात का मुझे सन्देह है। और इसीलिए मुझे एक नई स्वतन्त्र मजदूर पार्टी की स्थापना करनी पड़ी। अपनी पार्टी की ओर से पिछले मुम्बई प्रदेश विधिमंडल के चुनाव में नासिक जिले की ओर से मान्यवर भाऊराव गायकवाड का प्रतिनिधि के रूप में चुनाव किया गया था, उसमें कांग्रेस के साथ मुकाबला था। जब इस चुनाव का नतीजा घोषित हुआ तब कांग्रेस पार्टी का उम्मीदवार पहले नम्बर पर था और उसे 16, 900 सौ वोट मिले थे और भाऊराव गायकवाड को 16, 650 वोट मिले थे। इन दोनों उम्मीदवारों के वोटों में सिर्फ 250 वोटों का फर्क था। किन्तु मेरे हिसाब से यह गणित गलत है। क्योंकि हमारा एक आदमी उस समय उनके विरोध में खड़ा रहा। इस अवसर पर मुझे उसका नाम लेना उचित नहीं लग रहा है। उसे 4000 हजार वोट मिले। यदि इन वोटों का विभाजन न हुआ होता तो भाऊराव गायकवाड ने कांग्रेस के उम्मीदवार को 3750 वोटों से पीछे धकेल दिया होता। इससे पता चलेगा कि भाऊराव गायकवाड की हैसियत कितनी है। यह कहने में मुझे खुशी हो रही है कि विधिमंडल में चुनकर गए सभी उम्मीदवार लायक हैं। और जिन लोगों के बारे में विधिमंडल के लोगों में सम्मान की भावना है, उनमें भाऊराव गायकवाड एक हैं।

हमने जिस स्वतन्त्र मजदूर पार्टी की स्थापना की है उसका सभी लोगों को सदस्य बनना चाहिए। मैं आप लोगों को आह्वान करते हुए कहना चाहता हूँ कि मैंने इस सारी राजनीति का अच्छी तरह से अध्ययन किया है और इसी अध्ययन के आधार पर स्वतन्त्र मजदूर पार्टी का कार्यक्रम बनाया है। जिन लोगों को इस कार्यक्रम के बारे में सन्देह हो वे मेरे पास आएँ। मैं उनकी शंकाओं का समाधान करूँगा। किन्तु ऐसा करने की बजाय लोगों को भ्रमित करनेवाला आदमी जाहिल ही होना चाहिए। खैर, कांग्रेस पार्टी विश्वमित्र की माया है। माया (जाल) के बारे में मुक्तेश्वर ने जो वर्णन किया है उसमें साँप और नेवले की दोस्ती है, चूहा बिल्ली का दूध पी रहा है। सिंह और हाथी भाईचारे से रह रहे हैं आदि कुछ बातें हैं। किन्तु इस तरह की बातों का व्यवहार में कितना महत्त्व

है, ये बातें कितनी सत्य साबित होती हैं, यही महत्त्वपूर्ण सवाल है। ऐसी ही स्थिति कांग्रेस पार्टी की है। समाज को इस तरह से संगठित होना चाहिए कि उसके मुख्य नेता यदि मर गए या संगठन छोड़कर चले गए तब भी समाज-कार्य निरन्तर चलते रहें और समाज का संगठन दीर्घकाल तक टिक सके। इस प्रकार के कार्य की योजना बनी तभी वह संगठन अथवा पार्टी दुनिया में गौरवशाली सिद्ध होगी।

साप्ताहिक 'जनता' के 27 नवम्बर, 1937 के अंक में प्रकाशित।

# अपने स्वतन्त्र अस्तित्व को बरकरार रखिए

*मुम्बई के धारावी (सायन) में रहनेवाले आदि द्रविड समाज के मजदूरपेशा करनेवाले मजदूरों के युवा बच्चों ने 'आदि द्रविड युवक संघ' के तत्त्वावधान में* ***दि. 14 नवम्बर 1937*** *को माटूँगा के बपू हॉल में डॉ. बाबासाहेब अम्बेडकर की अध्यक्षता में सभा आयोजित की थी। उस सभा को सम्बोधित करते हुए डॉ. अम्बेडकर ने कहा–*

प्यारे भाइयो तथा बहनो,

आप लोगों ने सम्मानपत्र देकर मेरा जो गौरव किया है उसके लिए मैं आप लोगों का आभारी हूँ। आप सभी लोग मद्रास प्रदेश से अपनी रोजी-रोटी कमाने के लिए यहाँ आए हैं। बीच-बीच में आप लोग अपने गाँव जाते रहते हैं। उस समय आपका और आपके प्रदेश के अन्य लोगों का जब-जब सवाल उठे उस समय आपको उन्हें एक बात जरूर समझानी चाहिए और वह यह कि फिलहाल जो नया संविधान अमल में है उसमें अछूत वर्ग को जो राजनीतिक हक़ प्राप्त हुए हैं वे बहुत महत्त्वपूर्ण हैं। आज तक अपने वर्ग के बारे में ऐसी बातें नहीं हुईं। हमें जो ये हक़ प्राप्त हुए हैं उनका सही उपयोग अछूत वर्ग के लिए यदि नहीं हुआ तो उनके मिलने का कोई फायदा नहीं है। अन्य प्रदेशों की तुलना में मद्रास प्रदेश को ज्यादा सीटें मिली हैं। उसी प्रकार अन्य प्रदेशों की तुलना में आपके प्रदेश के दलितों के दुख ज्यादा हैं। ऐसी स्थिति में आप लोगों को जो राजनीतिक हक़ प्राप्त हुए हैं उनका उपयोग आप लोगों ने क्या सही मायने में किया है इस तरह का सवाल यदि आप लोगों से पूछा जाए तो बड़े खेद के साथ यह कहना पड़ता है कि आप लोग इस सम्बन्ध में अपनी जिम्मेदारी का पालन नहीं कर सके। 30 प्रतिनिधियों के अलावा सभी लोग कांग्रेस में शामिल हैं। उसका परिणाम यह हुआ कि इस प्रदेश के अछूत वर्ग के सवालों को ढंग से नहीं उठाया गया।

आप लोगों को अछूत नाम से पुकारनेवाले हिन्दू और आप लोगों पर जुल्म-ज्यादतियाँ करनेवाले हिन्दुओं से आज कांग्रेस पूरी तरह से भरी हुई है। अब उन्हीं लोगों के साथ अछूत वर्ग मिल गया तो उनके सवालों को कौन हल करेगा। अछूत वर्ग के जो प्रतिनिधि कांग्रेस में मिल गए हैं उन्हें अब सत्तासीन कांग्रेस मन्त्रिमंडल से पार्टी अनुशासन की वजह से किसी समस्या पर सवाल पूछना मुश्किल होगा। उनके बारे में

शोरशराबा करके उठे सवालों को हल करने के लिए मन्त्रिमंडल को मजबूर करने की बात तो रही दूर।

दूसरा महत्त्वपूर्ण सवाल यह है कि आप लोगों पर जुल्म-ज्यादतियाँ करनेवाले हिन्दू कांग्रेस में हैं। यदि इन पर आप लोगों को इतना भरोसा है तो आप लोगों को अपना स्वतन्त्र अस्तित्व बनाए रखने की जरूरत ही क्या है? कल शायद आप लोगों से कोई ऐसा भी सवाल पूछ सकता है कि आप लोगों को विशेष राजनीतिक हक़ों की जरूरत कहाँ है? इसलिए अछूत वर्ग की भलाई कांग्रेस के साथ मिल जाने में नहीं, बल्कि अपना स्वतन्त्र अस्तित्व बरकरार रखने में और अपने सवालों के लिए समय-समय पर संघर्ष करने में है। उसके बगैर अछूत वर्ग की दुख से मुक्ति नहीं हो सकती और उनका उत्थान भी नहीं हो सकता। इसी प्रकार के विचार मद्रास के अछूत वर्ग के एक नेता दि.ब. श्रीनिवास ने व्यक्त किए हैं। वे एक सभा में बहिष्कृत वर्ग के युवाओं को सम्बोधित करते हुए बोल रहे थे। उन्होंने अपने भाषण में कहा कि, ''कांग्रेस के मन्त्रिमंडल को सत्ता में आए कई दिन बीत गए हैं। इस दौरान अछूत वर्ग के प्रतिनिधियों ने अपने वर्ग के सम्बन्ध में एक भी सवाल नहीं पूछा और न अपने वर्ग की ओर सरकार का कोई ध्यान आकर्षित किया।'' इसका कारण यही है कि आपके प्रदेश के अछूतों के प्रतिनिधि कांग्रेस में मिल गए हैं। इसलिए अछूतों के सही हितों की रखवाली करना चाहते हो तो आपको अपना स्वतन्त्र अस्तित्व बरकरार रखते हुए झगड़ते रहना पड़ेगा। आप लोग इस बात पर जरा गौर से सोचिए और उसके अनुसार चलने की कोशिश करनी चाहिए।

साप्ताहिक 'जनता' के 20 नवम्बर, 1937 के अंक में प्रकाशित।

# इस मुक्ति संग्राम में आपके पास खोने के लिए क्या है?

*दि. **31 दिसम्बर 1937** को सोलापुर में आयोजित सोलापुर जिला अछूत राजनीतिक परिषद् डॉ. बाबासाहेब अम्बेडकर की अध्यक्षता में हुई थी। परिषद् का आयोजन मुनिसिपल धर्मशाला में किया गया था। इस परिषद् को सम्बोधित करते हुए डॉ. अम्बेडकर ने कहा–*

वास्तव में इस परिषद् का अध्यक्षीय भाषण लिखकर उसे मुझे आप लोगों के सामने पढ़ना चाहिए था। किन्तु समयाभाव की वजह से मैं वैसा नहीं कर सका, इसका मुझे अफसोस है। बेमतलब लम्बा भाषण देने की कोई जरूरत नहीं है। मैं आज खास तौर पर तीन सवालों पर बात करना चाहूँगा। 1. क्या हम लोगों को हिन्दू समाज में समानता का स्थान मिलेगा? 2. हम लोग अपनी आर्थिक स्थिति के बारे में सोचें तो क्या हमें सम्पत्ति का उचित हिस्सा मिला है? 3. जब हम लोग अपने उत्थान के लिए आन्दोलन चलाते हैं तब हम लोगों पर जुल्म होता है, इसका प्रतिकार करने के लिए हम लोग किस तरह से प्रभावी बन सकते हैं?

हम लोगों ने पहले सवाल के बारे में अच्छी तरह से सोच-विचार कर लिया है। धर्मान्तरण का सवाल इसी के साथ जुड़ा हुआ है। इस सम्बन्ध में मैं आज यहाँ ज्यादा बोलना नहीं चाहता। लेकिन इस पंढरपुर गाँव में आप लोगों को जानबूझकर सन्त चोखामेला की याद दिलाना चाहता हूँ। मंगलवेढे गाँव में दीवार बननी थी, उसके लिए पंढरपुर के महारों को बंधुआ बनाया गया था। उसमें चोखामेला भी था। काम शुरू था उसी दौरान एक दीवार गिर पड़ी। उसकी चपेट में चोखामेला भी आ गया और वहीं दबकर मर गया। बाद में चोखामेला की समाधि बननी थी, उसके लिए लोगों को चोखामेला की हड्डियाँ चाहिए थीं। वहाँ कई महार मरे थे इसलिए वहाँ सभी को दफन किया गया था। उनमें चोखामेला की हड्डियाँ कौन-सी हैं, इसका पता लगाना मुश्किल था। तब लोग नामदेव से मिले, उन्होंने इस सम्बन्ध में रास्ता खोजने के लिए उनसे विनती की। नामदेव ने कहा कि कई लोगों की हड्डियों में चोखामेला की हड्डियाँ खोजना मुश्किल काम नहीं है। क्योंकि चोखामेला की हड्डियाँ विट्ठल नाम को

उच्चारित कर रही होंगी, इसलिए जिस हड्डी से विट्ठल आवाज निकले उन हड्डियों को चोखामेला की हड्डियाँ समझकर उठा लाइए और उन पर समाधि बनवाइए। उनकी हड्डियों से आवाज निकलने के सवाल को अलग रख़ दीजिए। लेकिन चोखामेला की हड्डियों से विट्ठल, विट्ठल की आवाज निकलने की बात ही उनकी महानता को प्रमाणित करती है। वे इतने महान थे। उन्हें ज्ञानदेव, सोपानदेव, मुक्ताबाई आदि सन्तों की कोटि में स्थान प्राप्त हो गया था। किन्तु उन्हें भी विट्ठल मन्दिर में जाने की इजाजत नहीं थी। उनकी समाधि भी मन्दिर से काफी दूरी पर बनाई गई है। उस समय चोखामेला के साथ और उसके जातिभाइयों के साथ दुर्व्यवहार किया जाता था। उसी तरह जिस वर्ग में चोखामेला का जन्म हुआ था उस वर्ग को आज भी उसी नीच भावना से देखा जाता है। आज भी हम लोगों को उसी तराजू में तोला जा रहा है। इसलिए चोखामेला ने जिस धर्म के दामन को पकड़ा था उसी धर्म के दामन को हमें क्यों पकड़े रखना चाहिए? उस धर्म में हम लोगों को हमेशा नीच समझा जाएगा। इसलिए हम लोगों को पूरी तरह से उस धर्म से दूर ही रहना चाहिए।

दूसरा सवाल है, आर्थिक सवाल, अपने पेटपानी का सवाल। आज अपने देश की सारी दौलत सफेदपोश वर्ग के हाथों में खेल रही है। उस दौलत से उसका ऐशोआराम चल रहा है लेकिन आप लोगों को अपना पेट पालने के लिए मुट्ठीभर अनाज के दाने भी नसीब नहीं हैं। नंगे बदन को ढँकने के लिए कपड़ा तक नहीं है। अभी एक महिला अपने बच्चे के लिए कमीज खरीदने के लिए मुझसे पैसे माँग रही थी। वह स्थिति जो उस महिला की थी वही स्थिति अपने सारे समाज की है। इसका कारण उनके हिस्से में धन-दौलत गई है और हमारे हिस्से में गरीबी आई है, मतलब धन-दौलत का विभाजन न्याय के सिद्धान्तों पर नहीं हुआ है। और आज हमारे सामने यही महत्त्वपूर्ण सवाल है कि उसका विभाजन सही ढंग से हो। हम लोगों ने सरकार के पास यह माँग की कि गाँव के पास के जंगल की खाली पड़ी जमीन हम लोगों को जोतने के लिए मिलनी चाहिए। गाँव के अन्य लोग तो यही प्रयास करते हैं कि वह जमीन हम लोगों को न दी जाए। और वे उस जमीन को हम लोगों को नहीं मिलने देते। जिस समय मेरी मुख्यमन्त्री डॉ. खेर से भेंट हुई थी उस समय मैंने उस सम्बन्ध में उनसे पूछा था कि क्या गाँव के लोगों की गाय-भैंसों से हमारी जान की अधिक कीमत नहीं? क्या सरकार को हमारे लोगों की जान की बगैर परवाह किए गाँव की गाय-भैंसों की व्यवस्था करनी चाहिए? सरकार को सबसे पहले लोगों की जान बचाने की कोशिश करनी चाहिए और बाद में जानवरों के बारे में सोचना चाहिए। मैं आप लोगों को इतना ही कहना चाहता हूँ कि आज आप लोगों की कीमत जानवरों से भी कम है। आज सभी सेठ-साहूकारों के हिमायती हैं। यहाँ गरीबों का कोई हिमायती नहीं है। यहाँ गरीब ही गरीबों का रखवाला है और गरीबों को यदि अपनी परिस्थिति में परिवर्तन लाना है तो उन्हें कानून बनानेवाली जो राजनीतिक सत्ता है उसे हासिल करना चाहिए। वे लोग यदि विधिमंडल में अपने सही, निस्वार्थी प्रतिनिधि नहीं भेजेंगे तो उनका पतन होगा इसमें कोई सन्देह नहीं है। इसलिए हम लोगों को विधिमंडल

में हमारी भलाई के कानून बनानेवाले प्रतिनिधि भेजने की सुविधा होनी चाहिए। उसके लिए हम लोगों को हमेशा संगठित रहना चाहिए। उसी के लिए स्वतन्त्र मजदूर पार्टी की स्थापना की गई है। आज कानून बनानेवाली सरकार कांग्रेस की है। वह कांग्रेस एक तरह से विश्वमित्र की मायावी रचना है। वहाँ मुक्तेश्वर के वर्णन के अनुसार चूहा बिल्ली का दूध पी रहा है। शेर और बकरी एक शैय्या पर सो रहे हैं। नेवला साँप का चुम्बन ले रहा है। वहाँ सेठ-साहूकार लोग किसान और मजदूरों की भलाई की बात कर रहे हैं। पूँजीपति लोग मजदूरों का कल्याण करने की शेखी बघार रहे हैं। ये बातें कितनी फालतू हैं, वे लोग जनता का कितना शोषण करते हैं, यह अब गरीबों को बार-बार बताने की कोई जरूरत नहीं है। सेठ-साहूकार हमारे दुश्मन हैं, इस बात को हम लोग अच्छी तरह से जानते हैं। कांग्रेस इस तरह से लोगों को छल रही है। इसलिए मैं उसमें नहीं गया और इसलिए मैं आप लोगों से कह रहा हूँ कि आप लोग कांग्रेस से कोसों दूर रहिए।

आपकी भलाई के कानून बनवाना और उसके लिए लड़ना मेरी जिम्मेदारी है। मैं उसे निभाऊँगा। आप मेरी बात पर भरोसा रखिए। मैं अपनी जिम्मेदारी निभाऊँगा लेकिन उसी के साथ आप लोगों को अपनी जिम्मेदारी निभानी चाहिए, यही मैं आप लोगों से कहना चाहता हूँ। आप लोग जब तक अपने आन्दोलन को तेज नहीं करते तब तक आपको सफलता नहीं मिलेगी और हमारा जीवन भी सुखी नहीं हो सकता।

तीसरा सवाल है कि जब हम लोग अपने उत्थान का कार्य करते हैं उस समय हम लोगों पर जो जुल्म होता है उसका हल कैसे खोजा जाए? आप सभी जानते हैं कि सभी लोग हमारे विरोध में हैं और यदि उनका मुकाबला करना हो तो वह दो तरह से करना चाहिए। पहली बात तो यह है कि हम लोगों को अपने मन का डर समाप्त कर लेना चाहिए। जिस समय हम लोगों पर किसी भी प्रकार का जुल्म हुआ तो उस समय जुल्म करनेवाले से दो-दो हाथ करने के लिए तैयार रहना चाहिए। जो होना है सो होगा, उसके लिए डरने की क्या जरूरत? आप लोगों के पास क्या है जिसके खो जाने का डर है? आपको मरने से भी नहीं डरना चाहिए। यदि आप लोग इतने निर्भय हुए तभी आप अपने ऊपर होनेवाले जुल्म का मुकाबला कर सकते हैं?

अपने नौजवानों को अपने पहनावे में परिवर्तन करना चाहिए। उन्हें धोती की बजाय हाफ पैंट और बदन पर शर्ट मतलब (स्काउट ड्रेस) पहननी चाहिए। 18 साल से 40 साल तक के हर आदमी ने इस तरह की आसान ड्रेस अपनाई तो आप लोगों के दिलो-दिमाग में भी परिवर्तन आएगा, इसमें कोई सन्देह नहीं। और आपके मन का डर भी निकल जाएगा। इसके अलावा आन्तरिक मुक्ति के लिए मदद के तौर पर जुल्म से सुरक्षा पाने के लिए हम लोगों को एक कोष इकट्ठा करना चाहिए। उस कोष से कानूनी मदद और उत्पीड़ितों के दुख उन्मूलन का प्रयत्न करना चाहिए।

अब आप लोगों को जो कुछ मैंने बताया है उसे करने के लिए तैयार हो जाना चाहिए। और आप लोग उसके लिए तैयार होंगे, ऐसी मुझे पूरी उम्मीद है।

साप्ताहिक 'जनता' के 8 और 15 जनवरी, 1938 के अंक में प्रकाशित।

# जातिभेद ऊपर से बहकर आनेवाली मैली गंगा है

*डॉ. बाबासाहेब अम्बेडकर **दि. 30 दिसम्बर 1937** को सोलापुर जिले के दौरे पर गए। उस समय उनके साथ भाऊराव गायकवाड और कमलाकान्त चित्रे भी थे। वे **दि. 31 दिसम्बर 1937** को कर्कम गाँव पहुँचे। वहाँ मातंग समाज द्वारा आयोजित सभा को सम्बोधित करते हुए डॉ. अम्बेडकर ने कहा–*

कल 1 जनवरी, 1938 को सोलापुर में मातंग समाज की ओर से एक बैठक का आयोजन किया गया है। मुझे वहाँ निमन्त्रित किया गया है। मैं वहाँ विस्तार से अपनी बात रखूँगा। इसलिए इस समय मैं यहाँ संक्षेप में ही अपने विचार रखना चाहूँगा। और यह कहने का उद्‌देश्य भी यही है कि आपमें से कुछ लोग निश्चित तौर पर उस बैठक में उपस्थित रहेंगे किन्तु कुछ लोग ऐसे भी हैं जो उस बैठक में नहीं आ सकेंगे। इसलिए उन लोगों को मेरी बात सुनने का मौका मिले। पहली बात यह है कि अछूत समाज में आनेवाली महार, चमार, भंगी आदि जो जातियाँ हैं, उनमें किसी भी प्रकार की एकता नहीं है, यह हम सभी के लिए बदकिस्मती की बात है। इस एकता के न होने का असली कारण हिन्दू समाज का जातिभेद ही है। इस जातिभेद के लिए महार, मातंग, चमार या भंगी जिम्मेदार नहीं हैं। जातिभेद ऊपर से बहती आ रही मैली गंगा है। यह हमारी ओर बहते नरक का प्रवाह है। और उसी की वजह से जातिभेद के प्रदूषित फल और उसके दुष्परिणाम हम लोगों को भोगने पड़ रहे हैं। शर्म की बात यह है कि ये हिन्दू लोग अपने में व्याप्त जातिभेद को समाप्त करने की बात तक नहीं करते बल्कि अछूतों के अज्ञान का लाभ उठाकर उनमें जातिभेद और मजबूत करने का प्रयास करते हैं। वे लोग मातंगों को महारों के खिलाफ लड़वाते हैं, चमारों को महारों के खिलाफ लड़वाते हैं, और अपनी भेद नीति को हम लोगों में फैलाने का काम करते हैं। हम लोगों में एकता न हो, इस बात का वे पूरा प्रयास करते हैं।

किन्तु इस जातिभेद के लिए बुनियादी तौर पर हिन्दू लोगों के जिम्मेदार होने के बावजूद भी हम लोगों को अपनी जिम्मेदारी को नजरअंदाज करना अपना ही विनाश करना है। आज अपनी बुनियादी जिम्मेदारी है कि हम अपने आपस के जातिभेद को नष्ट कर दें और हममें आपस में भेद-नीति का फैलाव न हो इसके लिए पूरी कोशिश करें। हम लोग जब तक इस बात को हासिल नहीं करते तब तक हमारी सही कामयाबी

नहीं होगी। महार और मातंगों के बीच की रोटीबन्दी, बेटीबन्दी पूरी तरह से समाप्त हो जानी चाहिए। यदि हर जाति अपनी शेखी बघारने के लिए अपनी जाति से ही चिपकी रही तो महार महार ही रहेगा, मातंग मातंग ही रहेगा। इससे हम लोग हम पर होनेवाले जुल्म-ज्यादतियों का मुकाबला नहीं कर पाएँगे। महार और मातंग नाम में ऐसी क्या बात है जिसके लिए आपको अभिमान करना चाहिए। इनका कौन-सा स्वर्णिम इतिहास आपके पास है जिसके कारण पुरानी परम्पराएँ बरकरार रहनी चाहिए। समाज के सभी लोग इन्हें घटिया मानते हैं। आज आप लोगों की कचरे के ढेर से अधिक कीमत नहीं है। इसलिए इन नामों पर अभिमान करने की बजाय आप लोगों को यह बात देखनी चाहिए कि दोनों समाजों को पाटों के बीच पीसा जा रहा है। इसलिए दोनों को एक होकर रहना चाहिए। इस सम्बन्ध में महार समाज के बारे में कहें तो वे किसी भी प्रकार का जातिभेद मानने के लिए तैयार नहीं हैं। वे मातंग, चमार और भंगी आदि लोगों के साथ रोटी और बेटी व्यवहार करने के लिए तैयार हैं। यदि महार लोग ये बातें करने के लिए आगे-पीछे देखते हों तो मैं उन्हें यह काम करने के लिए मजबूर करने की जिम्मेदारी लेता हूँ।

आप लोगों से मुझे एक दूसरी बात भी कहनी है वह यह कि आप लोगों को आज कांग्रेस से दूर रहना चाहिए। इसकी वजह एक ही है और वह यह कि कांग्रेस एक मायाजाल है। क्या आप लोग मुझे यह बता सकते हैं कि गाँव के मारवाड़ी या साहूकार ने चार टके की कांग्रेसी टोपी सिर पर रख ली या कांग्रेस को चन्दा दे दिया तो वह अपने स्वभाव को भूल जाएगा? आप लोगों की गर्दनों को मरोड़ना वह कैसे छोड़ देगा? और आज कांग्रेस कह रही है कि हम साहूकारों और गरीबों की भलाई करनेवाले हैं। कांग्रेस चूहा और बिल्ली को एक साथ कैसे रखनेवाली है और बिल्ली के घर में चूहे को रखकर किस तरह से चूहे की जान बचानेवाली है? इस बात पर अब आप लोगों को ही गौर करना है। हम लोगों को बिल्ली से कोई लेना-देना नहीं है। हम चूहे की जान को बचाना चाहते हैं। हम लोग गरीबों का जीवन मतलब अपना जीवन सुखी बनाना चाहते हैं। इसलिए हम लोगों को अपनी शक्ति बढ़ानी चाहिए। और उस शक्ति को बढ़ाने का मतलब है आप लोगों की भलाई के लिए स्थापित किए गए स्वतन्त्र मजदूर पार्टी का सदस्य होना। आप लोगों को इस पार्टी का सदस्य बने रहने के लिए साल में सिर्फ चार आने देने पड़ेंगे। इसलिए आप सभी लोगों को स्वतन्त्र मजदूर पार्टी का सदस्य बनना चाहिए। आज मुझे आप लोगों से इतना ही कहना है।

साप्ताहिक 'जनता' के 8 जनवरी, 1938 के अंक में प्रकाशित।

# किसान भाइयों के लिए प्रेरणादायक सन्देश

*__दि. 1 जनवरी 1938__ को डॉ. बाबासाहेब अम्बेडकर ने किसान भाइयो के लिए एक महत्त्वपूर्ण निवेदन प्रकाशित किया था–*

किसान भाइयो,

आपकी पीड़ाएँ कई प्रकार की हैं, उन्हें नष्ट करने के लिए आप लोगों को ही मैदान में उतरना चाहिए और अपने संगठन को मजबूत बनाना चाहिए। मैंने स्वतन्त्र मजदूर पार्टी की ओर से खोती प्रणाली[1] समाप्त करने का जो बिल विधिमंडल में पेश किया है उसे मंजूर करवा लेने की बात मेरे प्रयासों से अधिक आपकी एकता पर निर्भर करती है। आप अपने संगठन को जितना मजबूत करेंगे उतनी स्वतन्त्र मजदूर पार्टी की ताकत बढ़ेगी और आपकी भलाई के कई कानून मंजूर करवाए जा सकते हैं। आपके सामाजिक भेदभावों का लाभ उठाकर आपके दुश्मन आपकी एकता कायम नहीं होने देंगे। फिर भी इस सम्बन्ध में कुनबी, मराठा, महार, चमार आदि सभी को सभी किसान एक हैं ऐसा समझकर अपनी भलाई के रास्ते में किसी को नहीं आने देना चाहिए। रत्नागिरि जिले के कुनबी जाति के किसानों ने अपना बड़ा जबर्दस्त संगठन शुरू किया है। यह देखकर मुझे बड़ी खुशी हो रही है। मैंने जिस काम को हाथ में लिया है उसे सफलता मिल रही है।

अन्य पार्टियों के लोग आप लोगों को बहकाते हुए यह कहेंगे कि आपकी भलाई के काम हम करनेवाले हैं। इसलिए आप लोगों को होशियार रहना चाहिए। लोकशाही स्वराज्य पार्टी [2] तो किसी न किसी रूप में खोती प्रणाली का बचाव करने का प्रयास कर रही है। उस पार्टी की हवा भी आप लोगों को छूएगी नहीं, इस बात की मुझे पूरी उम्मीद है। अब सवाल है कांग्रेस का। उस पार्टी के एक मन्त्री मोरारजी भाई देसाई

1. खोती प्रणाली–एक तरह की जमींदारी व्यवस्था। इसमें ब्राह्मण खोत होता था और गाँव तथा इर्द-गिर्द के गाँवों का लगान वसूल करने का उसे अधिकार था। खोत किसानों की जमीन की उपज का हक़दार था और वह किसानों तथा उनके परिवारजनों के साथ मनचाहा व्यवहार कर सकता था। खोती प्रणाली एक तरह से किसानों के लिए जुल्मी व्यवस्था थी।
2. लोकशाही स्वराज्य पार्टी–इस पार्टी की स्थापना तिलकवादी भालाकार भोपटकर ने की थी। इस पार्टी का प्रभाव पश्चिम महाराष्ट्र और खास तौर पर पूना तथा मुम्बई के ब्राह्मणों में था।

ने कुछ दिन पहले कोंकण प्रदेश का दौरा किया था। उस दौरे में उनका व्यवहार कितना निराशाजनक था, इस बात को आप लोग अच्छी तरह जानते हैं। यदि कांग्रेस को वास्तव में किसानों की भलाई पसन्द होती तो उसने मुट्ठीभर खोतों (जमींदार) की बगैर परवाह किए उसे कह दिया होता कि हम खोती प्रणाली को समाप्त करनेवाले हैं। किन्तु उन्होंने इस काम को नहीं किया। नामदार देसाई ने अपने कुलाबा जिले के दौरे में साफ तौर पर कह दिया था कि हम खोती प्रणाली को खत्म नहीं करेंगे। ज़ब यह बात साफ है तो उनकी कांग्रेस पार्टी की ओर से किसानों की भलाई होनी सम्भव नहीं है, इस बात को अब बताने की कोई जरूरत नहीं है।

किसानों की भलाई के लिए स्वतन्त्र मजदूर पार्टी खोती प्रणाली समाप्त करनेवाले बिल को विधिमंडल में पेश करके अपनी बात को प्रत्यक्ष व्यवहार में लाई है। विधिमंडल की अगली बैठक में हमारी पार्टी दूसरा बिल भी पेश करनेवाली है, जिसमें किसानों की गर्दन पर जो साहूकारी जकड़नें हैं उन्हें नष्ट करना है। साहूकारशाही का विरोध करना है। इसलिए किसान भाइयो, स्वतन्त्र मजदूर पार्टी आपकी ही पार्टी है। आप लोग इसी पार्टी के पीछे पूरी ताकत के साथ और हिम्मत से खड़े रहिए, उसकी ताकत को बढ़ाइए। मतलब हजारों की तादाद में उस पार्टी के सदस्य बन जाइए तब कहीं हमें अपने कार्य में सफलता मिलेगी।

आज 1 जनवरी, 1938 को कुनबी किसानों ने दापोली में खोती प्रणाली समाप्त करनेवाले बिल का समर्थन करने के लिए जिस सभा का आयोजन किया है उसके द्वारा सभी सताए हुए वर्गों के स्वर्णिम भविष्य की बुनियाद रखी जा रही है, ऐसा मैं मानता हूँ। और आपके कार्य में सफलता मिले ऐसी उम्मीद करता हूँ। इसलिए किसान भाइयो, आपस के भेदभावों को भूल जाइए और काम में लग जाइए। यही आप लोगों के लिए मेरा दिलोजान से सन्देश है।

राजगृह, दादर, मुम्बई
1 जन., 1938

आपका नम्र,
भीमराव अम्बेडकर
अध्यक्ष
स्वतन्त्र मजदूर पार्टी

साप्ताहिक 'जनता' के 1 जनवरी, 1938 के अंक में प्रकाशित करवाया था।

# नारी अपने पति की गुलाम नहीं है

*दि. 18, 19 और 20 जुलाई 1942 को नागपुर में अ.भा. दलित वर्गीय परिषद् आयोजित की गई थी। इसी समय और इसी स्थान पर* **दि. 20 जुलाई** *को अ. भा. महिला परिषद् आयोजित की गई थी। इस परिषद् को सम्बोधित करते हुए डॉ. अम्बेडकर ने कहा–*

इस अवसर पर आपकी परिषद् में बोलते हुए मुझे खुशी हो रही है। दलित वर्ग के उत्थान की और कल्याण की इच्छा रखनेवाले व्यक्ति को महिलाओं का यह समुदाय देखकर जितनी प्रसन्नता होगी उससे ज्यादा प्रसन्नता अन्य किसी बात से नहीं होगी। आप लोग यहाँ 20 से 25 हजार की संख्या में उपस्थित हैं। यह बात आज से दस साल पहले तक कल्पना से परे की बात थी। मैं महिलाओं के संगठन पर विश्वास करनेवाला आदमी हूँ। मैं यह जानता हूँ कि यदि उन पर भरोसा किया जाए तो वे समाज में बदलाव लाने के लिए कुछ भी करने के लिए तैयार हो सकती हैं। सामाजिक दोष नष्ट करने के लिए उन्होंने बहुत बड़ी जिम्मेदारी निभाई है। मैं अपने अनुभव से यह बात सिद्ध कर सकता हूँ। मैंने जब से दलित वर्ग में काम शुरू किया है, तब से महिलाएँ भी पुरुषों की तरह काम कर रही हैं। इसीलिए आपको दिखाई देगा कि हमारा सम्मेलन संयुक्त सम्मेलन है। जिस अनुपात में महिलाओं का विकास हुआ उसी अनुपात में किसी भी समाज का विकास होगा और इसीलिए इस समुदाय को देखने के बाद मुझे यकीन हुआ है और खुशी हुई है कि हम लोगों ने विकास किया है। मैं आप लोगों को कुछ ऐसी बातें बताना चाहता हूँ जिन पर आप लोगों को पर्याप्त ध्यान देना है।

आप लोग साफ-सुथरा रहना सीखिए। और सभी कुरीतियों से दूर रहिए। आप अपने बच्चों को पढ़ाइए। आप धीरे-धीरे उनके मन में महत्त्वाकांक्षाएँ जगाइए। वे महान बनें ऐसे संस्कार उन्हें दीजिए। उनके मन की हीनता को नष्ट कीजिए। लड़के-लड़कियों की शादी-ब्याह में जल्दबाजी मत कीजिए। शादी का मतलब है जिम्मेदारी। शादी के कारण पैदा होनेवाली आर्थिक जिम्मेदारी निभाने के लिए आर्थिक दृष्टि से समर्थ हुए बगैर उन पर शादी का बोझ मत लादिए। शादीशुदा लोगों को इस बात को ध्यान में रखना चाहिए कि अधिक बच्चे पैदा करना बुरा कार्य है। हमें हमारे बचपन में जो सुविधाएँ मिलीं उससे ज्यादा सुविधाएँ हम अपने बच्चों को मुहैय्या करवाएँ, यह हर

माँ-बाप की जिम्मेदारी है। सबसे महत्त्वपूर्ण बात यह है कि शादीशुदा हर लड़की को अपने पति के मित्र के रूप में हर कार्य में सहयोग करना चाहिए। उसे अपने पति के गुलाम के रूप में काम करने के लिए हिम्मत के साथ इनकार कर देना चाहिए। और समानता के लिए आग्रह करना चाहिए। यदि आप लोगों ने मेरी बात पर अमल किया तो आपको मान-सम्मान और सफलता हासिल होगी। इतना ही नहीं, दलित वर्ग को भी सम्मान और सफलता मिलेगी, इस बात पर मुझे पूरा यकीन है।

कोसारे, एच.एल. विदर्भातील दलित चळवळीचा इतिहास, पृ. 418, 419।

# दल की एक राजनीतिक सोच होनी चाहिए

*दि. **18, 19 और 20 जुलाई 1942** को नागपुर में अखिल भारतीय दलित वर्गीय परिषद् का आयोजन किया गया था। इसी परिषद में अ. भा. दलित महिला परिषद् भी हुई थी।* **दि. 20 जुलाई** *को समता सैनिक दल की परिषद् हुई हुई। इस परिषद् को सम्बोधित करते हुए डॉ. बाबासाहेब अम्बेडकर ने कहा–*

मध्यप्रदेश में खड़ा किया गया यह स्वयंसेवकों का विशाल दल देखकर मुझे बड़ी खुशी हो रही है। सबसे पहले स्वयंसेवकों का यह विशाल संगठन 1926 में मुम्बई से शुरू किया गया था। समता सैनिक दल अपने सामान्य आन्दोलन का हिस्सा है। सचमुच हमारे आन्दोलन का वह एक मजबूत साधन है। अब हमारे आन्दोलन के लक्ष्य और समाज से जुड़ी एक इकाई के रूप में हिन्दू समाज में समानता हासिल करने के लिए प्रयत्नशील था। आज भारत के राष्ट्रीय जीवन में हम अलग और स्वतन्त्र इकाई हैं और हिन्दुओं की बराबरी में हैं; यह हमारी विचारधारा है। अपने आन्दोलन के लक्ष्य और नीति के साथ ही समता सैनिक दल के लक्ष्य और नीति में परिवर्तन हुआ है। इस स्वयंसेवक संगठन के निर्माण में बुनियादी तौर पर यदि कोई कारण रहा है तो वह यही कि हिन्दू समाज में समानता हासिल करने के लिए दलित वर्ग की माँगों का समर्थन करना है। जैसाकि उसके नाम में ही दिखाई पड़ता है कि यह संगठन हिन्दू समाज में दलित वर्ग को समानता का स्थान दिलवाने के उद्देश्य से स्थापित किया गया है। हिन्दुओं से पूरी तरह स्वतन्त्र होकर हिन्दुओं के साथ सामाजिक समानता हासिल करना ही उसका लक्ष्य है और इस काम को धर्मान्तरण के द्वारा किया जा सकता है। हम लोगों को कदम-से कदम मिलाकर आगे बढ़ना है। हम लोगों को सबसे पहले स्वतन्त्र राजनीतिक हक़ माँगकर राजनीतिक समानता की माँग करनी चाहिए। इस तरह से हमें अपने प्रयास शुरू करने चाहिए। यह तब काफी मुश्किल काम था, जब अपनी राजनीतिक माँगों को व्यक्त करने के लिए दलित वर्ग को सुरक्षित सभास्थल नहीं मिलता था। एक समय था जब यह पूरी तरह असम्भव था। कांग्रेस संगठन में इतना घमंड था कि मुम्बई शहर में वह किसी राजनीतिक दल को सभा नहीं करने देता था। मुम्बई में अन्य संगठन सभा करने की हिम्मत नहीं करता था। कांग्रेस के स्वयंसेवक आकर सभा में बाधाएँ खड़ी

कर देते थे। कांग्रेस के इस आतंक का मुकाबला करने के लिए हमने अपने स्वयंसेवकों के बुनियादी कार्यों में कुछ बातें और जोड़ दी हैं। जैसे कि राजनीति में हिस्सेदारी करके कांग्रेस के स्वयंसेवकों के जुल्मों और कुकर्मों को अपनी सभाओं में बर्दाश्त न किया जाए। कांग्रेस के स्वयंसेवकों की धमकी को बेअसर करने का वह तरीका काफी प्रभावी रहा है। मैं गोलमेज परिषद में जाने की तैयारी कर रहा था। उस समय की एक घटना मुझे याद आती है। मेरे गोलमेज परिषद में जाने के विरोध में मैं मुम्बई में जहाँ रहाता था वहीं पास की कांग्रेस ने दलित वर्ग के नाम पर एक सार्वजनिक सभा का आयोजन किया था। इस सभा में यह घोषित किया गया कि मैं दलित वर्ग का सही प्रतिनिधि नहीं हूँ। इस सभा के आयोजकों को मैंने कहा कि यदि सचमुच यह दलित वर्ग की ही सभा है और उस सभा में किसी भी प्रकार का प्रस्ताव मंजूर किया गया तो उसमें मुझे कोई आपत्ति नहीं होगी। लेकिन आपीकी यह सभा दलित वर्ग की नहीं है। पूर्वनियोजित तरीके से उन्होंने इस बात को नकार दिया। शाम को सभा का आयोजन हुआ। लेकिन ऐन मौके पर हमारे स्वयंसेवकों का एक जत्था वहाँ पहुँचा और उसने कांग्रेस के स्वयंसेवकों को साँस लेने का मौका दिए बिना पूरी सभा को काबू में कर लिया। कांग्रेस के स्वयंसेवकों को कुर्सी, टेबल, कॉलबेल वहीं छोड़कर भागने के लिए रास्ता नहीं मिला। अन्त में इस कुर्सी, टेबिल, कॉलबेल को हमारे स्वयंसेवक अपने साथ ले आए। मुम्बई में हमारा स्वयंसेवक संघ सबसे ताकतवर है। वहाँ हमरे स्वयंसेवकों को चुनौती देने की हिम्मत आज तक किसी ने नहीं की है।

अपने राजनीतिक आन्दोलन बगैर किसी दबाव के चले रहे हैं इस बात की यदि कोई वजह है तो वह अपने स्वयंसेवक संघ की शक्ति ही है। उनके उपकारों की हम पर मेहरबानी है।

आप लोगों ने यह कल्पना मुम्बईवालों से उधार ली है। लेकिन दल के विस्तार में आप लोगों ने मुम्बईवालों को काफी पीछे धकले दिया है, यह बात प्रत्यक्ष दिखाई दे रही है। इसके लिए मैं आपकी प्रशंसा करना चाहता हूँ। आप लोगों की बराबरी में आने के लिए मुम्बईवालों को नींद से जागकर कड़ी मेहनत करनी पड़ेगी। समता सैनिक दल के संगठन की आवश्यका पर मेरा पूरा भरोसा है। इस संगठन को कायम रखना चाहिए। इतना ही नहीं, हर प्रदेश में उसकी शाखाएँ होनी चाहिए। और दलित वर्ग के हर नौजवान को उसका सदस्य बनकर उसका विस्तार करना चाहिए।

इस स्वयंसेवक दल का विरोध करनेवाले भी कुछ लोग हैं। वे अपने आपको अहिंसा के पुजारी कहते हैं और इस तरह के संगठनों और प्रदर्शनों का विरोध करते हैं। मैं स्वयं भी अहिंसा को स्वीकार करने योग्य बात मानता हूँ। लेकिन मैं अहिंसा और दीनता में फर्क करता हूँ। दीनता का मतलब है दुर्बलता। और खुद की दुर्बलता को खुद पर लाद देने को मैं सद्गुण नहीं मानता। उपनिषदों में मेमने की एक कहानी है। एक मेमना भगवान के पास गया और उसने शिकायत की कि 'भगवान, तू सभी प्राणियों का पिता है इसलिए सभी प्राणी भाई-भाई हैं। यह सब होने के बावजूद भी सभी प्राणी भाईचारा

भूलकर मुझे मारने पर तुले रहते हैं। यह सब किसलिए?' मेमने ने भगवान से पूछा। इस पर भगवान का बना-बनाया जवाब महत्त्वपूर्ण है। भगवान ने कहा, 'तू इतना दीन और निरुपाय दिखाई दे रहा है कि मुझे भी तुझे खाने की इच्छा हो रही है।' इस कहानी के मेमने की तरह ही हमारी हालत थी। और इसीलिए हर आदमी हम लोगों को कुचलने के बारे में सोचता है। खुद ही खुद पर लादी गई दुर्बलता के रूप में दीनता कोई सद्गुण नहीं है, इस बारे में मेरे मन में कोई सन्देह नहीं है। मैं अहिंसा पर श्रद्धा रखता हूँ लेकिन, "दया उसका नाम जिसमें प्राणियों का पालन, और दुश्मनों का निर्दलन।" सन्त तुकाराम ने अहिंसा की परिभाषा में दो बातें कही हैं : (1) सभी सचेत प्राणियों के प्रति प्रेम और दया और (2) दुश्मनों का नाश। लेकिन कई बार अहिंसा की परिभाषा में दूसरी बात अलक्ष्य हो जाती है और अहिंसा मजाक का विषय बन जाती है। अहिंसा का महत्त्वपूर्ण पक्ष है दुश्मनों का नाश करना। उसके बगैर अहिंसा एक छिलके की तरह है, सिर्फ एक कल्पना का सुख। उसका कोई व्यावहारिक महत्त्व नहीं है। हम दूसरों को दुख देने की बुरी इच्छा नहीं रखते और बुराई को नाश करने के उपायों को संकुचित करते रहे हैं। शक्ति की भक्ति के विरोध में और किसी शक्तिशाली सत्ता के विरोध में हम अपनी आवाज भी ठीक से बुलन्द नहीं कर सकते। शील द्वारा नियन्त्रित शक्ति हमारा आदर्श है। आप लोगों को किसी भी प्रकार की आलोचना से घबराने की कोई गरज नहीं है। दुष्टता से किसी को भी सताने की बात को त्याग दीजिए। जिसे मदद की जरूरत हो उसे हर तरह से मदद कीजिए। इसका मतलब यह होगा कि आप अपने लोगों की सेवा कर रहे हैं। आज तक आपके कार्य खास तौर पर अपने राजनीतिक भविष्य को आध ाार देने से सम्बन्धित थे। इसके अलावा आपके कार्यक्रमों के विस्तार के लिए और भी कई स्थान हैं। हम लोग शहर में सुनते हैं कि कोई बदमाश किसी महिला को भगाकर ले गया। गाँव-देहातों में हिन्दुओं की ओर से हमारे लोगों पर अत्याचार की घटनाएँ भी सुनने में आती हैं। ऐसे मौकों पर आप अपनी शक्ति का प्रयोग करें तब आपके संगठन इस काम में आपकी मदद कर सकते हैं।

आप लोगों ने अखिल भारतीय दलित वर्ग स्वयंसेवक दल का सम्मेलन आयोजित करने का प्रस्ताव पास किया है इस बात से मुझे बड़ी प्रसन्नता है। यदि यह आयोजन कामयाब हुआ तो उसके परिणाम भी अच्छे ही होंगे। मैं हर तरह से उसकी सफलता की कामना करता हूँ।

आप लोगों ने मुझे यहाँ चार बातें कहने का मौका दिया, इसके लिए मैं आपका और आपके अध्यक्ष महोदय का आभारी हूँ।

कोसारे, एच.एल. विदर्भातील दलित चळवळीचा इतिहास, पृ. 425, 426ए 427

# परिशिष्ट : एक

**हिन्दू समाज से खुला निवेदन :**

**हम 5000 हजार लोग हिन्दू धर्म का त्याग करेंगे?**

आज हिन्दू धर्म में जातिभेद की जो प्रथा है, उससे हिन्दू धर्म की शक्ति का विभाजन हुआ है।

पिछले हजारों साल से महार, मातंग आदि हम लोग हिन्दू धर्म में रहने की वजह से हम अछूतों का पग-पग पर अपमान हो रहा है। हिन्दुओं के मन्दिर में मूर्ति को तोड़नेवाले, गौ का मांस खानेवाले परधर्मी मुस्लिम या ईसाई लोग जा सकते हैं, लेकिन हिन्दू देवताओं की पूजा करनेवाले हम गौभक्त अछूतों को हिन्दू लोग उनके मन्दिर की सीढ़ियों पर भी पाँव नहीं रखने देते।

वास्तव में देखा जाए तो जिस हिन्दू धर्म में हम हैं उसी धर्म के लोग हमसे नफरत करते हैं और इसीलिए वे हमारे दुश्मन हैं। जलगाँव का महार छह माह पूर्व मुस्लिम हो गया, वही पहले का पिराजी अब शेख़ पिरन कहलवाकर जैसे-तैसे धन्धा कर रहा है। और हर दिन टोकरी में गौ मांस लेकर जगह-जगह सभी हिन्दुओं के सामने बेचता फिरता है। वही शेख़पिरन हिन्दू लोगों के कुँओं पर खुलेआम पानी भरता है। लेकिन हिन्दू लोगों में उसे रोकने की हिम्मत नहीं है और हम महार, मातंगों में सैकड़ों लोग महानुभाव और वैष्णव पन्थ को माननेवाले हैं। वे लोग गौ तो क्या, किसी भी प्रकार का मांस नहीं खाते। फिर भी उन्हें छूने के लिए हिन्दू लोग तैयार नहीं हैं। हमारे छू जाने से हिन्दू लोग और उनके भगवान अपवित्र हो जाते हैं। ऐसा 'अपवित्र धर्म' और 'ऐसे अपवित्र भगवान' को अपना कहने में हमें शर्म आती है। जिस हिन्दू धर्म में हम लोग हैं उस हिन्दू धर्म ने इतने दिनों तक हमारे लिए क्या किया है? यह हिन्दू धर्म के नेताओं से हमारा खुला सवाल है।

ऐसे तथाकथित ऊँचे धर्म में महार, मातंगों को (अछूतों) तो क्या अन्य लोगों को भी नहीं रहना चाहिए। इस तरह का सभी लोगों से हमारा निवेदन है। इस नोटिस के द्वारा सभी हिन्दू लोगों को हम सूचित करना चाहते हैं कि 1 जून, 1929 के पहले तुम लोगों ने यदि हमारा छुआछूत का भेद समाप्त नहीं किया और हम लोगों को समाज में

कम-से-कम मुस्लिमों की तरह सामाजिक हक़ नहीं दिए तो 2 जून, 1929 को जलगाँव के इर्द-गिर्द के देहात के सभी लोग मिलकर बाल-बच्चों सहित 5,000 लोग मुस्लिम या ईसाई धर्म को कबूल कर लेंगे। हिन्दुस्तान के कुछ नेता लोग अछूतों के लिए झगड़ते हैं। लेकिन उन पर धनवानों की आँखें टेढ़ी हो जाती हैं। उनको बहुत परेशानियाँ सहनी पड़ती हैं। और उससे उनके मन को बड़ी पीड़ा पहुँचती होगी। हिन्दू सभा, सत्यशोधक समाज, आर्य समाज आदि को हमसे पत्रव्यवहार करना हो तो उन्हें भिक्खु इसाजी खंडेराव, मु. पोस्ट–जलगाँव (जामोद) जिला बुलढाणा के पते पर पत्रव्यवहार करना चाहिए।

आपके
दस्तख़त पाँच हजार लोगों की ओर से :
1. पुनाजी सोनाजी महार द. खु.
2. मोतीराम व जामा महार नि. खु.
3. भावजी व रामजी महार नि. खु.

'बहिष्कृत भारत', 15 मार्च, 1929, अंक-8

# परिशिष्ट : दो

### मद्रास में आयोजित स्वाभिमान संरक्षण परिषद् में स्वीकृत प्रस्ताव

(1) बादशाह जॉर्ज पंचम के स्वास्थ्य लाभ के लिए शुभकामनाएँ।

(2) पानगल के राजा, श्री एस.आर. दास और लाला लाजपतराय के देहान्त पर शोक।

(3) साइमन कमीशन के साथ सहयोग।

(4) (अ) जन्म के आधार पर किसी भी व्यक्ति को ऊँच या नीच नहीं समझना चाहिए। उसी प्रकार वेदशास्त्र, पुराण और अन्य धर्मग्रन्थों में जन्म के आधार पर ऊँच-नीच मानने का समर्थन किया गया है, इसलिए इन धर्मग्रन्थों की सत्ता को अस्वीकार करना चाहिए।

(ब) वर्णाश्रम धर्म ने हिन्दू समाज में ब्राह्मण, क्षत्रिय, वैश्य और शूद्र आदि भेदों को पैदा किया है, इसलिए वर्णाश्रम धर्म के खतरनाक सिद्धान्तों का गहरा निषेध और अपनी जाति या समाज का प्रदर्शन करनेवाले शब्द अपने नाम के आगे या पीछे नहीं लगने चाहिए। उसी प्रकार अपनी जाति या वर्ण को व्यक्त करनेवाले प्रतीक इस्तेमाल नहीं करने चाहिए और न पहनने चाहिए।

(क) राष्ट्र के उत्थान के लिए और समानता स्थापित करने के लिए अछूतपन की प्रथा को तुरन्त समाप्त करना आवश्यक है। इसलिए आदमी को छूना, उसे निकट आने देना, या उसका चेहरा देखना आदि बातों को पाप नहीं समझना चाहिए। समाज की दृष्टि से या कानून की दृष्टि से किसी भी जाति को ऊँच या नीच नहीं समझना चाहिए। उसी प्रकार हर निवासी को सार्वजनिक रास्ते, तालाब, कुँओं, नल, मन्दिर, धर्मशाला आदि में जाने का समान हक़ है और उसका हर किसी को पूरा उपयोग करना चाहिए।

(ड) वर्णाश्रम धर्म की वजह से जिस विशेष जाति का स्वार्थ पूरा होता है उस जाति की ओर से सामाजिक सुधार के लिए और समानता के लिए बार-बार रुकावटें पैदा की जाती हैं। इस वजह से समाज के उत्थान के लिए कानून के द्वारा वर्णाश्रम के सख्त बन्धन नष्ट करने चाहिए।

(ङ) सरकार की धार्मिक बातों में उदासीनता की वजह से अनगिनत बहुजन समाज को अपमान बर्दाश्त करना पड़ रहा है। उनके सामाजिक हक़ों को हड़प लिया गया है। इस तरह से उनका उत्थान भी रुक गया है। इसलिए इसके आगे सरकार को अपनी उदासीनता की नीति को छोड़ देना चाहिए और बहुजन समाज की सामाजिक स्वतन्त्रता के संरक्षण का प्रयास करना चाहिए। उसी प्रकार इस सम्बन्ध में समाज सुधारकों की ओर से मौजूदा कानून में परिवर्तन का प्रयास होना चाहिए।

(5) (अ) सरकार को जमीन समाज के उन लोगों को देनी चाहिए जिनकी आर्थिक स्थिति बहुत कमजोर है। इस तरह जमीन देते समय सबसे पहले अछूतों को जमीन देनी चाहिए। इस परिषद् की और भी एक राय है कि सरकार को उदारता से कुछ अधिक अनुदान देकर ऐसी जमीन को सुधार करके मेहनत को बढ़ावा देना चाहिए।

(ब) सरकारी नौकरियों में 'अछूत' वर्ग के उम्मीदवारों को लेने की उदार नीति सरकार को अपनानी चाहिए।

(क) 'अछूत' वर्ग में शिक्षा का अनुपात अन्य वर्गों की शिक्षा की बराबरी में आने तक 'अछूत' वर्ग के छात्रों को भोजन, कपड़ा और किताबें आदि सरकारी पैसे से मिलने चाहिए और उनमें शिक्षा को बढ़ावा देना चाहिए।

(6) (अ) नारियों को वारिस हक़ों और जायदाद में पुरुषों की बराबरी का अंश मिलना चाहिए।

(ब) नारियों को किसी भी प्रकार का धन्धा अपनाने का पुरुषों की तरह बराबरी का हक़ चाहिए।

(क) नारियों के लिए अध्यापिका के पद (ख़ास तौर पर प्राथमिक स्कूलों में) ज्यादा से ज्यादा आरक्षित करने चाहिए।

(7) (अ) मन्दिर में या भगवान के नाम पर अन्य जगहों पर पूजा करने के लिए किसी को भी पैसा खर्च नहीं करना चाहिए। या पैसा मूल्य की चीज का इस्तेमाल नहीं करना चाहिए। उसी प्रकार भक्त और भगवान में किसी को भी भिक्षुक या दलाल नहीं रखना चाहिए।

(ब) नए मन्दिर, विद्यापीठ, स्कूल, धर्मशाला आदि की स्थापना नहीं करनी चाहिए। उसी प्रकार आज जो मन्दिर और मठ हैं उनकी आमदनी औद्योगिक संशोधन और अध्ययन पर खर्च होनी चाहिए।

(क) मन्दिरों में होनेवाले सभी उत्सव बन्द कर देने चाहिए और उनके स्थान पर जनता में स्वास्थ्य शिक्षा का प्रसार करने के लिए प्रदर्शनियाँ आयोजित करनी चाहिए।

(8) (अ) स्त्रियों की विवाह आयु सीमा 16 साल होनी चाहिए। कम उम्र की लड़कियों का विवाह नहीं करना चाहिए।

(ब) लड़का और लड़की की स्वीकृति के बगैर विवाह नहीं होना चाहिए। और पुनर्विवाह पर रोक नहीं लगानी चाहिए।

(क) किसी भी जाति के, वर्ग के या समाज के लड़के-लड़कियों को विवाह करने की पूरी स्वतन्त्रता होनी चाहिए। और इसके अनुसार मौजूदा कानून में परिवर्तन करना चाहिए।

(ङ) विवाह या अन्य उत्सवों पर कम-से-कम पैसा और समय खर्च करना चाहिए। उसी तरह विवाह-विधि में एक भोजन से ज्यादा नहीं खिलाना चाहिए और न ज्यादा पैसा खर्च करना चाहिए।

(9) (अ) हिन्दुस्तान के हर लड़के-लड़की को अनिवार्य प्राथमिक शिक्षा दी जानी चाहिए।

(ब) सार्वजनिक फंड प्राथमिक शिक्षा के लिए ही खर्च किया जाना चाहिए और उसके बाद ऊँची तथा औद्योगिक शिक्षा के लिए यदि पैसा खर्च किया गया तो ऐसी संस्थाओं में जाति की जनसंख्या के आधार पर छात्र लिए जाने चाहिए।

(क) शिक्षा संस्थाओं में संस्कृत और हिन्दी का प्रसार करने के लिए सार्वजनिक फंड का उपयोग नहीं करना चाहिए।

(ड) धर्मान्धता को फैलानेवाली किताबें जब्त करनी चाहिए और उपर्युक्त उद्‌देश्य से होनेवाले नाटकों को इजाजत नहीं देनी चाहिए।

(इ) युवाओं में शारीरिक शिक्षा के प्रसार की देशभर में व्यवस्था करनी चाहिए। हर युवा को फौजी शिक्षा का अध्ययन जरूर करना चाहिए।

(फ) स्वाभिमान और आत्मविश्वास को बधिया करनेवाली और बुद्धिवाद तथा तर्क को मौका न देनेवाली या झूठ तथा बेबुनियाद धार्मिक कल्पनाओं का प्रसार करनेवाले नाटक और उपन्यास न तो लिखे जाएँ और न ऐसे प्रयोग किए जाएँ।

(10) (अ) जिन होटलों और भोजनालयों में अलग-अलग जाति के लोगों के साथ असमानता का बर्ताव किया जाता है ऐसे होटलों को और भोजनालयों को शुरू करने की इजाजत सरकार को नहीं देनी चाहिए।

(ब) रेलवे के अधिकार में जितने होटल हैं और भोजनालय हैं उनमें सभी जाति के लोगों के साथ समानता का बर्ताव करने का रेलवे अधिकारियों को प्रयास करना चाहिए।

(11) बहुजन छात्रों की कठिनाइयाँ, परेशानियाँ और असुविधाएँ समाप्त करने के लिए शिक्षा विभाग की ओर से एक कमेटी नियुक्त की जानी चाहिए।

(12) स्वाभिमान संरक्षण आन्दोलन की योजना और मि. ह. व्ही. रामस्वामी नायकर का अभिनन्दन।

(13) (अ) मजदूरों के काम के अनुसार और आवश्यकता के अनुसार निश्चित मजदूरी उन्हें दी जानी चाहिए। उसके अलावा उस धन्धे में होनेवाले मुनाफे का उचित अंश भी दिया जाना चाहिए।

(ब) साउथ इंडियन रेलवे कम्पनी में हड़ताल करनेवाले मजदूरों के प्रति हमदर्दी।

(क) ब्रिटिश और आर्य औषधि प्रणाली की तरह प्रचलित प्रणाली को भी सरकार को बढ़ावा देना चाहिए।

नवयुग : 17-3-29

---

'बहिष्कृत भारत' 29 मार्च, 1929, अंक-9

# परिशिष्ट : तीन

## अछूतों को सूचना

आज तक महार, मातंग, चमार, ढोर, भंगी आदि लोग जुल्म-ज्यादतियाँ बर्दाश्त करके और अपमान बर्दाश्त करके हिन्दू धर्म में चिपककर रहे हैं इसके बावजूद हमें हिन्दू धर्म में इनसानियत के हक़ प्राप्त नहीं हो रहे हैं। मोहरम के समय हिन्दू धर्म की ओर से यह निवेदन प्रचारित किया जाता है कि मुस्लिमों के मोहर्रम के जलसे में किसी भी प्रकार से सम्मिलित नहीं होना चाहिए। लेकिन अब उनके किसी भी प्रकार के बहकावे में आने की कोई आवश्यकता नहीं है। बल्कि मोहर्रम के समय जिन अछूतों को इसमें सम्मिलित होना हो उन्हें शामिल होना चाहिए। और अछूत लोगों को जितनी जल्दी हो सके उतनी जल्दी मुस्लिम हो जाना चाहिए। हिन्दू धर्म में रहकर हम लोगों को किसी भी प्रकार का मौका नहीं मिलता और आगे मिलेगा भी नहीं। इसलिए यदि आप अपना उत्थान करना चाहते हो तो मुस्लिम होकर अपने इनसानियत के सभी हक़ प्राप्त करने का मौका नहीं छोड़ना चाहिए। जलगाँव जि. बुलढाणा में जिस तरह महार लोगों ने मुस्लिम बनकर अपना उत्थान कर लिया उसी प्रकार आप लोगों को भी जल्दी ही मुस्लिम बनकर अपना उत्थान कर लेना चाहिए।

आपके नम्र<br>
झ्याबू शाहू सिरसाट, अकोला<br>
एस.बी. खंडारे, अकोला<br>
जी.ओ. सिरसाट

---

'बहिष्कृत भारत', 12 जुलाई, 1929

# परिशिष्ट : चार

## बंगाल में अछूतों का सत्याग्रह
## काली के मन्दिर में प्रवेश करने का प्रयास
## दो सत्याग्रही गिरफ्तार

बंगाल के खुलना गाँव के कपिल मुनि के काली मन्दिर में पुलिस के और मन्दिर के नौकरों के हुक्म की परवाह किए बगैर प्रवेश पाने का प्रयास करने के आरोप में दो सत्याग्रही 9 जुलाई को गिरफ़्तार किए गए। यह मन्दिर सभी जाति के लोगों के लिए खुला होना चाहिए, इस उद्‌देश्य से पहले भी छह अछूतों ने मन्दिर में प्रवेश करने का प्रयास किया। कुछ दिन पहले उन अछूतों को गिरफ़्तार किया गया था।

## सवर्णों के अत्याचार की वजह से अछूत लोग मुस्लिम होंगे
## पुंडा, तह आकोट का सवर्ण अछूत विवाद

श्री मामासाहब जोगलेकर
मुकाम–अकोला (बेरार)

हम अछूत लोग मुक़ाम–पुंडा, तह. आकोट निवेदन करते हैं कि हमारे गाँव में सवर्ण लोग हम सभी महार लोगों को सार्वजनिक स्थल में जाने से रोकते हैं। इस सिलसिले में 24 जून, 1929 को रात लगभग 9.30 तमाम गाँववालों ने सभा करके निम्न प्रस्ताव मंजूर किया है :

महार लोगों को गाँव के किसी भी आदमी को मजदूरी पर नहीं लगाना चाहिए। दुकानदार व्यापारी वर्ग को उन्हें एक पैसे की भी चीज नहीं देना चाहिए। किसानों को बताया गया कि ये महार लोग किसी के भी खेत में दिखाई दिए तो उन पर ऐसा इल्जाम लगाइए जिससे वे दोषी साबित हों और उन्हें सजा मिल सके। उन पर ऐसे इल्जाम लगाओ और उन्हें फँसाओ। जहाँ भी महार दिखाई दे वहीं उसे मारो। गाँववालों ने वैसा ही किया। उन्होंने सरकारी पगडंडी भी हमारे लिए बन्द कर दी। हम लोगों को गाँव में मजदूरी न मिलने की वजह से हम भूखों मर रहे हैं। इसी वजह से जब हम गाँव के

बाहर मजदूरी करने की बात सोचते हैं तो वे लोग सरकारी पगडंडी से जाने में भी हमें रोकते हैं। इन जुल्म-ज्यादतियों की वजह से हम घबरा गए हैं। ऐसी जुल्म-ज्यादतियाँ बर्दाश्त करते हुए हमें हिन्दू धर्म में रहने का कोई औचित्य नहीं दिखाई दे रहा है। इसलिए हम सभी महार लोग धर्मान्तरण करने की बात सोच रहे हैं (मतलब मुस्लिम बनने की)। इसके अलावा हमारे पास कोई विकल्प नहीं है। इसलिए इस विवाद में आप हमें न्याय देंगे यह हम आपसे उम्मीद करते हैं। कृपया प्रजापक्ष के लिए ऐसी एक विज्ञप्ति प्रकाशित करें तो हमें लाभ होगा। आप इस बारे में हमारे गाँव के लोगों को समझाएँगे, ऐसी हम आपसे उम्मीद करते हैं।

22.7.29 प्रजापक्ष 28.7.29

विनती करके सवर्ण वर्ग को अक्ल नहीं आएगी इसलिए उनमें ब्राह्मणवाद का जो प्रभाव है उसे ही समाप्त कर देना चाहिए।

(सं. ब. भा.)

'बहिष्कृत भारत', 16 अगस्त, 1929

# परिशिष्ट : पाँच

## डॉ. अम्बेडकर द्वारा भुलेश्वर मन्दिर के ट्रस्टी के साथ हुआ पत्रव्यवहार

मुम्बई, 16 अक्तूबर, 1929
मा.बी.व्ही. नेरूरकर
बी.ए., एल.एल.बी.
सेक्रेटरी, बोर्ड ऑफ ट्रस्टिज
भुलेश्वर मन्दिर, मुम्बई

नमस्कार,

महोदय,

हिन्दू समाज की इकाई के नाते हिन्दू मन्दिर में प्रवेश पाने का अपना हक़ कायम करने के लिए भुलेश्वर मन्दिर में प्रवेश करने का फैसला बहिष्कृत सभा ने किया है। इस सम्बन्ध में उपर्युक्त मन्दिर के बोर्ड ऑफ ट्रस्टी की नीति क्या है इस बारे में हमें सूचित करने का कष्ट करें, यही विनती है।

यह सवाल बहुत ही महत्त्वपूर्ण है ऐसा समझकर तुरन्त जवाब देने की कृपा करें।

आप लोग इस विषय में बड़ी हमदर्दी के साथ सोचेंगे, ऐसी उम्मीद है।

(दस्तख़त)
बी. आर. अम्बेडकर
अध्यक्ष, भारतीय बहिष्कृत सभा
(Depressed Classes Institute)

मुम्बई : 11 नवम्बर, 1929

एस. ए. सबनीस, सॉलीसीटर

अध्यक्ष, गौड़ सारस्वत ब्राह्मण समाज के मन्दिर और
धार्मिक संस्था के बोर्ड ऑफ ट्रस्टीज।
डॉ. बी. आर. अम्बेडकर
अध्यक्ष, भारतीय बहिष्कृत समाज

नमस्कार,

आपके 16 अक्तूबर के पत्र के अनुसार भारतीय बहिष्कृत सभा ने भुलेश्वर मन्दिर में, हिन्दू समाज की इकाई के नाते प्रवेश करने का फैसला किया है। इस सम्बन्ध में ट्रस्ट की नीति क्या है इस बारे में उन्होंने स्पष्टीकरण माँगा है। इसलिए बोर्ड ऑफ ट्रस्टीज ने मुझे निम्न प्रकार से स्पष्टीकरण देने के लिए कहा है।

सबसे पहली बात यह है कि बोर्ड ऑफ ट्रस्टीज अछूतों की भावनाओं की ओर बड़ी हमदर्दी के साथ देख रहे हैं। और उन्हें अन्य हिन्दू जातियों की तरह मन्दिर में पूजा करने का हक़ देना जरूरी है, ऐसा बोर्ड को लगता है, मैं यह भरोसा दिला रहा हूँ।

अछूतों को उपर्युक्त मन्दिर में प्रवेश करने देना या नहीं, इस सवाल पर बोर्ड की जिम्मेदारी क्या है इस बारे में बोर्ड ने जब फ़िक्र और लगन के साथ सोचा तो बोर्ड को इस फैसले पर आना पड़ा कि उपर्युक्त सवाल के बारे में आज जो कानून मौजूद है उसके तहत उन्हें (अछूतों को) इसकी इजाजत देना सम्भव नहीं है।

उपर्युक्त स्थिति की वजह से मेरे बोर्ड को बोर्ड के अधिकार वाले मन्दिर में अछूतों को प्रवेश करने की इजाजत देना असम्भव है।

(दस्तख़त)
एस. ए. सबनीस

---

'बहिष्कृत भारत', 15 नवम्बर, 1929, अंक 21-22

# परिशिष्ट : छह

## *पार्वती मन्दिर पर अछूतों का सत्याग्रह*

पार्वती के पहाड़ पर स्थित मन्दिर में जाने के लिए अछूतों का सत्याग्रह शुरू होगा इस समाचार से 13 अक्तूबर, 1929 को रविवार के दिन सुबह से ही पूना शहर के अलग-अलग इलाकों के लोगों में जैसे तहलका-सा मचा हुआ था। हरेक की जबान पर यही बात थी। रविवार को सुबह सात बजने से पहले ही पार्वती के पहाड़ की ओर लोगों का सैलाब शुरू हो गया था। भिकारदास गेट, चिंच तालिम, स्वारगेट आदि शहर के दक्षिण के अलग-अलग रास्तों से लोगों के जत्थे के जत्थे पार्वती की पैड़ी की ओर बढ़ रहे थे। चारों ओर किसी मेले का-सा दृश्य था। श्रावण माह के अन्तिम सोमवार को जितनी भीड़ इकट्ठी नहीं होती, उतनी भीड़ आज उस जगह दिखाई दे रही थी जिसकी वजह से लग रहा था कि उस जगह कुछ-न-कुछ झमेला अवश्य होगा। आठ, साढ़े-आठ बजे लगभग दो-ढाई सौ अछूत लोग और उन्हें सत्याग्रह में तहेदिल से मदद करनेवाले कुछ सवर्ण लोग भी पार्वती की पैड़ी के पास धर्मशाला के नजदीक, जहाँ एक नए मन्दिर का निर्माण-कार्य जारी है, उसके सामने पार्वती के ओर की खुली जगह में इकट्ठा हुए। नौ बजे के दरमियान अछूतों का एक धार्मिक जुलूस भजन गाते हुए पार्वती की पैड़ी के पास सत्याग्रही लोगों से मिलने के लिए आया। थोरात (महार) और लांउगे (मातंग) आदि पचीस-तीस लोग और अछूत समाज की कुछ महिलाएँ इस धार्मिक जुलूस के साथ वहाँ पहुँचीं। रास्ते में बीच-बीच में पखवाज हार्मोनियम के ताल सुर पर भजन गाते हुए, 'छत्रपति शिवाजी महाराज की जय', 'चोखामेला की जय', जयजयकार करते हुए जुलूस के लोग पार्वती की पैड़ी के पास सत्याग्रहियों में शामिल हो गए।

इधर सत्याग्रह का विरोध करनेवाले और किसी का पक्ष लेने की बजाय केवल उत्सुकता की वजह से कि वहाँ क्या माहौल बनता है, यह देखने के लिए जो लोग वहाँ इकट्ठा हुए थे वे पैड़ी चढ़कर ऊपर जा रहे थे। उस समय धूप भी काफ़ी थी, इसलिए पार्वती की तलहटी के नजदीक पेड़-पौधों की छाया में और मकानों की छाया में लोगों की तूफानी भीड़ खड़ी थी। पैड़ी पर लोगों का आना-जाना बेहिसाब शुरू था। बीच में थके हुए लोगों के बैठने के लिए हर मोड़ पर जगह-जगह स्थायी बेंचें लगाई गई थीं, उन सभी पर सवर्णों की टोलियाँ जमकर बैठी हुई थीं। पार्वती के मुख्य मन्दिर की ओर

जाने के लिए नंदी की मूर्ति के पास जो अन्तिम मोड़ था वहाँ भी बेहिसाब भीड़ रास्ता रोककर बैठी थी। कुछ लोग छाते खोलकर रास्ते के दोनों ओर के नाटे बुर्जों पर खड़े थे, और कुछ लोग वहाँ की पैड़ियों पर चिपककर बैठे थे।

पूना के कलेक्टर मि. गुल्ड, असि. कलेक्टर मि. इझीकेल, इसबनीस तहसीलदार और कुछ अधिकारी सुबह से पार्वती पहाड़ की चोटी से सारी स्थिति पर नजर रखे हुए थे। सत्याग्रहियों को रोकने के लिए ट्रस्टियों ने एक दिन पहले से ही पार्वती के सभी मन्दिरों के दरवाजे बन्द करके ताले लगा दिए। इस वजह से किसी भी सवर्ण या अछूत का भीतर प्रवेश पाना सम्भव नहीं था। पार्वती पर महादेव का जो मुख्य मन्दिर है उसका दरवाजा भी भीतर से बन्द कर दिया गया था। इस मन्दिर के महादेव को श्रीदेवदेवेश्वर नाम से जाना जाता है और यह नाम प्राचीनकाल से प्रचलित है। ऐतिहासिक कागजपत्रों में इसी नाम से इस संस्थान का उल्लेख मिलता है, लेकिन अब यह नाम पुराना पड़ गया है और पार्वती मन्दिर नाम से ही यह स्थान जाना जाता है। पार्वती पहाड़ की चोटी पर जो मैदान है उस पर श्रीविट्ठलरखुभाई, कार्तिकेयस्वामी और श्रीविष्णु के मन्दिर हैं। वे सभी मन्दिर सत्याग्रह के पहले से यानी शनिवार से ही एकदम बन्द हैं। वहाँ ट्रस्टियों द्वारा शनिवार से पुलिस का पहरा लगा दिया गया था। रविवार सुबह तो फौजदार पाटिल कुछ अन्य पुलिस अधिकारियों और करीबन चालीस-पचास पुलिसवालों के साथ वहाँ पहुँचा। वे जगह-जगह देखभाल करते हुए घूम रहे थे। नौ बजे के बाद सूरज जैसे आसमान में चढ़ रहा था वैसे ही धूप तेज हो रही थी और दूसरी ओर सभी सवर्ण जाति के लोगों की भीड़ भी बढ़ रही थी। करीबन तीन-चार हजार का जनसमुदाय पार्वती पर दिखाई दे रहा था, पहले इनमें से अधिकांश लोग पार्वती मन्दिर के महाद्वार के सामने इकट्ठा बैठे रहे। कुछ लोगों ने नगारखाने की ओर जाने के लिए जो पत्थरों की सीढ़ियाँ हैं उन पर भी भीड़ इकट्ठा की, लेकिन कुछ समय के बाद पुलिस अधिकारी वहाँ आए और उन्होंने वह स्थान खाली कराते हुए भीड़ को वहाँ से जाने का हुक्म दिया। वहाँ से लोग धीरे-धीरे निकले। महाद्वार के सामने की सीढ़ियाँ तथा नगारखाने के नीचे का कमरा खाली हो गया। इस समय तक कलेक्टर मि. गुल्ड नानासाहब पेशवा के स्मारक मन्दिर के सामने खुली जगह में पेड़ की छाया के नीचे कुर्सी पर बैठे हुए चारों ओर की स्थिति पर नजर रखे हुए थे। कलेक्टर साहब के पर्सनल असिस्टेंट मि. इझीकेल, इन्स्पेक्टर मिल्स. फौजदार पाटिल और इसबनीस मैजिस्ट्रेट आदि अधिकारियों की भी वहाँ चहलकदमी शुरू हो गई थी। वे आपस में कुछ बातचीत कर रहे थे। बाद में कलेक्टर साहब वहाँ से निकलकर मुख्य मन्दिर के महाद्वार के सामनेवाली गचकारी पर आए। यहाँ से पार्वती की सीढ़ियों का रास्ता नीचे काफी दूर तक दिखाई देता है इसलिए कलेक्टर साहब को चौकसी के लिए वह जगह पसन्द आई होगी, ऐसा लगता है। इस तरह सरकारी अधिकारियों और पुलिस की वहाँ पर्याप्त व्यवस्था थी। इधर श्रीविष्णु के मंदिर के फाटक पर दरवाजे न होने की वजह से बाँस के डंडे लगाकर रास्ता बन्द कर दिया गया था। इस वजह से लोग भीतर नहीं जा सकते थे। लेकिन एक ठिंगना कुत्ता

बेझिझक प्रवेश कर महाविष्णु के मंदिर के सामने की गचकारी पर आराम से बैठा हुआ दिखाई दे रहा था। उसे भीतर बैठा हुआ देख, जिन सवर्णों को भीतर जाने से रोका गया था वे कुछ बुदबुदा रहे थे। कोई कह रहा था, जहाँ कुत्ते का प्रवेश है वहाँ सवर्णों को क्यों नहीं जाना चाहिए? तो कोई कह रहा था कि 'श्वानो युवानो मद्यवान' इस सूत्र को याद करते हुए कुछ लोग वहाँ से लौट रहे थे। इधर सीढ़ियों का मुख्य रास्ता जहाँ पहाड़ की चोटी पर समाप्त होता है वहाँ लोगों में शोरगुल मच रहा था और कई फोटोग्राफर अपने कैमरे लगाकर भीड़ के और मन्दिर के चारों ओर अलग-अलग जगहों से फोटो लेने में व्यस्त थे।

पार्वती की पैड़ी के पास बैठे हुए सत्याग्रही लोग इस समय शान्ति से और अनुशासन से रहने के लिए एक-दूसरे को कह रहे थे। अछूतों के सत्याग्रह में कई सवर्ण लोग भी शामिल हो गए थे। अछूतों के भजनी जत्थे की ओर से लगातार हरिनाम का गान चल रहा था। श्री रा. थोरात के भजनी जत्थे ने तो कमाल कर दिया। यह दृश्य रोमांचक था। मन्दिर-प्रवेश के लिए उत्साही अछूत भाइयों के चेहरे पर एक तरह से अपूर्व चमक दिखाई दे रही थी।

भजनों के बाद भाषणों की शुरुआत हुई। इस समय शिवराम जानबा कांबले, पा. ना. राजभोज, श्री थोरात आदि अछूत नेताओं के महत्त्वपूर्ण भाषण हुए और उन्होंने सभी भाइयों को शान्ति से और अनुशासन में सत्याग्रह करने की विनती की। सत्याग्रहियों की ओर से भी आवाज आने लगी कि, 'हम लोग आपके निर्देशों का पूरी तरह से पालन करेंगे'। पा.ना. राजभोज ने अपने भाषण में सत्याग्रह के विरोधी लोगों का निषेध किया। उन्होंने कहा कि, इंगले, लांडगे आदि मातंग समाज के मुखिया लोगों ने हमें एक पत्र लिख भेजा है। उसमें उन्होंने कहा है कि, 'सकट और वायदंडे' आदि लोगों पर समाज के लोगों का बिल्कुल भरोसा नहीं है आदि बातें उन्होंने सत्याग्रहियों के सामने रखीं। बाद में श्री थोरात ने अपने भाषण में कहा कि, 'केसरी' में पैंसठ दस्तखतों का जो पत्र छपा है उसमें नीचे मेरे भी दस्तख़त हैं। लेकिन वह पत्र 'केसरी' में प्रकाशित होगा ऐसा मुझे मालूम नहीं था। सिर्फ अपने व्यक्तिगत मतभेदों की वजह से मैंने उस पत्र पर दस्तख़त किए थे। मेरे बारे में किसी को गलत राय नहीं बनानी चाहिए। मैं पूरी तरह से सत्याग्रह का समर्थक हूँ। मैं और मेरी बीवी—दोनों सत्याग्रह में शामिल होने के लिए यहाँ आए हैं। इस आन्दोलन को सफल बनाने के लिए मैं दो रुपए का आर्थिक सहयोग दे रहा हूँ। दूसरी खुशी की बात यह है कि फौज के एक गुजराती व्यापारी छगनभाई भिखाभाई बीड़ी मर्चेंट ने सत्याग्रह को आर्थिक सहयोग के रूप में 5 रुपए का दान दिया है। इस तरह थोरात के भाषण के बाद न.वि. गाडगिल का भाषण हुआ। उन्होंने सवर्णों का आवाहन किया कि उन्हें अछूतों के आन्दोलन के प्रति हमदर्दी दिखानी चाहिए।

सत्याग्रह में अछूत समाज के निम्न लोग मौजूद थे, पां.ना. राजभोज, शिवराम जानबा कांबले, मिसेज तानुबाई कांबले और उनकी कन्या मिसेज शेवन्तीबाई ओगले, स. कं. के उपाध्यक्ष लांडगे, ज.स. रणपिसे, श्री रा. थोरात, आर.के. कदम आदि करीब-करीब

250 अछूत पुरुष-महिला पैड़ी के पास एकता और शान्ति के साथ खड़े थे। सत्याग्रही लोगों द्वारा पार्वती का रास्ता पार करने के लिए 12 लोगों का पहला जत्था चुना गया। उसमें चार महिलाएँ थीं फिर तीन-तीन पुरुषों के चार जत्थे बनाए गए। वे निम्न प्रकार–

**पहला जत्था** : गाडगिल, राजभोज और भुस्कुटे।

**दूसरा जत्था** : कांबले की बीवी, कांबले और उनकी कन्या।

**तीसरा जत्था** : लांडगे, कोथलेकर, स्वामी योगानन्द।

**चौथा जत्था** : ईश्वरा, भाई वाद्यचौरे, कोथलेकर की माँ।

**पाँचवाँ जत्था** : मुंशी रानडे। वे सबके पीछे चल रहे थे। इसके अलावा केशवराव जेधे, माधवराव श्रीपतराव शिन्दे, 'मजूर' के सम्पादक लाड आदि बहुजन समाज के नेता लोग भी सत्याग्रह की मदद करने के लिए वहाँ मौजूद थे। नौ बजने को थे तभी पार्वती की सतह की सीढ़ियों से जयजयकार की आवाज सुनाई देने लगी। उस आवाज से सत्याग्रही लोगों को ऊपर आने का संकेत मिल गया था। सत्याग्रही लोग धीरे-धीरे ऊपर चढ़ने लगे। रास्ते के दोनों ओर और इर्द-गिर्द के पहाड़ी इलाके में जो सवर्ण लोग थे उनकी ओर से विरोधी नारेबाजी होने लगी। सत्याग्रहियों की निन्दा जोरों से शुरू हो गई थी। 'ये महार मन्दिर में कैसे घुसते हैं, देखेंगे' ऐसी धमकियाँ कई लोग दे रहे थे। इस तरह सत्याग्रह करनेवाले लोगों में भुस्कुटे, राजभोज, गाडगिल, लांडगे आदि लोग पत्थरी सीढ़ियों का अधिकांश रास्ता तय करते हुए एकदम आगे बढ़ चुके थे। लेकिन वहाँ सनातनी सवर्णों का विरोध काफ़ी बढ़ गया। आगे एक कदम रखना भी मुश्किल हो गया। सत्याग्रहियों को धमकी भरे शब्द सुनाई देने लगे। इतना ही नहीं, वे आमने-सामने खड़े एक-दूसरे का बल आजमाने लगे और एक-दूसरे को नीचे धकेलने का प्रयास शुरू हो गया। इस तरह हुल्लड़ शुरू होते ही सत्याग्रही लोगों के लिए ऊपर जाने का रास्ता पूरी तरह बन्द कर दिया गया, लेकिन उनका वहाँ खड़े रहना भी मुश्किल हो गया। मामूली हुल्लड़ मारपीट में बदल गया। कुछ मगरूर सनातनी सवर्ण लोग सत्याग्रही (नरहरपन्त गाडगिल, विनायकराव भुस्कुटे) लोगों को पाँवों से और मुक्कों से मारने लगे, तो कुछ लोगों ने एक-दूसरे को उन पर धकेलने का असभ्य खेल शुरू कर दिया। सत्याग्रही लोग बेहद शान्ति के साथ यह सारा अन्याय बर्दाश्त कर रहे थे। सीढ़ियों पर नारायण राव गुंजाल, विश्वासराव डांवरे, श्रीमन्त आप्पासाहेब, गद्रे, गो.पा. महाजन, बाबूराव फुले, गणपतराव देवधर, डॉ. जेजूरीकर, झांजले, नलावडे, देउगाँवकर आदि सनातनी विचारों के नेता मौजूद थे। उनसे कुछ दूर दस-बारह सीढ़ियों से नीचे हुल्लड़ शुरू हो गया था। कुल मिलाकर सारी स्थिति बहुत भयंकर होती दिखाई दे रही थी। सनातनी लोग गाडगिल, भुस्कुटे, राजभोज, लांडगे आदि लोगों को सीढ़ियों से नीचे थूहर में धकेलने का प्रयास कर रहे थे। उस समय ये लोग कहीं नीचे न गिर जाएँ ऐसा डर पैदा हो गया था। लेकिन गाडगिल और भुस्कुटे ताकत के साथ वहाँ खड़े हो गए और पुनः सत्याग्रह के लिए तैयार हो गए। उसी समय मन्दिर से एक बड़ा पत्थर फेंककर मारा गया जो राजभोज के कन्धे पर पड़ा, जिसकी वजह से वे घबरा उठे। लेकिन बिना

किसी परवाह के सत्याग्रही लोग सनातनियों का मुकाबला करने लगे। उस समय छोटे-बड़े पत्थरों से उन पर वार किया जा रहा था।

कुछ सनातनियों को भी पत्थरों की मार पड़ी थी। लेकिन उन्हीं के लोगों द्वारा फेंके गए पत्थरों की मार उन पर पड़ी। सत्याग्रही लोग अपना आग्रह छोड़ नहीं रहे यह देखकर सनातनी लोग बौखला गए। उस समय धूप काफी तेज थी। उसी दरमियान राजभोज बेहोश हो गए, ऐसी खबर मिली। उनके सिर पर, गर्दन पर कई गहरी चोटें आईं इसलिए वे बेहोश हो गए और कुछ लोगों ने उन्हें वहाँ से ले जाने का प्रयास किया। देशसेवक रानडेजी ने हमेशा की तरह खुले सिर और बदन पर केवल एक खादी का कपड़ा ओढ़कर सत्याग्रह में हिस्सा लिया। उनके खुले बदन पर भी डंडे, छाते, पत्थर, ईंट आदि की जबर्दस्त मार पड़ी।

न. वि. गाडगिल वकील पर दंगा करनेवाले गुंडों की ख़ास नजर थी। इसलिए उन्हें भी काफ़ी मार बर्दाश्त करनी पड़ी। उन्हें पत्थरों की मार पड़ी इसलिए उनके पाँव से खून बहने लगा। वही हालत भुस्कुटे और अन्य सत्याग्रहियों की थी। लेकिन सत्याग्रहियों ने कोई प्रतिकार नहीं किया। उन्होंने बेहद संयम दिखाया और शान्ति भंग नहीं होने दी। उन्होंने उस अन्याय को बर्दाश्त किया।

गुंडों की टोली ने सत्याग्रहियों का ऊपर जाने का रास्ता पूरी तरह से बन्द कर दिया था और उन्हें नीचे धकेलने की नोंकझोंक शुरू कर दी। अन्त में ये लोग मुख्य रास्ते के दाहिनी ओर जानेवाली कच्ची पगडंडी की ओर चल पड़े। लेकिन वहाँ भी मारपीट शुरू हो गई थी। सीढ़ियों के दोनों ओर सीताफलों की बेलें थीं। दीवारों पर हिदायतें चस्पाँ की गई थीं कि, "फलों को कोई छुए नहीं, फलों को छूनेवालों को कानूनी दंड दिया जाएगा।" फिर भी उन हिदायतों का कोई मतलब नहीं रह गया था और सत्याग्रहियों पर दोनों ओर से कच्चे सीताफलों की मार पड़ने लगी। सत्याग्रह विरोधियों में से कुछ लोग तमाशा देखने के लिए सुविधानुसार पेड़ों पर चढ़कर बैठ गए थे। वे कच्चे सख्त सीताफल तोड़कर सत्याग्रहियों पर फेंक रहे थे। बाद में ऊपर से ईंट-पत्थर भी फेंके गए। ईंट-पत्थर बरसने लगे। भगवा कपड़ा पहने एक आर्यसमाजी स्वामी योगानन्द सत्याग्रहियों की ओर से ऊपर चढ़ रहे थे। लोगों ने उन्हें बीच रास्ते में रोका और किसी सवर्ण हिन्दू ने उनके सिर से भगवा साफा छीन लिया। स्वामी योगानन्द ने दंगा करनेवाले लोगों को फटकारा और वहीं सीढ़ियों पर न हटने के इरादे से बैठ गए। इतने में दंगा करनेवाले लोगों ने उन्हें घेर लिया। उनमें से एक आदमी स्वामी को समझाते हुए वहाँ से वापस हट जाने की सलाह देने लगा। स्वामी अपने निश्चय पर अटल थे इसी दरमियान किसी आदमी ने स्वामी को उठाकर सीढ़ियों से नीचे धकेल दिया। वे लुढ़कते हुए तीन-चार सीढ़ियाँ नीचे आए और पुनः हिम्मत कर ऊपर चढ़ने लगे। फिर किसी ने उन्हें नीचे धकेल दिया। इस तरह देर तक मारपीट चलती रही तब कहीं पुलिस मन्दिर की तरफ से नीचे आई। पुलिसवालों ने मारपीट रोकने का प्रयास किया। स्वयं कलेक्टर और उसके पर्सनल असिस्टेंट भी ऐन भीड़ के पास सीढ़ियों पर आए। उन्होंने दंगा करनेवाले लोगों को समझाकर उन्हें शान्त किया। लेकिन एक तरफ

शान्ति कायम हो रही थी तो दूसरी तरफ हंगामा और मारपीट शुरू हो जाती थी। ऐसा काफी देर तक चलता रहा। अन्त में पुलिस अधिकारियों ने गाडगिल, राजभोज आदि सत्याग्रही दंगाइयों को घेरे से मुक्त किया और उन्हें सात-आठ सशस्त्र पुलिसकर्मियों के संरक्षण में ऊपर मन्दिर के दरवाजे की ओर भेज दिया। लेकिन यह किए जाने से पहले मन्दिर तक सीढ़ियों का रास्ता सार्वजनिक है, कलेक्टर का जाहिरनामा पढ़कर सुनाया गया। रास्ता सार्वजनिक होने की वजह से ऊपर जानेवाले सत्याग्रहियों को रोका नहीं जा सकता। यह घोषणा कलेक्टर की ओर से की गई। सीढ़ियों पर खड़ी भीड़ धीरे-धीरे कम होने लगी। फिर भी आसपास जो लोग खड़े थे वे लोग अभी भी गड़बड़ कर सकते हैं, इस डर से पुलिसकर्मियों के संरक्षण में अन्य सत्याग्रहियों को भी ऊपर जाना पड़ा। सत्याग्रहियों ने पुलिसकर्मियों से संरक्षण की माँग नहीं की थी। ये लोग ऊपर जाकर देखते हैं तो वहाँ श्रीदेवदेवेश्वर के मन्दिर का महाद्वार पूरी तरह बन्द था। उस समय इन लोगों ने वहीं सीढ़ी पर साष्टांग प्रणाम किया और नीचे लौट आए। पा. ना. राजभोज बहुत थक गए थे इसलिए वे गाडगिल के कन्धे पर अपनी गर्दन रखकर आँखें बन्द किए एक-एक सीढ़ी जैसे-तैसे नीचे उतर रहे थे। गाडगिल और अन्य लोग भी मार पड़ने की वजह से काफ़ी थक गए थे।

पार्वती से नीचे उतरते समय सत्याग्रही लोगों के साथ आठ-दस पुलिसकर्मी थे, इसी वजह से उसके बाद सत्याग्रह विरोधी लोगों की ओर से कोई रुकावट नहीं हुई। फिर भी रास्ते के दोनों ओर जो विरोधी लोग थे उनकी ओर से निषेध की आवाजें सुनाई दे रही थीं।

इस तरह राजभोज, गाडगिल आदि को नीचे सीढ़ी के पास पहुँच जाने के बाद उन्हें मानुरकर की मोटरगाड़ी से घर ले जाया गया। राजभोज को बहुत मार पड़ी थी इसलिए उन्हें इलाज के लिए अस्पताल ले जाना जरूरी था। राजभोज को पार्वती के नजदीक वाले मिशन अस्पताल में पहुँचाया गया। और गाडगिल वकील शनिवार को ही अपने घर पहुँच गए। उसी तरह भुस्कुटे, रानडे, लांडगे आदि लोग भी थके हुए अपने-अपने घर पहुँचे।

सत्याग्रह को समर्थन देनेवाले कई लोग पार्वती की तलहटी के पास बैठे थे। जब वे लोग लौटकर जा रहे थे तब उनके साथ भी मारपीट की गई और जगह-जगह झगड़ा-फसाद किया गया। अछूतों के भजनीमंडल के साथ एक तेलुगू आदमी था, सत्याग्रह विरोधियों ने नहर की पुलिया के पास उस पर धावा बोल दिया और उससे मारपीट की तथा उसकी हार्मोनियम पुलिया के नीचे फेंक दी। उसकी हार्मोनियम टूट गई। सत्याग्रही लोगों के पार्वती से घर लौट जाने के बाद सनातनी लोगों के जत्थे विजयी भाव से अपने-अपने घर लौटने लगे। दोपहर बारह बजे के बाद तक भी पार्वती मन्दिर के दरवाजे बन्द थे। गाँव में सारे दिन यही चर्चा का विषय था।

सत्याग्रहियों का अभिनन्दन करने के लिए बहुत सारे लोग गाडगिल, भुस्कुटे, राजभोज आदि के घर गए थे। सभी लोगों की यह राय थी कि यह एक प्रकार से सत्याग्रहियों की नैतिक विजय है। राजभोज को देखने के लिए अछूत लोग अस्पताल

जा रहे थे। उनकी तबीयत बहुत खराब थी लेकिन चिन्ता की कोई बात नहीं थी। एक भेंटवार्ता में गाडगिल ने कहा कि अपना उद्देश्य सफल होने तक सत्याग्रह का यह आन्दोलन जारी रखने का सत्याग्रहियों का निर्णय है, इस बात की उन्होंने घोषणा की।

## *फौजी पलटन बुलाई गई*

पार्वती की सीढ़ियों पर सत्याग्रही लोगों से मारपीट की गई। उससे दंगा भड़क उठने की सम्भावना बढ़ गई और खूनखराबा होने का डर पैदा हो गया था। कलेक्टर साहब के आदेश पर स्थानीय पुलिस थाने से फोन द्वारा सन्देश भेजकर सशस्त्र फौजी पलटनों को भी बुला लिया गया था, ऐसी खबर थी। लेकिन तब उनकी आवश्यकता नहीं रह गई थी इसलिए उन्हें वापस भेज दिया गया था।

## *पार्वती पर सशस्त्र पुलिस का पहरा, अभी भी दरवाजे बन्द सोमवार की हकीकत*

पूना के पार्वती के मन्दिर का महाद्वार सोमवार 13 तारीख को भी बन्द रहा। मन्दिर के सामने सशस्त्र पुलिसकर्मियों का पहरा लगाया गया था। मन्दिर के दरवाजे बन्द रखने का यह तीसरा दिन है। इस तरह की स्थिति पिछले 150 सालों में कभी नहीं आई थी। ट्रस्टियों में से कुछ लोग पार्वती पर गए थे। दूसरों का प्रवेश निषेध था।

## *क्या पार्वती संस्थान निजी है? निजीपन के विरोध में ख़ास सबूत*

(एक मर्मज्ञ इतिहासकार की ओर से)

फिलहाल यह सवाल संस्थान के पंचों के एक छोटे से पत्र की वजह से पैदा हुआ है। इसलिए मुखिया श्रीमंत सरदार मजुमदार एक इतिहासकार होने की वजह से पंचों के इस पत्र को ऐतिहासिक दृष्टि से महत्त्व प्राप्त हुआ है। इसलिए इस सवाल पर शान्ति के साथ सोचना बहुत जरूरी है।

श्री सरदेसाई की, 'रियासत मध्य भाग-3' (1922 का संस्करण) पृष्ठ 257 पर पार्वती संस्थान के बारे में विस्तार से लिखा गया है। उसमें से इस प्रकरण में हम आवश्यक जानकारी प्रस्तुत कर रहे हैं–

"पूना के नजदीक एक सुन्दर पहाड़ पर छोटा-सा मन्दिर पहले से था। वहाँ से दिखाई देनेवाला सुन्दर नज़ारा देखकर नानासाहेब पेशवा ने वहाँ एक विशाल मन्दिर बनवाकर उसमें देवदेवेश्वर की और चार कोनों में चार छोटे मन्दिर बनवाकर, उनमें देवी, गणपति, सूर्य और विष्णु की स्थापना करवाई।

पुराने पर्वताई की मूर्ति आज भी देवी के मन्दिर में रखी हुई दिखाई देती है। उसी

प्रकार शाहू छत्रपति के जूते भी पेशवा ने देवदेवेश्वर के मन्दिर में रखवाए थे इसलिए पार्वती के इस मन्दिर का विशेष महत्त्व है।'' इस मन्दिर के खर्च का विवरण नानासाहेब की दैनंदिनी भाग दूसरा 343 में निम्न प्रकार दिया गया है–

'खर्च 9020 रु.' धर्मदाय ख़जाने में से पार्वती पर श्री भगवान की स्थापना के लिए श्री देवदेवेश्वर बावन रुपए का महादेव, वजन तोला 6734 अटारी पर मूर्ति सोने की, दाहिनी ओर गणपति, बाईं ओर पार्वती, उसका वजन तोला 686, बाहर गणपति और पार्वती भवानी की प्रस्तर मूर्ति। यह धर्मदाय ख़जाने में से है, इस तरह से स्पष्ट विवरण है। और धर्मदाय ख़जाने का मतलब निजी नहीं है, ऐसा कोई भी कह सकता है। ऐसी स्थिति में नानासाहेब के निजी पैसे से इस मन्दिर को बनाया गया इस तरह की बातें इतिहासकार और भारत इतिहास संशोधक मंडल के सेक्रेटरी श्रीमंत मजुमदार कहते हैं तो वे किस आधार पर कहते हैं यह बात उन्हें स्पष्ट करनी चाहिए। हमें लगता है कि इस बारे में मजुमदार के नए सबूत उनके मंडल में तो तैयार नहीं हो रहे हैं।

दूसरी बात यह कि पार्वती पर पहले से ही एक मन्दिर था और उस मन्दिर की देवी आज भी वहीं पर है। वह देवी तो नानासाहेब की निजी जायदाद नहीं है। फिर उस देवी के दर्शन मन्दिर के पंच कैसे रोक सकते हैं? मतलब यह कि यह तो केवल पंचों की बदमाशी है इसलिए लोगों को उसे बर्दाश्त नहीं करना चाहिए।

---

'बहिष्कृत भारत', 15 नवम्बर, 1929

# परिशिष्ट : सात

## *स्वतन्त्र मजूर पार्टी का घोषणापत्र*
(Independent Labour Party)
(1936-42)

'स्वतन्त्र मजूर पार्टी' की स्थापना करने के बाद डॉ. बाबासाहब अम्बेडकर ने अपनी पार्टी का कार्यक्रम घोषित किया। 'टाइम्स ऑफ इंडिया' के प्रतिनिधि ने 15-8-1936 को डॉ. अम्बेडकर से ख़ास मुलाकात की। इसमें डॉ. अम्बेडकर ने स्वतन्त्र मजूर पक्ष का अधिकृत कार्यक्रम विस्तार से बयान किया था। उन्होंने स्वतन्त्र मजूर पार्टी के पहले प्रकाशन के रूप में भी उस कार्यक्रम को प्रकाशित किया है।

इस मुलाकात में घोषणा करते हुए डॉ. बाबासाहब अम्बेडकर ने कहा–

"आज का युग जातिवादी पार्टी के गठन का युग नहीं है। इस बात को जानते हुए अपने कुछ मित्रों की इच्छा को देखते हुए हमने पार्टी का नाम और पार्टी के कार्यक्रम को विस्तृत रूप दिया है। इसका मूल उद्‌देश्य यही है कि अछूत वर्ग (Depressed Classes) और अन्य वर्गों में राजनीतिक सहयोग की गुंजाइश होनी चाहिए। मतलब इस पार्टी के प्राथमिक सदस्य के रूप में अछूत वर्ग के पन्द्रह सदस्य रहेंगे। लेकिन उसी के साथ अन्य समाज के लोगों को भी इस पार्टी में शामिल होने की पूरी स्वतन्त्रता है।

## *स्वतन्त्र मजूर पार्टी ही नाम क्यों?*

नई पार्टी का नाम 'स्वतन्त्र मजूर पार्टी' (Independent Labour Party) ही क्यों? इस तरह का सवाल डॉ. अम्बेडकर से पूछा गया था। उस सवाल के जवाब में डॉ. अम्बेडकर ने कहा कि अन्य राजनीतिक दल संगठनों से हमारा दल पूरी तरह से अलग होगा। लेकिन उसी के साथ जहाँ सहकार्य होना सम्भव है ऐसे अन्य किसी भी दल के साथ हमारा दल सहयोग करने के लिए तैयार होगा। हमारे दल का कार्यक्रम बुनियादी तौर पर मजूर वर्ग के कल्याण के लिए है। इसीलिए यह मजूर संगठन है। जिस वर्ग के (मजदूर) हित-सम्बन्धों को हमारा दल महत्त्व देता है, उसी वर्ग की मुक्ति के लिए उचित

प्रकार के लक्ष्य और नीति पर हमारे दल की आस्था है। दलित वर्ग (Depressed Classes) इस नाम के बजाय 'मजदूर' शब्द का इस्तेमाल करने का उद्‌देश्य यही है कि, 'मजदूर' वर्ग में 'दलित' (Depressed Classes) भी आ जाता है।

## *पार्टी का लक्ष्य*

पार्टी के कार्यक्रम के बारे में बाबासाहब अम्बेडकर ने कहा, "हमारी पार्टी का कार्यक्रम सर्वसम्मति से तय किया गया है। हमारी पार्टी की यह राय है कि नए संविधान में (1935 का एक्ट) प्रचुर दोष है और 'जिम्मेदार राज्य' (Responsible Government) प्रणाली की दृष्टि से उसमें काफी कमियाँ हैं। प्रादेशिक रचना की अलग-अलग इकाइयों से हमारी पार्टी का विरोध है। ख़ास तौर पर ऊपरी सदन (Second Chamber) से हमारा कड़ा विरोध है। फिर भी संवैधानिक राज्यशासन पर हमारा विश्वास है। गवर्नर के ज़्यादा सुरक्षित अधिकार जिम्मेदार शासनप्रणाली के लिए घातक सिद्ध न हों, इस प्रकार की सावधानी हमारी पार्टी रखेगी।"

## *आर्थिक सवाल*

1. आर्थिक सवाल के बारे में खेती के उत्थान में बढ़ोत्तरी और सुधार करना हमारे दल का लक्ष्य है। हमारा दल 'लैंड मॉर्केज बैक्स', खेती उत्पादक सहकारी संघ, व्यापारिक (मार्केट) संस्थाओं की स्थापना करेगा।
2. हमारे दल की यह मान्यता है कि खेत-भूमि के टुकड़े भूमि में पूँजी और बुवाई की प्रगत कृषि प्रणाली को अमल में लाने के रास्ते में सबसे बड़ी रुकावट हैं और खेत अथवा जमीन के छोटे-छोटे टुकड़े किसानों की गरीबी का सबसे बड़ा कारण हैं।

   गहराई से विचार-विमर्श के बाद हमारे दल को इस बात का यकीन हो गया है कि खेत-जमीन पर बढ़ती जनसंख्या के बोझ की वजह से ही जमीन के छोटे-छोटे टुकड़े और उसी की वजह से किसान गरीबी के शिकार हुए हैं। खेत-जमीन पर लोगों के जीवन-निर्वाह का बोझ कम नहीं किया गया तो, कृषि-भूमि के छोटे-छोटे टुकड़े बरकरार रहेंगे और किसान उसी हालत में आज की तरह गरीबी में रहेगा। इसलिए हमारे दल की यह राय है कि जब तक प्रदेशों का औद्योगीकरण नहीं होगा तब तक किसानों को अपने जीवन-निर्वाह के अन्य साधन प्राप्त नहीं होंगे तथा खेती भी ज्यादा उपजाऊ नहीं बनेगी। इसके लिए (लाभ पर आधारित) ग्रामोद्योगों का पुनर्जीवन और उसी तरह प्रान्तों में विद्यमान प्राकृतिक सम्पदा के अनुरूप नए उद्योगों की स्थापना के लिए हमारा दल प्रयास करेगा।

3. लोगों की कुशलता और उत्पादन-शक्ति को बढ़ाने के लिए हमारा दल तकनीकी शिक्षा का व्यापक कार्यक्रम हाथ में लेगा।
4. जब-जब लोगों की भलाई के लिए जरूरी होगा तब-तक हमारा दल उद्योग-धन्धों पर राज्य के अधिकार और स्वामित्व का समर्थन करेगा तथा यह कदम हमारे दल को सिद्धान्त रूप में स्वीकार है।
5. मनुष्य का जीवन स्वतन्त्र और सफल बनाने के लिए एक बड़े समाज़ अथवा जाति विशेष के लोगों पर अन्याय करनेवाली खास तरह की अर्थव्यवस्था को हमारा दल बदलेगा ही नहीं बल्कि उसे समाप्त करने का प्रयास करेगा।
6. हमारा दल किसानों को शोषण से मुक्त करने और किसानों को जमीन से बेदखल करने के विरोध में कानून बनाने का प्रयास करेगा। ख़ास तौर पर 1. खोती पद्धति (इज़ारेदारी, जमींदारी) और 2. तहसीलदारी प्रथा के विरोध में विशेष प्रयास करेगा।
7. हमारा दल सुसंस्कृत जीवन के लिए बेहतर उपाय तथा निम्न वर्ग के मेहनतकशों और किसानों के जीवन-स्तर को सुधारने का प्रयास करेगा।
8. हमारा दल यह भी प्रयास करेगा कि औद्योगिक मजदूरों को नौकरी से न निकाला जाए और कारखानों में उन्हें उचित तरक्की दी जाए, इसके लिए कानून बनाने का प्रयास किया जाएगा। उसी प्रकार काम के घंटे कम करने, उचित वेतन, वैतनिक छुट्टी, अधिक-से-अधिक जीवनोपयोगी सुविधाएँ तथा कामगारों को बोनस, पेंशन, बुढ़ापे के कारण या अन्य तरह की असमर्थता की वजह से नौकरी से रिटायर होने के समय उचित जीवन-निर्वाह की सुविधाएँ देने के सम्बन्ध में कानून बनाने के प्रयास किए जाएँगे। उसी प्रकार कामगारों को बीमारी के समय, बेकारी के समय और दुर्घटना की स्थिति में संरक्षण देने के लिए 'Social Insurance' नाम की योजना बनाने का प्रयास किया जाएगा। हमारा दल कामगारों के लिए सस्ते और किफायती मकान बनाने का प्रयास करेगा।
9. औद्योगिक क्षेत्रों के कामगारों की भलाई के लिए समयानुकूल जैसी योजनाएँ बनेंगी वैसी ही योजनाएँ खेत-मजदूरों के कल्याण के लिए बनाई जाएँगी।
10. बेकारी उन्मूलन का जो राज्यमान्य सिद्धान्त है वह हमारे दल को भी मंजूर है। इस जिम्मेदारी को निभाने के लिए हमारा दल 'लैंड सेटलमेंट' और उसी तरह सार्वजनिक बाँधकाम की योजनाएँ सदन के सामने रखकर बेकार और भूमिहीन मजदूरों को काम उपलब्ध कराने का प्रयास करेगा।
11. साहूकारों की ओर से अनावश्यक शोषण, झूठा व्यवहार तथा गैरकानूनी लेन-देन के मामलों से कर्जदार वर्ग को संरक्षण देने के लिए हमारा दल कानून बनाने का प्रयास करेगा। और उसी प्रकार ग्रामीण इलाकों में फैली कर्ज की समस्या हल करने का प्रयास करेगा।

12. निम्न मध्यम वर्ग को औद्योगिक क्षेत्रों, शहरों तथा गाँवों में मकान किराए से सम्बन्धित उचित संरक्षण देने के बारे में कानून बनाने का प्रयास करेगा।

## *कर-प्रणाली का सवाल*

कर-प्रणाली के सम्बन्ध में हमारे दल का दृष्टिकोण स्पष्ट करते हुए डॉ. बाबासाहब अम्बेडकर ने कहा कि, अधिक-से-अधिक जनकल्याण के लिए हर सरकार को राष्ट्रीय निर्माण की योजनाएँ तैयार करनी चाहिए। जब खजाने में पैसा होता है उसी समय इस तरह की योजनाएँ तैयार की जा सकती हैं। इसके लिए पैसा लोगों पर लगाए गए कर से वसूल किया जाता है। सरकार का विकास ही अच्छी सरकार का भरोसा है।

'कर में कटौती करो' इस बात का प्रचार करना या राष्ट्रीय विकास योजनाओं का त्याग करके भी कर कम करने चाहिए इस तरह के सिद्धान्तों का प्रचार करने का मतलब लोगों को और गरीब जनता को गुमराह करके गलत मार्गदर्शन करना है। इसका अर्थ यह नहीं कि आज जो कर प्रणाली है उसी को बरकरार रखा जाए। आज जो कर-निर्धारण प्रणाली है वह हमारी पार्टी को स्वीकार नहीं है। हमारी पार्टी का निश्चित रूप से यह मानना है कि आज के कर-निर्धारण का बोझ समाज के गरीब स्तर के लोगों पर अधिक है। हमारी पार्टी कर-निर्धारण की इस असमानता को दूर करने का प्रयास करेगी। हमारी पार्टी को आज के जमीन के लगान-निर्धारण पर भी बड़ी आपत्ति है। इस काम को पार्टी और भी न्यायपूर्ण और लचीली बनाने के लिए कानून बनाने का प्रयास करेगी।

## *सामाजिक सुधार*

जरूरी सामाजिक सुधार के लिए हमारी पार्टी कानून बनाने का प्रयास करेगी। उसमें–

1. सनातनी वर्ग के समाज सुधारकों को जाति बहिष्कृत न किया जाए इसलिए व्यक्ति या अपने हक़ों का और आजादी का कानूनन उपयोग करने में उसके विरोध में संगठित रूप से दहशत पैदा करनेवाले या बहिष्कार करनेवाले लोगों को कानून के द्वारा कड़ी से कड़ी सजा दिलवाना।
2. सार्वजनिक संस्थाओं के कामकाज में जो अव्यावहारिक और अनावश्यक खर्च हो रहा है उसे कम करने के लिए कानून बनाना, उसी तरह ऐसी संस्थाओं के बचे हुए कोष से शिक्षा जैसे धर्मनिरपेक्ष कार्य पर उस कोष को खर्च करना।
3. बेकार लोग और भिखारियों का सवाल हल करने के लिए कानून बनाने का काम हमारी पार्टी करेगी। हमारी पार्टी अछूतपन उन्मूलन के कानून बनाएगी।

## *ग्रामीण पुनर्रचना के बारे में पार्टी का दृष्टिकोण*

1. ग्रामीण जीवन सुख और खुशहाली के लिए जिन लोगों को जरूरी सहूलियतें देनी सम्भव हैं उन्हें ऐसी सहूलियतें देने का प्रयास पार्टी करेगी।

2. 'टाउन प्लॅनिंग' की योजना के अनुसार गाँव में भी स्वास्थ्य और मकानों की योजना तैयार करके सुविधाएँ उपलब्ध कराने का प्रयास पार्टी करेगी।
3. गाँव का दृष्टिकोण आधुनिक बनाने के लिए गाँवों में पुस्तकालय, सभागार, रेडियो, रोटरी, सिनेमा आदि की सुविधाएँ उपलब्ध कराकर गाँववासियों को उन्नत बनाना।

## *शिक्षा का प्रसार*

शिक्षा-प्रसार के सम्बन्ध में हमारी पार्टी निम्न बातें करेगी–

1. मुफ्त और अनिवार्य शिक्षा अमल में लाएगी।
2. सभी बालिग लोगों को पढ़ाई-लिखाई से साक्षर करने के लिए साक्षारता प्रसार किया जाएगा।
3. तकनीकी शिक्षा पर पार्टी का ज्यादा बल रहेगा।
4. पिछड़े समाज के छात्रों को भारत में ऊँची शिक्षा और विदेश में ऊँची शिक्षा सरकारी खर्च से दिलवाने का प्रयास किया जाएगा।
5. प्रान्तीय विश्वविद्यालयों का (University) पुनर्गठन करके, प्रादेशिक शिक्षा देनेवाले विश्वविद्यालयों का निर्माण करना और छात्रों का सर्वांगीण विकास करना।

## *शासन-प्रबन्ध*

शासन-प्रबन्ध (Administration) के बारे में पार्टी का निम्न प्रकार का दृष्टिकोण है–

1. शासन-प्रबन्ध अच्छा और कुशल ढंग से चल रहा है तथा भ्रष्टाचार से मुक्त है या नहीं यह देखने का काम हमारी पार्टी करेगी।
2. शासन-प्रबन्ध अच्छा और कुशल हो इसके लिए हमारी पार्टी–
   (अ) न्याय व्यवस्था और प्रशासनिक व्यवस्था अलग-अलग हो इस बात का प्रयास करेगी।
   (ब) आधुनिक युग के लिए जो अनुकूल और सुसंगत हो इस प्रकार की वेतन प्रणाली पार्टी स्थापित करेगी।
3. शासन के संचालन (राजसत्ता) में किसी ख़ास जाति या समाज की इज़ारेदारी या एकाधिकार न हो इसके लिए हमारी पार्टी सजग रहेगी।

शासन प्रबन्ध में कुशलता बरकरार रखकर शासन-प्रबन्ध में सभी जाति और समाजों को उचित स्थान मिले इस बात का भी प्रयास हमारी पार्टी करेगी।

इस घोषणा-पत्र से डॉ. बाबासाहब अम्बेडकर का भारत में सामाजिक क्रान्ति या भारतीय समाज के पुनर्गठन का दृष्टिकोण स्पष्ट होता है, इस घोषणा-पत्र से उनका समाजवादी चिन्तन स्पष्ट होता है।

# शब्दानुक्रमणिका

## ख



## ग



## च



## छ



## ज

## प



## फ



## ब



## भ



## म

## व



## श



## स

●●●